Norbert Fischer

Die philosophische Frage nach Gott

Ein Gang durch ihre Stationen

AMATECA
Lehrbücher zur katholischen Theologie

Band II

BONIFATIUS
Druck · Buch · Verlag
PADERBORN

Imprimatur. Paderbornae, d. 11. m. Augusti 1995.
Nr. A 58-21.002/392 Vicarius Generalis i. V. Dr. Schmitz

Die Deutsche Bibliothek – CIP-Einheitsaufnahme

Associazione di Manuali di Teologia Cattolica:
AMATECA : Lehrbücher zur katholischen Theologie /
[Associazione Manuali di Teologia Cattolica, Lugano]. –
Paderborn : Bonifatius
NE: Lehrbücher zur katholischen Theologie; HST
Bd. 2. Fischer, Norbert: Die philosophische Frage nach Gott. –
Orig.-Ausg. – 1995

Fischer, Norbert:
Die philosophische Frage nach Gott : ein Gang durch ihre
Stationen / Norbert Fischer. – Orig.-Ausg. –
Paderborn : Bonifatius 1995
(AMATECA ; Bd. 2)
ISBN 3-87088-872-5

Originalausgabe

ISBN 3-87088-872-5

Gesamtherstellung:
Bonifatius GmbH Druck · Buch · Verlag Paderborn

Inhalt

II.

Zu der Notwendigkeit und den Schwierigkeiten inhaltlicher Aussagen zum Wesen Gottes

III.

Zur philosophischen Debatte um das Dasein Gottes

AMATECA
Lehrbücher zur katholischen Theologie
Band II

Die Lehrbuchreihe AMATECA wurde von Eugenio Corecco (†) zusammen mit einem internationalen Theologenteam initiiert. AMATECA stammt aus dem Italienischen und steht für Associazione di Manuali di Teologia Cattolica.

In unregelmäßiger Erscheinungsfolge sollen alle theologischen Disziplinen behandelt werden.

Norbert Fischer

Die philosophische Frage nach Gott

IV.

Zum Spannungsverhältnis zwischen dem sogenannten ‚Gott der Philosophen' und dem lebendigen Gott des Glaubens

V.

Ansätze zu einem nicht am Ideal der exakten Wissenschaften orientierten philosophischen Gottdenken

Vorwort

Animus ad habendum se ipsum angustus est.
(Augustinus, *Confessiones* 10,14)

Wir suchen überall das Unbedingte,
und finden immer nur Dinge.
(Novalis, *Blüthenstaub* 1)

Wer kein Ungenügen an seiner eigenen Endlichkeit und der Endlichkeit der Welt überhaupt wahrnimmt, wird für die Gottesfrage, sei sie nun philosophisch oder theologisch ausgearbeitet, nicht offen sein. Da Menschen tätige Kulturwesen sind, die ihre Lebensumstände, ihre Fähigkeiten und ihre Welt nach eigenen Bedürfnissen und Vorstellungen zu gestalten und zu erhalten suchen, und also Wesen sind, die nicht auf einer glücklichen Weltinsel leben und es derart mit dem, was ist, nicht gut sein lassen, sondern mit Veränderung und Kampf gegen die Flüchtigkeit des Zeitlichen befaßt sind, liegt das *faktische Ungenügen der endlichen Wirklichkeit* auf der Hand. Dies Ungenügen betrifft sowohl den Grad der möglichen Vollkommenheit alles Endlichen als auch seine zeitliche Dauer. Wahre Vollkommenheit, die selbstgenugsam ist und nicht auf Anderes verweist, die nicht gesteigert werden kann und nicht der zeitlichen Vergänglichkeit unterliegt, hat in der Welt keinen Platz.

Obwohl diese Vollkommenheit in der Welt keinen Platz hat, scheint der Mensch doch irgendwie nach ihr zu streben, sofern er es stets nur kurzzeitig mit den faktischen Zuständen gut sein läßt, selbst wenn diese durch mühsame Tätigkeit errungen worden sind. Die Einsicht in das Ungenügen alles Endlichen scheint der Mensch nur im Kraftgefühl des Lebensrausches zeitweilig überspielen zu können. Dies Ungenügen läßt den Menschen nach immer neuen Zielen streben, die ihm aber, sobald sie erreicht sind, schnell gewöhnlich werden und seinen Hunger nicht zu stillen vermögen. Zudem scheitert der Mensch im Tod hinsichtlich der von ihm gesuchten Lebenserhaltung und Lebenssteigerung offenbar endgültig. Das *Ungenügen des Endlichen* gestattet indessen keine eindeutigen Schlußfolgerungen für die Beantwortung der Gottesfrage. Es kann einerseits nämlich die von einer unendlichen Hoffnung getragene Frage nach dem Unendlichen provozieren, andererseits aber auch Resignation, Zweifel und Verzweiflung am Sinn des Endlichen hervorrufen.

Zu klären, inwiefern sich die Frage nach diesem Unendlichen nicht als eine kindliche Träumerei, sondern als die ernsthafte philosophische Frage nach Gott verstehen läßt, auf den also der endliche Mensch seine alles Endliche überschreitende Hoffnung setzen darf, ist die vordringlichste Aufgabe der folgenden Überlegungen. Kein Lösungsversuch kann aber den Menschen seines Geschickes entheben, das ihn stets wieder auf sich und seine Endlichkeit zurückwirft. Wer sich, offen für die Unendlichkeit, der Gottesfrage stellt und bei ihr ausharrt, obwohl er sieht, daß er sie aus seiner eigenen Kraft nicht endgültig wird beantworten können, wird bemerken, daß alle Fragen, die das Endliche übersteigen, ohne *Hoffnung* nichtig werden, weil die gesuchte, unendliche Wahrheit im Endlichen nicht besessen werden kann. Die Herkunft und der Sinn aller Fragen nach Unendlichem bleiben im Bannkreis des Endlichen rätselhaft.

Einem Menschen, der sich anschickt, im Ausgang vom Bewußtsein des Ungenügens und der Fraglichkeit alles Endlichen nach dem unendlichen Gott zu fragen, sind demnach jedenfalls von vornherein *Hoffnung und Vertrauen* vonnöten. Die Frage richtet sich nämlich angesichts zahlloser Ungereimtheiten und Sinnwidrigkeiten im Endlichen auf eine so unfaßbare Wirklichkeit, daß dem Menschen leicht der Mut schwinden kann, sie zu stellen. Daß die Möglichkeit dieses Fragens und der Mut zu ihm überhaupt auftritt, kann dem Fragenden im Rückblick zuletzt als ein tiefes *Geheimnis* erscheinen, das aus keiner endlichen Wirklichkeit abgeleitet werden kann und gleichsam bereits eine Weise der möglichen, indirekten Gegenwart des Unendlichen im Endlichen ausmacht.

Der aus unbekannten Quellen fließende Mut zu weltüberschreitendem Fragen richtet sich gegen die Zweifel am Sinn dieser Frage einerseits an der Einsicht auf, daß das Dasein des Menschen ohne jedes Vertrauen in einen unendlichen Sinn der Nichtigkeit anheimgegeben wäre, die am Ende alles gleichgültig in sich versinken ließe. Der Mut gewinnt andererseits seine Kraft auch aus der Einsicht in die Unmöglichkeit negativen Urteilens bezüglich des Unendlichen, vor allem aus der *Torheit der Gottesleugner,* die absolutes Wissen beanspruchen, ohne ein wirkliches Absolutes anzuerkennen.

Da die Gesamtkonzeption in der Einleitung erklärt wird, reichen hier knappe Hinweise zur Erläuterung. Das erste Kapitel thematisiert den Ausgangspunkt der Gottesfrage, der in der Philosophie nur der Mensch sein kann. Das zweite Kapitel sucht eine Antwort auf die Frage, wonach der philosophierende Mensch in der Gottesfrage sucht. Das dritte Kapitel ist dann der Frage gewidmet, ob und gegebenenfalls mit welcher Sicherheit das Dasein Gottes anzunehmen ist. Nachdem die vernünftige Ausweisbarkeit einer Annahme der Existenz Gottes gesichert ist, wird in den folgenden Kapiteln noch einmal das Thema der beiden Anfangskapitel in neuer Beleuchtung aufgenommen: Das vierte Kapitel greift die Frage des zweiten Kapitels nach dem Wesen Gottes auf, sofern sich nun, nachdem das Dasein Gottes annehmbar geworden ist, nach der Beziehung des philosophischen Gottdenkens zum religiösen Glauben an einen lebendigen Gott fragen läßt. Das fünfte Kapitel knüpft an die Frage nach dem Menschen als dem Ort der Gottesfrage an. Der Weg kehrt derart wieder zum Ausgangspunkt der Frage zurück, aber nun so, daß der Mensch sein Streben jetzt positiv als Gottsuche begreift. Den Angelpunkt, der in solche von Vertrauen getragene Gottsuche führen kann, bildet das dritte Kapitel, in dem die Entscheidungssituation des suchenden Menschen ausgearbeitet ist.

Der *Weg des Philosophierens* beginnt auch im Blick auf die Gottesfrage mit einer *Wahrnehmung des Nichtwissens,* wie sie sich in den Erfahrungen von Staunen und Erschrecken dokumentiert. Staunen und Erschrecken können dauerhaft allein bei Wesen auftreten, zu deren Natur es gehört, *sich im Denken zu orientieren,* und die in dieser Orientierungssuche *verunsichert* worden sind.[1] Solche Erfahrungen brechen die scheinbare Selbstverständlichkeit des Seins der Weltwirklichkeit auf und öffnen den Geist zugleich für etwas Anderes. Der endliche Mensch kann immer wieder von Staunen und Erschrecken überwältigt werden; er bleibt der *Möglichkeit* ihres Einbruchs in seine Welt bis zum Abenteuer seines Todes ausgesetzt, dessen wahres Sein in undurchdringliches Dunkel gehüllt ist. Wer immer sich dieser *gefährlichen* Möglichkeiten bewußt ist, erfährt sein Nichtwissen nicht als bloßes Faktum, sondern durchschaut schon anfanghaft den Sinn der Ungewißheit. Bereits auf dieser Reflexionsstufe kann man vom *Wissen des Nichtwissens* sprechen, weil hier sichtbar wird, daß der endliche Mensch aus einem Vorgriff in die Zeit lebt und doch wesenhaft um die Unverfügbarkeit der Zukunft weiß.

Je weiter also ein Mensch in der Erkenntnis seiner selbst und der Welt vordringt, desto deutlicher wird ihm das Bewußtsein, daß das höchste menschliche Wissen in der Welt im Wissen des Nichtwissens besteht. Der menschliche Geist mag zwar absolut gewiß wissen können, wer er ist, weil er wissen kann, daß er ein in die Zeit hineingestellter, suchender Geist ist. Die Wahrheit jedoch, daß der Geist sich als Suchenden gefunden hat, harrt wesenhaft eines vom Menschen nicht zu bewerkstelligenden Findens. Daß der Mensch im Dunkel des Nichtwissens steht, kann

---

[1] So wie die gefesselten Menschen im Höhlengleichnis (*Politeia* 514a-516a) nur deswegen von ihrer plötzlichen Umwendung verwirrt sind, weil sie schon vorher etwas für wahr (ἀληθές) gehalten hatten (515c/d).

er indessen nur erkennen, sofern er schon immer aus einer unendlichen Sehnsucht nach unendlicher Wahrheit, Gerechtigkeit und Glückseligkeit lebt, auf deren vollendete Verwirklichung er nur hoffend vertrauen kann – und nur hoffen darf, wenn er sich in seinem Lebensvollzug redlich müht.

Das genuin philosophische Nichtwissen beginnt also mit dem faktischen Nichtwissen, das allen Menschen von Natur mehr oder weniger bewußt anhaftet. Der Mensch wird im Staunen auf sich zurückgeworfen und kann sein Leben als zeitliches Suchen begreifen. So kann er sehen, daß das Wissen des Nichtwissens für die Möglichkeit des Wissens eines endlichen Wesens, das den Grund und das Ziel seines Daseins nicht in sich selbst hat, konstitutiv ist. Absolut sicher kann der endliche Mensch nur wissen, daß die unendliche Wahrheit, die er sucht, von ihm nur gesucht, nicht aus eigener Kraft gefunden werden kann. Damit zeigt sich die Einsicht in das Wissen des Nichtwissens als Vorstufe der Offenheit für Gott. Das Nichtwissen wird als *heiligstes Nichtwissen (sacratissima ignorantia)* erfaßt *(VD* 16,67/164), da nur das Wissen des Nichtwissens den endlichen Geist für die an sich unbegreifliche Möglichkeit der Anwesenheit des unendlichen Gottes beim Menschen empfänglich machen kann.

Einige Bemerkungen sollen zur Abbildung auf dem Umschlag gemacht werden. Sie gibt ein Gemälde von Caspar David Friedrich wieder, der als Naturmaler wie als Gedankenmaler bezeichnet werden kann. Gewählt wurde dieses Gemälde, weil es wie wenige andere die auf ein erfüllendes Ziel gerichtete Zeitlichkeit des menschlichen Daseins ins Bild bringt. Dargestellt ist ein Schiff, dessen Mitte den Vordergrund einnimmt. Auf seinem Bug befinden sich zwei Reisende, ein Mann und eine Frau (vermutlich Friedrich und seine neuvermählte Ehefrau), die in die vom Vordergrund wegführende Fahrtrichtung sehen, in die auch der Betrachter des Bildes blickt und in die er gewissermaßen mitgenommen wird, obgleich das Schiff und seine Bewegung die Aufmerksamkeit zunächst in Beschlag halten. Die Segel sind von einer kräftigen Brise gebläht, die Fahrt scheint zügig. Am Horizont lassen sich schemenhaft die Kirchtürme einer Stadt sehen. Das Bild zeigt das gemeinschaftliche Unterwegssein von Menschen, in einer konkreten Zeit, unter dem weiten Himmel auf einem Meer, das kaum Orientierung bietet. Dennoch sind Bewegung und Dauer der Fahrt nicht ohne Grenze. Vielmehr scheint das Schiff auf die zwar weit entfernte, sich am Horizont aber schon in Umrissen abhebende Stadt zuzusteuern. Die Reisenden erblicken in gemeinsamem Schauen diese Stadt, die aus der Ferne ihren Glanz vorauswirft, die Sehnsucht des Betrachters weckt und seinen Blick auf sich zieht.

Dank spreche ich allen aus, die mir bei der Ausarbeitung des vorliegenden Buches geholfen haben. Zunächst danke ich den Mitarbeitern am Seminar für Systematische Philosophie der Theologischen Fakultät Paderborn, meiner Sekretärin, Frau Anne Kirchner, für ihre Hilfe bei der Literaturbeschaffung und den Korrekturen, meinem wissenschaftlichen Mitarbeiter, Herrn Wolfgang Erb, darüber hinaus auch für seine kritischen Hinweise und die Erstellung der Register. Ich danke Herrn Professor Dr. Josef Stallmach, meinem Lehrer und Mentor an der Universität Mainz, und seiner Gemahlin für ihre aufmerksame Durchsicht des Manuskripts, ebenso den Herren Stephan Ehses, Professor Dr. Dr. Dieter Hattrup, Hermann Heil, Wolfgang Luley, Dr. Albert Raffelt, Dr. Hermann Schnarr und Dr. Ludwig Wenzler. Dank gebührt dem Museum Halle, das ein Repro für das Umschlagbild von Caspar David Friedrich zur Verfügung gestellt hat. Dem Magnus Cancellarius der Theologischen Fakultät Paderborn, Herrn Erzbischof Dr. Johannes Joachim Degenhardt, danke ich für ein Forschungsfreisemester, ohne das mir die Ausarbeitung dieses Buchs nicht möglich gewesen wäre. Insbesondere danke ich meiner Frau Renate und meiner Familie, die mir durch die Lebensgemeinschaft die für diese Arbeit wichtige Einsicht im Bewußtsein gehalten haben, daß das Leben dem Denken stets vorausgeht und das Denken an das Leben zurückgebunden bleibt.
Zur technischen Gestaltung sei bemerkt, daß wichtige Textpassagen der Hauptautoren prinzipiell in der Originalsprache wiedergegeben werden. Um auch den Lesern, die mit der einen oder anderen Fremdsprache weniger vertraut sind, das Verstehen zu erleichtern, ist die Aussage aller fremdsprachigen Zitate in Paraphrasen vorangestellt, so daß deren Sinn notfalls ohne die Originalzitate erfaßt werden kann. Zur Formulierung der Paraphrasen wurden meistens die gängigen Übersetzungen zum Vergleich herangezogen; aus Raumgründen wird aber auf einzelne Nachweise verzichtet, welche Übersetzung jeweils benutzt wurde und aus welchen Motiven zuweilen ein eigener Versuch der Verdeutlichung der zitierten Texte bevorzugt wurde. Die Originalzitate sollen gegen Nivellierungstendenzen das Bewußtsein der sprachlichen Fremdheit wachhalten und zugleich die Neugier zu der erforderlichen Weiterbeschäftigung mit den vorgestellten Texten wecken.
Obwohl der Sinn des Buches sich nur aus seinem ganzen Weg ergibt, sollen die einzelnen Kapitel und Paragraphen auch für sich lesbar sein. Deswegen sind einige der tragenden Grundgedanken wiederholt genannt und durch Nachweise belegt. Den besonders erwünschten Lesern, die sich die Lektüre des Ganzen vornehmen, mögen diese Wiederholungen hoffentlich nicht lästigfallen, sondern vielmehr der Anlaß einer Wiedererkennungsfreude sein. Obwohl dies Buch eigentlich kein *Lehrbuch* sein

kann, sofern die Philosophie insbesondere im Blick auf Gott nicht allzu viel zu lehren vermag, soll es doch ein *Lernbuch* sein – und zum Lernen gehört stets auch ein gewisses Maß von Wiederholungen.
Die Anzahl der Anmerkungen und die Hinweise zur kontroversen Diskussion wurden um der besseren Lesbarkeit des Textes willen knapp gehalten. Die Literaturangaben sollen diesem Mangel ein wenig abhelfen. Die Auflösungen der im Text benutzten Abkürzungen finden sich im Siglenverzeichnis; in ihm sind die Titel der Texte (teils in Kurzform) genannt, die zitiert werden oder auf die hingewiesen wird. Vollständige Angaben enthält das Literaturverzeichnis. Manche Gedanken, vor allem der beiden ersten Kapitel, beziehen sich auf Überlegungen, die ich ausführlicher in früheren Veröffentlichungen vorgetragen habe. Leser, denen die vorliegenden Skizzen zu knapp geraten erscheinen, können sich an diese im Hintergrund stehenden Texte halten, die deswegen im Literaturverzeichnis genannt sind. Zur Erleichterung des Nachschlagens sind außerdem ein Verzeichnis von Stichworten und der erwähnten Personen beigefügt.

Einleitung

1. Bestimmung der Aufgabe

Thema ist *die philosophische Frage nach Gott*. Diese Formulierung der Aufgabe soll Wort für Wort erläutert werden. Schon die These, daß es *die* philosophische Frage *des* Menschen nach Gott – mit dem bestimmten Artikel – gebe, ist umstritten. In der Geschichte gibt es einerseits zahlreiche disparate Weisen von Bearbeitungen der philosophischen Frage nach Gott und dem Göttlichen; andererseits wird zuweilen der Sinn metaphysischer Fragen, zu denen man auch die Gottesfrage rechnet, prinzipiell verneint. Diese grundsätzliche Negation kann man aber sogleich retorquieren, weil der *Sinnlosigkeitsverdacht gegen Metaphysik* offenbar selbst eine metaphysische These ist.[1] Die Annahme, man könne erfahrungswissenschaftlich fundiert für oder gegen die Metaphysik argumentieren, überschreitet also die Grenzen erfahrungswissenschaftlicher Aussagen (*KrV* B 806). Sie impliziert unbemerkt nach eigenen Maßstäben die *Sinnlosigkeit der Sinnlosigkeitsbehauptung*. Die Annahme, daß nur empirisch ausweisbare Behauptungen als sinnvolle Behauptungen gelten können, ist gerade nicht empirisch ausweisbar und derart gemäß dem Sinnkriterium, das sie an die Hand gibt, selbst keine sinnvolle Behauptung. Die vielleicht nötige Kritik der Metaphysik kann niemals als erfahrungsgestählte *Natur*-Wissenschaft vorgetragen werden, sondern immer nur als Meta-Metaphysik.

Angesichts des Gemischtwarenladens mit Selbstbedienung, der die abendländische Philosophiegeschichte aus der Sicht der arbeitsteiligen Konsumgesellschaft zu sein scheint, tritt im Rückblick die Versuchung auf, Philosophie in Philosophiegeschichtsschreibung aufzulösen, worin eine der Hauptgefahren des heutigen Wissenschaftsbetriebs unter dem Namen der Philosophie besteht. Indessen kann Philosophie nur in radikalem Wahrheitsernst vollzogen werden. Die Perspektive des *Supermarkts* mag staunenerregend sein, sie *betört* den Betrachter aber und verdirbt echtes philosophisches Fragen. Der Wahrheitsernst der Philosophie läuft allerdings in seiner Radikalität nicht auf dogmatische Er-

---

[1] *Retorsion* meint die Anwendung des Sinnes einer Aussage auf ihre eigene Möglichkeit; dieses Verfahren hat zum Beispiel Augustinus gegen den Skeptizismus angewandt (*CA* 2,5,11): Die akademischen Skeptiker behaupteten zu wissen, daß man nichts wissen könne, und entzogen also durch ihre These, daß man nichts sicher wissen könne, ihrer eigenen Position die Möglichkeit. Mit ähnlichen Argumenten müssen dogmatische Antimetaphysiker rechnen.

kenntnis hinaus, sondern lebt fragend aus der *Sehnsucht nach dem Absoluten* und dem *Wissen des Nichtwissens.* Die *geschichtliche Perspektive* kann, wenn sie die Festlegung auf eingekapselte Schultraditionen überwindet, als ein Schritt zu wahrem Philosophieren gelten. Ein *Perspektivismus* dagegen, der alle prinzipiell denkbaren Perspektiven gleichgültig nebeneinander stehen läßt und also die Wahrheitsfrage verdrängt, birgt die Gefahr in sich, den Anspruch des philosophischen Denkens funktionell zu relativieren, etwa im Sinn der *Lebensdienlichkeit.* Obgleich im folgenden aus der Fülle der Aspekte und Ausprägungen nur wenige betrachtet oder zumindestens gestreift werden können, wird in der ersten Bemerkung der Anspruch erhoben, daß *die* philosophische Frage nach Gott behandelt werden soll und nicht bloß historische Ausprägungen dieser Frage, wobei man sich nach subjektivem Geschmack die Rosinen aus dem Kuchen der Philosophiegeschichte herauspicken könnte.[2]

Das führt zur zweiten Bemerkung, daß es nämlich um eine *philosophische* Frage gehen soll. Das genuin Philosophische dieser Frage kann hier nur angedeutet werden. Das Wort *Philosophie* meinte von Anfang an *liebendes Streben* nach absoluter Wahrheit und glückselig machender Weisheit, nicht jedoch deren *Besitz*. Erlahmt diese Spannung, scheint die Frage nach Gott zu verstummen (vgl. *VGMP*). Laut Platon (*Symposion* 202a-d) steht der Philosoph aber als endliches Wesen in der Spannung zwischen Weisheit und Unwissenheit (μεταξὺ σοφίας καὶ ἀμαθίας), zwischen Sterblichem und Unsterblichem (μεταξὺ θνητοῦ καὶ ἀθανάτου). Als das *Zwischenwesen* von ungestillter – und in der Welt vermutlich unstillbarer – Sehnsucht (ἔρως) ist der Philosophierende ein Wesen der Frage (ἐρώτησις), das sich im Fragen selbst fraglich wird (vgl. *Symposion* 199b-d; die Wortspiele mit ἔρως und ἐρώτησις betonen die existenzielle Bedeutung des Fragens; vgl. auch *C* 10,27ff. und *KrV* B XXXI).

In diesen Kontext gehört Hans Urs von Balthasars kritische Frage (*PI* 21; vgl. *GT* 15; *KSA* 1,99): „Sollte der alte Lessing mit seinem von allen christlich Rechtdenkenden pausenlos angegriffenen Spruch nicht doch irgendwo Recht gehabt haben: daß er, falls Gott ihm die Wahl ließe, das Suchen dem Finden vorzöge?" Augustinus nennt hierzu zwei komplementäre Fehler, die der Wahrheit, die gefunden werden soll, widerstehen, nämlich den *Mangel an Zuversicht*, daß sie überhaupt gefunden werden kann und die *Annahme, sie bereits gefunden zu haben*: „Restant duo vitia, et impedimenta inveniendae veritatis ... ne te con-

---

[2] Die Grenzen dieses Versuchs bezeichnet der historisch und systematisch gemeinte Untertitel: *Ein Gang durch ihre Stationen.*

temnas, atque inventurum esse desperes, aut certe ne invenisse credas" (*CA* 2,3,8).
Die Gottesfrage zeigt sich als philosophisches Grundproblem, sofern ihr Fragecharakter unübersteigbar ist und zugleich den Menschen in der Spannung des Wissens des Nichtwissens hält. Naturwissenschaftler, die an der mathematischen Formulierung und der technischen Beherrschung der Naturphänomene arbeiten, mögen zuweilen solche Antworten auf ihre Fragen erhalten, die nur noch verfeinert werden können, aber nicht mehr revidiert werden müssen. Solchen naturwissenschaftlichen Untersuchungen fehlt an ihnen selbst die unmittelbare philosophische Aussagekraft. Falls zu gelten hätte, daß philosophische Fragen allein im *Wissen des Nichtwissens*, das dem Menschen eigentümlich ist, sachgemäß erörtert werden können, dann käme es in der Philosophie nicht nur und vor allem auf inhaltlich richtige Antworten an, sondern auf das *richtig suchende Fragen*, auf das ὀρθῶς φιλοσοφεῖν (*Phaidon* 80e), das für die unbedingte Wahrheit offenbleibt.
Der Teil der Philosophie, der sich explizit mit der Gottesfrage befaßt, wird meist der *Metaphysik* zugerechnet und manchmal als Betrachtung der Seinsregion des Göttlichen (*regionale Ontologie*) bezeichnet.[3] Zu der hier gestellten Aufgabe gehört jedoch weder die Frage, was Metaphysik ist oder sein sollte, noch die Erörterung von Notwendigkeit und Fragwürdigkeit der Metaphysik und ihrer *ontotheologischen Verfassung*, die der späte Heidegger in immer neuen Anläufen kritisch betrachtet hat, weil er in der Auslegung Gottes als *erstem Grund* und *höchstem Wert* die Wurzel des Nihilismus erblickte (z. B. *PLW* 235f.; vgl. § 13 b.). Gewiß geht die philosophische Frage nach Gott *über das hinaus*, was man gewöhnlicherweise der *Natur* (φύσις) zurechnet. Im unspezifischen Sinn eines *Denkens über die Natur hinaus* hat die Gottesfrage in der Tat etwas mit *Meta-Physik* zu tun, ohne jedoch auf diesem Weg zum Wurzelgrund der technisch orientierten *Physik* zu werden.
Die metaphysikkritischen Einwände, welche die Metaphysik von ihrem Beginn an begleitet haben, treffen auch die philosophische Gottesfrage. Jede Metaphysikkritik, die Anspruch auf Vernünftigkeit erhebt, muß aber, wie schon gezeigt wurde, vom Bewußtsein getragen sein, daß auch sie eine metaphysische Unternehmung ist. Weil Metaphysikkritik die *metaphysische Naturanlage* des Menschen voraussetzt, ist Metaphysik

[3] Als Betrachtung einer bestimmten Seinsregion, die sich in der metaphysischen Ontologie herausgebildet hat. Als Gegenstände der *metaphysica specialis* gelten seit Christian Wolffs rationalistischer Metaphysik, die für Kant systemprägend war: Gott, Freiheit, Unsterblichkeit (oder Seele, Welt, Gott); z. B. *KrV* B XXIX f., 7, 395 Anm.; dazu *KPM* 5ff.; außerdem *MgMs*.

nur von Hypothesen her kritisierbar, die selbst metaphysischen Charakter haben. Derart soll es in den folgenden Untersuchungen ohne metaphysischen oder antimetaphysischen Dogmatismus um die *Frage* nach Gott gehen.

Fragen ist ein *Sprechen*, das von seiner Absicht her nach Antwort sucht und gewöhnlicherweise in einer Antwort Erfüllung findet. Die Antwort kann einen Inhalt bestätigen oder kritisch differenzierend abwägen; sie kann ihn (oder die Möglichkeit eines Zugangs zu ihm) jedoch auch bestreiten. Jedenfalls scheint jedes Fragen ein Suchen zu sein, das von inneren und äußeren Motiven und Dispositionen bestimmt ist. Es muß in der Philosophie wissenschaftliches Suchen sein. Dieses wissenschaftliche Suchen ist gerade hier vom Wissen des Nichtwissens bestimmt, sofern ein nach Unendlichem fragender endlicher Geist sich zuletzt eingestehen wird, daß er nach etwas fragt, das ihn und seine Auffassungskraft unendlich übersteigt. Dennoch muß in der philosophischen Frage nach Gott vom Unendlichen gesprochen werden. *Sprechen* können wir zunächst einmal nur dann, sofern wir Gesprächspartner haben, die eine Gesprächssituation eröffnen. Das vorausgesetzt können wir *in* etwas sprechen, zum Beispiel in einem Haus oder im Freien, in einer Gemeinschaft von Menschen, in einem gedanklichen Zusammenhang, in einer Tradition, stets allerdings nur innerhalb des umgreifenden Kontextes, der Welt genannt wird. Sprechen können wir aber auch nur *aus* etwas heraus, zum Beispiel aus von uns gemachten beglückenden, leidvollen, informativen oder verwirrenden Erfahrungen, weiterhin aus etwas heraus, was wir irgendwie gelernt haben, aus entworfenen Plänen oder aus der Gelichtetheit von Situationen, in denen wir uns bewegen.

Wissenschaftliches Sprechen bewegt sich *in* einem vorgegebenen, durch Befindlichkeit und Verstehen gelichteten Bedeutungszusammenhang und erlaubt uns, *aus* ihm heraus *von*, *über*, *zu*, *mit*, *für* und *gegen* etwas zu sprechen, aber auch *um etwas herum*. Der Sprechende spricht stets zugleich *von* etwas und *um etwas herum*. Jedes Sprechen, das nicht als eine bloß stimmliche Lautgebung verächtlich gemacht werden kann, spricht nämlich selbst dann noch *von* etwas, wenn das Gesagte nichtssagend zu sein scheint oder gar mit Absicht nichtssagend sein soll. Alles menschliche Sprechen äußert im Vollzug folglich nicht nur sich selbst, sondern drückt zumindestens unvermerkt stets auch *etwas* aus. Dies gilt, auch wenn das Ausgedrückte das, was es bezeichnen soll, nicht unmittelbar darstellen kann, sondern immer nur Repräsentationen von ihm, die das Gemeinte evozierend oder bestimmend umkreisen. Dies führt zur Frage, *wie* von etwas zu sprechen sei, von dem jeweils gesprochen wird. Im Blick auf das hier gestellte Thema muß konkret gesagt werden, wie die Frage *nach* Gott philosophisch zur Sprache gebracht werden könne und solle. Alles wissenschaftliche Sprechen erscheint, sofern es objektiviert, immer auch als Sprechen *über* etwas. Wird aber die Annahme als gültig anerkannt, daß der unendliche Gott existiert, ist zugleich klar, daß ein objektivierendes Sprechen wie *über* Gegenstände vor Gott zu verstummen hätte. Das wissenschaftliche Sprechen kann, für den Fall, daß es Gott gibt, im Blick auf die Wirklichkeit Gottes, *von* der gesprochen wird, nicht mehr *über* etwas sprechen, weil es dann eben von dem zu sprechen hat, der *über allem* ist.

Es mag angesichts dessen, wor*über* kein Mensch in seiner Endlichkeit sprechen kann (nämlich *über Gott und Welt*), die Möglichkeit geben, *zu* Gott zu sprechen (beispielsweise dankend und bittend), *mit* ihm zu sprechen (in dem eine Antwort ersehnenden Gebet), *für* ihn zu sprechen (gegen Leugner und Spötter) und zuletzt auch *gegen* ihn (in der Anklage des Glaubenden wie Hijob, der angesichts des auf ihn einstürzenden Leids jedes Gottvertrauen zu verlieren droht). Die Möglichkeit solchen Sprechens zu Gott aus dem gelebten gläubigen Gottesbezug heraus übersteigt allerdings die Kraft philosophischen Sprechens, das sich denkerisch ausweisen muß und dem Bewußtsein der Fraglichkeit menschlicher Wahrheitssuche verhaftet bleibt. Die philosophische Gottesfrage wird gesprochen *in* der Welt, *aus* dem Kontext von unvordenklich und erfahrungsmäßig Vorgegebenem heraus, sie handelt *von* etwas, das sie indirekt zu vergegenwärtigen sucht. Sie ist als solches Sprechen jedoch die Frage *nach* etwas, sie zielt *auf* etwas, das sie, da sie wesenhaft Frage bleibt, nie zu *bestimmen* in der Lage sein wird.

Die Frage nach *Gott*, das sei eine letzte Vorbemerkung zur Formulierung der Aufgabenstellung, scheint die möglichen vorgegebenen und gebbaren Kontexte lediglich in einem formalen Transzendieren zu überschreiten, ohne das inhaltlich erfassen zu können, worauf die Transzendenzbewegung geht. Die *Dialektik von Suchen und Finden*, laut der der Suchende vom Gesuchten wenigstens so viel wissen muß, daß er seinen Fund als Gesuchtes erkennen kann, wird so zu einem begleitenden Motiv der Untersuchungen. Thomas von Aquin vertrat die Auffassung, daß Menschen nicht wissen, *was* Gott ist, meinte durch die Wirkungen (*per effectus*) aber zeigen zu können, *daß* er ist (z. B. *S. th.* I,2,2 und 3). Angesichts der so behaupteten *erkennbaren Unerfaßbarkeit Gottes* durch einen endlichen Menschengeist stellt sich in Schärfe die Frage nach der Möglichkeit eines *Findens* des unfaßbaren, souveränen Absoluten ohne vorgängige Direktion durch das menschliche Suchen. Dieses Problem provoziert die schwer zu beantwortende Frage, wie dieses *reine Finden* zu denken wäre.[4]

---

[4] Vgl. *WiM* 109: „Gibt es am Ende ein Suchen ohne jede Vorwegnahme, ein Suchen, dem ein reines Finden zugehört?"

Dieses *Lehrbuch* zu der philosophischen *Frage* nach Gott soll ausdrücklich keine philosophische Gottes*lehre* bieten. Demgemäß ist das Thema eines solchen Buches zunächst weniger Gott selbst als vielmehr der Mensch, sofern er nach dem unendlichen Gott fragt. Diese Frage soll im Blick auf die Momente ausgearbeitet werden, die etwas Lehrbares zutage fördern, etwas, das einerseits *wissenschaftlich haltbar* ist und das andererseits in der Tat *auf Gott zu weisen* vermag. Demgemäß hat ein *Lehrbuch* zur philosophischen Gottesfrage zu zeigen, wie innerhalb eines bestimmten Menschentums und dessen geschichtlicher Situation die Gottesfrage philosophisch angemessen zu entfalten ist.

Grundsätzlich stellt sich hier die Frage, wie der endliche Geist des Menschen die unendliche Wirklichkeit Gottes zu erfassen oder zu vergegenwärtigen vermag (vgl. *Cap*). Die in diesem Buch bevorzugte Antwort behauptet es als die eigentümliche Schwierigkeit der philosophischen Gottesfrage, daß ein Mensch, der sich recht versteht, diese Frage auf Grund seiner *metaphysischen Naturanlage* zwar mit Notwendigkeit stellen muß, daß ihm aber alle möglichen Antworten dennoch fraglich bleiben. Diese allen Antworten unvermeidlich anhaftende Fraglichkeit paßt nicht zu Gott, sofern Gott, wenn immer es ihn tatsächlich gibt, in seinem wahren Sein absolut fraglos ist. Daraus folgt ein dialektisches Widerspiel von Fraglichkeit und Fraglosigkeit Gottes für das philosophische Denken. Obgleich also die Fraglichkeit Gottes nicht von Gott als dem Ziel der Frage herrührt, sondern nur vom fragenden Menschen, schlägt sie sich gleichwohl *für den Menschen* in der Fraglichkeit Gottes nieder.

In einer Nachahmung von Platons Verfahren der Begriffseinteilung (διαίρεσις, zum Begriff der *Dihairesis* vgl. z. B. *Politikos* 265a ff.) könnte man versuchen, die denkbaren Positionen zur Gottesfrage aufzulisten. Dabei könnten zunächst die Annahmen unterschieden werden, laut denen der Themenbereich, der mit dem Gottesnamen bezeichnet wird, entweder für fraglos oder für fraglich gehalten wird. Wird er für fraglos gehalten, so kann entweder das Nichtdasein Gottes oder sein Dasein für fraglos gelten. Hält man das Nichtdasein Gottes für fraglos, dann könnte man als die Grundlage dieser Annahme entweder die Behauptung der Sinnlosigkeit der These des Daseins Gottes ausgeben oder aber die Behauptung, seine Nichtexistenz liege auf der Hand, da die psychologischen oder sozialen Bedingungen der Entstehung der menschlichen Annahmen von Göttern und Gottes erkennbar seien, beispielsweise als Projektion menschlicher Bedürfnisse.

Würde dagegen das Dasein Gottes für fraglos gehalten, könnte als Grundlage dieser Annahme entweder die Behauptung gelten, es sei eine unvordenkliche Voraussetzung unseres Erkennens (*primum cognitum*)

und dem endlichen Menschengeist gewissermaßen durch sich selbst offenbar; oder aber es wird behauptet, das Dasein Gottes ergebe sich bereits aus einem vorstellbaren Begriff, beispielsweise aus dem formal zwar klar denkbaren, inhaltlich allerdings über sich hinausweisenden Gedanken von etwas, über das hinaus nichts Größeres gedacht werden kann (*id quo nihil maius cogitari possit*).
Hält man das Dasein Gottes gerade nicht für fraglos annehmbar, so sind wiederum grundsätzlich zwei Stellungnahmen möglich. Entweder führt diese Fraglichkeit doch zur Annahme seiner Existenz oder sie endet in der Annahme seiner Nichtexistenz. Wenn das Dasein Gottes für fraglich gehalten wird, seine Annahme aber für möglich gilt, kann das entweder aus philosophischen Motiven oder aus einer darüber hinausreichenden Betroffenheit vom Offenbarungsglauben angenommen werden, der sich entweder auf philosophische Motive stützen oder diese als unnütz zurückweisen kann. Wenn das Dasein Gottes zwar für fraglich gehalten wird, es aber schließlich dennoch nicht angenommen wird, dann könnte sich diese Ablehnung entweder auf das erkenntniskritische Argument der prinzipiellen Unerfaßbarkeit einer unendlichen Wirklichkeit durch ein Endliches stützen oder auf eine Zurückhaltung des Urteils, die sich auf die unauflösbare Rätselhaftigkeit der Tiefendimension gründet, die in Beantwortungen der Gottesfrage mehr verborgen als durchsichtig sei.
Die vorgetragene Einteilung kann in folgendem Schema dargestellt werden:

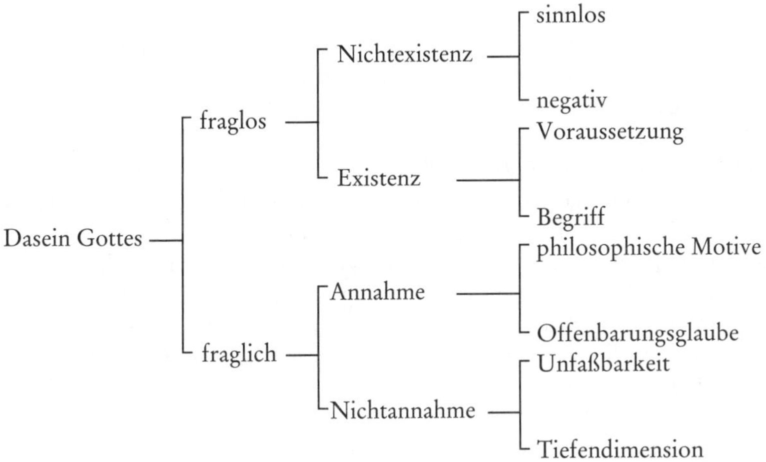

Solche Einteilungen mögen als dialektische Übungen zur Lockerung des Vorstellungsvermögens nützlich sein. Sie sind hier nur skizzenhaft und unvollständig präsentiert worden, da sie für die Sache wenig Bedeutung

haben.[5] Die Schwäche der Einteilungen zeigt sich schon darin, daß das Sein Gottes laut den vorausgeschickten Bemerkungen *zugleich in seiner Fraglosigkeit und in seiner Fraglichkeit* erfaßt werden muß. Da die expliziten Stellungnahmen zumeist Zwischenpositionen darstellen, können auch keine eindeutigen historischen Beispiele für dieses Schema gegeben werden.
Demzufolge müssen die dihairetisch unterscheidbaren und scheinbar entgegengesetzten Motive in der philosophischen Gottesfrage trotz mancher Widersprüche auch dialektisch zusammengedacht werden, soweit sie einen echten Wahrheitsanspruch enthalten. Philosophisches Gottdenken darf nicht gleichsam blind gegen die möglichen Einwürfe seine Ziele verfolgen. Die gebotene, unvoreingenommene Wahrheitssuche muß sich auch an Gedanken und Wirklichkeiten halten, die explizit der Existenz Gottes zu widerstreiten scheinen; diese Suche kann jedoch in der Hoffnung vollzogen werden, daß die Orientierung am Anspruch der Wahrheit ähnlich wie in Augustins *noologischem Weg* zuletzt dennoch zu Gott führt.

2. Überlegungen zur Methode und zur Durchführung

Nach Platon hätte die Wissenschaft vom Höchsten als höchste Wissenschaft (μέγιστον μάθημα) zu gelten, wenn wir sie besäßen (*Politeia* 505a). Der Weg der Erkenntnis beginnt offenbar immer mit sinnlicher Wahrnehmung. Auf dem Weg zu der von den Philosophen gesuchten höchsten Erkenntnis ist zunächst Selbsterkenntnis nötig, die dem Wissen um sinnlich erfaßbare Gegenstände der Außenwelt (ἀλλότρια) überlegen ist, da die Selbsterkenntnis nicht nur Erkenntnis sucht, sondern auch Erkenntnis der Erkenntnis und Erkenntnis des Erkennenden (*Phaidros* 229e/230a). Derart tritt bei Platon die *Dreistufigkeit* des Weges zur wahren Erkenntnis hervor. Dieser Weg beginnt mit der auf *Wahrnehmung* gegründeten Erforschung der Außenwelt und führt über die *Rückwendung* des Erkennenden auf sich selbst zu seiner *Hinwendung* zur Frage nach dem Höchsten, ohne daß diese in der Welt je eine abschließende Antwort erlangen könnte. Platon findet es lächerlich

[5] Vgl. die dihairetische Bestimmung des Angelfischers im *Sophistes* 219a ff., die wundervoll gelingt, jedoch nicht den Zweck erfüllt, Vorübung für die Bestimmung des Sophisten zu sein. Ähnlich mißlingt die Bestimmung des Politikers im *Politikos*, die im Dialog offener Ironie ausgesetzt ist (266b).

(γελοῖον), „in anderen unbedeutenden Dingen alles zu tun und sich anzustrengen, um sie auf das genaueste und reinste zu haben, in dem größten aber nicht die größte Genauigkeit zu fordern“ (*Politeia* 504d). Er zeigt aber auch, daß die gesuchte Lehre nicht positiv zu finden ist, so daß auch denen Lächerlichkeit droht (505b), die meinen, sie wüßten bereits das Entscheidende. Er äußert damit etwas, was Aristoteles auf den Begriff gebracht hat, indem er das göttliche Wissen (ἐπιστήμη θειοτάτη), das philosophische Reden von Gott (φιλοσοφία θεολογική) als *gesuchte Wissenschaft* (ἐπιστήμη ζητουμένη) bezeichnet (*Mp* 982b-983a; 1026a).
Die Sachlage, daß die Aufgabe des Gottdenkens in der Philosophie nicht dogmatisch gelöst werden kann, sondern aporetisch bleibt, hat sich im Laufe der Philosophiegeschichte nicht verändert, ob man nun ihre Vergegenwärtigungen durch Augustinus, Thomas, Kant oder Heidegger betrachtet, um nur einige der wichtigen Denkergestalten herauszugreifen (dagegen *PhdG* 14). Wenn man von der Notwendigkeit und der Unlösbarkeit dieser Aufgabe ausgeht, muß man sich sowohl des Ernstes (σπουδή) als auch des Spiels (παιδιά) in der Untersuchung bewußtbleiben (*Phaidros* 276a ff.).
Jedem, der die philosophische Gottes*frage* durch eine Gottes*lehre* überbieten zu können meint, sollte wenigstens bewußt sein, daß er sich mit ernsthaft die Wahrheit suchenden Gottesleugnern auseinandersetzen muß, wenn er den Anspruch der fraglosen Gewißheit der Wirklichkeit Gottes aufrechterhalten will. Sobald ihm jedoch deren Einwände bewußt sind, müßte er gestehen, daß er seine *Lehre* auf einer Ebene vorträgt, welche die Endlichkeit des Menschen überspringt, und daß er in einer dem Menschen nicht angemessenen Art spricht, die schon Thomas bei der Beurteilung des *Argumentum Anselmianum* ablehnt (vgl. *S. th.* I,2,2c).
Offenbar ist es einem ernsthaft fragenden Menschen auch möglich, das Dasein Gottes für nicht selbstverständlich zu halten. Insbesondere die Existenz des Übels und des Bösen bedroht den Gottesglauben (*S. th.* I,2,3, obi. 1 und ad 1.). Vor diesem Hintergrund führen die Mängel der Beweise, aus denen das Dasein Gottes abgeleitet wird, zur Einsicht, daß das Gottdenken einen besonderen Blick auf die Weltwirklichkeit voraussetzt, den man nicht rational erzwingen kann. Angesichts dieser Situation könnte ein Theologe sagen, daß alles Begegnende *als Tatsache oder als Geheimnis* betrachtet werden kann. Ein Philosoph wird aber zunächst bei der Feststellung der *Zweideutigkeit* und der *Fraglichkeit* des Wirklichen verharren (vgl. *EE* 257). Die Philosophie erkennt den Unterschied zwischen Philosophie und Theologie darin, daß Philosophie zwar die Notwendigkeit sehen kann, auf ein Unendliches hinzudenken, aber auch Hinderungsgründe für eine Annahme des Unend-

lichen als Gott. Der Theologe denkt von vornherein aus dem Glauben heraus, der sich schon auf die Wirklichkeit Gottes eingelassen hat. Philosophie ist zunächst einmal reines Suchen, das aber für Antworten grundsätzlich offen ist. Sie kann ihre Erfüllung im religiösen Glauben finden; sobald sie jedoch aus gläubigem Vertrauen auf das Handeln Gottes zu denken beginnt, hört sie auf, Philosophie zu sein. Diese Grenzbestimmung gilt indessen nur für reine Denkprozesse, nicht für das konkrete Leben als ganzes. Menschlicher Lebensvollzug ist nämlich faktisch immer, abgesehen von den möglichen Inhalten, *zugleich* von gläubigem Sicheinlassen *und* von ungestütztem Denkvollzug bestimmt (dagegen *PuT* 66).

Das Ansinnen, die gestellte Aufgabe ausdrücklich als eine offene *Frage* zu entfalten, könnte trotzdem auf den nicht unberechtigten Widerstand derer stoßen, die auf die Fraglosigkeit der Wirklichkeit Gottes verweisen, angesichts derer alle Fragen verstummen müssen. Denker, die von der sich selbst als fraglos bezeugenden Wirklichkeit Gottes als der größten Selbstverständlichkeit überzeugt sind, befinden sich aber in ihrer Gegenstellung gegen das Fragen nach Gott in seltsamer Allianz mit Denkern, denen die Annahme der Wirklichkeit Gottes so unselbstverständlich geworden ist, daß sie die Frage nicht mehr stellen, sofern sie diese, wie zum Beispiel in der sogenannten analytischen Philosophie, entweder für *sinnlos* oder, wie in der psychologischen, soziologischen und der ethischen Religionskritik, für *sinnwidrig* halten.

Hier soll also die *philosophische Frage nach Gott* gestellt werden, um deren Notwendigkeit gegen diejenigen sichtbar zu machen, die positiv oder negativ alles schon zu wissen scheinen. Demnach wird einerseits etwas getan, was von den alten Philosophen immer wieder getan wurde, andererseits aber etwas, was in der heutigen Situation gerechtfertigt werden muß, sofern man nicht nur innerhalb des heute etablierten Pluralismus seine besondere These neben die anderen Thesen zum Thema stellen will. Jedenfalls zielen die folgenden Untersuchungen darauf, die Gottesfrage als *notwendige, aber unlösbare Aufgabe der Philosophie* zu erweisen. Derart wird gesagt, daß Philosophen, die sich prinzipiell und ausdrücklich schon gegen die bloße Frage nach Gott sperren, zugleich die Philosophie verlassen haben. Hierbei ist die Möglichkeit im Auge zu behalten, daß die faktische Thesenvielfalt im philosophischen Gottdenken, auch wenn sie unvereinbare und kritische Motive darzubieten scheint, vielleicht ein unbewußt im Unendlichen koinzidierender Ausdruck der Unfaßbarkeit der Gottesfrage sein könnte.

Wenn dies so wäre, müßte man diesen Ineinsfall entgegengesetzter Positionen wenigstens an einigen philosophiegeschichtlichen Stationen aufweisen können. Es müßte die Fraglichkeit der Gottesfrage sowohl in

Gottesbehauptungen als auch in Gottesbestreitungen sichtbar gemacht werden können. Im Blick auf dogmatische Behauptungen wäre zu zeigen, daß sie ihren selbstgesetzten Ansprüchen als Beweisen nicht genügen, im Blick auf die Gottesbestreitungen wäre zu zeigen, daß sie eine Frage überdecken, deren Auslassung zugleich ein Stück der menschlichen Wirklichkeit verdunkelt. Die Behauptung des Fragecharakters der Gegenwart Gottes in der Philosophie ist so eine nicht selbstverständliche These, die zugleich mit und gegen ganz verschiedenartige philosophische Positionen vertreten werden müßte. Auf diesem Wege klärt sich auch der hier anzustrebende Umgang mit der philosophischen Tradition: Er ist zwar von der inhaltlich geprägten, systematischen Absicht geleitet, die Gottesfrage aufzuspüren; er läßt sich aber inhaltlich und methodisch auf völlig unterschiedliche Ausformungen des philosophischen Denkens ein, auch in der Bereitschaft, scheinbar feindlich Widersprechendes einzubeziehen.
Dabei sollen Einbindungen in bestimmte Schulrichtungen vermieden werden. Beispielsweise ist die Annahme, daß es einen gegenseitig ausschließenden Widerspruch zwischen den phänomenologischen und den transzendentalphilosophischen Zugängen gebe, nicht zu akzeptieren, zumal die Transzendentalphilosophie wesentlich auf gegebene Phänomene bezogen werden muß; so wird verständlich, daß die Phänomenologie aus transzendentalphilosophischen Motiven erwachsen ist. Beide Methoden besitzen gemeinsam den Vorrang: Sie lenken den Blick auf die Phänomene und lassen ebenso darauf achten, was implizit durch die Phänomene als Bedingung ihrer Möglichkeit mitgegeben ist. Insgesamt müssen die Gedanken der älteren Philosophie auf die Krise im philosophischen Gottdenken der Gegenwart bezogen werden, deren Diagnose hier natürlich immer nur die Form eines Vorschlags haben kann.
Vor dem Hintergrund dieser allgemeinen methodischen Bemerkungen soll nun etwas zum konkreten Gedankengang des Buches gesagt werden. Im Vorwort wurde schon darauf hingewiesen, daß das Buch aus fünf Kapiteln besteht, deren Mittelachse das dritte Kapitel darstellt. Zwischen dem ersten und dem fünften Kapitel besteht eine besonders enge sachliche Beziehung, ebenso zwischen dem zweiten und dem vierten Kapitel.
Mit der Frage, wie *Gott in die Philosophie* komme, ist als erstem Ausgangspunkt anzufangen. Diese Frage kann religionsphänomenologisch gewendet werden in die Frage, wie Gott in ein menschliches Denken komme. Sie kann allerdings auch mit einer transzendentalphilosophischen Frage nach Gott verbunden werden, sofern sie mit der *metaphysischen Naturanlage* des Menschen zu tun hat. Wenn man mit der Frage anfängt, wie Gott in die Philosophie komme, muß in ihr schon immer

der philosophierende Mensch mitgedacht werden. Dabei ist zu bedenken, daß Gott gleichsam von Anfang an *in* der Philosophie war, so daß man eher die Gegenfrage stellen kann, wie er denn *aus* der Philosophie herausgekommen sei. Im Anschluß daran könnte man die weitere Frage stellen, was mit einer Philosophie geschieht, aus der Gott herausgekommen ist. Jedenfalls macht dieser Ausgangspunkt es von Anfang an notwendig, den *Menschen als Fragesteller* zu thematisieren.

Wer sich die Ausarbeitung der philosophischen Gottesfrage vorgenommen hat, muß sich überzeugt haben, daß es sinnvoll ist, diese Frage zu stellen. Da der Sinn der Gottesfrage in der Philosophie umstritten ist, muß zunächst der Weg zu dieser Überzeugung argumentativ vergegenwärtigt werden. Die erste Frage zielt damit auf den *Menschen*, sofern er die Gottesfrage zu stellen beabsichtigt. Im Blick auf diesen Ausgangspunkt müssen der *Träger*, die *Genese* und die *Gültigkeit* der Gottesfrage zur Sprache kommen.

Nachdem im ersten Kapitel diese Vorstufen durchschritten wurden, soll das zweite Kapitel einen inhaltlichen Zugang zu dem in der Gottesfrage Erfragten suchen. In ihm soll also gezeigt werden, worauf sich die Gottesfrage richtet. Diese Reihenfolge wird bevorzugt, obgleich der herkömmliche Weg mit dem Beweis der Existenz eines notwendigen Wesens beginnt und erst dann *Eigenschaften dieses Wesens ausgearbeitet* werden, „um aufzuzeigen, daß das notwendige Wesen Gott ist".[6] Die hier gewählte Disposition, welche die Frage nach dem, was Gott ist, vor der nach seinem Dasein behandelt, rechtfertigt sich aus zwei Gründen. Erstens gilt nach Aristoteles, daß im Wassein der Anfang jedes schlüssigen Beweisverfahrens liegt (*An* A, 402b 25f.: πάσης γὰϱ ἀποδείξεως ἀϱχὴ τὸ τί ἐστιν). Zweitens ist die Sicherheit, daß Gottesbeweise zu dem erwünschten Ergebnis führen, in der neueren Philosophiegeschichte gründlich erschüttert worden. Da die Gottesbeweiskritik nicht dazu geführt hat, daß die Gottesfrage an Brisanz verloren hätte, wird es also um so erregender, die Frage nach der Existenz Gottes zu stellen, nachdem geklärt ist, worum es in dieser Frage geht.

Zwar kann Thomas zugestimmt werden, daß wir nicht wissen können, *was* Gott ist; trotzdem muß zuvor geklärt werden, was wir meinen, wenn wir von Gott sprechen, damit zumindestens verstanden werden kann, *was* gesagt wird, wenn davon gesprochen wird, *daß* Gott ist. Falls diese Vorklärung fehlte, hätten die Schlußformeln der *fünf Wege* des

---

[6] Vgl. *KFG* 116; Sala fährt an dieser Stelle fort: „Ein solches Verfahren ist durchaus herkömmlich. Es findet sich schon bei den Meistern der Scholastik. Das Muster, das Kant unmittelbar vor Augen stand, war der Kontingenzbeweis bei Wolff." Vgl. auch *SGe* 221.

Thomas, daß das, was bewiesen wurde, von allen als Gott erkannt werde (z. B. *et hoc omnes intelligunt Deum*) keinen möglichen Sinn (*S. th.* I,2,3). Derart zeigt sich, daß das Nichtwissenkönnen des Wesens Gottes zwar einerseits auch eine Last für die erstrebte Klarheit der Ausarbeitung darstellt, daß aber andererseits eingesehen werden kann, daß ein von einem endlichen Geist *gewußtes* Wesen gar nicht das Wesen des unendlichen Gottes sein könnte. Um die nötige Bestimmtheit des Fragens nach dem Unendlichen dennoch zu erlangen, müssen Bewegungen des Transzendierens ausgeführt werden, die den Begriff Gottes zwar nicht bestimmen, aber doch in einer ausreichend bestimmten und unverwechselbaren Weise auf ihn hinzeigen können. Die wissenschaftlich geforderte Bestimmtheit der Gottesfrage kann also nicht durch *Definitionen* des Gottesbegriffs erlangt werden, die stets auf eine *Verendlichung* Gottes hinausliefen, sondern nur durch *Infinitionen*, durch Entendlichungen von Gehalten des endlichen Menschengeistes.

In der Tat kann der philosophische Kampf um die Annahme der Existenz Gottes erst dann sinnvoll beginnen, wenn zuvor ein Konsens darüber besteht, worum gestritten wird. Seit Platon hat die Ausarbeitung von Gottesbeweisen eine vorwiegend apologetische Funktion für diejenigen, die an Gott glauben (*Nomoi* 887c ff.). Damit ist gesagt, daß die Beweise aus einem Kontext heraus vorgetragen werden, in dem das Wesen Gottes zunächst gleichsam unbefragt und mehr oder weniger ausdrücklich als bekannt vorausgesetzt ist. In den Beweisgängen, die sich im Laufe der Geschichte entwickelt haben, sind einzelne Merkmale dieses Gottesverständnisses isoliert und den Beweisen zugrunde gelegt worden. Jedenfalls ist es erforderlich, die wesentlichen Beweiswege und ihre wichtigsten Gegenargumente vor Augen zu stellen. Weil hier das tragende Fundament der philosophischen Gottesfrage zur Debatte steht, muß das dritte Kapitel den größten Raum einnehmen, in dem die Diskussion um die Existenz Gottes dargestellt wird.

Dies soll in der Weise geschehen, daß zunächst die möglichen methodischen Grundhaltungen in der Beantwortung der Frage nach der Existenz Gottes betrachtet werden. Danach werden die klassischen Wege der Gottesbeweise verfolgt. Im Blick auf die Existenzfrage ist es unzureichend, nur die *für die Existenz Gottes sprechenden Argumente* zu sichten; vielmehr sind auch die sachlichen Grundlagen *für die Bestreitbarkeit des Daseins Gottes* in Augenschein zu nehmen und zu prüfen, ob und inwieweit sie die Vernunft des Menschen herausfordern können. Die Vergegenwärtigung der zur *Annahme* und der zur *Leugnung* der Existenz Gottes führenden Argumente mündet in die kritische Diskussion einiger exemplarischer negativer Stellungnahmen zum Dasein Gottes.

Obgleich die philosophische Gottesfrage aus dem religiösen Leben er-

wachsen ist, hat sie sich in der Kompliziertheit ihrer Überlegungen schließlich weit von ihm entfernt. Das vierte Kapitel hat deshalb im Anschluß an die Darstellung der Debatte um das Dasein Gottes die Aufgabe, das Verhältnis des *Gottes der Philosophen* zu dem *lebendigen Gott des Glaubens* zu thematisieren. Folglich kommen hier die Fragen zum *Wesen Gottes* noch einmal ins Spiel. Insbesondere der rationalistische Versuch, eine Gottesgewißheit allein aus dem Denken zu erreichen, hat zum Bewußtsein der Distanz zwischen dem lebendigen Gott des Glaubens und dem gedachten *Gott der Philosophen* geführt. Dieses Spannungsverhältnis wird zunächst bei Platon und Aristoteles verfolgt. Anschließend wird das Problem dargestellt, wie es Pascal ausdrücklich entfaltet hat. Abspiegelungen und Weiterführungen dieses Problems sind bei Kant und Heidegger zu finden, deren Stellungnahmen zur Frage nach Gott nicht als Gegnerschaft gegen den Inhalt der Metaphysik zu verstehen sind, sondern als umformende Neuaufnahmen eines ursprünglichen metaphysischen Denkens.
Die philosophische Entwicklung der Neuzeit, die anfangs zur Ausbildung einer dogmatischen Metaphysik geführt und die Metaphysik samt dem Gottdenken in die Krise getrieben hat, endet nicht mit dem *Abfall von der Höhe* des von Antike und Mittelalter erreichten Reflexionsniveaus. Die Krise eröffnet auch einen Weg, der mit dem neuerlichen *Ernstnehmen der Endlichkeit des Menschen* zu höherer Klarheit und Lauterkeit führen kann. Um dies zu belegen, präsentiert das fünfte Kapitel Denker, die ebenso die *Göttlichkeit Gottes* wie die *Menschlichkeit des Menschen* als Aufgabe des Denkens wahrnehmen. Dieses Kapitel nimmt so noch einmal das Thema des ersten Kapitels auf, nun aber auf den Wegen, die Menschen gegangen sind, nachdem sie gesehen haben, daß man vernünftigerweise Wege des philosophischen Gottdenkens beschreiten kann. Auf diesen Wegen werden die Zweideutigkeiten der philosophischen Situation im Bewußtsein der Fraglichkeit überschritten.
Auf dem Weg der Kritik der philosophischen Theologie *more geometrico* ist die Rückkehr zu einem Gottdenken möglich geworden, das nicht mehr an den Idealen der exakten Wissenschaften orientiert ist. Die Verwandtschaft alter und neuer Versuche solchen philosophischen Gottdenkens soll einerseits an Gedanken von Augustinus und Cusanus und andererseits am Ansatz von Emmanuel Lévinas verdeutlicht werden, die diese aus der Erfahrung und dem Entzug des Geheimnisses des Seins, des Heilen und der ethischen Personerfahrung vorgetragen haben. Dieses Kapitel hat die Aufgabe, ein philosophisches Gottdenken zu vergegenwärtigen, das den Weg der kritischen Reflexion durchlaufen und sich für die vernünftig rechtfertigbare Möglichkeit entschieden hat, die Wirklichkeit Gottes zur Grundlage weiteren Suchens zu nehmen.

Nicht erst seit Feuerbach und Nietzsche ist ein vom Menschen zurechtgedachter Gott diskreditiert. Der Gott einer Vergöttlichung menschlicher und weltlicher Erfahrungen, der Lückenbüßergott und der Volksgott scheinen ausgespielt zu haben, obgleich in solchen Ansätzen auch Eröffnungen echten Transzendierens verborgen sein können; diese Ansätze weisen aber bloß über die Welt hinaus auf eine andere Wirklichkeit, bieten keine *Erklärung* für das Wissen. Die Ausarbeitung der philosophischen Gottesfrage hat religionskritische Funktionen, die sie seit Xenophanes, Platon, Aristoteles, Kant, Wittgenstein oder Heidegger immer wieder konstruktiv ausgeübt hat. Das kritische Potential der Philosophie stand aber nicht nur *gegen positive Ausformungen von Religion*, die das Gottesbild verzerrten oder den Menschen entwürdigten, sondern auch *gegen Atheismen*, die in ein banausisches Weltbild abglitten oder sich in hybrider Selbstüberschätzung zu erheben suchten.
Die *philosophische Gottesfrage* hat nur dann einen Sinn, wenn ein Wesen, das selbst nicht Gott ist, auf Gott hindenkt. Die Gottesfrage ist so ein Weg, der wenigstens zunächst *Ferne*, *Distanz* zum Erfragten voraussetzt; sie ist damit wesenhaft jedem Pantheismus entgegengesetzt, der die absolute *Göttlichkeit Gottes* ebenso wie das endliche *Menschsein des Menschen* spekulativ umformt und verdeckt. Gegen solche spekulative Umformung der Situation des Menschen ist an der Nicht-Identität oder Trennung zwischen Gott und Mensch festzuhalten, die besonders von Lévinas betont worden ist (vgl. § 15). Lediglich auf diesem Weg kann die absolute Souveränität Gottes mit dem endlichen Selbstsein des Menschen zusammengedacht werden. In diesem Sinn hat auch Augustinus an der Souveränität des göttlichen Vorherwissens genauso wie an der Freiheit der menschlichen Entscheidung festgehalten (*CD* 5,10). Doch setzt die philosophische Gottesfrage auch die unfaßbare *Nähe* Gottes zu dem Menschen voraus, ohne die er Gott als unendliche Wahrheit und als höchstes Ziel seines Strebens nicht einmal erahnen könnte. In diesem Sinn ist Philosophie mit Platon als Anähnlichung des Philosophierenden an Gott (ὁμοίωσις θεῷ κατὰ τὸ δυνατόν) zu verstehen (*Theaitetos* 176b), wobei Gott als das absolute Endziel aller Dinge (*ultimus rerum finis*) sichtbar wird (*S. c. g.* I,75).

3. Zur Dialektik von Reden und Schweigen

Diesen Abschnitt möchte ich mit dem Hinweis auf ein persönliches Erlebnis beginnen. In einer Aufführung von Bachs *Matthäuspassion* in der Dresdner Kreuzkirche am Gründonnerstag 1993 hat mich Jesu Schweigen auf die Frage des Pilatus zu Herkunft und Wesen in der zeitlichen

Darstellungsform der Musik als eine Antwort im Entzug der Rede tief beeindruckt. Hoheitsvolle Souveränität vermag sich in der Situation ihrer äußeren Schwäche nur im Schweigen zu vergegenwärtigen. Der Versuch, das Göttliche zu enthüllen und dingfest zu machen, kann in der Welt nur Weltliches sehen lassen; er verendlicht und erniedrigt das Göttliche mit seinen menschlichen Vorstellungen und beraubt es gleichsam seiner göttlichen Kraft.[7] Wollte man diese Erfahrung verallgemeinern, müßte man von seiten des Menschen vermuten, daß die Erscheinung Gottes und die Souveränität göttlichen Glanzes in der Welt lediglich durch sich selber sprechen können, von objektivierendem Beweisen aber zerredet würden. Derart könnte sich eine aufnehmende Begegnung dieses Ereignisses allein in *beredtem Schweigen* vollziehen.[8]

Solch ein auf eine unfaßbare Transzendenz verweisendes, beredtes Schweigen kann aus vielfältigen Ursprüngen erwachsen und als die berührende Ahnung der göttlichen Wirklichkeit gedeutet werden.[9] Es kann zum Beispiel aus Augenblicken der Glückseligkeit hervortreten, die das Erhaschen eines Blickes durch den kurz sich öffnenden Spalt eines geschlossenen Vorhangs zu sein scheinen. Dies kann sich ebenso bei der Wahrnehmung der Schönheit von Natur und Kunst, im Gelingen menschlicher Gemeinschaft, im Erleben rauschhaft überschäumenden Lebensglücks, in Augenblicken erfüllter Ruhe ereignen. Es könnte in der Begegnung mit einem Mut hervortreten, in dem ein Mensch sich für das von Not bedrängte Leben Anderer opfert. Es könnte aus der Erfahrung von Schuld erwachsen, in der ein Mensch auf sich und eine unendliche, kaum verstehbare Bedeutung seines Tuns gestoßen wird (*EE* 74). Es kann aus der Erfahrung von Leid und Tod nahestehender Menschen entstehen, aus tiefer Ratlosigkeit, aus dem Schmerz angesichts der begegnenden Sinnwidrigkeiten, die das Verhalten zum Ganzen des menschlichen Weltdaseins in ihren vernichtenden Strudel ziehen können. Karl Jaspers weist darauf hin, daß dem Menschen *in jeder Grenzsi-*

---

[7] Eine mythische Repräsentation der Erfahrung, daß göttliche Kraft nicht ausgeforscht werden darf, bietet Richard Wagners Oper *Lohengrin* (Ges. Schriften und Dichtungen 2,75; 1. Aufzug, 3. Scene): „Nie sollst du mich befragen, noch Wissen's Sorge tragen, woher ich kam der Fahrt, noch wie mein Nam' und Art!"

[8] Kant sieht den Betrachter der Schönheit und Ordnung der Welt *in ein sprachloses, aber desto beredteres Erstaunen* gesetzt (*KrV* B 650). Den Sprung zur wirklichen Existenz deutet Jaspers als geschichtliche Wirklichkeit, *die zu sprechen aufhört* (*EE* 206f.). *Schweigen* gilt Heidegger als *andere wesenhafte Möglichkeit des Redens* (*SuZ* 218): „Wer im Miteinanderreden schweigt, kann eigentlicher ‚zu verstehen geben', das heißt das Verständnis ausbilden, als der, dem das Wort nicht ausgeht."

[9] Vgl. *C* 9,24; *DI* I,4,11: *incomprehensibiliter attingere*. Zum Begriff der *Ahndung* und der *unendlichen Sehnsucht* bei Novalis vgl. *Hymnen an die Nacht*, bes. 1-3.

tuation gleichsam der Boden unter den Füßen weggezogen wird, da das Sinnwidrige „das Absolute als objektiven Bestand in jeder Weise des Gewußtseins vernichtet" (*EE* 249, 251). Das sich aufdrängende Schweigen scheint ein ausgezeichneter Ort der Begegnung mit der Transzendenz zu sein. Mit großer Macht tritt es im Tod an den Menschen heran. Dazu sagt Bernhard Welte: „Das Schweigen des Todes tut dem, der ihm rein und ernst begegnet, etwas an. Es ist wirkendes, antuendes, enthüllendes Schweigen" (*Hv* 132). In allen Erfahrungen scheinen die ins Unendliche weisende Größe, die Unableitbarkeit, Unverfügbarkeit und Endgültigkeit des Begegnenden Kennzeichen der Wirklichkeit zu sein, die nur im Schweigen vor dem Geheimnis angemessen vergegenwärtigt werden kann.

Die Augenblicke irdischer Glückseligkeit erwachsen in der Begeisterung angesichts einer plötzlich auf die Unendlichkeit Gottes hin diaphanen Wirklichkeit. Diese Durchsichtigkeit auf Gott hin kann sich in der Schönheit und Mannigfaltigkeit der Natur ereignen, aber auch in der Begegnung mit anderen Menschen, in der das Gelingen der menschlichen Gemeinschaft als Zusammenspiel eigener Aktivität und geschenkter Möglichkeit erfahren wird. Schließlich kann sie auch aus der Erfahrung der schöpferischen Möglichkeiten des menschlichen Tuns in Kunst und Wissenschaft hervorleuchten.

Dabei kann zwar möglicherweise vieles über das konkret Begegnende gesagt werden, das eigentlich Faszinierende an ihm kann stets aber allein im Schweigen gegenwärtig sein, da das, was die Sehnsucht des Menschen erfüllt, nicht aus seiner Kraft beständig erreicht werden kann und außerdem auch alles menschliche Verstehen übersteigt. Diese Sehnsucht (*desiderium*) gehört zur menschlichen Natur (*desiderium naturale*) und sprengt doch alle endliche Wirklichkeit des Natürlichen. Das von jedem Menschen erstrebte, beständige Glück erscheint in der Welt als phantastische Vorspiegelung, als Fata Morgana oder als Luftschloß, die dahinschwinden, sobald man sie sachlich und sprachlich dingfest zu machen versucht. Demnach gehört das Schweigen von Existenz zu Existenz wesenhaft zu einer Durchführung der Frage nach Gott. Dies verdeutlicht Martin Buber mit der folgenden Episode: „Auch diesmal saßen die beiden Freunde Tag um Tag am Bette Rabbi Israeels und unterredeten sich mit ihm. Sie sprachen von hohen und höchsten Dingen, aber auch von den Ereignissen der Tage. Von den hohen Dingen sprachen sie wie von etwas, was sich in ihrer Nähe begab, und von den irdischen Ereignissen, als wären sie aus himmlischem Stoff gewoben. Dazwischen schwiegen sie, aber miteinander" (vgl. *GM*, 1065).

Das gleichwohl nötige Sprechen, ohne das die für das menschliche Leben erforderliche Kommunikation nicht geschehen könnte, hat im

Blick auf beglückende Ereignisse gemäß dem Zeitschema einen Charakter, der das Gegenwärtige freudig umspielt, das Vergangene dankbar in Erinnerung bewahrt und das Zukünftige voller Hoffnung erwartet; im Blick auf einen Entzug des Beglückenden hat es den Charakter des Schmerzes, der Trauer und der Klage. Für diese unterschiedlichen Haltungen gegenüber Gott finden sich vor allem in den biblischen Psalmen Beispiele, ob sie nun ein Ausdruck der Bitte, des Dankes, des Jubels oder von Klagen sind, wobei solche Klagen sich bisweilen als Anklagen mit voller Schärfe gegen Gott richten (z. B. *Psalm* 88). In der hinreißenden Glückserfahrung ist ebenso wie in der Unglückserfahrung das Absolute nur vermittelt gegenwärtig; nur in wortlosem Erleben kann es unmittelbar, wenngleich auch hier nur in vorläufiger Weise, gegenwärtig sein.

Nur dem schweigenden Menschen kann Gott sich in der Welt zeigen, nur schweigend können Menschen dem Erscheinen Gottes und göttlichen Glanzes begegnen. Nur durch zeichenhafte Entäußerung seines Wesens kann Gott sich dem Menschen in der Welt enthüllen. Jedoch kann ein Mensch unter Menschen nur sprechend dieses Ereignis und den Entzug der Erscheinung Gottes vergegenwärtigen. Zwar *muß man darüber schweigen, wovon man nicht sprechen kann;* man muß jedoch auch darüber sprechen, wovon man nur schweigen kann, da es sonst nicht das Schweigen darüber gäbe, wovon man nicht sprechen kann (*TLP* 7). Dies hat Ludwig Wittgenstein im *Tractatus logico-philosophicus* getan, wo er das Sprechen schließlich als die Leiter deutet, die nach dem Aufstieg wegzuwerfen sei: „Meine Sätze erläutern dadurch, daß sie der, welcher mich versteht, am Ende als unsinnig erkennt, wenn er durch sie – auf ihnen – über sie hinausgestiegen ist. (Er muß sozusagen die Leiter wegwerfen, nachdem er auf ihr hinaufgestiegen ist.) Er muß diese Sätze überwinden, dann sieht er die Welt richtig" (*TLP* 6.54).

Gottes Schweigen steht wie das Schweigen des Menschen in der Begegnung mit Gott und dem Glanz des Göttlichen in der Gefahr, als Kraftlosigkeit Gottes und als Verschweigen Gottes durch den Menschen zu gelten. Diese Begegnung im Schweigen schont aber einerseits die endliche Fassungskraft des Menschen und verhindert so, daß der Mensch als ein verschwindendes Tröpfchen im Meer des Unendlichen unterginge; sie ermöglicht andererseits das Denken der Absolutheit Gottes, dessen Sein und Verhältnis zum Endlichen vom Menschen her unergründlich ist. Der vor das Geheimnis seines Daseins und der Welt überhaupt gestellte Mensch sieht demnach, daß die Dialektik von Reden und Schweigen für die Möglichkeit philosophischen Gottdenkens konstitutiv ist. Die Einleitung kann also mit einem Gedanken Meister Eckharts schließen, der sagt, daß der am schönsten von Gott spreche, der aus der Fülle inneren Reichtums vor allen Dingen von ihm zu schweigen vermag: „der sprichet aller schoeneste von gote, der von der vülle des inwendigen rîchtuomes allermeist kan von im geswîgen".[10]

[10] *DW* 5,292; *Traktat* 2; unter Bezugnahme auf Dionysius Pseudo-Areopagita (vgl. PG 3,997: *De mystica Theologia* 1,1).

I.

Vorfragen zum Menschen als dem Ort und Träger der Gottesfrage

Gott wird vom Menschen als die sinnentscheidende Antwort auf die Grundfragen seines Lebens und als absolute Lösung der Rätsel der Welt gesucht. Auf die Suche begibt sich der Mensch, der sich angesichts der mannigfaltigen Wunder der Welt und des Wunders des menschlichen Weltdaseins überhaupt einerseits dem Staunen öffnet und sich andererseits von den Nöten der Zeit und der Not der Zeitlichkeit bedrängen läßt. Die Begegnung des Menschen mit Gott hätte, wenn sie in der erhofften Weise einträte, als die Erfüllung seines endlichen Seins und Strebens und als Ende aller Fragen und Fraglichkeiten durch den Eintritt in ein lebendiges Leben von wahrer Glückseligkeit zu gelten.

Wenn *fragend* auf Gott hingedacht wird, obwohl er an sich selbst, in seinem ihm eigenen Sein, als fraglos zu denken ist, so resultiert die Fraglichkeit aus dem besonderen Sein und der besonderen Situation des Fragestellers. Deswegen muß hier zuerst untersucht werden, *wer der Mensch ist*, der diese Frage stellt, *durch welche Erfahrungen er zu dieser Frage kommt* und *welche Aussagekraft sie beanspruchen kann*. Der Skeptizismus scheint all diesen Fragen aber von vornherein ihre Bedeutung zu rauben. Viele mißtrauen einem absoluten Sinn der Erkenntnis und messen ihr keine andere Bedeutung zu, als Nietzsche sie ihr zugesprochen hat, als er sagte: „In irgend einem abgelegenen Winkel des in zahllosen Sonnensystemen ausgegossenen Weltalls gab es einmal ein Gestirn, auf dem kluge Thiere das Erkennen erfanden. Es war die hochmüthigste und verlogenste Minute der ‚Weltgeschichte': aber doch nur eine Minute. Nach wenigen Athemzügen der Natur erstarrte das Gestirn und die klugen Thiere mussten sterben.- So könnte Jemand eine Fabel erfinden und würde doch nicht genügend illustrirt haben, wie kläglich, wie schattenhaft und flüchtig, wie zwecklos und beliebig sich der menschliche Intellekt innerhalb der Natur ausnimmt; es gab Ewigkeiten, in denen er nicht war; wenn es wieder mit ihm vorbei ist, wird sich nichts begeben haben. Denn es giebt für jenen Intellekt keine weitere Mission, die über das Menschenleben hinausführte. Sondern menschlich ist er, und nur sein Besitzer und Erzeuger nimmt ihn so pathetisch, als ob die Angeln der Welt sich in ihm drehten" (*WL*; *KSA* 1,875).

Der *Skeptizismus* verbindet sich manchmal mit einer *technikorientierten Wissenschaft*, die sich der *pragmatischen Lebensdienlichkeit* verschrieben hat und alle über diese hinausgehenden Fragen ignoriert. Allerdings kann der *Skeptizismus* nicht verbergen, daß er, sobald er sich selbst zu verstehen sucht, auch zum *Dogmatismus* neigt, den er doch explizit kritisiert. Er wird dann selbst dogmatisch, wenn er zu erkennen vorgibt, was es (in *Wahrheit*) mit der Wahrheitssuche auf sich hat (nämlich *nichts*). Meidet er den Dogmatismus, muß er wohl oder übel für eine Wahrheit offenbleiben, wie sie in der Gottesfrage gesucht wird, obwohl diese womöglich nicht apodiktisch gesichert werden kann. *Wahre Skepsis* muß für begegnende Wahrheit wenigstens offen sein; sie darf sich in ihrer Wahrheitssuche nicht durch die gegenwärtig herrschende Ungewißheit abbringen lassen (*Phaidon* 89d ff.).

Die *Wahrheitsbefähigung des menschlichen Geistes* hängt nicht daran, daß der Mensch die Wahrheit wirklich in der gesuchten Fülle erkennen kann. In eingeschränkter Form ist sie jedoch die Bedingung der Möglichkeit der philosophischen Bearbeitung der Gottesfrage. Diese Bedingung ist zum Beispiel mit dem *Problemcharakter der Gottesfrage* erfüllt, da *Probleme notwendige, obgleich unlösbare Aufgaben* der menschlichen Vernunft sind. Mit Kant kann aus kritischen Motiven, aus dem *Geist wahrer Skepsis*, gesagt werden: „Die menschliche Vernunft hat das besondere Schicksal in einer Gattung ihrer Erkenntnisse: daß sie durch Fragen belästigt wird, die sie nicht abweisen kann, denn sie sind ihr durch die Natur der Vernunft selbst aufgegeben, die sie aber auch nicht beantworten kann, denn sie übersteigen alles Vermögen der menschlichen Vernunft“ (*KrV* A VII). Das Gottesproblem erhält durch die unvermeidlichen, aber nicht beantwortbaren Fragen seinen drängenden Charakter, gerade wenn deren doktrinale Beantwortung in der Philosophie für unmöglich gehalten wird. Die *metaphysische Naturanlage des Menschen*, die durch erfahrungsfundiertes, transzendierendes Denken zu einer *Metaphysik der Probleme* führt, erweist sich als der notwendige Ausgangspunkt der Gottesfrage.[1]

---

[1] Eine gute Einführung in die Frage nach dem Menschen bietet *Wuw* bes. Band I/2, 959-991 (§ 32).

§ 1

Zur Identität des Fragenden und zur ersten Anzeige der *metaphysischen Naturanlage* des Menschen

Oft wird das *christliche Mittelalter* als eine Zeit unverbrüchlicher Gottesgewißheit gesehen, nach der man sich zurücksehnt. Man bedauert dann demgegenüber den vermeintlichen Abfall der *Neuzeit* in Subjektivismus und Gottlosigkeit. Unangesehen aber der Frage, ob und inwieweit derartige Einschätzungen berechtigt sein mögen, kann jedenfalls gesagt werden, daß in Zeiten der öffentlich verbreiteten Gottesgewißheit der *Zweifel an Gott als Sonderphänomen* erscheint, in Zeiten der Unsicherheit dagegen die *feste Überzeugung vom Dasein Gottes*. Die Tatsache, daß gegenwärtig bei vielen Menschen Ungewißheit und Gleichgültigkeit bezüglich des Daseins Gottes vorherrschen, scheint den Gottesglauben in die Defensive zu drängen. Diese Bedrängnis führt dazu, daß das Gottdenken, wo es vollzogen wird, heute meistens als kritische *Frage* nach Gott auftritt. Daß man die Frage nach Gott kritisch stellt, kann wiederum als eine der Wahrheit abträgliche Folge unserer geschichtlichen Situation ausgelegt werden, da Gott der selbstherrlichen kritischen Frage endlicher Subjekte nicht zugänglich ist. So wäre die Verderbnis des Gottdenkens durch die Motive der Neuzeit eingetreten, der man also anlastet, daß sie den Glauben an Gott und den absoluten Sinn des Lebens behindert.

Daß der gegenwärtige Zustand der Philosophie für die Gottesfrage kaum günstig ist, wird hier nicht bestritten. Angesichts nostalgischer Regungen, die ihren Wahrheitshunger an mittelalterlichen Modellen stillen möchten, scheint aber Vorsicht geboten. Was die Gottesgewißheit eines Menschen in Wahrheit bedeutet, kann womöglich nicht eindeutig entschieden werden. Wenn man aus ihr Machtansprüche herleitet und blutige Kriege rechtfertigt (*LNM* 3), gerät der Inhalt dieser Gewißheit jedenfalls in ein fürchterliches Zwielicht. Gegenüber einer vorgeblichen Gottesgewißheit, die als Legitimation für menschenverachtendes Handeln *genutzt* wird, kann darauf aufmerksam gemacht werden, daß gerade die *Verunsicherung*, die sich im Fragen ereignet, eine Voraussetzung für die Möglichkeit der Gegenwart des wahren Gottes beim Menschen sein könnte.

Gegen die Glorifizierung der vermeintlich unverbrüchlichen Gottesgewißheit früherer Zeiten könnte man zusätzlich noch einwenden, daß die Stellungnahme zur Gottesfrage zu allen Zeiten auch faktisch die Sache des Einzelnen gewesen sei. Gerade in der Gottesfrage, wenn sie überhaupt ernsthaft gestellt werden kann, muß der Einzelne herausgefordert sein, sich und seine Beziehung zum Anderen und zum Ganzen zu artikulieren. Wenn es prinzipiell die Möglichkeit der Frage im Blick auf Gott gibt, ist es die Aufgabe jedes Menschen, hier seine Antwort zu suchen. Sofern diese Artikulation nur Sinn ergibt, wenn sie ein Element der verantwortlichen Stellungnahme des Menschen zu der Situation ist, in der er sich in der Welt vorfindet, mag sich das geschichtlich bestimmte, geistige Milieu zwar in den Antworten abspiegeln. Das könnte am epochenmäßigen Wechsel von standardisierten Denkmodellen und Sprachmodulen verfolgt werden.[2] Die lebendige Wahrheit der Antwort kann jedoch nur aus der vom Einzelnen auch aktiv erworbenen Sicht des Ganzen erwachsen.[3] Aus diesem Blickwinkel kann gesagt werden, daß die *Not des Fragens* sich als eine notwendige Voraussetzung des genuin menschlichen Gottesverhältnisses erweist.

Zu dieser Not gehört auch die Frage, ob der nach Gott fragende Mensch ein historischer Spezialfall sei oder ob diese *Frage* zum Menschsein des Menschen gehöre. So steht hier die Frage zur Entscheidung an, ob der Gottesgedanke bloß als *religiöser Traum der Menschheit* oder ob die Gottesfrage als das *implizite Konstituens des genuin menschlichen Seinsvollzugs* zu gelten habe, das selbst in der Gottesleugnung nicht wirklich abgestreift werden kann.[4]

a) Der Mensch als ihm selbst gestellte, theoretisch unlösbare Aufgabe

Menschen werden in Zeit und Welt hinein geboren und verbringen die ihnen zufallende Lebenszeit unter mehr oder weniger günstigen Ausgangsbedingungen, mit mehr oder weniger mühevollem Einsatz und in mehr oder weniger großem äußerem und innerem Glück und Wohlergehen. Wissenschaftliche Ableitungen können das stammesgeschichtlich,

---

[2] Unter Sprachmodulen seien – ähnlich wie in Modulen der Elektrotechnik – austauschbare Funktionseinheiten verstanden, deren Innenleben der sie Gebrauchende meist nicht kennt und wenigstens nicht zu kennen braucht, um sie gebrauchen zu können.

[3] Vgl. dazu *Faust* I (Nacht; *Werke* III,29): „Was du ererbt von deinen Vätern hast,/ Erwirb es, um es zu besitzen."

[4] Vgl. Henri de Lubacs Widmung der beiden ersten Ausgaben von *ConD* an seine Freunde, die glauben, und an die, die glauben, nicht zu glauben: „A mes amis qui croient et à ceux qui croient ne pas croire." Die Darstellung der atheistischen Positionen wird zeigen, daß wenigstens der explizite Atheismus selbst ein Indiz der Notwendigkeit der *Frage nach Gott* ist (vgl. § 10).

ethologisch, politisch, gesellschaftlich oder psychologisch bedingte *Gewordensein* des Menschen zwar kausalanalytisch verfolgen, dabei aber nicht die Fragen beantworten, die das *Sein* des Menschen betreffen. Auch der Verhaltensforscher Konrad Lorenz hat gesehen, daß die „Philosophen ... auf der einen Seite und die naturwissenschaftlichen Erforscher des Menschen auf der anderen Seite ... verschiedene Sprachen" sprechen. Er erklärt: „Der Naturforscher wie der Arzt trachtet, kausale Einsichten in das komplexe Wirkungsgefüge menschlichen Verhaltens zu gewinnen, *damit* er helfend eingreifen kann, wenn es in Unordnung geraten ist. Das ist die Finalität unserer Kausalforschung." Die naturwissenschaftliche Erforschung untersuche die Mechanik, wobei der Naturforscher die Wirklichkeit *von unten her anleuchten müsse*, „wie ein Mann, dessen Auto einen Defekt im Fahrgestell oder in der Kraftübertragung hat, unter den Wagen kriechen und die schmutzigsten Teile seines Fahrzeugs in Augenschein nehmen muß" (*IGMK* 377). Obwohl Lorenz annimmt, daß alles geistige Leben „seelisches Erleben und damit auch organisches und damit chemisch-physikalisches Geschehen" sei, hält er es für richtig und legitim zu sagen: „Lebensvorgänge sind ‚eigentlich', das heißt hinsichtlich der Seins- und Geschehensprinzipien, die ihnen allein zu eigen sind und die sie allem übrigen chemisch-physikalischen Geschehen voraus haben, etwas ganz anderes als dieses." Das bedeutet: „Der Mensch ist ein geistbegabtes Wesen und darin wesentlich verschieden von seinen nächsten zoologischen Verwandten" (*IGMK* 378). Damit gelangt Lorenz zu einer neuen „Ehrfurcht vor den Leistungen der Vernunft und der verantwortlichen Moral" (*DsB* 300f.).

Die kausalanalytische Betrachtung blendet, als methodisch eingeführte Einschränkung mit Recht, die Frage nach *Sein und Sinn* des Thematisierten aus. Sie kann gegebene Wirkungen aus früheren Zuständen erklären, nicht aber die *Kausalität der Ursachen* selbst verstehen. Ursachen im Sinn von Wirklichkeiten, die das, was sie bewirken, ursprünglich hervorbringen, sind kein möglicher Gegenstand von Naturwissenschaft; Naturwissenschaft erforscht *bedingte Ursachen*, die Kant *Naturursachen* nennt (*KrV* B 447), weil ihre Kausalität *selbst etwas Geschehenes* ist (*KrV* B 472). Diese Frage nach der Kausalität der Ursachen zielt auf die „absolute Spontaneität der Ursachen, eine Reihe von Erscheinungen, die nach Naturgesetzen läuft, von selbst anzufangen" (*KrV* B 474). Laut Platon kann man entsprechend im Ausgang von Hypothesen (ἐξ ὑποθέσεων) das unmittelbar Gegebene erforschen oder nach dem voraussetzungslosen Ursprung (ἀρχὴ ἀνυπόθητος) fragen (*Politeia* 509b).

Was etwas *ist*, ist also keine Frage von Wissenschaften, die nur zu klären versuchen, durch welche *bewirkten, nichtursprünglichen Ursachen* etwas entstanden ist und wie es selbst wieder Wirkungen entfaltet (z. B. *causae efficientes mediae*, *S. th.* I,2,3c). Sofern auf diesen Wegen keine Antworten auf die Frage nach dem *Sein* des Menschen zu finden sind, kann also gesagt werden, daß der Mensch in seiner Wahrheitssuche und mit seinem Verantwortungsbewußtsein eine *kausalanalytisch nicht angemessen ableitbare Wirklichkeit* repräsentiert. Von daher ist es möglich und für die Philosophie notwendig, Fragen zu stellen, die jede Kausalanalyse prinzipiell überschreiten. Durch Kausalanalyse lassen sich nämlich nicht die Fragen beantworten, *woher* der Mensch als dieses radikal nach dem Sein und Sinn des Ganzen fragende Wesen in das Leben eingetreten sei, *wohin* er nach seinem Tode gehe, *warum* er als zeitliches Wesen überhaupt in der Welt da sei, *wie* Glück und Unglück im Blick auf seine Bemühung um ein gelingendes Leben zu verstehen seien, und schließlich: *wer* er denn eigentlich selbst sei.

So hat Platon im *Phaidros* Sokrates sagen lassen, es sei lächerlich, die fremdartigen Dinge der wahrnehmbaren Natur zu untersuchen, bevor er sich gemäß dem Delphischen Spruch (ΓΝΩΘΙ ΣΑΥΤΟΝ) selbst erkenne: οὐ δύναμαί πω κατὰ τὸ Δελφικὸν γράμμα γνῶναι ἐμαυτόν· γελοῖον δή μοι φαίνεται τοῦτο ἔτι ἀγνοοῦντα τὰ ἀλλότρια σκοπεῖν (229e). Im folgenden werden einige maßgebliche Strukturen zur bleibenden Rätselhaftigkeit im Sein des Menschen aus der philosophischen Tradition hervorgehoben, die zeigen sollen, daß der menschliche Geist sich als etwas vorfindet, was er nicht begreifen kann, daß er gleichsam zu eng ist, um sich selbst zu erfassen: *animus ad habendum se ipsum angustus est* (C 10,14).[5]

Laut *Platon* gehören Menschen zunächst einmal zu der Art sterblicher Lebewesen (θνητὸν γένος) wie andere Lebewesen in der Natur, deren Ursprung für sie selbst im Dunkeln liegt. Platon präsentiert diesen Ursprung deshalb in der Sprache des Mythos (z. B. *Protagoras* 320c-322d). Der Mensch erfaßt sich als Wesen, dessen Auftreten in der Welt ihm selbst fraglich ist, wodurch sich sein Sein als nicht-ursprüngliche, nicht fraglose, *abgeleitete Wirklichkeit* zu erkennen gibt. Das zufällige Wesen, als das sich der Mensch in der Welt vorfindet, zeichnet sich zudem durch ein *Defizit an vorgegebener Bestimmtheit und Seinsvollkommenheit* aus. Dieses Defizit muß er durch geistige Tätigkeit an sich selbst (σοφία), an seiner Welt (ἔμπυρος τέχνη) und an der menschlichen Gemeinschaft

[5] Meister Eckhart sagt im Anschluß an Augustinus (vgl. *GL* VI,29,40; *PL* 34,356), daß niemand wisse, was die Seele in ihrem Grunde sei (*DW* 1, Predigt 7, 124/457): „daz alliu menschlîchiu kunst niemer enkumet dar în, waz diu sêle in irm grunde sî".

(πολιτική τέχνη) kompensieren, wenn er sich lebend erhalten will.[6] Aus dem *Defizit* an Bestimmtheit im Sein und aus seiner *Macht* zur tätigen Selbst- und Weltgestaltung heraus steht der Mensch in der *Entscheidung*, wie er mit sich und seiner Welt umgeht. Laut Platon kann das Sein des Menschen als Macht (δύναμις) zur selbstanordnenden Vorsorge (αὐτεπιτάξις und ἐπιμέλεια) begriffen werden, durch die er selbst in das Risiko für das Gelingen seines Lebens eingebunden ist (*Politikos* 260e, 274d; vgl dazu *MAM*, bes. 38-41).
Wer die Verantwortung und den Gefahrcharakter (κίνδυνος) seines Daseins in der Welt übernimmt (*Phaidon* 107c, 114d), ist ein δαιμόνιος ἀνήρ, ein philosophischer Mensch. Wer hingegen sein Sein auf die Bestimmbarkeiten der sichtbaren Welt reduziert, wird zum geistlosen Techniker (βάναυσος), zum *homo faber*, der trotz aller Geschäftigkeit sein wahres Sein vor sich selbst verdeckt (*Symposion* 203a). Als höchstes Ziel der Tätigkeit des philosophischen Menschen nennt Platon die Gerechtigkeit (δικαιοσύνη). Diese ist das höchste Ziel menschlichen Tuns, das die Aufgabe der Angleichung an Gott hat, soweit sie Menschen nach Maßgabe ihrer endlichen Kraft möglich ist (*Theaitetos* 176b). Die unbedingte und endgültige Bedeutung dieser Tätigkeit wird in eschatologischen Mythen verbildlicht (z. B. *Politeia* 608c ff.).
Der Mensch, der um seine *Gewordenheit*, um seine *Unbestimmtheit*, um seine *Macht* und um seine *Endlichkeit* weiß, ist sich selbst *Aufgabe* und erkennt, daß er in einer Welt lebt, deren *Ursprung*, *Sinn* und *Ziel* er nicht objektiv zu erfassen vermag. Diese Elemente von Platons Menschenbild hat *Augustinus* existenziell zugespitzt, insofern er den Menschen als ruheloses Herz (*cor inquietum*) deutet, das Ruhe in der Erfüllung eines lebendigen Lebens, einer *vita viva*, sucht (*C* 1,1 und 1,7). Der Mensch erkennt sich gemäß Augustins Interpretation aus der Kraft seiner Natur wesentlich als ein *ruhelos suchender Geist*.
Diese Suche, die Augustinus selbst vorgelebt hat, beginnt in dem nach außen (*foris*) gewandten Streben nach Lieben und Geliebtwerden (*amare et amari*), das zunächst fraglos das menschliche Tun bestimmt (vgl. *C* 2,2). Sie wird aber durch die faktischen Weltverhältnisse gebrochen, die den Sinn dieser Suche durchkreuzen. Die unsicher gewordene Suche findet ersten Halt in der Rückkehr des Geistes zu sich selbst (*intus*), in der er sich seiner selbst gewiß wird, weil er wenigstens wissen kann, daß

[6] Vgl. *Protagoras* 320c-324c. Die πολιτική τέχνη wird möglich durch die Göttergaben von αἰδῶς (Sittlichkeit) und δίκη (Rechtsgefühl). Darin liegt eine deutliche Vorprägung von Arnold Gehlens Interpretation des Menschen als eines *morphologischen Mängelwesens*, vgl. *MNSW*, bes. 86ff.

er *ein sich in die Zeit erstreckender, suchender Geist* ist. Auf Grund der Situation, in der er sich vorfindet, stellt sich ihm die Aufgabe, sein Handeln nach der bestmöglichen Ordnung auszurichten (*ut omnia sint ordinatissima*; *DLA* 1,15).
Da er weder auf dem Weg der Wahrheitssuche noch bei der Verwirklichung der höchst vollkommenen Ordnung (*mundus ordinatissimus*) in vollendeter Weise zu seinen erstrebten Zielen gelangen kann, sofern ihn Unwissenheit und Schwäche (*ignorantia*, *difficultas*) hindern (*DLA* 3,52), kann der Mensch die gesuchte erfüllte Ruhe lebendigen Lebens schließlich nur in etwas finden, das ihm innerlicher ist, als er es sich selbst sein kann (*intimum*). Diese die Innerlichkeit des Menschen übersteigende Wirklichkeit (*interior intimo meo et superior summo meo*) wird von Augustinus im Übergang zu religiöser Sprache Gott genannt (*C* 3,11). Der Weg, der zu wirklichem Finden Gottes führt, ist laut Augustinus kein Weg, den der Suchende selbst gehen könnte, sondern der Weg Gottes, der sich dem Suchenden von sich her zeigt. Gott ist nicht *im* Menschen zu erkennen, sondern nur *über* ihm, wenn ihm der Horizont gleichsam von oben her geweitet wird (vgl. *C* 10,21).
Augustins Grundfrage richtet sich auf Gott und auf die Seele des Menschen: „Deum et animam scire cupio" (*S* 1,2). Diese Frage findet ihre Entsprechung in der Philosophie *Kants*, gemäß der wir es „in einem Kanon der reinen Vernunft nur mit zwei Fragen zu tun" haben, „die das praktische Interesse der reinen Vernunft betreffen ..., nämlich: ist ein Gott? ist ein künftiges Leben?" (*KrV* B 831). Kants Stellungnahme zu diesen beiden Fragen erfolgt aus der Beantwortung von drei Fragen, in denen sich, wie Kant sagt, alles Interesse der spekulativen und der praktischen Vernunft vereinigt. Diese drei Fragen lauten bei Kant: „1. Was kann ich wissen? 2. Was soll ich tun? 3. Was darf ich hoffen?" (*KrV* B 833).[7] Später hat Kant eine vierte Frage hinzugefügt, nämlich: „Was ist der Mensch?", und erläuternd gesagt: „Im Grunde könnte man aber alles dieses zur Anthropologie rechnen, weil sich die drei ersten Fragen auf die letzte beziehen" (*L* A 25). Wird die *Frage nach dem Menschen* gestellt, hat man laut Kant die Fragen nach der *Metaphysik*, der *Moral* und der *Religion* zu stellen.
Kants Beantwortung der *ersten Frage* läuft darauf hinaus, daß der Mensch ein *endliches Vernunftwesen* sei, das sein wahres Sein und seine

---

[7] Vgl. *KPM*, bes. 205-218; Heidegger akzentuiert dort die sich in der Frage nach dem *Können, Sollen und Dürfen* (Was *kann* ich wissen? Was *soll* ich tun? Was *darf* ich hoffen?) ausdrückende Endlichkeit des Menschen (215ff.), weil nur einem endlichen Wesen sein *Können*, *Sollen* und *Dürfen* fraglich sei.

letzte Bestimmung *nicht theoretisch* erkennen kann. So ist sich der Mensch theoretisch gesehen selbst eine *notwendige, aber unlösbare Aufgabe.* Zur Lösung dieser Aufgabe wäre Selbstanschauung des Geistes nötig. Weil nach Kant unsere „Anschauung niemals anders als sinnlich" ist (*KrV* B 75), bleibt der endliche Mensch sich als erkennendes Subjekt theoretisch unerkennbar. Damit muß die rationale Psychologie im Sinne absoluter Selbsterkenntnis scheitern (*KrV* B 399-428). Kant vertritt folglich in Analogie zu Augustins Einsicht (*nec ego ipse capio totum, quod sum*; *C* 10,15) die These, daß der menschliche Geist einer vollendeten Selbsterfassung nicht fähig sei. Die These von der Spontaneität des Denkens, die laut Kants Einsicht als Bedingung der Möglichkeit der Erkenntnis vorausgesetzt werden muß, führt indessen immerhin zum *Problem der transzendentalen Freiheit* (*KrV* B 566-586). Dies Problem eröffnet innerhalb der praktischen Philosophie schließlich die Möglichkeit, die *Freiheit als den Schlußstein des Gesamtgebäudes der reinen Vernunft* zu betrachten (*KpV* A 4f.).

Das endliche Vernunftwesen, das sich theoretisch nicht angemessen erfassen kann, steht in Beantwortung der *zweiten Frage* unter dem *Gesetz der praktischen Vernunft*, die in moralisch relevanten Situationen vernehmbar wird. Eine solche moralisch relevante Situation schildert Kant vor seiner Formulierung des *Grundgesetzes der reinen praktischen Vernunft.* In dieser Situation fordert ein Fürst von einem Untertanen ein falsches Zeugnis gegen einen anderen Untertanen, um diesen verderben zu können. Dieses Verlangen des Fürsten bringt den Angesprochenen in eine *moralisch relevante Situation.* Das Grundgesetz lautet gemäß der Formulierung der *Kritik der praktischen Vernunft*: „Handle so, daß die Maxime deines Willens jederzeit zugleich als Prinzip einer allgemeinen Gesetzgebung gelten könne" (A 54). Der in moralisch relevanten Situationen vernommene Sollensanspruch stellt einen Menschen so unter das Sittengesetz, daß dieser wissen kann, was er tun soll; zum Beispiel kann ein achtsamer Mensch in seiner konkreten Situation *wissen*, daß er berechtigtes Vertrauen, das andere Menschen in ihn setzen, nicht mißbrauchen *soll.* Ähnlich wie auch Augustinus bemerkt Kant aber zugleich, daß der Wille nur sich selbst zu bestimmen vermag, nicht die Folgen der Willensbestimmung in der äußeren Wirklichkeit.[8] Ein Mensch, der seinen Willen aus sittlichen Motiven dem Sittengesetz gemäß zu bestimmen sucht, darf mit Kant immerhin hoffen, *der Glückseligkeit dereinst*

---

[8] Augustinus hatte gesagt, daß der Wille allein durch sich selbst (*sola voluntas per se ipsam*) den guten Willen hervorbringen könne (*DLA* 1,26), nicht aber die richtige Ordnung (*ordo rectus*) oder den geordneten Menschen (*homo ordinatus*; *DLA* 1,18).

in dem Maße teilhaftig zu werden, als er darauf bedacht gewesen, *ihrer nicht unwürdig zu sein* (*KpV* A 234).[9] Der Mensch ist laut Kants Beantwortung der *dritten Frage* ein endliches Vernunftwesen, das auf das höchste vollendete Gut hoffen darf, wenn er sich in der Bescheidung des Nichtwissens unter den Sollensanspruch des moralischen Gesetzes gestellt hat (vgl. als Grundtext *KpV* A 223-237).

Was oder wer er seinem wahren Sein nach ist, kann der fragende Mensch nicht aus seiner natürlichen Erkenntniskraft inhaltlich vollständig und allgemeinverbindlich bestimmen. Dieses Nichtkönnen scheint aber nicht bloß ein beklagenswerter Mangel zu sein, sondern vielmehr ein konstitutives Moment im Sein des Menschen. Ein endliches Geistwesen, das aus eigenem Antrieb die Wahrheit sucht und aus eigener Entscheidung dem sittlichen Anspruch genügen will, ist ohne dieses Nichtkönnen nicht denkbar. Das wird von der hier ins Spiel gebrachten Tradition deutlich akzentuiert. Ob Platon vom *Risikocharakter* (κίνδυνος) in der Selbstwahl des Menschen als δαιμόνιος ἀνήρ oder als βάναυσος spricht, Augustinus von der großen Frage (*magna quaestio*), zu der sich der Suchende selbst geworden ist, oder Kant von einem *Problem*, das die Übernahme seiner selbst als Freiheitswesens fordert, dem sich in die Transzendenz weisende Fragen stellen, jedesmal zeigt sich, daß das Sein des Menschen nicht von vornherein durch die Natur eindeutig bestimmt ist. Der Mensch muß sich, um zu seiner Selbstinterpretation zu gelangen, bewußt zu sich selbst verhalten.

Dieses Defizit an Bestimmtheit kann einerseits als ein *Defekt* in der menschlichen Natur verstanden werden, der dem Menschen eine schwere Last aufbürdet; es kann andererseits aber auch als eine *Herausforderung* und als eine *Chance* zur Selbstdeutung begriffen werden. Als einen Defekt hat Rudolf Bilz zum Beispiel diese mit der Intelligenz verbundene Unbestimmtheit interpretiert. Er erklärt: „So, wie in einem lebendigen Organismus, z. B. im Falle der Krebs-Erkrankungen, ein Zellverband hypertrophieren kann, ist beim Menschen die Intelligenz hypertrophiert, und zwar mehr und mehr, ohne daß dieser Prozeß bisher zu einem Stillstand gekommen wäre. Das ist die Krebs-Station, auf der wir versammelt sind" (*Palä* I,36). Ein solcher Versuch, die Intelligenz des Menschen als eine systemwidrige Fehlleistung der Natur zu interpretieren, operiert offenbar selbst mit der Intelligenz und lebt auf diese Weise also unbemerkt von der Kraft der Größe, die explizit an der Oberfläche

[9] Vgl. *KESZ* 331ff.; dort wird die Problematik des *Maßes der Glückseligkeit* in Entsprechung zum *Maß der Tugendhaftigkeit* entfaltet.

der Aussage abgelehnt wird. Er ist so eher der Ausdruck einer Selbstverkennung als der vermeintlichen Erkenntnis, daß Erkenntnis nichts als Irrtum ist.
Sachlich zutreffender hat Karl Jaspers das zugrundeliegende Phänomen im Sein des Menschen erfaßt. Er sagt: Der Mensch „ist in seinem Bewußtsein gespalten in sich selbst, weil er die Sicherheit der Natur verloren hat. Wird der Maßstab der Natürlichkeit zum höchsten gemacht, so muß der Mensch als die Krankheit des Daseins gelten" (*EE* 298). Diese Natur des Menschen ist indessen nicht eindeutig bestimmt, sondern von vornherein eine Herausforderung, sich und sein Sein durch Tätigkeit selbst zu übernehmen. Übernimmt der Mensch die gefahrvolle Herausforderung zur Selbstdeutung, so sieht er sich als Freiheitswesen angesprochen, dem sich die Frage nach dem umgreifenden Endzweck seines Daseins und seiner Freiheit stellt, auch wenn er diesen Endzweck aus eigener Kraft weder erkennen noch vollendet verwirklichen kann. Auf diese Weise öffnet sich mit der Übernahme des eigenen Seins der Horizont der Frage nach einer vom Menschen aus eigener Kraft unerreichbaren Vollendung, die auf eine unendliche Kraft weist und zugleich unlösbar mit der Freiheitsentscheidung des einzelnen Menschen verbunden ist.

b) Metaphysische Implikate im unabschließbaren praktischen Selbstvollzug des Menschen

Als Weisen spezifischen Seinsvollzugs des Menschen gelten *Erkennen*, *Wollen* und das von diesen getragene *Handeln*. Diese Annahmen sind zwar erläuterungsbedürftig, weil die genannten Vollzugsweisen nicht isoliert da sind und auf ungeklärten Fundamenten beruhen, die in diesem Kontext auch nicht zureichend betrachtet werden können.[10] Gleichwohl wird vorschlagsweise davon ausgegangen, daß das auf der *Gelichtetheit* der begegnenden Wirklichkeit beruhende *Erkennen*, das auch beim Versuch der Verweigerung stets von bewußter Entscheidung mitgeprägte *Wollen* und das planmäßige, von Erkennen und Wollen geleitete *Handeln*, das im Falle des Erfolges als beglückend erfahren wird, die wesenhaften Vollzugsweisen des Menschen sind. Der Erken-

---

[10] Ihre Fundierung könnte gemäß der Kategorialanalyse von Nicolai Hartmanns Schichtenlehre gedacht werden (vgl. *ArW*, bes. 465-522), oder gemäß der Existenzialanalyse Heideggers, der dem Verstehen und der Rede die Befindlichkeit vorausgehen läßt (vgl. *SuZ* 178-221; dazu *GuE* 84-89).

nende sucht die Einsichtigkeit von *Wahrheit*, der Wollende strebt nach dem *Guten*, der Handelnde will die *Glückseligkeit* erlangen. In der Verfolgung dieser Ziele, die dem Menschen durch seine besondere Natur vorgegeben sind, scheint er aber zuletzt und auf Dauer immer scheitern zu müssen.

Was das *Erkennen* betrifft, soll mit der geläufigen Erklärung angesetzt werden, daß Wahrheit „die Übereinstimmung der Erkenntnis mit ihrem Gegenstande sei".[11] Weil vom Anfang der Philosophiegeschichte an Streit darüber herrscht, was als Wahrheit zu gelten hat, stellt sich mit dieser *Namenerklärung der Wahrheit* sogleich die Frage, was „das allgemeine und sichere Kriterium der Wahrheit einer jeden Erkenntnis sei" (*KrV* B 82). Wer solch ein allgemeines und sicheres Kriterium der Wahrheit der Erkenntnis aufzustellen sucht, scheint zunächst die Möglichkeit zu haben, es entweder im Erkenntnisvermögen oder in den Erkenntnisgegenständen zu finden. So haben die Rationalisten mit René Descartes in der Klarheit und Deutlichkeit der Vorstellung (*perceptio clara et distincta*) das Wahrheitskriterium finden zu können gemeint (*MPP* III,2), die Empiristen mit David Hume aber in der unmittelbaren Gegebenheit durch sinnliche Anschauung (*Enq* 4). Die absolute Fundierung der Erkenntniswahrheit hat zwar auch Descartes nicht allein durch den Rückgang auf die Gewißheit des denkenden Ich (*cogitans sum*) finden können; vielmehr zeigt sich, daß dieser Ansatz ohne Sicherung mittels des Gottesgedankens angreifbar bleibt (vgl. §§ 8 a. und 12 a.). Die empiristische Theorie dagegen kann die Theorie ihrer Selbstbegründung gewiß nicht aus der Erfahrung gewinnen und muß also, wenn sie sich als wissenschaftliche Theorie behaupten will, auf andere Faktoren der Erkenntnis rekurrieren als die bloße Gegebenheit der Gegenstände durch die Sinne (vgl. dazu *KLOE*). Dieser erste Versuch der Bestimmung des Wahrheitskriteriums scheitert demnach in beiden Richtungen, wie noch Nicolai Hartmann in einer Analyse der Aporetik der Erkenntnis gezeigt hat (*GMdE* 61ff.; 316ff.).

Gegen die *rationalistische* wie gegen die *empiristische* Erklärung des Wahrheitskriteriums hat Kant den *kritischen* Weg gesetzt, der jedoch auf einen *absoluten Besitz* der Wahrheit Verzicht leistet. Diesen Verzicht mußte er leisten, da er in der ihm geschichtlich aufgegebenen Situation keine vorgängige göttliche Ordnung als *geheimen Notenschlüssel* voraussetzen konnte, der es erlaubt, die Wirklichkeit wie eine Schrift zu

---

[11] *KrV* B 82; zur scholastischen Formel der Angleichung der Erkenntnis an den Gegenstand (*adaequatio intellectus ad rem* und *conformitas intellectus et rei*) vgl. *Vair*; man könnte diese Aporien auch an anderen Wahrheitstheorien verfolgen, vgl. *WnP*.

lesen. Dem kritischen Weg Kants liegt die Einsicht zugrunde, daß menschliche Erkenntnis ohne *gegebenen Inhalt* leer wäre und gegebene Anschauungen ohne *gedachte Begriffe* blind blieben. Kant sagt: „Ohne Sinnlichkeit würde uns kein Gegenstand gegeben und ohne Verstand keiner gedacht werden. Gedanken ohne Inhalt sind leer, Anschauungen ohne Begriffe sind blind" (*KrV* B 75). Demgemäß geht Kant davon aus, daß die menschliche Erkenntnis unvermeidlich aus *zwei Grundquellen des Gemüts* entspringen müsse, nämlich einerseits der *Rezeptivität der Eindrücke* und andererseits der *Spontaneität der Begriffe* (vgl. *KrV* B 74). Aus dieser Überlegung folgt, daß Erkenntnis nur als Synthesis von sinnlichen Anschauungen und Begriffen des Verstandes möglich ist. Zugleich ist klar, daß diese Annahme selbst nicht den Rang einer Erkenntnis haben kann. Laut der kritischen Philosophie ist keine *Erkenntnis der Erkenntnis* möglich, sondern nur eine Analytik von *Bedingungen der Möglichkeit der Erkenntnis.*

Als Erkenntnis gilt, daß gegebenes Mannigfaltiges unter die Einheit der Begriffe gebracht wird. Weder der *Ursprung des sinnlich Gegebenen*, noch die *Spontaneität* des die Begriffe hervorbringenden Verstandes können erkannt werden. Dennoch müssen sie vorausgesetzt werden, da der Verstand seine Gegenstände nicht hervorbringen kann und die Sinnlichkeit kein Kriterium der Wahrheit in sich enthält. Was die Bedingungen der Möglichkeit der Erkenntnis und was die Dinge an sich selbst seien, bleibt der menschlichen Erkenntnis so verborgen. Gleichwohl ergeben sich aus der kritischen Erkenntniskonzeption zwei Elemente von entscheidender Bedeutung für die hier weiter zu verhandelnden Fragen. Zunächst tritt die *Nichtabsolutheit der menschlichen Erkenntnis* hervor, jedoch so, daß um das Nichtwissen gewußt wird. In diesem Sinne schließt Kant ausdrücklich an die *sokratische Art* an. Als *unschätzbaren Vorteil* der kritischen Philosophie begreift er die Möglichkeit, „allen Einwürfen wider Sittlichkeit und Religion auf *sokratische* Art, nämlich durch den klärsten Beweis der Unwissenheit der Gegner, auf alle künftige Zeit ein Ende zu machen"; dies setzt voraus, daß er *das Wissen aufheben* mußte, *um zum Glauben Platz zu bekommen* (*KrV* B XXX f.). Die Kritik geht davon aus, daß die Verfechter dogmatischer Metaphysiken allesamt nur bleierne Waffen besitzen, mit denen sie Spielgefechte ausführen (vgl. *KrV* B XV und 806). Kant rügt insbesondere den *Dogmatismus des Unglaubens* (*KrV* B XXX).

Immerhin könnte man sich den Fall ausdenken, in dem die gesuchte Wahrheit durch eine Erkenntnis erreichbar wäre, die ihren Gegenstand selbst hervorbrächte. Solch eine hervorbringende Erkenntnis hat Kant unter dem Titel eines ursprünglichen Erkenntnisvermögens (*intellectus archetypus*) gedacht, die auch dem Gedanken des göttlichen Geistes (*mens divina*) des Nikolaus von Kues nahe ist.[12] Sofern das menschliche Erkenntnisvermögen laut Kants Kritik aber ein abgeleitetes Vermögen (*intellectus ectypus*) bleibt, das zur Ausarbeitung seiner spontanen Hervorbringungen eines Materials bedarf, das ihm von anderer Seite gegeben wird, konnte der Versuch einer spekulativen Überbietung der kritischen Philosophie – insbesondere durch Hegel – nicht zu ihrem Ziel kommen.

Der positive Bezug der menschlichen Erkenntnis zu der in ihr gesuchten, absoluten Wahrheit kann nur so verstanden werden, daß die inhaltlich bestimmte Erkenntnis, die mit einem Anspruch auf unbedingte Wahrheit auftritt, konjekturalen Charakter hat. Dieser konjekturale Charakter besagt einerseits den Mangel an *Präzision* im Detail, die Unfähigkeit, die Zeitlichkeit des zu Erkennenden in seinem *Werden* zu erfassen; andererseits bezeichnet sie das Fehlen eines absoluten *Fundaments* der Erkenntnis. Allerdings kann mit absoluter Gewißheit *formal* eingesehen werden, daß Menschen nach unbedingter Gewißheit und höchster Genauigkeit der Erkenntnis streben können, obwohl ihnen solche absolute Erkenntnis in ihrer *inhaltlichen* Fülle wesenhaft unzugänglich bleibt.

An vergleichbare Grenzen stößt der Versuch, den Seinsvollzug des Menschen aus dem freien Willen zu begreifen. In Kants Freiheitsbegriff können drei Bedeutungen unterschieden werden. Innerhalb der theoretischen Philosophie gilt Freiheit als nicht unmöglich (*KrV* B 560-586). Von der *transzendentalen Freiheit*, die als die Freiheit *von* der Naturkausalität bestimmt wird, sind die *praktische Freiheit*, als Freiheit *für* das moralische Gesetz, und die *Wahlfreiheit* zu unterscheiden, die sich *zwischen* Befolgung und Nichtbefolgung des Gesetzes selbst bestimmen muß.

Die Freiheit kann laut Kant als Merkmal des Menschen theoretisch nicht erkannt, sondern nur vom einzelnen Menschen praktisch frei übernommen werden, sofern er sich als verantwortliches Wesen angesprochen weiß. Wären einem Handelnden seine Verantwortung und deren Folgen *sub specie aeternitatis* bekannt, käme es zur Gefahr des Intellektualismus

---

[12] Vgl. *KrV* B 723; dazu Kants Brief an Marcus Herz vom 21. 2.1772 (*AkA* 10,130); vgl. *Coni* 1,1: „Coniecturas a mente nostra, uti realis mundus a divina infinita ratione, prodire oportet." Wie der göttliche Geist die reale Welt hervorbringt, so bringt der menschliche Geist die Mutmaßungswelt hervor; sofern der menschliche Geist als Teil der realen Welt Abbild des göttlichen Geistes ist, gilt die Mutmaßungswelt als Abbild der realen Welt: vgl. *Coni*, *Einführung des Herausgebers*, XII:

	Urbild	Abbild
Urbild	Göttlicher Geist	Reale Welt
Abbild	Menschlicher Geist	Mutmaßungswelt

in der Ethik, der moralische Entscheidungen aus Klugheit zu begründen versucht. Auf diesem Weg hat Kant das unversehens auftretende Bewußtsein des moralischen Gesetzes als Erkenntnisgrund (*ratio cognoscendi*) der Freiheit, Freiheit aber als Seinsgrund (*ratio essendi*) des moralischen Bewußtseins verstanden (*KpV* A 4f. und Anm. A 5). Das Bewußtsein des moralischen Gesetzes, das in moralisch relevanten Situationen aufbricht, führt dazu, den Menschen als Freiheitswesen zu denken. Dieses Bewußtsein tritt als unableitbares Faktum auf (*KpV* A 56). Dadurch kann die Freiheit dem in seiner Freiheit Angesprochenen so fremd erscheinen, daß er sich in die Freiheit *geworfen* sieht (*SuZ* 178ff.), ja sogar zu ihr *verurteilt* (*EN* 541/*SuN* 614).

Kein Mensch kann sich in der theoretischen Beurteilung als Freiheitswesen erkennen und auch im Fall, daß er sich im praktischen Handeln als Freiheitswesen übernimmt, je sicher wissen, wer er im Blick auf die *eigentliche Moralität seiner Handlungen* ist, da er nicht wissen kann, wie viel von seinen Handlungen „reine Wirkung der Freiheit, wie viel der bloßen Natur und dem unverschuldeten Fehler des Temperaments oder dessen glücklicher Beschaffenheit (*merito fortunae*) zuzuschreiben sei" (*KrV* B 579 Anm.).

Das Faktum, daß Menschen sich als Freiheitswesen angesprochen sehen, öffnet einen Abgrund, der den Rahmen natürlicher Wirklichkeit sprengt, sofern diese durch das Band der Kausalgesetzlichkeit zusammengehalten wird. Kant begreift die Natur in diesem doppelten Sinn, nämlich einerseits *formaliter* als *Zusammenhang der Bestimmungen eines Dinges nach einem inneren Prinzip der Kausalität* und andererseits *materialiter* als *Inbegriff der Erscheinungen* (*KrV* B 446 Anm.). Mit der Einschränkung der Kausalgesetzlichkeit, die, wenn sie durchgängig wirksam wäre, theoretisch eine exakte Zukunftsprognose ermöglichen würde (vgl. *GdN* 11ff.; dazu *NrF* 148-159), bricht im Freiheitsgedanken die Idee absoluten Anfangenkönnens auf, das seine Ursache in nichts anderem hat als im Anfangenden selbst.

Wie endliche Freiheit möglich ist, woher sie kommt, ob und welchen Sinn sie hat, sind Fragen, die alles menschliche Erkennen übersteigen. Auf den ersten Blick scheint die Frage nach ihrem Sinn doch beantwortet werden zu können. Eine Freiheit, die unter dem Anspruch des moralischen Gesetzes steht, ist *unbedingt* zur Befolgung des Gesetzes herausgefordert, sofern dieses Gesetz *unbedingt* gebietet. Die Befolgung des Gesetzes in einer moralisch relevanten Situation trägt so ihren Sinn in sich selbst, bedarf zunächst keiner Sinngebung von anderer Seite her. Wer das Gute will, besitzt im guten Willen (*bona voluntas*) ein Gut, über das laut Augustinus nichts Besseres (*melius nihil*) besessen werden kann (*DLA* 1,27). Kant hat diesen Gedanken in zugespitzter Weise formuliert und gesagt: „Es ist überall nichts in der Welt, ja überhaupt auch außer derselben zu denken möglich, was ohne Einschränkung für gut könnte gehalten werden, als allein ein *guter Wille*" (*GMS* BA 1).

Auf den zweiten Blick zeigt sich aber, daß die gesuchte vollkommene Ordnung von Mensch und Welt nicht durch die bloße Willensbestimmung erlangt werden kann, weswegen Augustinus einschränkt, daß es *einstweilen* nichts Besseres (*interim melius nihil*) als den guten Willen gebe. Wie späterhin auch Kant sieht er, daß die *Freiheit* und insbesondere die *Folgen der Willensbestimmung* nicht allein in der Macht des Willens stehen. Die Unmöglichkeit, die Folgen des Handelns in Griff zu bekommen, ist die Basis der *Dialektik der praktischen Vernunft in der Bestimmung des Begriffs vom höchsten Gut* (bes. *KpV* A 198-203), deren Auflösung nur durch die Postulate von der Unsterblichkeit der Seele und dem Dasein Gottes gedacht werden kann (vgl. *KpV* A 219-227).

Dem Akt der Bestimmung des Willens folgt auf der nächsten Stufe das Handeln aus der Willensbestimmung. Bekanntlich hat Aristoteles das Zielgut, auf das die menschlichen Handlungen hinstreben, unter den Titel der *Glückseligkeit* (εὐδαιμονία) gestellt (*NE* I, 1094 a 1-3; 1095 a 17-20; vgl. dazu auch *KpV* A 197ff.). Es ist jedenfalls eindeutig, daß im moralischen Handeln, sofern es für sittlich wertvoll gelten kann, nicht unmittelbar der gute Wille gewollt wird, sondern etwas, das der Wille wollen soll. Nur dadurch, daß der Wille dieses Gute will, wird er zum guten Willen. Ein Wille, der das Gute bloß wollte, um sich selbst zu einem guten Willen zu machen, verlöre hingegen schon durch seine in sich verkapselte Ichbezogenheit von vornherein jede Chance, dies Ziel zu erreichen. Wenn die sittliche Willensbestimmung, obgleich sie doch *einstweilen* dasjenige Gut darstellt, über das aus menschlichen Kräften kein höheres Gut erreicht werden kann, in sich kein vollendetes Genüge finden kann, weil sie auch auf die Verwirklichung des Gewollten zielt, so eröffnen die Aufgaben des Handelns einen Abgrund, der den Horizont des Wirklichen in eine unfaßbare meta-physische Dimension hinein weitet.

Das metaphysische Denken fängt nach Platon mit einer Betrachtung gegebener Wirklichkeit an und geht *danach* (μετ' ἐκεῖνα) *auf etwas anderes* (ἐπὶ ταῦτα), nämlich zuletzt auf den voraussetzungslosen Anfang von allem (ἀρχὴ ἀνυπόθητος), den er als Idee des Guten (ἰδέα τοῦ ἀγαθοῦ) und Ursprung aller Dinge (πάντων αἴτιος) auslegt (*Politeia* 510b ff.; 516c). Das metaphysische Denken kann aber die wahre Wirklichkeit nicht an sich selbst erfassen, so daß man nur *auf sie hin* denken kann, nicht *von ihr her*. Sofern das menschliche Handeln nach Glückseligkeit strebt, verfehlt es, solange es allein auf die Kraft des Menschen baut, seine gesuchte Vollendung, kann sich ihr höchstens asymptotisch oder in kurzen Augenblicken annähern. Im Handeln des Menschen steht demnach die gesuchte Vollendung aus, die zugleich auch höchst lustvoll wäre. Immerhin spricht Aristoteles von einem irdischen Vorspiel der Glückseligkeit, da nach ihm zu gelten hat, daß die tugendgemäßen Handlungen durch sich selbst genußreich sind: καθ' αὑτὰς ἂν εἶεν αἱ κατ' ἀρετὴν πράξεις ἡδεῖαι (*NE* I, 1099 a 21).

c) Die Unmöglichkeit einer vollendeten menschlichen Selbsterfassung und Lebensverwirklichung

Die These, daß *Metaphysik als Naturanlage der menschlichen Vernunft wirklich* sei, treibt Kant zu der Frage, *wie sie als Naturanlage möglich sei.* Demgemäß stellt sich ihm die Aufgabe zu untersuchen, wie die Fragen entspringen, „welche reine Vernunft sich aufwirft, und die sie, so gut als sie kann, zu beantworten durch ihr eigenes Bedürfnis getrieben wird, aus der Natur der allgemeinen Menschenvernunft" (*KrV* B 21f.). Aus der skizzenartig vorgetragenen Darstellung der *Endlichkeit* von *Erkennen*, *Wollen* und *Handeln* als spezifischer Vollzugsformen des menschlichen Weltdaseins zeigt sich, daß dem Menschen, wenn er seinen alltäglichen, faktischen Seinsvollzug zu reflektieren trachtet, Fragen entgegentreten, deren inhaltliche Beantwortung seine Kraft, sich selbst und seine Welt zu begreifen, insgesamt übersteigt.
Die transzendentalen Fragen, die auf *Bedingungen der Möglichkeit* von Erkenntnissen zielen, hat Kant auf dem Gebiet der theoretischen Philosophie in Orientierung am Wissenschaftsideal von Mathematik und Physik bearbeitet. Kant bezeichnet diesen Ansatz im Blick auf die Metaphysik als *Kopernikanische Wende* in Analogie zu den Verfahren von *Mathematik und Naturwissenschaft* (*KrV* B XV-XXII). Obwohl er auf diesem Weg zu der These gelangt, das Dasein Gottes könne nicht *objektiv* erkannt werden, bleibt bei ihm doch die Frage nach dem Unbedingten virulent. Demgemäß erkennt er in der Regel, „zu dem bedingten Erkenntnisse des Verstandes das Unbedingte zu finden, womit die Einheit desselben vollendet wird", den *eigentümlichen Grundsatz der Vernunft* (*KrV* B 364). Also gilt die *Idee Gottes* in der kritischen Philosophie als *transzendentales Ideal*, als ein *Ideal ohne Gleiches*, dessen Dasein zwar nicht objektiv wie ein Weltding erkannt, aber doch auch aus bloß theoretischen Gründen *festiglich geglaubt* werden kann.[13]

[13] Vgl. *KrV* B 639ff. und 854f. Die theoretische Basis des *doktrinalen Glaubens* liegt im gedachten Ursprung des Erkennbaren (*focus imaginarius*) als regulativer Idee mit heuristischer Funktion (*KrV* B 713ff.), die als *transzendentales Ideal* fungiert. Vgl. *Tr* 84-99 (§ 12) und 162-171 (§ 18).

Die Orientierung von Kants theoretischer Philosophie an dem von der *Erfahrungserkenntnis* geprägten Wissenschaftsideal und seine Konzentration auf das *Prinzip* der Moralität sind zuweilen nicht ohne Grund als Engführungen in der Anwendung der transzendentalen Methode betrachtet worden. Die transzendentale Methode, die nach den *Bedingungen der Möglichkeit* von Strukturen fragt, die im voraus als wirklich angenommen worden sind, kann prinzipiell jedoch auch auf weitere Phänomenbereiche angewandt werden. Eine Erweiterung des Anwendungsbereichs der transzendentalen Methode hat zum Beispiel Maurice Blondel in einer vollständigeren Beachtung der menschlichen Wirklichkeit durchgeführt.[14] Blondel bietet in seinem Hauptwerk eine Phänomenologie menschlicher Lebensvollzüge, die zunächst davon ausgeht, daß Menschen unvermeidlich handeln, jedoch ohne zu wissen, was Handlung ist, ohne das Leben ersehnt zu haben, ohne recht zu wissen, wer sie sind, und sogar, ob sie überhaupt sind: „J'agis, mais sans même savoir ce qu'est l'action, sans avoir souhaité de vivre, sans connaître au juste ni qui je suis ni même si je suis" (*A* VII). Blondels Analyse der *Action* führt zur Einsicht, daß der das Handeln führende Anspruch stets scheitert. Er scheitert allerdings nicht aus einem *Mangel*, sondern gewissermaßen aus einem *Überschuß*, sofern dasjenige, was man will und tut, in dem, was man bislang gewollt und getan hat, immer über das Gewollte und Getane hinausgeht: „La prétention qu'il a de se suffir avorte, mais non par pénurie; elle avorte, parce que, dans se qu'on a voulu et fait jusqu'ici, ce qui veut et ce qui agit demeure toujours superieur à ce qui est voulu et fait" (*A* 323). Dieser faktische Überschuß im Tun öffnet das Denken für die Transzendenz und schließlich für die Möglichkeit der gnadenhaften Erfüllung des Wollens durch das Handeln Gottes.
Hiermit bewegt sich Blondel in einem Gedankenstrom, der von der Unerfüllbarkeit menschlicher Suche (*cor inquietum*) kraft menschlichen Tuns bei Augustinus (*C* 1,1) bis zur *Dialektik der praktischen Vernunft* bei Kant reicht (*KpV* A 198ff.). Die Analyse des tätigen Seinsvollzugs führt nämlich zur These, dem Menschen könne die natürliche Ordnung nicht genügen: „L'action ne s'achève pas dans l'ordre naturel" (*A* 389). Zwar sieht Blondel wie Kant die Unmöglichkeit, erkennend in das Übernatürliche einzudringen: „tout empiétement réel est impossible" (*A* 389). Das unheilbare Mißverhältnis zwischen dem Antrieb des Wollens und dem menschlichen Ziel der *Action* lassen das Denken trotzdem

[14] Kant hat sich aber selbst um die Ausführung eines Gesamtgebäudes auf der Basis der vorher gelegten Fundamente bemüht und die genannten Engführungen zu überwinden gesucht; vgl. *KESZ*, bes. 279ff.

nicht in Ruhe: „Mais tout ce qui précède a pour résultat de nous amener à la conscience d'une incurable disproportion entre l'élan de la volonté et le terme humain de l'action" (*A* 390).

So ist das Denken genötigt, in eine Richtung zu transzendieren, die unverfügbar ist. *Unverfügbarkeit* und *Geschenkcharakter* zeigen sich als begrifflich gegebene Merkmale des Übernatürlichen. Blondel sieht, daß das Übernatürliche nur existieren kann, wenn das außerordentliche Geschenk, das es, hypothetisch gesprochen, unserem Bewußtsein bringt, nicht auf eine Weise mit den gebieterischen Ansprüchen des Willens übereinstimmt, daß dies Geschenk, statt unverbindlich und überflüssig zu sein, uns gerade wie eine Pflicht auferlegt würde: „Est-ce qu'il serait, si le don éminent que, par hypothèse, il apporte à notre conscience n'était point tellement conforme aux impérieuses exigences de la volonté, que ce don même loin d'être facultatif et surérogatoire, nous fût imposé comme un devoir?" (*A* 392). Mit diesen Grenzbestimmungen hat Blondel seinen *Begriff des Übernatürlichen* gewonnen; dieser Begriff des Übernatürlichen entspricht Kants Begriff des *Problems* als notwendiger, aber unlösbarer Aufgabe und besagt, daß das Übernatürliche *absolut unmöglich und zugleich absolut notwendig* für den Menschen sei; folglich kann das Problem der Annahme des Übernatürlichen nur im *Wagnis einer Wette* gelöst werden: „Absolument impossible et absolument nécessaire à l'homme, c'est là proprement la notion du surnaturel" (*A* 388).[15]

Ob das einer Wette zugrunde liegende *Erfolgskalkül* hier eine angemessene Kategorie darstellt, scheint indessen wenigstens zweifelhaft, da es die Grundfragen des Lebens in eine unangemessene Analogie mit einem Glücksspiel bringt. Die Neigung zum Glücksspiel wird nämlich von der Wucht des Leidens in der Welt gebrochen und geht zuletzt im endlosen Meer aus Blut und Tränen unter. In diesem Untergang, den kein äußerliches Erfolgskalkül auffangen kann, wird zwar das kluge Spekulieren über die Annehmbarkeit der erkenntnismäßig unerreichbaren Inhalte der Wette unsachgemäß und nutzlos; zu beachten bleibt jedoch der dieser Wette zugrunde liegende Ausstand in der gesuchten Selbsterkenntnis und der Lebensverwirklichung des Menschen (vgl. auch § 12 c.).

Gewiß läßt sich zum Beispiel das Erkennen als Lebensfunktion der biologischen Art *Mensch* interpretieren, ohne die sie eben nicht lebenstauglich wäre. Nach dieser Meinung hätten die menschlichen Lebensvollzü-

[15] Auch Kants Lösung läuft auf die *Wette* hinaus; er stellt sich im Blick auf die entscheidenden Fragen der Metaphysik die Frage, worauf man „das Glück des ganzen Lebens verwetten" solle (*KrV* B 853). Kant wie Blondel beziehen sich offenbar auf Pascal (dazu vgl. § 12 c.).

ge allesamt bloß der *Lebenserhaltung und der Lebenssteigerung* zu dienen. Wer in aufklärerischem Überlegenheitshabitus die Erkenntnis zu besitzen meint, Erkenntnis sei, ohne etwas für die Wahrheit zu besagen, nichts als eine *biologische Lebensfunktion*, spricht entweder gemäß seiner eigenen Einschätzung der Erkenntnis in einer Weise, die ohne Wahrheit ist, oder er mißt, wobei er sich selbst Lügen straft, wenigstens dieser einen Erkenntnis einen überfunktionalen Rang zu, da die Erkenntnis, daß Erkenntnis nichts über die Wahrheit sagt, keineswegs als lebensdienlich gelten kann. Immerhin kann die Einsicht in die unbewußte funktionale Bedingtheit von Bewußtseinsinhalten, die zunächst als wahr eingeschätzt worden waren, auch tiefe, lebensfeindliche Verzweiflung an der Möglichkeit wahrer Erkenntnis auslösen.

Daraus ergibt sich jedenfalls, daß im menschlichen Seinsvollzug, sofern er seine implizite Intention auch im besten Falle nur unvollkommen und zeitweilig zu verwirklichen vermag, ein Ausgriff auf etwas liegt, das vom Menschen weder begriffen noch verwirklicht werden kann. Nicht einmal sich selbst mit seinem *Ichsagen*, das bei den Menschen doch allenthalben verbreitet ist, vermag er zu erfassen. Der Mensch ist tatsächlich „ein so breites, buntes und mannigfaltiges Ding, daß die Definitionen alle ein wenig zu kurz geraten" (*UW* 175; vgl. *KPM* 204). Darüber hinaus enthalten seine faktischen Vollzüge Implikationen, die ihn auf metaphysische Fragen stoßen, mit denen er also in der einen oder anderen Weise implizit durch das vom Leben stets abgeforderte Tun unvermeidlich zu schaffen hat.

Das zeigt sich zum Beispiel daran, ob ein Mensch auf die Anderen mit Rücksicht, Achtung und Liebe zugeht, ob er sich um ein wahrhaftiges Leben müht, wie er mit sich selbst umgeht, wie er seine Wünsche und Neigungen in die Tat umsetzt. Die faktischen Lebensvollzüge dokumentieren ein Bild vom Menschen, das mit seiner expliziten Selbstauslegung nicht übereinstimmen muß. Trotzdem darf auch diesem sich implizit dokumentierenden Bild keine eindeutige und unmittelbare Objektivität zugesprochen werden, zumal das Tun stets nur der flüchtige Ausdruck der Entscheidung eines Menschen sein kann, der auf dem Weg ist, solange er lebt. Der Mensch steht mit seiner Ausrichtung auf unbedingte Wahrheit, auf schlechthin Gutes und auf unendliche Glückseligkeit einerseits und der Unmöglichkeit, diese Ziele in der gesuchten Weise zu verwirklichen, andererseits, in einer Spannung, die er nicht endgültig zu lösen imstande ist. Er ist ein *Zwischenwesen*, das sich im Selbstvollzug immer neu aufgegeben ist, das weder sein wahres Sein theoretisch zu bestimmen vermag, noch das in der unvermeidlichen Entscheidung gewählte Sein in der gesuchten Weise verwirklichen kann. Diese *metaphysische Naturanlage* des Menschen entspringt aus der Situation des Menschen in der Welt, in der er sein Genüge nicht findet, so daß das *Transzendieren des Natürlichen* zur *Natur des Menschen* gehört – und zwar nicht nur in eine stets neu zu gestaltende Zukunft, sondern auch in ein unfaßbares Geheimnis hinein, das denknotwendig wird, weil keine Verwirklichung den zugrundeliegenden Intentionen volle Entsprechung bieten kann. Damit ergibt sich aus der *unauflöslich paradoxen Natur des Menschen*, daß er von sich weiß, daß ihm „keine der im Horizont des Fragenden auftauchenden möglichen Antworten ... je Befriedigung geben" wird (*PI* 21).

In den Bildern Kants aus dem *Beschluß* der *Kritik der praktischen Vernunft* kann die Stellung des Menschen in der Welt zusammenfassend verdeutlicht werden. Dieser Text beginnt mit den folgenden Worten: „Zwei Dinge erfüllen das Gemüt mit immer neuer und zunehmender Bewunderung und Ehrfurcht, je öfter und anhaltender sich das Nachdenken damit beschäftigt: *der bestirnte Himmel über mir und das moralische Gesetz in mir.* Beide darf ich nicht als in Dunkelheiten verhüllt, oder im Überschwenglichen, außer meinem Gesichtskreise suchen und bloß vermuten; ich sehe sie vor mir und verknüpfe sie unmittelbar mit dem Bewußtsein meiner Existenz" (*KpV* A 288f.).

Aus den beiden hier genannten Momenten, die dem menschlichen Bewußtsein unmittelbar vor Augen stehen und von ihm zu verknüpfen sind, ergibt sich die geistige Antriebskraft, aus der heraus in Richtung auf ein unfaßbares Geheimnis zu fragen ist. Das erste Moment fängt laut der Erläuterung Kants „von dem Platze an, den ich in der Sinnenwelt einnehme, und erweitert die Verknüpfung, darin ich stehe, ins unabsehlich Große mit Welten über Welten und Systemen von Systemen, überdem noch in grenzenlose Zeiten ihrer periodischen Bewegung, deren Anfang und Dauer." Dieser „Anblick einer zahllosen Weltenmenge vernichtet gleichsam meine Wichtigkeit, als eines *tierischen Geschöpfs*, das die Materie, daraus es ward, dem Planeten (einem bloßen Punkt im Weltall) wieder zurückgeben muß, nachdem es eine kurze Zeit (man weiß nicht wie) mit Lebenskraft versehen gewesen". Das zweite Moment „fängt von meinem unsichtbaren Selbst, meiner Persönlichkeit, an und stellt mich in einer Welt dar, die wahre Unendlichkeit hat, aber nur dem Verstande spürbar ist". Dieses zweite Moment erhebt also „meinen Wert, als einer *Intelligenz*, unendlich durch meine Persönlichkeit, in welcher das moralische Gesetz mir ein von der Tierheit und selbst von der ganzen Sinnenwelt unabhängiges Leben offenbart" (*KpV* A 289). Diese beiden Richtungen des transzendierenden Fragens sind das Thema des folgenden Paragraphen, in dem gezeigt werden soll, in welcher Weise sich die metaphysische Naturanlage des Menschen in der unmittelbaren Erfahrung ausdrückt und vergegenwärtigt.

§ 2

Zu den *erlebnismäßigen Ursprüngen* der Gottesfrage und zur bleibenden Fraglichkeit ihres Inhalts

Wer zu beantworten hätte, wie die Vorstellung eines Gottes entstanden sei, *vor dessen Donnergewalt die weite Erde erzittert*,[1] wird vielleicht in einem von naturwissenschaftlich-technischem Wissen getragenen Überlegenheitsgestus meinen, die Alten hätten aus mangelnder Einsicht in das Naturgeschehen göttliche Kräfte erdacht, deren Annahme mit dem Erwerb der entsprechenden naturwissenschaftlichen Erkenntnisse unnötig geworden sei. Solche Erklärungen zur *Theogonie* werden bis in unsere Zeit hinein dafür namhaft gemacht, daß der Glaube an Gott ins Wanken geraten sei (vgl. hierzu *PQG*, bes. 11-29).

Was mit einem Menschen geschieht, der unversehens von der Gewalt des Donners angerührt wird, erscheint der naturwissenschaftlich-technischen Aufklärung indessen wieder nur als eine naturwissenschaftlich-technische Frage, die man zum Beispiel mit Hilfe der biologischen und psychologischen Analyse neurologischer Reizmechanismen beantworten könnte. Vielleicht wird aber ein von Blitz und Donner überraschter Mensch doch von einer Wirklichkeit angerührt, zu der keine Erklärungskraft der Naturwissenschaften hinreicht und wovor sie prinzipiell ihr Ende fände. Wem es in einem Gewitter unheimlich wird, wem es vielleicht sogar angst und bange wird, dem werden alle naturwissenschaftlichen Erklärungen als durchaus nichtssagend erscheinen. Ähnlich belanglos bleiben solche Erklärungen für Betrachter, die das Gewitter als ein großartiges, begeisterndes Naturschauspiel empfinden und genießen. Die Erlebnisse des *Unheimlichen* wie des *Begeisternden* verhalten sich folglich *disparat zur naturwissenschaftlichen Erklärung von Kausalabläufen*. Für beide Erlebnisse wird man sich aus diesem Grund nicht mehr einen blitzeschleudernden Donnerer Zeus ausmalen wollen, aber doch eine unerklärliche Gewalt verspüren und akzeptieren, die einerseits furchterregend und andererseits faszinierend ist (vgl. dazu auch *He* 13ff., 42ff.).

Daß die Griechen den Ausdruck für Gott (θεός) lediglich prädikativ gebraucht hätten, ist zwar oftmals behauptet worden, scheint aber den-

---

[1] Vgl. *Thgon* 457f. (zu Zeus, dem wissenden Vater der Götter und Menschen): Ζῆνά τε μητιόεντα, θεῶν πατέρ' καὶ ἀνδρῶν, τοῦ καὶ ὑπὸ βροντῆς πελεμίζεται εὐρεῖα χθών.

noch unzutreffend zu sein (vgl. auch § 11). Hier mag der Hinweis ausreichen, daß Menschen vielfältig dazu neigen, gewisse Erfahrungen als *göttlich* zu benennen, im Griechischen eben θεός. Die zunächst klar scheinende These, θεός bedeute im Griechischen keinen *Eigennamen*, sondern nur ein *Prädikat*, das von verschiedenen Manifestationsformen des Göttlichen ausgesagt werden könne, sagt in Wahrheit nicht viel Erhellendes. Wenn es sich bei *Manifestationen des Göttlichen* nämlich nur um Annäherungen an Vollkommenheiten nach immanenten Maßstäben handelte, wäre der Prädikatsbegriff *göttlich* ganz unnötig. Wer die strahlende Schönheit einer menschlichen Gestalt, den Zauber einer schönen Landschaft, die geordnete Tiefenstruktur von Elementen und Prozessen in der Natur oder die befeuernde Kraft von Kunstwerken als göttlich bezeichnet und bei deren Betrachtung in den Zustand einer gleichsam überirdischen Begeisterung, einer Art göttlichen Wahnsinns (θεῖα μανία) geraten kann (*Phaidros* 265a/b), will *etwas ganz Anderes* zur Sprache bringen, nämlich die völlige Unalltäglichkeit des Wahrgenommenen, die sich gegen jedes geläufige Erfassen und gegen alles Begreifen sperrt. Sofern das Prädikat des Göttlichen also auf etwas unfaßbar Schönes (κάλλος ἀμήχανον) verweisen will (*Politeia* 509a), auf eine ganz andere Wirklichkeit, muß der Versuch einer *Erklärung* des Göttlichen als bloßen Prädikatsbegriffs für nichtssagend gelten, weil sie auf Grund der Besonderheit des Auszusagenden selbst wieder erklärungsbedürftig ist.

Solche Erklärungsversuche für Erfahrungen von Staunenerregendem und Furchterweckendem können allerdings nicht durch vermeintlich gründlichere *philosophische* Erklärungen überboten werden. Wollte Philosophie sich auf einen Wettbewerb von *Erklärungen* einlassen, ginge sie zugrunde, weil sie dann *zu einer Technik des Erklärens aus obersten Ursachen* verkäme (*PLW* 58). Demgemäß sollen hier vor dem Hintergrund der Einsicht in die Unmöglichkeit der vollkommenen menschlichen Selbsterfassung und Lebensverwirklichung einige ausgewählte erlebnismäßige Ursprünge und Richtungen transzendierenden philosophischen Fragens skizziert werden.

a) Der Ursprung der Gottesfrage in den Erfahrungen des Staunens und der Beglückung

Der Mensch findet sich, ohne sich und sein Leben voll verstehen zu können, in einer Welt vor, die ihm weithin rätselhaft bleibt, die ihn jedoch auch mit ihrer hinreißenden Schönheit begeistern kann. Das den Geist erhebende Staunen ist deshalb von alters her als der Anfang des

Philosophierens bezeichnet worden.[2] Diese Unverstehbarkeit wird auch nicht von der fortschreitenden technischen Bearbeitung der Erde durch den Menschen überwunden. Hierzu sagt Kant: „Die gegenwärtige Welt eröffnet uns einen so unermeßlichen Schauplatz von Mannigfaltigkeit, Ordnung, Zweckmäßigkeit und Schönheit, man mag diese nun in der Unendlichkeit des Raumes, oder in der unbegrenzten Teilung desselben verfolgen, daß selbst nach den Kenntnissen, welche unser schwacher Verstand davon hat erwerben können, alle Sprache über so viele und unabsehlich große Wunder ihren Nachdruck, alle Zahlen ihre Kraft zu messen und selbst unsere Gedanken alle Begrenzung vermissen, so daß sich unser Urteil vom Ganzen in ein sprachloses, aber desto beredteres Erstaunen auflösen muß" (*KrV* B 650).

Dieses *sprachlose, aber desto beredtere Erstaunen* ist zwar nicht objektivierbar, weil es des erlebnismäßigen Vollzugs bedarf, und kann deswegen auch nicht als Fundament eines *Gottesbeweises* fungieren, aber es kann doch immerhin das aufleuchtende Licht sein, das die Richtung zu erhellen vermag, in die hinein Menschen fragen, wenn sie sich, ihre Erfahrungen und ihre Situation in der Welt verstehen wollen. Was von dem zu halten ist, was sich dem Erleben so eindrucksvoll zeigen kann, ist die Sache weiterer und späterer Überlegungen, die im Zusammenhang mit den Fragen nach dem Wesen und der Beweisbarkeit des Daseins Gottes anzustellen sind. Im Vorblick ist immerhin klar, daß das, was die weltliche Wirklichkeit zu übersteigen und in eine machtvolle Transzendenz zu weisen scheint, den Menschen zur Entscheidung herausfordert. Das in die Transzendenz Weisende kann als irreführendes *Trugbild* abgelehnt oder als eine für den endlichen und schwachen Menschen nützliche, phantastische *Dichtung* gewollt werden; es kann jedoch auch als eine *Ahnung* der wahren Wirklichkeit angenommen oder gar als *Einsicht* in die absolute Wahrheit selbst behauptet werden.

Zunächst sind exemplarisch einige Erfahrungen zu skizzieren, die solches Erstaunen auszulösen vermögen. Das soll am Beispiel der Begegnung mit anderen Menschen, am Erlebnis der geordneten Mannigfaltigkeit, wie sie dem Naturforscher vor Augen steht, an der Wirkung von Kunstwerken und an dem zuweilen auftretenden Bewußtsein verfolgt werden, in dem ein Mensch über die Tatsache seines Daseins in der Welt staunt und sie als beglückend erlebt.

Die Schönheit von Menschen vermag zu faszinieren, sogar so, daß sie

[2] Platon nennt das Staunen als Initiation des Philosophierens (*Theaitetos* 155d): Μάλα γὰρ φιλοσόφου τοῦτο τὸ πάθος, τὸ θαυμάζειν· οὐ γὰρ ἄλλη ἀρχὴ φιλοσοφίας ἢ αὕτη.

die Sehnsucht der Liebe hervorrufen kann. Gewiß kennt wenigstens jeder Mensch, der jemals verliebt war, diese Schönheit und ihre Kraft, die sich in einem Augenblick in sein Herz senkt, als Auslöser einer unauslöschlich scheinenden Liebessehnsucht. Durch sie kann der Sehnsüchtige so in den Zwiespalt zwischen Seligkeit und Verzweiflung geraten, daß er seine Welt samt ihren Anforderungen aus dem Auge verliert und er dem gewachsenen Lebensgefüge gänzlich entfremdet zu werden droht.[3] Diese Sehnsucht nach der Gegenwart des Anderen vermag sich zwar in dauerhafte Liebe zu verwandeln; durch diese wird aber das unfaßbare Faszinierende der Anziehung keineswegs alltäglich. Die Sehnsucht kann den Menschen indessen auch in Todesverlorenheit stürzen, wenn Erfüllungen völlig ausbleiben. Stets scheint die *Sehnsucht* den Sehnsüchtigen aber *aus dem alltäglichen Bedeutsamkeitsgefüge der Welt zu reißen.*

Das, was da aus dem Alltäglichen herausreißt, hat eine erstarren machende Gewalt, die unerklärlich ist und als begeisternd erfahren wird. Menschen streben nach dem Anblick des Schönen und versuchen, solche Anblicke zu erlangen, sei es, indem sie die Anmut und die reizende Gestalt von Menschen bewundern, die Pracht und die Erhabenheit lieblicher und anmutiger Landschaften oder hochgetürmter und zerklüfteter Berge, welche die Urgewalt der unberührten Natur spüren lassen. Die Begeisterung am Schönen drückt sich in Kunstwerken und in der fotografischen Abbildungstechnik aus, die auch die Grundlage für den heute verbreiteten *Starkult* darstellt, durch den eine ans Religiöse grenzende Verehrung einzelner Personen propagiert wird (so wie man früher beispielsweise Greta Garbo die *Göttliche* nannte). Schon die Alten betrachten einen anmutigen Ort (*locus amoenus*) als von halbgöttlichen Nym-

[3] Beispiele in der Dichtung sind Legion; fast jeder Roman lebt davon. Vgl. Goethes *Lied der Mignon* (Werke VII,240):

Nur wer die Sehnsucht kennt,
Weiß was ich leide!
Allein und abgetrennt
Von aller Freude,
Seh' ich an's Firmament
Nach jener Seite.
Ach, der mich liebt und kennt,
Ist in der Weite.
Es schwindelt mir, es brennt
Mein Eingeweide.
Nur wer die Sehnsucht kennt,
Weiß was ich leide!

phen bewohnt (z. B. *Phaidros* 227a-230e, der *Genius loci* überkommt Sokrates dort wie ein enthusiastischer Rausch); in der Gegenwart drückt sich die Begeisterung an den Reizen der vielfältigen Formen der Natur im Tourismus aus, der auch als Ausdruck der Sehnsucht nach gleichsam paradiesischer Schönheit zu gelten hat.

Schönheit wird in den Formen der Natur gefunden; sie wird in der Endlosigkeit der Meere und Wüsten wie in der Pracht des Sternenhimmels gesucht. Der Physiker Carl Friedrich von Weizsäcker, der sich späterhin der Philosophie zugewandt hat, erzählt von einer Sternennacht aus seiner Kinderzeit, die ihn beeindruckt hat. Er berichtet: „Das Erlebnis einer solchen Nacht kann man mit Worten nicht wiedergeben, wohl aber den Gedanken, der in mir aufstieg, als das Erlebnis abklang. In der unaussprechlichen Herrlichkeit des Sternenhimmels war irgendwie Gott gegenwärtig. Zugleich aber wußte ich, daß die Sterne Gaskugeln sind, aus Atomen bestehend, die den Gesetzen der Physik genügen" (*SGG* 17). In vergleichbarer Weise kann das Wunder, daß es überhaupt Lebendiges gibt und daß das Lebendige in zahllosen, zweckmäßigen und schönen Formen der Lebewesen auf der Erde bei Pflanzen und Tieren auftritt, Staunen erregen. Diese Vielfalt der Formen in Flora und Fauna weist laut Max Scheler über sich hinaus „auf ein phantasievoll spielendes und nur ästhetisch regelndes Prinzip in der unbekannten Wurzel des Lebens hin" (*SMK* 16). Immer und überall läßt dieses aus dem Alltag reißende, faszinierte Staunen die Menschen nach einer Gegenwart des Schönen streben, ohne daß sie begreifen könnten, woher dieses Staunen kommt und wohin es vielleicht führt.

Die vom Anblick des Schönen entfachte *Sehnsucht nach dem Wunderbaren*, die den Alltag aus dem Blick geraten läßt, scheint Genuß und unbändigen Lebensjubel zu verheißen. Dieser Verheißung wird in der Endlichkeit ihrer Erfüllungen aber stets erneut der Boden unter den Füßen weggezogen, da diese nicht den zugleich ersehnten, dauerhaften Charakter haben. So kann der Sturz aus zeitweiligen Glückserfahrungen, in denen der alles Negative überstrahlende Glanz des Schönen alles alltägliche Sorgen, Trachten und Fragen verstummen läßt, die Sehnsucht immer neu entfachen, ohne daß sie in der Welt je ihr vollendet erfüllendes Ziel erreichte. Je wacher ein Mensch die gelingenden Erfüllungen des Sehnens angesichts des Schönen wahrnimmt, desto deutlicher vernimmt er zugleich einen Überschuß an unerfüllbarer Erwartung in ihnen. Wer Schönheit erblickt, scheint gleichsam etwas Überirdisches zu sehen, dessen Widerspiegelung auch ein häufiges Thema von Dichtungen ist.[4] Es könnte sogar zutreffend sein, daß jeder Mensch von einer

---

[4] *Vgl. Novalis, Schriften I,177; Geistliche Lieder XV:*

Grunderfahrung der Schönheit und Liebe zehrt, daß er nicht anders als von dieser Grunderfahrung her sein Leben durchhalten könnte. Derart spricht Hans Urs von Balthasar vom *Blitz des Ursprungs* im liebenden Blick der Mutter, der alles anstrahlt: „Ich und Du und Welt – mit einem so hellen und heilen Strahl, daß er auch eine Eröffnung Gottes miteinschließt" (*ZWG* 15f.).
Auch dem der Natur zugewandten Forscher kann sich eine Schönheit zeigen, die ihn von Göttlichem sprechen läßt. Das soll mit einigen Beispielen angedeutet werden. Platon legt in der Interpretation der Atomtheorie die vier schönsten Körper (κάλλιστα σώματα) als Grundlage aller natürlichen Elemente aus (*Timaios* 53c-56c), wodurch er einerseits die Welt als Götterbild (37c: ἄγαλμα), als werdenden Gott (34a/b: θεὸς ἐσόμενος) und als wahrnehmbaren Gott (92c: θεὸς αἰσθητός) auslegt, andererseits aber auch Antwort auf eine Frage gibt, die noch in der Physik unseres Jahrhunderts ein Echo gefunden hat, nämlich in Weizsäckers Frage, „wieso mathematisierende Naturwissenschaft, wieso theoretische Vorhersage von Experimenten und technische Verwandlung der Welt überhaupt möglich ist" (*EdN* 112).[5] In einer ähnlichen Überlegung Albert Einsteins bleibt das „ewig Unbegreifliche an der Welt ... ihre Begreiflichkeit" (*MSJ* 65). Ebenso hat Werner Heisenberg sich laut Weizsäckers Bericht ausdrücklich dazu bekannt, „daß die Naturgesetze schön sind, und daß die Symmetrien eine Gestalt sind, in der sich die Schönheit der Gesetzmäßigkeiten der Natur begrifflich fassen läßt, begrifflich spiegelt" (*GdM* 321).
Die Pointe der These Heisenbergs sieht Weizsäcker darin, daß es keine Wissenschaftstheorie gibt, die erklärt, „warum eigentlich solche mathematischen Gesetzlichkeiten gelten" (*GdM* 322). Jedenfalls zeigt sich damit, daß Naturwissenschaftler gerade dann, wenn sie bei ihren Bemühungen Erfolg haben, mit der Annahme der vorgängig in sich geordneten oder wenigstens ordnungsfähigen Mannigfaltigkeit der Natur zugleich etwas Unfaßbares voraussetzen, was sie als staunenerregend erfahren und sie die Physik als ein *Nach-denken der Gedanken Gottes*

Ich sehe dich in tausend Bildern,
Maria, lieblich ausgedrückt,
Doch keins von allen kann dich schildern,
Wie meine Seele dich erblickt.

Ich weiß nur, daß der Welt Getümmel
Seitdem mir wie ein Traum verweht,
Und ein unnennbar süßer Himmel
Mir ewig im Gemüte steht.

[5] Vgl. dazu *PWJ* 215-232, wo Platons Nähe zur modernen Physik gezeigt wird.

empfinden läßt. So soll Einstein geäußert haben: „Was versuchen wir denn anderes als Seine Linien nachzuzeichnen" (*EdN* 115). Gemäß Weizsäckers Einschätzung treiben solche Fragen den Naturwissenschaftler unserer Zeit aber an den Rand „dessen, was wir wissen, eigentlich schon etwas jenseits dieses Randes". Er sagt im Blick auf Heisenbergs Rede vom Schönen in der mathematischen Gestalt der Natur, daß man, falls man wissen wollte, was diese Schönheit ist, *vielleicht auch wissen müßte, was die Schönheit in der Kunst ist* (*EdN* 127).

Die schwierigere Frage, was die Schönheit in der Kunst ausmacht, kann hier nicht untersucht oder gar entschieden werden. Unabhängig davon, ob man objektive Kriterien oder die subjektive Reaktion auf die Begegnung mit Kunst als Maßstab der Beurteilung zugrunde legt, jedesmal scheinen doch die Kunstwerke, an denen solche Kriterien erläutert werden, das wahrhaft Maßgebende zu sein. Wer die Werke eigenständiger, produktiver Künstler an den Kunstmaßstäben ihrer Vorgänger mißt, wird zum *Beckmesser*, gibt sich der Lächerlichkeit preis.[6]

Die ungeheure Kraft der Begeisterung, die von Kunstwerken ausgehen kann, scheint an keinen inhaltlichen Richtungssinn gebunden zu sein. Als *Kunstwerk* kann aber gewiß nur ein *gesteigerter Ausdruck von hervorbringender menschlicher Tätigkeit* gelten. Sofern der Mensch sich, seinen Daseinsvollzug und seine offenen Seinsmöglichkeiten nicht endgültig durchschauen kann, bleibt ihm zuletzt das Wesen des Schönen in der Kunst verborgen. Gleichwohl ist als vorläufiges Resultat festzuhalten, daß Menschen sich in allen Kulturepochen in der Kunst Ausdruck verschafften und ihr einen großen Teil ihrer Energie und Arbeit widmeten.

Eine Hervorbringung des Menschen in Architektur, in plastischer oder malerischer Bildnerei, in Musik oder Literatur, wird zum *Kunstwerk*, indem es *beanspruchende Verdichtungen von solchem in sich birgt, was den Menschen innerlich angeht.* Verdichtungen des Schönen schlagen sich nieder in innerem Jubel, der sich zum Beispiel bei einem gelungenen Konzert im Beifall des Publikums ausdrückt, bei der Betrachtung von Plastiken oder Gemälden aber in stillem Schauen und Staunen. Was das Anziehende des Schönen ausmacht, das Menschen antreibt, sich der Kunst zu widmen, ist inhaltlich ebenso unklar, wie es die Maßstäbe der Kunstbeurteilung sind. Wenn dies zutrifft, wäre festzuhalten, daß die produktiven Künstler *durch etwas Unnennbares* zu immer neuen Hervorbringungen provoziert werden, die bei verständigen Rezipienten

---

[6] Vgl. die sprichwörtlich gewordene Rolle des Beckmesser in Richard Wagners Oper *Die Meistersinger von Nürnberg*.

Faszination evozieren. Sowohl die Beglückung einer Begegnung mit dem Schönen als auch das Wunder der künstlerischen Produktionskraft können ein Staunen erregen, das den Rahmen der Alltäglichkeit sprengt. Ein überströmendes Glücksgefühl kann Menschen auch im Blick auf das Ganze des Daseins in der Welt und der menschlichen Gemeinschaft erfassen. Im Staunen vor solchem Schönen scheint alles gut zu sein und alle Dunkelheit zu schwinden. In der Beglückung ist zugleich das Gefühl namenlosen Dankens eingeschlossen, eines Dankens dafür, daß man dies erleben durfte, daß man da ist, daß man in dieser Menschenwelt ist, die im Augenblick des beglückten Staunens alles in der Welt hell und heil erscheinen läßt.

Jeder weiß, daß die schönen Augenblicke nicht andauern, sondern vergehen. Dennoch kann ein solcher Augenblick trotz seiner Vergänglichkeit Menschen bewegen, gleichsam alles zu wagen, selbst ihr Leben.[7] Indem das Staunen vor dem Schönen alles gut erscheinen läßt, es in das Licht der Vollendung taucht, indem glückliche Augenblicke die Alltäglichkeit so belanglos machen können, daß selbst der Schrecken des Todes zu schwinden scheint, zeigen diese Erlebnisse, daß sie *das Ganze betreffen* und *das Alltägliche nichtig zu machen* vermögen. Sie weisen indirekt, auch dort, wo Kunst inhaltlich Schreckliches zum Ausdruck bringt, positiv oder negativ auf eine der Sache nach nicht faßbare und der Zeit nach nicht festzuhaltende Seligkeit hin, auf die des Menschen tiefstes Sehnen zielt, ohne daß er sie je kraft eigener Tätigkeit und in der Welt überhaupt zu erreichen vermöchte.

b) Der Ursprung der Gottesfrage in den Erfahrungen des Erschreckens und des Unheils

Der Erfolg bei der Besorgung von Alltagsgeschäften kann in guten Zeiten zu einer gewissen *Zufriedenheit* mit den Zuständen führen, in denen sich die Welt des Einzelnen und kleinerer oder größerer Gruppen befindet. Solche Zufriedenheit mit sich und der Welt ist dann jedoch gewiß voreilig oder spießerhaft, wenn sie das unaufhebbare Defizit in der vollkommenen Erfüllung der wahren menschlichen Sehnsucht verdeckt und

---

[7] Vgl. Schiller, *Don Carlos* (Erster Akt, Fünfter Auftritt; *Werke* II,31): „*Ein* Augenblick, gelebt im Paradiese, / Wird nicht zu teuer mit dem Tod gebüßt." Weiter Goethe, *Faust* I, Studierzimmer (Wette mit Mephistopheles; *Werke* III,57): „Werd' ich zum Augenblicke sagen: / Verweile doch! du bist so schön! / Dann magst du mich in Fesseln schlagen, / Dann will ich gern zugrunde gehn!"

derart das transzendierende Fragen über die Welt hinaus versanden läßt. Eine die vollständige Wahrnehmung der Situation des Menschen verdeckende Zufriedenheit gerät in die Gefahr, ihn in eine Scheingeborgenheit in der Welt zu führen. Aus dieser Scheingeborgenheit kann der Mensch aber gegen seinen Willen durch die erschreckende Erfahrung des Unheils herausgerissen werden.

Das Unheil kann sich mit Macht seine Bahn brechen einerseits mit der Durchkreuzung des Lebens in *Leid und Tod*, andererseits durch den Vollzug der menschlichen Freiheit in *schuldhaftem Tun*. Trauer und Schmerz sind die Antwort auf den Entzug der Wirklichkeit, die im Leben gegeben war. Empörung und Zerknirschung angesichts menschlicher Untaten beruhen auf der impliziten Annahme der Verantwortung des Menschen für seine Taten, die das nur an der Vorstellung von Kausalzusammenhängen orientierte Erklären gleichsam über den Haufen wirft. Der Einbruch des Unheils in die Menschenwelt treibt das Denken in ein Erschrecken, das zu einem bedrückten, aber ebenso beredten Schweigen führt, wie es auch das Staunen vor dem Schönen schon in seiner Weise getan hat.

Welche Bedeutung das *Problem des Todes* für die Philosophie hat, braucht kaum hervorgehoben zu werden. Der Tod des Sokrates hat als entscheidende Initiation im philosophischen Denken Platons zu gelten (vgl. *Siebenter Brief* 324b-326b). Als Schlüsselbegriffe dieser Philosophie können Tod, Gerechtigkeit und Vollkommenheitsstreben (*Thanatos*, *Dike* und *Eros*) gelten (vgl. *PM* 240 und 265). Demgemäß spielt der Tod und vor allem der Tod des Sokrates als eines gerechten Menschen die tragende Rolle in mehreren Dialogen Platons.[8] Auch für Aristoteles war dieses Motiv des Todes noch eine ins Metaphysische verweisende Frage. Von seinem Dialog *Eudemos* her kann in existenzieller Zuspitzung betrachtet werden, wie das Ereignis des Todes des Eudemos, dem Aristoteles freundschaftlich verbunden war, ihn nach der jenseitigen Bewahrung der Person und zugleich auch nach einer Bewahrung der beiderseitigen Freundschaft und Liebe über den Tod hinaus fragen läßt.[9]

[8] Außer dem *Phaidon* sind die *Apologie* und *Kriton* zu nennen. Darüber hinaus finden die mit dem Tod des Sokrates verbundenen Fragen in späteren Werken noch Beachtung. Im *Siebenten Brief* war der Tod des Sokrates Thema, da er als Gerechtester von Platons Zeitgenossen (324e: δικαιότατος τῶν τότε) von der Staatsgewalt hingerichtet worden ist. Die Spannung zwischen der Gerechtigkeit und ihren Folgen durchzieht Platons politische Hauptwerke, bes. die *Politeia* und den *Politikos*.

[9] Dazu vgl. *Ari* 150ff. Außerdem vgl. das Streben nach Unsterblichkeit (ἀθανατίζειν) in *NE* X, 1177 b 33.

Ähnliche Erfahrungen bringt Augustinus in den *Confessiones* zur Sprache. Sie sollen hier in Erinnerung gerufen werden.
Augustinus, nach Abschluß des Studiums in Karthago nach Thagaste zurückgekommen, lernt damals einen Altersgenossen aus Kindestagen näher kennen und gewinnt ihn von nun an zum Freund (*C* 4,7). Als dieser junge Mann von einer fiebrigen Erkrankung befallen wird, verharrt Augustinus zunächst in seiner sorglosen Sicherheit, daß dem Freund nichts Ernsthaftes geschehen werde. Diese Sicherheit erweist sich aber alsbald als trügerisch; der Gesundheitszustand des Freundes verschlimmert sich nämlich immer mehr, und der Freund stirbt. Der von diesem ganz unerwarteten Tod ausgelöste Schmerz verdunkelt Augustins Herz so, daß ihn in allem der Tod anzublicken scheint: „Quo dolore contenebratum est cor meum, et quidquid aspiciebam mors erat". Die Heimat ist ihm nun zur Qual geworden, zur Unseligkeit das Vaterhaus; Augustinus berichtet, daß seine Augen überall den Freund gesucht hätten, daß er sich aber nirgends gezeigt habe. Das Ganze seiner vormals geschlossenen Weltsicht wird so in den Strudel des Schmerzes gezogen, daß er nun alles haßte, weil ihm sein Freund entrissen war: „et oderam omnia, quod non haberent eum" (*C* 4,9).
Augustinus fühlt sich durch den Tod des Freundes elend, weil er seine Freude verloren hat: „Miser enim eram et amiseram gaudium meum" (*C* 4,10). Er erkennt, daß er den Freund so geliebt hatte, als ob dieser nicht würde sterben können: „quem quasi non moriturum dilexeram" (*C* 4,11). Er hatte Vergängliches geliebt, als könne im Lieben und Geliebtwerden beständige Erfüllung gefunden werden. Mit diesem Scheitern der Scheingewißheiten der selbstsicheren und erfolgsorientierten Lebensfreude erwacht in ihm ein in sich widersetzliches Gefühl (*affectus contrarius*), nämlich Lebensüberdruß (*taedium vivendi*) und Todesfurcht (*moriendi metus*). Im Überdruß am Leben, der mit der Furcht vor dem Sterben gekoppelt ist, wird ihm bewußt, daß der Tod alles verschlingen kann, wie er den Freund bereits verschlungen hatte. So haßt und fürchtet Augustinus den Tod als den wütendsten Feind um so mehr, als er den Freund geliebt hatte: „Credo, quo magis illum amabam, hoc magis mortem, quae mihi eum abstulerat, tamquam atrocissimam inimicam oderam et timebam et eam repente consumpturam omnes homines putabam, quia illum potuit" (*C* 4,11).
Im Anschluß an dies Geschehen beginnt Augustinus sich zu fragen, wodurch er in das Elend gekommen war. Er erkennt, daß nicht erst der Tod des Freundes ihn ins Elend gestürzt hat, sondern daß er schon vorher im Elend war, ohne es aber als solches zu bemerken. Durch die Erfahrung des Todes seines Freundes sei ihm das eigene Elend allererst offenbar geworden. Er sei vorher schon elend gewesen wie jeder von der Freund-

schaft zu Vergänglichem gefesselte Geist. Das Elend wird in dem Augenblick bewußt, in dem der Geist durch den Verlust des Geliebten zerrissen wird: „Miser eram, et miser est omnis animus vinctus amicitia rerum mortalium et dilaniatur, cum eas amittit, et tunc sentit miseriam, qua miser est et antequam amittat eas" (*C* 4,11). Augustinus ist sich in seiner Trauer und Verwirrung selbst zu einer so großen Frage geworden, daß er auf sie nichts zu antworten vermag: „Factus eram ipse mihi magna quaestio et interrogabam animam meam, quare tristis esset et quare conturbaret me valde, et nihil noverat respondere mihi". Allein im Weinen findet er als Antwort auf den Entzug der Gegenwart des Freundes einen gewissen Trost (*C* 4,9).

In ähnlicher Weise sprengt das *Problem der Schuld* gewissermaßen den in sich geschlossenen Weltzusammenhang. Menschliche Untaten und die Erfahrung der eigenen Schuld rufen ein sprachloses Entsetzen hervor, das von keiner Kraft der Welt je geheilt werden kann. Der Bruch des Vertrauens kann einen Menschen so sehr verletzen, daß er jeglichen Boden unter den Füßen verliert; ungerechte Behandlung und strukturelle Ungerechtigkeit rufen Empörung oder Resignation hervor; brutale Gewalt und Unterdrückung rauben den Betroffenen ihre Lebensmöglichkeit und bereiten ihrem Leben oftmals ein schreckliches Ende. Wer sich die zahllosen Gewaltverbrechen vergegenwärtigt, kann sich das Bewußtsein von der Sinnlosigkeit des Geschehens und die Verzweiflung, die das Leiden der Wehrlosen hervorruft, nicht leicht vom Leibe halten.[10] Jedesmal scheinen die Welt und das Leben in ihr durch solche bewußt ungerechte Bewirkung von Übeln, durch ein offenbar schuldhaftes Handeln von Menschen, in einer Art nichtig zu werden, wie es bei naturhaft eintretenden Übeln nicht geschieht, sei deren verheerende Wirkung auch noch so katastrophal. Dem Menschen, dem auf persönliche, bewußt aktive Weise Böses zugefügt wird, tritt kein gleichsam leeres Nichts entgegen, das ihn sein Geschick womöglich gleichmütig und ergeben ertragen lassen könnte, sondern eine machtvolle Nichtigkeit, die Grauen erweckt.

Wenn ich mich selbst als den aktiven Vollzieher einer in solche Nichtigkeit führenden Tat erkenne, dann kann mich das Gewissen zur Rechenschaft, in die Verantwortung für meine Tat rufen, die mich schuldig spricht, sofern ich mich selbst in dieser Verantwortung als Grund der Nichtigkeit wahrnehme.[11] Jedes wahre Eingeständnis eigener Schuld,

---

[10] Erschütternde Beispiele für solches Leiden finden sich in den Romanen Dostojewskis, vgl. z. B. *Die Brüder Karamasoff*, darin bes. das Kapitel ‚*Der Großinquisitor*' im fünften Buch (401-432) und das zehnte Buch unter dem Titel *Knaben* (833-910).

[11] Vgl. *SuZ* 376: „Die formal existenziale Idee des ‚schuldig' bestimmen wir daher so: Grundsein für ein durch ein Nicht bestimmtes Sein – das heißt *Grundsein einer Nichtigkeit.*"

das nicht von taktischen Erwägungen, Selbstentschuldigung oder Selbstentwürdigung geprägt ist, treibt den Schuldigen in eine Krise, aus der er sich nicht mehr selbst zu befreien vermag, sofern für ihn nichts mehr rückgängig zu machen ist.[12] In der Konfrontation mit sich selbst als ursprünglichem Grund von Nichtigkeit gerät jeder Handelnde in einen tiefen Zwiespalt mit sich selbst, ob er ihn sich eingesteht oder nicht. Dieser Zwiespalt treibt ihn einerseits, sich von seiner Tat und zuletzt gewissermaßen von seinem Weltdasein selbst zu distanzieren, in das er sich zweifellos nicht selbst gebracht hat.[13] Der Zwiespalt entläßt ihn andererseits aber trotzdem nicht aus seiner Selbstüberantwortetheit und läßt so sein eigenes Dasein mit unerträglich scheinendem Druck auf ihm lasten.[14]

Wer als ein mitfühlender und den Sinn des Ganzen bedenkender Zuschauer wahrnimmt, wie andere Menschen Taten vollziehen, die ihre Opfer in Nichtigkeit und Tod führen, wird, falls ihm die Möglichkeit abwehrenden Eingreifens versagt ist, vom Bewußtsein der Sinnwidrigkeit, der Absurdität des menschlichen Tuns und Lebens ergriffen. Ohnmächtiger Zorn und hoffnungsloses Grauen bedrängen ihn, sobald er sieht, wie die kalte Bosheit von Übeltätern weder vor der gleichsam unschuldigen Schwäche von Menschen noch ihrem vielleicht mühsam erworbenen Besitz haltmacht. Im Bewußtsein der Sinnwidrigkeiten, die von menschlichem Tun ausgehen, öffnet sich eine erschreckende Leere, vor der das anfängliche Gefühl der Geborgenheit in der Welt haltlos zerstiebt und die Ausrichtung auf die Erfüllung des naturhaften Strebens ihren Elan verliert. Wenn die Nichtigkeit solchen sinnwidrigen Geschehens von nichts anderem aufgefangen würde, dann blieben Grauen und Entsetzen vor der Wirklichkeit von Mensch und Welt, wie sie faktisch sind, die angemessene Stellungnahme angesichts der furchtbaren Spur von Gewalt, Blut und Tränen, die sich durch die menschliche Geschichte zieht, wohin man in ihr auch blickt. Dieses Grauen und Entsetzen kann *nicht in der Welt* als sinnvoll verstanden werden, auch wenn

---

12 Die Schwierigkeit des Weges zur Einsicht in eigene Schuld und die Möglichkeit einer Rettung durch Liebe verdeutlicht exemplarisch Dostojewskis Roman *Raskolnikoff. Schuld und Sühne*.

13 Vgl. *SuZ* 377: „Seiend ist das Dasein geworfenes, *nicht* von ihm selbst in sein Da gebracht."

14 Mit dem Schuldigsein des Daseins ist, wie Heidegger richtig betont, bloß eine Bedingung dafür gegeben, „daß das Dasein faktisch existierend schuldig werden kann" (*SuZ* 380). Das Schuldigsein, das in *Sein und Zeit* das Eigentlichsein des Daseins fundiert, wird hier lediglich als *Anzeige der metaphysischen Naturanlage im Blick auf die Gottesfrage* wahrgenommen.

man zuweilen aus Leiden lernen kann. Es kann nur dann in Schranken gewiesen werden, wenn es eine Hoffnung gäbe, die den Opfern von Verrat, Gewalt und Unterdrückung von ganz anderer Seite eine innerweltlich nicht mehr verstehbare Rettung verhieße.

Die ruhige *Objektivität* eines wissenschaftlichen Betrachters von Vorgängen in der Welt wird geradeso wie die satte Zufriedenheit eines Spießbürgers durch die Begegnung mit dem sich in der Welt allenthalben ereignenden Unheil *verunsichert*, sobald dieses Unheil sie persönlich schmerzhaft trifft. Für einen Menschen, der sich wachen Auges dem geschehenden Unheil öffnet, ist eben nicht einfach alles lediglich so, wie es *von außen betrachtet* und *objektiv* zu sein scheint. Die kaleidoskopisch fluktuierenden Weltprozesse, in denen sich staunenerregend Schönes mit grauenvoll Erschreckendem gleichgültig zu mischen scheint, als *bloß ästhetisches oder objektives Phänomen* zu betrachten, widerspricht der wahren Erfahrung, der sich der Mensch ausgesetzt sieht. Vielmehr muß daran festgehalten werden, daß es ein *Skandal* bleibt, sofern Unschuldige oder gar Gerechte leiden.

Dieser Skandal ist ein *Grundereignis des Philosophierens.* Philosophie, die ihn nicht reflektiert, verläßt die Wirklichkeit und damit die Wahrheit. Platon jedenfalls bedenkt den Zwiespalt zwischen der Wirklichkeit, wie sie faktisch ist, und der Wirklichkeit, wie sie gemäß der Idee sein sollte, auch im Blick auf das ungerechte Leiden. Er berichtet von der Meinung, ein Gerechter, wenn er in diese Welt komme, werde „gegeißelt, gefoltert, gefesselt, geblendet werden an beiden Augen, und zuletzt, nachdem er alles mögliche Übel erduldet, wird er noch aufgeknüpft werden"; diese Welt versuche nämlich den Gerechten zu kompromittieren und ihm die Maxime zu insinuieren, „daß man nicht muß gerecht sein, sondern scheinen wollen" (*Politeia* 361e/362a: ὅτι οὐκ εἶναι δίκαιον, ἀλλὰ δοκεῖν δεῖ ἐθέλειν).

Laut Platon treibt diese Einsicht einen wahrhaft Philosophierenden, wenn er keine Möglichkeit sieht, der Verwirklichung der Gerechtigkeit zu dienen, schließlich zur Absicht, sein Leben frei von Ungerechtigkeit hinzubringen und beim Abschied daraus in guter Hoffnung ruhig und zuversichtlich hinwegzuscheiden (*Politeia* 496d/e). Er sagt damit, daß das unerfüllte Gerechtigkeitsstreben die Grenzen der immanenten Sinnerfüllung sprengt.

Wer die Wirklichkeit des Leidens als vernachlässigbare Größe zu übergehen versucht, könnte sich darauf berufen, daß dem Leiden eigentlich keine Wirklichkeit zukomme. Dies scheint Plotin angenommen zu haben. Er sagt: „Und was Mord und Totschlag aller Art betrifft ..., so soll man es anschauen wie auf den Gerüsten der Schaubühne, es ist alles nur Umstellen der Kulisse und Wechsel der Szene, und dazu gespielte Tränen und Wehklagen“ (*Enneade* III 2,15,44ff.). Das Wichtignehmen des Leidens gilt bei Plotin dementsprechend als Kinderei (παιδιά).[15] Jammern und Weinen seien kindisch und dürften keinesfalls als ein Zeugnis dafür genommen werden, daß es tatsächlich Unglück (κακά) gibt (*Enneade* I 4,5,5ff.). Die Denunziation von Tränen und Klagen als bloß gespielter Wirklichkeit verfehlt indessen die Situation des Menschen in der Welt genauso wie ein wissenschaftlicher Scheinobjektivismus, der zu erkennen vorgibt, der Mensch samt seiner Wahrnehmung des ihn treffenden Weltgeschehens sei im Blick auf die Unendlichkeit des Kosmos nur eine *quantité négligeable*. Wer so spricht, übersieht, daß er sich selbst Lügen straft. Wissenschaftliche Objektivität, die vom Sein des Erkennenden absieht, verliert ihr Fundament und baut ihre scheinbare Objektivität auf ein Nichts.

In jeder wachen Begegnung mit dem erschreckenden Unheil in der Welt liegt notwendigerweise eine Eröffnung metaphysischen Fragens. Dies Fragen kann durch keinen Fortschrittsoptimismus aufgefangen werden, wie ihn alle diejenigen politischen Bewegungen zur Menschheitsbeglückung vertreten, die auch vor der Anwendung ungerechter Gewalt nicht zurückschrecken. Die Unheimlichkeit im scheinbar endgültigen Untergang jedes Menschen zerbricht die Geschlossenheit einer in sich beruhigten Welt und ruft gespenstisches Grauen vor Leid und Tod hervor. Im Zerbrechen der von ihm erstrebten Erfüllungen nimmt der menschliche Geist seine Selbstentzweiung und Zerrissenheit wahr, die ihn zu einem die Weltimmanenz transzendierenden Fragen herausfordern.

Positive Ansätze von Erfüllungen der menschlichen Sehnsucht finden sich vor allem im Leben solcher Gemeinschaften, die von Liebe getragen sind. Auch diese Erfüllungen bleiben jedoch bedroht, nämlich vom unweigerlich bevorstehenden *Tod* und von menschlicher *Schuld*. Die Erfahrung einer erfüllenden Gemeinschaft mit anderen Menschen läßt deren Leiden sogar besonders zu Herzen gehen. Aus dieser Wahrnehmung vom Leid und Tod geliebter Menschen und aus dem Bewußtsein der eigenen Verantwortlichkeit erhebt sich derart ein transzendierendes Denken, das auch dann seine Bedeutung für die philosophische Gottesfrage behält, wenn es nicht in die dogmatische Gewißheit einer systematisch abgeschlossenen Weltinterpretation führt. Im Transzendieren der fakti-

---

[15] Dagegen hält *NE* I, 1100 a 5ff. am *Problemcharakter* des Leids fest; Aristoteles sagt ausdrücklich, daß er es nicht akzeptieren könnte, wenn unsere Endbestimmung Spiel und Scherz wäre und wenn die Mühe und das Leid das bloße Spiel (παιδιά) zum Ziel hätten.

schen Weltverhältnisse, das durch das Übel und das Böse in der Welt hervorgerufen wird, stellen sich Fragen von einer Art, die mit Recht als religiös bezeichnet werden können. Diese Fragen provozieren nämlich die Offenheit für das machtvolle, gerechte und gute Unendliche, dem in religiöser Sprache der Gottesname zuteil wird. Diese Fragen betreffen ebensogut das Ziel einer vollendeten Erfüllung des menschlichen Strebens wie die Sehnsucht nach einer sinnrettenden Antwort auf die Wirklichkeit des vernichtenden Unheils, das tagtäglich in der Welt begegnet. Ohne die Beantwortung ihrem Dasein oder ihrem Inhalt nach vorwegnehmen zu können, richten sie sich in unbestimmter Weise an eine überweltliche Macht, die mächtiger ist als der Lauf der Welt. Diese Fragen, die jeder Mensch insgeheim stellt und stets in seinem Herzen bewegt, sind die Grundlage der metaphysisch bedeutsamen Stellungnahmen, die jeder in der einen oder anderen Weise beziehen muß und zumindestens durch den faktischen Lebensvollzug unvermeidlich abgibt.

c) Das Problem der Deutungsbedürftigkeit der religiösen Erfahrung in der Philosophie

Von religiöser Erfahrung wird viel in sehr unterschiedlichen Zusammenhängen gesprochen. Hier sollen zunächst jene innerweltlichen – oder wenigstens innerweltlich scheinenden – Erfahrungen ins Auge gefaßt werden, die jedem wachsamen Menschen unmittelbar zugänglich sind und die ihn gleichwohl, wenn er sie nur auf sich einwirken läßt, in die Richtung von *transzendenten Gedanken* lenken, die man in späterem Rückblick als religiös bezeichnen kann, die aber zunächst einmal nur als Ausdruck der *metaphysischen Naturanlage des Menschen* betrachtet werden sollen. Eine solche Erfahrung, die auch der Philosophie zugänglich ist, mag noch weit von der eigentlich religiösen Erfahrung von gläubigen Menschen entfernt sein, die ihre persönlichen Geschicke und das Geschehen des Ganzen aus einer lebendigen Gottesbeziehung heraus in einem ganz anderen Licht wahrnehmen. Diese religiöse Erfahrung im eigentlichen Sinne kann allerdings erst das Thema einer auf religiösem Glauben fußenden Theologie sein.
Die jedem zugängliche beglückende Erfahrung von staunenerregend Schönem hat – ebenso wie die erschreckende Erfahrung vernichtenden Unheils – die Tendenz, den menschlichen Geist auf eine Wirklichkeit zu weisen, die er vielleicht zu erahnen, aber nicht zu erfassen vermag. Diese Tendenz könnte so ausgelegt werden, als bewirke sie eine Abwertung jeder weltlichen Wirklichkeit, indem sie die Hinwendung zu einer wahren Wirklichkeit (ὄντως ὄν) propagiere, von der Platon im Mythos vom ge-

fiederten Seelengespann spricht (*Phaidros* 246a ff.). Hierzu sei vorläufig nur angemerkt, daß die *Treue zur Erde*, wie sie von Nietzsche mit gutem Grund in das Spiel gebracht worden ist (vgl. § 10 c.), zugleich die *Treue zu der Spannung* zu sein hat, in der sich der Mensch wesensmäßig vorfindet und die aus ihrer immanenten Tendenz heraus das Transzendieren aller weltlichen Wirklichkeit fordert. Der Richtungssinn dieses Transzendierens ist aber offenbar zweideutig, sofern er von seinem Ursprung her einerseits auf *Verzweiflung* und andererseits auf *Vertrauen* hinauslaufen kann.

Die Doppeldeutigkeit des Richtungssinnes, zu der das erfahrungsfundierte Transzendieren der Welt führt, entläßt den Menschen in eine den Sinn des Ganzen betreffende, metaphysische Freiheit, in der er sich selbst und sein Verhältnis zum Ganzen durch sein Tun zu bestimmen hat, mag er die Aufgegebenheit solcher Entscheidung nun bereitwillig als Geschick übernehmen oder ihr entkommen wollen.[16] Im Wirbel der Kräfte, die den Menschen im Augenblick der Beglückung aufjubeln lassen, im Augenblick des Unglücks und Unheils aber niederdrücken, wird ihm sein Dasein in der Welt und die Welt als ganze zu einem *unergründlichen Rätsel.*

Das Leben, wie es in den kostbaren Augenblicken von Glückserfahrungen begegnet, scheint die Möglichkeit einer Vollendung zu besitzen, zu der sich das zeitliche Weltdasein des Menschen in unüberbrückbarer Distanz befindet. Menschen mögen sich zwar in der Sehnsucht nach dieser Begluckung aus Klugheit, Anstand und Sittlichkeit bescheiden können oder sogar bescheiden sollen; die Bescheidung wird ihnen jedoch, weil sie wenigstens zunächst etwas bloß Negatives ist, stets wie der Schmerz einer mangelnden Vollendung ihres Lebenszieles bewußtbleiben. Jedenfalls steht der alltägliche Lebensvollzug des Menschen in einer unauflöslichen Verknüpfung mit dem ihm widerfahrenden Glück und Unglück, Heil und Unheil. Diese Erfahrungen treiben zwar die Geschäftigkeit des Menschen in der Welt an, mittels der er zu verhindern sucht, daß sein bescheidenes Weltglück durchkreuzt wird; sie verlangen am Ende aber eine Antwort, die sich auf den absolut gültigen Sinn des Ganzen bezieht. Diese Erfahrungen können weder einfachhin in die Richtung des Schönen und Guten noch auch in die Richtung des Schrecklichen und Schlechten gleichsam verlängert werden. Trotzdem ermöglichen sie

---

[16] Die Doppeldeutigkeit spiegelt sich in der Schönheit und der Gräßlichkeit von Götterbildern; vgl. die Göttinnen Aphrodite und Medusa; der indische Gott Shiva gilt zugleich als Erhalter und Zerstörer; Trost durch Angst und Schrecken drückt die Religion der Maya aus, die doch auch Sicherheit verlieh; vgl. *RuW*, bes. 208-214.

Hoffnung und *Verzweiflung* im Blick auf einen endgültigen Sinn des Ganzen. Ob ein Mensch nun Hoffnung hat oder ob er am Sinn der Welt verzweifelt, läßt sich offenbar *nicht objektiv* an seinen Erfahrungen festmachen.

Der vom Glück Begünstigte könnte sich nämlich als seines Glückes Schmied an die Freuden und Ergötzungen in der Welt verlieren und sich eine Ewigkeit der Lust in scheinbar endlosen Wiederholungen vorgaukeln, ohne sich seine Sterblichkeit einzugestehen. Weil kein Mensch wissen kann, was es mit dem unvermeidlichen Ausstand an Erfüllung seiner Sehnsucht letztlich auf sich hat, könnte man von dem Realismus solcher Menschen sprechen, die nur Erfüllungen erstreben, die sie wirklich unmittelbar erreichen können. Dieser Ausstand an Erfüllung erschiene dann nur als Herausforderung an die Kraft und das Geschick des Menschen, sich einen möglichst großen Anteil an Genuß und Lust zu verschaffen.

Ein Mensch, der durch eigenes Tun oder Erleiden – oder durch die Wahrnehmung des Schicksals von anderen Menschen – dem Unheil begegnet, könnte so niedergedrückt werden, daß ihm Kraft und Wille fehlten, über das Unheil hinauszufragen oder gar zu glauben, daß eine Heilung erhoffbar sei, die menschliches Maß unendlich übersteigt. Wer so resignierend in Schmerz und Trauer ertrinkt, verliert sich aber ebenso wie der selbstsichere Schmied des eigenen Glückes an eine Welt, deren Herrlichkeit durch die Erfahrung von Tod und Schuld zerbrochen ist. Er verfehlt in seinem Rückzug die eigene Wirklichkeit und die Wirklichkeit der Welt, indem er das in der Welt auch zu findende, unfaßbar Gute und Schöne verneint. Er irrt ebenso wie einer, der in selbstsicherem Überlegenheitsgefühl meint, die Welt in seinem Sinne meistern zu können.

Der Ausstand an ersehnter Vollendung kann indessen auch wie eine *noch nicht* gegebene Erfüllung und derart als das eine endgültige Beglückung in sich bergende *Geheimnis* erscheinen. Im Staunen vor der Tatsache, daß eine Welt da ist, daß Menschen in der Welt mit anderen Menschen und Geschöpfen zusammen da sind, daß diese Welt mit ihren zeitweiligen Beglückungen und ihren Nöten und Schmerzen da ist, blickt er gleichsam schon über die Grenzen des bloß immanenten Weltdaseins hinaus, werden ihm die Wahrnehmungen, die er in der Welt zu machen imstande ist, zugleich zur Herausforderung eines Fragens über die Welt hinaus oder gar zur unmittelbaren Erahnung einer Wirklichkeit, deren Wahrheit er selbst in intensivstem Erleben nur anfanghaft zu vernehmen vermochte, da zumindestens die Dauer des Erlebens zeitlich begrenzt ist, so daß eine letzte Unerfülltheit des Sehnens zurückblieb. Dies Erleben übermächtiger Gewalt in der Kraft und Schönheit der Natur, aber auch im Erschrecken vor ihr, die Erkenntnis der Unverstehbarkeit des menschlichen Erkennens von Naturgesetzen, die in mathematische Formeln gefaßt werden können, darüber hinaus die Wahrnehmung der Zweckmäßigkeit der Natur für die Entstehung, Erhaltung und Ausbreitung des Kosmos und des Lebens in ihm, befestigen das Bewußtsein von der radikalen Unerfaßbarkeit der Wirklichkeit, in der die einzelnen Menschen zeit ihres Lebens (und vielleicht die Menschheit als ganze) eine gewiß nur kleine Rolle spielen. Ebenfalls bleibt die technische, wissenschaftliche und künstlerische Produktionskraft des Menschen, wieviel an Arbeit in sie auch investiert worden sein mag, doch ein staunenerregendes Wunder, vor dem jeder Versuch des Erklärens versagen muß. In solchem Staunen kann das Denken zum Danken werden, ohne jedoch von sich her wissen zu können, wem dieser Dank zu gelten hat.[17]

Durch die Nöte der Zeit mit ihren Bedrängungen, die bis zum Ende mit Schrecken führen können und im Tod schließlich zum Ende des menschlichen Weltdaseins führen, und durch die Not der Zeitlichkeit überhaupt kann sich das in der Welt Begegnende jeweils nur als Durchgang von einem unbekannten Ursprung her auf eine ungewisse Zukunft hin bewegen. Die *flüchtige Wirklichkeit des Zeitlichen* ist im menschlichen Geiste nur insoweit gegenwärtig, als sie von der Erinnerung, der Anschauung und der Erwartungshaltung des Geistes mitkonstituiert ist. Diese Kraft des Geistes versagt aber im Tod. Weil nur im Tode nichts mehr im Blick auf das Weltleben des Menschen bevorsteht, ist der Tod, der dem Menschen äußerlich gesehen den Untergang bringt, der Ort, an dem das Leben seine mögliche Ganzheit in der Welt zu erreichen vermag. So wird der Widersinn sichtbar, daß das Ganze eines menschlichen Lebens nur dort vor Augen stehen kann, wo der Mensch, dessen Leben vor Augen stehen könnte, seine Augen schon geschlossen hat.

Dieser Hinweis, der an Formulierungen Heideggers anknüpft, zielt gleichwohl in eine andere Richtung. Heidegger bedenkt die „Möglichkeit eines existenziellen Vorwegnehmens des *ganzen* Daseins, das heißt die Möglichkeit, als *ganzes Seinkönnen* zu existieren“ (*SuZ* 351). Er übergeht aber eine Entscheidung der Fragen, „ob ‚nach dem Tode‘ noch ein anderes, höheres oder niedrigeres Sein möglich ist, ob das Dasein ‚fortlebt‘ oder gar, sich ‚überdauernd‘, ‚unsterblich‘ ist“; seine Untersuchung bleibt insofern „rein diesseitig, als sie das Phänomen lediglich daraufhin interpretiert, wie es als Seinsmöglichkeit des jeweiligen Da-

[17] *KU* B 416f. nennt Dankbarkeit, Gehorsam und Demütigung als zum Transzendieren geneigt machende Gemütsstimmungen.

seins *in dieses hereinsteht*“ (*SuZ* 329f.). Das *Vorlaufen zum unbestimmt gewissen Tode* wird in der Befindlichkeit der *Angst* offengehalten. In ihr geht es dem Dasein *um* sein Seinkönnen und damit um die äußerste Möglichkeit, die aus ihm selbst aufsteigen kann (*SuZ* 351-354). Die weggelassene *ontische Frage* eines Fortlebens über den Tod hinaus bleibt aber dennoch virulent. Jedenfalls können sich an den folgenden Befund gerade die oben genannten Fragen nach einem Sinn des menschlichen Weltdaseins heften. Heidegger sagt nämlich: „Auch ‚unvollendetes‘ Dasein endet. Andererseits braucht das Dasein so wenig erst mit seinem Tod zur Reife zu kommen, daß es diese mit seinem Ende schon überschritten haben kann. Zumeist endet es in der Unvollendung oder aber zerfallen und verbraucht“ (*SuZ* 325).

Der Mensch, der sein Sein schlechthin und mit Ausschließlichkeit ganz auf sich selbst stellt, sei es im Vollgefühl vitaler Kraft, in resignierender Verzweiflung oder in der sich ängstenden Freiheit zum Tode, scheint seine Fragen nach etwas ganz Anderem, und damit zugleich die Frage nach Gott, aus seinem Gesichtskreis verdrängt zu haben. Die Wirklichkeit des Lebens, sofern es zugleich Erfahrungen des beglückend Schönen und des Schrecklichen in sich birgt, das die immanente Tendenz des Lebens durchkreuzt, wird so verdeckt. Solche Erfahrungen können eine ins Unendliche weisende Sehnsucht hervorrufen und das Denken über sich hinaus öffnen. Es ist jedoch auch möglich, sie durch menschliche Stellungnahmen an den Rand zu drängen, so daß dieser zum Transzendieren antreibende Impuls durch Interpretation neutralisiert wird.

Beispielsweise scheint Epikur nicht willens gewesen zu sein, den Tod überhaupt als ein philosophisches Problem zu akzeptieren. In einem klassisch gewordenen Ausspruch soll er die Meinung vertreten haben, daß uns der Tod nichts angehe, da dieser nicht anwesend sei, solange wir sind, und wir dann nicht mehr sind, sobald der Tod anwesend sei: ἐπειδήπερ ὅταν μὲν ἡμεῖς ὦμεν, ὁ θάνατος οὐ πάρεστιν, ὅταν δὲ ὁ θάνατος παρῇ, τόθ’ ἡμεῖς οὐκ ἐσμέν.[18] Es liegt jedoch auf der Hand, daß solche Abweisungen des Todesproblems scheitern. Solange ein Mensch in wachem Bewußtsein seiner Situation in der Welt lebt, weiß er zugleich auch um den ihm bevorstehenden Tod, der also bei ihm schon

[18] *BaM* 125; dieser Gedanke wird auch Prodikos zugeschrieben (Diels/Kranz II,318; Anm. zu Zeile 23): ἤκουσα δέ ποτε καὶ τοῦ Προδίκου λέγοντος ὅτι ὁ θάνατος οὔτε περὶ τοὺς ζῶντάς ἐστιν οὔτε περὶ τοὺς μετηλλαχότας. In einem neuen, gegen die *zeitliche* Unsterblichkeit der Seele gerichteten Sinn greift noch Wittgenstein diesen Gedanken auf (vgl. *TLP* 6.4311: „Der Tod ist kein Ereignis des Lebens. Den Tod erlebt man nicht“).

immer anwesend ist. Anwesend ist der Tod offenbar weniger bei dem Gestorbenen, sondern eher bei den Lebenden, indem ihnen ihr je eigener Tod bevorsteht oder indem sie das Sterben eines anderen Menschen miterleben. In dieser Anwesenheit zeigt sich der Tod als ganz undurchschaubares Geheimnis. Man kann ein Wort des Sokrates so interpretieren, daß der Geheimnischarakter des Todes wesentlich zur Philosophie hinzugehöre. Laut dem Ausspruch des Delphischen Orakels gilt Sokrates nämlich gerade deshalb als der Weiseste seiner Zeitgenossen, weil er um sein Nichtwissen weiß und folglich auch nicht zu wissen meint, was der Tod ist (vgl. *Apologie* 21a ff.).

Als extremes Gegenmuster zum selbstgewissen Transzendenzverzicht scheint die Haltung des Menschen gelten zu müssen, der sein endliches Sein ganz an eine jenseitige Wirklichkeit drangibt, weil er das Ziel seiner unendlichen Sehnsucht, das sich in den skizzierten Erfahrungen positiv und negativ als Ahnung zeigt, nicht erreichen kann. Dabei könnte man an den von Hegel kritisch hinterfragten Versuch Schleiermachers erinnern, Religion als *Gefühl der schlechthinnigen Abhängigkeit* zu begreifen (vgl. *CG* 31). Allerdings sollte man hier berücksichtigen, daß die Kritik Hegels an diesem Religionsbegriff die Bedeutung des *Schlechthinnigen* in Schleiermachers Begriff vernachlässigt. Trotzdem kann man sagen, daß Hegel an sich eine Position vertritt, an der man festhalten sollte. Er sagt: „Gründet sich die Religion im Menschen nur auf ein Gefühl, so hat solches richtig keine weitere Bestimmung, als das *Gefühl seiner Abhängigkeit* zu sein, und so wäre der Hund der beste Christ, denn er trägt dieses am stärksten in sich und lebt vornehmlich in diesem Gefühle. Auch Erlösungsgefühle hat der Hund, wenn seinem Hunger durch einen Knochen Befriedigung wird. Der Geist hat aber in der Religion vielmehr seine Befreiung und das Gefühl seiner göttlichen Freiheit; nur der freie Geist hat Religion und kann Religion haben" (*VHR* 58). Obwohl die These Hegels sachlich richtig ist, trifft sie Schleiermacher nicht. Die Intention, die Freiheit zu sichern, findet sich nämlich durchaus auch bei Schleiermacher. Dieser polemisiert zwar gegen die Moralisten und Metaphysiker (er meint Kant und Fichte), ohne aber die von diesen betonten sachlich unverzichtbaren Aspekte zu vergessen. Schleiermacher vertritt eine dialektisch vermittelte Position und sagt: „die Religion atmet da, wo die Freiheit selbst schon wieder Natur geworden ist" (*Rel* 51). Der Mensch soll folglich im Gefühl seiner Unendlichkeit und Gottähnlichkeit zugleich *auch seiner Beschränktheit sich bewußt* werden (*Rel* 52).

Der richtige Umgang mit den genannten Erfahrungen besteht nicht in der Verdeckung oder Leugnung ihrer Zweideutigkeit. In der Natur des Menschen liegt offenbar die Sehnsucht, gleichsam *eindeutig* zu wissen, woran er mit seinem Leben ist. Die sich unmittelbar zeigende Wirklichkeit spricht indessen eine andere Sprache. Sie zeigt die *Unsicherheit* als das, was dem Menschen *sicher* ist. Daß ihm gerade die Unsicherheit sicher ist, verunsichert ihn so sehr, daß seine Hoffnung und seine Verzweiflung sich auf Ziele richten, die über den Weltzusammenhang hinausweisen. Die *Verunsicherung der Immanenz* durch die Begegnung mit überlegenen Kräften ist positiv wie negativ das wahre Resultat, das sich aus dem offenen Bedenken des aus Beglückungen erwachsenden Staunens und des vom Unheil hervorgerufenen Erschreckens ergibt. Das ungewisse Schwanken des Bodens, auf dem sich das zeitlich vergängliche und in seinen möglichen Vollendungen begrenzte menschliche Leben vollzieht, weist auf einen Abgrund, über dem alles Wahrnehmbare schwebt, ohne daß man wissen könnte, ob und wie lange es in seinem flüchtigen Sein gehalten bleiben wird.

Die Vielgestaltigkeit solcher Erfahrungen drückt sich in unterschiedlichen Deutungen des Numinosen aus. In der Analyse der *Momente des Numinosen* unterscheidet Rudolf Otto das *Kreaturgefühl*, das *Mysterium tremendum*, die *Herrlichkeit*, das *Fascinans* und das *Sanctum*.[19] Die Vielgestaltigkeit des Numinosen hat das Denken in der geschichtlichen Entwicklung folgerichtig zur Annahme der ihr entsprechenden Vielgestaltigkeit des Göttlichen im Polytheismus gelenkt.[20] Der Sinn der Polytheismen liegt anscheinend nicht in objektiv gemeinten Aussagen zu den Göttern, sondern in der Vielgestaltigkeit der Erfahrung, sofern diese auf Numinoses weist.

Aus diesem Blickwinkel hat auch Kant die Genese des Polytheismus zu erklären und gewissermaßen zu entschuldigen gesucht. Er sagt: „Man kann es den Alten nicht so hoch zum Tadel anrechnen, wenn sie sich ihre Götter als teils ihrem Vermögen, teils den Absichten und Willensmeinungen nach sehr mannigfaltig verschieden, alle aber, selbst ihr Oberhaupt nicht ausgenommen, noch immer auf menschliche Weise eingeschränkt dachten. Denn wenn sie die Einrichtung und den Gang der Dinge in der Natur betrachteten, so fanden sie zwar Grund genug, etwas mehr als Mechanisches zur Ursache derselben anzunehmen und Absichten gewisser oberer Ursachen, die sie nicht anders als über-

[19] Vgl. *He* 8ff.; 14ff.; 38ff.; 42ff.; 66ff. Das von Otto zusammengetragene Material und die von ihm durchgeführten Analysen werden hier erwähnt, sofern sie zugleich als Ausdruck einer Öffnung der Immanenz für die Transzendenz dienen können.

[20] Zum Polytheismus vgl. die von der heidnischen Religiosität schwärmende Darstellung Walter F. Ottos (*DGG*); als Korrektiv vgl. *DGdG*; dazu *GrI*, bes. 1, 230-278. Eliade gibt eine Fülle von Beispielen auch aus der außereuropäischen Religionsgeschichte.

menschlich denken konnten, hinter dem Maschinenwerk dieser Welt zu vermuten. Weil sie aber das Gute und das Böse, das Zweckmäßige und das Zweckwidrige in ihr wenigstens für unsere Einsicht sehr gemischt antrafen und sich nicht erlauben konnten, insgeheim dennoch zum Grunde liegende weise und wohltätige Zwecke, von denen sie doch den Beweis nicht sahen, zum Behuf der willkürlichen Idee eines höchst vollkommenen Urhebers anzunehmen: so konnte ihr Urteil von der obersten Weltursache schwerlich anders ausfallen, sofern sie nämlich nach Maximen des bloß theoretischen Gebrauchs der Vernunft ganz konsequent verfuhren" (*KU* B 404f.).

Das, was da als Erfahrung des Numinosen verstanden werden kann, darf folglich niemals als unmittelbare Erfahrung des Göttlichen oder Gottes selbst interpretiert werden. Vielmehr kann, zum Beispiel mit Thomas von Aquin, darauf hingewiesen werden, daß Gott sich nicht unmittelbar in der Welt zeige (*S. th.* I,82,2c). Diese Annahme hat zur Folge, daß die religiöse Erfahrung im eigentlichen Sinne immer schon eine gläubig als religiös ausgelegte und als Gabe des Glaubens übernommene Erfahrung ist. So steht fest, daß Erfahrung niemals als eine objektive Bestätigung religiöser Hypothesen gelten kann, wie das auf der Ebene der Erfahrungswissenschaften mit Erfahrungsdaten möglich zu sein scheint.[21]

Die angedeuteten Erfahrungen können im Blick auf die Gottesfrage jedoch die *Selbstsicherheit des menschlichen Weltdaseins aufbrechen* und die *Immanenz verunsichern*, die sich in sich verkapselt. Wie mit den Phänomenen der Verunsicherung der Immanenz durch die Erfahrung von überlegenen Kräften umzugehen ist, bleibt als Thema im folgenden virulent. Hier soll nur schon einmal darauf hingewiesen werden, daß in der Religionskritik versucht wurde, die durch die erwähnten Erfahrungen ausgelösten Erschütterungen mit Hilfe biologischer, psychologischer und soziologischer *Erklärungen* aus dem Bereich des philosophisch Bedenkenswerten zu streichen. Obgleich sie selbst in Irrtümer gerät, zeigt die aufklärerische Religionskritik doch zutreffend, daß die Aussagekraft von Erfahrungen, die den von ihnen betroffenen Menschen auf den Weg des Transzendierens zu weisen scheinen, noch einmal aus genuin philosophischen Kontexten reflektiert werden muß.

---

[21] Hier ist zu beachten, daß *LdF* auch die Bestätigungsverfahren erfahrungswissenschaftlicher Theorien problematisiert.

§ 3

Zur Aussagekraft des *transzendierenden Denkens* für die philosophische Gottesfrage

Die skizzierten Momente der Situation des Menschen haben die *Unmöglichkeit vollendeter Selbsterfassung und Lebensverwirklichung* und die *Notwendigkeit des Transzendierens* zum Inhalt. Sie provozieren eine *freie Stellungnahme* zu dieser zweideutigen Situation, in der sich die *Gottesfrage* erhebt. Die unvermeidliche Stellungnahme steht nach zwei Seiten hin in der Gefahr einer Verdeckung der Phänomene. Erstens kann man den *Mangel an Vollendung* und den *Impuls zum Transzendieren* zwar als Faktum hinnehmen, ohne in ihnen aber einen Verweis auf eine ganz andere, jenseitige Vollkommenheit zu sehen. Zweitens kann man die Phänomene zur Einsicht in die *göttlichen Dinge* umdeuten und behaupten, daß das beim Fragen verharrende Denken sich zu wenig zutraue. Derart sollen die Mängel der Selbsterfassung und Lebensverwirklichung kompensiert und die zum Übersteigen des Endlichen treibenden Erfahrungen durch absolutes Wissen überholt werden. Gegen beide Möglichkeiten der verdeckenden Vereindeutigung der menschlichen Situation steht das transzendierende Denken, das sich in der Fraglichkeit weiß.

Immerhin muß zugestanden werden, daß eine Einführung des Gottesnamens im bisher zurückgelegten Gedankenweg nicht geleistet ist. Wo dennoch schon von Gott gesprochen wird, muß dies als Vorgriff gelten, der weiterer Klärung bedürftig ist und im Zuge der Frage nach dem *Wesen Gottes* weiterverfolgt werden muß. Wer aber meint, die Transzendenzbewegung in Richtung auf eine unbekannte, machtvolle Wirklichkeit aus aufklärerischer Absicht grundsätzlich abschneiden zu können, sagt mehr, als Menschen vermögen. Gegen die von gegensätzlichen Seiten kommenden Einwände soll also gezeigt werden, daß die Situation des Menschen fordert, in die Transzendenz weisende Fragen zu stellen. Gegner sind die aufklärerischen Gottesleugner, dann die gleichgültig über die Gottesfrage Hinweggehenden und zuletzt die angeblichen Gottwisser. Nietzsche hatte keinesfalls recht, als er Gott als *faustgrobe Antwort* bezeichnete, als *faustgrobes Verbot an uns: ihr sollt nicht denken!* (*EH*; *KSA* 6,279). Erforderlich ist es also, sich denkend der Fraglichkeit des Ganzen zu stellen, die entgegen Nietzsches Auffassung durch den Gottesgedanken nicht verdeckt, sondern eröffnet wird.

Insbesondere sind demnach die Positionen zu bekämpfen, die darin übereinkommen, daß sie ein angeblich überlegenes, wenn auch dem Inhalt nach konträres Wissen zu besitzen behaupten. Im folgenden soll die *metaphysische Naturanlage des Menschen* genauer bestimmt werden, die ihn in die Transzendenz hinein fragen läßt. Obgleich mit Kant zu sagen wäre, daß das *Land der Wahrheit*, im Sinn einer Wahrheit, wie sie Menschen in der Welt *objektiv* erkennen können, eine bloße *Insel* sei, die von Chaos umgeben ist, so führt dieses Wissen um die Grenzen der menschlichen Erkenntnis doch nicht dazu, daß man das Unerkennbare, den stürmischen Ozean, der die Insel umgibt, für gleichgültig halten könnte.[1]

Die Untersuchung der Identität des Fragenden, die zur ersten Anzeige der metaphysischen Naturanlage führte, präsentiert das zu Erfragende bloß als leere Form, die zwar eine sichere Basis für den weiteren Weg bietet, aber keine eindeutigen Hinweise auf den Inhalt der gesuchten Wahrheit. Dieser in der Gottesfrage gesuchte Inhalt wird zwar in den die Immanenz transzendierenden Erfahrungen umrißhaft sichtbar, aber ohne ihn als endgültig behaupten zu können, da er nur in flüchtigem Erleben, ahnungsvoller Berührung und deren Entzug gegenwärtig ist. Wollte man die in Selbsterfassung und Lebensverwirklichung hervortretende Leere überwinden, müßte man sie mit Inhalten verbinden, wie sie sich bei den Erfahrungen des Staunens und des Erschreckens zeigen.

Der dürftige Gehalt einer unbezweifelbaren Selbsterkenntnis, der herauszuarbeiten sein wird, muß folglich auf die in seltenen und flüchtigen Augenblicken aufscheinende Vollendung des Schönen bezogen werden. Ebenso sind die begrenzten Möglichkeiten einer gelingenden Lebensverwirklichung auf die das menschliche Leben ermöglichende Erfahrung eines Geliebtseins zu beziehen, in dem die Welt hell und heil erscheint. Die diese Grunderfahrung störenden Unheilserfahrungen forcieren aber die Einsicht, daß die ersehnte Glückseligkeit jedenfalls *nicht*

---

[1] *KrV* B 294ff.; Kant will in diesem Abschnitt zunächst zeigen, „daß die reinen Verstandesbegriffe niemals von transzendentalem, sondern jederzeit nur von empirischem Gebrauch sein können" (303). Die Ontologie als systematische Doktrin muß so durch eine Analytik des Verstandes ersetzt werden. Obgleich die *reale Möglichkeit von Dingen an sich selbst* nicht erkannt werden kann und der Begriff von Dingen an sich als bloßer Grenzbegriff gilt, ist er nicht *willkürlich erdichtet*, da er mit der *Einschränkung der Sinnlichkeit zusammenhängt* (311). Es bleibt ein Platz offen, der die empirischen Grundsätze einschränkt. Obwohl Kant kein nichtempirisches Objekt der Erkenntnis einführt, zeigt sich, daß die Antwort auf die eingangs von ihm gestellte Frage, ob wir mit dem, was erkannt werden kann, „allenfalls zufrieden sein könnten, oder auch aus Not zufrieden sein müssen" (295), zwiespältig ist. Für den Menschen gilt, daß es ihm nicht genügt, „sich bloß dasjenige vortragen zu lassen, was wahr ist, sondern was man zu wissen begehrt" (296); so gerät das Denken vor das Problem der Unendlichkeit, das sich noch bei Nietzsche zeigt (vgl. § 10 c.).

in dieser Welt zu finden ist, in der so zahlreiche und schreckliche Übel begegnen.

Die Lösung der gestellten Aufgabe wird in der Interpretation der metaphysischen Naturanlage des Menschen am Leitfaden der Fragen nach *Wahrheit*, *Freiheit* und *Endlichkeit* gesucht. Als das formale Ziel des menschlichen Seinsvollzugs in Erkennen und Handeln wird die *Entflüchtigung des Zeitlichen* begriffen. Im Blick auf dieses Ziel kann der Mensch zwar unleugbare Wahrheit erkennen, die aber in sich endlich ist; ebenfalls endlich ist die menschliche Freiheit, da sie des Mißbrauchs fähig ist und das Gute, das sie wollen kann, nicht vollkommen zu verwirklichen vermag. Die *Endlichkeit* der in der Welt erreichbaren Wahrheit und Freiheit ist Ausdruck der metaphysischen Naturanlage des Menschen, sofern beide Wirklichkeiten zu *unendlicher Vollkommenheit* tendieren.[2] In der Entflüchtigung des Zeitlichen, in der sich der Mensch transzendierend seinem Ziel zu nähern trachtet, findet er sich als einen Geist, der absolut vollendete Wahrheit sucht. Im Handeln aus gutem Willen kann er zwar das vollendet Gute wollen, gegen die Zufälligkeit der zeitlichen Ereignisse ankämpfen, ohne jedoch die Folgen seines Wollens beherrschen zu können. Die Endlichkeit der Verwirklichung dieser beiden wesentlichen Ziele des menschlichen Seinsvollzugs treibt den Geist zum Transzendieren an, sofern im Erreichbaren ein Ausstand an gesuchter Erfüllung liegt. In welche Richtung diese Transzendenzbewegung geht, sollen die *Infinitionen* des zweiten Kapitels zeigen.

a) Die Nähe und die Distanz des fragenden Geistes zu einer absoluten und vollkommenen Wahrheit

Die Metaphysik wurde gelegentlich als Traum (*SP*), als Lüge (*WL*) oder als Scheinproblem (*SchP*) diskreditiert. Jedenfalls braucht man sich nicht zu wundern, wenn das impulsiv von Menschen göttlich Genannte in einer kalten und objektiven Betrachtung seine unmittelbare Göttlichkeit und seine Verweisfunktion einzubüßen droht und zu etwas mit Zauberei Behaftetem oder zu einem bloßen Gefühl abzusinken scheint. Die berückende Schönheit solcher Augenblicke läßt den Menschen, wenn sie verflogen sind, *verwundert* oder *enttäuscht* zurück, so daß die Sehnsucht nach immerwährender Erfüllung, die er an sie knüpft, als *Träumerei* erscheinen kann, die ihn dem wahren Sein und Leben entfremdet. Damit scheinen die Erlebnisse, die das Transzendieren fundieren, den

---

[2] Unzureichend ist der bloße „Sinn und Geschmack fürs Unendliche“ (vgl. *Rel* 53) oder auch das *numinöse Gefühl* (vgl. *He* 6f.).

Suchenden vom objektiv Wahren abzulenken und in Nichtigkeiten zu weisen. Diese sich aufklärerisch gebärdende Entlarvung der Sehnsucht als irreführendes Trugbild scheint der menschlichen Natur aber nicht zu entsprechen. Als Ersatz für erlittene Enttäuschungen treten nämlich Phantasmagorien auf den Plan, welche dem Menschen in seiner Endlichkeit und Schwäche Entlastung schaffen. Menschen, die solche Entlastung suchen, lassen sich wenigstens für den Augenblick von glaubenslosem Transzendenzgenuß verzaubern, zum Beispiel mit illusionistischen Shows oder Veranstaltungen, die sogenannte *religiöse Bedürfnisse* stillen möchten. Auch glaubenslos gewordene Menschen scheinen sich zuweilen ein Glück zu erträumen, das über den Alltag hinausweist. Sie erwarten zwar nichts vom Himmel, befriedigen ihre Sehnsucht nach Transzendenz aber in Illusionsveranstaltungen, die als neues *Opium des Volks* gelten können.[3]
Es könnte so die scheinbar aufgeklärte Meinung vertreten werden, daß die Erlebnisse, von denen die unfaßbare Sehnsucht nach Transzendenz hervorgelockt wird, zwar von der nüchtern betrachteten Wirklichkeit ablenken, daß sie das Leben mit der Kraft der Phantasie aber erst lebenswert machen. Diese Meinung akzeptiert die Notwendigkeit des Transzendierens, hat jedoch den Glauben an die Wirklichkeit des Transzendenten verloren. Sie ist die hoffnungslos gewordene Sehnsucht, nämlich der defiziente Modus der Annahme, daß die Erlebnisse auf etwas zeigen, was im Sinne der *Ahnung* einer in der Welt verhüllten, aber wahren, unendlichen Wirklichkeit angenommen werden kann.[4] Obwohl das Transzendieren der faktischen Wirklichkeit offenbar zur Natur des Menschen gehört, ist zugleich deutlich, daß Menschen ihrer unendlichen Sehnsucht, die von positiven wie auch von negativen Impulsen angestachelt wird, in gläubigem Zutrauen begegnen können, aber auch in vorsichtiger Skepsis oder sogar mit ungläubigem Mißtrauen.
Die Erfahrungen, die in augenblickhaften Beglückungen die unendliche Sehnsucht des Menschen entzünden, werden manchmal aber als die unmittelbare *Einsicht* interpretiert, die gleichsam die wahre Wirklichkeit schon im Weltleben enthüllt. So hat Jakob Friedrich Fries gesagt: „Die Erkenntnis durch reines Gefühl nenne ich Ahndung des Ewigen im

---

[3] Der von Karl Marx angeregte Kampf gegen eine Welt, *deren geistiges Aroma die Religion ist* (*KHR* 208), ist nicht gewonnen worden. Marx hat in seiner Zeit aber nicht ganz grundlos von der Religion als *Opium des Volks* gesprochen; vgl. *MRCG* 23-28.

[4] Zum Begriff der *Ahnung* vgl. *WGA* 237f.: „Religiosität besteht nicht bloß durch den Glauben an das Ewige, sondern durch Andacht. Andacht ist die ihr eigentümliche Gemütsstimmung, welche eben durch die Ahndung des Ewigen im Endlichen der Natur erweckt wird.“

Endlichen" (*WGA* 176). Obwohl die *Ahnung* einer transzendenten Wirklichkeit offenbar ein begleitendes Moment der beglückenden Erfahrungen ist, darf sie *nicht als Erkenntnis* mißverstanden werden. Ihr wahrer Sinn besteht darin, das Denken auf die Spur einer *ganz anderen Wirklichkeit* und einer künftigen und *ganz anderen Erfassungsweise* zu bringen. Den wahren Sinn der Ahnung erfaßt Novalis mit folgendem Gedanken: „Ganz begreifen werden wir uns nie, aber wir werden und können uns weit mehr, als begreifen" (*Blüthenstaub* 6). Was es objektiv mit dieser Spur auf sich habe, ist von Ahnungen her nicht zu beantworten. Die These, daß mit Ahnungen schon die *Erkenntnis* einer transzendenten Wirklichkeit gegeben sei, wäre in der Tat, wie Kant erklärt, der *Tod der Philosophie*. Kant bestreitet die These, die *Ahnung des Übersinnlichen* sei „ein Vermögen der Ergreifung dessen, was kein Begriff erreicht" (*VTP* A 406f.). In der Welt können bloße Gefühle nicht zur *Erkenntnis* führen, schon allein aus dem Grund, daß solche Gefühle in jedem Augenblick durch andere Gefühle in neue und entgegengesetzte Richtungen gelenkt werden können.

Auch scheint durch die Annahme der unmittelbaren Einsicht in die absolute Wahrheit dem bedrängten Weltdasein des Menschen mit all seinen Kämpfen, seiner Not und seinem Leid der ihm eigentümliche Ernst geraubt zu sein. Wer sich auf die mitunter furchtbaren Geschicke des Menschen in der Welt einläßt, wird auch als Glaubender bis zuletzt von schwer lastenden Fragen umgetrieben bleiben. Dies zeigt zum Beispiel der Bericht von Walter Dirks über seinen Besuch beim todkranken Freund Romano Guardini (nach *IuV* 132f.): „Der es erlebt, wird es nicht vergessen, was ihm der alte Mann auf dem Krankenlager anvertraute. Er werde sich im letzten Gericht nicht nur fragen lassen, sondern auch selber fragen; er hoffe in Zuversicht, daß ihm dann der Engel die wahre Antwort nicht versagen werde auf die Frage, die ihm kein Buch, auch die Schrift selbst nicht, die ihm kein Dogma und kein Lehramt, die ihm keine ‚Theodizee' und Theologie, auch die eigene nicht, habe beantworten können: Warum, Gott, zum Heil die fürchterlichen Umwege, das Leid der Unschuldigen, die Schuld?" Die Unheilserfahrung zerbricht demnach nicht allein die spießerhafte, innerweltliche Zufriedenheit der Gottlosen, sondern ebenfalls die prätendierte Sicherheit einer angeblichen Einsicht in die Wahrheit des göttlichen Weltplans. Dies *Zerbrechen der Selbstgenugsamkeit des Endlichen*, gleichgültig, ob es eine unendliche Hoffnung aufweckt oder ob es als bloße Vernichtung des Endlichen gilt, vermag *keine Erkenntnis der Wahrheit des Ganzen* zu vermitteln.

Wer hier wahre Erkenntnis sucht, muß folglich andere Wege gehen. Gewöhnlicherweise wird, wo nach Wahrheit gesucht wird, innerhalb unbefragt vorgegebener Zusammenhänge gefragt und geforscht. Dies gilt jedenfalls für die methodischen Maßgaben der positiven Wissenschaften. Was für wahr ausgegeben wird, steht dort unter der unbewußten Direktion unbefragter Vorgaben. Es scheint die Besonderheit des *philosophischen* Fragens und Forschens zu sein, sich mit Meinungen und axiomatischem Vorgehen nicht zu begnügen, sondern auf *unbedingte Wahrheit* zu zielen. Das scheint zum Beispiel auch noch in der phänomenologischen Metaphysik Martin Heideggers der Fall zu sein, die zwar Gott als die unbedingte Wahrheit aus dem Spiel läßt, aber doch einen *unbedingten Ansatzpunkt* für ihre Ausführung beansprucht. Heidegger sagt: „Philosophie ist universale phänomenologische Ontologie, ausgehend von der Hermeneutik des Daseins, die als Analytik der *Existenz* das Ende des Leitfadens alles philosophischen Fragens dort festgemacht hat, woraus es *entspringt* und wohin es *zurückschlägt*" (*SuZ* 51).

Diese höchst bemerkenswerte Eigenart des philosophischen Fragens tritt noch im *Skeptizismus* auf, der das Ziel aufgegeben hat, absolute Wahrheit zu suchen. Sie wird deutlich, sofern der Skeptizismus vom *Bewußtsein der Bedingtheit* der als unbedingt vermeinten Wahrheit getragen wird. Das ihn tragende Bewußtsein verdeutlicht, daß er die von ihm einer Prüfung unterzogenen Thesen eben an dem *Maßstab der unbedingten Wahrheit* mißt, die er doch explizit für unerreichbar ausgibt. Wie schon Hegel gezeigt hat, setzt die *Besorgnis, in Irrtum zu geraten*, also „manches als Wahrheit voraus und stützt darauf ihre Bedenklichkeiten und Konsequenzen, was selbst vorher zu prüfen ist, ob es Wahrheit sei"; sie setzt zum Beispiel *Vorstellungen* vom *Erkennen* und vom *Absoluten* voraus und nimmt an, daß immerhin die Erkenntnis wahr sei, die annimmt, die Wahrheit könne nicht erreicht werden; dadurch gibt sich laut Hegel aber das, „was sich Furcht vor dem Irrtume nennt, eher als Furcht vor der Wahrheit zu erkennen" (*PhdG* 69f.).

Bevor der Sinn und das mögliche sichere Ergebnis der unbedingten Wahrheitssuche des philosophisch fragenden Menschen weiterzuverfolgen sind, sei daran erinnert, daß die Wege der Suche zunächst einmal durch den Grad und die Gründe der Gewißheit unterschieden sein können. Diese Unterscheidungen können seit Platons *Grundvision* in den zentralen Gleichnissen der *Politeia* (vgl. 505a-517a) durch die ganze Philosophiegeschichte verfolgt werden; zu beachten ist besonders das *Liniengleichnis*, in dem Platon von *entworfenen Voraussetzungen* ausgehend auf den *voraussetzungslosen Anfang* zielt: ἐξ ὑποθέσεων … ἐπ' ἀρχὴν ἀνυπόθητον (510b). In diesem Kontext spricht auch noch Heidegger, indem er sagt: „Das Niveau einer Wissenschaft bestimmt sich daraus, wie weit sie einer Krisis ihrer Grundbegriffe *fähig* ist" (*SuZ* 13). Entscheidend sind indessen nicht allein der Grad und die Gründe der Ge-

wißheit, sondern auch die unterschiedlichen Absichten, die jeweils hinter dieser Suche nach Gewißheit stehen können.
Trotz mancher Zufälligkeit, die ihre konkrete Ausformung hinterfragbar macht, können die von Max Scheler entfalteten *Formen des Wissens* hier als Leitfaden dienen (*PW* 75-84). Scheler hat im Zuge der Analyse der Arten menschlichen Wissens zwischen dem *Herrschaftswissen*, dem *Wesenswissen* und einem *Erlösungswissen* unterschieden. Er ordnet diesen drei Wissensarten drei Gegenstandsbereiche zu, sofern jede von ihnen der „Umbildung eines *Seienden*" diene, „entweder der *Dinge*, oder der Bildungsform des *Menschen* selbst, oder des *Absoluten*" (*PW* 77).
Die *erste Wissensart* charakerisiert Scheler folgendermaßen: „Die erste Wissensart, das Leistungs- und Herrschaftswissen, dient unserer möglichen technischen *Macht* über Natur, Gesellschaft und Geschichte. Es ist das Wissen der *positiven Fachwissenschaften*, die unsere gesamte abendländische Zivilisation tragen" (*PW* 77). Die positiven Wissenschaften seien bedingt durch den lebendigen *Herrschaftstrieb über die Natur* und bedienten sich der Vernunft lediglich als eines Hilfsmittels. In ihr gehe es allein um möglichen *Nutzen*, nicht um *Wahrheit* (*PW* 78).
Die *zweite Wissensform*, das Wesens- oder Bildungswissen, charakterisiert er durch mehrere Merkmale. Wichtig sei für das Wesenswissen „der Versuch nach möglichster *Ausschaltung* alles begierlichen *triebhaften* Verhaltens". An die Stelle der Herrschaftseinstellung trete „ein *liebendes*, die Urphänomene und Ideen der Welt aufsuchendes Verhalten". Dabei werde „vom *realen* Dasein der Dinge" abgesehen, da es um Erfassung des Wesens der Dinge gehe, nicht um ihren Besitz. Wesenserkenntnis sei „zwar nicht unabhängig von aller Erfahrung, wohl aber vom *Quantum* der Erfahrung oder von sogenannter ‚Induktion'" (*PW* 79). Solche Erkenntnisse besäßen Geltung „für das Seiende, wie es *an sich selbst* und *in sich selbst* ist. Sie haben ‚transzendente' Erstreckung und werden so das Sprungbrett für alle ‚kritische Metaphysik'". Sie seien die eigentlichen *Vernunft*erkenntnisse, die in scharfem Gegensatz zum anpassungsorientierten Intellekt der Tiere stehen und eine *zweifache Anwendungsmöglichkeit* haben: für die positiven Wissenschaften „umgrenzen sie die obersten Voraussetzungen des betreffenden Forschungsgebietes"; für „die *Metaphysik* aber sind dieselben Wesenserkenntnisse eben das, was Hegel einmal sehr plastisch ‚*Fenster ins Absolute*' genannt hat" (*PW* 79f.).
Laut Scheler führt „die *Verknüpfung* der Resultate der wirklichkeitszugewandten positiven Wissenschaften mit der wesenszugewandten ersten Philosophie, und beider Verknüpfung mit den Ergebnissen der Wertdisziplinen ... in die *Metaphysik*", zunächst zu einer *Metaphysik der Grenzprobleme*, sodann jedoch auch zur *Metaphysik des Absoluten.*

Zwischen beiden sei die *philosophische Anthropologie* angesiedelt. Aus dieser Zwischenstellung heraus werde die in der *Metaphysik des Absoluten* gesuchte Wahrheit für den Menschen, der sich zunächst mit der *Metaphysik der Grenzprobleme* konfrontiert sieht, schließlich zum *Heilswissen* (*PW* 81f.).

Ob es ein Ergebnis der Suche nach Wesenswissen oder sogar Heilswissen gibt, erscheint wenigstens zunächst fraglich. Sicher ist, daß der Mensch nach solchem afunktionalen, nicht in Lebensfunktionen aufgehenden Wissen fragen kann. Indem ein Mensch erkennt, daß er auf solche Weise suchend fragen kann, hat er sich selbst im Sinne der afunktionalen Wahrheit *als Suchenden gefunden*. Dieses Finden absolut gewisser, wenn auch ihrem Inhalt nach dürftiger Wahrheit läßt sehen, in welchem Sinne das Sokratische *Wissen des Nichtwissens* als das höchste menschliche Wissen zu verstehen ist. Es ist nämlich das Wissen, das darum weiß, daß die gesuchte absolute und zugleich ihrem Inhalt nach vollkommene Wahrheit nur in einer ἀρχὴ ἀνυπόθητος gefunden werden kann, also in der Wirklichkeit, die in souveränem Sein als schlechthin unabhängig von allem anderen zu denken ist (vgl. *Politeia* 510b).

Die Wahrheit, die der Mensch aus seinem innersten Antrieb heraus sucht, ist gewiß eine zugleich beglückende Wahrheit, von der er erhofft, daß sie ihm ein Leben ohne Furcht ermöglicht. Demgemäß hat Augustinus als Ziel aller Menschen den Wunsch nach furchtlosem Leben (*cupere sine metu vivere*) genannt, das ihnen die beseligende Erfüllung ihrer Sehnsucht zuteilt (*DLA* 1,10). Schon Aristoteles hat auch aus diesem Grund das betrachtende Leben (βίος θεωρητικός), das nicht von den Zufällen des Weltlebens betroffen ist, als höchste Form des Lebens gedacht (*NE* I, 1096a 4ff.) und ihm eine Vollendung zuerkannt, die ein Mensch nicht aus eigener Kraft erlangen kann (*NE* X, 1177a 12ff.). Dieses Leben könne der Mensch nur vollziehen, sofern in ihm etwas Göttliches wirke.[5]

So besteht eine *Differenz zwischen der Wahrheit*, die unabhängig von Lebensfunktionen erkennbar ist, daß Menschen sich nämlich in der Zeit unversehens vorfinden und trotzdem die unbedingte Wahrheit suchen können, *und dem vollendeten Ziel der Wahrheitssuche*. Diese Differenz treibt den Menschen in eine existenzielle Spannung zwischen einer inhaltlich dürftigen, aber absolut gewissen Wahrheit und der inhaltlich vollkommenen, aber für den Menschen unsicheren Wahrheit. Laut Platon bedeutet wahres Menschsein, ein *Zwischenwesen zwischen Weisheit und Unwissenheit* (μεταξὺ σοφίας καὶ ἀμαθίας) zu sein; dies Zwischen-

---

[5] *NE* X, 1177b 26-28: ὁ δὲ τοιοῦτος ἂν εἴη βίος κρείττων ἢ κατ' ἄνθρωπον· οὐ γὰρ ᾗ ἄνθρωπός ἐστιν οὕτω βιώσεται, ἀλλ' ᾗ θεῖόν τι ἐν αὐτῷ ὑπάρχει.

wesen gibt sich weder mit dem Faktischen zufrieden, noch sieht es sich im Besitz der gesuchten göttlichen Weisheit (vgl. *Symposion* 202a-203a). Ein Philosophierender sieht, daß viele, ja vielleicht sogar alle seine inhaltlichen Urteile von Bedingungen abhängen, die er womöglich niemals zu durchschauen vermag. Es könnte der Drang nach *Lebenserhaltung* und *Lebenssteigerung* in ihnen stecken, der seine Erkenntnis zum Ausdruck des laut Scheler charakterisierten *Herrschaftswissens* degenerieren ließe. Indem er das erkennt, weiß er aber zugleich, daß nur solch eine Wahrheit das letztgültige Ziel seiner Wahrheitssuche sein kann, die von aller Bedingtheit gänzlich unabhängig wäre. Jedenfalls kann ein fragender Geist erkennen, daß er nach Wahrheit unabhängig davon fragen kann, ob diese dem Menschen nun willkommen, gleichgültig oder unwillkommen sein mag. Diese Wahrheit wäre inhaltlich unbestimmt und erlaubt sogar den Protest gegen die Welt, wie sie ist.[6] Wer sieht, daß er nach der absoluten und erfüllenden Wahrheit fragen kann, erkennt, daß er sich von der Natur seines Geistes her zugleich *in Nähe und in Distanz* zu dieser Wahrheit befindet. Die Gottesfrage kann derart nicht nach Belieben gestellt oder ignoriert werden; sie ist eine *notwendige Frage*, die in der metaphysischen Naturanlage des Menschen ein sicheres Fundament besitzt; dieses Fundament kann die Gottesfrage aber nur besitzen, wenn neben der angezeigten Wahrheitsbefähigung des menschlichen Geistes ebenso seine Freiheit und seine Endlichkeit vorausgesetzt werden.

Man kann hier an Augustins *Wahrheitssuche* erinnern, die sich für ihn zuletzt als Weg der *Gottsuche* erwiesen hat. Augustinus denkt den Weg menschlicher Wahrheitssuche in drei Stufen (*VR* 72; vgl. § 14 a.). Diese Suche, die in der Wendung nach außen (*foris*) beginnt, findet Wahrheit schon im inneren Menschen (*intus*), sofern der menschliche Geist sich in der Rückwendung zu sich selbst als ein in die Zeit hineingestelltes Wesen erkennt, das die absolute Wahrheit sucht (*reditio ad seipsum*). Die Selbsterkenntnis seiner als Zeitwesens läßt den Geist allerdings nicht befriedigt in sich ruhen, sondern impliziert vielmehr das Transzendieren laut einem doppelten Imperativ. Der doppelte Imperativ fordert vom Menschen den *Vollzug seines Seins als das eines Suchenden* in der Welt und ebenso die *Offenheit für eine transzendente, göttliche Wahrheit*, die von der Schwäche und der Unbeständigkeit der im inneren Menschen zu findenden Wahrheit frei ist (*intimum*). Die vom Menschen aus seinem endlichen Vermögen erkennbare, in sich spannungsvolle und in ih-

---

[6] Zunächst scheint also Hans Blumenberg recht zu haben, wenn er sagt (*Mtpas* 12): „Es ist nichts schon dadurch gut, daß es ist."

rer absoluten Bedeutung uneindeutige Wahrheit offenbart sich so in einem doppeltem Sinn als eine Herausforderung an seine Freiheit.

b) Die vorauszusetzende Freiheit des Fragenden vom bloß Faktischen und die Endlichkeit seiner Kraft

Wer sieht, daß er den Gedanken einer unbedingten Wahrheit denken kann, sieht zugleich, daß dieser Gedanke in sich aufgehoben würde, wenn er als Ausfluß einer blind wirkenden Kausalreihe in das Bewußtsein eingetreten wäre. Der Mensch kann folglich nach unbedingter Wahrheit fragen und sich in dieser Frage als einen Geist erkennen, der unbedingte Wahrheit sucht, wie hoffnungslos dieses Streben im Blick auf die Erkenntnis der Wahrheit des Ganzen auch erscheinen mag. Mit dem bloßen Gedanken der gesuchten Unbedingtheit ist das Gesuchte schon in dem Sinn gefunden, daß das formale Wissen um die erforderte Unbedingtheit der gesuchten Wahrheit selbst ein zwar dürftiges, jedoch unbedingt gültiges Wissen ist. Das Denken bewegt sich, wie Hegel mit Recht herausgestellt hat, von vornherein im Element der Wahrheit (*PhdG* 29).
Die unbedingt gewisse Erkenntnis des Geistes, in der er sich als ein Wesen erkennt, das unbedingte Wahrheit sucht, ist selbst als *freie Tätigkeit* des Geistes zu denken, in der er unabhängig von Bedingungen ist und diese Unbedingtheit auch denken kann. Im Gedanken einer wahren Erkenntnis ist der *Gedanke einer ursprünglichen Kausalität* mitgegeben, ohne daß diese erkannt oder in ihrer konkreten Seinsweise gedacht werden könnte. Das Freiheitsproblem soll hier im Anschluß an Kant und Augustinus skizziert werden. Beide zeigen, daß die radikal gedachte menschliche Freiheit zur Erkenntnis ihrer Endlichkeit und Bedürftigkeit, also zur *Gebrochenheit* ihrer vermeintlichen Autarkie führt. Kant hat Freiheit zunächst in der Spontaneität der Erkenntnis erfaßt, nämlich als transzendentale Bedingung der Möglichkeit aller notwendigen und allgemeinen Erkenntnis, und betont, daß dieses Vermögen der endlichen Erkenntnis unerkennbar bleibt, da es zwar als Voraussetzung des Wahrheitsanspruches *gedacht* werden muß, ohne aber als Gegenstand, der Glied in der Kausalreihe wäre, *erkannt* werden zu können. Damit muß die absolute *Spontaneität* der Erkenntnis angenommen werden, obwohl ihre Möglichkeit nicht eingesehen werden kann (vgl. z. B. *KrV* B 3f.; 68ff.; 92f.; 129ff.; 150ff.).
Zweifellos wäre der Gedanke einer ursprünglichen Kausalität, die sich durch den bloßen Gedanken einer unbedingten Erkenntnis aufdrängt, am ehesten im Blick auf eine Wirklichkeit zu denken, die notwendigerweise durch sich selbst da ist. In diesem Sinne meint Hegel, daß *Gott*

„das unbestrittenste Recht hätte ..., daß mit ihm der Anfang gemacht werde" (*WdL* 79; vgl. auch *IuD* 44.). Dies Denken gerät in die Nähe zur Argumentationsfigur der Gottesbeweise, die noch zu referieren und zu untersuchen sein werden (§ 8). Es zeigt sich, daß die Form von Spontaneität, die als Möglichkeitsbedingung der Frage nach unbedingter Wahrheit vorausgesetzt werden muß, in mehrfacher Hinsicht von der *Endlichkeit* ihres Vermögens gezeichnet ist. Die Endlichkeit der Spontaneität zeigt sich darin, daß sie zum Vollzug der Erkenntnis eines sinnlich gegebenen Materials bedarf (*KrV* B 74-82) und daß sie die inhaltliche Fülle der unbedingten Wahrheit zwar als Ideal anerkennt, dessen Existenz aber nicht in einem *zwingenden Beweis* zu erreichen vermag (*KrV* B 599-611). In diesem Sinn scheitern die Gottesbeweise durch die Endlichkeit der menschlichen Vernunft, die für das Unendliche zwar prinzipiell offen ist, aber nur Endliches *erkennen* kann. Trotz der fehlenden Einsicht in ihre Möglichkeit darf die absolute Spontaneität des endlichen Menschengeistes aus dem Kontext der theoretischen Reflexion aber als wirklich gelten.[7]

Die gefundene Spontaneität der Erkenntnis repräsentiert eine *ursprüngliche Kausalität*, die in der Welt nicht objektiv erkannt werden kann, die aber vorausgesetzt werden muß, wenn objektive Erkenntnis denkbar sein soll. Wenn angenommen wird, daß endliche Vernunft nicht zur Erkenntnis des Unbedingten zureicht, muß das Faktum, daß sie nach dem Unbedingten fragen kann, als ein bemerkenswertes Phänomen gelten. Das aus sich allein unverständliche *Phänomen der Frage nach Unbedingtem* zeigt sich auf Grund seiner Unableitbarkeit von Endlichem gleichsam als *Gegenwart des Unendlichen im Endlichen*. Diese Frage kann etwas Unbedingtes nur dann meinen, wenn sie selbst unbedingt ist; sie erweist so das Denken des Fragenden als unbedingte, obzwar endliche Wirklichkeit. Wenn sie auch nicht zur inhaltlich erfüllten Erkenntnis des Unbedingten zulangt, kann sie doch als eine feste Grundlage der *Nichtunmöglichkeit* der transzendenten Wirklichkeiten gelten, die positiv in der *praktischen Freiheit* und zuletzt in *Gott* begegnen.

Diese *unbestimmte Gegenwart des Unbedingten* in der theoretischen Transzendentalphilosophie hatte für Kants weiteren Denkweg weitreichende Konsequenzen. Ohne die theoretische Idee der absoluten Spon-

---

[7] Kant erläutert diesen Gedanken folgendermaßen (vgl. *KrV* B 568): „Dieser intelligibele Charakter könnte zwar niemals unmittelbar erkannt werden, weil wir nichts wahrnehmen können, als so fern es erscheint; aber er würde doch dem empirischen Charakter gemäß gedacht werden müssen, so wie wir überhaupt einen transzendentalen Gegenstand den Erscheinungen in Gedanken zum Grunde legen müssen, ob wir zwar von ihm, was er an sich selbst sei, nichts wissen."

taneität wäre der *praktische Freiheitsbegriff* nicht denkbar. Kant sagt: „Es ist überaus merkwürdig, daß auf diese transzendentale Idee der Freiheit sich der praktische Begriff derselben gründe“ (*KrV* B 561). Umgekehrt würde „die Aufhebung der transzendentalen Freiheit zugleich alle praktische Freiheit vertilgen“ (*KrV* B 562). Wenn die menschliche Erkenntnis nicht das Vermögen einer absoluten, obzwar endlichen Spontaneität wäre, hätte sie mit Wahrheit nichts zu schaffen und Freiheit wäre ein leerer Traum. Die Einsicht in die Nichtunmöglichkeit der *transzendentalen Freiheit* schafft also schon gegen die Einwände, die auf der deterministischen Kausalitätsvorstellung der klassischen Naturwissenschaften fußen, den Raum, der die Annahme der praktischen Freiheit ermöglicht. Diese Wissenschaften können die *Geltung* ihrer Aussagen nämlich nur behaupten, sofern sie die Spontaneität des Erkenntnisvermögens bemerkt oder unbemerkt voraussetzen.

Für die positive Behauptung, daß es praktische Freiheit im Vollzug menschlicher Willenshandlungen gebe, muß jedoch ein weiterer Ansatz gemacht werden. Unter *praktischer Freiheit* wird eine Kausalität verstanden, die den von der Naturkausalität unabhängigen Willen aus der *Selbstgesetzgebung der Vernunft* heraus zu bestimmen vermag. Dieser Gedanke der von der blind wirkenden Naturkausalität unterschiedenen *Kausalität aus Freiheit* drängt sich dem Menschen auf, der in moralisch relevanten Situationen den unbedingten Sollensanspruch der praktischen Vernunft vernimmt. Damit sieht er sich in eine Wirklichkeit gestellt, die in der objektivierten Wirklichkeit der Naturwissenschaften verdeckt wird. Die Kennzeichen dieses Sollensanspruches sind seine *Unableitbarkeit*, die sich im plötzlichen und unversehenen Auftreten der moralisch relevanten Situation dokumentiert und die Freiheit derart bewußtmacht und einsetzt, seine *unbedingte Geltung*, die durch die Vernunft eingesehen wird, und seine *Ausrichtung auf eine vollkommene Ordnung des Ganzen*, auch sofern diese nicht durch menschliche Taten oder menschliches Tun überhaupt erreicht werden kann. Ein Mensch, der von schlechtem Gewissen befallen wird, wenn er beispielsweise im Begriff ist, sich auf Kosten von Anderen heimlich einen ungerechten Vorteil zu verschaffen, oder wenn er plötzlich sieht, daß er die Neigung hat, sich selbst oder anderen Menschen gegenüber untreu zu werden, entdeckt in sich ein Bewußtsein, das *unableitbar* auftritt, das zugleich einen *unbedingt* verpflichtenden Anspruch an seinen Willen enthält und am Ende auf eine *vollkommene* Ordnung ausgerichtet ist. Unableitbarkeit, Unbedingtheit und Vollkommenheit des sittlichen Anspruchs sind die Kennzeichen der sich an den Willen richtenden Forderung, durch die der Wille in seiner Verantwortung angesprochen und in einen unfaßbaren Horizont gestellt wird, in dem er sich der Gottesfrage öffnet.

Mit der *Unableitbarkeit* des Bewußtseins des moralischen Gesetzes sieht sich der Mensch unabhängig von seiner Meinung aus dem kausalen Naturzusammenhang heraus auf sich als Handelnden zurückgeworfen und in die Verantwortung gezogen. Wie präzis ihn die Vernunft vielleicht auch belehren mag, was er in moralisch relevanten Situationen tun solle, er ist doch nicht in der Lage einzusehen, wie innerhalb der Natur plötzlich dieses Bewußtsein einer Verpflichtung auftreten konnte. Hierbei stellen sich sicher mehr Fragen, als beantwortet werden können. Unter diesen Fragen sind einerseits solche, durch welche die Möglichkeit wahrer endlicher Freiheit angesichts eines allmächtigen Gottes in Zweifel gezogen wird (vgl. dazu § 10 d.). Im Gegenzug zu diesen Fragen an einen übermächtigen Urheber der endlichen Freiheit zeigt sich aber andererseits, daß das Freiheitsbewußtsein durch die Annahme seiner zufälligen Bedingtheit theoretisch wie praktisch in eine ebenso scharfe Sinnkrise geraten würde. Aus der Frage, wie das Unbedingte, das mit jeder Erkenntnis überhaupt vorausgesetzt werden muß, in der ansonsten bedingten Wirklichkeit zu denken sei, entspringt nämlich mit Macht die weiterführende Frage nach der *unbedingten Ermöglichung* der endlichen Freiheit, die sich unversehens in der Welt vorfindet und nicht um ihren Ursprung weiß.
Die *Unbedingtheit* der *vernünftigen* Forderung des moralischen Gesetzes offenbart es als unveränderliches *Gesetz der Vernunft* und zugleich als das ewige *Gebot Gottes.*[8] Diese doppelte Bedeutung der Unbedingtheit des moralischen Gesetzes ist mit dem innersten Wesen seiner Forderung verbunden, die zunächst nicht vor allem die äußerliche Verwirklichung des moralisch Gebotenen zum Ziel hat, sondern die Willensbestimmung. Augustinus hat in ähnlicher Weise davon gesprochen, daß das Gut des guten Willens, das der Wille allein durch sich selbst gewinnen kann (*sola voluntas per se ipsam*), ein so großes Gut sei, das nur gewollt zu werden brauche, um besessen zu werden (*tam magnum bonum, velle solum opus est, ut habeatur*; vgl. *DLA* 1,26f.). Bloß legales Handeln, das zwar dem Gesetz gemäß handelt, richtet im Blick auf moralische Forderungen nichts aus, wenn das Gesetz nicht um des Gesetzes willen, sondern aus Klugheit oder Berechnung befolgt wird (*KpV* A 126f.). Obwohl der Mensch unter dem Anspruch des Sittengesetzes auf seine eigene Vernunft und den Vollzug seiner Freiheit verwiesen wird, ist er doch keineswegs der souveräne Herr des Geschehens. Vielmehr

[8] Zum höchsten und ewigen Vernunftgesetz vgl. *DLA* 1,15. In ähnlicher Weise gelangt Kant zur unbedingten Selbstgesetzgebung der Vernunft (bes. *KpV* A 58-68); die aus ihr folgenden *wahren Pflichten* müssen laut Kant zugleich als Gebote Gottes vorgestellt werden (*KpV* A 233; *RGV* B 138f.).

weht ihn gerade in dieser Verwiesenheit auf sich selbst als verantwortliches Freiheitswesen eine Luft an, die gleichsam von anderen Planeten kommt. Obwohl die moralische Willensbestimmung in ihrem Kern notwendigerweise ein inneres Geschehen ist, ist selbst dem Willensträger unklar, ob er in der konkreten Entscheidung – um mit Augustinus zu sprechen – nun aus Motiven des *zeitlichen* oder des *ewigen* Gesetzes handelt, ob er seinen Willen – mit Kant gesprochen – aus den Beweggründen der *Legalität* oder der *Moralität* bestimmt hat. Deshalb erklärt Kant: „Die eigentliche Moralität der Handlungen (Verdienst und Schuld) bleibt uns daher, selbst die unseres eigenen Verhaltens, gänzlich verborgen" (*KrV* B 579 Anm.). Der Mensch, der den Anspruch des moralischen Gesetzes anerkennt und übernimmt, bedarf eines *Herzenskündigers*, der die innerlich geschehende Wahrheit offenlegt. Aus der Annahme der endlichen praktischen Freiheit folgt so auch die Notwendigkeit der Annahme des göttlichen Richters. Kant sagt in diesem Sinne: „Der Richterspruch eines Herzenskündigers muß als ein solcher gedacht werden, der aus der allgemeinen Gesinnung des Angeklagten, nicht aus den Erscheinungen derselben, den vom Gesetze abweichenden oder damit zusammenstimmenden Handlungen gezogen worden" (*RGV* B 84ff., hier 95f.). Die Unbedingtheit der Forderung des moralischen Gesetzes dringt auf völlige Angemessenheit des Willens an seine Forderung, also auf *Heiligkeit*, von der Kant meint, sie sei eine „Vollkommenheit, deren kein vernünftiges Wesen der Sinnenwelt in keinem Zeitpunkte seines Daseins fähig" sei, obwohl sie praktisch notwendig von ihm gefordert werde (*KpV* A 220). Wer diesen Ernst der Forderung des Sittengesetzes anerkennt, gelangt notwendig zum Gedanken eines weisen, gerechten und gnädigen Richters, vor dessen Angesicht der Vollzug menschlicher Freiheit allein Sinn haben könnte.[9]

Der gute Wille erstrebt, wie Augustinus sagt, die *Verwirklichung der vollkommenen Ordnung des Ganzen* (*ut omnia sint ordinatissima*); Ziel ist die gute Ordnung von Mensch und Welt, nicht allein der gute Wille (*bona voluntas*), der allerdings die Keimzelle des vollendeten Zieles ist (*DLA* 1,15). So reicht es nicht aus, guten Willen gewollt zu haben. Nicht der Wille ist also gut, der guter Wille sein will, sondern der, der das Gute um des Guten willen will. Weil jeder gute Wille aus seinem Wesen heraus die Verwirklichung des von ihm gewollten Guten erstrebt, das er aus

[9] Im Gedanken des *gnädigen*, aus ungeschuldeter Liebe handelnden Richters ist der endliche Gedanke des Richteramts verunendlicht, infiniert. Die Unendlichkeit der Liebe und der Gerechtigkeit bilden in ihm keinen Gegensatz; vgl. dazu *Za* IV; *KSA* 4,324; hier kann man indirekt Nietzsches Sehnsucht nach einem *Ineinsfall von Liebe und Gerechtigkeit* im Unendlichen erkennen.

seiner Kraft jedoch nicht zustande bringen kann, gerät er in der Bestimmung des Begriffs vom höchsten Gut in eine Dialektik, die Kant mit dem transzendierenden Denken der Postulatenlehre beantwortet. Die Forderung der in der Welt kraft des zeitlichen Willens nicht erreichbaren Heiligkeit des Willens führt Kant zum Postulat der Unsterblichkeit der Seele (*KpV* A 219ff.). Die durch die praktische Vernunft aus moralischen Motiven zu fordernde Möglichkeit des höchsten abgeleiteten Gutes (nämlich der moralischen Welt) führt Kant zum Postulat der Existenz Gottes, das unten in den Ausführungen zum moralischen Gottesbeweis ausführlich behandelt wird (zu Kants *Postulatenlehre* vgl. § 8 e.; weiter *KESZ*, bes. 374-387).
Augustinus ist durch die Einsicht in die Unwissenheit und Schwäche (*ignorantia* und *difficultas*) des Menschen bei der aufgegebenen Verwirklichung der vollkommenen Ordnung (*ut omnia sint ordinatissima*) in die Dialektik von Freiheit und Gnade geführt worden, weil die endliche Freiheit in bezug auf ihren Grund, ihren Vollzug und ihr notwendiges Ziel auf eine Macht angewiesen ist, ohne die sie nicht sein kann, was sie sein soll.[10] Ähnliche Ansätze zu einer *Gnadenlehre*, die nicht gegen die *Freiheitslehre* gerichtet ist, sondern diese voraussetzt, finden sich bei Kant, der die Auffassung vertreten hat, daß die Moral zwar keine Religion voraussetze, aber dennoch unumgänglich zu ihr hinführe (*RGV* B III-X).[11] Die *Freiheit der Wahl*, der sich der Mensch in moralisch relevanten Situationen ausgesetzt sieht, führt zu weiteren Impulsen, die faktische Wirklichkeit zu übersteigen und das Denken auf die Religion zu richten. Sie unterwirft den Menschen dem Zwang der Endlichkeit. In jeder Wahl liegt nämlich notwendig ein *Ausstand an Erfüllung*, die bewußte *Übernahme von Verantwortlichkeit* und die implizite *Bezogenheit auf ein Gericht*, das sich der Mensch nicht selbst abhalten kann.

c) Die Zeitlichkeit des Menschen als der Horizont seiner Frage nach der Ewigkeit

Die *metaphysische Naturanlage des Menschen* zeichnet sich dadurch aus, daß in der Suche des Geistes nach unbedingter Wahrheit zwar

---

10 Vgl. die Hinweise in *APE*, bes. Kap. XI: *Der praktische Weg zum höchsten Gut und die Dialektik von Freiheit und Gnade*, 268-295.

11 Vgl. *KkR*, bes. das Kapitel: *Freiheit und Gnade*, 129-167. Zum Problem der Zurechnung der Willensbestimmung und den aus ihm folgenden Ansätzen zu einer Offenheit von Kants Philosophie gegenüber einer Gnadenlehre vgl. *FGbT*.

schon unbedingte Wahrheit gefunden ist, wenn er sich als Suchenden gefunden hat. Diese Wahrheit bleibt aber wegen ihrer inhaltlichen Dürftigkeit einer Vollendung bedürftig, der sie sich zwar anzunähern vermag, ohne sie aus eigener Kraft erreichen zu können, weil *Ursprung*, *Sein* und *Sinn des Ganzen* wesenhaft vor aller Möglichkeit endlichen Denkens und Handelns liegen. Die Erkenntnis dieser unbedingten, aber dürftigen Wahrheit leitet über zum Denken der transzendentalen und der praktischen Freiheit. Im Freiheitsbegriff Kants läßt sich ein dreifacher Sinn finden: die Freiheit *von* der Naturkausalität (*transzendentale Freiheit*), die Freiheit *für* das Sittengesetz (*praktische Freiheit*) und außerdem die Freiheit einer Wahl *zwischen* gut und böse (*Wahlfreiheit*, die trotz der Unbedingtheit der Verpflichtung zwischen Bedingtem und Unbedingtem wählt wie zwischen Möglichkeiten auf einer Ebene).[12]
Die *praktische Freiheit* findet sich vermittelst des unableitbaren Bewußtseins des moralischen Gesetzes gleichsam unversehens, faktisch, in der Welt vor. Sie sieht sich im Vollzug ihrer Handlungen ebenso wie im Streben nach der vollendeten Erfüllung des sittlich Gesollten Forderungen ausgesetzt, die selbst dann noch, wenn ihnen gemäß den begrenzten Kräften des Menschen entsprochen würde, einen Ausstand an Vollendung beinhalten.[13] Grund, Vollzug und Ziel der Freiheit des Menschen als endlichen Vernunftwesens überragen seine Kraft; dennoch bleibt das Ziel moralischer Vollkommenheit als beanspruchende Aufgabe, zuletzt aber als Hoffnung über alles endliche Vermögen hinaus, im Blickfeld des Menschen.
Zum Abschluß der Betrachtungen zum Menschen als dem Ort und Träger der philosophischen Gottesfrage soll das Ergebnis zusammengefaßt werden. Die Zusammenfassung fußt auf der Deutung des Menschen als Wesens, das einerseits zwar von der Zeit bestimmt ist und andererseits die ihm gegebene Zeit dennoch nur durch innere Tätigkeit eigentlich vollziehen kann. Diesen im Wesen des Menschen fundierten Zusammenhang zwischen dem endlichen Geist und der Zeit hat vor allem Augustinus zum Gegenstand der Besinnung gemacht; die von ihm vorge-

12 Vgl. § 1 b.; vgl. *FGbT* bes. 35-43; vgl. auch den Gedanken der *Transaszendenz* (*TI* 5/*TU* 39).

13 Demgemäß ist vom Menschen nicht *Bewirkung*, sondern *Beförderung* des höchsten in der Welt möglichen Gutes zu fordern; vgl. dazu z. B. *KkR* 88: „Die begriffliche Klärung führt dann zu dem Ergebnis, daß das höchste Gut nach Kräften zu befördern unbedingte Pflicht für den Menschen ist, er die vollgültige Verwirklichung des höchsten Gutes jedoch nur wünschen kann, aber sie auch wünschen soll, weil sie ein notwendiges moralisches Ideal der reinen praktischen Vernunft darstellt, dem er nicht gleichgültig gegenüberstehen kann und darf, dessen Realisierung er aber einem zu postulierenden allmächtigen moralischen Urwesen anheimstellen muß.“

tragene Zeitanalyse liegt den folgenden Überlegungen weitgehend zugrunde (vgl. *C* 11).
Der Mensch tritt in Welt und Zeit ein, ohne aus eigener Einsicht wissen zu können, woher, wohin und wozu ihm dieses Eintreten widerfährt. Deutlich ist allerdings, daß es nichts Vergangenes gäbe, wenn nichts vorüberginge (*si nihil praeteriret*), keine künftige Zeit, wenn nichts herankäme (*si nihil adveniret*), und keine gegenwärtige Zeit, wenn nichts Sein hätte (*si nihil esset*). Wenn nichts herankäme und nichts verginge, wäre Gegenwart nicht mehr Zeit, sondern Ewigkeit. Die Zeit hat also in der Welt wesentlich transitorischen Charakter (*quia in praeteritum transit*). Deshalb gehört es zum Wesen der Zeit, zum Nichtsein zu streben (*non vere dicamus tempus esse, nisi quia tendit non esse*). Diesem Wesen der Zeit ist der Mensch unabhängig von seinem Willen unterworfen (*C* 11,17). Obwohl der Mensch ungefragt in die Zeit gekommen ist und in seinen Meinungen zu Sein und Sinn von Zeit und Welt vielfältig von seinem Milieu beeinflußt ist, fordert die Zeit jeden zu seiner ureigenen Stellungnahme heraus. Trotz aller unvermeidlichen Eingebundenheit in vorgegebene Beantwortungsmuster stößt die *Notwendigkeit des Tuns*, die vor allem Blondel herausgearbeitet hat, jeden Einzelnen an, diesen Fragen vollen Ernstes entgegenzutreten und sich ihnen als der Aufgabe zu stellen, deren Lösung die Frage nach dem Sinn seines Lebens entscheidet (vgl. *A*).
Nicht nur der Ursprung seines Eintretens in die Weltzeit ist dem Menschen unbekannt, sondern er selbst ist sich über sein eigenes *Sein* keineswegs im klaren. Gewiß ist indessen, daß sein Sein von zeitlicher Natur ist und folglich wenigstens dem ersten Anschein nach eher unter den Titel eines *Werdens* als eines *Seins* zu stellen wäre. Einem genaueren Hinsehen zeigt sich jedoch, daß schon in der bloßen *Wahrnehmung der Zeit als Zeit* ein Moment vorausgesetzt wird, das die scheinbar alles vernichtende Vergänglichkeit des Zeitlichen übersteigt. Wenn es überhaupt nichts gäbe, was in Distanz zur Veränderlichkeit des Zeitlichen stünde, könnte keine Veränderung wahrgenommen werden. Im Vollzug des zeitlichen Weltdaseins ist demnach immer mehr gegenwärtig als die bloße Wandelbarkeit des Werdens, da das *Werden als Werden* ohne irgendein Beharrliches erst gar nicht wahrgenommen werden könnte. Das philosophische Fragen wird vor dem Hintergrund dieser Einsicht zuweilen insgesamt als ein Versuch der *Entzeitlichung des Zeitlichen* interpretiert.[14] Die Rede von der Entzeitlichung des Zeitlichen scheint jedoch das Ziel der menschlichen Sehnsucht zu verfehlen, sofern sie deren Ur-

[14] Vgl. *AA* 268; dort gilt als Motiv des griechischen Denkens die Frage nach dem Bleibenden im zeitlichen Wandel. Das Ziel der Metaphysik Plotins ist *Entzeitlichung* (*Einl* 40):

sprung in Zeit und Welt preisgibt. Demgemäß soll im folgenden nicht von der Entzeitlichung, sondern von der *Entflüchtigung des Zeitlichen* gesprochen werden.[15]

Die Zeit, die alles Weltliche zu durchherrschen scheint, ist im Bereich der sinnlich wahrnehmbaren Wirklichkeit nur uneigentlich als Zeit da. In der Wahrnehmung zeigt sich zwar, daß das Wahrgenommene sich in einem Zustand der Veränderlichkeit befindet; daß das Veränderliche auf Zeit bezogen wird, ist aber eine Konstitutionsleistung, die von der Seite des Wahrnehmenden ausgeht, weil das Wahrgenommene ohne die von der Zeit hergestellte Verknüpfung in bloße zusammenhanglose Andersheit zerfiele. Laut der Zeitdeutung des Nikolaus von Kues nimmt die Seele wahr, daß Ausgedehntes sich in einem veränderlichen Sein befindet, daß Veränderung aber Zeit voraussetzt; sie erkennt also, daß die Zeit im Zeitlichen nur im Modus der Andersheit gegenwärtig ist. Cusanus sagt: Anima „percipit corpus esse in esse transmutabili, et quod non fit transmutatio nisi in tempore. Percipit igitur tempus esse in temporalibus aliter et aliter" (*Aeq* 14/372). Dieses Zeitliche hat laut Augustinus, an den Cusanus anknüpft, als Vergangenes, Zukünftiges oder Gegenwärtiges kein Sein, da Vergangenes *nicht mehr ist*, Zukünftiges *noch nicht ist*, Gegenwärtiges aber *ohne Ausdehnung ist*, also den ausdehnungslosen Schnitt zwischen einer nichtseienden Vergangenheit und einer nichtseienden Zukunft markiert: „Praeteritum enim iam non ‚est' et futurum nondum ‚est' … praesens autem nullum habet spatium" (*C* 11,18.20).

Sein hat das sinnlich Wahrnehmbare nämlich erst durch den Wahrnehmenden, der zwar des von ihm unabhängigen Kommens und Gehens

---

„Ewigkeit als Strukturprinzip des Geistes macht dieses paradoxe zeitlose Zugleich allererst ontologisch möglich und logisch denkbar."

15 Die Frage nach dem *Bleiben endlichen Seins* stellt Rainer Maria Rilke im folgenden Gedicht zum Zeitproblem (*Werke* 3,123):

Wunderliches Wort: die Zeit vertreiben!
Sie zu halten, wäre das Problem.
Denn, wen ängstigts nicht: wo ist ein Bleiben,
wo ein endlich Sein in alledem? -

Sieh, der Tag verlangsamt sich, entgegen
jenem Raum, der ihn nach Abend nimmt:
Aufstehn wurde Stehn und Stehn wird Legen,
und das willig Liegende verschwimmt -

Berge ruhn, von Sternen überprächtigt; -
aber auch in ihnen flimmert Zeit.
Ach, in meinem wilden Herzen nächtigt
obdachlos die Unvergänglichkeit.

der Wahrnehmungen bedarf, aber erst durch Gedächtnis (*memoria*), Erwartung (*expectatio*) und Anschauung (*contuitus*) das zunächst zusammenhanglos Gegebene in die Einheit der Zeit bindet. Man hat demnach nicht eigentlich von den Zeiten *Vergangenheit*, *Gegenwart* und *Zukunft* zu sprechen, sondern nur von der *Gegenwart des Vergangenen*, der *Gegenwart des Gegenwärtigen* und der *Gegenwart des Zukünftigen*: „nec proprie dicitur: tempora ‚sunt' tria, praeteritum, praesens et futurum, sed fortasse proprie diceretur: tempora ‚sunt' tria, praesens de praeteritis, praesens de praesentibus, praesens de futuris." Das Sein der Zeiten ist nur in der Seele erfaßbar, nämlich im *Gedächtnis* als der Gegenwart des Vergangenen, in der *Anschauung* als der Gegenwart des Gegenwärtigen und in der *Erwartung* als der Gegenwart des Zukünftigen: „Sunt enim haec in anima tria quaedam et alibi non video, praesens de praeteritis memoria, praesens de praesentibus contuitus, praesens de futuris expectatio" (*C* 11,26). Schon durch die Reflexion der Wahrnehmung des zeitlich Veränderlichen wird für Augustinus der Überstieg zu einer Größe erforderlich, die als nicht völlig der Veränderlichkeit der Zeit unterworfen gelten kann.[16]
Das *fließende Sein der Zeit* ist verstehbar, sofern das *Zeitliche* durch die Anschauung des Gegenwärtigen, das erinnernde Gedenken des Vergangenen und die Erwartung des Zukünftigen, also durch Zerstreckung des Geistes in die Zeiten (*distentio animi*) in die Einheit der Zeit gebunden wird. Der Geist hebt die Zeit dadurch nicht auf, sondern deutet sie im Sinne der Vollendung einer alle Zeiten umfassenden *Gegenwart*. Augustinus drückt den Weg des Geistes, der die Vollkommenheit einer entflüchtigten Zeit sucht, im Wechsel von Zerstreckung (*distentio*) über Ausstreckung (*extentio*) bis zu seiner Hinstreckung in die Ewigkeit (*intentio*) aus (*C* 11,39). Cusanus spricht von einer vollkommenen Zeit (*tempus perfectum*), die alle Zeiten in sich enthält (*Aeq* 17/374f.). Der endliche Geist ist, wenn er sich in der Wahrnehmung der *Zeit als Zeit* bewußt wird, über die Vergänglichkeit des Zeitlichen hinaus und kann sich selbst als nichtzeitliche Zeit (*tempus intemporale*) begreifen (*Aeq* 14ff./372ff.). Indem sich der Geist im Phänomen der beim Menschen allenthalben gegebenen Zeitwahrnehmung als *nichtzeitliche Zeit* versteht, die doch auf die Gegebenheit des Zeitlichen angewiesen ist, geraten die formale Struktur und die inhaltlichen Momente des konkreten menschlichen Seinsvollzuges zugleich mit in den Blick (vgl. *GMZ*; außerdem *KrV* B 131).

[16] Sein Weg unterscheidet sich wesentlich von dem Plotins, der voraussetzt, „daß zuerst nach dem Sein von Ewigkeit gefragt wird, bevor die Frage nach dem Sein von Zeit überhaupt sinnvoll gestellt werden kann" (vgl. *Einl* 10; vgl. dazu auch *SSZA*).

Einerseits stellt sich so die Aufgabe zu sagen, auf welche Weise das Zeitliche durch diesen Seinsvollzug in eine Einheit gebracht wird, und andererseits, welches der wesentliche Inhalt der Einigungstätigkeit ist. Als die genuinen Vollzugsweisen menschlichen Seins, die der Erlangung von Wahrheit, Gerechtigkeit und Glückseligkeit dienen, wurden Erkennen, Wollen und Handeln angeführt. Deren Vollendung, soweit sie aus der Kraft des Menschen erreicht werden kann, bleibt aber hinter dem zurück, was in den Erfahrungen des Schönen, der Liebe und des erfüllten Augenblicks blitzartig aufleuchtet. Da solche Erfüllungen die Kraft des Menschen unendlich übersteigen, erregen sie begeistertes Staunen. Da das Ausbleiben von Erfüllungen und die aktive Zerstörung von Erfüllungsmöglichkeiten als sinnwidrig erfahren wird, führen sie zu Schmerz, Trauer und Empörung.

Im Vollzug seines genuinen Seins ist der Mensch auf eine Vollendung seines Lebens in der Gemeinschaft mit den Mitmenschen und in der Welt überhaupt ausgerichtet, die er zwar erahnen, durch sich selbst aber nicht verwirklichen kann. Sofern der Ursprung der vom Menschen gesuchten Vollendung als Ewigkeit zu bezeichnen ist, kann mit Nikolaus von Kues in der Betrachtung der nichtzeitlichen Zeit gesehen werden, daß die Seele selbst die Ähnlichkeit der Ewigkeit ist; laut Cusanus blickt sie durch sich (*per se*) auf die Ewigkeit des Lebens und sucht zugleich eine Fülle der Zeit, in der sie Ruhe zu finden vermag; als Bild der göttlichen Ruhe kann die Seele nur in der Ruhe selbst, in Gott, Ruhe finden: „Haec consideratio temporis intemporalis manifestat animam esse aeternitatis similitudinem, atque quod anima intuetur per se tamquam per similitudinem aeternitatis ad aeternitatem vitae; quam solum appetit sicut intellectualis imago vitae seu quietis aeternae suam veritatem, cuius est imago, sine qua non potest habere quietem. Quietis enim imago in quiete tantum quiescit“ (*Aeq* 19/376). Cusanus spielt hier auf den Spannungsbogen an, den Augustinus über die Gesamtkomposition der *Confessiones* gezogen hat; dieser fängt mit der Ruhelosigkeit des menschlichen Herzens an und endet mit dessen Ruhen in Gottes Ruhe (vom *cor inquietum* in 1,1 bis zur *quies ipse* in 13,53; vgl. *TuT*).

Das Ziel des zeitlichen Lebens des Menschen ist die Gegenwärtigkeit eines erfüllten, eigentlichen und vollständigen Seinsvollzugs, in dem nichts aussteht und nichts verloren ist. Dies Ziel kann mit Augustinus als die Ganzheit eines abgeschlossenen Vollzugs (*actio tota finita*) gedacht werden, wie er sie am Beispiel des Singens eines Liedes vor Augen stellt, das am Ende zu seiner Vollendung gekommen ist (*C* 11,38). Seine Hoffnung, daß das ganze Leben als vollendete Wirklichkeit aufgefangen wird und nicht dem Nichts anheimfällt, hängt derart ganz an einer

Wirklichkeit, die der Weltzeit unendlich überlegen ist und trotzdem dem zeitlichen Streben des Menschen Zuwendung schenkt.
Allein von der transzendenten Wirklichkeit her, die in religiöser Sprache Gott genannt wird, kann dem Menschen eine Vollendung zuteil werden, auf die sein Tun implizit zielt. Weil diese Vollendung aber nur als Frucht eines Zusammenspiels von Freiheit und Gnade denkbar ist, ist sie in der Zeit seines Lebens notwendigerweise sowohl mit der Möglichkeit der Hoffnung als auch mit der Möglichkeit der Verzweiflung verbunden. Mit diesen Möglichkeiten steht der Mensch in einer Spannung, die sein Sein wesenhaft charakterisiert. Ein Glaubender kann der Möglichkeit der Vollendung des Zeitlichen im Ewigen mit Hoffnung gegenübertreten. In diesem Sinne spricht Augustinus sich als ein Hoffender aus. Er bezeichnet es als seine Hoffnung, wenn er einst als ein aus sich ganz Gewordener Gott anhangen werde, daß ihm dann kein Schmerz und keine Mühe mehr zuteil werde, daß sein Leben dann lebendig sein werde, als Ganzheit erfüllt von Gott: „Cum inhaesero tibi ex omni me, nusquam erit mihi dolor et labor, et viva erit vita mea tota plena te“ (*C* 10,39).
Aus der zeitlichen Gegenwart der Wirklichkeiten, die durch die Wahrnehmung des Zeitlichen nicht angemessen erfaßt, gewollt und erstrebt werden können, wächst die Sehnsucht der Entflüchtigung des Zeitlichen, in der die wechselnden Nöte der Zeit vergangen und die Not der Zeitlichkeit, die an der wesenhaften Ausständigkeit eines erfüllten Ganzen in der Zeit hängt, überstanden ist, das zeitlich Gewordene aber unverloren bewahrt wird. Auf welchen Wegen dieser Impuls der Entflüchtigung nun zu einem Denken Gottes treibt, ist im folgenden Kapitel zu untersuchen.

II.

Zu der Notwendigkeit und den Schwierigkeiten inhaltlicher Aussagen zum Wesen Gottes

Was oder gar *wer* Gott sei, ist eine Frage, die sehr unterschiedlich beantwortet wird. Man könnte beispielsweise ein Gottesbild, das von spekulativem Intellektualismus geprägt ist und Gott als erste Ursache (*causa prima*) oder als Ursache seiner selbst (*causa sui*) thematisiert, gegen ein Gottesbild stellen, das sich zur Möglichkeit metaphysischer Erkenntnis skeptisch verhält und Gott eher in emotionalen Kategorien als transzendentes Ziel der Sehnsucht zur Sprache bringt. Die jeweilige Fundierung bringt unterschiedliche und disparate Gottesbilder hervor. Aus der Disparatheit der Vorstellungen kann die Vermutung erwachsen, daß die besonderen Perspektiven des Einzelnen bestimmenden Einfluß auf das Gottesbild haben. Diese Vermutung verstärkt sich, sobald man das Gottesbild erfolgreicher Tatmenschen, die mit sich, der Welt und ihrem Gott zufrieden sind, mit den Gottesvorstellungen antriebsschwacher und scheiternder Menschen vergliche. Als weiteres Beispiel kann die unüberbrückbare Spannung zwischen *deistischen* und *magischen* Gottesvorstellungen dienen. Laut der Annahme des Deismus wird Gott zwar als Welturheber angenommen, ohne daß er aber später noch Einfluß auf die Weltverhältnisse hätte; gemäß den magischen Vorstellungen spielen göttliche Gewalten zwar eine wichtige Rolle im Weltgeschehen, aber so, daß versucht wird, sie mit Hilfe ritueller Praktiken zu zwingen und so über sie zu verfügen. Wenngleich alle diese unterschiedlich fundierten Vorstellungen in die Irre führen mögen, werden sie faktisch doch nicht selten mit Überzeugung und Engagement vertreten.

Jedenfalls könnte die scheinbare Selbstverständlichkeit, mit der gelegentlich vorausgesetzt wird, daß es klar sei, was man meine, wenn man von Gott spricht, auch auf einer Täuschung beruhen. Bekanntlich schließt Thomas seine *fünf Wege* zum Erweis des Daseins Gottes mit ähnlich lautenden Formeln, die behaupten, daß das Ergebnis der Argumentationsgänge von allen als Gott erkannt werde (*S. th.* I,2,3c; z. B.: „et hoc omnes intelligunt Deum"). Diese Wege gelangen zum Begriff des *ersten Bewegenden*, das von keinem bewegt wird, zur *ersten Wirkursache*, zur *Ursache der Notwendigkeit*, zur *Ursache der Vollkommenheit* und zuletzt zum *Weltenlenker*.

Thomas repräsentiert im Resultat der *fünf Wege* schon eine gewisse Mannigfaltigkeit, die nicht kurzerhand in einen *Gottesbegriff* integriert werden kann. Er vermeidet es so, ein Verstehen vorzuspiegeln, und setzt wie selbstverständlich voraus, daß wir nicht wissen können, *was Gott ist* (*quid est*); daraus ergibt sich, daß uns auch die Annahme, *daß Gott ist* (*propositio, Deus est*), nicht durch sich selbst bekannt sein kann (*quia nos non scimus de Deo quid est, non est nobis per se nota*; *S. th.* I,2,1). Wer also die *Eigenschaften* Gottes bestimmen wollte, könnte am Ende in Zweifel geraten, ob das Wort Gott, das sich chamäleonartig unterschiedlichen Aussageabsichten von Individuen oder Gruppen anpassen zu können scheint, überhaupt etwas Vernünftiges sagen kann. Solche Zweifel werden auch von den disparaten Aussagen zum Wesen Gottes genährt, die sich in unterschiedlichen Bekenntnissen ausdrücken. Diese Unterschiede haben zuweilen Feindschaft zwischen den Gottgläubigen provoziert, die sich in Religionskriegen entladen hat. Feindseligkeiten, die mit Bezug auf Gott gerechtfertigt werden, können einen ernsthaft suchenden Menschen so verwirren, daß der Sinn der Rede von Gott zu entschwinden scheint. Wer anderen im Namen Gottes den Schädel einschlägt und Gottgläubige zu aggressivem Tun anstiftet, schadet einem wahren Gottdenken vielleicht mehr als die rationale Kritik, der man mit Vernunft entgegentreten kann. Jedenfalls begünstigt die Unterschiedlichkeit der Rede von Gott die Zweifler, die schon die bloße Möglichkeit von sinnvollen Aussagen zum Wesen Gottes kritisch betrachten.

Angesichts der so angedeuteten Schwierigkeiten wird Hans Blumenbergs These zur Situation der Gottesfrage des heutigen Menschen verständlich: „Ob er einen Gott *hat* oder nicht, ist dabei sekundär gegenüber dem *Begriff*, mit dem er noch erfassen kann, was es bedeutete, einen zu haben" (*Mtpas* 15). Eine ähnliche Beurteilung der gegenwärtigen Schwierigkeiten bei der Behandlung der Gottesfrage findet sich bei Robert Spaemann. Er sagt nämlich: „Nicht, ob Gott sei, ist das Problem, sondern was diese Frage überhaupt meint und ob es überhaupt einen Unterschied macht, ob sie mit ja oder nein beantwortet wird" (*FBWG* 54). Da der Name Gottes offensichtlich immer wieder für egoistische Interessen von Einzelnen, Gruppen oder ganzen Nationen vereinnahmt worden ist, könnte man auf den durchaus plausiblen Verdacht verfallen, daß in einer *anthropologischen Funktionalisierung* des Gottesgedankens die Wurzel aller Übel zu finden sei.

Man darf allerdings nicht so tun, als sei diese anthropologische Funktionalisierung Gottes eine üble Errungenschaft erst der Neuzeit gewesen, die für den Gottesglauben immer deutlicher zutage tretende tödliche Folgen gehabt habe. Ein Volksgott, von dem man den Sieg eines Volks über das andere durch Bewirkung vorteilhafter Umstände in Krieg, in Ökonomie und Lebensumständen erwartet, wird, sobald er sich gegenüber einem gegnerischen Volksgott als schwächer erweist, ablösbar und auch oftmals wirklich abgelöst, weil er eben *funktional definiert* war. Im Blick auch auf solche Erwägungen hat zum Beispiel Augustinus *De civitate Dei* als Apologie des Christentums angesichts der Niederlage Roms geschrieben, die von Gegnern des Christentums als Strafe der alten Götter für die Abwendung Roms vom heidnischen Kult gedeutet worden war (bes. *CD* 1).

Es ist folglich festzuhalten, daß die Erkenntnis und die Anprangerung von bewußter und unbewußter Funktionalisierung Gottes in der Religionsausübung eine stets wiederkehrende Reinigungsaufgabe für Philosophie und Theologie ist, die in der Geschichte tatsächlich häufig übernommen wurde. Die Notwendigkeit solcher Reinigung basiert auf der Einsicht, daß der Mensch, als das ungesicherte Wesen, das sich nur durch die Dienlichmachung seiner Umwelt am Leben erhalten kann, immer wieder zur Funktionalisierung alles ihm Verfügbaren neigt und daß diese Neigung den Blick auf die Unbedingtheit der Wahrheit verstellen kann, entsprechend der von Scheler ausgearbeiteten Analyse der *Formen des Wissens* (vgl. § 3 a.). Die gegenwartskritisch gemeinte Diagnose Spaemanns, die der *modernen Gesellschaft* attestiert, sie habe *die Funktion Gottes bereits vollständig anderweitig besetzt* (*FBWG* 58), ist nicht unberechtigt, sollte aber nicht zu einer Diskreditierung der Moderne führen. Die Funktionen, die in den modernen Gesellschaften im Unterschied zu früheren Verhältnissen durch die Arbeit in den Wissenschaften, durch Technik und Sozialisierung besetzt worden sind, sind nämlich meist von einer Art, daß ihre Besorgung nicht mit besonders gutem Recht von Gott erwartet wurde. Trotzdem wurden solche Erwartungen an Gott vor allem in der vorneuzeitlichen Geschichte, aber keineswegs nur in ihr, offenbar häufig gehegt.

Es wird sich indessen zeigen, daß der Mensch, auch wenn er seine Aufgaben in der Welt mit all seinen Kräften übernimmt, doch Fragen stellen muß, die über die Welt hinausreichen, wenn immer er sich und seine Welt zu verstehen sucht. Damit zeigt sich das gelegentlich ausgesprochene Verbot, der Mensch dürfe als Ausgangspunkt des Gottdenkens nicht ins Spiel kommen, aus der Sicht der Philosophie als Irrtum. Zwar kann die folgende These Spaemanns, abgesehen von der konkreten Situation des Menschen in der Welt, auch etwas Richtiges besagen: „Wenn Gott ist, dann ist nur von Gott her zu bestimmen, was der Mensch braucht“ (*FBWG* 59). Dieser Satz hat allerdings unannehmbare Konsequenzen, wenn Gott als ein herzloser Tyrann vorgestellt würde, dessen Willen erkannt zu haben sich selbsternannte, mit autoritären Ansprüchen auftretende Propheten zuweilen anmaßen. Die *entscheidende Frage* lautet folglich nicht, *ob* der Mensch Ausgangspunkt der Gottesfrage und des Gottdenkens sein kann, sondern *wie* er es sein soll.

Diese Annahme, daß, wenn Gott sei, nur von Gott her zu bestimmen sei, was der Mensch braucht, provoziert weitere Schwierigkeiten. Wer die Situation des Menschen wahrnimmt und ein abstraktes Spekulieren vermeidet, erkennt in ihr die unbemerkte Voraussetzung, daß Gott dem Menschen unmittelbar in der Welt begegne und offen zeige, was ihm vonnöten ist. Wenn es jedoch ganz anders wäre und die Göttlichkeit Gottes sich in der Welt nur vermittelst anderer Wirklichkeiten zeigte, dann wäre der Suchende auf diese und sich selbst zurückgeworfen. Gott wird sicher verfehlt, wo man ihn als Funktion zur Erhaltung und Steigerung des Lebens mißbraucht. Der Mensch bliebe aber selbst dann, wenn er es wollte, unfähig, Gott als Funktion seiner Bedürfnisse zu sichern. Eine funktionale Relativierung würde Gott nämlich zunichte machen und seine gesuchte Absolutheit zwischen den Fingern zerrinnen lassen.

Die von disparatem und widersprechendem Reden von Gott hervorgerufenen Zweifel bleiben wirksam, solange die Forderung anerkannt wird, daß als vernünftig nur gelten könne, was in bestimmter und eindeutiger Weise einsehbar ist. Alles *Bestimmte* muß fraglos vom Menschen her gedacht werden. Wer also das Ganze mit Gottes Augen sehen zu können vorgibt, usurpiert einen *Blickpunkt*, von dem aus er sich gleichsam den Kopf Gottes zerbricht. Da Philosophierende aus ihrer Situation heraus auf Gott zwar *hindenken* können, nicht aber sich Gott *ausdenken* können, wie er in sich selbst sein mag, gibt es die Möglichkeit einer philosophischen Diskussion, in der Gedanken geprüft werden, die für oder gegen das Gottdenken sprechen, sofern im Hindenken auf Gott nämlich die eigentümliche Sache des Menschen verhandelt wird.

Dieses *Hindenken auf Gott* hat mit *anthropologischer Funktionalisierung* nichts zu schaffen. Indem die Funktionalisierung prinzipiell auf unüberwindliche Grenzen stößt, kann sich ein endlicher Geist nicht der Einsicht entziehen, daß unbedingte Wahrheit, die sich formal denken läßt, jedenfalls größer ist als die Wahrheit, die er inhaltlich vollkommen erfassen kann. Nur in der Selbstbescheidung des Geistes, in der er sich die Differenz zwischen der erkennbaren bedingten und der gesuchten unbedingten Wahrheit gesteht, entspricht er seiner ihm eigenen, endlichen Wahrheit. Nur in ihr wird auch das philosophische Gottdenken möglich.

Nur diese Einsicht in die eigene Endlichkeit erlaubt es nämlich, weder dem endlichen Selbstsein des Menschen Gewalt anzutun, noch die vom Menschen erahnbare Wahrheit Gottes zu verletzen. Aus der Selbstbeschränkung des endlichen Geistes kann auf die unendliche Wahrheit hingedacht werden. Dies Hindenken auf Gott ist also nur durch Entgrenzungen (*Infinitionen*) von Gehalten des menschlichen Geistes möglich, nicht durch *Definitionen* Gottes, die dessen Unendlichkeit nur verunstalten würden.[1]

---

[1] Der Begriff der *Infinition* ist eigenständig gedacht und formuliert worden; zwar gibt es dieses Wort bei anderen Autoren (z. B. *TI* XIII, XV, 257f.; *TU* 26, 28, 410f.), aber in anderer Bedeutung (vgl. § 15); eine ähnliche Bedeutung wie die hier anvisierte findet sich in *Wei* 234.

§ 4

Das Problem der Frage nach den *Eigenschaften* und nach dem *Wesen Gottes*

Was immer in der Welt begegnet, wird vom Menschen als dasjenige, was es jeweils ist, in irgendeiner Weise an seinen *Eigenschaften* erkannt, mögen diese vordergründig *wahrnehmbar* oder eher *verborgen* sein, mehr oder weniger dauerhafte *Merkmale* oder *Kräfte* repräsentieren, die sich in durchaus unterschiedlichen Hervorbringungen äußern. Eigenschaften lassen also das eine Begegnende vom anderen unterschieden sein, so daß das eine als dieses Besondere und nicht als etwas Anderes erscheint. Insofern müssen *besondere Eigenschaften* notwendigerweise zugleich als *Kennzeichen der Endlichkeit* dessen gelten, dem sie anhaften. Nur Endliches scheint also überhaupt als ein bestimmtes Seiendes erfaßbar zu sein.

Zugleich damit scheint das vom endlichen Menschengeist vollzogene transzendierende Denken zu haltlosem Herumtappen zu werden, wenn es die unbedingte und unendliche Wahrheit *begrifflich* zu erfassen sucht. Angesichts dieser Sachlage ist es einerseits möglich, auf einen inhaltlich ausgeführten Vollzug des Transzendierens zu verzichten, allerdings im Wissen, daß damit gleichsam die Tür, die der Mensch von sich aus nicht durchschreiten kann, doch für die Ankunft des Unfaßbaren offenbleibt. Andererseits sind aber denkerische Versuche möglich, der Wirklichkeit Ausdruck zu verleihen, die das Sein und Leben von Mensch und Welt trägt. Sofern man annehmen kann, daß schon im unreflektierten Seinsvollzug eine implizite Antwort auf die theoretisch unbeantwortbare Frage nach etwas Unbedingtem liegt, wird immerhin die *Frage* unvermeidlich, ob und wie von Gott gesprochen oder auch nicht gesprochen werden soll. Wird mit der gebotenen Nüchternheit gefragt, im Wissen des konstitutiven Nichtwissens um die unendliche Wahrheit, dann können die sich hier auftürmenden Schwierigkeiten als positive Auszeichnung der möglichen Gegenwart des Unendlichen in einem endlichen Denken gelten, also nicht als Argument gegen die Annahme Gottes. Eine unendliche Wirklichkeit, die sich vom Endlichen in bestimmter Weise vorstellen ließe, zeigte sich gerade durch ihre vermeintliche Klarheit als ein bloßes Gedankending, als Chimäre.

a) Die doppelte Bedeutung menschlichen Nichtwissenkönnens um das Wesen Gottes

Gott wird, wie Augustinus erklärt, besser im Nichtwissen gewußt (*O* 2,44: *qui scitur melius nesciendo*). Menschliche Vernunft vermag zwar die Bedingtheit des Bedingten einzusehen und derart indirekt und negativ zugleich die Idee des Unbedingten als voraussetzungslosen Ursprungs, jedoch nicht das Unbedingte selbst, wie es in seinem Wesen an sich selbst sein mag. Augustinus sieht die Gefahr, in vorgeblichem Wissen das Ziel zu verfehlen, in solcher Schärfe, daß er behauptet, es sei besser, Gott im Nichtfinden zu finden, als ihn im Finden nicht zu finden (*C* 1,10: *non inveniendo invenire potius quam inveniendo non invenire te*). Seine Warnung, nicht vorschnell anzunehmen, man habe Gott gefunden, rührt vom Bewußtsein, daß Gott alle endliche Fassungskraft übersteigt. Welches endliche Wesen Gott folglich *begriffen* zu haben glaubte, hätte damit nur gezeigt, daß es in dieser Angelegenheit geradezu *nichts verstanden* hat. Mit diesem Eingeständnis scheint sich ein Philosophierender, der zwar um sein Nichtwissen im Blick auf das Unbedingte weiß, sich mit Bedingtem aber nicht begnügen kann und sich deshalb im Übersteigen des unmittelbar Begegnenden doch dem Unbedingten öffnet, die Spottreden der Gottesleugner zuzuziehen. Trotz der Schwäche, die das Wissen des Nichtwissens zu bekunden scheint, muß um der Sache willen an ihm festgehalten werden.

Wer im Bereich philosophischen Denkens annimmt, Gott gefunden zu haben, stellt das Gefundene zum Beispiel unter einen Begriff von der Art, daß Gott die Erstursache im kosmischen Kausalnexus sei (*causa prima*). Diese Erstursache wird auf Grund ihrer Unableitbarkeit zugleich als Ursache ihrer selbst (*causa sui*) gedacht. Zur Kritik solchen Gottdenkens sagt Martin Heidegger: „Der Gott kommt in die Philosophie durch den Austrag, den wir zunächst als den Vorort des Wesens der Differenz von Sein und Seiendem denken. Die Differenz macht den Grundriß im Bau des Wesens der Metaphysik aus. Der Austrag ergibt und vergibt das Sein als hervor-bringenden Grund, welcher Grund selbst aus dem von ihm Begründeten her der ihm gemäßen Begründung, d. h. der Verursachung durch die ursprünglichste Sache bedarf. Dies ist die Causa sui. So lautet der sachgerechte Name für den Gott in der Philosophie" (*IuD* 64). Heidegger weist auf dem Weg vom Vorort in das Zentrum des Seins darauf hin, daß die Metaphysik die Differenz von Sein und Seiendem noch nicht wahrnimmt und dem Vorrang des Seienden verhaftet bleibt. Seiner Diagnose ist zwar nicht über die ganze Geschichte hinweg zuzustimmen, da sich das philosophische Gottdenken nicht ohne Gewaltsamkeit auf diesen gemeinsamen Nenner bringen läßt. Er hebt aber

eine faktisch auftretende Struktur hervor und enthüllt deren vernichtende Konsequenzen für das Denken des wahren Gottes. Eine Erstursache kann jedenfalls so ausgelegt werden, daß zu ihr Prädikate gehören, die für die Fragen von Bedeutung sind, ob und inwieweit die Welt und die Vorgänge aus ihrem Ursprung ableitbar und beherrschbar seien. So käme das Gottdenken in eine seltsame und kompromittierende Nähe zum *Herrschaftswissen*, das mit dem Unendlichen, sofern es für Endliches unverfügbar ist, meist gar nichts zu schaffen haben will. Es mag aber unentschieden bleiben, ob die Interpretation Heideggers den Begriff der Erstursache zwingend bestimmt. Wer dem Begriff einer Erstursache (*causa prima*) nur die negative Bedeutung zuspräche, daß Gott nicht als von anderem verursacht oder als Zweitursache gedacht werden kann, könnte die Konsequenz der Erkennbarkeit und Beherrschbarkeit der Welt nicht aus ihm ziehen. Wer diese Folgerung dennoch zöge, machte damit zugleich deutlich, daß versteckt eine Vergewisserungsstrategie am Werke war, die von ihrem Ansatz und ihrem Ziel her von der Gottesfrage gar nichts wissen zu wollen braucht.
Ein Erkenntnisstreben, das in eine bestimmte Richtung zielt, gelangt manchmal auf Wege und zu Zielen, die dem Suchenden anfangs nicht einmal als Möglichkeiten bewußt waren. Es kann geschehen, daß einem Forscher, der vielleicht die Kausalerklärung für wahrnehmbare Prozesse suchte, im Zuge seiner Forschungen etwas ganz Anderes und Wichtigeres klar wird als das, was er erwartet hatte. Es könnte ihm aufgehen, daß er mit dem begegnenden Material und seinen Begriffen zwar erfolgreich arbeiten kann, daß er aber die Möglichkeit des Daseins des Materials und den Grund der Befugnis der Begriffe gar nicht ursprünglich versteht. Zwar muß er das unabhängige Sein dessen, was er objektiv erkennt, als Material der Erkenntnis *voraussetzen*, ohne jedoch auch nur den Hauch von Einfluß darauf zu haben, *ob* und *wie lange* es ist. Obwohl die Widerspruchsfreiheit von Begriffen als Leistung der Vernunft gedacht werden kann, bleibt unbekannt, wie es kommt, daß sich das Material den Begriffen zu fügen vermag. Das Gelingen in der Anwendung von Begriffen bleibt für die Erkenntnis ein unvorhersehbares, *zufälliges* und deswegen unbefriedigendes *Faktum*.
Dem forschenden Geist könnten bei der Suche nach Kausalzusammenhängen zusätzlich deren *Zweckmäßigkeit* und *Schönheit* auffallen, die ihn gewissermaßen auf ein anderes Gleis setzen und ihn dort staunen lassen, wo er von sich aus doch nur Erklärungen gesucht hatte. Im Staunen gerät ihm die erfaßbare Wirklichkeit auf unbegreifbare Weise in ein Licht, das sie transparent macht für eine andere, nicht direkt erfaßbare Wirklichkeit. Sobald er auf diesem Weg eine begriffliche Bestimmung Gottes als Weltbaumeisters versucht, scheint sich das angestrebte Ziel

dieser Bestimmung zu verflüchtigen. Dabei leidet der Mensch, der Gott von Weltlichem her fassen will, wahre Tantalus-Qualen, sofern er die Gegenwart Gottes allein *im Nichtbegreifen erfassen* kann. Auf dem Weg einer nach dem Grund des Geschehens bohrenden, begrifflichen Erfassung der weltlichen Wirklichkeit kann sich der für die Wahrheit wache Geist immerhin der unendlichen Wirklichkeit öffnen, ohne sie zu begreifen. Wie und als was Gott in das philosophische Denken gelangt, läßt sich demnach nicht einfach und eindeutig *beurteilen.* Vielmehr scheint er gleichsam durch alle Ritzen der Endlichkeit eindringen, aber ebenso auch entweichen zu können. Diese Schwierigkeiten sollen an einem älteren und einem neueren Beispiel erläutert werden. Als erstes Beispiel dient die Interpretation des Terminus *Erste Substanz* in der Philosophie des Aristoteles. Das zweite Beispiel berichtet von der Auseinandersetzung um die Möglichkeit eines *autosemantischen Gebrauchs* des Wortes Gott in der analytischen Philosophie. In beiden Fällen wird die Uneindeutigkeit dessen, was etwas ist, betrachtet, um auf die Schwierigkeiten einer genügend bestimmten Rede von Gott vorzubereiten.

Wenn es zutrifft, daß der Begriff der *Substanz* (οὐσία) im griechischen Denken zugleich *Selbständigkeit* und *Selbstheit* bezeichnet, dann muß weitergefragt werden, welches Sein oder Seiende im Sinn der οὐσία ausgelegt werden kann.[2] Aristoteles hat bekanntlich zwischen *erster* und *zweiter Substanz* unterschieden. Mit der auf Boethius zurückgehenden Auslegungstradition, die sich allein auf die Aussagen der *Kategorienschrift* stützt, darf nur das konkrete Einzelseiende (τόδε τι) als *erste Substanz* (z. B. Sokrates) gelten, das Wassein (τί ἐστιν) dagegen als *zweite Substanz* (z. B. Mensch).[3] Obwohl die Interpretation des Boethius weithin bestimmend geworden ist, steht durch andere Formulierungen des Aristoteles fest, daß sie unzureichend ist und demgemäß die dem Aristotelischen Problemdenken eigentümliche Vielschichtigkeit vernachlässigt (zur neueren Forschungssituation vgl. *Aristo* 376-389).

Aristoteles spricht nämlich wenigstens auch in zwei anderen Weisen von *erster Substanz*. So bezeichnet er sogar selbst das *Wassein* eines Dinges als seine *erste Substanz*: εἶδος δὲ λέγω τὸ τί ἦν εἶναι ἑκάστου καὶ τὴν πρώτην οὐσίαν (*Mp* Z, 1032 b 1f.). Das ist die direkte Gegenthese zur klassisch gewordenen Interpretation des Boethius. Diese von der herrschenden Auslegung abweichende These kann von den Prinzipien des *Hylemorphismus* her aber gerechtfertigt werden, sofern weltlich Seien-

---

[2] Vgl. *APS* 89 (im Blick auf den Sinn von οὐσία in Platons *Phaidon*).

[3] *In Categorias Aristotelis*, col. 182; die zweiten Substanzen zeigen laut dieser Interpretation, *was* die ersten sind (col. 189): „Quare quid sint primae substantiae secundae monstrant“.

des als etwas aus *Stoff* (ὕλη) und *Form* (μορφή) Zusammengesetztes (σύνθετον) gedacht wird (z. B. *An* B, 412 a 5-9). In der Elementenanalyse eines hylemorphen Gebildes gilt die Form nun für etwas Vorzüglicheres als der Stoff. Da etwas Selbständiges jedenfalls nicht *in einem Zugrundeliegenden* sein kann (*Kat* 3 a 18: Κοινὸν δὲ κατὰ πάσης οὐσίας τὸ μὴ ἐν ὑποκειμένῳ εἶναι), ergibt sich schließlich, daß als *Erste Substanz* (πρώτη οὐσία) im Sinne eines *Einzelseienden* (τόδε τι) und zugleich im Sinne des Formprinzips (εἶδος) allein Gott als die ungewordene höchste Substanz (ἀρίστη οὐσία) gedacht werden kann.[4] Die Selbständigkeit, die für die Substanz (οὐσία) kennzeichnend ist, scheint auf den ersten Blick zwar im konkreten Einzelseienden schon gegeben zu sein, das in der sinnlichen Erfahrung begegnet. Dieses in der Wahrnehmung auftretende endliche Seiende erscheint aber bei näherem Hinsehen als geworden und zusammengesetzt, also gerade nicht als ein *selbständiges Selbst* im Sinne einer wahrhaft ersten Substanz (πρώτη οὐσία).
Ein ähnliches Problem in anderem Gewande enthält die neuere Diskussion um Kriterien für sinnvolle Aussagen, wie sie in der *analytischen Philosophie* in der einen oder anderen Form vorgetragen werden. Dort wird beispielsweise die Frage gestellt, ob das Wort ‚Gott' sinnvoll als *Prädikatsbegriff* oder als *Name* zu gebrauchen sei und ob man, falls beide Aussageweisen Schwierigkeiten bereiten, nicht besser auf den *autosemantischen* Gebrauch dieses Wortes verzichten solle, laut dem es *für sich selbst Bedeutung* hat. In der Tat läßt sich der Gebrauch des Wortes *Gott* nach den Sinnkriterien einer konstruktivistischen Sprachphilosophie weder als *Prädikator* noch als *Nominator* rechtfertigen. Das Wort *Gott* taugt tatsächlich nicht als ein Prädikat für die möglichen Gegenstände der Erfahrung, wie es zum Beispiel mit dem Wort ‚rot' zur Verfügung steht, das man möglicherweise der Farbe von Blütenblättern einer Rose zusprechen kann. Genauso erscheint es unmöglich, den Gebrauch des Wortes *Gott* als eines Nominators zu rechtfertigen, solange die Wirklichkeit nicht bekannt ist, auf die dieser Eigenname bezogen wird und die man mit ihm benennen kann.[5]
Friedrich Kambartel hat deswegen vorgeschlagen, den Gebrauch des Wortes *Gott* als Prädikators und als Nominators heidnisch zu nennen und einen bloß *synsemantischen* Gebrauch dieses Wortes vorzuziehen

---

[4] Vgl. die Hinweise in *Aristo* 379. Auch Thomas von Aquin hat diesen Sprachgebrauch übernommen (*De ente* 1: „substantia prima simplex, quae Deus est").

[5] Vgl. *LP* 105f., 126; der Unterschied zwischen *Eigennamen* und *Gemeinnamen* besteht darin, „daß Eigennamen jeweils genau einen Gegenstand *benennen*, während Prädikatoren vielen Gegenständen zugesprochen werden *können*" (32).

(vgl. *Th-l*). Derart soll Gott *nicht mehr als Wirklichkeit für sich selbst* Thema des Denkens sein. Wo trotzdem von Gott gesprochen wird, soll das nur noch in zusammengesetzten Ausdrücken geschehen, wie zum Beispiel: „Leben in Gott". Der Ausdruck *Leben in Gott* scheint jedoch nicht weniger der Auslegung bedürftig zu sein als das Wort *Gott* selbst. Jedenfalls gibt Kambartel zusätzlich eine interpretierende Definition, die er als Vorschlag für die sinnvolle synsemantische Bedeutung des Wortes Gott einführt. Er definiert „Leben in Gott" als „Leben im Glauben im Vertrauen auf die Erlangung des Friedens."[6] Ob ein synsemantischer Sprachgebrauch sich gegenüber dem autosemantischen zugute halten darf, wirklich klarer zu sein, muß bezweifelt werden, zumal die synsemantische Verwendung des Wortes Gott durch die Formel „Leben in Gott" offenbar nicht schon für sich selbst spricht, sondern zunächst einer sinnreduzierenden Definition bedarf, die ihr Autor dann für sprachphilosophisch verständlich hält.
Zudem könnte in einer Retorsion dieses Verfahrens umgekehrt auch gefragt werden, ob alle die Bedeutungen, die im autosemantischen Sprachgebrauch vermeintlich eindeutig ausgedrückt werden können, nicht eigentlich einer Zusatzrede bedürften. Durch die eindeutige Rede wird nämlich verdeckt, daß es keineswegs selbstverständlich ist, daß Menschen in der Welt da sind und daß ihnen in dieser Welt Dinge begegnen, die mit ihrer Schönheit begeistern, zum Beispiel die Rose, der man die rote Farbe zuordnen kann. Wer das bemerkt, kann zu dem, was er zu den Dingen eindeutig sagen kann, immer noch etwas Zusätzliches sagen. Diese Zusatzrede würde den Dingen ihre scheinbare Selbstverständlichkeit nehmen und ein unsichtbares Feuer spürbar machen, das in allen Dingen auf geheime Weise zu brennen scheint und ihnen allererst zu sein ermöglicht. Mit diesem Hinweis soll keiner Mystifizierung Vorschub geleistet werden; es soll jedoch auf die Unverstehbarkeit der Tatsache des Daseins und des Soseins von Dingen in der Welt und des Seins der Welt überhaupt hingewiesen werden, die ein positiver Antrieb für das wesenhaft transzendierende Denken der Philosophie ist.
Obgleich die Substanzproblematik der Aristotelischen Philosophie und die Vorgehensweise der analytischen Philosophie hier nur mit wenigen Zügen skizziert wurden, tritt damit – unabhängig von der in beiden Bereichen stattfindenden kontroversen Diskussion – wenigstens das Ergebnis hervor, daß die Frage, was etwas ist, von sehr verschiedenartigen

[6] Vgl. *Th-l* 35; in entsprechender anthropologisch reduzierter Definition werden die Ausdrücke *Gnade, Karfreitag, Auferstehung, Zeugnis, Bekenntnis, Verkündigung* und *Zuspruch* ausgelegt. So werden zwar zutreffend segensreiche Wirkungen des Gottesglaubens genannt, diesem Glauben wird aber zugleich der Wurzelgrund entzogen.

Horizonten aus aufgerollt werden kann. In all diesen Horizonten sind – bemerkt oder unbemerkt – Vorentscheidungen wirksam. Die Philosophie hat die Aufgabe, diese Vorentscheidungen, die gewöhnlicherweise unbefragt bleiben, zu reflektieren. Die Philosophie ist also aufgefordert, ausdrücklich zu erwägen, welche Vorentscheidungen man treffen soll.

Als formale Bestimmung der Vorentscheidung gilt im folgenden der Grundsatz, daß im Blick auf die Frage nach Gott die Entscheidung vorgezogen werden soll, die sowohl der *wahren Situation des Menschen* mit ihren Chancen und ihren Nöten entspricht als auch das Ziel des die Welt transzendierenden Denkens in seiner *gesuchten Göttlichkeit* sichtbar werden läßt.

Das menschliche Nichtwissenkönnen um das Wesen Gottes zeigt sich nicht nur oder vor allem als der Ausfluß eines Mangels, obgleich es zumindestens vordergründig sowohl vom Glaubenden als auch vom Zweifler so erfahren werden kann. Weil das Nichtwissenkönnen den Menschen aus dem geschlossenen, in sich ruhenden Gesamtzusammenhang entwurzelt, kann es auch positiv erfaßt werden, nämlich als Ermöglichung des endlichen Eigenseins des Menschen und zugleich als sachgemäßer Ausdruck der souveränen Freiheit Gottes. Sobald ein Mensch in bestimmter Weise vom Unendlichen sprechen könnte, wäre in eben diesem Augenblick entweder seine eigene Endlichkeit von der Unendlichkeit Gottes überformt oder Gottes Unendlichkeit gleichsam in die Hand des Menschen gelangt. Nur in der Preisgabe der usurpierten Behauptung eines Wissens bezüglich der absoluten Wahrheit des Ganzen kann folglich der endliche Mensch sein Leben denkend und glaubend auf den unendlichen Gott hin vollziehen.

Je mehr im Verhältnis zwischen Menschen Liebe und Vertrauen einkehren, desto weniger wird ihr wechselseitiges Verhalten von Berechnung und Bestimmung gekennzeichnet sein. Je mehr ein Mensch sich liebend auf einen anderen einläßt, desto weniger wird er in bestimmender Weise dessen Wesen präjudizieren wollen; vielmehr wird er sich vertrauensvoll dem Wesen des Geliebten öffnen, das dieser von sich her offenbar werden läßt. Allein im Zurückhalten vorgängiger Urteile und in Offenheit für das Eigensein des Anderen werden im Umgang mit der geliebten Person Geduld und Streit, Erfüllung und Entsagung möglich. Das Nichtwissenkönnen des stets besonderen Wesens eines Menschen ist das Signum seiner Freiheit, die sich nur entfalten kann, wenn sie respektiert wird. Wer also das Wesen Gottes, dem Freiheit gewiß am allerwenigsten abgesprochen werden kann, zu wissen vorgäbe, der wüßte gerade nicht das Wesen Gottes, sondern hätte sich nur etwas ausgedacht.

Das Nichtwissen, das eingestanden werden muß, bietet jeder gegen das Gottdenken gerichteten Polemik eine unvermeidliche Angriffsfläche.

Hier kann der positivistische Sinnlosigkeitsverdacht gegen die Metaphysik als ein widerspruchsfreies System, das gewissermaßen im Uhrwerk der Welt kein Rädchen bewegt, in ihrem höchsten Punkt anknüpfen. Diese Angreifbarkeit philosophischen Gottdenkens hat aber wenigstens zwei Seiten. Einerseits erlaubt sie die Leugnung der Wirklichkeit Gottes, die sich dem Denken nicht mit der Gewalt mathematischer Demonstrationen aufzwingt. Andererseits braucht sich doch kein Suchender vom Weg seines auf Gott hin transzendierenden Denkens abbringen zu lassen. Die nachträgliche Reflexion des sich selbst kritisch befragenden Wissens des Nichtwissens zeigt sich nämlich gerade als einzigmöglicher Weg einer nichtbegreifenden Erfassung des Unendlichen durch Endliches. Sofern alles, was ein endlicher Menschengeist zu begreifen vermag, jedenfalls nicht das Unendliche ist, wird es erforderlich, auf die gewöhnlichen Begriffe zu verzichten und auf andere Weise als durch Definition eines sogenannten Gottesbegriffs soweit wie möglich rational nachvollziehbar zu machen, um welchen Inhalt es sich in der Gottesfrage handelt. Solche Wege sollen im folgenden gesucht werden.

b) Die notwendige Bestimmtheit in der Frage nach dem Unendlichen

In philosophischen Betrachtungen läßt sich nur vom Menschen her auf die unendliche Wahrheit hindenken; man muß aber fragen, wie dies geschehen soll und ob das dabei auftretende Unendliche als Wahrheit gelten darf, die mit dem Gottesnamen bezeichnet werden kann. Zunächst scheint die Lage ausweglos zu sein: Wer den *Gottesbegriff* in bestimmter Weise erfaßt, verendlicht Gott, spricht also gar nicht vom Unendlichen; wer jedoch in unbestimmter Weise von ihm zu sprechen sucht, verfehlt gleichfalls das Ziel; er unterlegt entweder dem, was er sagt, unbemerkt doch eine bestimmte Bedeutung oder er äußert, womöglich mit großem emotionalem Nachdruck, inhaltlich etwas ganz Unbestimmtes, beispielsweise in der Art von Christian Morgensterns Gedicht *Das große Lalula*.[7]

[7] *Werke* 1,16; die erste Strophe dieses mit Fragezeichen, Ausrufezeichen und Doppelpunkten versehenen Gedichts lautet:

Kroklokwafzi? Semememi!
Seiokronto – prafliplo:
Bifzi, bafzi, hulalemi;
quasti basti bo …
Lalu lalu lalu lalu la!

Demjenigen, der gleichwohl die Notwendigkeit des die Grenzen der Welt transzendierenden Denkens einsieht, erwächst aus dieser Situation eine doppelte Maxime. Er wird einerseits die Unbestimmtheit des Resultats zwar für ein signifikantes Merkmal jedes dem endlichen Menschen angemessenen Sprechens vom Unendlichen gelten lassen; er wird andererseits aber das Sprechen von Gott doch so vollziehen, daß die Richtungen des Transzendierens von der nötigen Bestimmtheit sind und weder das endliche Eigensein des Menschen beschädigen noch die absolute Souveränität des unendlichen Gottes depravieren. Der erste mögliche Haupteinwand gegen philosophisches Gottdenken, das um die unvermeidliche Unbestimmtheit des Sprechens von Gott weiß, besteht darin, daß es in eine Nacht führe, in der alle Kühe schwarz sind. Diese Konsequenz meint Hegel in der Annahme zu erkennen, *im Absoluten, dem A=A, sei alles eins*, weil diese Annahme sich der *unterscheidenden und erfüllten oder Erfüllung suchenden und fordernden Erkenntnis* entgegensetze und deswegen als die *Naivität der Leere an Erkenntnis* zu gelten habe (*PhdG* 19). Ein zweiter Haupteinwand unterstellt der Gottrede, daß sie nur etwas sage, was in der Welt auf andere Weise bereits gesagt war, etwa im Sinn von Sätzen, daß die Welt in Wahrheit fünfmal größer sei, als sie zu sein scheine (vgl. *FBWG* 54). Im einen Fall scheint dem Denken die nötige Bestimmtheit geraubt zu werden, in dem anderen scheint es hingegen gar keinen wirklichen Unterschied mehr zu machen, ob die Existenz oder die Nichtexistenz Gottes angenommen wird, außer für ein subjektiv gefühliges Wahrnehmen der Welt, der mit der Annahme der Existenz Gottes ein wenig Puderzucker übergestäubt werde, um sie für uns appetitlicher zu machen.
Dem ersten Einwand kann durch den Nachweis entgegengetreten werden, daß der Verzicht auf ein Begreifen Gottes nichts mit Versuchen gemein hat, die sich auf irrationalen Wegen durch nebulöse Schwärmerei eine Scheingewißheit besorgen, die auf dem Wege des Begriffs nicht möglich war. Es reicht nicht aus, „sich absichtlich von dem Begriffe und der Notwendigkeit entfernt" zu halten, „als von der Reflexion, die nur in der Endlichkeit hause" (*PhdG* 15). Der bewußte Verzicht auf die Annahme, man könne in der Weise des Begreifens von Gott sprechen, darf vielmehr selbst schon als erster Versuch der *infinierenden Annäherung* an das sachgemäße Sprechen von Gott gelten. Die Unzugänglichkeit Gottes für begreifendes Denken würde aber besser nicht an Hegels Beispiel der alles gleich machenden *Nacht*, sondern an dem seit Platon bekannten Beispiel des *Lichtes* verbildlicht, das dem menschlichen Auge zwar alles, was es sieht, zu sehen ermöglicht, ihm aber an sich selbst in sonnenhafter Überhelle unzugänglich bleibt und allein durch Gleichnisse erläutert werden kann (*Politeia* 505a ff.).

Das Gottdenken bedarf durchaus des begrifflichen Moments, jedoch nur in dem Sinne, daß das Begreifbare als die Grundlage der *Entschränkung* seiner Inhalte auf das Unbegreifbare verstanden wird. Zum Beispiel kann so eingesehen werden, daß die Naturkausalität, durch die Naturprozesse notwendig und kalkulierbar werden, etwas Zufälliges ist, weil Naturkausalität als eine abgeleitete, nicht als ursprüngliche und sich ihrer selbst durchsichtige Kausalität vorgestellt werden muß. Nur deshalb kann sie auch die Gleichförmigkeit des von ihr bewirkten Naturgeschehens hervorbringen. Indem diese Ursachen der Natur mit mechanischer Notwendigkeit ohne Bedachtsamkeit wirken, zeigen sie sich als gleichsam blind gegen sich selbst, gegen ihren Inhalt und ihren möglichen Sinn.
Wenn man dem zweiten Einwand entgegenzutreten sucht, scheint die argumentative Situation schwieriger zu sein, sofern davon auszugehen ist, daß auf Gott nur hingedacht werden kann, ohne daß man ihn an sich selbst zum Gegenstand wissenschaftlicher Erforschung machen könnte. Demnach scheint tatsächlich der Fall einzutreten, daß trotz allen Bemühens, von Gott zu sprechen, stets doch immer nur von anderen Dingen gesprochen wird. Dies mag zwar in der Absicht geschehen, unmißverständlich vom unendlichen Gott zu sprechen; dieses Sprechen ist aber zuletzt ohne Chance, sein Ziel zu erreichen. Jedenfalls kann der Verdacht, durch indirekte Verweise werde die Intention des Gottdenkens nicht eindeutig erreicht, nicht leicht gegen hartnäckige Zweifel entkraftet werden.
Wittgenstein scheint allem transzendierenden Denken die Basis zu entziehen. Er sagt: „Zu einer Antwort, die man nicht aussprechen kann, kann man auch die Frage nicht aussprechen. *Das Rätsel* gibt es nicht. Wenn sich eine Frage überhaupt stellen läßt, so *kann* sie auch beantwortet werden" (*TLP* 6.5). Hiergegen ist zu überlegen, ob sich der Mensch nicht doch selbst als *Frage* erfährt, die er nicht beantworten kann. Falls es eine Antwort gäbe, müßte sie von anderer Seite kommen. Womöglich hat Wittgensteins in der Immanenz bleibende Aussage jedoch das Ziel, die in der Philosophie gesuchte, transzendente Wahrheit nicht zu entweihen. Er erklärt nämlich: „Die richtige Methode der Philosophie wäre eigentlich die: Nichts zu sagen, als was sich sagen läßt, also Sätze der Naturwissenschaft – also etwas, das mit Philosophie nichts zu tun hat –, und dann immer, wenn ein anderer etwas Metaphysisches sagen wollte, ihm nachzuweisen, daß er gewissen Zeichen in seinen Sätzen keine Bedeutung gegeben hat" (*TLP* 6.53).
Immerhin kann man auch mit Wittgenstein auf die Zufälligkeit der Erscheinungen in der Welt hinweisen und die mit Gründen versehene Annahme vortragen, daß das faktische Dasein der Welt von der Welt her als

zufällig zu begreifen ist. Dies Bewußtsein verweist laut Wittgenstein auf etwas *Mystisches* (*TLP* 6.44). Die im Alltag angenommene Gewißheit der objektiven wissenschaftlichen Erkenntnis verflöge nämlich sogleich, wenn in der Wahrnehmung überhaupt nichts begegnete, das als Gegenstand für die Erkenntnis tauglich ist. Derart sagt Augustinus in der Zeitanalyse der *Confessiones*, er wisse, daß es die Vergangenheit nicht gäbe, wenn nichts vorüberginge, daß es die Zukunft nicht gäbe, wenn nichts herankäme, und daß es ebensowenig eine Gegenwart gäbe, wenn nichts anwesend wäre (*C* 11,17). Damit folglich überhaupt etwas für seiend erachtet werden kann, muß dem Wahrnehmenden zuerst etwas zum Wahrnehmen *gegeben* sein. Auch das Herrschaftswissen, auf das der Mensch gelegentlich nicht einmal mit Unrecht stolz ist, zeigt sich doch als eine Erkenntnis, die gleichsam über dem Abgrund schwebt. Der Abgrund verdeutlicht, daß die vermeintliche Sicherheit des Herrschaftswissens noch eines Anderen als Fundamentes bedarf, da es sich nicht selbst absolut zu sichern vermag.
In ähnlicher Weise hat Kant den natürlichen Weg der menschlichen Vernunft gesehen, obwohl er sich bewußt war, daß „nicht eine jede in demselben aushält". Laut Kant fängt unsere Vernunft „nicht von Begriffen, sondern von der gemeinen Erfahrung an und legt also etwas Existierendes zum Grunde". Indem die menschliche Vernunft diesen Boden nun zu bearbeiten beginnt, zeigt sich, daß ihre Suche nicht im Bereich der Erfahrung bleiben kann. Deswegen fährt Kant fort: „Dieser Boden aber sinkt, wenn er nicht auf dem unbeweglichen Felsen des Absolutnotwendigen ruht. Dieser selbst aber schwebt ohne Stütze, wenn noch außer und unter ihm leerer Raum ist, und er nicht selbst alles erfüllt und dadurch keinen Platz zum W a r u m mehr übrig läßt, d. i. der Realität nach unendlich ist" (*KrV* B 612). Keine Betrachtung des natürlich Gegebenen kann die Vernunft zufriedenstellen, sondern führt sie, falls sie sich in ihrem natürlichen Gang hält, zum Gedanken eines Unendlichen, durch den das Denken auf Gott verwiesen wird.
Demgemäß sagt Kant zur Gegebenheit der Erscheinungen: „Denn das in sich selbst ganz und gar nicht gegründete, sondern stets bedingte Dasein der Erscheinungen fordert uns auf: uns nach etwas von allen Erscheinungen Unterschiedenem, mithin einem intelligibelen Gegenstande umzusehen, bei welchem die Zufälligkeit aufhöre" (*KrV* B 594). Obgleich dieser Abgrund einem Blick, der in der Weise des Herrschaftswissens objektive Erkenntnis sucht, keinen Anhaltspunkt bietet, erlaubt er dennoch eine Einsicht in die *Abgründigkeit der menschlichen Erkenntnis*, deren Bestimmungen von dort aus weiter verfolgt werden können.
In welcher Weise aus Bestimmungen des endlichen Menschengeistes der Anfang einer Brücke ins Unendliche zu schlagen ist, aus dem etwas ab-

gelesen werden kann, das mit dem Wesen Gottes in Verbindung gebracht werden darf, soll in den beiden folgenden Paragraphen inhaltlich untersucht werden. Aus den jetzt durchgeführten Überlegungen ist aber klar, daß das so zu denkende Wesen Gottes, das als Ausgangspunkt der Argumentationen für sein Dasein dient, eine *Entgrenzung alles Begrifflichen* im Bewußtsein der Selbstbescheidung des begreifenden Denkens ist. Die Bestimmtheit, die im Wesen Gottes gedacht werden kann, stammt aus der in ihrer Zufälligkeit wahrgenommenen Endlichkeit. Ihre Bestimmtheit haben also die für Gott in Anschlag gebrachten Bestimmungen durch die Frage des Fragenden; sie sind gleichsam *Destillate seines Fragegestus*. Der Fragegestus bewegt sich im Medium des Endlichen, lebt jedoch allein von seinem unendlichen und unnennbaren Bezugspunkt.

Demnach haben die sogenannten *Eigenschaften* Gottes einen doppelten Ursprung. Sie bezeichnen einerseits die Negation jeder Form von Definition und können so als Infinitionen endlicher Bestimmungen gelten. Die Notwendigkeit solcher Infinitionen kann aber nicht allein aus einer Negation der Endlichkeit dessen hervorgehen, was in der Welt begegnet; es bedarf zu ihrer Erkenntnis zusätzlich vielmehr des vorgängigen Bewußtseins eines Unbedingten, das zugleich als unendlich gedacht wird. Die Infinitionen scheinen folglich einer *unendlichen Anziehung* zu bedürfen, die es dem Endlichen erst erlaubt, in Gedanken über sich hinauszugehen.

Einige der einschlägigen Gedanken, welche die Notwendigkeit dieser *Anziehungskraft* zum Ausdruck bringen, sollen erwähnt werden. Aristoteles deutet den Ursprung der Bewegung als *Anziehung* durch das höchst Vollkommene (ἄριστον), das wie etwas Geliebtes bewege (*Mp* Λ, 1072 b 4f.: κινεῖ δὴ ὡς ἐρώμενον). Laut Descartes führt schon die Frage, wie im Endlichen das Bewußtsein des Unendlichen erscheinen könne, zu einem Gottesbeweis. Er nimmt an, daß etwas nicht aus Nichts und etwas Vollkommenes nicht von einem weniger Vollkommenen ausgehen könne: „Hinc autem sequitur nec posse aliquid a nihilo fieri, nec etiam id, quod magis perfectum est … ab eo quod minus“ (*MPP* III,14). Wenn der Gedanke einer höchsten Vollkommenheit im endlichen Menschengeist auftritt, von ihm aber nicht ausgegangen sein kann, muß er also von einer existierenden unendlichen Substanz *hervorgerufen* worden sein (*MPP* III,22). Mit Hegel ließe sich sagen, daß das Absolute vom Endlichen nicht ergriffen werden könnte, „wenn es nicht an und für sich schon bei uns wäre und sein wollte“ (*PhdG* 69). Dieses Feuer der Anziehungskraft des Göttlichen scheint zuweilen noch in seinen Bestreitungen weiterzuglimmen. Beispielsweise wird Ludwig Feuerbach durch einen solchen Gedanken bewogen, die Theologie nicht nur auf Anthropo-

logie zu reduzieren, sondern auch im Gegenzug das Wesen des Menschen zu vergöttlichen (*WC* 20; dazu § 10 b.).
Existenziell nachvollziehbar ist diese zweifach gegründete Überschreitung der Endlichkeit besonders angesichts des Todes. Hätte alles nur für endlich zu gelten und gäbe es die Wirklichkeit des Unendlichen nicht, wäre der Tod nur ein Faktum, über das zu sinnieren für den Menschen müßig wäre. Vermutlich könnte der Mensch den Tod ebensowenig zum ausdrücklichen Thema des Nachdenkens und einer sich um das Sterben rankenden Kultur machen wie die Tiere. Die Wahrnehmung der Negativität des Todes setzt ein zumindestens gedankliches Hinaussein über den Tod voraus. Eine seltsame Sehnsucht nach Unendlichem läßt die Endlichkeit des Endlichen allererst erfahrbar werden. Allein die Gegenwart des Unendlichen, die *Infinition* von Gehalten des endlichen Geistes, ermöglicht in unableitbarer Weise eine Einsicht in die Endlichkeit, eine Selbst-*Definition* des endlichen Geistes in der Selbsterkenntnis.

c) Die Schwierigkeiten in der Benennung des Wesens Gottes im Übergang zum infinierenden Denken

Bei der Überlegung, welche Stellungnahmen zur Frage nach dem Wesen Gottes möglich sind, kann man die Eigenschaften untersuchen, die Gott traditionell zugesprochen werden; zu beachten sind aber auch Versuche, entweder die Eigenschaften Gottes auf eine einzige wesentliche Eigenschaft zu reduzieren oder sogar schlechtweg die Eigenschaftslosigkeit Gottes zu behaupten. Wer meint, Eigenschaften nennen zu können, kann das auf dem Weg *positiver Aussagen* versuchen, er kann den Weg der *Negation endlicher Bestimmungen* wählen und schließlich den Weg der *Steigerung von Begriffen* einschlagen, die in solcher Steigerung zwar denkbar sind, denen aber in der Welt nichts Wirkliches entsprechen kann.[8]
Der Versuch, Gottes Wesen durch eine grundlegende Eigenschaft zu bestimmen oder das Absolute für eigenschaftslos auszugeben, kann von völlig unterschiedlichen Absichten getragen sein. Einerseits kann er zum Ziel haben, die radikale Andersheit Gottes gegenüber allem mannigfaltigen, eigenschaftlich Bestimmbaren innerhalb der Welt herauszustellen. Dieser Absicht entsprechend könnte man von ihm allein in negativen Bestimmungen sprechen, laut denen er zum Beispiel als der *Un-endliche*, als der *ganz Andere*, der *schlechthin Eine* oder der *Un-veränderliche* verstanden wird. Das Sprechen vom *Unendlichen* drückt die Ent-

---

[8] Diese Wege sind seit der Scholastik als *via affirmativa*, *via negativa* und *via eminentiae* bekannt; vgl. *BfW* 141 (mit Anm. 24, 158f.).

gegensetzung zum *Endlichen und Begrenzten überhaupt* aus, das Sprechen vom *ganz Anderen* die Entgegensetzung zu allen *denkbaren Möglichkeiten* welthafter Wirklichkeit, das Sprechen vom *Einen* und *Unveränderlichen* betont dagegen den Gegensatz zu den inneren und äußeren *Brüchen*, die das weltlich Seiende durch seine offenbare *Teilhaftigkeit*, *Zerrissenheit* und *Zeitlichkeit* bestimmt sein lassen.

Der Versuch der Reduktion kann aber auch das Ziel haben, das Absolute auf die Bedürfnisse des Menschen hin zu finalisieren. Die Gefahr der Herabwürdigung Gottes als eines Mittels zur Durchsetzung menschlicher Zwecke kann in der Auslegung Gottes als bloßen Weltgrundes gefunden werden, wie sie im *Deismus* vorgetragen wurde. Die Deismen scheinen allesamt die Natur für sich allein als die solide Basis des menschlichen Weltdaseins zu interpretieren. Gott wird nur als ansonsten anonymer Garant dieser Solidität benötigt. Heidegger legt die abendländische Metaphysik insgesamt im Sinne solch einer Finalisierung aus. Metaphysik wird ihm so der Austrag einer menschlichen Subjektivität, die mit ihrer *Erkenntnis* des absoluten Ursprungs des Ganzen zugleich die Herrschaft über das Ganze zu gewinnen sucht. Diese Deutung ist eine Herausforderung der Metaphysik und besitzt jedenfalls reinigende Kraft. Heidegger hat sie vor allem in Interpretationen zu Platon und Nietzsche entfaltet (vgl. z. B. *PLW*, *HW*, *N*). Seine zuweilen gewaltsame Geschichtskonstruktion, unbeschadet ihrer möglichen kathartischen Funktion, kann im Zuge der Betrachtung der philosophischen Theologie Platons relativiert werden. Ob es überhaupt ein solches durchgängig *einheitliches Wesen der Metaphysik* gibt und ob es in seinem zentralen Motiv vom Herrschaftsstreben der Subjektivität bestimmt ist, braucht hier nicht entschieden zu werden. Es steht indessen fest, daß ein Gottdenken, das vom *Willen zur Macht* durchherrscht wäre, als Gotteslästerung zu gelten hätte. In diesem Sinne äußert sich Heidegger kritisch gegen den Gedanken Gottes als eines höchsten Werts: „Der letzte Schlag gegen Gott und gegen die übersinnliche Welt besteht darin, daß Gott, das Seiende des Seienden, zum höchsten Wert herabgewürdigt wird". Dieses Denken sei, aus dem Glauben gesehen, die *Gotteslästerung schlechthin* (*HW* 259f.). Aus diesem Grunde spricht Heidegger an anderer Stelle davon, daß *das gott-lose Denken dem göttlichen Gott vielleicht näher* sei, weil es nämlich freier für ihn sei, *als es die Onto-Theo-Logik wahrhaben möchte* (*IuD* 65).

Die Bemühungen des neuzeitlichen Rationalismus, die Wahrheit des Ganzen in Systemen der Metaphysik aus der Kraft des menschlichen Geistes zu entfalten, haben schon bald einen Widerpart gefunden, in dem die endliche Subjektivität des Menschen zwar ihr begrenztes Recht besitzt, ohne aber überschwenglich zu werden und sich ein absolutes

Wissen des Absoluten vorzuspiegeln. In diesem Sinn ist Kants kritische *Aufhebung des Wissens* zu verstehen, die aus innerer Konsequenz einen *Platz zum Glauben* eröffnet (*KrV* B XXX). Zwar wird die menschliche Vernunft im begrenzten Feld der Erfahrungserkenntnis „zum bestallten Richter, der die Zeugen nötigt auf die Fragen zu antworten, die er ihnen vorlegt" (*KrV* B XIII). Das bestimmende Erkennen versagt aber schon im Blick auf das in den Erscheinungen vorausgesetzte Unbekannte, wenn es so betrachtet wird, wie es an sich selbst ist (als das sogenannte *Ding an sich*; vgl. *KrV* B XXVI f.), und erst recht im Blick auf Gott. Bei diesen Fragen kann der Mensch keinesfalls als *bestallter Richter* fungieren; vielmehr wird er zum *Adressaten unbeantwortbarer Fragen* (*KrV* A VII), die er zwar stellen muß, aber nur in der Weise des Glaubens beantworten kann. Die Forderung, Gott müsse *inhaltlich eindeutig* gedacht werden, wenn sein Dasein bewiesen werden solle, hat den Geburtsfehler, daß die Erfüllung dieser Forderung umgekehrt von vornherein schon die *Möglichkeit* verdirbt, das erstrebte Ziel zu erreichen. Demnach findet die scheinbar paradoxe Annahme, es sei besser, *Gott im Nichtwissen zu wissen*, ihre vernünftige Rechtfertigung in der Besonderheit des Frageziels.

Es gibt gleichwohl gefestigte Traditionen, in denen Gott gewisse Eigenschaften zugesprochen werden, ohne daß dabei in jedem Falle schon klar wäre, aus welcher Quelle sie geschöpft sind. Zunächst können *Allmacht*, *Allgütigkeit* und *Selbstgenugsamkeit* als wesentliche Eigenschaften Gottes angeführt werden. Diese Eigenschaften scheinen offenbar direkte Verunendlichungen positiver Wesenszüge des Menschen zu repräsentieren; sie *entschränken* die Endlichkeit im Können, den Mangel an Güte und alle menschliche Bedürftigkeit überhaupt und besonders die Angewiesenheit auf andere Personen.[9] Diese Eigenschaften können folglich als *Infinitionen* von Bestimmungen des endlichen Wesens des Menschen verstanden werden. Wäre Gott nämlich nicht *allmächtig*, könnte sich die Hoffnung des Menschen nicht auf ihn richten, wäre er nicht *allgütig*, so erschiene er als verächtlicher Despot, wäre er nicht *selbstgenugsam*, so fehlte ihm die Seinsvollkommenheit, die dem Menschen die erhoffte Erfüllung seines Strebens verheißt. Weder der relative Mangel noch das völlige Fehlen von Vollkommenheiten im Endlichen können jedoch ursprünglich die Quelle sein, aus welcher der Gedanke der unendlichen Vollkommenheit fließt, die in allen Aussagen zu Gott mitgedacht ist.

---

[9] Die Selbstgenugsamkeit Gottes kann allerdings so gedacht werden, daß es in Gott selbst personales Leben gibt. Der Gedanke einer inneren Lebendigkeit Gottes hat die Philosophie immer wieder, vom *Neuplatonismus* bis zum *Deutschen Idealismus*, zu spekulativen Aufarbeitungen der Trinitätslehre geführt.

In Gott wird wesenhaft die *höchste Vollkommenheit* gedacht. Diese Vollkommenheit läßt sich allein im Ausgang von Wirklichkeiten, denen die absolute Vollkommenheit mangelt, inhaltlich bestimmt denken. Zwar gibt es die relative Vollkommenheit endlicher Wirklichkeiten; die Mängel zeigen aber, daß die Vollkommenheit des Endlichen im Modus der Defizienz besteht. Schon der Gedanke der Vollkommenheit enthält so ein transzendierendes Motiv, den Hinweis auf ein formales Merkmal, gleichsam eine Eigenschaft Gottes. Thomas nimmt die endliche Wirklichkeit, sofern sie Vollkommenheit erstrebt, als Hintergrund seines vierten Wegs zum Erweis der Existenz Gottes (*S. th.* I,2,3c). Gott muß jedenfalls als absolute Vollkommenheit (*perfectio perfectionum*) gedacht werden.
Zu fragen bleibt indessen, was als eine endliche, unvollkommene Vollkommenheit gedacht werden kann, die auf Gott hin zu infinieren ist, wie bei der Infinition zu verfahren ist und wie man das Resultat der Infinitionen zu beurteilen hat. Die zwei Schwierigkeiten, die diesen drei Fragen zugrunde liegen, rühren zum einen daher, daß inhaltlich durchaus gegensätzliche Wirklichkeiten infiniert werden können, zum anderen daher, daß diese angenommenen Bestimmungen auf die Weltwirklichkeit zurückbezogen und auf ihre Aussagekraft hin überprüft werden müssen.
Im Blick auf die erstgenannte Frage tritt das Problem auf, warum nicht die Schlechtigkeit des Endlichen infiniert werden darf. Es liegt auf der Hand, daß die Verzweiflung, welcher ein Mensch angesichts der Erfahrungen erschreckenden Unheils zu erliegen vermag, ebenso gleichsam alles in die unendliche Nichtigkeit zieht, wie die Erfahrungen beglückender Schönheit das Ganze gewissermaßen hell und heil machen. Offenbar ist der Mensch im Erleben der konkreten Wirklichkeit mit seinen Gedanken schon immer bei deren unendlicher Bedeutung. Der Mensch besitzt auch die Fähigkeit der Infinition des Schlechten; diese findet ihre Verwirklichung zum Beispiel im Pessimismus, im Nihilismus oder in der These von der Absurdität der Existenz. Wenngleich es also durchaus möglich ist, das Schlechte zu infinieren, ist immerhin klar, daß solches Unendliche nicht als Gott zu bezeichnen wäre. Das Unendliche ist als Gott nur anzunehmen, sofern ihm göttliche Vollkommenheit zukommt. Mit welcher Sicherheit erkannt oder geglaubt werden kann, ob solch ein Gott existiert, ist eine Frage, die später verfolgt wird; hier soll lediglich festgehalten werden, daß zur Erfassung des Wesens Gottes nicht das Schlechte infiniert werden darf. Wer Gott etwas unendlich Schlechtes zuspricht, redet nicht von Gott, sondern gibt vielmehr bloß zu verstehen, daß er an die Wirklichkeit und Wirksamkeit des unfaßbaren Gottes nicht glaubt.
Im Blick auf die zweite Frage ist zu untersuchen, wie man erreichen kann, daß durch die Infinition nicht die Existenz des Infinierten tangiert

wird. Im Endlichen, soweit hat Ludwig Feuerbach richtig gesehen, ist die Endlichkeit der Bestimmungen gleichzeitig der Index einer jeden Existenz (vgl. *WC* 35 und 50; weiterhin § 10 b.). Hier muß jedoch gefragt werden, ob man die Endlichkeit von Bestimmungen auch als das gültige Kriterium der Existenz des Unendlichen betrachten darf. Dabei zeigt sich, daß eine aus Endlichem bloß zusammengedachte Unendlichkeit eine schlechte Unendlichkeit wäre, eine Unendlichkeit, der noch die Unvollkommenheit des Endlichen weiter anhinge. Das Endliche ist nämlich nicht zugleich durch konträre Vollkommenheiten zu bestimmen. Mit Infinitionen, die auf das Wesen Gottes gerichtet sind, kann die Unendlichkeit nicht durch die unendliche Summierung von Endlichem erreicht werden, sondern nur durch eine Verunendlichung des Endlichen von innen her. Die Infinition tendiert auf eine Vollkommenheit, auf die der Mensch in der Welt zwar in unbestimmter Weise hoffen kann, die er inhaltlich aber weder denken und noch weniger zu verwirklichen vermag.

So wird die Beantwortung der dritten Frage faßbar, da Infinitionen Entschränkungen sind, die vom Endlichen aus auf das Unendliche hin gedacht werden, also keine Bestimmungen des Unendlichen an sich selbst. Vollkommenheit findet sich beim Menschen, soweit sie in der Welt in endlicher Weise möglich ist, vor allem in der gelungenen Verwirklichung eines allseitig *freien Seinsvollzuges*, die *a fortiori* bei Gott anzunehmen ist. In der Infinition endlicher Vollkommenheiten muß man demnach von vornherein auf die unverfügbare Freiheit des Unendlichen gefaßt sein, die vom Endlichen her nicht bestimmbar ist. Infinitionen öffnen zwar das Endliche und den endlichen Geist für das Unendliche, spiegeln aber in ihrem Resultat doch nur endliche Wirklichkeiten.

Zuletzt sind noch die beiden Schwierigkeiten ins Auge zu fassen, die diesen drei Fragen zugrunde liegen. Die erste Schwierigkeit besteht darin, daß entgegengesetzte Bestimmungen als Grundlage der Infinitionen herangezogen werden, also Bestimmungen, die mit innerem Widerspruch die Möglichkeit des Gottdenkens zu bedrohen scheinen. Diese Schwierigkeit könnte man mit Hilfe des Gedankens des Ineinsfalls des Entgegengesetzten im Unendlichen (*coincidentia oppositorum*) aufzulösen versuchen. In der *coincidentia oppositorum* hat Nikolaus von Kues einen Gedanken formuliert, der ein lange in der Philosophie praktiziertes Verfahren auf den Begriff bringt.[10] Im Gottesgedanken sind nämlich Bestimmungen verbunden, die wenigstens im Endlichen einander wi-

---

[10] Aristoteles hat das erste unbewegt Bewegende (πρῶτον κινοῦν ἀκίνητον) als Wirklichkeit (ἐνέργεια) und als höchstes und ewiges Leben (ζωὴ ἀρίστη καὶ ἀΐδιος) verstanden, vgl. *Mp* Λ, 1072 a 20-1073 a 36. Zu Cusanus vgl. außerdem § 14 b.

derstreiten, zum Beispiel Lebendigkeit und Unveränderlichkeit, Bewegung und Ruhe, Plötzlichkeit und Überzeitlichkeit. Wie der Ineinsfall des Entgegengesetzten im Unendlichen vorstellbar ist, verdeutlicht Cusanus mit Bildern aus Geometrie und Physik; so koinzidiert die Kreislinie des unendlichen Kreises mit der Geraden (*DI* I,11,29); die unendliche Bewegung eines Kreisels zeigt ihn zugleich in seiner Ruhe (*Pos* 19). Die biblisch fundierte Ablehnung der Rede von der *Unveränderlichkeit Gottes* mag prinzipiell nicht unberechtigt sein (vgl. *UG*). Sie trifft aber nicht die Intention der philosophischen Gottdenker. Jedenfalls hat Platon ausdrücklich auch von der *Plötzlichkeit* im Blick auf das göttliche Handeln gesprochen. Sofern Gott, wie Platon gesagt hat, plötzlich (ἐξαίφνης) handelt und, wie Aristoteles sagt, als vollkommenstes Leben (ἀρίστη ζωή) gedacht wird, kann er nicht entsprechend einer endlichen Auffassungsweise unveränderlich sein; eine Interpretation des Platonischen und des Aristotelischen Denkens im Sinne einer dogmatisch-metaphysischen Ontologie ist korrekturbedürftig (vgl. § 11).
Die andere Schwierigkeit entsteht durch den Rückbezug von angenommenen Eigenschaften Gottes auf die faktisch bestehende Weltwirklichkeit. So kann man angesichts des schrecklichen Leidens, das in der Welt begegnet, fragen, ob „eine allmächtige Gottheit entweder nicht allgütig oder (in ihrem Weltregiment, worin wir allein sie erfassen können) total unverständlich wäre".[11] Schon vor der noch zu betrachtenden Theodizeefrage muß man hier darauf hinweisen, daß *Verstehbarkeit* eine *personale* Kategorie ist, die mit geheimen Absichten und der unverfügbaren Freiheit des Gegenübers zu tun hat. Verstehbarkeit ist derart immer eine Sache des *Vertrauens* oder *Mißtrauens*, nicht der *logischen Verträglichkeit von Attributen*. Man darf das Attribut der *Verstehbarkeit* Gottes gewiß nicht aufgeben, jedenfalls nicht in der Hoffnung. Man muß aber beachten, daß bereits die Verstehbarkeit der Handlungen geliebter Menschen nur geglaubt werden kann – und geglaubt werden muß, wenn die Liebe nicht Schaden leiden soll.

---

[11] *GbA* 39. Jonas meint hierzu weiter, daß „der Jude theologisch in einer schwierigeren Lage ist als der Christ", der von Jenseitshoffnung getragen werde (13). Obwohl – gegen Jonas – Diesseitsverachtung nicht christlich genannt werden darf, ist dennoch klar, daß der christliche Glaube durch seine über die Weltzeit hinausgehende Hoffnung die Spannung, die im Gedanken eines *deus absconditus* liegt (38), eher auszuhalten vermag. Nüchterne Wahrnehmung der Geschichte war noch nie ein guter Beleg dafür, daß Gott *schon in der Weltzeit* seine souveräne Macht als *Herr der Geschichte* ausübt. Wohin es führt, wenn jemand sich ungeniert den Kopf Gottes zu zerbrechen anschickt, zeigt Hans Blumenberg: „So ist die Allmacht einfach und stabil in ihrer Ewigkeit – würde es ihr nicht selber zum Verdruß, die erhabensten Attribute zu besitzen, ohne jemals aus ihnen >etwas zu machen<" (*Mtpas* 18).

§ 5

Die in der Gottesfrage zu befragende Wirklichkeit als Ausgangspunkt für *analoges Sprechen* von Gott

Bevor die inhaltliche Klärung dessen vorangetrieben werden soll, was in der Gottesfrage erfragt wird, soll zunächst die Wirklichkeit ins Auge gefaßt werden, die als Grundlage für ein *analoges* Sprechen von Gott durch die Infinition endlicher Wirklichkeiten herangezogen werden kann. Thomas von Aquin hat mit der neuplatonischen Tradition der *negativen Theologie* (vor allem im Anschluß an Dionysius Pseudo-Areopagita) wie selbstverständlich angenommen, daß Menschen das Wesen Gottes *nicht wissen*: „Quid est Deus nescimus" (z. B. *Pot* 7,2 ad 11). Trotzdem hat er mit der ganzen Kraft seines Geistes auf Gott *hinzudenken* versucht. In der siebten *Quaestio* von *De potentia*, aus der das Zitat stammt, handelt er nämlich von der Einfachheit des göttlichen Wesens (*de divinae essentiae simplicitate*). Thomas erkennt in seiner Vorgehensweise offenbar keinen Widerspruch zur vorausgeschickten Behauptung des Nichtwissens vom Wesen Gottes. Nicht das Wissen um die Begrenztheit des menschlichen Wissens führt zur Geringschätzung der endlichen Vernunft. Kritische Selbstbescheidung verhindert vielmehr sogar, daß die Einsicht in die Endlichkeit der menschlichen Vernunft deren inneren Zwiespalt mit sich selbst provoziert und sie schließlich rettungslos der Selbstverachtung aussetzt. Eine Mißachtung der endlichen Vernunft könnte sich mit größerem Recht an zügellosem Vernunftoptimismus entzünden, der sich – positiv oder negativ – zu einem hybriden *Urteil* über Gott kraft der menschlichen Vernunft versteigt und am Ende scheitert.

Wer glaubt, aus theoretischen Gründen das Dasein Gottes bestreiten zu können, steckt nicht weniger tief in solcher *Hybris*, als einer, der annimmt, die Wahrheit Gottes positiv aus dem Vermögen der endlichen Vernunft erfassen zu können. Der Orakelspruch, der Sokrates als den weisesten Menschen bezeichnete, weil er um sein Nichtwissen wußte, ist also noch immer gültig. Sokrates erstrebt nur eine *menschliche Weisheit* (ἀνθρωπίνη σοφία) für sich (*Apologie* 20d). Die Prüfung des Orakelspruches, daß niemand weiser sei als Sokrates (21a), führt zum Resultat, daß er eben um das Wenige weiser zu sein scheine als einer, der meint, schon das Schöne und Gute (καλὸν κἀγαθόν) zu wissen, da Sokrates eben das, was er nicht weiß, auch nicht zu wissen glaubt (21d). Dieses *Wissen des Nichtwissens* hat ihn jedoch nicht daran gehindert, sich den philosophischen Grundfragen denkend zu stellen, deren endgültig zufriedenstellende Beantwortung er der endlichen Kraft der menschlichen Vernunft nicht zutraute. Geringschätzung der Vernunft auf Grund der Unerreichbarkeit der gesuchten vollendeten Wahrheit im zeitlichen Weltdasein weist Sokrates als *Misologie* zurück (*Phaidon* 98d ff.); sie hat in der Philosophie, dem liebenden Streben nach Weisheit, keinen Platz. Ein Denken, das durch Infinitionen von Endlichem auf Gott hinzudenken sucht, sieht sich der Kritik ausgesetzt, daß seine Resultate bloße *Projektionen* seien, die aus der *Verneinung* des Endlichen erwachsen. Infolge der Begegnung mit Einwänden, die Feuerbach mit dem Anspruch einer philosophischen Aufklärung vorgetragen hat,[1] könnte ein Theologe sich von menschlichem Gottdenken, das vom Endlichen seinen Ausgang nimmt, prinzipiell und radikal distanzieren. Karl Barth hat diese Konsequenz vollzogen und erklärt: „Es gibt keinen Weg zu Gott von uns aus, auch keine *via negativa*, auch keine *via dialectica* oder *paradoxa*. Der Gott, der am Ende eines menschlichen Weges stünde, wäre, auch wenn es sich um diesen Weg handelte, schon darum nicht Gott" (*PEG* 153). Diese These mag auf legitimen theologischen Motiven basieren, die dem Urteil der Philosophie nicht unterliegen; Barth scheint aber der Neigung zu folgen, das zum Transzendieren Treibende im sittlichen Anspruch abzuschwächen oder gar ganz auszublenden. Er behauptet, es sei nur der Tod oder der *steinerne Gast*, die Verneinung der Immanenz, was in diesem Anspruch begegne. Deshalb läuft Barths These am Ende auf die *Unfreiheit des menschlichen Willens zum Guten* hinaus, wo der Sache nach besser von der *Dialektik von Freiheit und Gnade* zu sprechen wäre.[2]

Obwohl Barths These die Hoffnung weckt, sie könne das Denken gegen den Projektionsverdacht immunisieren, läßt sie die Vernunft mit ihren Problemen doch ratlos zurück. Man darf indessen annehmen, daß Barth eher die Unmöglichkeit des *Gottfindens* aus eigener Kraft im Auge hatte, weniger die grundsätzliche Unmöglichkeit der denkenden *Gottsuche* überhaupt. Deswegen kann man durchaus seine Motive anerkennen, ohne zugleich die Aufgaben der philosophischen Gottesfrage preisgeben zu müssen. Diese philosophische Frage müßte dann als unbeendbares *Suchen* verstanden werden, das sich aus vernünftigen Motiven der unbegreiflichen Wirklichkeit Gottes öffnet. Diese Öffnung besagt gerade,

---

1 Ludwig Feuerbach wollte sein Hauptwerk (*WC*) zunächst als *Kritik der unreinen Vernunft* betiteln und ihm das Γνῶθι σαυτόν des Sokrates voranstellen (vgl. *Vorbemerkung*, in: *GW* 5, V ff.).

2 *PEG* 133 und 139; der *steinerne Gast*, von dem Barth hier spricht, ist wohl der *Komtur* in Mozarts *Don Giovanni*, dessen Besuch den Untergang der Titelfigur bringt. So brächte der sittliche Anspruch nur den Untergang, wäre keine positiv bildende Macht.

daß der Suchende weiß, wie sehr alle positiven Vorstellungen in der Gefahr stehen, bloße Projektionen menschlicher Bedürfnisse zu sein.
Wer dem Menschen selbst diese *Möglichkeit des Suchens* absprechen wollte, raubte ihm dadurch auch die Möglichkeit seines endlichen *Selbstseins*. Dann aber wäre Gott in einem schlechten Sinne Alles in Allem. Gegen diesen Sinn revoltiert der atheistische Humanismus mit Recht (vgl. § 10 d.). Im Aufgreifen dieser legitimen Motive spricht Lévinas heutzutage von einer *atheistischen Trennung* der Seele; diese Trennung liegt laut Lévinas vor der Verneinung oder Bejahung des Göttlichen und hat also mit landläufigem Atheismus nichts zu tun (*TI* 29f./*TU* 75f.; vgl. § 15 a.).
Wenn immer man annimmt, daß der unendliche Gott sich in Freiheit und voll Liebe der endlichen Menschenwelt zuwendet, dann muß gerade von seiten einer solchen Offenbarungstheologie die Möglichkeit eines endlichen Selbstseins des Menschen vorausgesetzt werden. Ohne dieses Selbstsein verlöre Gott außerdem den möglichen Ort seiner Ankunft beim Menschen, sofern die eigene Wirklichkeit des endlichen Menschen dann im Meer des Unendlichen unterginge. Den Menschen kann es als den *Hörer des Wortes Gottes* ohne Selbständigkeit und Freiheit nicht eigentlich geben (so die Haupttendenz von *HdW*, bes. 105-134). Wer ohne die Annahme der Selbständigkeit des endlichen Menschen doch von einer Offenbarung sprechen wollte, könnte gewissermaßen nur eine Rede Gottes zu sich selbst meinen.

a) Zu den Ansatzpunkten von Infinitionen im Blick auf analoges Sprechen von Gott

Wenn menschliche Vernunft den unendlichen Gott nur vom Endlichen her zur Sprache zu bringen vermag, läßt sich die Vielfältigkeit des Sprechens von der Vielfältigkeit der endlichen Ausgangspunkte her verstehen. So gibt es wenigstens dem ersten Anschein nach eine durchaus berechtigte Pluralität des Sprechens von Gott, die aber nichts mit der Gleichgültigkeit von allem und jedem zu tun hat. Als Vorbedingung der Gültigkeit im Sprechen von Gott hat zu gelten, daß ihm die Situation des Menschen zugrunde liegt, welche ihn als *endliches Wesen* ausweist, das zum Erkennen der *Wahrheit* und zu verantwortlichem Tun aus *Freiheit* herausgefordert ist.
Wahr und gut muß das Endliche sein, das positiv auf Gott hin infiniert werden kann. Trugbilder und Irrtümer sind als Fundamente für Infinitionen unbrauchbar. Man könnte den Gott des bloßen Gefühls erwähnen und ideologische Gottesbilder, die zur Machtsteigerung genutzt

werden. Entscheidend ist die Echtheit der zugrundeliegenden Phänomene. Moralisch tadelnswerte Wesenszüge könnten zu Infinitionen führen, die Gott der Göttlichkeit berauben. Platon bekämpft derart die bei den Griechen verbreitete Annahme des *Neids der Götter* (*Politeia* 377b ff., *Timaios* 29e; *Phaidros* 247a: φθόνος γὰρ ἔξω θείου χοροῦ ἵσταται). Weil bereits unter Menschen gilt, daß Personen niemals bloß als Mittel gebraucht werden dürfen (vgl. *GMS* BA 66f.), muß auch fraglos gelten, daß Gott nicht funktional erklärt werden kann und als Funktion nicht mißbraucht werden darf. Positive Möglichkeiten für Infinitionen treten also vor allem im *Kontext der menschlichen Wahrheitssuche* und im *Kontext des sittlich aufgegebenen Strebens nach der Verwirklichung einer moralischen Welt* auf. Daß die Beantwortung der aus diesen Kontexten sich erhebenden Fragen schließlich unendlich über den Horizont des Menschen hinausreicht, legt am Ende die Hoffnungsstruktur der Gottesfrage frei, die sich schon durch die konkrete Gestalt der Fragen anzeigt, sofern diese von vornherein auf die Unbedingtheit des Wahren und Guten zielen, nämlich auf etwas Höheres, als der Mensch aus eigener Kraft erreichen kann.

Bearbeitungen der Gottesfrage sind vom Menschen her gesehen also eher Präzisierungen von Problemen als deren Auflösungen. Die eröffnende Möglichkeit zu Bearbeitungen der Gottesfrage ist in der Erkenntnis der *Bedingtheit des Endlichen* gegeben. Die zu wirklichen Ausarbeitungen treibende Ermutigung ereignet sich jeweils in der augenblickhaften und unableitbaren Begegnung mit der unfaßbaren und dennoch vom Menschen aus seinem tiefstem Herzen ersehnten Vollkommenheit des Wahren und Guten. In diesen Erfahrungen vollzieht sich die *Entschränkung* der Begrenztheit des Endlichen, ohne daß das Sein des Endlichen in ihr nichtig würde. Solche Entschränkungen lassen eine machtvoll erfüllende Schönheit, Wahrheit, Güte und Glückseligkeit erahnen und versetzen den Menschen in begeistertes und zugleich ehrfurchtsvolles Staunen.

Die Entstehung der Gottesfrage aus diesen Lebenskontexten macht deutlich, wie es zu einer legitimen Vielfalt menschlicher Aussagen zu Gott kommt. Ein Naturforscher, der für die Wirklichkeit Gottes offen ist, könnte die Schönheit der geordneten Mannigfaltigkeit und die mathematische Gesetzlichkeit der Naturabläufe in Eigenschaften Gottes zu begreifen suchen, da er sie allein kraft der konkret begegnenden Naturdinge selbst nicht verstehen kann. Entsprechend eigenständige Ansätze erwachsen aus anderen Lebenskontexten. Diese Kontexte finden sich einerseits im alltäglichen Leben, in dem die menschlichen Kräfte nicht scharf isoliert auftreten, anderseits aber in spezialisierten Tätigkeitsfeldern, in denen sie gesondert zum Vollzug kommen. Auf diese Weise können gewisse Infinitionen des Endlichen als Eigenschaften Gottes für den einen Betrachter hervortreten, andere für einen anderen, so daß verschiedene Suchende in verschiedener Weise die Frage nach Gott stellen können und doch denselben Gott meinen. Alle suchen ihn indessen stets als den höchst Vollkommenen, dessen Sein die Erfüllung allen menschlichen Strebens und aller Sehnsucht wäre. *Gott zu suchen* heißt nämlich, trotz der begegnenden Bedingtheit, Endlichkeit, Unvollkommenheit und Schlechtigkeit des Faktischen, die im Willen zum Bösen gipfelt, *nicht zu verzweifeln*, sondern *ermutigt vom Guten in Hoffnung auf eine unverfügbare Vollendung durch die Wirklichkeit des unfaßbaren Unendlichen zu leben.*

Die entscheidende Bedeutung der Gottsuche liegt im alltäglichen Leben jedes Menschen. Deswegen sagt Kant, „daß die Schulen nunmehr belehrt werden, sich keine höhere und ausgebreitetere Einsicht in einem Punkte anzumaßen, der die allgemeine menschliche Angelegenheit betrifft, zu der die große (für uns achtungswürdigste) Menge auch eben so leicht gelangen kann" (*KrV* B XXXIII). Wissenschaftliche Untersuchungen haben aber die Konzentration auf isolierte Seinsbereiche nötig. An ihnen sollen nun exemplarische *Bewegungen des Infinierens* skizziert werden. Diese Bewegungen sind innerhalb der *theoretischen Philosophie* zumindestens möglich; innerhalb der *praktischen Philosophie* drängen sie sich geradezu auf. Es soll gezeigt werden, daß jeder, der unbedingt gewisse Wahrheit sucht und nach einem unbedingten Sinn des Freiheitsgeschehens fragt, sich in einer Situation befindet, die ihn antreibt, die begrifflichen Möglichkeiten, die den Geist zu bestimmendem Denken befähigen, auf das Unendliche hin zu öffnen.

Begreifen vollzieht sich in begrenzenden Begriffen. Ein griechisches Wort für *Begriff* lautet *Grenze* (ὅρος); derart wird das bestimmende Verfahren der Erkenntnis als *Definieren* (*Eingrenzen*) bezeichnet. Ob Begriffe durch *Intuition*, *Illumination*, *Abstraktion*, *spontanes Denken*, durch *Gewohnheit* oder was auch immer gegeben sind oder gebildet werden, immer bleibt unbestritten, daß sie ihrer Natur nach auf Endliches gehen, welches sie mehr oder weniger zutreffend umgreifen. Selbst wenn Begriffe als *Gedanken Gottes* zu verstehen wären, als eingeborene Ideen (*ideae innatae*, *MPP* III,7), ließen sie das Wesen Gottes nicht unmittelbar erkennen, sondern nur mittelbar unter Zuhilfenahme zusätzlicher Voraussetzungen spekulativer Natur. Man hätte anzunehmen, daß Gott Gedanken mitgeteilt hätte, die Rückschlüsse auf ihn ermöglichen. Scheut man diese Spekulation, wäre man nicht gezwungen, die faktischen Irrtümer der Geschöpfe auf Gott zurückzuführen. Vielmehr ist die Annahme, daß kein direkter Rückschluß vom Bewußtsein der endlichen Wirklichkeit auf Gott möglich ist, eine Voraussetzung dafür, daß das endliche Sein des Menschen und die Unendlichkeit Gottes zusammengedacht werden können. Im Nichtwissen des Unendlichen wird der Mensch auf sich zurückgeworfen und in sein endliches Eigensein entlassen. Die Undurchschaubarkeit des Zusammenhangs schützt den Menschen in der Welt vor der Überhelle des göttlichen Lichtes. Umgekehrt bewahrt sie Gott gleichsam vor den Zudringlichkeiten der Intellektuellen. Wenn *Begriffe* in der Gotteserkenntnis eine Rolle spielen können, sind sie also nicht als *Instrumente* der Gotteserkenntnis brauchbar. Es wird sich zeigen, daß sie *Stufen* auf dem Weg des Geistes zu Gott sein können.

Als solche Stufen könnten zunächst die *Kategorien* interpretiert werden, wie sie wirkungsmächtig, wenn auch in unterschiedlicher Weise von Aristoteles und später dann von Kant entfaltet worden sind. Kategorien sind laut Kant Formen, mit denen das in der Erfahrung gegebene Mannigfaltige unter die Einheit des Denkens gebracht wird. Begriffe gelten folglich als Funktion des Denkens, im Sinne der „Einheit der Handlung, verschiedene Vorstellungen unter einer gemeinschaftlichen zu ordnen" (*KrV* B 93). Weil diese Funktion von ihrem Ursprung her auf die Einigung des Mannigfaltigen restringiert ist, ist klar, daß diese *Restriktion* in der Frage nach dem *Unbedingten* aufgehoben werden muß, die Kategorien also *de-restringiert* werden müssen (*KrV* B 232-256). Die Vernunft zielt innerhalb der theoretischen Philosophie bei ihrem Versuch, die unbedingte Wahrheit des Ganzen zu begreifen, auf eine solche Einheit des Ganzen, die das Ganze verstehbar zu machen imstande wäre. Auf diesen voraussetzungslosen Ursprung (ἀρχὴ ἀνυπόθητος) kann allerdings immer nur hypothetisch (ἐξ ὑποθέσεων) hingedacht werden, ohne daß die Untersuchung zu abschließenden, dogmatisch formulierbaren Resultaten kommen könnte (vgl. *Politeia* 510b).

In der praktischen Philosophie treten die Fragen nach dem Unbedingten in der Notwendigkeit des Tuns noch unausweichlicher auf, da sich der Mensch hier nicht aussuchen kann, ob er sich diesen Fragen stellen oder sich ihnen verschließen will. Ob und inwieweit Menschen sich mit Fragen der theoretischen Wissenschaft befassen, mag in zufälliger Weise mit ihren Vermögen und Neigungen zusammenhängen. Die Aufgaben der praktischen Philosophie jedoch kann kein Mensch umgehen, ohne sie implizit durch sein Tun in der einen oder anderen Weise zu lösen. Weil das für die praktische Philosophie relevante Handlungsgeschehen auf Sinnzusammenhänge verweist, die den Horizont, der mit diesem Geschehen gegeben ist, über den Gesichtskreis des Endlichen hinaus öffnen, entsteht in der praktischen Philosophie die Notwendigkeit, den unendlichen Bedeutungen des Endlichen nachzugehen, und so das gegebene Endliche zu infinieren.

Ob Gehalte auf Gott hin zu infinieren sind, ist eine Frage, die ihre Schärfe sowohl von ihrem Fundament als auch von ihrem Ziel her erhält. Von ihrem *Fundament* her muß gefragt werden, ob diese Infinitionen vielleicht unnütze und unerlaubte Vergöttlichungen der menschlichen und weltlichen Wirklichkeit darstellen, die von den wahren Aufgaben des Menschen ablenken und sowohl die positiven Möglichkeiten als auch das Elend der Situation des Menschen in der Welt verschleiern. Von ihrem *Ziel* her wäre zu fragen, ob sie etwas über Gott aussagen können, da sie doch keine Basis in einer unmittelbaren Gottesbegegnung haben und so möglicherweise die Kenntnis einer unendlichen Wirklichkeit bloß vorgaukeln, die zu besitzen Menschen völlig unfähig sind. Wenn trotz dieser Bedenken eingesehen werden kann, daß es für den Menschen notwendig ist, über die Grenzen des Endlichen hinauszufragen, stellt sich folglich die Aufgabe, im Bewußtsein aller Schwierigkeiten und im Ausgang von der Situation des Menschen auf das unfaßbare Unendliche hinzudenken.
Ein aus solchen Infinitionen erwachsendes Sprechen von Gott läßt sich mit der neuthomistischen Tradition als Weg der *analogen* Erkenntnis interpretieren. Derartige Verunendlichungen können mit den Kernbegriffen der spezifischen Wirklichkeit des Menschen beginnen. Die Verunendlichung menschlichen Erkennens führt zu dem Gedanken der *Allwissenheit*; die Verunendlichung des menschlichen Wollens zum Gedanken der *Allmacht*; die Verunendlichung der Zeitlichkeit zum Gedanken der *Ewigkeit*. Das Ziel dieser Infinitionen wäre die Erfüllung des Menschen in seinem unbedingten Wahrheitsstreben, seiner sittlichen Tätigkeit aus Freiheit und der Sehnsucht nach unvergänglicher Glückseligkeit überhaupt (zur Aufarbeitung der Lehre von der *Analogia entis* vgl. *Ae*, *KB* und *Aeaf*).

b) Exemplarische Infinitionen aus Kontexten der theoretischen Erkenntnis

Wie der Begriff einer *Ersten Substanz* (πρώτη οὐσία), der von der wirksamen Tradition auf den Selbstand des konkreten, hylemorphen Einzelseienden eingeengt worden war, in Richtung auf weitere Bedeutungen geöffnet werden mußte und seine höchste Verwirklichung schließlich durch einen unendlichen, auf Gott weisenden Sinn erhielt, ist dargestellt worden. Was mit diesem zentralen Begriff im System der Aristotelischen Kategorien geschieht, sobald seine Bedeutung mit Nachdruck verfolgt wird, kann als seine Infinition interpretiert werden. Die durch den Begriff der Substanz (οὐσία) ausgedrückte Selbständigkeit von Seiendem hat nämlich einen solchen Überschuß an Bedeutung, daß er lediglich im Unendlichen erfüllbar wäre, ohne aber dort noch eindeutig begriffen werden zu können. Ähnliches ereignet sich nun mit dem Begriff der *Kausalität* als der zentralen Kategorie im System der Kantischen Kategorientafel.[3]

Obzwar Kant annahm, die Kategorie der Kausalität wie die anderen Kategorien nur als eine *Funktion der Einheit des Denkens für das in der Erfahrung gegebene Mannigfaltige* ableiten und rechtfertigen zu können, hielt er es dennoch für möglich, „den Verstandesbegriff von den unvermeidlichen Einschränkungen einer möglichen Erfahrung" freizumachen „und ihn also über die Grenze des Empirischen, doch aber in Verknüpfung mit demselben zu erweitern" (*KrV* B 435f.). Die Möglichkeit der *Derestringierung von Kategorien* ist einsichtig, weil ihr auf die Erfahrung eingeschränkter, ableitbarer Sinn von innen her kritisch befragt werden kann. Im Blick auf die Kategorie der Kausalität kann die nach den vorausliegenden Bedingungen fragende Vernunft nämlich in der Tat nicht eher mit ihrer Nachforschung aufhören, als bis sie auf *unbedingte Notwendigkeit* stößt (vgl. *KrV* B 438 und 442).

Die *kritische Befragung der auf Erfahrung restringierten Kausalität* setzt mit der These an, daß „die Kausalität der Ursache, durch welche etwas geschieht, selbst etwas Geschehenes sei"; Naturkausalität ist nicht verstehbar, wenn jede ursprüngliche Kausalität prinzipiell ausgeschlossen wird (*KrV* B 472, 474). Nach Kant kommt die Vernunft in den metaphysischen Kernfragen (Endlichkeit von Raum und Zeit; Teilbarkeit der Dinge in der Welt; Freiheit oder Naturkausalität; Dasein eines notwendigen Wesens in der Welt) mit sich selbst in einen Widerstreit, den Kant als die *Antinomie der reinen Vernunft* bezeichnet (*KrV* B 454-489). Er sagt jedoch, daß *Thesis* wie *Antithesis* im dritten und im vierten Widerstreit dieser transzendentalen Ideen *beide wahr sein können* (*KrV* B 559f.). Die Vernunft, die unbedingte Wahrheit sucht, begreift die vom Verstand gedachte *Notwendigkeit der Naturkausalität* zugleich in ihrer *Zufälligkeit*; sie ist aufgefordert, sich „nach etwas von allen Erscheinungen Unterschiedenem, mithin einem intelligibelen Gegenstande umzusehen, bei welchem diese Zufälligkeit aufhöre" (*KrV* B 594). Als Basis des menschlichen Denkens und Erkennens zeigt sich das Dasein von Welt überhaupt, das auch im kosmologischen Argument zugrunde liegt (vgl. § 8 c.). Die das menschliche Leben, Denken und Fragen ermög-

---

[3] Vgl. *KrV* B 106; diese Kategorie wird hier wegen ihrer hervorragenden Bedeutung als Beispiel genommen. Auch andere Kategorien können im Blick auf die Frage nach dem Unbedingten von der Restriktion auf Gegenstände der Erfahrung freigemacht werden; zum Begriff der *Derestriktion* vgl. *Tr*, bes. Kapitel III (57-83).

lichende Tatsache, daß überhaupt etwas da ist und nicht vielmehr nichts, kann nicht vom menschlichen Denken abgeleitet werden und muß also unbedingt vorausgesetzt werden. Leibniz sagt, daß nichts ohne zureichenden Grund (*sans raison suffisante*) geschieht, und fragt im Anschluß an dieses Prinzip, *warum es überhaupt etwas gibt und nicht vielmehr nichts*: „Pourquoi il y a plustôt quelque chose que rien?“ (*PNG* 7; *PS* 1,426). Allein aus dem Bewußtsein seiner Bedingtheit heraus kann sich menschliches Erkennen wahrhaft und seinem endlichen Charakter gemäß vollziehen.

Wenn die menschliche Vernunft die unbedingte Wahrheit des Ganzen zu denken sucht, ist es ihre einzige Möglichkeit, die auffindbaren Bedingungen des Weltgeschehens gleichsam in einem gedachten Unbedingten zu bündeln. Wenn ihr das gelingen soll, scheint das Weltgeschehen aus dem gedachten Unbedingten ableitbar zu werden. In dem ersten der *fünf Wege* des Thomas geschieht das, sofern von bewegt Bewegendem (von *mota moventia*) auf das erste unbewegt Bewegende (*primum movens, quod a nullo movetur*) geschlossen wird; der zweite Weg rekurriert von nicht ursprünglichen Wirkursachen (*causae efficientes mediae*) auf die erste Wirkursache (*causa efficiens prima*); der dritte Weg beginnt mit einer Notwendigkeit, die auf Grund der verwirklichten Möglichkeit der Dinge vorausgesetzt werden muß (*aliquid necessarium in rebus*), und gelangt von ihr zu einem durch sich selbst Notwendigen (*per se necessarium*); der vierte Weg führt über die unterschiedlichen Vollkommenheitsstufen der Dinge in der Welt (*magis et minus perfectum*) auf ein höchst Vollkommenes, das als Ursache aller Vollkommenheiten angenommen wird (*maxime perfectum, causa cuiuslibet perfectionis*); im fünften Weg sieht Thomas hinter den zweckmäßigen Dingen, die ihre *Zweckmäßigkeit* mangels Erkenntnis nicht durch eigene *Zwecktätigkeit* verursacht haben können (*aliqua quae cognitione carent operantur propter finem*), solch eine geistige Ordnungskraft, die sie zwecktätig auf ihr Ziel hinlenkt (*aliquid intelligens, a quo omnes res naturales ordinantur ad finem*; vgl. *S. th.* I,2,3c).

Indem Thomas dieses begriffliche Material der *Wege* nicht als *Begriffe* deutet, die über das *Wesen* Gottes Auskunft gäben, werden die Wege zu *Fingerzeigen* aus dem Endlichen heraus *in ein Absolutes*. Die *Wege* wären eine geschichtlich geprägte Weise, die metaphysische Naturanlage des Menschen zu dokumentieren. Allein für sich genommen enthalten sie *keine Aussagen über Gott selbst*, so daß Thomas auf unthematisches Wissen rekurrieren muß. Er nimmt an, daß das jeweils angezielte Absolute von allen Gott genannt werde (*et hoc dicimus deum*). Damit kann aus bloßen Fingerzeigen ins Absolute doch eine Gewißheit in bezug auf das Dasein Gottes erwachsen. Der menschliche Geist nimmt wahr, daß er durch seine Natur im Erkenntnisprozeß steht und nach Wahrheit strebt – und zwar auch im Sinne ihrer *Totalisierung und Sicherung*. Da er aber unfähig ist, die Wahrheit des Ganzen aus dem Ursprung heraus mit absoluter Sicherheit zu erfassen, bleibt der Gedanke des Absoluten, wie Menschen ihn denken können, ein *weltgebundenes Gemächte des Menschen*, das so noch nicht mit Sicherheit Auskunft gibt, ob und wie das Sein des Absoluten in sich selbst zu denken wäre.

Die *Weltgebundenheit des menschlichen Hindenkens auf das Absolute* soll exemplarisch an drei Begriffen verdeutlicht werden. Der erste Begriff, der Begriff der *complicatio omnium rerum*, den Cusanus ins Spiel gebracht hat, kommt aus der neuplatonischen Tradition. Ein zweiter Begriff, der des *focus imaginarius*, tritt in der Philosophie Kants als Ausdruck für das transzendentale Ideal der theoretischen Vernunft auf. Als dritter Begriff wird der Begriff einer *Weltformel* im Anschluß an Werner Heisenberg betrachtet. Als Leitwort kann insgesamt ein Gedanke von Maurice Blondel dienen, der besagt, daß durch die philosophische Reflexion alles *summatim et sub specie unius et totius* betrachtet werde (*Drp* 226/*AP* 98).

In der Darstellung des Cusanischen Begriffs der *Einfaltung aller Dinge* (*complicatio omnium rerum*) ist zu beachten, daß dieser Gedanke vom Bewußtsein menschlichen Nichtwissens getragen ist. Cusanus relativiert auch die Aussagekraft des Begriffs der *Einheit* (*unitas*), der in der neuplatonischen Tradition hohen Rang besaß. Obwohl es den Anschein habe, als ob *Einheit* dem Namen des Größten sehr nahe käme, bleibe er vom wahren Namen des Größten, der das Größte selbst ist, doch unendlich weit entfernt: „Quare in docta ignorantia attingimus: Licet ‚unitas' videatur propinquius nomen maximi, tamen adhuc a vero nomine, quod est ipsum maximum, distat per infinitum" (*DI* I,24,77). Deswegen spricht Cusanus davon, daß die Weise, wie das Größte alles einfalte und ausfalte, uneinsehbar sei: „Quomodo maximum complicet et explicet omnia inintelligibiliter" (*DI* II,3,105). Der Gedanke, den Cusanus vom Nichtwissen umgriffen sieht, lautet, daß das Vielfältige als die Ausfaltung des Einen und Größten (*unum* und *maximum*) zu verstehen sei; umgekehrt gilt, daß die unendliche Einheit alles einfaltet: „Unitas igitur infinita est omnium complicatio. Hoc quidem unitas, quae unit omnia" (*DI* II,3,105). Gott faltet in diesem Sinne alles ein, sofern *alles in ihm ist*; er faltet alles aus, sofern *er in allem ist*: „Deus ergo est omnia complicans in hoc, quod omnia in eo. Est omnia explicans in hoc, quod ipse in omnibus" (*DI* II,3,107). Dies Verhältnis ist von der Analogie zur menschlichen Erkenntnis bestimmt (*DI* II,3,108). Die Basis dieser Analogie wird von seiten des Endlichen gelegt, sofern der endliche Geist nur von der angenommenen *Einheit* des Ganzen her den inneren Zusammenhalt der in die Mannigfaltigkeit zerfallenden Dinge und Bewegungen denken kann. Mit der Setzung der Einfaltung ist laut Cusanus das eingefaltete Ding zwar noch nicht gesetzt; in der Setzung der Ausfaltung ist aber zugleich die Einfaltung gesetzt: „Nam posita complicatione non ponitur res complicata, sed posita explicatione ponitur complicatio" (*DI* I,22,69).

Cusanus erkennt, daß die Weise des Zusammenhangs des Ganzen vermittelst der Einfaltung (*complicatio*) und der Ausfaltung (*explicatio*) die Fassungskraft des menschlichen Geistes übersteigt: „Excedit autem mentem nostram modus complicationis et explicationis" (*DI* II,3,109). Der Gedanke der *complicatio omnium rerum* enthält demnach keine unmittelbare Erkenntnis Gottes, sondern kann als ein weltgebundener Versuch gelten, Gott als den zu denken, der aller Vielheit in der Welt entgegengesetzt ist und sie doch in seiner Beziehung zur Welt umgreift. *Complicatio* ist derart ein innerweltlich faßbarer Beziehungsbegriff, der ein festes Fundament besitzt, da Vielheit stets auf Einheit bezogen werden muß, sofern Vielheit ohne einen Rückbezug auf Einheit gar nicht *als Vielheit* erkannt werden könnte.

Nebenbei sei erwähnt, daß für Cusanus alles menschliche Erkennen ursprünglich von einem Glauben getragen ist.[4] Seine Denkansätze besitzen eine Bedeutung auch innerhalb des religiösen Glaubens, der in philosophischen Untersuchungen nicht vorausgesetzt werden kann. Abgesehen von dieser Dimension, die vom religiösen Glauben eröffnet wird, liegt im Gedanken der *complicatio* zunächst einmal ein vom menschlichen Geist *entworfener Einheitspunkt*, der sowohl das menschliche Erkennen als auch die ontologische Beziehung von Einheit und Vielheit in der Welt vernünftig zu deuten erlaubt. In diesem Sinne kann man sagen: „Das, was der Geist aus seiner Kraft bzw. *complicatio notionalis* oder auch *vis iudicaria* herausholt und entfaltet, ist *als schöpferisch Hervorgeholtes und Entfaltetes* zugleich ein an die reinen Formen oder Wesenheiten der Dinge Angeglichenes" (*ENK* 46). Weil die Hervorbringungen des menschlichen Geistes zunächst nur durch die Kraft des endlichen Geistes selbst gestützt sind, können sie im Ansatz nur Mutmaßungen sein (*coniecturae*). Diese von Cusanus gezogenen Konsequenzen sind gewiß kühn. Seine Konsequenz, mit der er „den Grundsatz der negati-

---

[4] Dieses Getragensein des Wissens vom Glauben wurde seit der Väterzeit auch immer wieder biblisch begründet; *Jes* 7,9 wurde so übersetzt, als besage diese Stelle, daß Erkennen ohne vorausgehenden Glauben unmöglich sei; die Erkenntnis sei gleichsam eine Ausfaltung des Glaubens; vgl. z. B. *DI* III,11,244: „Ait enim Ysaias: ‚Nisi credideritis, non intelligetis.' Fides igitur est in se complicans omne intelligibile. Intellectus autem est fidei explicatio." Zum Hintergrund vgl. z. B. *Sermo* 168,2.

ven Theologie, wonach wir von Gott nicht sagen können, was er ist, sondern bloß, was er nicht ist, auf alles Seiende" ausdehnt, ist von seinem Ansatz her jedoch zugleich notwendig, weil wir Menschen nach Cusanus auch vom weltlich Seienden nur sicher wissen, „daß es ist, aber nicht, was es ist" (*ENK* 47).

Cusanus ist damit zu einem Resultat gekommen, das sich für Kant aus anderen Zusammenhängen nicht unähnlich ergeben hat. Kant beginnt die Frage nach der Möglichkeit der Metaphysik als Wissenschaft mit der Suche nach den Bedingungen der Möglichkeit wahrer Erkenntnis. Dieses Problem verfolgt er in der Frage, wie synthetische Urteile a priori möglich sind (*KrV* B 19ff.). Sofern die *Allgemeinheit* und *Notwendigkeit* der Urteile als sichere Kennzeichen wahrer Erkenntnis gelten, zeigt sich, daß Kant zunächst die Bedingungen solcher Erkenntnis gesucht hat, die an den Maßstäben von Mathematik und Physik orientiert ist.[5] Er hat von Anfang an aber die für die Metaphysik nachteiligen Konsequenzen seines Ansatzes ausgeschlossen, weil die Dinge auf Grund der Zweistämmigkeit der Erkenntnis prinzipiell nicht so erkannt werden können, wie sie *an sich selbst* sein mögen. Über die Erkennbarkeit von Erscheinungen hinaus müssen also unerkennbare *Dinge an sich* angenommen werden. Wenn sich das nämlich nicht so verhielte, „würde der ungereimte Satz daraus folgen, daß Erscheinung ohne etwas wäre, was da erscheint" (*KrV* B XXVI f.).

Sofern die menschliche Vernunft in der Lage ist, Denkformen hervorzubringen, unter deren Einheit das gegebene Mannigfaltige gedacht werden kann, kann Erkenntnis im Sinn der Maßstäbe von Allgemeinheit und Notwendigkeit begriffen werden, sofern und solange es Mannigfaltiges *gibt* und es sich diesen Denkformen des Subjekts *fügt*. Dieser von Kant hypothetisch vorgetragene Ansatz ist für eine dogmatische Erkenntnistheorie untauglich. Das Wissen um die Bedingungen der Wissenschaftlichkeit menschlicher Erkenntnis ist vom Wissen um deren Bedingtheit und Grenzen durchsetzt. Kant verweist deshalb auf die Zufälligkeit im Fundament der Vernunfttätigkeit: „durch Verstandesbegriffe aber errichtet sie zwar sichere Grundsätze, aber gar nicht direkt aus Begriffen, sondern immer nur indirekt durch Beziehung dieser Begriffe auf etwas ganz Zufälliges, nämlich mögliche Erfahrung" (*KrV* B 765).

Kants theoretische Transzendentalphilosophie ist durch ihren Ansatz gleichsam der Aufbau eines *Experiments*, der seine Tauglichkeit in der Durchführung erst noch erweisen muß (vgl. *KrV* B XVI-XXII). Kant

---

5 Kant sagt: „Notwendigkeit und strenge Allgemeinheit sind also sichere Kennzeichen einer Erkenntnis *a priori* und gehören auch unzertrennlich zu einander" (*KrV* B 4).

nimmt an, daß wissenschaftliche Erkenntnis im Sinne von Mathematik und Naturwissenschaft sich tatsächlich durch die von ihm genannten Bedingungen verstehen läßt. Allerdings ist er überzeugt, daß die Begrenztheit menschlichen Wissens schließlich den Platz für eine ganz andere Wirklichkeit offenmacht, die von dieser Erkenntnis grundsätzlich nicht erfaßt werden kann (*KrV* B XXX, XXXIV, 854f.). Kritische Funktionen übt diese Philosophie folglich nach zwei Seiten hin aus. Kritisch wird sie einerseits durch ihre Einsicht in die Bedingtheit dessen, was das Erkenntnisvermögen in der Erfahrungserkenntnis zustande bringt; andererseits wird sie kritisch durch ihre Zurückweisung der These, die Metaphysik, sofern diese von *Gott*, *Freiheit* und *Unsterblichkeit* handelt, lasse sich in Orientierung an den Beispielen der mathematischen und naturwissenschaftlichen Erkenntnis vortragen. Demgegenüber vertritt Kant die These: „Ich kann also Gott, Freiheit und Unsterblichkeit zum Behuf des notwendigen praktischen Gebrauchs meiner Vernunft nicht einmal annehmen, wenn ich nicht der spekulativen Vernunft zugleich ihre Anmaßung benehme" (*KrV* B XXIX f.; vgl. dazu B XVIII Anm.).

Die theoretische Philosophie Kants, die in diesem doppelten Sinn kritisch zu nennen ist, führt nun zu einem Begriff, der Bezug zu beiden Bedeutungen der Kritik hat, nämlich zu dem Begriff eines *vorgestellten Brennpunktes* (*focus imaginarius*), der die Position des *transzendentalen Ideals* erklären soll. Dieser *focus imaginarius*, der die Stelle Gottes in der theoretischen Philosophie bezeichnet, ist laut Kant zwar nur eine Idee, also ein Punkt, „aus welchem die Verstandesbegriffe wirklich nicht ausgehen, indem er ganz außerhalb der Grenzen möglicher Erfahrung liegt"; trotzdem habe er die Funktion, *ihnen die größte Einheit neben der größten Ausbreitung zu verschaffen* (*KrV* B 672). Die *projektierte Einheit* dieser Idee, die problematisch das All der Realität in sich begreifen soll, hat demnach als Hypothese mit regulativer und heuristischer Funktion zu gelten (*KrV* B 670ff.). Solcher Gebrauch der Vernunft führt aber zu keiner objektiven Erkenntnis Gottes, die auch ein Unding wäre. Sie ermöglicht dennoch wenigstens eine *problematische transzendentale Theologie*, die im weiteren Denkweg Kants später durch die Moraltheologie ihren bloß problematischen Charakter überwinden kann (vgl. *KrV* B 696).

Eine ähnliche *Totalisierung der Erkenntnis*, die einerseits ihrer Erweiterung durch Einzelerkenntnisse, andererseits dem Zweck der Sicherung des Fundaments der Wissenschaften dient, scheint auch der Idee der *Weltformel* bei Werner Heisenberg zugrunde zu liegen. Ihre Intention soll dahingehend interpretiert werden, daß in ihr *komplikativ* die Allheit sachhaltiger Wirklichkeit (*omnitudo realitatis*) zusammengefaßt wird.

Mit dieser Auslegung werden insbesondere auch die neuplatonischen und Kantischen Motive im philosophischen Denken Heisenbergs hervorgehoben.
Der Begriff der Weltformel handelt von einer *Grundgleichung der Materie*. Durch sie wird die Struktur der Elementarteilchen symbolisiert. Heisenberg geht davon aus, daß die Wahrheit der Gleichung, die *geschlossen*, *einfach* und *schön* sein soll, sich anhand ihrer Symmetrie dokumentiere. Als *wichtigstes Wahrheitskriterium unserer Wissenschaft* erkennt Heisenberg *die am Schluß stets aufleuchtende Einfachheit der Naturgesetze* (*TudG* 138). Er weist das pragmatische Wahrheitskriterium zurück, das seine Erfüllung darin findet, Geschehnisse vorauszusehen. Das pragmatische Kriterium sei zum Beispiel schon von der Ptolemäischen Astronomie gut erfüllt worden; gleichwohl müsse man sagen, daß diese Astronomie gewiß das Wesentliche nicht verstanden habe (*PPTE* 413f.). Überhaupt gilt ihm die These, man habe „ein Gebiet verstanden, wenn man die richtigen Begriffe gebildet hat, mit denen man die Ergebnisse und die Phänomene dieses Gebietes begreifen kann", als unbefriedigend, solange die Frage nach der Richtigkeit der *Kriterien* offenbleibt. Er anerkennt eine Erkenntnis erst dann als Erkenntnis, wenn sie einem *vernünftigen*, nicht nur einem *pragmatischen* Kriterium entspricht. Gültig wäre eine Erkenntnis, wenn ein mathematisches Schema „so geschlossen, so einheitlich, so schön ist, daß man ... einfach auf Grund der ästhetischen Schönheit dieser Mathematik nicht mehr daran zweifeln kann, daß dies ein *richtiges* Verständnis ist." Daraus ergibt sich im Blick auf das *Kriterium der Wahrheit* die These: „Die einfachste Grundgleichung ist also die mit der höchsten Symmetrie" (*GVPE* 254). Dieses Grundgesetz, „aus dem die bestimmten Formen des Grundstoffs Energie, ihre Symmetrieeigenschaften und ihre Wechselwirkungen abgeleitet werden können", hat er einmal in sechs Schritten auch ohne Symbole der Mathematik formuliert, obwohl erst durch solche Symbole der höchstmögliche Grad von Klarheit, Präzision und Kürze erlangt werde (*GVPE* 249). In einer Vorbemerkung vertritt Heisenberg die Auffassung, die Elementarteilchen der heutigen Physik stünden „den regulären Körpern der Philosophie Platons näher als den Atomen des Demokrit" (*GVPE* 250).
Im ersten Schritt sei zur Trennung zwischen ‚Etwas' und ‚Nichts' die Einführung eines Operators nötig, „der aus dem ‚Nichts' (dem ‚Vakuum'), ein ‚Etwas' (die ‚Materie') erzeugt"; Grundbestimmung dieses ‚Etwas' ist laut dem zweiten Schritt, daß die Materie „in einer vierdimensionalen Mannigfaltigkeit, Raum und Zeit genannt, angeordnet sein müsse"; im dritten Schritt fragt Heisenberg nach den Symmetrieeigenschaften der Elementarteilchen und vermutet im Anschluß an spezielle

Erfahrungen der modernen Physik, „daß der Operator nicht völlig symmetrisch sein kann"; der vierte Schritt besagt, „daß es Naturgesetze gibt", nämlich „eine gesetzmäßige Beziehung zwischen dem ‚Etwas', das jetzt ist, und dem, das später ist oder früher war"; der fünfte Schritt ergänzt den vierten mit der These, „daß es Wechselwirkung gibt"; der sechste Schritt besteht „in der Annahme der Kausalität" (*GVPE* 250.253).

Heisenberg verstand seine Bemühungen um eine Grundgleichung der Materie zugleich als Versuch, Einblick in die großen Gesetzlichkeiten der zentralen göttlichen Ordnung zu gewinnen (*PWJh* 257). Er nahm an, daß auch die Naturwissenschaft eine der *Beziehungen des Menschen zur zentralen Ordnung der Welt* repräsentiere. Die göttliche Ordnung stellt er mit einem überlieferten philosophischen Ausdruck unter den Titel des *Einen* und erklärt: „Die Wirksamkeit des Einen zeigt sich schon darin, daß wir das Geordnete als das Gute, das Verwirrte und Chaotische als schlecht empfinden" (*TudG* 291).[6] Derart treten in seiner Reflexion der Physik Motive auf, die an die Lehre von *transzendentalen Seinsbestimmungen* anknüpfen, wie Thomas sie im Anschluß an Motive der Philosophie Platons vorgetragen hat (vgl. z. B. *Ver* 1,1c).

Menschliches Erkennen hat entweder das Ziel einer fortschreitenden (*progressiven*) oder der das Ganze auf seinen Ursprung beziehenden (*regressiven*) *Einigung des gegebenen Mannigfaltigen*; beide Wege des Erkennens weisen zusammen auf das unbegreifbare Unendliche (*KrV* B 438). Im Blick auf die raumzeitlichen Grenzen der Welt reicht die Möglichkeit des Fragens zwar in unbegrenzte Weite, ohne aber die Unendlichkeit erreichen zu können (*KrV* B 546). Dieses Resultat mag für die theoretische Vernunft, die auf eindeutige Ergebnisse und Herrschaftswissen aus ist, unbefriedigend sein; es ist aber das *Signum der wahren Situation* der menschlichen Vernunft, die mit ihrem bestimmenden Denken scheitert, sobald sie unbedingte und absolute Wahrheit sucht. Die menschliche Vernunft ist wesentlich auf der Suche nach der Einheit des Ganzen, obwohl diese ihr rätselhaft und geheimnisvoll bleibt.

c) Exemplarische Infinitionen aus Kontexten der praktischen Erkenntnis

Der Anfang praktischer Erkenntnis liegt im Bewußtsein sittlicher Verpflichtung, das in moralisch relevanten Situationen auftritt. Dieses

---

[6] Die neuerdings in Mode gekommene Chaosforschung scheint eher eine Modifikation als eine grundsätzliche Korrektur dieser Position mit sich zu bringen; vgl. *PZ*.

Bewußtsein kann unabhängig von Wissensstand und moralphilosophischer Position eines Menschen auftreten, so daß der eine, der zu moralischen Fragen gar nichts oder nichts Kluges zu sagen wüßte, ebenso wie der andere, der als explizite Position den Determinismus verträte, in konkreten Lebenssituationen doch womöglich vom Anspruch der Moral getroffen wird und sich auch bemüht, ihm zu entsprechen. Unabhängig von unreflektierten, natürlichen Antrieben und Regeln der Klugheit, die zur Erreichung des Zieles dieser Antriebe erdacht werden, kann das unversehens auftretende Verpflichtungsbewußtsein den Antrieben und den von diesen abhängigen Klugheitsregeln geradewegs zuwiderlaufen. Augustinus faßte es als Wunsch aller Menschen auf, ohne Furcht zu leben; deswegen kann Klugheit zum Beispiel dazu raten, den Machthabern auch dann willfährig zu sein, falls sie ein Verhalten abverlangen, das dem Gewissen widerstreitet (vgl. *DLA* 1,10). Konkretionen für solches Verhalten von Regierungen und Mächtigen gegenüber ihren Untertanen gab es zu allen Zeiten; man kann an Sokrates denken, den die *Dreißig Männer* zur Denunziation eines Unschuldigen bewegen wollten (vgl. *Siebenter Brief* 324e/325a); ein ähnliches Beispiel hat Kant vorgetragen (*KpV* A 54); die Diktaturen des 20. Jahrhunderts bieten zahllose himmelschreiende Beispiele derartigen Unrechts.

In solchen Situationen erhebt sich ein unbedingt gebietender Anspruch, der die natürlichen Antriebe und Klugheitsregeln relativiert. Dieser Anspruch spricht den Menschen als ein Freiheitswesen an, dem in solchen Situationen bewußt wird, daß er ungerechten Forderungen nicht willfährig entsprechen *soll*, wenngleich er weiß, daß er es *könnte*, falls er *wollte*. Diese Situationen treiben den Betroffenen in innere Kämpfe, die er nur durch eine Willensentscheidung beenden kann. Das Phänomen des inneren Kampfs weist den Menschen bereits im unreflexen Lebensvollzug als Täter seiner Taten aus, indem ihn das unwillkürlich sich hier meldende schlechte Gewissen mit einem Schuldspruch konfrontiert, der ihm als furchtbarer Widerhall seiner Taten entgegenschallt.

Dennoch kann aus unterschiedlichen Motiven die Verantwortung für die unausweichlichen Entscheidungen bestritten werden. Es könnte die deterministische These vertreten werden, die das Bewußtsein des Sollens und die Aufgabe der Entscheidung reduktiv als Folgen einer *mentalen Chemie* auslegt, die von genetischen Bedingungen und physiologischen Prozessen geregelt seien. Determinismen haben aber stets die Schwäche, daß ihre Behauptung der Bedingtheit des Handelns nicht selbst von solchen Bedingungen abhängen darf, da sie als blindes Produkt eines Stoffwechselprozesses dann keinen Anspruch auf Wahrheit erheben dürften. Sofern die Behauptung von Erkenntnis implizit auf unbedingte Gültig-

keit zielt, raubt sich die explizite These des Determinismus selbst ihr Fundament.
Schwieriger ist der Annahme beizukommen, daß nicht gewußt werden könne, ob und inwieweit Menschen für ihre Entscheidungen und Taten verantwortlich seien. Es gibt offenbar Dispositionen und Situationen, die gewisse Entscheidungen und Handlungen begünstigen oder behindern. Ein Mensch, der mit seinen wirtschaftlichen Verhältnissen zufrieden ist, wird beispielsweise geringeren Anreiz verspüren, sie durch Betrug oder Raub zu bessern, als einer, der unzufrieden ist. Ob solche Prädispositionen des Wollens und Handelns die Freiheit der Entscheidung ausschließen oder sie nur im konkreten Vollzug unerkennbar machen, ist nicht aus einer objektiven Betrachtung zu erklären. Wenn das Freiheitsproblem in seinem Zentrum nicht theoretisch, sondern nur praktisch beantwortet werden kann, erfolgt die Antwort in einer theoretisch nicht präjudizierbaren Entscheidung, in der jeder Einzelne steht und die ihn nötigt, sich durch Anerkennung oder Ablehnung des Anspruches als Freiheitswesen zu übernehmen oder zu verweigern.
Nimmt man zur Probe und auf eigene Gefahr die zur individuellen Verantwortlichkeit führende Freiheitsthese an, so wird zunächst klar, daß Menschen das *Maß* ihrer Verantwortung für Entscheidungen und Taten nicht bestimmen können. Weiterhin zeigt sich, daß die Gesetze, die ein Tun vorschreiben oder ausschließen, jedenfalls *unbedingt* gelten müssen, weil ansonsten die Befolgung oder Nichtbefolgung in das völlig regellose Belieben des jeweils Handelnden gestellt wären.
Mit diesen knapp skizzierten Thesen, deren genaue Ausführung und Begründung das Thema einer anderen Untersuchung wäre, zeigt sich der Horizont, vor dem die Grundbegriffe der praktischen Philosophie ihrer *Infinition* zugeführt werden können. Die Schwierigkeiten, die sich aus der Allmacht Gottes für eine Annahme der Freiheitsthese ergeben, werden hier noch nicht berücksichtigt (vgl. § 10 d.). Es ist schon gesagt worden, daß es gleichsam die Luft von anderen Planeten zu sein scheint, die einen Menschen anweht, sobald er sich einem als unbedingt geltend anerkannten Anspruch ausgesetzt sieht. Die alltäglich begegnenden Phänomene scheinen stets von vorausliegenden Bedingungen bestimmt zu sein. Wer aber die Befolgung eines auftretenden sittlichen Anspruchs von Bedingungen abhängig macht, wer zum Beispiel nur dann nicht lügt und die Wahrheit sagt, *wenn und solange sie ihm nützt*, der verkehrt das Unbedingte zum Bedingten, erniedrigt sich selbst gewissermaßen zu einer Kaufmannsseele und wird moralisch nichtswürdig. Die Nutzenrechnung ist auch dort dem Sinn der Moralität zuwider, wo sie auf einen *Nutzen jenseits des Lebens* rechnet. Kaufleute sind nötig, aber auch sie sollten keine Kaufmannsseele haben.

Daß man den Gewissensspruch als Stimme Gottes (*vox dei*) gedeutet oder die im moralischen Bewußtsein auftretenden Gesetze zugleich als *Gottesgebote* ausgelegt hat, wird auch vom Phänomen der Unbedingtheit des sittlichen Anspruchs gestützt. Daß die moralische Selbstgesetzgebung der Vernunft (*Autonomie*) und die Deutung der Gesetze als göttlicher Gebote einander nicht widerstreiten, hat bereits Kant überzeugend vertreten. Zwar scheint es dem Phänomen zu entsprechen, daß ein dem Gewissensruf ausgesetzter Handelnder gleichsam von sich selbst gerufen werde. Er wird jedoch in einer Weise gerufen, die zugleich alle endlich bedingten Möglichkeiten des Rufens unendlich übersteigt (vgl. *SuZ* §§ 57-60 als teilweise kontroversen Hintergrund). Der Gewissensruf enthält nämlich auch die Erfahrung radikaler Fremdheit. Vernunftautonomie ist zwar in der Moral unvermeidlich; aber sie ist ein Faktum, das nichts mit dem subjektiven *Belieben* zu tun hat; sie ist auch nicht nur die Angelegenheit einer nur auf sich bezogenen *Existenz*, die ihr *Dasein* in Ernst oder Unernst zu übernehmen sich anschicken kann.
Da alles in der Welt bedingt zu sein scheint, enthüllt die unbedingte Forderung des moralischen Gesetzes eine unbegreifbare Gegenwart des Unbedingten im Bedingten. Daß der Mensch in eine unableitbare Verantwortung für sich selbst, für seine Entscheidungen und für seinen Lebensvollzug hineingerufen ist, ist nur dann zu *verstehen*, wenn man annimmt, daß dem Menschen trotz aller Bedingtheit der Weltverhältnisse doch eine Möglichkeit unbedingten Handelns von der Wirklichkeit her gegeben ist, die alle Bedingtheit der Welt übersteigt. Zu bemerken ist, daß solche Überlegungen nicht auf eine Ableitung der Moralität zielen, durch die diese ihren Sinn gleichsam erst von außen erhielte. Vielmehr wird die Frage nach dem Sinn der Moralität zunächst schon einmal dadurch beantwortet, daß jede moralische Forderung, beispielsweise einem Menschen die Treue zu halten, ursprünglich und innerlich unbedingt sinnhaft und sinnstiftend ist. Dennoch wird an der These festgehalten, diese unbedingte Geltung des moralischen Gesetzes sei in der Welt nur im Ausgang von einem transzendenten Unbedingten her zu verstehen. Sie bedeutet zunächst nur, daß die Möglichkeit moralisch sinnhaften und sinnstiftenden Geschehens als ein *Wunder* zu gelten hat, das von nichts in der Welt ableitbar ist.[7]
Wer sich auf die Bedingtheit der innerweltlichen Maßstäbe versteift, dem könnte dieses unbedingte Handeln nach unbedingt geltenden Gesetzen als Wahnvorstellung oder als Absurdität erscheinen. Daß es aber den Anspruch sinnstiftender Gesetze in der Welt gibt, ist offenbar eine

---

[7] Zu dem aus der physisch-psychischen Natur des Menschen unableitbaren *Wunder der moralischen Anlage*, vgl. *KkR*, bes. 91f. und 145ff.

Tatsache, die weder aus dem Vermögen des Menschen noch von einer innerweltlichen Wirklichkeit abgeleitet werden kann. Insofern ist Moralität wesenhaft ein Sinnphänomen, das eine personale Reaktion herausfordert, nämlich Glauben oder Unglauben. Die Autonomie der Vernunft, die im Ruf des Gewissens spricht, muß auf ihren unverfügbaren Ursprung hin geöffnet, infiniert werden. Die *moralische Aufgabe des Menschen*, in seinem Tun Ordnung und Sinn zu stiften, *bedarf eines Gebers*, zwar nicht im Blick auf inhaltlich geprägte Gesetze, aber doch im Blick auf die Gesetzlichkeit des Handelns überhaupt. In diesem Duktus tragen zum Beispiel Platon (*Politeia* 443b/d), Augustinus (*DLA* 1,15) und Kant (*KpV* A 54) lediglich formale Fassungen dessen vor, was sittlich geboten ist. Was mit dem *formalen Anspruch* geboten ist, kann die *Vernunft durch sich selbst* einsehen; daß aber überhaupt etwas unbedingt geboten ist, bleibt ein unableitbares *Faktum*. In diesem Sinne sagt Kant in der *Reflexion* 7171 (*AkA* 19,263), „daß ich zwar Handlungen aus freyheit, aber die freyheit selbst nicht in meiner Gewalt habe".

Beim Versuch, die Tatsache der Moralität zu verstehen, führt die *Gegebenheit des Gesetzes* also zum Gedanken eines *unendlichen Gesetzgebers*. Im Blick auf die Möglichkeit des Vollzugs der Freiheit in einer kausal determinierten Welt wird es bei diesem Versuch erforderlich, auf eine Kraft *hinzudenken*, die diesen Vollzug ermöglicht und der Naturkausalität gerade nicht unterworfen ist. Trotz dieser Notwendigkeit der Selbstübernahme des Menschen als Freiheitswesens ist doch ganz offenbar, daß kein Mensch sich als Freiheitswesen selbst hervorzubringen vermochte oder die Bedingungen schaffen konnte, die einen Vollzug von Freiheit in der Welt auch nur denkbar werden ließen. Schon die bloße Möglichkeit der Übernahme seiner selbst als Freiheitswesens muß als *ermöglichte Möglichkeit* gelten. Außerdem ist der Sinn dieser Möglichkeit nicht eindeutig erfaßbar. In allen möglichen Deutungen, ob diese Möglichkeit nun als *Geschenk* oder als *Fluch* gesehen wird, ist klar, daß Freiheit auf eine souveräne, überweltliche Kraft weist, die in *Analogie* zu der innerweltlich möglichen Befreiung aus Knechtschaft und Abhängigkeit als eine *Infinition von Befreiung* überhaupt verstanden werden kann, als unendliche Befreiung in die verantwortliche Freiheit des endlichen Menschen.

Nimmt man diese Wirklichkeit der endlichen Freiheit des Menschen an, so zeigt sich überall, daß die Freiheit auf eine unendliche Macht verweist. In diesem Sinn erklärt Karl Jaspers: „Denn grade meine eigentliche Freiheit erfahre ich als transzendent gegeben" (*EE* 45). Derartige Verweise können hier nur an einigen philosophisch bedeutsamen Punkten erläutert werden. Moralisches Handeln ist stets auf einen unbedingten Anspruch bezogen. Entspricht das Handeln dem moralisch Gebotenen nur äußerlich, kann es nicht als seine Erfüllung gelten. Die Befolgung des Gebotenen widerstrebt jedoch womöglich den naturhaften Antrieben mit so starker Kraft, daß es einem Menschen sehr sauer werden kann zu tun, was er als seine Pflicht erkannt hat. Er bedarf deshalb sinnlicher Triebfedern des Handelns, welche die Freiheit der Entscheidungen nicht aufheben. Da man das Gebotene zugleich *gern* und *aus Pflicht* tun muß, gerät die Befolgung des moralischen Anspruchs in eine *Antinomie*, deren Auflösung innerweltlich nicht verstehbar ist.[8]

Eine ähnliche Antinomie tritt im Blick auf die Qualität der Willensbestimmung auf. Einerseits ist nämlich die tatsächliche Willensbeschaffenheit dem Handelnden selbst gar nicht eindeutig erkennbar, andererseits ist ihm stets deutlich, daß er im Vollzug der Freiheit wenigstens immer in der Gefahr steht, dem unbedingt gebotenen Anspruch nicht gerecht zu werden, daß er aus menschlicher Kraft also dem Anspruch nie in der dem Unbedingten angemessenen Weise entspricht. Da die unbedingte und dauerhafte Zustimmung des Willens zum unbedingten Anspruch zwar unbedingt geboten ist, vom Menschen aber nicht vollkommen verwirklicht werden kann, ist der Wille auf eine Verwirklichung ausgerichtet, die sich nur als Verunendlichung des endlichen Strebens nach Erfüllung des Anspruchs denken läßt.[9] Diese vollendende Infinition des Strebens nach Gutem wäre die *Heiligkeit* des Willens, der nicht mehr einer Versuchung unterliegt, dem Gesollten zuwiderzuhandeln. Also bedarf der sich unter dem Anspruch verstehende Mensch Gottes als des unendlichen *Vollenders* seines endlichen Strebens.

Der wirkliche moralische Zustand des menschlichen Willens bleibt in der Welt nicht nur mehr oder weniger hinter dem praktisch gebotenen Ideal der Heiligkeit zurück, sondern ist prinzipiell für Menschen selbst nicht mehr zu durchschauen (*KrV* B 579 Anm.).[10] Gleichwohl bleibt es angesichts dieses unbedingten Anspruchs für den Menschen eine den Sinn seines Lebens entscheidende Frage, ob und inwieweit er ihm entsprechen kann und entsprochen hat. Kein Mensch, der sittliche Vervollkommnung erstrebt, kommt im Vollzug seines Lebens ohne Selbstein-

---

[8] Zum moralischen Sinn eines *stets fröhlichen Herzens* vgl. *FGbT*, bes. 43f.

[9] Dieser Gedanke läuft laut Kant, *KpV* A 219ff., auf das Postulat von der *Unsterblichkeit der Seele* hinaus; jedenfalls führt die Unerfülltheit der sittlichen Forderung beim Menschen zu einer Spannung, deren Lösung nicht im Innerweltlichen gefunden werden kann.

[10] Zur theologischen Deutung dieses Phänomens vgl. z. B. auch *AuTh* 33: „Unter einem scheinbar großen Verbrechen kann sich u. U. nichts verbergen, weil es nur ein Phänomen vorpersonaler Situation sein kann, und hinter der Fassade von Wohlanständigkeit kann sich ein letztes verbittertes und verzweifeltes, aber wirklich subjekthaft getanes und nicht nur leidhaft ertragenes Nein zu Gott verstecken."

schätzung seines moralischen Zustandes aus. In dieser Selbstbeurteilung fehlen auch keineswegs Maßstäbe, nach denen faktisches Verhalten gut oder schlecht genannt zu werden verdient. Trotzdem bleiben auch dem Handelnden selbst die *wirksamen Motive* seines Tuns verborgen. Ob ein Fehlverhalten aus Furcht vor Aufdeckung und der ihr folgenden Schande oder aus wahren moralischen Motiven vermieden wurde, kann niemand gültig beurteilen. Je weniger Schändliches öffentlich als Schande gilt, desto größer ist die Gefahr, daß solches Fehlverhalten als normal gilt und von vielen unbedacht praktiziert wird. Ebenso kann lobenswertes Verhalten von wirklich moralischen Motiven getragen sein, aber auch von Gewohnheit, Bequemlichkeit und Eitelkeit. In keinem Fall kann das nötige Urteil aus der menschlichen Perspektive erfolgen. Jeder, der sich diesem Anspruch der Moral stellt, bedarf einer Infinition seines endlichen Urteils, also eines unendlich wahren Urteils, das allein Gott als der *gerechte Richter* sprechen kann.[11] Wer um seine Endlichkeit und Schwäche im Leben weiß, wird sich grundsätzlich auch der Möglichkeit einer göttlichen Eingebung (θεία ἐπιπνοία) öffnen (*Politeia* 499b).

Als guter Wille kann nur derjenige Wille gedacht werden, der die Verwirklichung des Guten will. In den Worten Augustins will dieser gute Wille, daß *alles möglichst vollkommen geordnet* sei (*DLA* 1,15). Solcher gute Wille ist das höchste Gute, das Menschen aus ihrer eigenen Kraft erreichen können (*DLA* 1,27; vgl. *GMS* BA 1). Er ist jedoch nicht gut, weil er ein guter Wille sein will, sondern weil er die Verwirklichung des Guten will. Bei nüchterner Einschätzung der Kräfte des Menschen zeigt sich, daß die vom guten Willen erstrebte vollkommene Ordnung vom Menschen nicht verwirklicht werden kann, da ihm dazu Wissen und Kraft fehlen. Menschen können dem Ziel des guten Willens allein in endlicher Weise nachstreben, mit dem Eingeständnis ihres Nichtwissens und ihrer Schwäche (vgl. *DLA* 3,52 und 64). Dieses Nichtwissen und diese Schwäche verhindern nicht die Möglichkeit guten Willens, wohl aber die Möglichkeit, daß der gute Wille das Ziel erreicht. Auch der Nichtwissende und Schwache besitzt die Möglichkeit, nach der Wahrheit zu suchen und seine Schwäche zu bekennen (*DLA* 3,53). Er tut in diesem Streben nach der höchst vollkommenen Ordnung etwas in sich Sinnvolles. Dennoch liegt in der Unfähigkeit, diese Ordnung zu verwirklichen, das Bewußtsein eines Ausstandes, der nur durch einen *unendlich gerechten und gütigen Weltherrscher* überwunden werden könn-

---

[11] Vgl. den Gerichtsgedanken bei Platon (z. B. *Phaidon* 107d-115 a, *Politeia* 608c-620d) oder bei Kant (*RGV* B 211); auf diesen Wegen wird sichtbar, daß der schuldig gewordene Mensch, sofern er seine Schuld nicht wiedergutmachen oder gar abschütteln kann, eines *gnädigen* Richters und göttlicher *Vergebung* bedarf.

te. Jedenfalls liegt im Streben des guten Willens zugleich die Tendenz einer Infinition seiner Wirksamkeit.
Im Anspruch der moralisch relevanten Situationen tritt dem Menschen die Aufgabe der Infinition des impliziten Sinnes der Moralität entgegen. Moral führt das Denken vor die Pforten der Religion, indem sie des unendlichen Gottes als des *Gesetzgebers*, des *Schöpfers* der endlichen Freiheit, des *Vollenders*, des *Richters* und des *Weltherrschers* bedarf. Das Ziel einer endlichen Freiheit kann als die endliche Anähnlichung des Menschen an Gott (*Theaitetos* 176b: ὁμοίωσις θεῷ κατὰ τὸ δυνατόν) verstanden werden. Moral kann jedoch nicht in die Wahrheit der Religion einführen, da Religion stets die Unverfügbarkeit des göttlichen Handelns zu respektieren hat. *Vernunftreligion* im Sinne Kants kann als Hinführung zur Religion hilfreich sein (vgl. *RGV* B IX f.). Sie kann als solche aber nichts von der *Liebe Gottes* wissen.

§ 6

Versuch einer *systematischen Klärung* des in der Gottesfrage Erfragten

Nach der Skizzierung von wesentlichen Ansätzen, die exemplarisch zeigen sollten, wo philosophisch nachbohrendes Denken auf Inhalte stößt, die als Auszeichnungen göttlichen Seins gedacht werden müssen, soll jetzt ein Versuch der systematischen Interpretation folgen. Dieser Versuch erhält seine Struktur durch das *Zeitschema*. Dabei wird von der Annahme ausgegangen, daß die Zeitlichkeit des menschlichen Weltdaseins theoretisch und praktisch bestimmt werden könne. Das zeitlich bestimmte Weltdasein wäre demnach in der theoretischen Wahrheitssuche ebenso wie in der praktischen Ausübung der menschlichen Kräfte gleichermaßen auf das zeitliche *Selbstwerden* jedes einzelnen Menschen und auf die *Weltgestaltung* durch den Menschen zu beziehen.

Daß das Zeitschema zugrunde zu legen ist, liegt im Sein des Menschen begründet, der das eigentümliche *Zeitwesen* ist und alles, was er überhaupt vorstellen kann, von zeitlicher Bewegung ergriffen und abhängig sieht. Zeitlosigkeit erscheint zunächst als unlebendige Starrheit. Es scheint so, als könne der Mensch nicht einmal fragen, was etwas *ist*, wenn er mit dieser Frage gleichsam die Zeitbedingung, das *Werden*, eliminieren will. Menschliches Fragen ist aber nicht nur vom Werden und Vergehen des Zeitlichen bestimmt, sondern zugleich vom entgegengesetzten Phänomen, daß der menschliche Geist die Flüchtigkeit des Zeitlichen übergreift und der Zeit zu eigentlichem Sein verhilft. Nur im vergegenwärtigenden Blick des Geistes in die Zeiten hinein werden die Phänomene des zeitlichen Zusammenhangs nämlich wahrnehmbar. Dieser durch die Zeit gestiftete Zusammenhang des Zeitlichen kann sodann in weitergehenden Vorstellungen ausgelegt werden, zum Beispiel durch die Kategorien der Kausalität, des Schicksals oder eines blinden Zufalls. Alle diese Deutungen leben aus menschlichen Erwartungshorizonten und sind von daher keineswegs einfachhin objektiv.

Nur weil der Geist sich in die Zeiten hinein erstreckt, nur weil Zeit ursprünglich als eine *Erstreckung des Geistes in die Zeiten* gedacht werden muß, als *distentio animi*, kann die Frage nach dem *Sein des Zeitlichen* gestellt werden. Augustinus vertritt in diesem Sinne die These, die Zeit werde im Geist gemessen (*C* 11,36): „In te, anime meus, tempora metior“. Dementsprechend sehen alle menschlichen Theorien das, was *ist*, im Blick auf sein zeitliches Sein, nämlich im Blick auf seinen *Zustand*, sein *Gewordensein* und sein *Werden*. In verwandter Weise ist jede menschliche Praxis von der Zeitlichkeit her bestimmt, indem sie aus einem *Ursprung* heraus, in eine *Situation* hinein und auf ein *Ziel* hin handelt. So dokumentiert sich die zeitliche Struktur des menschlichen Weltdaseins zugleich in der Theorie und in der Praxis.

Die höchste Möglichkeit menschlichen Gottdenkens ist *theoretisch* einerseits mit dem *Bewußtsein der Unableitbarkeit des faktischen Daseins von Welt und Mensch* und andererseits mit dem *Streben der menschlichen Erkenntnis nach einer Einheit* gegeben, aus der sich die Mannigfaltigkeit des Ganzen begreifen läßt. Sie ist Ausdruck der doppelten, aber disparaten Konstruktionsanlage der Vernunft, in der die metaphysische Naturanlage des Menschen ihr Fundament hat (zur Konstruktionsanlage der Vernunft vgl. *Tr* 84-109). Diese führt im Blick auf die Gottesfrage bloß zum Wissen des Nichtwissens, weil sie keine positive Erkenntnis darstellt, sondern lediglich die Möglichkeiten und Grenzen des menschlichen Erkennens offenlegt. Immerhin bleibt zu sagen, daß menschliche Erkenntnis, die unbedingte und vollkommene Wahrheit sucht, dadurch auf *etwas Unbedingtes und Eines* aus ist, das ihr Vermögen und alle weltliche Wirklichkeit übersteigt, das also *exterior omni re* ist (vgl. *GL* 8,26,48). Aus dieser Bewegung des Denkens wird deutlich, daß die Vernunft, auch wenn es keine wissenschaftlich zwingenden Beweise für das Dasein Gottes gäbe, dennoch zu Gedanken gelangt, die sie aus theoretischen Motiven zu festem Glauben an das Dasein Gottes führen (vgl. *KrV* B 854f.). Dieser theoretisch motivierte Glaube ist fundiert durch den Grundsatz der Vernunft, die versucht, „zu dem bedingten Erkenntnisse des Verstandes das Unbedingte zu finden, womit die Einheit desselben vollendet wird“ (*KrV* B 364).

Als die höchste Möglichkeit des *praktischen* Daseinsvollzugs hätte eine frei hervorbringende Tätigkeit zu gelten, deren Ergebnis *etwas vollkommen Gutes* wäre. Diese Möglichkeit bestünde folglich in der freien Tätigkeit, die innerlich gut wäre, den Grund ihrer Gutheit in sich selbst trüge und zudem gute Folgen zeitigte. Die Frage, wie solche Tätigkeit zu bestimmen ist und was ihren Vollzug und das Erreichen ihres vollendeten Zieles ermöglicht, führt zum Gedanken an eine schöpferische Macht, die so über der Naturkausalität stünde, daß sie auch die *Möglichkeit*, den *Vollzug* und die *Vollendung einer endlichen Freiheit* zu denken erlaubt. Wenngleich sich die endliche Freiheit ungestützt auf Anderes aus sich allein vollziehen können muß, verweist sie dennoch auch auf etwas, das ihr innerlicher ist, als sie sich selbst sein kann, das mit Worten Augustins *interior omni re* genannt werden könnte (vgl. *GL* 8,26,48; dazu auch *C* 3,11).

Alle Wirklichkeitsbereiche scheinen geeignet zu sein, das Denken auf Gott hinzulenken. Wer behauptet, nur die personale Wirklichkeit des

Menschen sei als Ausgangspunkt des philosophischen Wegs zu Gott geeignet, muß zur Kenntnis nehmen, daß Menschen eben nur durch ihre Welterfahrungen zu sich selbst kommen können. Wenn es auch zum Beispiel in der Philosophie Platons gewiß einen Vorrang des Geistigen und der Selbsterkenntnis gibt, so bleibt das sinnlich Wahrnehmbare gleichwohl ein unüberspringbarer Ausgangspunkt des Denkens und die Vermittlung von Geist und Sinnlichkeit eine immer neu zu lösende Aufgabe.[1] Daß Weltbetrachtung und Selbsterkenntnis auf den Wegen der menschlichen Vernunft dialektisch zusammengehören, hat Nikolaus von Kues ausgedrückt, indem er die Seele mit dem Zweck der Welterkenntnis aus sich heraustreten und sodann mit dem Zweck der Selbsterkenntnis in sich zurückkehren läßt. So sagt er, daß die Seele um so mehr in sich selbst zur Selbsterkenntnis zurückkehre, als sie aus sich heraustrete, um das Andere zu erkennen: „Et quanto plus egreditur ad alia ut ipsa cognoscat, tanto plus ingreditur in se ut se cognoscat" (*Aeq* 11/368). Ähnlich hat später Hegel alles *Hinausgehen in das Andere* als *ein Sichinsichvertiefen* interpretiert (*VGP* I,46f.).

Diese Ergebnisse der theoretischen Weltbetrachtung und der praktischen Weltgestaltung könnten eine Neigung befördern, das *Gottdenken mystisch aufzulösen*, da die wahre Wirklichkeit Gottes auf keinem der genannten Wege unmittelbar begegnen kann. Die mögliche Wahrheit und die Gefährdungen mystischen Denkens sind zwar nicht das Thema dieser Arbeit; es wird ja auch gar zu vieles mit dem Namen der Mystik bezeichnet. Falls Mystik jedoch als Versuch auftritt, das Unbegreifbare auf eine andere Weise besitzen zu können, weil das natürliche Erkenntnisvermögen des Menschen eben unzureichend sei, scheint sie nur eine Strategie zu sein, der *condicio humana* zu entkommen. Diese Strategie ließe, sofern das Herrschaftswissen hier nichts taugt, doch aus Motiven des Herrschaftswissens von ihm ab und bemächtigte sich auf andere Weise des Absoluten. Damit könnte sie sich als überlegenes Wissen gebärden, das am Ende zur Behauptung der *Eigenschaftslosigkeit Gottes* gelangt (zu der Kritik der Mystik vgl. auch *TI* 23 und 177/*TU* 65 und 291).

Der Unzulänglichkeit menschlicher Gottsuche entspricht aber eher die Bescheidung vor dem unsagbaren Geheimnis, die vom Wissen getragen ist, daß Menschen nicht die Wirklichkeit dessen begreifen können, worauf ihre Fragen im höchsten dennoch zielen. Über das Vermögen der Philosophie hinaus kann im Wissen des Nichtwissens *Offenheit für die*

---

[1] Vgl. z. B. *Politeia* 511b; *Siebenter Brief* 343e; die Sinnlichkeit wird in der theoretischen Erkenntnis beispielsweise im *Timaios* akut, in der praktischen Lebensgestaltung im *Philebos*; vgl. *DsP*, bes. 9-28 (zur *Grundvision* Platons in den Gleichnissen der *Politeia*).

unbedingte Wahrheit einkehren. Diese Offenheit kann das Denken für den Offenbarungsglauben vorbereiten, der dem menschlichen Weisheitsstreben überbietend entspricht. Der Philosophie kann es nicht um den Versuch der *Bestimmung* Gottes gehen, sondern um das notwendige *Fragen*, das den unfaßbaren, unendlichen Gott in seiner absoluten Vollkommenheit *meint*, aber im Wissen, daß der endliche Mensch nur vom Endlichen her *denken* kann. Die Gottesfrage tritt derart im theoretischen wie im praktischen Lebensvollzug des Menschen als *notwendige und unlösbare Aufgabe* auf, in der sich die *rätselhafte* und *geheimnisvolle* Unverständlichkeit des Weltdaseins eher zuspitzt, als daß sie zu einer Lösung der allenthalben begegnenden Aufgaben taugte. Obgleich das Unendliche nicht begriffen werden kann, soll hier doch Klarheit gesucht werden, in welcher Weise der endliche Menschengeist vom Gottesgedanken angezogen wird und nicht von ihm loskommt.

a) Gott als der absolute Ursprung der Möglichkeit der Welterfahrung und des sittlichen Anspruchs

Leugner Gottes oder gegen die Gottesfrage Gleichgültige könnten ihre Leugnung oder Gleichgültigkeit zu rechtfertigen suchen, indem sie entweder behaupten, es gebe keinen Anlaß, über die Welt hinauszufragen, oder indem sie sagen, das Hindenken auf Gott sei unnütz oder gar schädlich für den Menschen. In beiden Begründungen einer möglichen Weigerung gegenüber der Gottesfrage verbirgt sich die *allgemeine These*, daß es eben mit der Menschenwelt oder der materiell fundierten Natur einfachhin ein Bewenden habe oder haben solle. Diese These kann durch theoretische oder praktische Motive argumentativ gestützt werden. Wer sieht, daß der endliche Menschengeist das Unendliche nicht zu fassen vermag, könnte sich entschließen, alles Transzendente für ein *bloßes Hirngespinst* zu halten, das die Menschen von ihren wesentlichen Aufgaben nur ablenke. In entsprechender Weise könnte die Hoffnung auf eine jenseitige, von Gott ermöglichte Vollendung des höchsten Zieles des praktischen Lebensvollzugs als Versuch der *moralisch schädlichen Entlastung* vom Ernst der Eigenverantwortung für das Tun des Menschen in der Welt gedeutet werden.

In beiden Motiven steckt gewiß die Wahrheit, daß die *Grenzen des menschlichen Erkennens* nicht überschritten werden können und die *Verantwortung für die wählbaren Wege des Lebensvollzugs* ernst genommen werden soll. Die Grundvoraussetzung alles philosophischen Fragens ist die Anerkenntnis der Endlichkeit der *condicio humana* und zugleich die bewußte Übernahme der Aufgabe der verantwortlichen

Gestaltung des menschlichen Lebensvollzugs in der Welt. Wer nach der *condicio humana* fragt, erhält von Biologie, Psychologie und Soziologie Auskünfte, in welcher Weise das Sein des Menschen von wiederum bedingten Bedingungen abhängig und bestimmt sei. So *erklären* all diese Antworten zwar manches einzelhafte Geschehen, lassen aber nicht die gleichwohl ganz offenbare Tatsache *verstehen*, daß sich der Mensch in der Welt als Wesen erfährt, das sich selbst fraglich ist und sich in der Fraglichkeit einem unbedingt gebietenden Anspruch ausgesetzt sieht.
Dies *unbekannte, fragliche Vonwoher* von Welt und Mensch ist nun der Abgrund, der alle vermeinte menschliche Selbstgewißheit wie Spreu zerstieben läßt. Von echtem philosophischem Interesse ist nicht die Frage, ob Welt und Mensch zufällig oder notwendig seien, sondern die Frage, wie der Mensch trotz des Nichtwissens den Ursprung des Ganzen dennoch suchen kann. Wer zu erkennen glaubt, das Sein des Menschen in der Welt und überhaupt alles Geschehen in der Welt sei bloß die Folge eines blinden Zufalls, hat genausowenig erklärt wie einer, der behauptet, alles sei nur die Folge einer unerbittlich strengen Notwendigkeit. Wenn es Gott nicht gäbe, falls es also keinen *wissenden und wollenden Ursprung von Welt und Mensch* gäbe, wäre es gleichgültig, ob man das Ganze zufällig oder notwendig nennen wollte. Der Ursprung wäre in beiden Fällen gleichsam nichts als ein schwarzes Loch, aus dem die Welt und der Mensch unversehens ins Dasein gestürzt zu sein schienen. Wollte man die Welt und das Geschehen in ihr zufällig nennen, so besäße diese Zufälligkeit für den Menschen nämlich doch eine unabänderliche Notwendigkeit; verträte man aber die Notwendigkeit des Weltgeschehens, so handelte es sich offenbar um eine blinde, zufällige Notwendigkeit. Die Kategorien der *Zufälligkeit* und der *Notwendigkeit* werden im Blick auf die Frage nach einem absoluten Ursprung des Ganzen völlig ununterscheidbar, wenn nicht zugleich die *Selbstdurchsichtigkeit* und die *Intentionalität* des Ursprungs mitgedacht werden, der Welt und Mensch hervorgebracht hat.
Nach diesen Vorbemerkungen kann präzisiert werden, welchen Sinn die philosophische Frage nach dem Ursprung des Ganzen von Mensch und Welt haben kann. Diese Frage kann nicht den Sinn haben, daß dieser Ursprung wie etwas gewußt werden kann, das möglicherweise in der Welt begegnet. Ihre Beantwortung bringt deshalb auch keine Vergewisserung im Sinne des *Herrschaftswissens* oder der *Metaphysik des Willens zur Macht* zustande. Die Fragen nach dem absoluten Ursprung können aber den Sinn haben, daß sie den Menschen sich selbst und seiner Situation in der Welt näherbringen, indem sie einerseits die *Ungegründetheit* des menschlichen Weltdaseins und andererseits seine wesenhafte *Angewiesenheit* auf einen absoluten sinnhaften Ursprung verdeutlicht.

Die philosophische Frage nach einem Ursprung von Welt und Mensch zielt so auf eine alles umgreifende *Sinnhaftigkeit des absoluten Ursprungs*. Da die philosophische Frage den Menschen in all seinen Bezügen wesenhaft angeht, tritt auch in naturwissenschaftlichen Untersuchungen, die an sich nichts mit Philosophie zu tun haben, die Aufgabe einer sinnhaften Interpretation ihrer Ergebnisse auf. Ein Beispiel sind die einst heftigen Debatten um Darwins Abstammungslehre, in der es nur um die Erklärung der *Entstehung der Arten des Lebendigen* (*origin of species*) geht und die doch die Meinung begünstigte, daß die Entstehung des Menschen in der Welt als ein kausalmechanischer Prozeß, nicht als das Ereignis der Schöpfung zu verstehen sei (vgl. *OOS/EdA*; dazu *Darw*). Diese Vermischung disparater Fragen scheint mittlerweile überwunden zu sein (*TLP* 4.1122; die Aufregung war unnötig; schon Kant ordnet die Abstammungslehre sinnvoll den philosophischen Fragen zu; *KU* B 368f.). Immerhin erscheint es vielen mit Gadamer erstaunlich, „wie sich der Sieg der modernen Aufklärung im Feld unseres naturwissenschaftlichen Weltbildes etabliert hat, ohne daß die religiöse Botschaft des Christentums von dieser naturwissenschaftlichen Aufklärung überhaupt noch berührt würde“ (*Sb* 386). Damit zeigt sich, daß Ergebnisse der Naturwissenschaft prinzipiell der philosophischen Interpretation fähig und bedürftig sind.
Menschen *meinen* in ihrer Frage nach dem *absoluten Ursprung* keine kausalmechanische Erklärung, sondern einen Urheber von Welt und Mensch, der alles das, was er hat entstehen lassen, *im Sinn* hatte und *gemeint* hat, als er sie hat entstehen lassen. Aus diesem Grund spricht Platon von Gott als dem *Vater des Ganzen* (*Timaios* 28c: πατὴρ τοῦ παντός); er fügt an anderer Stelle hinzu, daß man nicht denken dürfe, die Götter kümmerten sich nicht um die Menschen (*Nomoi* 899d). Das damit vorauszusetzende Zusammenspiel von göttlicher Allmacht und menschlicher Freiheit ist Thema eines Mythos im *Politikos* (268d ff., 272d-274e). Menschen fragen nach der Vergangenheit als absolutem Ursprung, sofern dieser Ursprung für die Möglichkeit eines absolut vollendeten Sinns ihres Lebens entscheidend ist. Sie suchen einen solchen Ursprung, dessen Sinn und Helle die *Sinnwidrigkeit* und *Dunkelheit* der faktischen Wirklichkeit so überstrahlen, daß das Leben in Zuversicht und Verantwortung übernommen und schließlich auch die im Tod sich meldende radikale Ungewißheit hoffnungsvoll ausgehalten werden kann.
Die Frage nach dem *absoluten Ursprung des Ganzen* gehört folglich notwendig mit zur *philosophischen Grundfrage, wer ich selbst von meinem Ursprung her bin*. Die Einsicht, daß solche Fragen von den Möglichkeiten menschlichen Erkennens her nie endgültig zu beantworten

sind, macht ihren Sinn nicht zunichte. Vielmehr ist diese negativ erscheinende Einsicht selbst ein *positives Phänomen*, das allererst das Sein des Menschen ermöglicht, sofern der Mensch im Wissen des Nichtwissens nämlich zu sich selbst kommt und vor die Frage nach dem absoluten Ursprung des Ganzen gestellt ist. Diese Einsicht macht den unendlichen Sinn der endlichen Suche nach unbedingter Wahrheit sichtbar, der nur in einem *absoluten sinnhaften Ursprung* gefunden werden kann.

Obwohl die Frage nach einem unendlichen Sinn des endlichen Wahrheitsgeschehens philosophisch notwendig ist, scheint ihre Beantwortung kein erreichbares Ziel der menschlichen Erkenntnis zu sein. Immerhin sind Antworten vorgetragen worden, die wenigstens den Sinn dieser Frage verdeutlichen. So hat Thomas von Aquin die spekulative These vorgetragen, daß Gott, indem er sich bejahend zu sich selbst verhalte, zugleich auch das Sein des Anderen, also das Sein der endlichen Menschenwelt, gewollt habe: „Quod Deus, volendo se, vult etiam alia" (*S. c. g.* I,75).

Wenn man diese Annahme als zutreffend gelten ließe, wäre der unbedingte Sinn von Welt und Mensch von ihrem göttlichen Ursprung her verstanden. Thomas bringt mit dieser Annahme jedenfalls die Einsicht zum Ausdruck, daß der unbedingte Sinn menschlichen Denkens nur gedacht werden kann, sofern er eben aus einem unbedingten Ursprung hervorgegangen ist. Ohne Beziehung auf solch einen unbedingten Ursprung fehlt der Wahrheitssuche des Menschen prinzipiell die Möglichkeit ihrer höchsten Erfüllung. Allein in Gott kann folglich die sinnentscheidende Antwort auf die Frage gefunden werden, wenn es sie überhaupt gibt.

So wie durch die theoretische Frage nach dem Ursprung des Ganzen gleichsam das Urlicht des Geistes und zugleich die Durchlichtetheit des Ganzen gesucht wird, wird auch in der praktischen Frage ein Ursprung gesucht, von dem her das Bewußtsein der unbedingten Verpflichtung sich als sinnhafter, personaler Anspruch zu freiem Selbstwerden verstehen läßt. In diesem Anspruch vom Ursprung her könnte der Sinn des endlichen Freiheitsgeschehens seine unendliche Erfüllung finden. Zunächst ist angesichts des unbedingt geltenden Anspruches moralisch relevanter Situationen festzuhalten, daß der Anspruch keiner anderweitigen Begründung bedarf. Er gilt fraglos und ist sich selbst genug, jedenfalls in einer konkreten Situation. Der Hinweis auf das Gebotensein durch *Autorität*, auch wenn es die Autorität Gottes wäre, beweist im Blick auf das, was getan werden soll, nicht den moralischen Charakter der Entscheidungssituation. Die moralische Verpflichtung muß ihren Ursprung in der ursprünglichen Einsicht des Verpflichteten haben.

In Weiterführung eines Gedankens Augustins ist etwas nicht schon deshalb gut zu nennen, weil das Gesetz es gebietet; vielmehr gebietet das Gesetz allein darum, weil es gut ist: „Non sane ideo malum est quia vetatur lege, sed ideo vetatur lege quia malum est“ (*DLA* 1,6). Das Verbot durch die bloße Autorität (*auctoritas legis*) muß folglich als unzureichend gelten. Autorität kann allein aus ihrem Bezogensein auf das erkennbar Gute leben. Der in moralisch relevanten Situationen auftretende Anspruch, das wurde schon gezeigt (§ 1), gilt so unbedingt und fraglos, daß der von ihm getroffene Mensch, der sich die Frage stellt, aus welchem Grund er ihm denn folgen solle, allein durch dieses Räsonnieren in die Gefahr gerät, ihn zu verfehlen. Wer bezüglich Augustins Beispiel des Ehebruchs noch eines äußeren Verbotsgrunds bedarf, zeigt damit, daß ihm das ursprüngliche moralische Motiv menschlicher Treue offenbar nicht ausreicht.

Dennoch kann man im Blick auf den praktischen Lebensvollzug fragen, aus welchem Ursprung das Faktum der fraglosen Geltung eines unbedingten Anspruchs *verstanden* werden könnte. Wer diese Frage stellt, fragt nach keinem außermoralischen Motiv für sittliches Handeln, sondern sucht den Sinn zu verstehen, der dem sittlichen Anspruch innewohnt und schließlich auf Gott weist. Als notwendige Merkmale des Anspruchs sind die *unbedingte, fraglose, selbstgenugsame Geltung* und sein *Möglichkeitscharakter* zu nennen, welcher den Menschen befähigt, wenn er es will, das unbedingt moralisch Gebotene für bedingt, fraglich und schwach zu halten.

Da der Anspruch des moralisch Gebotenen den Angesprochenen nicht unbedingt zwingt, läßt er sich zur Klugheitsregel herabwürdigen. Klugheitsregeln kann man als Verfeinerungen tierischen Instinkts erklären, den Instinkt aber als Ausfluß biochemischer Reizmechanismen, die ihre Grundlage zuletzt in der materiell bestimmbaren Struktur von Genen haben. So käme es zur *Depotenzierung des Phänomens des unbedingten Anspruchs*. Ob man eine Übernahme der Verpflichtung oder ihre Herabwürdigung besser verteidigen kann, ist hier nicht zu fragen. *Für* die Freiheitsthese spricht jedoch, daß schon mit jeder wahren Erkenntnis die Unabhängigkeit des Urteils verbunden ist, die eine Art Freiheit von Naturkausalität voraussetzt; wer also als wahr behauptet, daß der Naturkausalität allgemeine Geltung zukomme, widerspricht sich selbst.

Obgleich der Anspruch des moralischen Gesetzes als Phänomen auftritt, ist die vielfältige Bedingtheit des menschlichen Handelns nicht zu leugnen; so ist auch das Freiheitsbewußtsein immer wieder Zweifeln ausgesetzt. Der Angelpunkt ist aber das unleugbare Phänomen des sittlichen Anspruches, der sinnhaftes oder sinnverneinendes Handeln ermöglicht und herausfordert. Da der Anspruch eine *Entscheidung* notwendig macht, ist schon die *Frage nach dem Ursprung*, weil sie zum praktischen Lebensvollzug gehört und von ihm ausgeht, in ihrem Kern durch eine Entscheidung bestimmt. Wer sich von diesem Anspruch ansprechen läßt und sich als Freiheitswesen übernimmt, das für sein Tun verantwortlich ist, dem tritt ein Ursprung anderer Art entgegen, als er in der Welt ansonsten angetroffen wird. Ein Mensch vernimmt dann, wie in diesem Anspruch *wortlos* und *geheimnisvoll* eine *souveräne*, unbedingt gebietende Macht spricht, die ihn zu einem Tun befähigt und auffordert, das er selbst zu verantworten hat.

b) Gott als die absolute Kraft des Getragenseins der gegenwärtigen Wirklichkeit von Mensch und Welt

Im Blick auf einen unbedingten Ursprung des Weltganzen wird Gott in der theoretischen Philosophie als das *Urlicht des Geistes* und als der *Ursprung der geistigen Durchlichtetheit des Seienden* gesucht. In der praktischen Philosophie stellt sich die Frage nach Gott als der Macht, die den endlichen Menschen auf geheimnisvolle Weise als Freiheitswesen hervorgebracht hat, das zu *verantwortlicher Stellungnahme gegenüber dem sittlichen Anspruch* befähigt und zu *freiem Selbstsein* herausgefordert ist. Im Hintergrund der Fragen nach dem absoluten Ursprung alles dessen, was *ist* und *sein soll*, steht schließlich die bange Hoffnung, daß dem Geschehen der endlichen Wahrheitssuche und dem in die Verantwortung gerufenen Lebensvollzug des Menschen am Ende durch Gott ein unendlicher Sinn zuteil werde. In den Fragen nach dem absoluten Ursprung ist also bereits die Frage nach einer absoluten Zukunft virulent. Es geht folglich in der Frage nach der absoluten Vergangenheit nicht vor allem um das Vergangene, sondern um die Herkunft des Gegenwärtigen aus ihr, sofern sie für die Zukunft Bedeutung hat (vgl. dazu auch *SuZ* 499ff.).

Das *gegenwärtige Dasein der Welt* scheint anfangs selbstverständlich und fraglos wirklich zu sein; Menschen werden in diese Welt hineingeboren und erwachen erst innerhalb ihrer zur Geistigkeit, so daß der umgreifende Weltzusammenhang für sie etwas unvordenklich Gegebenes darstellt, das einfach da ist. Sie erfahren dabei dies oder jenes in der Welt als staunenerregend oder bedrängend, so daß sie anfangen, nach Ursachen dessen zu forschen, was ihnen nicht selbstverständlich zu sein scheint. Die Grundtatsache, daß die Welt und der Mensch in ihr überhaupt da sind, wird meist unbefragt als Tatsache angenommen und vorausgesetzt. Die scheinbar fraglose Selbstverständlichkeit des Weltdaseins ist ein beachtenswertes Phänomen, das vor allem deswegen in die

Augen fällt, weil es offenbar kein zureichendes Fundament in den wandelbaren und vergänglichen Dingen und Kräften besitzt, die innerhalb der Weltwirklichkeit begegnen.

Entsprechend unserem *normalen Lebensgefühl*, so sagt Edith Stein, „wandeln wir in großer Sicherheit, als sei unser Sein ein fester Besitz" (*EueS* 56). Sofern dieses Merkmal unseres unreflektierten Lebensgefühls ein *bleibendes und dauerndes Sein* in einer *stehenden Zeit* nur vortäuscht, verdeckt das normale Lebensgefühl folglich den *Anblick der Nichtigkeit des Lebens.* Derart läßt die Erfahrung des Denkens die unmittelbare Seinssicherheit verschwinden. Die Lebenshaltung der Existenz, die das faktische, endliche Sein übernimmt, hat Heidegger mit Recht als *Vorlaufen in die unbezügliche Möglichkeit des Todes* ausgelegt (*SuZ* 349ff.). Dies Vorlaufen bringt das Dasein vor die Möglichkeit, „*es selbst zu sein, selbst aber in der leidenschaftlichen, von den Illusionen des Man gelösten, faktischen, ihrer selbst gewissen und sich ängstenden* ***Freiheit*** *zum Tode*" (*SuZ* 353).

Man könnte sich nun von Edith Stein sagen lassen, daß die Erfahrung des Gehaltenseins in das Nichts nur die eine Seite der uns entgegentretenden Wirklichkeit darstelle: „Denn der unleugbaren Tatsache, daß mein Sein ein flüchtiges, von Augenblick zu Augenblick gefristetes und der Möglichkeit des Nichtseins ausgesetztes ist, entspricht die andere ebenso unleugbare Tatsache, daß ich trotz dieser Flüchtigkeit *bin* und von Augenblick zu Augenblick *im Sein erhalten* werde und in meinem flüchtigen Sein ein dauerndes umfasse" (*EueS* 56f.). Die andere Seite der Wirklichkeit bringt sie dadurch zur Sprache, daß sie sich *gehalten weiß* und darin *Ruhe und Sicherheit* hat (*EueS* 57). Sichgehaltenwissen scheint jedoch wie Ruhe und Sicherheit die Frucht eines Glaubens zu sein, der durchaus vernünftig sein mag, aber die Grenzen philosophischer Gewißheit übersteigt. Dennoch wird in der vom Glauben getragenen Weiterführung Edith Steins auch ein genuin philosophisches Motiv sichtbar, das festgehalten werden soll. Die Destruktion des normalen Lebensgefühls im Bewußtsein des Gehaltenseins ins Nichts beleuchtet in der Tat nur eine Seite des Phänomens. Das Gehaltensein ins Nichts führt zwar zur *Verunsicherung*, aber nicht sogleich zum Sturz ins Nichts. Das Gehaltensein führt zum *Staunen*, daß die flüchtige Gegenwart, die ständig ins Nichtsein entschwindet, doch wenigstens vorerst nicht abbricht.

Das Bewußtsein der fraglosen Selbstverständlichkeit seines Weltdaseins entgleitet dem Menschen, sobald die *Gefahren von Verlust oder Zerstörung* drohen. Die Risiken zeigen, daß der vermeintlich feste Boden unter den Füßen durchaus schwankt. Laut Karl Jaspers wird dem Menschen durch die Grenzsituationen also „gleichsam der Boden unter den

Füßen weggezogen“ (*EE* 249). Als *Grenzsituationen* stellt Jaspers die Situationen von *Tod*, *Leiden*, *Kampf* und *Schuld* vor Augen. Sie repräsentieren die Möglichkeit endgültigen Scheiterns. Obgleich diese Gefahren zunächst meist nur eine Beziehung zu etwas betreffen, das in der Welt begegnet, macht jedes faktische Schwinden solcher Beziehungen sichtbar, daß das Sein alles in der Welt Begegnenden an sich selbst *nicht in der Verfügungsgewalt des Menschen* stand. In der Gefahr solchen Verlustes stehen sowohl die Güter, die man besitzen kann, als auch Menschen, die man lieben kann. Besonders unausweichlich und drohend steht diese Gefahr der Vernichtung in der jeden Menschen betreffenden Gewißheit des herannahenden Todes vor Augen, der in noch dunklere Ungewißheit führt. Aus dem nagenden Bewußtsein dieser Gefährdungen kann die Einsicht wachsen, daß dem Menschen die letztlich wirksame Verfügungsgewalt weder in bezug auf die *Erhaltung* noch in bezug auf die *Vernichtung* von Seiendem zukommt.

Gewiß können Menschen gestaltend und vernichtend tätig sein. Sie sind zum Beispiel in der Gestaltung von Materie jedoch immer auf Material angewiesen und können Materie niemals selbst zerstören, sondern nur deren Struktur, wie das Gesetz von der Erhaltung der Energie oder der Massen lehrt. Inwieweit Menschen geistige Wirklichkeiten produktiv gestalten oder zerstören können, kann offenbleiben; möglicherweise ist aber die sich anzeigende Unfähigkeit des Menschen, Materie überhaupt hervorzubringen oder zu vernichten, Ausdruck seines prinzipiellen Unvermögens, im Blick auf den *Übergang zwischen Nichts und Sein* etwas auszurichten.

Diese Unverfügbarkeit des Daseins alles dessen, was in der Welt begegnet, ist demnach eine Konstante, die in sehr verschiedenen Versuchen des philosophischen Weltbegreifens wiedergefunden werden kann. Überall dort, wo etwas positiv Gegebenes als die unableitbare Grundlage jeder philosophischen Reflexion vorausgesetzt und geachtet wird, ist wenigstens implizit zugleich auch das Bewußtsein der Unverfügbarkeit des Daseins alles Seienden mitgegeben.[2] Solche Unverfügbarkeit findet ihren ersten Ausdruck in der kaum bestrittenen Voraussetzung, daß menschliches Erkennen stets mit der sinnlichen *Wahrnehmung* beginne. Dieser Beginn zeigt sich bei Platon zum Beispiel im Aufbau des Höhlengleichnisses der *Politeia* (514a-516c), das auf dem Fundament des Liniengleichnisses (509c-511e) und des Sonnengleichnisses (506b bis

---

[2] Vgl. *Po* (*HWP* 7,1121); Przybylski sieht im Begriff des Positivismus wie des Materialismus auch eine „Unterstellungs- und Diffamierungskategorie“. Die Wahrnehmung des im Positivismus geachteten Phänomens der Gegebenheit des Gegebenen darf jedenfalls nicht geringgeschätzt werden.

509b) aufbaut. Das Sonnengleichnis macht schon auf die *Angewiesenheit* des Sehvermögens (ὄψις) auf etwas Sichtbares (τὰ ὁρώμενα) und das diese beiden in Beziehung setzende Licht (φῶς) aufmerksam (507d/e). Folglich wird als eine erste Bestimmung der Erkenntnis im *Theaitetos* die These eingeführt (151e), daß es zunächst scheine, Erkenntnis sei nichts anderes als Wahrnehmung (καὶ ὥς γε νυνὶ φαίνεται, οὐκ ἄλλο τί ἐστιν ἐπιστήμη ἢ αἴσθησις). Ebenso fängt laut Thomas die Erkenntnis mit sinnlichen Wahrnehmungen an (*S. th.* I,84,2c). Auch Kant beginnt seine *Einleitung* der *Kritik der reinen Vernunft* mit derselben These. Er erklärt: „Daß alle unsere Erkenntnis mit der Erfahrung anfange, daran ist gar kein Zweifel ... Der Zeit nach geht also keine Erkenntnis in uns vor der Erfahrung vorher, und mit dieser fängt alle an" (*KrV* B 1). Wenn immer anerkannt wird, daß die menschliche Erkenntnis wesenhaft *auf etwas Gegebenes angewiesen* ist, um es als *wahr* ins Bewußtsein *aufnehmen* zu können, wird zugleich die Einsicht in die absolute Unverfügbarkeit des Seins von Mensch und Welt zugrunde gelegt.

Menschen finden sich in der Welt ungefragt vor; sie erfahren davon, daß sie geboren sind und auf den Tod hin älter werden; was sie im letzten in die Welt gebracht hat, wie sie sich im Dasein halten können, wann sie sterben werden und was im Tod geschieht, ist die Sache von Mächten oder einer Macht, über die jedenfalls nicht Menschen verfügen.

Wie die philosophische Frage nach einem unbedingten Ursprung des Ganzen im Gedanken einer Schöpfung der Welt durch Gott beantwortet werden kann, laut dem Gott es nicht bei Chaos und Finsternis belassen hat, so kann die nun gestellte Frage nach dem absoluten Fundament des Getragenseins von Welt und Mensch mit den Gedanken der *fortdauernden Schöpfungstätigkeit* Gottes beantwortet werden. Augustinus sieht die Macht des Schöpfers, die Kraft des Allmächtigen und Allerhaltenden als Grund des Bestehens eines jeglichen Geschöpfes; würde diese Kraft irgendwann nachlassen, das von ihr Geschaffene zu leiten, verschwände zugleich auch die Erscheinung des Geschaffenen; so bräche die ganze Natur zusammen: „Creatoris namque potentia, et omnipotentis atque omnitenentis virtus, causa subsistendi est omni creaturae: quae virtus ab eis quae creata sunt regendis, si aliquando cessaret, simul et illorum cessaret species, omnisque natura concideret" (*GL* 4,12,22).

Demgemäß steht es also nicht in der Macht von Menschen, in bezug auf das Sein schaffend, erhaltend oder zerstörend tätig zu sein. Obwohl die Menschen das wahrnehmbare Dasein von endlich Seiendem zerstören und großes Unheil anrichten können, bleibt dennoch unbekannt, ob diese Zerstörung wahrhafte Vernichtung im Sinn einer *Nihilisierung* bedeuten kann. Eine solche Angewiesenheit des Menschen auf etwas, das ihm unverfügbar gegeben ist, läßt sich nun auch im Blick auf den praktischen Lebensvollzug zeigen.

Die *Selbstgesetzgebung* der endlichen Vernunft bei der Verwirklichung des Guten, die sich in unterschiedlichen Formeln begreifen läßt,[3] darf nicht als Ausdruck einer unumschränkten Macht dieser Vernunft aufgefaßt werden. Was die endliche Vernunft ohne fremde Weisung durch sich selbst als verpflichtendes Gesetz zu erkennen vermag, wird erst im sittlichen Anspruch sichtbar, der unvorhergesehen in moralisch relevanten Situationen auftritt. Daß jedoch in menschlichen Lebensvollzügen das Bewußtsein von Verpflichtung und Verantwortung überhaupt ins Spiel kommt, kann aus der endlichen Menschenwelt weder abgeleitet werden, noch läßt es sich jemandem gleichsam andemonstrieren. Endliche Freiheit kann nur als eine *gegebene Freiheit* zur Übernahme oder Verweigerung eines *unableitbaren Anspruchs* gedacht werden, der vom Willen *verantwortliche Entscheidung* fordert. Aber nicht allein in ihrem Ursprung, sondern auch im je gegenwärtigen Vollzug kann die endliche Freiheit sich nicht als Herrin ihrer selbst denken, sofern sie nicht sicher wissen kann, welches konkrete Tun dem Anspruch am genauesten entspricht und ob sie auch die Kraft haben wird, sich gemäß einer als richtig erkannten Entscheidung zu bestimmen.

Zwar mag in zahlreichen moralisch relevanten Situationen eindeutig sein, was vom Handelnden gefordert ist. Sicher sind Wahrhaftigkeit, Verläßlichkeit und Treue sittliche Anforderungen, deren konkrete Bedeutung oftmals auf der Hand liegt. Man kann sich jedoch Situationen ausdenken (und schlimmer noch: in sie hineingeraten), in denen jedenfalls subjektiv im unaufschiebbaren Augenblick der Entscheidung keineswegs Klarheit darüber herrscht, was vom Handelnden gefordert ist. Das kann an der Frage illustriert werden, ob es ein Recht gebe, aus Menschenliebe zu lügen. Augustinus, Kant oder Fichte haben zum Beispiel Gründe vorgetragen, die ein solches Recht ausschließen.[4] Wer persön-

---

[3] Vgl. *Politeia* 433a: die Gerechtigkeit (δικαιοσύνη) bestehe darin, daß jeder das Seinige verrichtet (τὸ τὰ αὑτοῦ πράττειν); auf diese Weise sollen die Kräfte der Seele, nämlich das Begierdehafte (ἐπιθυμητικόν), das Mutartige (θυμοειδές) und das Vernunfthafte (λογιστικόν) zu ihrem relativen Recht kommen und so gleichsam in einem wohlklingenden Dreiklang miteinander harmonieren (443c/d); ähnliche, formale Imperative finden sich in *DLA* 1,15; *VD* 7,25/120 und *KpV* A 54f.

[4] Augustinus weist die Erlaubtheit dieser Lüge zurück, weil man durch sie kein ewiges Gut erlangen kann (*Mend* 10): „nemo itaque potest convincere aliquando esse metiendum, nisi qui potuerit ostendere aeternum aliquod bonum obtineri mendacio." Kant weist sie zurück, weil sie gegen das Recht der Menschheit überhaupt verstoße (bes. *VRMl* 305); eine Verschärfung bringt Fichte (*SS* 380): „Keinerlei Lüge ist erlaubt, auch nicht um jemanden vor seinen Verfolgern zu retten." Das heißt (*GuG* 14): „Du darfst

lich aber in die Situation gerät, in der ein anscheinend verbrecherischer Verfolger den Aufenthaltsort eines von ihm verfolgten Opfers erfragt, wird, sobald er diesem Übeltäter die gewünschte Auskunft erteilt hat, also die *Wahrheit* gesagt hat, mit Grund in Zweifel geraten, ob er hier das moralisch Richtige getan hat. Wenigstens wird er zu bedenken haben, ob er nicht doch bloß ein willfähriges Werkzeug in der Hand eines Verbrechers war, welchem er den Verfolgten verantwortungslos ausgeliefert hat, wodurch er zugleich die moralisch gebotene Achtung gegenüber seiner eigenen Person vernachlässigt hätte. Das schon erwähnte sittliche Grundgesetz des Handelns, das die Beförderung der möglichst vollkommenen Ordnung verlangt, wird durch diese Willfährigkeit keineswegs befolgt; im Blick auf Kants Position wäre kritisch zu fragen, ob jemand, der Verbrechern mit zutreffenden Auskünften dienlich ist, sich nicht unerlaubt zum *bloßen Mittel* verbrecherischer Ziele herabwürdigt. Aus den Nöten der Zeit der Herrschaft der Nationalsozialisten in Deutschland haben beispielsweise Matthias Laros (*SkSeT*) und Karl Jaspers ein andere Antwort für geboten gehalten und praktiziert. Nur dadurch hat Jaspers seine jüdische Ehefrau schützen können. Er zeigt sich zwar grundsätzlich überzeugt, daß die Lüge verboten sei und sagt deswegen: „Wenn ich lüge, so kann ich es nicht rechtfertigen. Der Versuch, in die Objektivität zu bringen, was ich mit der Lüge getan habe, kann wohl erörtern und vertiefen, was wirklich war, aber daraus kein Gesetz ableiten. Im Gegenteil bleibt das Gesetz ‚du sollst nicht lügen' als allgemeines unausweichlich" (*EE* 357). Im Kampf ums Dasein drängt sich ihm dennoch eine andere Position auf. Er sagt: Wenn „mir der Mensch begegnet in der unausgesprochenen und halb unbewußten Haltung des homo homini lupus, so bin ich wie dem Tiere auch ihm gegenüber verloren, wenn ich nicht vorsichtig bin und den Kampf aufnehme" (*EE* 358; zur Frage nach dem Recht auf Notwehr und dessen Grenzen im Blick auf ein ewiges Gesetz vgl. z. B. auch *DLA* 1,12ff.).

Menschen sollen und können sich zwar bemühen, dem Anspruch moralisch relevanter Situationen zu entsprechen, ohne aber stets mit letzter Sicherheit wissen zu können, ob ihr Entschluß inhaltlich auch dem sittlich Gebotenen entspricht. Das hat nichts mit einem subjektivistischen Relativismus zu schaffen. In den meisten Fällen, in denen sittlichen Forderungen zuwidergehandelt wird, weiß der Handelnde nämlich sehr deutlich darum, daß er etwas tut, was er nicht tun sollte, beispielsweise,

---

nicht lügen, und wenn die Welt darüber in Trümmer zerfallen sollte." Arthur Schopenhauer hat deshalb gesagt (*PGM* 711), Kants *kategorischer Imperativ* sei bei Fichte *despotisch* geworden.

wenn er sich ungerecht Vorteile verschafft oder einem anderen Menschen bewußt aus egoistischen Motiven Schaden zufügt. Trotzdem gibt es auch den Fall, in dem ein Mensch, obwohl er erkennt, daß seine Situation moralisch relevant ist, dennoch darüber im Zweifel ist, was er konkret tun soll. Der Kontrast zwischen der Unbedingtheit der Forderung und diesem Nichtwissen scheint gleichsam den immanenten Sinn der Moral von innen her aufzusprengen.

Die Grenzen der Welt scheinen sich indessen auch dann zu öffnen, wenn die in einer solchen Situation vollzogene Handlung tatsächlich der geforderten Verwirklichung einer möglichst vollkommenen Ordnung des Ganzen dient. Zwar hat diese Verwirklichung dann offenbar auch mit menschlichen Bemühungen zu tun; es bleibt jedoch zweifelhaft, inwieweit sie allein auf diesen gründet. Der Mensch kann nämlich weder sicher sein, daß seine Erkenntnis inhaltlich richtig ist, noch wissen, welche Motive sein Tun tatsächlich bewegen. Damit zeigt sich schon in der moralischen Selbsterfahrung das Fundament der *Dialektik von Freiheit und Gnade*. Bei Augustinus geht in diesem Sinn die Behauptung der freien Willensbestimmung mit der Einsicht in die eigene Ohnmacht zusammen, gemäß der er dann erklärt, daß der Mensch bloß aus seiner Kraft gar nichts vermöge: „tu enim per te ex viribus tuis nihil potes“ (*EP* 35,1; vgl. auch *EE*, bes. 45).

Ebenso wie das Wissen um eine richtige Entscheidung, das nur unter Mühen errungen werden konnte, gleichsam als ein Geschenk erfahren wird, so erkennt jeder bedächtig Handelnde, daß sich die im Entschluß wirksame Kraft nicht selbst hervorgebracht hat. Obwohl im Willen die Möglichkeit und der strikte Auftrag zur moralischen Selbstqualifikation liegt, ist der endliche Wille des Menschen doch nicht allein durch sich selbst da. Außerdem vermag kein endlicher Wille die Wirklichkeit vollendet hervorzubringen, nach der er strebt. Durch sein Nichtwissen (*ignorantia*) und seine Schwäche (*difficultas*) ist der moralisch Handelnde auf die Notwendigkeit eines Getragenseins von der allwissenden, allgütigen und allmächtigen Wirklichkeit Gottes verwiesen, ohne die seine endliche Freiheit Schall und Rauch wäre (vgl. *DLA* 3,64).

c) Gott als das erhoffte absolute, durch Handeln nicht verwirklichbare Ziel menschlichen Strebens

Die Frage nach einer absoluten Zukunft von Welt und Mensch sieht sich sogleich kritischen Einwänden ausgesetzt. Der Inhalt dieser Frage könnte schon deshalb für verfehlt gelten, weil die *Zukunft des unabsehlich großen Weltalls* mit der *Zukunft des Menschen*, ob als Individuum oder als Gattung betrachtet, kaum etwas zu tun zu haben scheint. Eine Bedeutung der Frage nach der absoluten Zukunft des Menschen liegt aber doch auf der Hand. Der Mensch empfindet nämlich, daß ihn im Bewußtsein des bevorstehenden Todes gewissermaßen die *Leere des Nichts* angähnt, die sein zeitliches Dasein und zugleich die in der Zeit errungene oder verfehlte Sinnerfahrung zu verschlingen droht. Im Tod jedes Menschen stirbt so gleichsam ein kleiner Kosmos.[5] In diesem Sinne kann mit Recht nach der absoluten Zukunft von Mensch und Welt gefragt werden. Die Annahme, daß die Welt ohne eine Beziehung auf den menschlichen Geist sei, ist nämlich nicht zu rechtfertigen, sofern sie selbst erst durch deren vorgängige Beziehung möglich wurde. Dementsprechend erhält die Ausgangsfrage nach der absoluten Zukunft von Welt und Mensch Orientierung durch Maßgaben, die dem Menschen aus dem Bewußtsein seines bevorstehenden Todes entgegentreten. Der als das absolute Ende der Weltzeit bevorstehende Tod ist ein wichtiger Impuls für die menschliche Frage nach der absoluten Zukunft.

Den folgenden Überlegungen liegt die Annahme zugrunde, daß diese Frage von der Hoffnung auf die *Erfüllung der Zeit* durch die *Entflüchtigung der Zeit* in der *Ewigkeit* getragen sei. Gemeinsam mit dem Fundament der Frage nach einer absoluten Zukunft weisen auch die Fragen nach dem Ursprung und dem Getragensein von Mensch und Welt auf die ewige Wirklichkeit, in der alles zeitliche Sein und Streben des Menschen die gesuchte Erfüllung finden kann. Nur aus dem göttlichen Ursprung und Getragensein läßt sich eine Hoffnung denken, welche die offenbare Flüchtigkeit alles Zeitlichen überwindet. Solche aus dem Endlichen heraus nicht begreifliche Hoffnung ist gleichwohl im theoretischen und praktischen Lebensvollzug der Menschen immer schon nötig und implizit vorausgesetzt.

Hoffnung ist nicht deduzierbar; trotzdem ist sie im bewußten Lebensvollzug unvermeidlich im Spiel, wenn auch vielleicht bloß *im Modus der Defizienz*, nämlich als *Unsicherheit*, *Zweifel*, *Resignation* oder *Verzweiflung*. Gänzliches Fehlen der Hoffnung auf Sinnverwirklichung scheint die menschlichen Lebensvollzüge überhaupt unmöglich zu machen. Wer nämlich Verzweiflung und Unglauben propagiert, spricht entgegen dem äußeren Anschein dennoch aus Hoffnung, wenn auch aus enttäuschter. Obgleich er die Verwirklichung des Erhofften nicht mehr erwartet, mißt er immer noch die Ereignisse an ihm und beklagt ihr Mißverhältnis zu ihm. Solche Preisgabe hängt mit der Durchkreuzung der Hoffnung zusammen; sie provoziert schließlich Fragen nach einer

---

[5] Zu dem alten Gedanken des Menschen als eines Mikrokosmos vgl. z. B. Demokrit, *Fr* B 34; *Ph* VIII, 252 b 26; *DI* I,3,198; *Coni* II,14,143 (vgl. dazu *Mik*); außerdem *EE* 430.

ganz anderen Hoffnung, die nicht mehr wie die Hoffnungen durchkreuzt werden kann, deren Erfüllung an das Geschehen in der Weltzeit gebunden ist.

Obwohl diese Hoffnung sich gerade immer wieder an ihrem vernichtend scheinenden Gegenstück, nämlich der *Todeserfahrung*, entzündet, gibt es offenbar Menschen, die ihrem Tod weder mit Hoffnung noch mit Verzweiflung zu begegnen suchen, sondern meinen, daß er als natürliches Ereignis hingenommen werden müsse. Hinter diesem Versuch können verschiedenartige Motive stehen. Es kann *Bescheidung der Sterblichen* sein, aber auch *Wille zum Protest* gegen die Grausamkeit des Todes oder *unklarer Naturglaube*, der trotz aller Auflösung im Tod die Rückkehr zur *Mutter Natur* erblickt.[6] Obwohl das Sterbenmüssen eine naturhafte Notwendigkeit zu sein scheint, kann es nicht die ebenso offenbare Widernatürlichkeit des Todes verdecken, der eben als Verneinung der *Sinnhaftigkeit des Ganzen* begegnet, deren Bejahung zur Natur des Menschen gehört.

Gegenüber Interpretationen des Todes, die seine Wirklichkeit annehmbar zu machen versuchen, muß demnach an der These festgehalten werden, daß der Tod auch als eine sinnzerstörende, gleichsam unglaubliche Wirklichkeit begegnet. Zwar mag die Vorstellung unendlichen Weiterlebens in der endlichen Welt ebenso trostlos und sinnwidrig sein; der Tod bleibt jedoch gleichsam ein Riß in der Natur, wenn er eine absolute und radikale Vernichtung dessen wäre, der sich nicht selbst ins Dasein gebracht hat, der aber, da er nun da ist, um sein Sein weiß, sich mit ihm identifiziert und es sich zu erhalten sucht. Dies bestätigend hat Dolf Sternberger gesagt: „Zu denken, daß das ganze gewaltige und komplizierte Gebäude des Glaubens über der Endlichkeit des Lebens, also über dem bodenlosen Abgrund des Todes errichtet ist! … Der Glaube ist wahrhaftig ein Wunder. Der Glaube ist unglaublich, doch immer noch glaublicher als der Tod" (*ÜdT* 34).

Wenn der Mensch gemäß der bereits vorgetragenen These in der Tat wesenhaft ein Suchender wäre und ihm die sichere Einsicht in die unbedingte, allesumgreifende und vollkommene Wahrheit des Ganzen zuletzt verborgen bliebe, dann bliebe im endlichen Erkenntnisgeschehen also die Suche nach einer Wahrheit, die in der Zeitlichkeit und der Vergänglichkeit der Menschenwelt nicht erlangt werden kann. Die Erfül-

---

[6] Vgl. *GTU* 387: „Erst laß mit allen seinen Gewalten / Den Tod zermalmend in dir walten, / Von ihm dich rütteln und erschüttern, / Von seinem Schrecken dich durchzittern; / Dann kommt von selbst in dein Gedärme / Des sanften Friedens linde Wärme. / Beiz' erst im Tod vom Selbst dich rein; / Versöhnung kommt schon hintendrein." Zur Diskussion der Thesen Feuerbachs vgl. § 10 b.

lung dieses Erkenntnisstrebens wird mit Recht als seligmachende Schau, als *visio beatifica*, bezeichnet, da sie zwar nicht mehr von der Mühsamkeit des irdischen Suchens betroffen wäre, aber doch in einer Beziehung zu ihr stünde, sofern sie nämlich zugleich als *reines Geschenk* und als *errungene Frucht* zu gelten hätte. Allein in dieser dialektischen Spannung kann überhaupt unbedingte und vollkommene Wahrheit *gesucht* werden, da der Mensch im Blick auf eine absolute Zukunft nichts zu verfügen hat und also auf eine *reine Gabe* angewiesen ist, aber auf eine Gabe, die dennoch *sein eigenes Tun* zur Erfüllung brächte.

Sicher haben die faktisch möglichen Erfüllungen des menschlichen Erkenntnisstrebens ihren endlichen Sinn in sich. Dies zeigt sich bei den Wissensbemühungen, die mit Scheler als Herrschafts- oder Leistungswissen gedeutet worden sind. Nur wer die Strukturen und Gesetze der Dinge in der Welt erkennt, kann sachkundig mit ihnen umgehen. Allerdings wird schon in den möglichen Erfüllungen dieses Erkenntnisstrebens deren Endlichkeit deutlich. Auch der vermeintlich sachkundige Umgang mit den Dingen, der in der heutigen zivilisierten Welt von der wissenschaftlichen Forschung erwartet wird, bringt stets neue Fragen und mit fortschreitender Einsicht wachsende Schwierigkeiten und Probleme hervor. Die aufsehenerregenden Erfolge der Wissenschaft ziehen meistens globale Probleme nach sich. Zum Beispiel fragt man mit gutem Grund, ob und inwieweit Atom- und Gentechnik beherrschbar sind und ob nicht gefährlicher Mißbrauch mit katastrophalen Folgen droht.

Die absolut vollendete Erfüllung menschlichen Erkenntnisstrebens wäre also auch dann nicht zu erreichen, wenn man sich auf endliche Erfüllungen beschränken wollte. Die nur relative Vollkommenheit der erreichbaren Erkenntnis bildet einerseits die Grundlage des Anreizes, in der Forschung immer weitere Fortschritte zu machen, sie birgt andererseits aber auch Risiken in sich. Menschen können nämlich von der Wirklichkeit oder sogar auch von der bloßen Möglichkeit solcher Erfolge so in Atem gehalten werden, daß diese sie gleichsam betriebsblind machen und sie dann unvermerkt von dem besessen werden, was sie zu besitzen glauben.[7]

Der Mensch kann durchaus mit Recht auf dem Sinn seiner endlichen Erkenntnis bestehen, solange er um deren Endlichkeit weiß, deren Problematik kennt und sie sich eingesteht. Ob ein endlicher Sinn menschlicher Erkenntnis seine Sinnhaftigkeit über den Augenblick hinaus be-

[7] Diesen Gedanken hat Augustinus zum Ausdruck gebracht, indem er sagt: „Ita fit inquietus et aerumnosus animus, frustra tenere a quibus tenetur exoptans" (*VR* 35). Er bedeutet zwar eine Relativierung des Sinns äußerer Tätigkeit, aber keine grundsätzliche Abwertung.

hält, worin der über alles Endliche hinausweisende Sinn bestehen könnte und wie er zu bewahren wäre, ist damit noch keineswegs entschieden. Vom Menschen her ist es angesichts der Vergänglichkeit seiner Sinnverwirklichung und der Sterblichkeit des einzelnen Menschen jedenfalls möglich, nach einem überzeitlichen Sinn des endlichen Sinngeschehens wenigstens zu fragen. Zugleich ergibt sich aus dieser menschlichen Perspektive, daß der gesuchte Sinn nur in einer *absoluten Zukunft* liegen könnte, also einer *Zukunft*, die grundsätzlich von der Vergänglichkeit alles Zeitlichen *abgelöst* wäre.

Nur Menschen, die mit all ihrer Kraft nach Wahrheit suchen, sind mögliche, zum Dank bereite Empfänger der absoluten Wahrheit. Nur in solchem Suchen kann der Mensch seine Endlichkeit bewahren und als endliches Selbst trotzdem dem unendlichen Gott begegnen. Daß Menschen über das Endliche hinausfragen, läßt sich nicht erzwingen. Wer aber die Unendlichkeit des Sehnens und Strebens im Endlichen vernimmt, kann sich der unbegreiflichen Möglichkeit einer unendlichen Erfüllung öffnen.

Sowohl die immanente Sinnhaftigkeit des endlichen Geschehens als auch seine implizite Ausrichtung auf die unendliche Erfüllung in der Transzendenz werden in der praktischen Philosophie noch klarer als in der theoretischen. Wissenschaftliche Erkenntnisse und die Erkenntnis seiner selbst als Suchenden sind sicher Erfüllungen menschlichen Strebens, aber solche, in denen noch etwas aussteht und das letztlich Gesuchte fehlt. Ebenso erlaubt der praktische Lebensvollzug, in dem Menschen dem sittlichen Anspruch zu entsprechen suchen, Erfüllungen, in denen die Sinnhaftigkeit des endlichen Geschehens jedenfalls nicht fehlt. Wer zum Beispiel in Liebe einem Sterbenden Beistand leistet, ihn seine Nähe erfahren läßt, so gut er es eben kann, tut etwas Sinnvolles, obgleich mit dem Tod die Möglichkeit solcher Erfahrungen gerade zu ihrem Ende zu kommen scheint und die mitgeteilte Nähe und Wärme gewissermaßen dem Nichts übergeben wird.

Wenn das Aufgerufensein zum verantwortlichen Handeln, das in moralisch relevanten Situationen bewußt wird, als die unableitbare Ermöglichung endlicher Freiheit praktisch übernommen wird, stellen sich – jenseits des möglichen Sinnes endlicher Versuche, das Gesollte zu verwirklichen – unausweichliche Fragen, deren Beantwortung nicht aus etwas Endlichem erfolgen kann. Die erste Frage stellt sich schon dadurch, daß kein Mensch sich objektiv als ein Freiheitswesen erkennen kann. Die Übernahme der moralischen Verantwortlichkeit findet demnach auf schwankendem Boden statt. Die moralische Entscheidung darf in der konkreten moralisch relevanten Situation eben nicht vom *klugen* Blick auf denkbare Folgen in der zeitlichen oder der absoluten Zukunft

abhängen. Jede Berechnung ist hier selbst schon des Teufels, sofern sie nicht auf die Erfüllung des Anspruchs zielt, sondern die eigenen Schäfchen ins Trockene zu bringen sucht. Wie wenig moralisches Handeln berechnend sein darf, so sehr liegt doch in der endlichen Sinnverwirklichung stets auch das Problem ihres unendlichen Sinnes, das der Auflösung bedarf, ohne daß sie im Endlichen erlangt werden könnte. Dieser unendliche Sinn endlichen Freiheitsgeschehens kündigt sich im Herausgefordertsein zu *eigentlichem Selbstwerden* und zum *Bewirken des in der Welt möglichen höchsten Gutes* an. Gerade auf diesem Feld ist der Mensch auf eine absolute Zukunft verwiesen.
Gerade weil moralische Entscheidungen nicht vom abwägenden Blick auf ihre Folgen abhängen dürfen, wenn sie *moralisch* sein sollen, wäre es eine *unerträgliche Durchkreuzung* der immanenten Tendenz des in der Zeit undurchsichtig bleibenden sittlichen Geschehens, wenn dies Geschehen *ohne ein letztes Offenbarwerden der Wahrheit* zu Ende ginge. Es wäre sinnwidrig, wenn unklar bliebe, ob die Freundlichkeit und die Hilfsbereitschaft eines Menschen nur auf Schein und Eigennutz oder aber auf Achtung und wahrer Liebe beruhten, ob die Opferbereitschaft nur die Folge eingeübter Verhaltensweisen und des Instinkts oder aber die mühsam errungene Frucht schmerzlicher Entsagung war, auch wenn sie vielleicht erst durch das Vertrauen auf die rettende Hand Gottes möglich wurde. Bliebe der Sinn all dieser Entscheidungen des Menschen, die ihn zuletzt jedoch sein Leben kosten, *bis in alle Ewigkeit zweideutig*, dann könnten zwar die einzelnen moralischen Handlungen weiterhin als sinnvoll gelten, der Sinn der Moralität selbst käme aber in eine scharfe Krise. Der *unbedingte Sinn der Moralität* hängt also auch davon ab, daß eines Tages die innere Wahrheit aller Herzen kundgetan wird. Wie schmerzlich die Begegnung mit einem *Herzenskündiger* zwar nun sein mag, so scheint gleichwohl offenbar zu sein, daß Wesen, die unter dem Anspruch eines verantwortlichen Lebensvollzugs stehen, in der absoluten Zukunft eines solchen *Künders* bedürfen, ebenso eines *Richters*, von dem sie hoffen müssen, aber auch nur hoffen können, daß er sich als *gnädiger* Richter und *Erlöser* erweisen möge (vgl. *RGV* B 84 bis 105).
Nicht allein von der Seite eines handelnden Subjektes her stellt sich die Frage nach dem Sinn der Moral in der absoluten Zukunft. Vielmehr gerät der objektive Sinn des moralischen Handelns ebenso in eine Krise, wenn er zuletzt dem bloßen Zufall ausgeliefert bleibt, wie es in der zeitlichen Welt offenbar der Fall ist. Das moralische Handeln hat nämlich der Verwirklichung der Gerechtigkeit im Sinne der umfassenden Harmonie des Ganzen (ἁρμονία) zu dienen (*Politeia* 443d); sie soll eine möglichst vollkommene Ordnung des Ganzen (*ut omnia sint ordinatis-*

sima) hervorbringen (*DLA* 1,15); sie zielt auf die Entstehung der *moralischen Welt*, in der *Tugend und Glückseligkeit* vereinigt sind, ohne daß dies Ziel vom Menschen je erreicht werden könnte (*KpV* A 198-219).
Der Sinn der Gottesfrage kann demnach eindeutig bestimmt werden, ohne die Unendlichkeit Gottes in unerlaubter und die Endlichkeit des Menschen mißachtender Weise einer Bestimmung zu unterziehen. Die immanenten Tendenzen des frei zu übernehmenden Lebensvollzuges, der den Menschen in eine Spannung zwischen nicht änderbaren Vorgegebenheiten und offenen Entscheidungsmöglichkeiten stellt, lassen ihn zu einem objektiv unbestimmbaren Wesen der Frage werden, dem es um den Sinn seines Seins, seines Seinsvollzuges und den Sinn des Seins überhaupt geht.[8] Wenn immer Menschen ihr Sein gestaltend übernehmen, sind sie schon auf einen unendlichen Sinn der Vergangenheit, Gegenwart und Zukunft bezogen, welchem sie in Vertrauen, Zuversicht und Dank begegnen, aber auch in Mißtrauen, Verzweiflung und Protest entgegentreten können.
Vom menschlichen Lebensvollzug her muß, insofern in ihm zugleich ein absoluter Sinn alles Tuns gesucht wird, auf den Ursprung des Ganzen hingedacht werden, auf die Macht, die es in der Gegenwart hält, und auf das Ziel, in dem Mensch und Welt ihre letzte Vollendung finden. Ob und wie eine Möglichkeit letzter Vollendung zu denken wäre, scheint keine Frage zu sein, die man von seiten des Menschen beantworten könnte. Der Vorwurf des Anthropomorphismus gegen den vorgetragenen, auf *Infinitionen des Endlichen* beruhenden Ansatz ginge demnach ins Leere. Jede Innenperspektive Gottes bleibt innerhalb des Philosophierens nämlich ebenso unzugänglich wie die Ewigkeit, die als Zukunft des Menschen erhofft wird. Wonach zu fragen ist, wenn es in der Philosophie um Gott geht, ist gleichwohl geklärt, da Gott als absolut unverfügbare, sinnstiftende Macht gesucht wird, welche die ursprüngliche Sinnstiftung des Menschen herausfordert, ermöglicht und vollendet. Gott wird zugleich als das *Alpha* und *Omega* von Sein und Sinn der Freiheit gedacht, auf das hin der Mensch als endliches Zeitwesen zulebt. Trotz der Bestimmtheit der Fragerichtungen im infinierenden Denken bleibt Gott, auf dem die Hoffnungen des von den Rätseln und Nöten der Zeit und der Not der Zeitlichkeit bedrängten Menschen ruhen, end-

[8] Diese Formulierungen klingen zwar an Heideggers Existenzialanalyse an, in der vom Sein des *Daseins* gesagt wird, daß es diesem „in seinem Sein wesenhaft *um* dieses Sein selbst geht" (*SuZ* 113); sie beziehen sich aber auf die ganze abendländische Tradition der Philosophie (vgl. den im Anschluß an Platon gebildeten Begriff der selbstanordnenden Vorsorge, z. B. in § 11); darüber hinaus ist anzunehmen, daß sie das Wesen des Menschen überhaupt betreffen.

lichem Denken wesenhaft fern. Was das wahre Sein von Welt und Mensch ist, ob es einem letzten Sinn zustrebt, was die in flüchtige und nichtige Zeiten zersplitterte Zeit in die vollkommene und beständige Gegenwart hinein retten könnte, wäre die Ablösung von allen Mühen des menschlichen Daseins und die Feier des Seins; diese Fragen bleiben für den Menschen in der Welt jedoch ein unergründliches Geheimnis, dem er mit Hoffnung, Zweifel oder mit scheinbarer Gleichgültigkeit begegnen kann.

Wenn die auf einen absoluten Sinn des Ganzen gerichtete Hoffnung schließlich ihr letztes Ziel fände, wäre die Wirklichkeit dieser Hoffnung für den, dessen Leben sie trägt, schon das Geschenk aller Geschenke in der Welt. Die Fragen, ob es vernünftige Überlegungen für die Überzeugung vom absoluten Ursprung, vom absoluten Gehaltensein und von der absoluten Vollendung des Endlichen gebe, wird in der Diskussion um die Annehmbarkeit des Daseins Gottes behandelt, der das folgende Kapitel gewidmet ist.

III.

Zur philosophischen Debatte um das Dasein Gottes

Nach der Betrachtung des Menschen als Ortes und Trägers der Gottesfrage wurde deren Inhalt untersucht. Weil die Philosophie wesenhaft zur Infinition endlicher Gedanken tendiert, ist der Gottesgedanke ihr *Ideal* (*KrV* B 602ff.). Diese Infinitionen wurden unter Bezugnahme auf die Zeitlichkeit systematisch strukturiert. Der nach Gott Fragende sucht den *absoluten Ursprung*, das *absolute Getragensein* und die *absolute Zukunft* von Welt und Mensch in höchster Vollkommenheit. Wer die *Bedrohtheit* seines Weltdaseins wahrnimmt und sich dessen *Zufälligkeit* eingesteht, erblickt die Wirklichkeit als abgrundtiefes *Geheimnis*, das sich von der Kälte des Nichts abhebt und ihn die *Kraft* und das *Feuer* der Dinge spüren läßt. Die entscheidende Frage lautet, ob man dem verborgenen Ursprung, der das Feuer entzündet hat und es unmerklich brennend hält, voll *Vertrauen* in dem *Glauben* begegnen kann, daß der innere Brand Welt und Mensch nicht verzehrt, sondern ihr Gold auszuschmelzen hilft, ohne ihr *Eigensein* zu vernichten und ihre Asche auf den Abfallhaufen der Geschichte zu streuen (vgl. *Za* III; *KSA* 4,256). Die Beantwortung der Frage, ob der Mensch mit seiner *Unsicherheit* und *Schwäche* hoffen darf, daß die Unendlichkeit *kein sinnleeres Chaos* sei, das die flüchtige Zeit am Ende zur *gleichgültigen Spielerei* erniedrigt, ob er also hoffen darf, die vollendete Entsprechung seiner Sinnsuche zu finden, kann keine Sache des objektiven Wissens sein, sondern hat stets mit dem *Vertrauen* des Einzelnen zu tun, das mit einer freien Stellungnahme einhergeht. Die von der *Freiheit* mitgetragene Antwort der Person hängt aber auch von der Möglichkeit der *Einsicht* ab, ob das Unendliche *mit Vernunft* als der wahre Gott angenommen werden kann.

Die folgende Einführung in die *Debatte um das Dasein Gottes* soll im Bewußtsein der Sinnproblematik untersuchen, ob und gegebenenfalls aus welchem Grund ein Philosophierender annehmen kann, daß der in der Philosophie gesuchte oder umstrittene Gott in der Tat existiert und die Zeit also einen sinnhaften Ursprung, einen sicheren Halt und ein vollendetes Ziel besitzt. Hierbei sind die möglichen *Modi* von Annahmen bezüglich der Existenz Gottes zu betrachten, um sehen zu können, ob und mit welcher Sicherheit diese Existenz angenommen werden *kann*, *darf*, *soll* oder *muß*.

Gegen die *bloße Annehmbarkeit* des Daseins Gottes läßt sich nicht gut argumentieren. Ein sogenannter *wissenschaftlicher Atheismus* dürfte eher die *Selbstverhöhnung der Wissenschaft* sein als eine ernste Sache, da die Bestreitung absoluter Wirklichkeit aus wissenschaftlichen Motiven nicht von dem nicht-absoluten Standpunkt aus möglich ist, der dem Menschen durch seine Situation zukommt. Wer also in der theoretischen Philosophie die explizite Bestreitung des Daseins Gottes vermeidet, aber spöttisch weiterbohrende Fragen stellt, ist als Gegner des Gottdenkens gefährlicher, weil er auf einer *Bestimmtheit des Denkens* besteht, die innerhalb der weltgebundenen objektiven Erkenntnis durchaus zu fordern ist und alles Nicht-endliche zur Chimäre zu machen scheint. Die Skepsis, die auf die Unfaßbarkeit des Unendlichen verweist, ist das theoretische Pendant zu dem *Protest* gegenüber dem allmächtigen Gott, der durch die *faktische Diskrepanz von Sein und Sinn in der Welt* ausgelöst wird. Der den unbedingten sittlichen Anspruch anerkennende Mensch nimmt das Negative im Weltzustand als dessen Widerstreit zum Dasein eines unendlich guten Gottes wahr (*S. th.* I,2,3 obi. 1). Dieser Einsicht kann sich der vom sittlichen Anspruch getroffene Mensch um so weniger entziehen, als dieser ihn anfeuert, das Negative zu bekämpfen und zur natürlich scheinenden Aggressivität samt ihrem Egoismus und Blutdurst eine humane Gegenwelt anzustreben. Dieser Blutdurst tritt schon in der Tierwelt auf, wo er meist an die Notwendigkeiten der Nahrungsaufnahme gebunden ist, aber auch in der Menschheitsgeschichte, die offenbar seit ihrem Beginn Mord, Totschlag und Kriege kennt.

Das philosophische Gottdenken steht in der *Kampfgemeinschaft* mit dem Protest, mit der *Ablehnung und Verneinung des Negativen*, ohne sich von diesem Negativen aber die Hoffnung auf die Erfüllung der Sehnsucht durch Gott rauben zu lassen (*S. th.* I,2,3 ad 1.). Im Zuge der Bemühungen, die man gewöhnlich als *Gottesbeweise* bezeichnet, ist zu klären, was dem Spott und dem Protest entgegengehalten werden kann. Nach den Skizzen zu den wichtigsten Beweisen (§ 8) werden die sachlichen Grundlagen ihrer Bestreitbarkeit untersucht (§ 9). Das Kapitel endet in einer kritischen Sichtung von wesentlichen Positionen, die als atheistisch gelten (§ 10).

§ 7

Zum Sinn der Ausarbeitung von Gottesbeweisen und zum *modalen Charakter* der möglichen Resultate

Im Blick auf den Sinn einer Ausarbeitung von Gottesbeweisen sind zunächst die *Impulse* noch einmal zu vergegenwärtigen, die einerseits von der theoretischen, andererseits der praktischen Philosophie ausgehen und zur Annahme oder Ablehnung der Existenz Gottes führen können. Vor dem Hintergrund der wirksamen Motive ist sodann die Frage der *Modalität* der möglichen Stellungnahmen zur Frage nach der Existenz Gottes zu untersuchen.

Die Frage nach dem Dasein Gottes wird gelegentlich als eine reine *Denkaufgabe* untersucht. Ob man jedoch die Gottesfrage aus dem bloßen *Geist der Geometrie* auch nur stellen kann, bleibt noch zu überprüfen.[1] Aus den vorgetragenen Überlegungen zu dem nach Gott fragenden Menschen und zum Wesen Gottes zeigt sich, daß erst die dialektische Verknüpfung der *Annehmbarkeit* und des *Entzogenseins* Gottes ein Denken ermöglicht, das einerseits das Endliche nicht im Unendlichen verschwinden läßt und andererseits das Unendliche nicht durch Verendlichung depotenziert. Derart ist das *Entzogensein Gottes* ein positives Phänomen, das durch Beweise nicht ohne Schaden verdeckt oder beiseitegeschoben werden kann. Dieses Phänomen ist immer wieder bewußtgemacht worden. Platon spricht explizit vom *Sichverbergen* Gottes, der trotzdem gegenwärtig bleibt (*Politikos* 272e, 273d); ähnlich sagt noch Augustinus, daß nichts *abgeschiedener* und nichts *gegenwärtiger* sei als Gott: „quo nihil sit secretius, nihil praesentius“ (*QA* 34,77). Deshalb ist es erforderlich, zugleich die *Grenzen* und die *positiven Möglichkeiten* in der Intention der Gottesbeweise methodisch zu reflektieren.

---

[1] Dazu vgl. unten Kapitel IV; möglich ist es indessen, in methodischer Einschränkung auf diesen *Geist der Geometrie* und im Wissen um die Grenzen dieser Untersuchungsart die geschichtlich vorliegenden Versuche auf die Probe zu stellen; in diesem Sinne erklärt Wolfgang Röd: „Nicht die Frage, ob Gott existiert, soll auf den folgenden Seiten erörtert werden, sondern die gänzlich andersartige Frage, ob sich Gottes Existenz aus reiner Vernunft – und das heißt: unabhängig von der Erfahrung, aber auch unabhängig vom religiösen Glauben – beweisen läßt“ (*GrV* 9). Vgl. dazu auch *DGDa*.

a) Die wesentlichen Impulse in der Ausarbeitung von Argumenten für das Dasein Gottes

Es ist ein auffälliges Phänomen, daß die Gottesbeweise meist als Unternehmung aus rein theoretischer Vernunft vorgetragen worden sind. Die Angelegenheit sollte offenbar so behandelt werden, als ob das Herz des Menschen nicht an dieser Entscheidung hinge, in gleichsam unparteiischer Beurteilung, *sine ira et studio*. Obwohl Unparteilichkeit sicher als notwendige Grundlage wissenschaftlicher Urteile gelten muß, ist dennoch von vornherein zu beachten, daß eine sachgemäße Bearbeitung der Gottesfrage deren existenzielle Motive mitzuberücksichtigen hat. Die *wirkliche* Annahme des Daseins Gottes bringt nämlich für eine rein theoretische Welterkenntnis, in der man alle praktischen Interessen außer acht ließe, keine größeren Vorzüge mit sich als die nur *hypothetische* Annahme, das Mannigfaltige in der Welt sei von einer unbekannten Wurzel her zu verstehen. Daß die Differenz zwischen einem als *bloße Vorstellung* eingeführten, einfachen Ursprung des Ganzen und seiner *absoluten Existenz* nicht vernachlässigbar ist, hängt mit Lebensfragen zusammen, die aus der zeitlichen Endlichkeit des Menschen entspringen. Dieses Problem, das sich mit der Flüchtigkeit der Zeit stellt, überschreitet das theoretische Streben nach Erkenntnis. Nur in einer absoluten Zukunft kann sich die Wirklichkeit Gottes als die unendliche Wahrheit zeigen. Die absolute Zukunft ist für den Menschen aber mit der Grenze des Todes verbunden, in der die flüchtige Zeitlichkeit des Weltdaseins ihren Untergang erleidet. So wird der Tod zum *Ernstfall der Hoffnung*, in dem alles, was in ihm wirklich geschieht, an der Antwort auf die Fragen hängt, ob Gott *ist* und dem Menschen *unmittelbar begegnet*, nicht mehr vermittelt von Weltlichem.[2] Die Sehnsucht nach unmittelbarer Gegenwart Gottes bleibt in der Welt ungestillt. Es wird sich zeigen, daß vernünftiges Denken zwar Hoffnung auf die Wirklichkeit Gottes erlaubt, aber keinen *objektiv zwingenden Beweis*.

Die Frage nach dem Wesen der Götter liegt historisch gesehen vor den Versuchen, ihre Existenz zu beweisen. Am Anfang der dokumentierten Geschichte war die Wirklichkeit göttlicher Mächte offenbar keinen

---

[2] Vgl. *EHGT*; in der Welt hat zu gelten, daß die Einheit nur durch Vermittlung der Andersheit erreicht werden kann (*mediante alteritate*), die Andersheit jedoch nur durch die Einheit (*mediante unitate*) verstanden werden kann; so bleibt unser Erkennen in der Welt nur ein Mutmaßen; vgl. *Coni* 2,16.

Zweifeln ausgesetzt.[3] Die frühe aufklärerische Kritik zielt auf eine Reinigung des Gottdenkens, nicht auf die Bestreitung der Existenz des Göttlichen überhaupt. In dieser Art kämpft Xenophanes gegen die Anthropomorphismen in den Theologien Homers und Hesiods. Diese hätten den Göttern solches angehängt, was bei Menschen Schimpf und Tadel sei: Stehlen und Ehebrechen und Einander-Betrügen (*Fr* B 11); sie sprächen den Göttern menschliche Eigenschaften zu: Auch Götter würden geboren, hätten Gewand und Stimme und Gestalt wie die Menschen (*Fr* B 14). Gegen die anthropomorphe Gottrede setzt Xenophanes sein Wort vom einen Gott (εἷς θεός), der den Sterblichen nicht gleicht, der als ganzer sieht, denkt und hört (*Fr* B 24: οὖλος ὁρᾶι, οὖλος δὲ νοεῖ, οὖλος δέ τ' ἀκούει) und das All mit seines Geistes Denkkraft erschüttert (*Fr* B 25: νόου φρενὶ πάντα κραδαίνει). Dadurch raubt Xenophanes zwar jeder anthropomorphen Vielgötterei die Basis (*Fr* B 23), ohne das Sein des Göttlichen aber zu bezweifeln oder auch nur den Zweifel in Erwägung zu ziehen. Demgegenüber hielt Platon es offenbar in seiner Zeit für ratsam, den Zweiflern mit einem Beweis entgegenzutreten (*Nomoi* 890b ff.). So zeigt sich die *Apologetik des Gottesglaubens* als das erste bestimmende Motiv in der Ausarbeitung von Gottesbeweisen; sie sollen die Überzeugung durch vernünftige Argumente angesichts von Zweifeln beeinflussen.

Apologetik basiert zunächst nicht auf eigenen Motiven eines Denkens, sondern antwortet auf eine Begriffswelt, die von anderer Seite kommt, um sie für die Gottesfrage zu öffnen. Trotzdem kann dies Eingehen auf fremde Motive auch Einfluß auf das eigene Denken gewinnen. Demokrit spricht zum Beispiel von Ursache (αἰτία) und Ursprung (ἀρχή) in anderem Sinne als Platon, so daß man fragen kann, ob sie mit diesen Begriffen dasselbe meinen. Demokrit, dessen Gedanken Platon beachtet und kritisch umgeformt hat (z. B. *Timaios* 53c-54c), lag gemäß der Überlieferung alles daran, Ursachenerklärungen (αἰτιολογία) naturwissenschaftlicher Art zu finden (*Fr* B 118), die laut Platon aber kein Ergebnis darstellen, bei dem sich das Denken beruhigen könnte. Derart ist grundsätzlicher zu fragen, was einem Denken widerfährt, wenn es sich auf fremde Motive einläßt. Indem beide Autoren zu *Ursachen* sprechen, hätte man zu fragen, ob sie ihre Begriffe in eindeutigem (*univokem*) Sinn gebrauchen, in ähnlichem (*analogem*) oder in mehrdeutigem (*äquivokem*). Es liegt auf der Hand, daß ein univoker und ein äquivoker Gebrauch unzureichend sind. Wer die *Univozität* des Ursachebegriffs

[3] Zur vorsokratischen Situation vgl. auch *GrV* 11: „Obwohl dem wahrhaft Seienden damit göttliche Attribute beigelegt werden, fehlt jede Spur eines Versuchs, die Existenz des so bestimmten Seienden zu beweisen."

behauptet, muß den philosophischen Begriff auf die Eindimensionalität kausalanalytischer Erklärungen einengen; dies hätte die Preisgabe der philosophischen Bedeutung zur Folge. Wer die *Äquivozität* des Ursachebegriffs annimmt, kann erst gar nicht zur gesuchten Auseinandersetzung kommen, da schon das die Debatte ermöglichende Vorverständnis über die verhandelte Sache nicht gesichert wäre. Derart muß man in apologetischen Argumentationen grundsätzlich ein *analoges* Verhältnis der strittigen Bedeutungen voraussetzen. Das analoge Denken impliziert nicht von vornherein eine dogmatische Metaphysik mit Gott als dem obersten Grund, sofern Menschen von sich her einsehen können, daß die endliche Erkenntnis die unbedingte und vollkommene Wahrheit nicht erreicht; die höchste Wahrheit ist weder durch *regressive Synthesis* zu erreichen, die einen absoluten Anfang sucht, noch mit *progressiver Synthesis*, die nach den Folgen fragt (*KrV* B 438; zu *Prosyllogismus* und *Episyllogismus* vgl. *KrV* B 364, 388). Analoges Denken hat allein das Ziel, sich der absoluten Wahrheit nach Möglichkeit zu *nähern*; dadurch wird es zwar *offen für eine unendliche Wahrheit*, ohne diese aber in den Griff zu bekommen. Auf solchen Bahnen bewegt sich der philosophische Gedanke Platons, wie er in den zentralen Gleichnissen der *Politeia* verbildlicht ist (505a ff.).
Apologetik hat auf die echten Erkenntnisse der Gegner einzugehen und sie von deren allgemein menschlicher Wurzel her zu korrigieren oder zu erweitern. Die der Philosophie zugehörende Beziehung auf die Wahrheit des Ganzen setzt sowohl eine *universale menschliche Kommunikationsgemeinschaft* als auch die *gegenseitige Verträglichkeit aller wahren Erkenntnisse* voraus. Diese Kommunikationsgemeinschaft gründet in der *Verwandtschaft der gesamten Natur* (*Menon* 81d: τῆς φύσεως ἁπάσης συγγενοῦς οὔσης). Wahre Einsichten der Gottesleugner dürfen gerade vor dem Hintergrund der Annahme Gottes als Weltschöpfers nicht ignoriert werden; vielmehr muß man voraussetzen, daß die von ihnen akzentuierten Phänomene in ein wahres philosophisches Denken einfließen können.
Die möglichen Wege zur Verteidigung der Annahme des Daseins Gottes sollen in einem ersten Anlauf angedeutet werden. Sie könnten mit einer erkenntnistheoretischen Untersuchung beginnen, die auf das Wesen, die Möglichkeit, die Grenzen der endlichen Erkenntnis und die Gewißheit der Wahrheit zielt. Setzt man voraus, daß alle menschliche Erkenntnis mit der Erfahrung anfängt, dann zeigt bereits die Notwendigkeit dieser Erweckung der Erkenntnis, daß sie sich ihres Vermögens nicht aus eigener Kraft gewiß ist. Außerdem kann sie die extramentale Welt nur durch experimentelles Verfahren erforschen. Was konkrete Naturdinge in sich selbst sind, was das Ganze der Natur ist, bleibt unverständlich, solange

kein umgreifendes Prinzip angenommen wird, das die Natur dem Chaos entreißt und alles in ihr erkennbar macht. Solche Erkenntnis hängt mit herrscherlicher Durchformung zusammen (*An* Γ, 429a 19f.: ἵνα κρατῇ, τοῦτο δ' ἐστὶν ἵνα γνωρίζῃ). Nur wer das herrscherliche Prinzip des Ganzen durchschaut, kann den absolut sicheren Besitz der Wahrheit reklamieren. Indem nur ein herrscherlicher Ursprung die Gelichtetheit von allem zu verstehen erlaubt, liegt schon in der faktischen Durchsichtigkeit der Dinge in der Welt ein erkenntnistheoretisches Motiv zur Annahme des Daseins Gottes. Verbunden mit den erkenntnistheoretischen Motiven, die in Augustins noologischem Beweis eine argumentative Ausarbeitung erreicht haben (*DLA* 2; vgl. § 8 b.), sind die *ontologischen Motive*, die das Denken aus dem bloßen Gedanken des Unendlichen zu Argumentationen für das Dasein Gottes treiben (vgl. § 8 a.). Die *Zufälligkeit der Dinge in der Welt*, die sich in deren Werden und Vergehen dokumentiert, lassen den Menschen eine Wirklichkeit suchen, die nichts Zufälliges mehr an sich hat und so durch sich selbst als das *unbedingt notwendige Wesen* sichtbar wird, bei dem alle Fraglichkeit aufhört (vgl. § 8 c.). Die Suche nach dem Ende der Fraglichkeit bewahrt auch im Ansatz der neuzeitlichen Philosophie ihre Zielrichtung auf Gott, weil sich die Selbstgewißheit des Subjekts doch als endlich und bedingt erweist. Descartes behauptet zwar, daß die Existenz des Denkenden im Vollzug des Denkens zweifelsfrei feststehe, aber doch nur solange, als wirklich gedacht wird: „hic invenio: cogitatio est, haec sola a me divelli nequit; ego sum, ego existo, certum est. Quamdiu autem? nempe quamdiu cogito“ (*MPP* II,6). Um die Endlichkeit dieser Gewißheit zu überwinden, sieht er sich genötigt, den Gottesgedanken einzuführen (vgl. § 12 a.).[4] Erkenntnistheoretische, ontologische und kosmologische Motive können also zur Ausbildung von *Beweisen* für die Existenz Gottes treiben; sie können aber auch *Gegenargumente* begünstigen. Wer zwar sieht, daß die Wahrheit des Ganzen nur aus der Sichtweise Gottes absolut sicher erkannt werden könnte, kann bemerken, daß den Menschen diese Sichtweise gerade fehlt und sie sich im Ausgang von solchen Ansätzen nur trügerische Gewißheiten erwerben können. Die absolute Wahrheit der menschlichen Erkenntnis zeichnet sich nämlich dadurch aus, daß sie nicht des Absoluten mächtig ist. Die Annahme der *Zufälligkeit des Endlichen* kann demgemäß offenbar nicht

[4] Die Formel: *Ich denke, also bin ich* (*DM* 4,1: „je pense, donc je suis“, *cogito ergo sum*) ist zu ändern in: *Ich werde gedacht, also bin ich* (*cogitor ergo sum*); vgl. *Ces*. Auch Augustinus spricht vom Erkanntwordensein des Menschen durch Gott (*C* 10,1): „Cognoscam te, cognitor meus, cognoscam, sicut et cognitus sum“ (laut 1 *Kor* 13,12 ist dieses Erkennen von Liebe getragen).

nur *für*, sondern auch *gegen* eine Annahme des absolut notwendigen Seins Gottes herangezogen werden.

Nicht übergangen werden dürfen auch die Argumente für das Dasein Gottes, die auf einer Analogie zum Seinsvollzug des menschlichen Geistes beruhen, sofern er sich durch Zwecktätigkeit und sittliches Handeln auszeichnet. Da es in der Welt *Zweckmäßigkeit* gibt, deren Urheber in der Welt nicht faßbar ist, kann nach der intelligenten, *zwecktätigen* Kraft im Ursprung der Welt gefragt werden (§ 8 d.). Das bereits erwähnte *Wunder der moralischen Anlage in uns* kann sodann zur Ausarbeitung des moralphilosophischen Arguments für das Dasein Gottes führen (§ 8 e.).

Es gibt jedoch nicht allein Motive zur *Ausbildung* von Argumenten und Gegenargumenten für die Existenz Gottes, sondern ebenso auch für die *Zurückhaltung* von beidem. Diese Zurückhaltung kann ihren Grund in der vermuteten Ergebnislosigkeit solcher Bemühungen haben oder vom Bewußtsein getragen sein, daß ein positiver Ausgang der Beweisbemühungen, wenn er erreicht werden könnte, dem vorgenommenen Beweisziel gar nicht zuträglich wäre. Die Zurückhaltung kann demnach entweder von Gleichgültigkeit gegenüber den Beweisbemühungen getragen sein, weil diese für fruchtlos gelten, oder aber von gezielt theologischem Interesse, das in Beweisversuchen und in den philosophischen Versuchen des Gottdenkens sogar etwas dem Göttlichen Schädliches und Unzuträgliches sieht. Der *Rückzug auf die Endlichkeit der menschlichen Erkenntnis*, die sich nichts anmaßen möchte, was ihre Kraft übersteigt, und gegen Positionen ankämpft, in denen sie solche Anmaßung erblickt, wird öfters von *empiristischen Positionen* aus propagiert. Falls sich diese nicht dogmatisch verhärten und für andere als die bloß sinnliche Wirklichkeit offenbleiben, können sie für die Gedankenwege der Gottesbeweise der erwünschte Widerpart sein, der vor haltlosem oder hybridem Spekulieren warnt. Soweit es zutrifft, daß die Erkenntnis eines Sachgebietes mit der Herrschaft über es zusammenhängt, könnte jede Behauptung, Gott erkannt zu haben, als der – obzwar vergebliche – Versuch einer hybriden Übermächtigung des absolut herrscherlichen Gottes gelten.

Gotteserkenntnis ist offensichtlich eine heikle Aufgabe, die in die Konkurrenz zwischen Mensch und Gott umschlagen kann, die zur reinsten Form des Atheismus führt. So war Luther überzeugt, der Mensch könne *kraft seiner Natur* nicht wollen, daß Gott Gott sei: „Non potest homo naturaliter velle deum esse deum"; er wünsche im Gegenteil sich selber zum Gott und Gott zum Nicht-Gott-Sein: „Immo vellet se esse deum et deum non esse deum" (*Disp* 17). Im Anschluß an diesen Gedanken Luthers sagt Hans Blumenberg zu der Analyse der derzeitigen Situation:

„Es geht um keinen Atheismus, sondern um die ›Umbesetzung‹ der Stelle des einzigen Gottes, für die es die bloße Anmeldung des Anspruches *Ich auch!* nicht geben kann. Die Rivalität kann nur absolut sein" (*Mtpas* 16). Die Motive für die Skepsis gegenüber Gottesbeweisen liegen also *a fortiori* im Rat, sich um der Göttlichkeit Gottes willen in der Philosophie des Redens von Gott zu enthalten (*IuD* 45). Es scheint indessen auch der Wahrheitssuche zuwiderzulaufen, von Gott nur zu schweigen, ohne nicht wenigstens den Versuch unternommen zu haben, so von ihm zu sprechen, daß der Sinn dieses Schweigens als Schweigen vor Gott deutlich wird. *Schweigen aus innerem Reichtum* mag zwar die höchste Weise der möglichen Gegenwart Gottes in der Welt sein, es sollte aber vom *eisigen Schweigen der Gleichgültigen* unterscheidbar sein und dem *lauten Gerede von Gottesleugnern* etwas entgegenzusetzen haben.
Aus diesen Gründen sind philosophische Argumente zum Aufweis der Existenz Gottes auch dann erforderlich, wenn sie nur Wegzeichen des endlichen Denkens sind, die in die Transzendenz weisen. Sie dienen als solche in undogmatisch metaphysischem Hindenken auf Gott der *Befestigung der Infinition des menschlichen Geistes* gegen die Ansprüche der sich immanent abkapselnden Wissenschaftlichkeit. Ziel ist also keine meta-physikalische Dogmatik, sondern ein Aufgreifen wissenschaftlicher Motive und Argumente, die im Blick auf die Gottesfrage weitergeführt werden können. Wenigstens soll das Dasein Gottes in dem Sinn angenommen werden können, daß deutlich wird, wie wenig philosophisches Fragen in der Weltwirklichkeit einen gültigen Abschluß finden kann. Die *Aufgabe der Philosophie* ist es, dem Anspruch zu entsprechen, der sich dem endlichen Menschengeist in seiner faktischen und wesenhaften Situation stellt. Sie hat demgemäß die Aufgaben wahrzunehmen und zu bearbeiten, die dem Menschen durch die *metaphysische Naturanlage* auferlegt sind. Diese metaphysische Naturanlage ist von der Art, daß sie den positiven wie den negativen Behauptungen dogmatischen Wissens der unendlichen Wahrheit den Boden entzieht. Damit bürdet sie jedem Menschen schließlich die Last der Entscheidung auf, von woher er die Welt und sein Dasein in ihr verstehen und worauf er sein Vertrauen setzen will.

b) Die Zuspitzung der Problematik in den praktisch motivierten Stellungnahmen zum Dasein Gottes

Wer sich in seinem Lebensvollzug auf *ungestütztes Existieren* zurückzuziehen sucht und sich der Gottesfrage in der Art des *Sisyphos* von Camus stellt, muß entscheiden, ob seine Leiden, mit denen er womöglich in überlegener Manier umzugehen vermag, für ihn die wahre Herausforderung bedeuten.[5] Es könnte ihm nämlich auch bewußt werden, daß die Leiden anderer Menschen, sofern diese als nicht selbstzugezogen gelten können, und ebenso die Leiden aller dem Schmerz ausgesetzten Lebewesen, nachhaltiger als die eigenen Leiden eine Hoffnung herausfordern, die alle weltlichen Möglichkeiten übersteigt. Die Verwiesenheit auf Hoffnung führt den Menschen zwar keinesfalls zu sieghafter Gottesgewißheit, aber vielleicht zu bittenden Fragen über die Welt hinaus, die vom Schmerz der Ungewißheit und des Leidens durchtränkt bleiben.

Wer sich die Untersuchung der Gottesfrage aus bloß theoretischen Motiven vornimmt, kann, solange er nicht von der überwältigenden Schönheit als dem Glanz der unendlichen Wahrheit (*splendor veritatis*; vgl. *CD* 18,32) bezaubert und angezogen wird, die Erkenntnis in andere Richtungen lenken und immer wieder Neues und Staunenerregendes finden, das der Erkenntnistätigkeit genügenden Anreiz bietet. Aus den Motiven der praktischen Philosophie gewinnt die Gottesfrage nun allerdings eine Dringlichkeit, der sich kein Mensch mit Recht entziehen kann.

Im Blick auf die praktischen Motive muß zunächst die Unterscheidung durchgeführt werden, inwieweit sie nur einen Auftrag an die theoretische Vernunft richten, sich den Fragen der Beweisbarkeit das Daseins Gottes mit größerem Nachdruck zu widmen, als ihn die theoretischen Motive enthalten, und inwieweit sie selbst als die Grundlage zur Ausarbeitung von Argumenten tauglich sind. Solange es nur um die Motivation geht, muß allerdings der an die theoretische Vernunft ergehende Auftrag unparteiisch durchgeführt werden. Weil es indessen aus praktischen Überlegungen heraus sowohl Argumente *für* die Annahme der Existenz Gottes als auch *gegen* sie gibt, erbringt die von jedem theoretischen Urteil geforderte Zurückhaltung im Urteilen keinen ausschlaggebenden Vorteil für die eine oder andere Seite, sondern nur die Zuspitzung der theoretischen Problemsituation. Auch die Argumente, die sich unmittelbar auf praktische Motive stützen, bedürfen der theoretischen Ausgestaltung, beziehen ihre argumentative Kraft aber *allein aus dem Anspruch*, der sich durch moralisch relevante Situationen erhebt. Die Un-

---

[5] Zum *ungestützten Existieren* vgl. *EE* 142ff. Es richtet sich gegen die Fixierungen des *Wissens* und der *Autorität*, in denen sich die Existenz verliere. Jaspers hält die ungestützte Existenz für die Gottesfrage offen; die Tendenz einer ungestützten Existenz zum Atheismus wird unter dem Stichwort des humanistischen Atheismus verfolgt werden (vgl. § 10 d.).

verfügbarkeit und Strenge dieses Anspruchs verhindert, daß der Wunsch hier gleichsam zum Vater des Gedankens werden kann.
Der sittliche Anspruch fordert die Beförderung von Inhalten, die sein sollten, aber nicht wirklich sind. Diese Inhalte zielen auf die *Einheit von Tugend und Glückseligkeit*, die sein soll, da Tugend gewiß auch die Würdigkeit ist, glücklich zu sein (vgl. z. B. *KrV* B 834). Aus der faktischen *Differenz* zwischen dem, *was ist*, und dem, *was sein soll*, nähren sich die Motive, die einen genuin praktischen Beitrag zu den Argumenten für das Dasein Gottes leisten können. Diese Differenz hat mehrere Momente, die separat zu betrachten sind. Dabei wird sich zeigen, daß sie als Stütze entgegengesetzter Ergebnisse in bezug auf die Frage nach dem Dasein Gottes ins Spiel gebracht werden können.
Im Hintergrund des in moralisch relevanten Situationen ergehenden Anspruchs steht immer der Gedanke einer umfassenden ἁρμονία, eines *mundus ordinatissimus* oder einer *moralischen Welt*, in der die Differenz zwischen Sein und Sollen überwunden ist. Wenn dieses Ziel erreicht werden können soll, müssen die entsprechenden subjektiven Voraussetzungen bei jedem Einzelnen gegeben sein, es müssen aber auch objektive Voraussetzungen gegeben sein, die den schwer erträglichen Zustand beenden, daß *die Sonne über Gerechte und Ungerechte scheint* (*Koh* 9,3). Obgleich der faktische Weltzustand moralisch kaum erträglich ist, ist er doch eine Voraussetzung der menschlichen Freiheit, da in einer moralisch wohlgeordneten Welt Ungerechtigkeit als Dummheit gelten müßte. Sobald jemand aus moralischen Motiven handelt, vielleicht mit einer Hoffnung, daß es schließlich einen bleibenden Sinn seines Tuns geben werde, tut er ganz anderes, als aus klugem Kalkül zu handeln.
Das Faktum, daß die Bedingungen der Freiheit dialektisch zu formulieren sind, führt zu der Uneindeutigkeit ihrer Konsequenz für das Dasein Gottes. Als Beispiel für die Angemessenheit dialektischer Formulierungen ist die Spannung zwischen der Selbstgegründetheit und der Angewiesenheit des menschlichen Wollens anzuführen. Augustinus sagt, daß es in der Willensbestimmung einerseits nur auf den Willen selbst ankomme, da nichts so in unserer Macht stehe wie der Wille selbst: „nihil tam in nostra potestate quam ipsa voluntas“ (*DLA* 3,7). Andererseits erklärt er aber auch, der Mensch vermöge nichts durch sich selbst aus eigenen Kräften: „tu enim per te ex viribus tuis nihil potes“ (*EP* 35,1). Zu ähnlichen dialektischen Formulierungen kommt auch Jaspers im Blick auf das Verhältnis von Freiheit und Gnade (*EE* 45). Bei der Übernahme des sittlichen Anspruches wird immer vorausgesetzt, daß *alles* darauf ankomme, ihm mit verantwortlichem Tun zu entsprechen. Wenngleich sich ein Mensch noch so sehr abmüht, tritt bekanntermaßen häufig der Fall ein, daß trotz guten Willens *wenig* oder sogar überhaupt

nichts vom Zweck der Handlung verwirklicht wird, weil eben Handlungen aus guter Absicht doch schlechte Folgen haben können.
Falls zum Beispiel jemand versucht, einem anderen Menschen in Not zu helfen, kann es zu Verwicklungen kommen, die zur Tragödie oder zur Satire ausarten und also der immanenten Sinntendenz des Handelns zuwiderlaufen, das dem sittlichen Anspruch zu entsprechen sucht. Die Spannung zwischen dem *Alles* im unbedingten Anspruch und dem möglichen *Nichts* der faktischen Verwirklichung kann dazu antreiben, doch eine Erfüllung jenseits der menschlichen Möglichkeiten zu erhoffen, jenseits der Unbeständigkeit des Weltdaseins in der *entflüchtigten Zeit*, die vom verantwortlichen Handeln des endlichen Menschen bestimmt und von der unendlichen Liebe und der Gerechtigkeit Gottes getragen wäre.
Diese Spannung kann aber auch das Zutrauen in die Sinnhaftigkeit des sittlichen Anspruchs in Mitleidenschaft ziehen und so zu Resignation und Protest führen. *Resignation* wäre die Preisgabe der Anerkennung des unbedingten Anspruches, gleichsam der moralische Tod des Menschen. Sofern der Mensch trotz dieses Todes weiterleben kann, wird er entweder zum liederlichen *Nichtsnutz*, der sich durch sein Leben wurstelt, oder zum schreckenerregenden *Ungeheuer*, das selbst die grausamsten Untaten ungerührt ausführt, falls sie ihm nur nützen. Der *Protest*, der gegen das Zurückbleiben der Wirklichkeit hinter dem Ziel sittlichen Handelns opponiert, gibt zwar nicht die Gültigkeit des Anspruchs auf, läßt sich aber auch nicht hoffend auf die Möglichkeit einer absoluten Sinnverwirklichung ein. Der Abbruch, den die unbedingte Forderung des sittlichen Anspruchs in der Wirklichkeit erleidet, wird hier als unabänderliches Faktum betrachtet, gegen das der Mensch heroisch anzukämpfen hat. Solcher Heroismus kann sich in der Behauptung der *Absurdität der Existenz* aussprechen, die den Anspruch anerkennt, obwohl sie an der Möglichkeit seiner absoluten Erfüllung bereits verzweifelt ist; er kann sich aber auch im Gedanken der *Epigenesis des Sinnes* verstehen, laut dem Sinnstiftung allein durch das Tun des Menschen zu erwarten ist (dazu vgl. § 10 d.).
Angesichts der *gegensätzlichen Stellungnahmen* zur Differenz zwischen Sein und Sollen ist zu fragen, welche Antwort der *Situation des Menschen* am genauesten entspricht. Wenn zur Situation des Menschen sowohl der *unbedingte Anspruch* als auch die ihn nur *unvollkommen erfüllende Wirklichkeit* gehören, lassen sich Argumentationen auf genuin praktischen Fundamenten errichten. Eine Philosophie, die im Wissen um das Nichtwissen zwar Wegzeichen wahrnimmt, ohne jedoch den Weg und das Ziel selbst zu erkennen, wird für eine alle menschliche Ahnung überragende Erfüllung der Sinntendenz des menschlichen

Lebensvollzugs offenbleiben. In dieser Offenheit stellt sich ihr zuletzt die Frage, ob sie die über die Welt auf Gott und auf eine ewige Glückseligkeit gehende Hoffnung nicht allein haben *darf*, sondern auch haben *soll*. Wenn die praktische Notwendigkeit der Hoffnung angenommen werden könnte, wäre dies ein praktisches Argument für das Dasein Gottes.

c) Die Frage der Modalität in den Annahmen und Bestreitungen des Daseins Gottes

Die Stellungnahmen zum Dasein Gottes enthalten modale Stufungen, die schon der allgemeinen Unterscheidung von *Meinen*, *Glauben* und *Wissen* zugrunde liegen. Diese Unterscheidungen finden sich in der *assensus*-Lehre bei Thomas[6] ähnlich wie in Kants Bestimmungen zum *Meinen, Wissen und Glauben*.[7] Wo dementsprechend eine *Meinung* mit vernünftigen Gründen nicht ausgeschlossen werden kann, darf diese Meinung für *nicht unmöglich* gelten. Wo nichts Ausschließendes gegen diese Möglichkeit einzuwenden ist, *kann* diese Meinung vertreten werden. Sie bleibt jedoch die Privatangelegenheit dessen, der sie vertritt. Wo

---

[6] Vgl. *S. th.* II-II,1,4c; I-II,15,1 ad 3; I,82,2c; die Zustimmung (*assensus*) kann entweder mit Notwendigkeit vom Gegenstand (*ab obiecto cum necessitate*) oder durch Wahlentscheidung (*per electionem*) begründet sein; wenn sie vom Gegenstand her begründet ist, kann die Notwendigkeit der Zustimmung durch den Gegenstand selbst erkannt worden sein (*per seipsum cognitum*) oder durch etwas anderes (*per aliud cognitum*); wenn sie durch Wahlentscheidung begründet ist, kann diese Entscheidung mit Zweifeln verbunden sein (*cum dubitatione*), so daß sie eine bloße Meinung (*opinio*) darstellt; sie kann aber auch mit Gewißheit (*cum certitudine*) vertreten werden und wird dann Glaube (*fides*) genannt; diese Einteilung kann so schematisiert werden:

- assensus
  - ab obiecto cum necessitate
    - per seipsum cognitum
    - per aliud cognitum
  - per electionem
    - cum dubitatione: opinio
    - cum certitudine: fides

[7] Vgl. *KrV* B 848-859; die dort vorgetragenen Thesen können schematisch in folgender Weise zusammengefaßt werden:

Fürwahrhalten mit Überzeugung

Mit Bewußtsein sowohl subjektiv als auch objektiv unzureichend: Meinen.	Subjektiv zureichend, aber objektiv unzureichend: Glauben.	Sowohl subjektiv als auch objektiv zureichend: Wissen.

es aber auch positive Gründe für die Annahme einer Meinung gibt, ändert sich der *Modus* ihrer Annehmbarkeit bis zur subjektiven oder objektiven Gewißheit.
Zunächst könnten Indizien für eine Annahme und gegen sie so auftreten, daß sie nicht zur Bestimmtheit des Wissens führen. Dabei ergäbe sich, daß man eine solche Annahme vertreten, aber auch ablehnen *kann* oder *darf*. Sodann kann ein Argument zunächst theoretisch ambivalent sein und doch aus weiteren Motiven eindeutig werden. Dieser Fall tritt beim sittlichen Anspruch auf, der vernünftig ist und auch eine Beziehung zur theoretischen Problemsituation hat. Aus diesem unbedingt gebietenden Anspruch kann sich die Forderung ergeben, daß die Existenz Gottes angenommen werden *soll*. Schließlich ist die Möglichkeit in Betracht zu ziehen, daß eine These angenommen werden *muß*, sofern die Gründe für ihre Annahme zwingend sind und die Gegengründe restlos aufgelöst werden können. Hier müßte eine Wirklichkeit unmittelbar gewiß sein oder wie bei den Demonstrationen der Mathematik auf der Grundlage der Wahrheit der vorausgesetzten Axiome bewiesen werden können. Hinsichtlich des Daseins Gottes kann unmittelbare Gewißheit nicht in Frage kommen, weil diese völlig unleugbar wäre, was offenbar nicht der Fall ist. Die Gottesbeweise benötigen also Ausgangspunkte in der endlichen Wirklichkeit, mit denen die Schlußverfahren beginnen. Als solche Ausgangspunkte hat man in der Geschichte der Gottesbeweise *Gedanken*, *Begriffe* und *Wirklichkeiten* herangezogen (vgl. § 8).
Der *Modus der Annahmen* betrifft die Frage, ob man etwas annehmen *kann*, *darf*, *soll* oder *muß*. Mit diesen Unterschieden stellen sich Aufgaben, deren Lösungen im Blick auf die Gottesbeweise zunächst exemplarisch zu skizzieren sind. Von dem für die *Verschiedenheit der Beweisziele* geschärften Bewußtsein aus ist zu fragen, ob und inwieweit Menschen die Existenz Gottes annehmen können, dürfen, sollen oder müssen. Es geht also nicht um den *Seinsmodus Gottes*, sondern um die *Modalität menschlicher Annahmen*. Diese Frage, was in der Philosophie als wahr angenommen werden kann, ist eine Anknüpfung an Kants Frage: *Was kann ich wissen?* (*KrV* B 833). Sie berücksichtigt zudem das von der praktischen an die theoretische Vernunft ergehende *Angebot, das nicht auf ihrem Boden erwachsen, aber doch hinreichend beglaubigt ist* und reflektiert dessen möglichen Gewißheitsgrad (*KpV* A 218; dazu *KrV* B 829).
Im ersten Schritt ist gleichsam als Vorbedingung anzuführen, daß der Mensch das Dasein Gottes annehmen *kann*, wenigstens als etwas *Nichtunmögliches*, weil menschliches Wissen nicht absolut in sich gegründet ist. Die eines absolut gegründeten Selbstbesitzes entbehrende Endlichkeit des Menschen macht es nämlich möglich, über die Grenzen des

Endlichen hinauszufragen, obgleich der Mensch im Übersteigen der Grenzen den unendlichen Gott nicht bestimmt zu denken vermag. Zunächst ist damit gesagt, daß das Dasein Gottes nicht mit schlagenden Beweisen bestritten, daß der Atheismus nicht als die wissenschaftlich überlegene Position vertreten werden kann. Die Negation des Daseins der unbedingten und unendlichen Wirklichkeit durch ein von Endlichkeit und Zufälligkeit bestimmtes Wesen ist theoretisch betrachtet ein lächerliches Unternehmen.[8] Auf diese Weise zeigt sich, daß der Mensch, sofern er erkennt, daß er keines absoluten Wissens fähig ist, doch für die absolute Wahrheit offenbleiben muß. Diese Wahrheit kann ihm womöglich von sich her entgegentreten, zumal sie bereits im *defizienten Modus* der *Frage nach dem Absoluten* gegenwärtig ist, welche Frage vom Wissen des Nichtwissens getragen ist.

Im zweiten Schritt ist zu zeigen, daß das Dasein Gottes angenommen werden *darf*, insofern es der Bedürftigkeit des Menschen, der sich und seine unendliche Sehnsucht nicht selbst geschaffen hat, die ersehnte, absolute Erfüllung schenkt. Derart ist gesagt, daß der Mensch, solange er nicht fordert, immerhin hoffen darf. Wenn solche Erfüllung einträte, wäre sie also ein reines Geschenk, in dem das Ganze zu seiner Feier käme. *Tagträume* und *Hoffnungen* auf absolute Erfüllung gehören zum Wesen des Menschen, zumal sie die Ausbildung der Kultur ermöglichen, ohne die kein Mensch zu leben vermag. Sie stellen ihm die Notwendigkeit einer Zuversicht vor Augen, ohne die sein Streben zuletzt sinnlos würde.[9]

Im dritten Schritt ist zu erläutern, in welcher Weise der Mensch das Dasein Gottes annehmen *soll.* Grunddatum ist hier, daß er unter dem Anspruch eines Gesetzes steht, das ihm sein Streben nach der Verwirklichung des höchsten in der Welt möglichen Gutes auferlegt. Diese Aufgabe ist zwar praktisch notwendig, ihr Ziel ist aber vom Menschen bestenfalls zu *befördern*, nicht zu *verwirklichen*. Daraus folgt die Verpflichtung zu glauben, daß das Streben nach der Verwirklichung des praktisch notwendigen höchsten Gutes nicht ins Leere läuft, sondern seine Möglichkeit und seinen Sinn eben von der Seite erhält, die nur als Gott gedacht werden kann.

Im vierten Schritt wäre zu fragen, ob der Mensch, obwohl er Gott nur in unbestimmter Weise denken kann, dennoch das Dasein Gottes anneh-

---

[8] Anders mag es aussehen, wenn praktische Erwägungen in das Spiel kommen, wenn man fragt, ob angesichts des faktischen Weltzustands, der wenigstens unter anderem Ungerechtigkeit und Leiden aller Art enthält, an einen Gott geglaubt werden kann.

[9] Vgl. z. B. *DPH*; zum Charakter von Tagträumen bes. 86-128; zu Blochs untauglichem Versuch, ein *Kraut gegen den Tod* zu finden, vgl. 1383f.

men *muß*. Man könnte davon ausgehen, daß sich seine Erkenntnis, sobald er sie auf die Probe stellt, in verschiedenen Zusammenhängen als Fingerzeig ins Absolute erweist. Den transzendierenden Fragerichtungen kommt dabei genügende Bestimmtheit zu, so daß man in ausreichender Sicherheit weiß, wonach gefragt wird.[10] Man kann folglich immerhin sagen, daß vernünftigerweise auf Gott *hingedacht* werden muß. Dies *Müssen* bei der Frage der Annahme der Existenz Gottes überholt aber nicht das Wissen des Nichtwissens, das für die Denkbarkeit der Selbständigkeit des Seins des endlichen Menschen ebenso wie für die Möglichkeit einer Gegenwart des unendlichen Gottes beim endlichen Menschen nötig ist, da der vom Menschen gewußte Gott entweder zur Entthronung Gottes führt oder zum Untergang von Welt und Mensch im Meer des Unendlichen. Umgekehrt ist die Möglichkeit endlicher Substanzen jedenfalls nicht von Endlichem her zu verstehen; die Möglichkeit solcher Substanzen verweist also auf den unendlichen und allmächtigen Gott.

Die modalen Differenzierungen kann man ähnlich wie für die Gottesbeweise auch für die Argumente zur Bestreitung der Existenz Gottes in Anschlag bringen und überlegen, was die Modi der möglichen Annahmen für die Gottesleugnung bedeuten. Diese Überlegungen müßten prüfen, ob etwas – und gegebenenfalls was – dafür spricht, daß ein Philosophierender das *Nichtdasein Gottes* annehmen *kann*, *darf*, *soll* und *muß*. Die letztgenannte Annahme, die für die Theologie tödlich wäre, ist schon zurückgewiesen worden; die Diskussion der anderen Modi findet in den folgenden Paragraphen statt. Bevor mit der Darstellung der Beweise und der Gegenargumente begonnen wird, sind noch einige methodische Besonderheiten der Beweise in das Blickfeld der Untersuchung zu bringen.

Was von allen Mitgliedern einer Kommunikationsgemeinschaft deutlich eingesehen und anerkannt wird, ist kein Thema von Beweisen. Solange aber eine deutliche Einsicht fehlt und nur die zufällige Einhelligkeit der Meinung die Grundlage der Überzeugung bildet, wird diese brüchig, sobald der Verdacht ausgesprochen würde, daß sie auf Täuschungen beruhe. Wie der Verdacht, daß eine Überzeugung auf Täuschung beru-

---

[10] Auch Wittgensteins Satz zur richtigen Methode in der Philosophie *zeigt* über die Welt hinaus und soll es ermöglichen, wie auf einer *Leiter* über die Welt hinauszusteigen (*TLP* 6.54; zum Unterschied zwischen *Sagen* und *Zeigen* vgl. *LW* 95). Dieser Satz zur richtigen Methode ist kein *Satz der Naturwissenschaft* (*TLP* 6.53). Wittgenstein sagt: „*Wie* die Welt ist, ist für das Höhere vollkommen gleichgültig. Gott offenbart sich nicht *in* der Welt" (*TLP* 6.432). Dennoch geht er von weltgebundenen *unsinnigen Ausdrücken* aus, um im *Anrennen gegen die Wände unseres Käfigs* „über die Welt – und das heißt: über die sinnvolle Sprache – *hinauszugelangen*" (*VE* 18f.).

he, sich an deutlichen Einsichten ausweisen muß, um Gehör zu verdienen, muß auch seine Zurückweisung mit wirklichen Einsichten operieren. Also müssen die Argumente, die sich auf eine grundsätzlich vom Menschen bezweifelbare Wirklichkeit beziehen, mit etwas beginnen, das nicht bezweifelt wird und mit vernünftigen Gründen nicht bezweifelt werden kann. Der Zweifel am Dasein Gottes ist überhaupt nur möglich, weil Gott in der Welt nicht unmittelbar begegnet. Deshalb haben Beweise stets mit zweifelsfreier Wirklichkeit zu beginnen und von diesem Ausgangspunkt aus deren Aussagekraft für die Gottesfrage auszulegen.
Die wichtigsten methodischen Schwierigkeiten, denen ein Argument zum Dasein Gottes ausgesetzt ist, betreffen die Fragen, mit welcher Wirklichkeit Beweise anzusetzen haben und wie die Bedeutung der zugrunde gelegten Wirklichkeit in Hinsicht auf die Gottesfrage sachgerecht und mit der Kraft, Zweifel zu neutralisieren oder abzustellen, ausgelegt wird. Unter Beweisen werden meist logisch zwingende Schlußverfahren verstanden, die keine Widerrede erlauben. Ein Beweis wäre demnach gelungen, wenn die Wahrheit der zugrundegelegten Annahmen anerkannt wird und das auf ihnen aufbauende Schlußverfahren logisch einwandfrei durchgeführt ist. Durch die modalen Differenzierungen der Beweisziele ist aber schon geklärt worden, daß am Ende von Argumentationsgängen *nicht die unumstößliche Einsicht stehen muß, daß Gott ist.* Vielmehr kann das Ergebnis so an den modalen Differenzen orientiert sein, daß sich Aussagen ergeben, laut denen *das Dasein Gottes angenommen werden kann, darf oder soll.* Für derartige Aussagen legen die bekannten Argumente für die Existenz Gottes gewiß eine gute Grundlage, die auch von ernst zu nehmenden Kritikern der Beweise nicht bestritten wird. Es kann sogar gesagt werden, daß jedenfalls auch etwas die Welt Transzendierendes angenommen werden *muß*, sofern nämlich schon durch die Frage nach der unbedingten Wahrheit notwendigerweise über die stets bedingte Wirklichkeit alles in der Welt Begegnenden hinausgefragt wird.
Im Blick auf die *nötige Grundlage* der Beweise kann zunächst mit einem *bloßen Gedanken* begonnen werden, der nur der Forderung der Widerspruchsfreiheit genügen müßte, aber durch seinen besonderen Inhalt in der Lage ist, die Annahme des Daseins Gottes zu bestätigen. Bekanntlich ist solch ein Gedanke Grundlage des Beweises, der in der Nachfolge des *Argumentum Anselmianum* in verschiedenen Ausprägungen vorgetragen und unter dem Titel eines *ontologischen Beweises für das Dasein Gottes* diskutiert worden ist.
Wer die Meinung vertritt, daß von einem bloßen Gedanken aus keine Wirklichkeit bewiesen, sondern bloß Gedankenzusammenhänge geklärt werden können (*S. th.* I,2,1), wird den Gottesbeweis mit etwas *Wirk-*

lichem anheben lassen. Solches Wirkliche könnte entweder *etwas Wirkliches überhaupt* sein, ohne Bestimmung seiner besonderen Eigenschaften, oder aber *etwas Wirkliches von besonderer Beschaffenheit.* Gemäß der ersten Alternative wird die bloße Tatsache, *daß überhaupt etwas ist,* von ihrer Ermöglichung durch einen Urheber her begriffen. Dieses Argument, daß das Dasein von etwas Wirklichem überhaupt etwas absolut Notwendiges, nämlich die Existenz Gottes, voraussetze, wird mit der Tradition als *kosmologischer Gottesbeweis* bezeichnet. Die Vermutung, daß der Ansatz bei etwas Wirklichem überhaupt entweder doch bestimmte Vorstellungen davon voraussetze, was etwas *Wirkliches* oder etwas *Seiendes* ist, oder aber zu keinem klaren Gottesgedanken führe, ist nicht unbegründet. Wenn immer unbefragte ontologische Positionen ins Spiel kommen, machen diese den eigentlichen Angelpunkt aus, um den die Argumente sich drehen. Aber auch wenn die ontologischen Hypothesen und Theorien kritisch hinterfragt werden, kann der Geist angesichts des offenbaren Daseins von etwas überhaupt doch die unergründete Rätselhaftigkeit aller faktisch begegnenden Weltwirklichkeit wahrnehmen, ohne sie allerdings aus der Kraft eines Beweises in die Wirklichkeit Gottes hinein überführen zu können.

Wiewohl das Bewußtsein der Rätselhaftigkeit des Daseins von Welt und Mensch überhaupt durchaus ein zu beachtender Hintergrund für Argumentationen zum Dasein Gottes ist, gibt es doch gute Gründe, mit Wirklichem von besonderer Beschaffenheit zu beginnen. Solche Beweise unterscheiden sich durch die zugrundegelegten besonderen Wirklichkeiten. Legt man die Phänomenologie der menschlichen Erkenntnis zugrunde, könnte sie in einen *noologischen Gottesbeweis* einmünden. Legt man die Zweckmäßigkeit von Einrichtungen und von Prozessen in der Welt zugrunde, die sich nicht selbst regulieren können, könnte man im *teleologischen Gottesbeweis* auf das zwecktätige Wesen schließen, das diese Zweckmäßigkeit hervorzubringen in der Lage war. Schließlich sind die Phänomene und die Implikationen des unbedingt geforderten moralischen Handelns geeignet, das Denken durch einen *moralphilosophischen Gottesbeweis* zur Annahme des Daseins Gottes zu führen.

In welcher Absicht die jeweils zum Ausgangspunkt genommenen Phänomene bearbeitet werden, hängt von den immanenten Strukturprinzipien des eigenen Denkens ab, aber gewiß auch vom Charakter der Bestreitungen, denen in den Beweisen begegnet werden soll. Trotz mancher Vorspiele in der älteren Philosophie sind sowohl die Beweise als auch die Bestreitungen des Daseins Gottes erst anfangs der Neuzeit zu einem zentralen und hart umkämpften Thema der Metaphysik geworden.

Die Philosophie geriet zum Beginn der Neuzeit so in den Sog neu entstehender und erfolgreicher Wissenschaften, daß sie deren Methoden zu imitieren suchte, seien es nun die Methoden der Mathematik im Rationalismus oder die der Naturwissenschaften im Empirismus. Nachdem die Kantische Gottesbeweiskritik (*KrV* B 595-658) Aufsehen erregt und langdauernde Mißverständnisse hervorgerufen hatte, mußte neu über den Sinn und die Möglichkeit der Gottesbeweise nachgedacht werden. Moses Mendelssohn hat wirkungsmächtig, aber doch wohl irreführend vom *alleszermalmenden Kant* gesprochen (vgl. *MVDG* 3). Unter den Katholiken zog die sachbezogene Diskussion seiner Philosophie erst seit der Mitte des 20. Jahrhunderts weitere Kreise.[11] Hierbei war die Selbstkorrektur des Neukantianismus für den fälligen Annäherungsprozeß von katholischer Seite hilfreich, durch die er zu den ursprünglichen metaphysischen Motiven Kants zurückfand (vgl. *WMNJ*). Der Versuch der Überwindung der kritischen Philosophie Kants durch die spekulativen Systeme der Denker des *Deutschen Idealismus* hatte jedenfalls in der Gottesfrage keinen durchschlagenden Erfolg, sondern hat die Philosophie vielmehr in die schärfste Krise geführt (z. B. *HzN*).
Der Ausgang der Kämpfe um die Möglichkeit der Gottesbeweise, die seit Beginn der Neuzeit verschärft stattgefunden haben, die aber mittlerweile auf ihre bloß relative Bedeutung innerhalb des kritisch reflektierten philosophischen Gottdenkens reduziert worden sind, hat dem falschen Überlegenheitsgefühl der beginnenden Neuzeit das nötige Ende bereitet, so daß heutzutage der älteren Philosophie keineswegs ein nur historisches Interesse zusteht, sondern durchaus ein sachliches. Damit gilt, was Hans-Georg Gadamer zur Bedeutung der *Klassiker des philosophischen Gedankens* gesagt hat, daß sie nämlich „von sich aus einen Wahrheitsanspruch geltend machen, den das zeitgenössische Bewußtsein weder abweisen noch überbieten kann“ (*WuM* 2). Mit dieser Hochschätzung soll nun den Argumenten der Alten begegnet werden.

11 Z. B. *KuSh*; dieser Sammelband hatte eine positive Signalwirkung für die katholische Auseinandersetzung mit der Philosophie Kants. Zu den historischen Hintergründen vgl. z. B. *KzK* und *THPK*. Das heutige Verhältnis katholischer Interpreten zu Kant ist weitgehend sachbezogen (vgl. *ZDKR*).

§ 8

Skizze der wichtigsten überkommenen *Wege zum philosophischen Aufweis des Daseins Gottes*

Könnten Menschen das Wesen Gottes erkennen, so verlöre die Frage nach seinem Dasein ihren Sinn, sofern das Wesen Gottes auch als Beantwortung aller Fragen und als das Ende der Fraglichkeit zu denken ist (*ND* prop. VI). Weil wir Menschen Gottes Wesen nicht erkennen können, versucht Thomas, seine Existenz durch *Wirkungen* zu beweisen, die uns besser bekannt sind, obwohl sie von sich aus nicht die Fraglosigkeit Gottes besitzen: „sed indiget demonstrari per ea quae sunt magis nota quoad nos, et minus nota quoad naturam, scilicet per effectus" (*S.th.* I,2,1c). Als eine Wirkung Gottes kann alles Wirkliche in der Welt ausgelegt werden, da das Sein alles Seienden, wenn es Gott gibt, nur in Abhängigkeit von demjenigen absoluten Ursprung Sein hat, der theologisch als Schöpfer bezeichnet wird. Solange im endlichen Kausalgeschehen keine Selbsttätigkeit ins Spiel kommt, kann jedes kontingente Ereignis als Hinweis auf einen absolut ersten Ursprung begriffen werden, da es eben eines Prinzips bedarf und sich nicht selbst hervorgebracht haben kann. Der Ausgang von dieser Basis ermöglicht zwei Beweiswege. Im *kosmologischen* Argument wird Gott als der Ursprung des Daseins von endlichem Seiendem überhaupt gedacht; der auf ihm aufbauende *teleologische* Beweis setzt bei dem begegnenden Zweckmäßigen an und schließt auf Gott als zwecktätiges Prinzip.

Die theoretische Philosophie setzt ebenso wie die praktische die ursprüngliche Spontaneität des Menschen voraus, weil ohne diese weder *Wahrheitserkenntnis* noch *verantwortliches Handeln* denkbar ist. Diese Vollzüge haben im Kern als reine Wirkung menschlichen Tuns zu gelten. Obwohl sie den Menschen in seiner *Unabhängigkeit* erscheinen lassen, hat man auch im Anschluß an sie Argumente für das Dasein Gottes vorgetragen. Als spontane Entwürfe des Denkens können *Gedanken* gelten, die keine Repräsentation eines Gegebenen sind. Solch ein Gedanke liegt dem *ontologischen* Argument zugrunde; er besitzt Beweiskraft dadurch, daß er den Entwurfscharakter eines bloßen Gedankens sprengt. Der Erkenntnisvollzug überhaupt, sofern Erkenntnis stets aus ihrer inneren Tendenz auf unbedingte Wahrheit zielt und im Erkennen der Wahrheit ihren höchsten Vollzug findet, ist die Basis des *noologischen* Arguments.

Auch im Freiheitsgeschehen, das durch die praktische Philosophie reflektiert wird, liegen vielfältige Ansatzpunkte für einen Gottesbeweis,

der als *moralphilosophisches* Argument bezeichnet werden kann. Die Annahme der Existenz Gottes ergibt sich in diesem Argument aus dem unableitbaren Faktum der moralischen Anlage im Menschen, aber auch aus den offenen Fragen, die aus der Anerkennung des moralischen Anspruches erwachsen. Die Spontaneität des Freiheitsgeschehens verweist so auf einen absoluten Ursprung und Sinn der Moralität, der allein in Gott gefunden werden kann. Die folgende Darstellung der Gottesbeweise beginnt mit dem *ontologischen* Beweis, der beim Gedanken des Höchsten ansetzt. Dieses Argument kann durch die Phänomene des Erkenntnisvollzugs im *noologischen* Argument weitergeführt und befestigt werden. Die darauffolgenden Beweise gehen aus von faktischer Weltwirklichkeit. Zunächst liegt im *kosmologischen* Argument das Faktum zugrunde, daß es überhaupt endliche Wirklichkeit gibt. Das *teleologische* Argument stützt sich zusätzlich auf die Tatsachen der Zweckmäßigkeit und Ordnung der weltlichen Wirklichkeit. Das *moralphilosophische* Argument geht schließlich von Implikationen des Freiheitsgeschehens aus, in dem sich die höchste denkbare Gestalt des endlichen Seins zeigt (vgl. auch die in § 7 vorgetragenen Systematisierungen, die sich durch die Form der Darstellung unterscheiden).
Wie sehr versucht werden soll, die Beweise in ihrer Stärke wahrzunehmen, so muß bewußtbleiben, daß sie nur *Fingerzeige ins Absolute* sein können. Sie können lediglich zeigen, daß die weltliche Wirklichkeit nicht absolut ist und trotzdem nur im Absoluten ihre höchste Erfüllung finden könnte. Die Fingerzeige sind einer Inversion der Zeigerichtung, also der Offenbarung Gottes bedürftig. In diesem Sinne deutet Augustinus seinen Beweis als ein *Suchen* (als ein *instanter quaerere*), nicht als ein *Finden* (*invenire*) aus eigener Kraft. Wirkliches Gottfinden wird nur möglich im *freien Sichzeigen Gottes*, soweit es einem Menschen in diesem Leben und in seiner Beschaffenheit vergönnt sein mag. Auf die Notwendigkeit des Sichzeigens Gottes verweist Augustinus, indem er sagt: „eodem ipso demonstrante inveniemus, quantum in hac vita et a nobis talibus inveniri queunt“ (*DLA* 2,6f.).

a) Ontologisch: Gott als das notwendige und höchste Sein, das durch sich selbst fraglos *ist*

Jeder Philosophierende, der die Unvollkommenheit und die zeitliche Vergänglichkeit des Wirklichen als Mangel an Sein wahrnimmt, begreift das Endliche aus seiner gedanklichen Beziehung zu etwas Vollkommenem und Beständigem, das er als das Ideal mangelfreien Seins ansieht. Sofern weltlich Seiendes als *geworden* gelten muß, trägt es den Ursprung seines Seins nicht in sich selbst; von ihm unterscheidet sich das vollkommene und beständige Sein durch absoluten Selbstbesitz des Seins.[1] Solche ontologische Thesen sind der Hintergrund der Gedanken, die Anselm von Canterbury im *Proslogion* als Gottesbeweis vorgetragen hat. Seiner Darstellung folgen hier die kritischen Stellungnahmen und Neuformulierungen von Thomas, Cusanus, Descartes, Kant, Hegel und Lévinas.

Anselm beginnt mit einem Gebet, in dem er dem Leser rät, die Unruhe des sorgenvollen und lärmenden Weltlebens abzuschütteln, *um ein wenig in Gott zu ruhen*.[2] Er setzt voraus, daß Gottsuchen und Gottfinden ausgeschlossen wären, wenn nicht Gott selbst als Lehrer und Urheber des Suchens und Findens gedacht würde: „Doce me quaerere te et ostende te quaerenti; quia nec quaerere te possum, nisi tu doceas, nec invenire, nisi te ostendas." Er möchte Gott als Ziel seines Begehrens suchen, er will dies Begehren im Suchen vollziehen und im liebenden Finden Gottes seine Erfüllung erlangen: „Quaeram te desiderando, desiderem quaerendo. Inveniam amando, amem inveniendo" (*Pr* 1; zum Vergleich *C* 1,1).

Der Gottsuchende sieht, daß das *Suchenkönnen* die Existenz *Gottes* voraussetzt, da sich ein *endliches* Wesen nur kraft der Wirklichkeit Gottes auf die Suche nach *Unendlichem* begeben kann. Demnach beruft sich das Argument auf das Dasein Gottes als implizite Voraussetzung der Gottsuche. Wer jedoch behauptet, ihm sei die Gottesfrage gleichgültig, oder das Dasein Gottes explizit abstreitet, wird sich von diesen Überlegungen kaum beeindrucken lassen. Anselm sieht schon selbst das Phänomen, daß viele die Gottesfrage überhaupt nicht stellen, und greift es unmittelbar vor Beginn der eigentlichen Argumentation auf; er verfolgt also offenbar Ziele, die über die bloße Selbstvergewisserung gläubig Suchender hinausgehen.[3]

---

[1] Dieser Gedanke durchzieht seit dem Lehrgedicht des Parmenides (ΠΕΡΙ ΦΥΣΕΩΣ) die Philosophiegeschichte; wirkungsgeschichtlich bedeutsam war Platons Gedanke des wahren Seins (οὐσία ὄντως οὖσα, *Phaidros* 247c), aber auch die metaphysische Theologie des Aristoteles (*Mp* Λ, 1074 b 21: ἀρίστη οὐσία); vgl. auch *GrV* 22-27 und 37-50.

[2] Der von Worten Augustins angefüllte Beginn lautet (*Pr* 1): „Eia nunc, homincio, fuge paululum occupationes tuas, absconde te modicum a tumultuosis cogitationibus tuis. Abice nunc onerosas curas, et postpone labioriosas distentiones tuas. Vaca aliquantulum Deo, et requiesce aliquantulum in eo." Dieser Beginn zeigt, warum der folgende Beweis als theologische Selbstvergewisserung eines Gläubigen gedeutet werden konnte; vgl. *Fqi*.

[3] Zur Kritik theologischer und mystischer Interpretationen des ontologischen Beweises vgl. *GrV* 22 und 203f., Anm. 4.

Der Ausgangspunkt des Arguments ist ein Gedanke, von dem Anselm meint, daß ihn auch ein Gottesleugner verstehe. Der Gottesleugner wird mit dem aus der *Vulgata* übernommenen Psalmwort (*Psalm* 13 und 52) als Tor (*insipiens*) bezeichnet. Der Gedanke, den auch der Leugner verstehen soll, beginnt ganz formal mit *irgendetwas, über das hinaus nichts Größeres gedacht werden kann*: *aliquid quo maius nihil cogitari potest* (*Pr* 2). Anselm behauptet, daß dieser Gedanke, sobald er verstanden werde, im Erkenntnisvermögen sei: *quidquid intelligitur, in intellectu est*. Das absolut Größte besitzt also im Erkenntnisvermögen (*intellectus*) als Gedanke Sein. Die Unvergleichlichkeit des Gedankens des absolut Größten liegt in der Einsicht, daß ein bloßer Gedanke nicht als das Größte gedacht wird. Das Denken findet derart im Gedanken des Größten etwas, das ihn klar von geometrischen Konstruktionen oder Chimären unterscheidet, weil die Kraft des Gedankens des Größten die Fassungskraft der Vernunft gleichsam ratlos vor ihm stehen läßt.
Entwürfe der Vernunft oder Hervorbringungen der Phantasie können schon deswegen kein Größtes sein, da die Vernunft oder die Phantasie deren Prinzip sind. Wenn das Wirklichsein von etwas gegenüber seinem bloßen Gedachtsein eine größere Vollkommenheit darstellt, kann das, worüber hinaus nichts Größeres gedacht werden kann, nicht als bloßer Gedanke gedacht werden; es muß also, wenn immer *Wirklichsein* etwas Vollkommeneres als *Gedachtsein* ist, unabhängig von seinem Gedachtsein als wirklich gedacht werden. Anselm folgert aus diesem gedanklichen Zusammenhang, daß das denkbar Größte ohne Zweifel existiere, und zwar *im Erkenntnisvermögen und in der Wirklichkeit*: „Existit ergo procul dubio aliquid quo maius cogitari non valet, et in intellectu et in re."
Anselm spricht aber nicht unmittelbar von etwas *Wirklichem*, sondern von etwas, was als wirklich existierend *gedacht* werden muß: „quo maius *cogitari* non valet" (*Pr* 2). Er behauptet folglich, es könne etwas gedacht werden, *dessen Nichtsein nicht gedacht werden kann*: „Nam potest cogitari esse aliquid, quod non potest cogitari non esse" (*Pr* 3). Wer gleichwohl die Existenz des Größten leugnet, hat als *insipiens* zu gelten (*Pr* 4). Diese Formulierung des Resultats macht schon selbst für die kritischen Überlegungen hellhörig, die von Thomas, wie später in ähnlicher Form auch von Kant, vorgetragen worden sind. Gemäß dieser Kritik führt der Gedanke, daß das *denkbar Größte* notwendig ist und dieses *Notwendige* nicht als Nichtseiendes gedacht werden kann, nur zur Einsicht in die *logische Notwendigkeit der Verknüpfung* der beiden Begriffe. Zufolge der Kritik bewegt sich das Argument allein *im Medium des Denkens* (*in apprehensione intellectus tantum*) und trägt also für eine Annahme der absoluten *Wirklichkeit* des *Gedachten* nichts aus

(*S. th.* 1,2,1 ad 2).[4] Thomas konzediert, daß Gottes Existenz für uns durch sich selbst bekannt wäre (*per se notum*), wenn wir wüßten, *was* Gott ist; da wir Menschen das Wesen Gottes nicht erkennen, ist uns die Annahme (*propositio*), daß Gott ist, nicht durch sich selbst bekannt (*S. th.* 1,2,1c: *non est nobis per se nota*). Da unserer Erkenntnis eher die Wirkungen als deren Ursachen zugänglich sind, muß man von den Wirkungen zur Erkenntnis der Ursache voranschreiten: *per effectum procedimus ad cognitionem causae* (*S. th.* 1,2,2c). Stichhaltigkeit besäße Anselms Beweis also nur als Selbstvergewisserung für Glaubende und Gottsucher.

Allerdings kann noch eine Formulierung Anselms herangezogen werden, die sich disparat gegen solche Kritik zu verhalten scheint. Anselm sagt nämlich später im Text, daß Gott nicht bloß das sei, über dem Größeres nicht gedacht werden kann; vielmehr sei er sogar etwas Größeres als alles, was überhaupt gedacht werden kann: „Ergo, Domine, non solum es quo maius cogitari nequit, sed es quiddam maius quam cogitari possit" (*Pr* 15). Diese Formulierung macht deutlich, daß der zugrunde gelegte Gedanke nicht als Fundament eines zwingenden Schlusses taugt, der auch die Vernunft von Leugnern mit objektiver Sicherheit zur Annahme der Existenz Gottes führen könnte. Die argumentative Absicht Anselms, sofern er sich hier gegen Gottesleugner richtet, kann gemäß dieser Formulierung nur darin bestehen, die Endlichkeit alles menschlichen Denkens aufzusprengen. In diesem Gedanken tritt dem Denken nämlich das Phänomen entgegen, daß er die Grenzen des Gedachtseins und der Denkbarkeit übersteigt. Mit der von Emmanuel Lévinas ins Spiel gebrachten Formulierung kann man sagen, daß hier eine Idee aufleuchte, „die, statt sich der *Einsicht* der Intuition einzufügen, dem Philosophen zur *Blendung* wird"; Lévinas spricht deshalb von einem „Denken, das mehr oder das *besser* denkt, als es der (theoretischen) Wahrheit nach denkt" (*TU* 11).

An diesen Gedanken Anselms knüpft Nikolaus von Kues an, indem er annimmt, daß schon die Frage nach Gott das Gefragte voraussetzt: *omnis quaestio de deo praesupponit quaesitum* (vgl. *NC*). Mit dieser Wendung des Gedankens können noch einmal Kraft und Schwäche des *Argumentum Anselmianum* verdeutlicht werden. Der entscheidende Punkt ist, was eine *Frage nach Gott* (*quaestio de deo*) ist. Es kann durchaus gesagt werden, daß das Dasein Gottes fraglos feststünde, wenn die Frage wirklich eine Frage *nach dem wahren Gott* wäre, da ein Gott, des-

---

[4] Darüber kommt auch die moderne Logik nicht hinaus (gegen *EOB*, bes. 118 und 132). Wenn wir das Vollkommenste als existierend denken müssen, wissen wir noch nicht, woher diese Notwendigkeit rührt und was sie für das Sein des Gedachten bedeutet.

sen Dasein als fraglich angenommen würde, gerade nicht als wahrer Gott gedacht werden kann. Gott kann aber nicht von der Welt her bewiesen werden. Jaspers hat in ähnlichem Sinne gesagt: „Ein bewiesener Gott ist kein Gott. Daher: Nur wer von Gott ausgeht, kann ihn suchen. Eine Gewißheit vom Sein Gottes, mag sie noch so keimhaft und unfaßbar sein, ist Voraussetzung, nicht Ergebnis des Philosophierens" (*DpG* 30f.).

Zusätzlich ist mit Cusanus zu sagen, daß sich auch die Wahrheit des Universums nicht absolut erkennen läßt, wenn Gott unbekannt ist, sofern dieser als Urbild des Universums, das Universum aber als Urbild seiner Teile gilt: „Quare deus, qui est exemplar universitatis, si ignoratur, nihil de universitate, et si universitas ignoratur, nihil de eius partibus sciri posse manifestum" (*M* X, 127). Man kann die Möglichkeit der absoluten Erkenntnis objektiver Wahrheit nur unter der Voraussetzung denken, daß es ein Prinzip des Ganzen gibt. Die vernichtende Konsequenz des Atheismus schon für die Möglichkeit der allgemeinen Wahrheit hat noch Nietzsche, auch gegen die Selbstüberschätzung der Naturwissenschaften, betont (vgl. § 10 c.). Nietzsche, der sich zunächst als Gottsucher bezeichnet (*FW* 125; *KSA* 3,480ff.), gerät mit der Gottsuche in den *Horizont des Unendlichen*. Indem er den unendlichen Horizont als erschreckend erfährt, sagt er, *dass es nichts Furchtbareres giebt, als Unendlichkeit* (*FW* 124; *KSA* 3,480). Auch Nietzsche sieht, daß der Gedanke der Unendlichkeit die Fassungskraft des endlichen Geistes übersteigt und ihn in die Krisis angesichts des Unendlichen führt. Obgleich das Argument in solcher Reduktion kein Gottesbeweis ist, zeigt es seine das Endliche beunruhigende und aufsprengende Kraft also noch bei Nietzsche.

Die von Thomas geäußerte Kritik hat Kant weiter zugespitzt und sie zudem zur Kernfrage der Möglichkeit von Gottesbeweisen überhaupt erklärt, indem er alle ins Feld geführten Beweise auf das als ontologisch bezeichnete Argument reduziert. Er nimmt an, daß *nur drei Beweisarten vom Dasein Gottes aus spekulativer Vernunft möglich* sind. Beweise fangen nämlich entweder bei der *bestimmten Erfahrung* an, also mit der Zweckmäßigkeit der Dinge in der Welt, und schließen auf ein zwecktätiges Prinzip außerhalb der Natur; dies ist der Weg des *teleologischen* Arguments, das Kant als *physikotheologischen* Beweis bezeichnet. Wenn die *unbestimmte Erfahrung* des Daseins von etwas überhaupt zugrunde liegt, geht es um den Weg des *kosmologischen* Argumentes. Kant benennt als letzten und entscheidenden Weg das *ontologische* Argument, das „gänzlich *a priori* aus bloßen Begriffen auf das Dasein einer höchsten Ursache" schließt (*KrV* B 618f.). Am Ende der Prüfung der Beweise sieht Kant sich zur Aussage genötigt, daß kein dogmatisch gültiger

Beweis möglich sei. Das ontologische Argument hält er jedoch für ausschlaggebend. Er sagt: „So liegt dem physikotheologischen Beweise der kosmologische, diesem aber der ontologische Beweis vom Dasein eines einigen Urwesens als höchsten Wesens zum Grunde, und da außer diesen drei Wegen keiner mehr der spekulativen Vernunft offen ist, so ist der ontologische Beweis aus lauter reinen Vernunftbegriffen der einzig mögliche, wenn überall nur ein Beweis von einem so weit über allen empirischen Verstandesgebrauch erhabenen Satze möglich ist" (*KrV* B 658).[5]

Bevor Kants Kritik am ontologischen Beweis referiert wird, seien einige Bemerkungen zur *Umformung dieses Arguments* durch die neuzeitlichen Rationalisten vorausgeschickt, die den konkreten Hintergrund der Kritik ausmacht und ohne die deren Sinn nicht richtig zu verstehen ist. Kants Kritik richtete sich nicht gegen die *vernünftige Annehmbarkeit* oder gar die *Annahme* der Existenz Gottes, sondern betraf die *Beweisbarkeit more geometrico*, die durch Logik, Mathematik und Naturwissenschaft seit dem Beginn der Neuzeit reüssiert hatte.[6] Die epochemachende Umformung von Anselms Beweis durch Descartes beginnt mit der bei Anselm vorausgesetzten Dialektik von Suchen und Finden, laut der die Aufnahmefähigkeit eines endlichen Geistes für Unendliches nur unter der Voraussetzung der Wirklichkeit des Unendlichen gedacht werden kann. Damit kann das Dasein des Unendlichen als Bedingung der Möglichkeit der Anwesenheit einer Vorstellung des Unendlichen im endlichen Menschengeist gelten. Bevor das mehrschichtige Argument der Cartesischen *Meditationes* betrachtet wird, soll auch der Hintergrund seiner Ausarbeitung kurz beleuchtet werden.

Nachdem Descartes die absolute Gewißheit der Erkenntnis zunächst im Bewußtsein seiner selbst als denkenden Wesens (*cogitans sum*) gefunden zu haben glaubte (*MPP* II,6), bestimmt er die *klare und deutliche Vorstellung* als *Wahrheitskriterium*: „illud omne esse verum, quod valde clare et distincte percipio" (*MPP* III,2). Dies Kriterium wird aber brüchig, sobald jemand sich einen Gott (*aliquis deus*) als allmächtiges und zugleich trügerisches Wesen ausdächte, dem es ein leichtes wäre, seine Geschöpfe auch hinsichtlich dessen zu täuschen („facile illi esse efficere,

[5] Vgl. *KFG* 271; Sala nennt dort Stellen, in denen Kant den ontologischen Beweis auf Anselm bezieht; sie zeigen, daß Kant kaum genaue Kenntnisse von Anselms Gedankenführung besaß; z. B. *Reflexion* 6214 (*AkA* 18,500); *Lose Blätter* M 19 (*AkA* 20,349).

[6] Vgl. *KkR* 259-270; Wimmer findet im Spätwerk Kants eine Affinität zum Argument Anselms. Diese These unterstützt die hier vorgetragene Behauptung, daß sich die Kritik Kants wirklich nur gegen die rationalistischen Zuspitzungen des Beweisgangs gerichtet hat. Die fehlende historische Kenntnis des Anselmischen Beweises geht möglicherweise doch mit sachlicher Nähe einher.

ut errem"), was dem geistigen Auge als höchst einsichtig erscheint: „etiam in iis, quae me puto mentis oculis quam evidentissime intueri". Obwohl dieser Einwand fast an den Haaren herbeigezogen zu sein scheint, wird er für Descartes doch zum Anlaß der Fragen, ob es Gott gebe, und wenn es ihn gebe, ob er ein Betrüger sein könne: „examinare debeo, an sit Deus, et si sit, an possit esse deceptor" (*MPP* III,4). Solange die Existenz eines nicht trügerischen Gottes unbekannt ist, hält Descartes die Gewißheit des denkenden Ich für hinterfragbar. Die Beantwortung der über die unmittelbare Selbstgewißheit des Geistes hinausgehenden Fragen muß bei dem unmittelbar Gegebenen ansetzen, also bei Bewußtseinsinhalten.

Im Blick auf die in der Gottesfrage relevanten Bewußtseinsinhalte werden *angeborene*, *erworbene* und *selbstgemachte* Vorstellungen unterschieden: „Ex his autem ideis aliae innatae, aliae adventiciae, aliae a me ipso factae mihi videntur" (*MPP* III,7).[7] Zu beantworten ist die Frage, zu welcher Vorstellungsart der Gottesgedanke gehört und welche Konsequenz diese Zugehörigkeit für das Dasein Gottes hat. Zunächst bestimmt Descartes den Inhalt dieser Vorstellung. Er sagt, daß als höchster Gott eine Substanz zu erkennen sei, die ewig, unendlich, allwissend, allmächtig und der Schöpfer aller Dinge ist: substantia, „per quam summum aliquem Deum, aeternum, infinitum, omniscium, omnipotentem, rerum omnium, quae praeter ipsum sunt, creatorem intelligo" (*MPP* III,13).

Weil der Sachgehalt (*realitas*) von etwas nicht größer sein könne als derjenige seiner Ursache, muß laut Descartes gelten, daß etwas weder aus nichts noch aus etwas weniger Vollkommenem entstehen kann: „Hinc autem sequitur nec posse aliquid a nihilo fieri, nec etiam id, quod magis perfectum est, hoc est, quod plus realitatis in se continet, ab eo quod minus" (*MPP* III,14). Bereits die bloße Vorstellung des höchst vollkommenen Wesens bedarf also einer Ursache; diese Ursache kann aber allein die Substanz sein, die selbst wahrhaft unendlich ist, weil kein endlicher Menschengeist sie hervorbringen kann (*MPP* III,22f.).

Descartes erkennt die *Gewißheit der Existenz Gottes* demnach aus zwei Elementen, nämlich einerseits aus der eigenen *Existenz* und andererseits aus der *Vorstellung* des vollkommensten Wesens: „ex hoc solo, quod existam quaedamque idea entis perfectissimi, hoc est Dei, in me sit, evidentissime demonstrari Deum etiam existere" (*MPP* III,36). In der fünf-

[7] Als Beispiele für angeborene Vorstellungen (*ideae innatae*) gelten: Ding (*res*), Wahrheit (*veritas*) und Denken (*cogitatio*); Beispiele für erworbene Vorstellungen (*ideae adventiciae*) sind sinnliche Wahrnehmungen, für die selbst gemachten Vorstellungen (*ideae a me ipso factae*) Chimären.

ten Meditation erfährt dieses Argument eine weitere Modifikation, die in Kants Widerlegung wichtig geworden ist, sofern Dasein (*existentia*) als Seinsvollkommenheit (*essentia*) ausgelegt wird, die beim höchst vollkommenen Seienden (*ens summe perfectum*) nicht fehlen dürfe. Die Annahme des Nichtdaseins Gottes wird für so widersprüchlich gehalten, daß das Dasein nicht von Gott getrennt werden kann: „sequitur existentiam a deo esse inseparabilem" (*MPP* V,8-10). Man kann darauf hinweisen, daß schon Thomas nicht bestritten hat, daß der *Begriff* der notwendigen Existenz zum *Begriff* Gottes hinzugehört. Das Problem entsteht erst, wo im Beweis aus bloßen Begriffen das *Dasein* des im Begriff Gedachten gefolgert wird. Sofern die *Wirklichkeit des Seins* aber auf ein ganz anderes Terrain führt, konnte Thomas die Gültigkeit des Arguments nicht akzeptieren. Jeder endliche Geist kann am Gedanken des Unendlichen zwar seine Schwäche wahrnehmen; er vermag sich aber nicht des Unendlichen zu bemeistern.

Die *Ontologie*, die den neuzeitlichen Ausformungen des Arguments zugrunde liegt, kann *essentialistisch* genannt werden, da sie die Realdistinktion zwischen Essenz und Existenz vernachlässigt und also das Dasein gewissermaßen als Seinsvollkommenheit in der Art sachhaltiger Wesensbestimmungen interpretiert.[8] Die ontologische Grundthese des Essentialismus bietet Kant den entscheidenden Ansatzpunkt für seine Einwände gegen den ontologischen Beweis. Zunächst behauptet er, ähnlich wie Thomas, daß dieses Argument nur den Zusammenhang zwischen Begriffen beweise, nicht das wirkliche Dasein des Wesens, dessen Nichtsein der Beweis als unmöglich bezeichnet. In diesem Beweis wird laut Kants Auffassung die Annahme vertreten, „daß es doch einen und zwar nur diesen Einen Begriff gebe, da das Nichtsein oder das Aufheben seines Gegenstandes in sich selbst widersprechend sei; und dieses ist der Begriff des allerrealsten Wesens" (*KrV* B 623f.).

Im Beweis sind zwei Schritte zu gehen: Zuerst muß das Wesen *möglich* sein, das durch diesen Begriff gedacht wird; sodann muß aus dem bloßen Begriff bereits folgen, daß das durch ihn Bezeichnete *wirklich* ist. Kant unterscheidet hinsichtlich des ersten Schrittes zwischen *logischer* und *realer* Möglichkeit. Die logische Möglichkeit verlangt, daß etwas sich jedenfalls nicht selbst widerspricht; nicht alles Nichtwidersprechende ist aber *real* möglich: Wenn die reale Möglichkeit von etwas behauptet wird, müssen nämlich ebenfalls die Bedingungen bekannt sein, unter

---

[8] Vgl. *Lele* 159-163. Umformungen finden sich bei Spinoza und Leibniz. Sie bleiben aber auf der Cartesischen Linie des Arguments. Kant kann deshalb vom „berühmten ontologischen (cartesianischen) Beweise vom Dasein eines höchsten Wesens aus Begriffen" sprechen (*KrV* B 630).

denen es möglich ist (vgl. *KrV* B 265-272). Kant nimmt ähnlich wie Thomas an, daß die menschliche Erkenntnis nicht in der Lage sei, das *reale* Wesen Gottes zu erreichen; er hält eine bloß *formale* Bestimmung des höchsten Wesens für unzureichend und spricht dem Beweis deswegen die grundlegende Voraussetzung seiner Gültigkeit ab.

Aber auch dann, wenn jemand die *reale* Möglichkeit des allerrealsten Wesens einsehen zu können behauptete, verfehlte der Beweis doch sein Ziel, da der zweite Schritt ebensowenig gelingt. Dies Mißlingen hat seine Wurzel in einer Aussage, die Heidegger einmal als *Kants These über das Sein* bezeichnet hat. Die These lautet: „Sein ist offenbar kein reales Prädikat, d. i. ein Begriff von irgend etwas, was zu dem Begriffe eines Dinges hinzukommen könne. Es ist bloß die Position eines Dinges oder gewisser Bestimmungen an sich selbst" (*KrV* B 626; vgl. *KT* 446ff.).

Dieser Seinsthese liegt Kants Unterscheidung zwischen *logischen* und *realen Prädikaten* zugrunde. Entscheidend ist für den ontologischen Gottesbeweis, daß unter dem *realen Prädikat* eine Bestimmung zu verstehen ist, die zum „Begriff des Subjekts hinzukommt und ihn vergrößert", also nicht schon in ihm enthalten ist (*KrV* B 626). Zu fragen ist demgemäß, ob der *Begriff* des allerrealsten Wesens vergrößert wird, wenn diesem Wesen *Sein* zukommt. Die Antwort Kants ist abschlägig: „Nehme ich nun das Subjekt (Gott) mit allen seinen Prädikaten (worunter auch die Allmacht gehört) zusammen und sage: Gott ist, oder es ist ein Gott, so setze ich kein neues Prädikat zum Begriffe von Gott, sondern nur das Subjekt an sich selbst mit allen seinen Prädikaten und zwar den Gegenstand in Beziehung auf meinen Begriff". Die von Kant hinzugefügte Erläuterung ist eingängig und allgemein bekannt geworden. Er sagt: „Und so enthält das Wirkliche nichts mehr als das bloß Mögliche. Hundert wirkliche Taler enthalten nicht das Mindeste mehr, als hundert mögliche ... Aber in meinem Vermögenszustande ist mehr bei hundert wirklichen Talern, als bei dem bloßen Begriffe derselben (d. i. ihrer Möglichkeit)" (*KrV* B 627).

Mit Kants Kritik endet die Geschichte des ontologischen Beweises noch nicht. Vor allem Hegel hat mit seiner Umformung des ontologischen Beweises die Kritik Kants zu überwinden gesucht. Was Hegel als ontologischen Gottesbeweis vorträgt, entspricht indessen keinem Beweis im gewöhnlichen Verstehen, der mit dem Begriff als einem unmittelbar Gewissen beginnt und von ihm ausgehend das Dasein Gottes zu erschließen sucht. Hegel spricht also distanziert von der *Form des Beweises vom Dasein Gottes*, gemäß der er nichts als *dieser Übergang, diese Vermittlung* sei, „daß aus dem *Begriff* Gottes das *Sein* folgt" (*VPR* II,205; zur Auslegung der Geschichte des Beweises *VPR* II,209ff.). Hegel rekurriert auf den schon bei Augustinus lebendigen Gedanken, daß die Gegenwart des unendlichen Gottes im endlichen Menschengeist nur von Gott her zu verstehen sei (*C* 1,1 und 10,35). Er bestreitet, daß es eine Methode gebe, die dem Menschengeist das Absolute kraft seines endlichen Vermögens näherbrächte, wenn das Absolute „nicht an und für sich schon bei uns wäre und sein wollte“ (*PhdG* 69). Sein eigenes Denken enthält derart Motive, die sich gegen die sonst von ihm propagierte Aufhebung der Philosophie in die wissenschaftliche Form der Wahrheit (*PhdG* 14) anführen lassen (vgl. auch *AUZ* 155). Die dialektische Erfassung der Wahrheit des Ganzen kann mit der sinnlichen Gewißheit beginnen und fortschreitend deren geistige Wahrheit begreifen oder vom begrenzten Begriff her das Absolute denken. Dies geschieht nach Hegel dort, wo „der Weg des natürlichen Bewußtseins, das zum wahren Wissen dringt“, dargestellt und „der Weg der Seele“ durchwandert wird, „daß sie sich zum Geiste läutere“ (*PhdG* 72). Sofern *die Wahrheit das Ganze* ist, kann das *Einzelne* allein durch eine dialektische Beziehung auf die *seiende* Wahrheit des Ganzen begriffen werden. Wer überhaupt Wahrheit sucht, sucht implizit die absolute Wahrheit; absolute Wahrheit kann aber nur gesucht werden, wenn sie in der Suche bereits gegenwärtig ist. Diese dialektische Bewegung des Begriffs auf die Wahrheit des Ganzen hin impliziert das *Sein des Absoluten*, weil „das Absolute allein wahr, oder das Wahre allein absolut ist“ (*PhdG* 70). Die dialektische Selbstbewegung des Geistes auf eine absolute Wahrheit hin überwindet jede bloß subjektive Vorstellung des Absoluten, so daß die *dialektische Selbstbewegung des Geistes* auf die absolute Wahrheit des Ganzen hin, die jeder Erkennende vollzieht, durch sich selbst, unabhängig von subjektiven Meinungen, implizit zugleich ein wahrer *Gottesbeweis* wäre.

Eine weitere bemerkenswerte Neuaufnahme hat das ontologische Argument durch den schon im Zuge der Darstellung Anselms erwähnten Emmanuel Lévinas erfahren, der ausdrücklich an die Gedankenführung der Cartesischen *Meditationes de prima philosophia* anknüpft (vgl. *TU* 305f./*TI* 186).[9] Lévinas geht offenbar mit Recht davon aus, daß das Unendliche die Kraft der Thematisierung durch endliche Subjekte übersteigt. Er bewegt sich derart in der Nähe zu Gedanken Augustins, Anselms und des Nikolaus von Kues, zum Beispiel zum Hinweis Anselms, daß Gott etwas Größeres als das sei, was überhaupt gedacht werden kann. Auf diesem Weg wird Gott vom Menschengeist zwar

[9] Ob die von ihm mehr implizierte als ausgeführte Descartes-Auslegung gültig ist, ist eine historische Frage, die hier nicht entschieden zu werden braucht. Die seit Pascal immer wieder auftretenden Einwände gegen den rationalistischen Vollzug des Gottdenkens scheinen jedenfalls nicht grundlos zu sein (vgl. § 12).

irgendwie erfaßt, aber nicht als eine erfaßbare Wirklichkeit, sondern in seiner unerfaßbaren Unendlichkeit.

Die Neuformulierung des Arguments durch Lévinas basiert auf zwei Grundtatsachen (vgl. § 15). Als erste Tatsache ist die Gegenwart des Unendlichen im Endlichen zu nennen, das ohne diese Gegenwart seine Endlichkeit nicht erkennen könnte. Die bloße Idee des Unendlichen wird dem endlichen Geist zur Blendung, weil er in ihr besser und mehr denkt, als er zu denken vermag. Die zweite Tatsache ist die Unmöglichkeit der Thematisierung des Unendlichen als Objekt: „L'idée de l'infini ne m'est pas objet" (*TU* 305/*TI* 186). Offensichtlich befinden sich diese beiden Tatsachen in einem dialektischen Spannungsverhältnis, sofern nämlich die Idee des Unendlichen die Erfassung eines Endlichen als Endlichen allererst ermöglicht, selbst aber unerfaßbar bleibt und dennoch zugleich auf eine wirklichere Wirklichkeit verweist.

Lévinas interpretiert die besondere Kraft des ontologischen Arguments so, daß sich das in ihm begrifflich Vorgestellte – nämlich das *ideatum* – im Prozeß des Denkens verwandelt. Es verwandelt sich unabhängig von der Kraft des vorstellenden Subjektes, so daß der Gedanke des Unendlichen nicht mehr als bloßer Gedanke aufgefaßt werden kann. Dieser Gedanke des Unendlichen hört damit schließlich auf, lediglich ein Gedanke zu sein: „que la pensée de l'infini n'est pas une pensée" (*TU* 306/*TI* 186). Wodurch sich dieser Gedanke des Unendlichen positiv auszeichnet, ergibt sich laut Lévinas erst aus der *Beziehung des Selben zum Anderen*, aus dem *Empfang des Antlitzes* als dem zentralen ethischen Geschehen, das auch zu einem neuen Gottdenken führt. Dieses Gottdenken gilt ihm als Ausdruck der Lebendigkeit des Gedankens, der dem ontologischen Argument zugrunde liegt (vgl. weiterhin § 15 mit einer Skizze des Denkens von Emmanuel Lévinas).

b) Noologisch: Gott als die absolute Wahrheit, auf die alle endliche Wahrheitssuche zielt

Hegels Umformung des ontologischen Arguments greift Kants kritische Einwände auf und sucht sie zu überwinden (vgl. z. B. *ThuM*, bes. 367 bis 403; außerdem *GrV* 169-197, bes. 178-181). Mit ihr wird es nun möglich, an einem Sinn des Beweises festzuhalten, der die Kritik überdauert. An Hegels Neuansatz ist die Kritik zwar nicht spurlos vorübergegangen; dieser Ansatz ist aber nur zu verteidigen, wenn er nicht im Sinne eines sich selbst wissenden Wissens, sondern als Suche der Wahrheit ausgelegt wird. So kann ein philosophisches Denken, das sich im Unterschied zu Hegel durchaus sein Nichtwissen eingesteht und nicht an die Erreichbarkeit der wissenschaftlichen Form der absoluten Wahrheit glaubt, dennoch einen positiven Ertrag aus Hegels Ansatz gewinnen, daß nämlich schon die Suche nach der Wahrheit auf die Wirklichkeit weist, die als absolute Wahrheit des Ganzen nur im unendlichen Gott als absolutem Ursprung, absoluter Gegenwart und absolutem Ziel seinsmäßigen Bestand haben könnte.[10]

Hegel nennt das *Furcht vor der Wahrheit*, was als kritischer Vorbehalt gegen die falsche Selbstsicherheit der endlichen Vernunft des Menschen gemeint war, sei diese Selbstsicherheit nun die des konstruierenden Rationalisten oder des metaphysikfeindlichen Empiristen (vgl. *PhdG* 69f.). Obwohl Kant die Möglichkeit von Gottesbeweisen *more geometrico* bestritten hatte, hielt er trotzdem an der Möglichkeit fest, die theoretische Verstandeserkenntnis auf einen Ursprung zu beziehen, in dem sie ihre höchste Einheit und Durchsichtigkeit fände. Als der eigentümliche Grundsatz der Vernunft gilt ihm, „zu dem bedingten Erkenntnisse des Verstandes das Unbedingte zu finden, womit die Einheit desselben vollendet wird" (*KrV* B 364; vgl. dazu B 382f. und B 599ff.). Mit der für das Vermögen des endlichen Menschengeistes gebotenen, kritischen Vorsicht hat Kant also trotz seiner Destruktion der Gottesbeweise doch Raum für die Annahme gelassen, daß die Möglichkeit absoluter Wahrheit im Zusammenhang mit der Frage der Existenz Gottes gesehen werden muß. Er steht damit in der Tradition der Platonischen Philosophie, die zwar keine absolute Erkenntnis der Wahrheit des Ganzen aus dem Ursprung beansprucht, aber doch annimmt, daß die Vernunft in ihrem Selbstvollzug notwendig auf das Unbedingte bezogen ist, sofern sie nicht nur brauchbare Annahmen für die Meisterung der Bedürfnisse des Alltags bieten will, sondern die Wahrheit im strengen Sinne zu erkennen sucht.[11]

Der Gedanke, daß in der Wahrheitssuche schon immer unreflektiert die Wahrheit Gottes und Gott als die das Ganze tragende Wahrheit mitgedacht ist, kann mit dem Mut des Zugehens auf diese absolute Wahrheit, auch wenn sie vom Menschen nicht aus eigener Kraft und nicht endgül-

---

[10] Vgl. Platons kritische Beschränkung auf die Suche nach einer menschlichen Weisheit (ἀνθρωπίνη σοφία) im Wissen des Nichtwissens (*Apologie* 20d-21a); im Gegensatz dazu Hegels Anspruch, die Philosophie von der Liebe zum Wissen nun in wirkliches Wissen zu verwandeln (*PhdG* 14).

[11] Das Hypothesisverfahren im Liniengleichnis von Platons *Politeia* bietet ebenfalls keine Erkenntnis des voraussetzungslosen Ursprungs (510b: ἀρχὴ ἀνυπόθητος), aber das Bewußtsein, daß nur von diesem höchsten Punkt aus die Wahrheit des Ganzen in wahrem Wissen (511c: ἐπιστήμη) erfaßt werden könnte. Insofern geht es in der Frage nach der Idee des Guten um das höchste Wissen (505a: μέγιστον μάθημα).

tig erkannt werden kann, als *Erhebung des Geistes zu Gott* interpretiert werden.[12] Eine solche Gedankenführung hat Augustinus ausdrücklich als Argument für das Dasein Gottes vorgetragen (vgl. *DLA* 2,5-39; dazu *SGbA*). Dieser Gedankengang kann als Selbstverständigung des wahrhaft Philosophierenden (ὀρθῶς φιλοσοφῶν) ausgelegt werden (*Phaidon* 80e ff.), der sich nicht mit den handgreiflichen Wahrheiten eines bloß technisch orientierten Menschen (*homo faber*, βάναυσος) bescheidet, sondern im Bewußtsein seines Risikos als geistiger Mensch (δαιμόνιος ἀνήρ) unbedingte und absolut erfüllende Wahrheit sucht (vgl. *Symposion* 203a). Bevor die von Augustinus ausgearbeitete Argumentation in einer Rekonstruktion ihrer philosophisch anspruchsvollen Motive nachgezeichnet werden soll, ist es erforderlich, sich auch den Kontext dieses Arguments vor Augen zu stellen.

Als Leitgedanke des Beweises kann Augustins Wort gelten, mit dem er das Finden der *Wahrheit* zugleich als das Finden *Gottes* interpretiert: „Ubi enim inveni veritatem, ibi inveni deum meum" (*C* 10,35). Zu Beginn des zweiten Buches der Schrift *De libero arbitrio* tritt der Zweifel auf, ob der *freie Wille*, der zunächst als etwas Gutes aufgefaßt worden war, auch im Blick auf die Möglichkeit des Bösen, die in ihm liegt, als *Gabe Gottes* verstanden werden kann. Bevor diese Frage im dritten Buch weiter betrachtet wird, erhebt sich die Vorfrage, mit welcher Sicherheit überhaupt das Dasein Gottes feststeht. Daß Gott ist, steht für beide Partner dieses als Dialog durchgeführten Werks zwar unerschütterlich fest, jedoch bloß im *Glauben*, nicht durch Einsicht: „non contemplando, sed credendo inconcussum teneo" (*DLA* 2,5). Weil aber *erkannt* und *eingesehen* werden soll, was geglaubt wird, soll jetzt inständig gefragt werden, wie die Existenz Gottes einsichtig gemacht werden kann. Augustinus strebt mit Evodius nach dem Erkennen dessen, was sie glauben: „Sed nos id quod credimus nosse et intellegere cupimus" (*DLA* 2,6). Daraus folgt die Aufgabe zu fragen, mit welcher Gewißheit feststeht, daß Gott ist: „quomodo manifestum est deum esse" (*DLA* 2,7). Aus dieser Absichtserklärung wird sichtbar, daß der nun zu entwickelnde Beweis als Selbstvergewisserung von Glaubenden in Angriff genommen wird.

Der Beweis beginnt mit der *Annahme der eigenen Existenz* als dem Sichersten, das nicht bezweifelbar ist. Der Zweifel an der eigenen Existenz entzöge sich selbst die Grundlage, da es dann auch den Zweifelnden nicht mehr gäbe. Sicher ist zugleich, daß diese Selbstgewißheit die

---

[12] *VPR* II, 357; im weiteren finden sich dort auch Hinweise zu Hegels Ablehnung des bloß mechanischen Schließens in Gottesbeweisen (bes. *VPR* II,364f.).

eines *Lebenden und Erkennenden* ist. Bloßes Sein besitzt schon die unbelebte Natur, Leben haben auch Tiere; nur dem Menschen kommen alle drei Wirklichkeiten zu: *Sein*, *Leben* und *Erkennen*. Erkennen gilt als die vollkommenste der drei Wirklichkeiten, sofern es die beiden anderen voraussetzt; jeder, der erkennt, besitzt auch Sein und Leben: „Tenemus etiam id, esse in his tribus praestantius quod homo cum duobus ceteris habet, id est intellegere, quid habentem sequitur et esse et vivere" (*DLA* 2,7). Die Untersuchung der Erkenntnis als höchster innerweltlich faßbarer Wirklichkeit beginnt mit der Betrachtung der sinnlichen Wahrnehmung. Die Wahrnehmung ist sich nicht selbst genug, sondern ist auf höhere Erfassungsweisen angewiesen.[13] Als höchste Erfassungsweise nennt Augustinus die Vernunft, die Begriffe bildet, urteilt und sich selbst als Vernunft wahrnimmt: „an aliter scires te habere rationem nisi id ratione perciperes" (*DLA* 2,9). Ihre Höherrangigkeit ergibt sich daraus, daß sie über alles andere urteilt (*DLA* 2,12f.; vgl. *An* Γ, 429 a 10-20).
Nachdem die Vernunft als vorläufig höchste Wirklichkeit gefunden ist, setzt der Beweis zu seinem entscheidenden Schritt an. Augustinus fragt also, ob es etwas gebe, das nicht bloß sei, sondern das auch den Rang der menschlichen Vernunft überschreite und als etwas zu denken sei, dem keine andere Wirklichkeit übergeordnet ist. Das Ziel hält Augustinus für erreicht, wenn sich zeigt, daß der Vernunft im Gedanken einer vollkommenen Wahrheit etwas durch sich selbst Ewiges und Unwandelbares begegnet, das als Gott verstanden werden kann, über den hinaus es keinen Höheren gibt: *quo est nullus superior* (*DLA* 2,14). In diesem Ziel lägen die Erfüllung und das absolute Maß aller menschlichen Suche. Wird es erreicht, sei es nicht mehr Gegenstand kritischen Urteilens; vielmehr werde der Mensch hier zum freudigen Finder: „de ipsis vero nullo modo quis iudicat ... sed tantum laetatur inventor" (*DLA* 2,34). Diese Wahrheit wird als höchstes und seligmachendes Gut (*summum bonum et beatificum*) bezeichnet, das keiner wider Willen verlieren könne: „Veritatem et sapientiam nemo amittit invitus" (*DLA* 2,37). Sie sei der unstreitige Besitz, der niemandem etwas streitig macht. Indem diese Wahrheit über den Geist hinausweist und für ihn das Maß repräsentiert, auf das er schon immer ausgerichtet ist, sofern er unbedingte Wahrheit sucht, ist mit diesem Suchen eben die Wahrheit gefunden, die als Gott gedacht werden muß, sofern sie das Maß der Erkenntnis ist. Sobald also gezeigt ist, daß es Höheres als den endlichen Geist gibt, muß man laut Augustinus bekennen, daß dies Gott sei, falls es nichts noch Höheres

---

[13] Ähnlich wie Aristoteles (*An* Γ, 426 b 15-24) nimmt Augustinus einen inneren Sinn (*sensus interior*) an (vgl. *DLA* 2,9).

gebe: „si quid supra mentes nostras esse monstrarem, deum te esse confessurum, si adhuc nihil esset superius“ (*DLA* 2,38).
Augustinus sieht sich aber ausdrücklich nicht im Vollbesitz solcher Wahrheit. Er fragt deswegen, ob es nicht die Sache der Menschen sei, nach solcher Weisheit und Glückseligkeit allererst zu streben, um sie dereinst zu besitzen. Der genuin menschliche Zustand besteht im *Wissen des Nichtwissens*: „Novit ergo insipiens sapientiam.“ Die Frage, ob wir Menschen bereits weise seien, hat nur rhetorischen Charakter (*DLA* 2,40): „Sed, quaeso te, numquid iam sapientes et beati sumus?“ Die menschliche Seele, die nach Weisheit trachtet, wird auf Gott als ihr glückseliges Leben verwiesen. Augustinus versteht den Menschen als *ruheloses Herz*, das von Gott zur Suche angestachelt wird und die erfüllende Ruhe nur in Gott zu finden vermag: „Tu excitas, ut laudare te delectet, quia fecisti nos ad te et inquietum cor nostrum, donec requiescat in te“ (*C* 1,1). Der Vollzug der ruhelosen Bewegung auf Gott zu besteht kraft der Wirklichkeit ihres Zieles.
Gegen dieses *Argument* kann natürlich eingewandt werden, daß seine Beweiskraft an einer Reihe von Voraussetzungen hänge. Es kann gesagt werden, daß die Suche nach absoluter Wahrheit in die Irre führe und trügerisch sei. Die Kritik an der Ausrichtung auf eine absolute Wahrheit raubt sich jedoch selbst die Grundlage, sobald sie mit dem Gestus sicheren Wissens auftritt. Wer allerdings bei endlichen Wahrheiten seine Ruhe zu finden vermag, sich nicht vom Feuer der beunruhigenden Sehnsucht nach der unendlichen Wahrheit entzünden läßt, wird der Gottesfrage vielleicht ohne Verständnis begegnen. Solche Menschen dürften dann aber nicht mit Fragen und Klagen kommen, wenn in Leiden und Tod die ganze Wirklichkeit auf dem Spiel steht. Wer sieht, daß die gesuchte Wahrheit immer größer ist als alle bereits gefundene oder vom Menschen erreichbare Wahrheit, wird sich ihr zu nähern suchen und für eine unendliche Wahrheit offenbleiben, der sich Menschen nur in endlicher Weise annähern können.[14] Derart erweitert sich der *noologische* Weg zur Annahme des Daseins Gottes zu einem allgemein menschlichen.

---

[14] Vgl. *Theaitetos* 176b: ὁμοίωσις θεῷ κατὰ τὸ δυνατόν. Solche Anähnlichung vollzieht sich im Streben nach Gerechtigkeit und Wahrheit. In diesen dialektischen Prozeß gehört auch die *quarta via* des Thomas, die Gott als Ursprung aller Vollkommenheit denkt (vgl. *S. th.* I,2,3c: *causa cuiuslibet perfectionis*).

c) Kosmologisch: Gott als der Grund des Daseins von weltlicher Wirklichkeit überhaupt

Auf dem *Weg* des noologischen Arguments kommt es auch zu Aussagen zur Seinsbeschaffenheit der *unter* dem Erkenntnisvermögen liegenden, wahrnehmbaren Wirklichkeit, sofern der Stufenweg dieses Beweises bei ihnen ansetzt und über sie hinausgeht. Der Ansatz bei der Gegebenheit von etwas Seiendem überhaupt und bei den besonderen Gegebenheiten des Seienden in der Welt lenkt den Blick nun auf die Fragen, ob und inwieweit aus dem Dasein und Sosein einer äußeren Wirklichkeit auf die Existenz Gottes geschlossen werden kann. Es wurde oben erwähnt, daß man den Schluß, der an das *bloße Dasein* von etwas Seiendem überhaupt anknüpft, als *kosmologischen* Gottesbeweis bezeichnet; sofern die *besondere Beschaffenheit*, die *Ordnungsstruktur* der Dinge, als Grundlage des Beweises dient, spricht man vom *teleologischen* Argument.
Begonnen wird mit dem *kosmologischen Beweis*, der zwar mit unterschiedlichen Ansätzen, doch immer in der Form eines Kausalitätsbeweises vorgetragen wird (entsprechend auch die Einordnung in *SepG* 63 bis 102). Blickt man auf die *quinque viae* des Thomas (*S. th.* I,2,3c), so repräsentieren die drei ersten Wege in der *wahrnehmbaren Bewegung*, in der *Wirkursächlichkeit* und in der *Kontingenz* des endlichen Seienden Ansätze zu Kausalitätsbeweisen im weiteren Sinn.[15] Die Annahmen, daß es Bewegtes gibt, daß zwischen den vorgeordneten Ursachen und den nachgeordneten Wirkungen eine Abhängigkeit besteht und daß es Seiendes gibt, dessen Sein nicht notwendig ist, sind demgemäß die Grundlagen des kosmologischen Arguments. Es weist über die jeweils ins Auge gefaßten Weltzusammenhänge auf eine Wirklichkeit hinaus, die – wie Thomas am Ende jedes Weges sagt – von allen Gott genannt wird. Thomas beginnt jeweils mit unmittelbaren Gewißheiten – oder jedenfalls mit Annahmen, die er für gewiß hielt – und öffnet sie in Richtung auf die ihnen zugrunde liegende, unbedingte Wahrheit, die er mit Gott identifiziert.
Eine logische Analyse dieser Wege ist komplizierter, als sie auf den ersten Blick zu sein scheint.[16] Wer lediglich auf die formale Stringenz der Wege achtet, kann sicher logische Schwächen und Schwierigkeiten

---

[15] Als Einführung in die fünf Wege vgl. *ThvA*; diese Darstellung ist allerdings von neuthomistischen Intentionen geprägt.

[16] Vgl. Horst Seidl, *Zu gegenwärtigen Versuchen symbollogischer Formalisierung von Thomas' Gottesbeweis aus der Bewegung*, in: *ThvA* 161-184.

ausfindig machen, falls er sie als zwingende Beweise deutet.[17] Angemessener wird aber die differenzierte Interpretation der Absichten des Thomas sein, die zugleich auch den verwickelten geschichtlichen Hintergrund berücksichtigt, in dem bei ihm außer den bekannten Aristotelischen Motiven gleichfalls Impulse vor allem der Platonischen Tradition eine wichtige Rolle spielen.[18]

Der erste Weg fängt mit dem Faktum der Bewegung an (*ex parte motus*); er wird der offenkundigste genannt, da er mit dem beginnt, was von der Sinneswahrnehmung her feststeht, daß nämlich einiges in der Welt bewegt ist: „Certum est enim, et sensu constat, aliqua moveri in hoc mundo.“ Diese Tatsache, daß etwas bewegt wird, setzt einen Grund voraus, der die Bewegung in Gang setzt. Thomas drückt diese Voraussetzung durch das Prinzip aus, daß *alles, was bewegt wird, von einem Anderen bewegt wird*: „Omne autem quod movetur, ab alio movetur“.[19] Bevor er das Schlußverfahren weiterführen kann, fügt Thomas die *Erklärung* ein, daß Bewegen nichts anderes bedeute, als etwas von der Möglichkeit in die Wirklichkeit zu überführen: „Movere enim nihil aliud est quam educere aliquid de potentia in actum.“ Damit gilt ein erstes Beweisziel für erreicht, daß etwas nämlich weder in derselben Hinsicht *bewegt* und *bewegend* sein kann, noch daß es sich selbst zu bewegen vermag: „Impossibile est ergo quod, secundum idem et eodem modo, aliquid sit movens et motum, vel quod moveat seipsum.“ Folglich werden die bewegten Dinge in der Welt jeweils von etwas Anderem bewegt, das wiederum von Anderem bewegt wurde.

Als zweites Beweisziel stellt sich jedoch die ungleich schwerere Aufgabe, nämlich auszuschließen, daß man bei der Frage nach dem Bewegenden bis ins Unendliche in der Reihe der bewegten Bewegenden (*mota moventia*) weiter zurückgehen kann. Den Ausschluß eines *regressus in infinitum* begründet Thomas mit der Annahme, daß es keine bewegten Bewegenden geben könnte, wenn es nicht ein erstes Bewegendes (*primum movens*) gäbe. Tatsächlich wird die Kausalität des Bewegens gemäß diesem Modell als eine *verursachte Kausalität* vorgestellt, deren

---

17 Vgl. *DfW*; die dort vorgelegten logischen Analysen konstatieren ein nicht besonders hohes Niveau logischer Strenge und eine Reihe von Fehlern (264f.); es bleibt aber zu fragen, ob die den Wegen zugrunde liegende Absicht durch solche Analysen zutreffend zu erfassen ist. Vgl. im Ansatz ähnlich *TFW*; dazu Seidls Darstellung und Erwiderung, *ThvA* 136-161.

18 Vgl. z. B. *PCTA*; Fabro erweitert exemplarisch die Engführung der nur an Aristoteles orientierten Thomas-Interpretation. Knappe, aber erhellende Quellenhinweise zu den einzelnen Wegen bietet *BfW*.

19 Wichtigster Hintergrund ist hier gewiß Aristoteles, z. B. *Mp* Λ, 1073 a 26f.: τὸ κινούμενον ἀνάγκη ὑπό τινος κινεῖσθαι.

Dasein unbegreiflich wäre, wenn sie nicht auf etwas Bewegendes verwiese, das von nichts Anderem bewegt würde. Soll demnach das Dasein des sinnlich wahrnehmbaren Phänomens der Bewegung begriffen werden können, muß der *regressus in infinitum* abgelehnt werden. Wer derart einen unbedingten Grund des Daseins der Bewegung sucht, kann sich nicht mit bewegt Bewegendem zufrieden geben. Folglich ist es notwendig, ein erstes Bewegendes anzunehmen, das von nichts Anderem bewegt wird: „Ergo necesse est devenire ad aliquod primum movens, quod a nullo movetur." Von diesem sagt Thomas dann, daß es alle als Gott erkennen: „et hoc omnes intelligunt Deum" (*S. th.* I,2,3c).[20]

In ähnlicher Weise führen der zweite und der dritte Weg von verschiedenen Ausgangspunkten aus zu ihrem Ziel. Der zweite Weg beginnt mit dem Wesen der Wirkursache (*ex ratione causae efficientis*), also mit einem *Begriff*.[21] Zwar war auch das Bewegtsein der wahrnehmbaren Dinge einer begrifflichen Erklärung bedürftig, damit es dem Gottesbeweis als Grundlage dienen konnte; das Bewegte war aber immerhin unmittelbar der sinnlichen Wahrnehmung zugänglich.[22] Analog zum Vorgehen beim ersten Weg soll zunächst ausgeschlossen werden, daß etwas als *Ursache seiner selbst* betrachtet werden könnte: „nec est possibile, quod aliquid sit causa efficiens sui ipsius." Selbstverursachung ist unmöglich, weil etwas dann zeitlich früher dasein müßte, als es ist, um sich allererst hervorbringen zu können: „quia sic esset prius seipso, quod est impossibile." Ebenso muß wieder der *regressus in infinitum* ausgeschlossen werden. Da die Wirkursachen in der Welt nur als bewirkte Wirkursachen (*causae efficientes mediae*) gedacht werden können, wird es erforderlich, eine erste Wirkursache zu setzen, die alle Gott nennen: „Ergo est necesse ponere aliquam causam efficientem primam: quam omnes Deum nominant" (*S. th.* I,2,3c).

Noch weiter vom sinnlich Wahrnehmbaren liegt die Reflexionsstufe des dritten Wegs ab, der *ex possibili et necessario* beginnt. Sofern die *bewegt Bewegenden* wie die *mittleren Wirkursachen* in den Bereich des Möglichen (*possibile*) fallen, hat der dritte Weg als krönender Abschluß der

---

[20] Aristoteles bezeichnet das Erstbewegende (*Mp* Λ, 1073 a 27f.: τό πρῶτον κινοῦν ἀκίνητον) als Göttlichstes und als vollkommenste Wirklichkeit (1074 b 16: θειότατον, b 21: ἀρίστη οὐσία).

[21] Vgl. *BfW* 142f.; dort verweist Elders darauf, daß als Quelle für diesen Weg weder Aristoteles noch Platon in Frage kommen, sondern eher biblische Motive und die stoische Tradition; besonders nahe ist z. B. Seneca, *Ad Lucilium* 7,65,12.

[22] In der sinnlichen Wahrnehmung zeigt sich das Nacheinander (*post hoc*), nicht der Wirkzusammenhang (*propter hoc*); vgl. dazu vor allem *Enq* V,1 und VI,1; es kommt aber darauf an, welche Aussagekraft und Geltung den Vorstellungen oder Begriffen zugesprochen wird.

drei ersten Wege zu gelten. Ausgangspunkt dieses Wegs ist die Annahme, daß unter den in der Welt begegnenden Dingen einige sind, deren Dasein zufällig ist, da sie sowohl sein können als auch nicht sein können: „Invenimus enim in rebus quaedam quae sunt possibilia esse et non esse." Der Seinscharakter des Möglichen zeigt sich am Entstehen und Vergehen (*generari et corrumpi*). In einem Gedankenexperiment werden die Konsequenzen der Hypothese untersucht, daß alles, was ist, zum Möglichen zu zählen sei. Als zwingend gilt, daß dieses Seiende nicht immer sein kann und auch irgendwann wirklich nicht ist: „Impossibile est autem omnia quae sunt talia, semper esse: quia quod possibile est non esse, quandoque non est." Wäre derart alles, was ist, zum Möglichen gehörig, muß faktisch einmal nichts gewesen sein. Daraus wäre dann zu folgern, daß auch jetzt nichts sein dürfte: „Si igitur omnia sunt possibilia non esse, aliquando nihil fuit in rebus. Sed si hoc est verum, etiam nunc nihil esset".

Da jetzt aber offenbar nicht nichts ist, gehört *nicht alles, was ist, zum Möglichen*. Da die Disjunktion, daß etwas entweder *nicht ist*, *zufällig ist* oder *notwendig ist*, für vollständig zu gelten hat, muß vor dem Hintergrund der Tatsache, daß jetzt etwas ist, zugleich auch angenommen werden, daß es *Notwendiges* geben muß: „Non ergo omnia entia sunt possibilia; sed oportet aliquid esse necessarium in rebus." Nach dieser Einsicht, daß etwas Notwendiges (*necessarium*) zu allem Zufälligen in der Welt vorausgesetzt werden muß, untersucht Thomas die *möglichen Arten des Notwendigen*. Etwas kann nämlich notwendig werden, indem es *durch etwas Anderes notwendig* wird; beispielsweise geschieht das notwendig, was von einer Wirkursache hervorgerufen wird. Um das faktische Dasein des Zufälligen verstehen zu können, reicht keine *abgeleitete* Notwendigkeit aus. Derart muß etwas als seiend gesetzt werden, was *durch sich selbst notwendig* und zugleich auch die *Ursache der Notwendigkeit des anderen Seienden* ist. Ein solches notwendiges Wesen nennen aber laut Thomas alle Gott: „Ergo necesse est ponere aliquid quod sit per se necessarium, non habens causam necessitatis aliunde, sed quod est causa necessitatis aliis: quod omnes dicunt Deum" (*S. th.* I,2,3c).

Kants Kritik des kosmologischen Beweises knüpft an diese höchste Reflexionsstufe an. Seine Behandlung zeigt, daß aus diesem Argument über das Weltganze hinausweisende *Fragen* hervorgehen. Diese Fragen sind zwar keine geeignete Basis für *dogmatische Gottesbeweise*. Sie können verbohrte Empiristen jedoch so an den Abgrund des Unendlichen führen, daß deren angebliche Gewißheiten wie ein Kartenhaus zusammenstürzen. Zwar wollte Kant mit der Kritik bloß dem Skandal vorbeugen, „das über kurz oder lang selbst dem Volke aus den Streitigkeiten aufstoßen muß, in welche sich Metaphysiker (und als solche endlich auch wohl Geistliche) ohne Kritik unausbleiblich verwickeln" (*KrV* B XXXIV). Weithin bekannt geworden sind aber nur die negativ kritischen Äußerungen zu den Gottesbeweisen. Die isolierte Beachtung dieses Teils der Kritik hat die Verfälschung seiner Absicht und Leistung zur Folge. Eine Interpretation darf also nicht die Motive von Kants Denken übergehen, die *für* das Dasein Gottes sprechen. Zuvor sollen aber seine Einwände gegen den kosmologischen Beweis referiert werden (vgl. hierzu *PKW*).

Der kosmologische Beweis besitzt nach Kant zwei Teile; der erste schließt auf ein absolut notwendiges Wesen, der zweite Teil darauf, daß dies notwendige Wesen als allerrealstes Wesen zu denken sei, als Gott. Der zweite Teil betrifft also die Identifizierung des durch sich notwendigen Wesens (*per se necessarium*) mit Gott, die Thomas nicht ausdrücklich hinterfragt. Den Beweis eines notwendigen Wesens referiert Kant folgendermaßen: „Wenn etwas existiert, so muß auch ein schlechterdings notwendiges Wesen existieren. Nun existiere zum mindesten ich selbst: also existiert ein absolut notwendiges Wesen" (*KrV* B 632). Weil der Begriff des notwendigen Wesens weiterbestimmt werden muß, fährt Kant im Referat des Beweises fort: „das notwendige Wesen kann nur auf eine einzige Art, d. i. in Ansehung aller möglichen entgegengesetzten Prädikate nur durch eines derselben, bestimmt werden, folglich muß es durch seinen Begriff vollständig bestimmt sein. Nun ist nur ein einziger Begriff von einem Dinge möglich, der dasselbe *a priori* durchgängig bestimmt, nämlich der des *entis realissimi*. Also ist der Begriff des allerrealsten Wesens der einzige, dadurch ein notwendiges Wesen gedacht werden kann, d. i. es existiert ein höchstes Wesen notwendiger Weise" (*KrV* B 633f.).

Da das Argument sich auf *zweier Zeugen Einstimmung* stützt, nämlich auf einen *reinen Vernunftzeugen* und einen anderen *von empirischer Beglaubigung*, müssen deren Aussage und Beweiswert genau unterschieden werden (*KrV* B 634). Den zweiten Schritt, der das notwendige Wesen als das höchste Wesen bestimmt, hält Kant für entscheidend. Weil er *a priori* durchgeführt werden muß, sei es „eigentlich nur der ontologische Beweis aus lauter Begriffen", der *alle Beweiskraft* enthalte (*KrV* B 635). Kant behauptet, daß im ersten Teil *ein ganzes Nest von dialektischen Anmaßungen verborgen* sei (*KrV* B 637). Es ließe sich aber zeigen, daß die Einwände Kants nur verhindern, daß es im Ausgang von Erfahrung zu einer wissenschaftlich absolut sicheren Gotteserkenntnis kommt. Der Schluß vom Zufälligen auf seine Ursache ist laut Kant außerhalb der Sinnenwelt nämlich ohne objektive Bedeutung. Kant zeigt also, daß die Prinzipien des Vernunftgebrauchs innerhalb des Erfahrungsbereichs keinen Schluß auf eine erste Ursache erlauben. Indem diese Prinzipien überhaupt keine Überschreitung des Erfahrungsbereichs erlauben, gilt es als eine falsche Selbstbefriedigung der Vernunft, wenn sie sich die Reihe der Erscheinungen ohne die Bedingungen vorstellt, denen menschliche Erkenntnis stets unterliegt.

Obgleich der Beweis laut Kant keineswegs zu seinem Ziel gelangt, gibt es zu ihm doch auch ein positives Resümee. Es lautet: „Die unbedingte Notwendigkeit, die wir als den letzten Träger aller Dinge so unentbehrlich bedürfen, ist der wahre Abgrund für die menschliche Vernunft" (*KrV* B 641). Mit diesem Resümee verbindet Kant zugleich die These, daß Menschen sich die Ewigkeit Gottes nicht ausdenken könnten. Seine Kritik des Beweises ist also von den Impulsen der Wissenschaftlichkeit der Argumentation und vom Bezug auf die Wahrheit Gottes getragen. Daß ein solcher Abgrund die endliche Vernunft erschaudern und in Schwindel geraten läßt, zeigt sich in mehreren Motiven seines Denkens, das die Unendlichkeit nicht in der Welt sucht. Vielmehr ist er überzeugt, daß von der endlichen Vernunft her weder die Endlichkeit noch die Unendlichkeit der Welt behauptet werden kann. Menschen sind weder des *regressus in finitum* noch auch des *regressus in infinitum* fähig; es bleibt nur die Möglichkeit der Verfolgung der Ursachen in unbestimmte Weite (*regressus in indefinitum*), die den Menschen in die schwindelerregende Ungewißheit bezüglich eines absoluten Anfangs führt (*KrV* B 545-551). Solche in die Transzendenz weisende Zufälligkeit der Existenz der Erscheinungen in der Welt kann als implizites Strukturmoment der Philosophie Kants gelten. Kant geht bei seinem Ansatz davon aus, daß etwas vorausgesetzt werden muß, das funktionalem Denken unzugänglich ist, nämlich das unerkennbare *Ding an sich* (vgl. z. B. *KrV* B XXVI).

d) Teleologisch: Gott als die letzte Zielursache und als der zwecktätige Urheber der Weltwirklichkeit

Weil die Welt der durch die Sinne gegebenen Erscheinungen keinen sicheren Grund in sich selbst hat, sondern gleichsam über einem unendlichen Abgrund schwebt und also in eine unfaßbare Transzendenz weist, hat die Gottesfrage in den kosmologischen Überlegungen einen festen Ansatzpunkt. Dies gilt, obwohl der Gottesbeweis nicht so durchgeführt werden kann, daß er den Anforderungen von streng dogmatischen Demonstrationen genügt. Es ist aber deutlich geworden, daß es sowohl im Blick auf die wahre Göttlichkeit Gottes als auch im Blick auf das wahre Menschsein des Menschen ganz unpassend wäre, wenn das Dasein Gottes allererst bewiesen werden müßte oder wie ein weit entlegener Gegenstand der Wissenschaften aufgespürt und bewiesen werden könnte. In diesem Sinn stellt der *offene Abgrund* die einzig sachgemäße Herausforderung an die endliche Freiheit dar, zumal der Abgrund alle Menschen zwingt, sich in der einen oder anderen Weise zu ihm zu verhalten. Der Abgrund verlangt, *das Glück des ganzen Lebens zu verwetten*, so daß *unser triumphierendes Urteil* laut Kant vor dieser Lebenswette *gar sehr schwindet* und *wir überaus schüchtern werden* (*KrV* B 853).

Wenn der suchende Mensch die Totalität des in sich ungegründeten Weltzusammenhangs aus dem offenen Abgrund zu verstehen trachtet, ist er darauf angewiesen, von seiner Welterfahrung ausgehend auf den Abgrund zuzudenken. Angesichts dieses Abgrunds kann man aber versuchen, den Schauder des Nichtwissens im Ausgang von Seiendem mit bestimmten Eigenschaften zu überwinden. Solche Eigenschaften könnten den Schluß oder zumindestens die Hoffnung auf korrespondierende Eigenschaften des im Abgrund verborgenen Ursprungs erlauben. Da der kosmologische Beweis zum Gedanken eines Ursprungs führt, aber ohne die Möglichkeit, ihn begrifflich zu bestimmen, kann man in der Weltwirklichkeit Hinweise auf das Wesen des Ursprungs suchen. Diesen Weg stellt Kant als die Aufgabe des theoretischen Gottdenkens dar: „Die ganze Aufgabe des transzendentalen Ideals kommt darauf an, entweder zu der absoluten Notwendigkeit einen Begriff, oder zu dem Begriffe von irgend einem Dinge die absolute Notwendigkeit desselben zu finden" (*KrV* B 640). Wie das ontologische Argument nicht vom Begriff zum Sein gelangt, so kommt der kosmologische Beweis nicht vom Sein zum Begriff.

Solche Hinweise können sowohl aus der Wirklichkeit gewonnen werden, die *ist*, als auch aus der Wirklichkeit, die *sein soll*. Hinsichtlich der ersten Möglichkeit kann das *teleologische Argument* für das Dasein Gottes untersucht werden, im Blick auf die zweite Möglichkeit sind die *moralphilosophischen* Motive zu untersuchen, die zur Annahme des Daseins Gottes führen können. Das *teleologische Argument* läßt sich aus zwei verschiedenen Blickwinkeln entfalten. Erstens könnte darauf hingewiesen werden, daß die begegnende Weltwirklichkeit mit ihrer konkreten Bestimmtheit nur aus ihrer Beziehung auf ein *vollkommenes Ziel* verständlich ist, das demnach bereits im vorhinein wirklich sein muß. Zweitens könnte gezeigt werden, daß sich die inhaltlich bestimmte Weltwirklichkeit lediglich von einem *zwecktätigen Welturheber* her verstehen läßt. Diese beiden möglichen Wege eines teleologischen Arguments sollen im folgenden skizziert werden.

Wenn es so wäre, daß die unterschiedlichen Vollkommenheitsstufen des Wirklichen, das in der Welt begegnet, als diese unterschiedlichen Vollkommenheiten nur aufgefaßt werden könnten, sofern sie auf ein *Maximum* an Vollkommenheit bezogen werden, müßte dies Maximum im Sinne einer Vollkommenheit aller Vollkommenheiten (*perfectio perfectionum*) als wirklich angenommen werden, soll es unterschiedliche Grade der Vollkommenheit geben können. Hier liegt der Weg *ex gradibus* vor Augen, den Thomas mit Hilfe Platonischer und Aristotelischer Gedanken durchführt. Der Weg beginnt mit der Annahme unterschiedlicher Vollkommenheitsstufen und knüpft daran die Voraussetzung, daß jedes *Mehr oder Weniger* an Vollkommenheit auf ein *Maximum* verweist: „Invenitur enim in rebus aliquid magis et minus bonum, et verum, et nobile; et sic de aliis huiusmodi. Sed *magis* et *minus* dicuntur de diversis secundum quod appropinquant diversimode ad aliquid quod maximum est" (*S. th.* I,2,3c). Diese These stützt sich auf die gnoseologische und ontologische Überlegung Platons, laut der Vollkommenheitsgrade weder erkannt werden könnten noch überhaupt dasein könnten, wenn es das Vollkommene nicht schon vorher gäbe (*Phaidon* 74e-75b). Der von Thomas unternommene Versuch, diesen Beweis mit dem Hinweis auf das *Warmsein* als Vollkommenheit zu untermauern, erscheint aber kaum triftig (*S. th.* I,2,3c: „sicut magis calidum est, quod magis appropinquat maxime calido"). Die Zweifel entstehen, weil man zwar den absoluten Minuspunkt der Temperatur als absoluten Mangel an Wärme denken kann, aber kein entsprechendes Maximum. Die Quelle des Thomas (*Mp* A^2, 993 b 23-26) spricht jedenfalls nicht vom absoluten Maximum an Wärme. Immerhin ist klar, daß endliche Wahrheiten eine Beziehung auf absolute Wahrheit haben und nur im Bezug auf diese Wahrheit ihre Vollendung erlangen können. Solange das absolute Sein und der absolute Sinn der Erkenntnis unbekannt sind, treibt die endliche Erkenntnis gleichsam haltlos und ohne tiefere Einsicht, auch nicht in ihr eigenes Wesen, wie in einem unendlichen Ozean (*Phaidros* 229e; *KrV* B 294f.). Soll die endliche Erkenntnis Bezug zur absoluten Wahrheit besitzen können, so müssen alle endlichen Wahrheiten schon immer wirksam von der unendlich vollkommenen Wahrheit umgriffen sein. Entsprechendes hat von den Stufen des Gutseins und jeder Seinsvollkommenheit überhaupt zu gelten. Thomas sagt deshalb, daß es etwas zuhöchst Wahres, Gutes, Edles geben muß – und folglich etwas zuhöchst Seiendes: „Est igitur aliquid quod est verissimum, et optimum, et nobilissimum, et per consequens maxime ens" (*S. th.* I,2,3c).

Diese höchste Vollkommenheit, die im Hintergrund aller Grade der Vollkommenheit in der Welt steht, kann schließlich noch im Sinne der Zielursächlichkeit ausgelegt werden. Mit Bezugnahme auf Aristoteles vertritt Thomas die These, das zuhöchst Wahre müsse als ein zuhöchst Seiendes begriffen werden, als Grund von Sein, Gutsein und jeder Vollkommenheit: „nam quae sunt maxime vera, sunt maxime entia" (*S. th.* I,2,3c; dazu vgl. *Mp* A², 993 b 26ff., vgl. bes. 26f.: ὥστε καὶ ἀληθέστατον τὸ ὑστέροις αἴτιον τοῦ ἀληθέσιν εἶναι). Derart kommt dieses Argument, das durch den Gedanken der Verursachung der Wärme in die Verbindung mit dem Bewegungsbeweis geraten war (*prima via*), zurück auf das Geleis ontologischer und noologischer Reflexionen. Alles, was ist, wäre demnach auf etwas zuhöchst Seiendes hingeordnet; es erlangte aus dieser Hinordnung sein Sein und alle Seinsvollkommenheiten. Damit stellt sich auch der Bezug zur vorzüglichsten Substanz her (*Mp* Λ, 1074 b 21: ἀρίστη οὐσία), die als das erste unbewegte Bewegende (1073 a 26f.: πρῶτον κινοῦν ἀκίνητον) alles Andere so bewegt, wie das Geliebte das Liebende bewegt (1072 b 4f.: κινεῖ δὴ ὡς ἐρώμενον).

Das teleologische Argument kann aber auch durch den Hinweis ins Spiel der Überlegungen gebracht werden, daß die von staunenerregender *Zweckmäßigkeit* bestimmte Wirklichkeit nur verstehbar sei, wenn die *Zwecktätigkeit* eines planvoll handelnden Weltherrschers vorausgesetzt werde. Dieser auf der Zweckmäßigkeit der Naturdinge – besonders deutlich in der belebten Natur – gründende Beweis vermehrt noch laut Kants Annahme „den Glauben an einen höchsten Urheber bis zu einer unwiderstehlichen Überzeugung" (*KrV* B 652). Platon hat die Grundlegung der *schönen* Ordnung des Ganzen durch die Tätigkeit des Demiurgen bereits in der Gestalt der Atome zu denken gesucht (vgl. *Timaios* 52d ff.). Auch wenn die *Biogenesis* oder die *Entstehung der Arten des Lebendigen* kausal erklärt werden könnte, wäre das Wunder des Lebens noch nicht verstanden. So hat Kant schon vor Darwin der Abstammungslehre den antitheologischen Wind aus den Segeln genommen (*KU* B 368f.). Zwecktätigkeit bedeutet nicht notwendig direktes Eingreifen, weil sie sich auch des Kausalmechanismus bedienen kann. Obwohl Kant die Ansprüche, „welche diese Beweisart auf apodiktische Gewißheit und auf einen gar keiner Gunst oder fremden Unterstützung bedürftigen Beifall machen möchte", nicht billigt (*KrV* B 652), erweist er dem Beweis seine Reverenz und sagt: „Dieser Beweis verdient jederzeit mit Achtung genannt zu werden. Er ist der älteste, klärste und der gemeinen Menschenvernunft am meisten angemessene" (*KrV* B 651). Dieser Weg, zur Gottesgewißheit zu kommen, ist auch nach Kant immer wieder aufgegriffen worden (z. B. *ScD* 78-104 und *NQG*).

Die Zweckmäßigkeit in der Natur, die kaum als Produkt bloßen Zufalls gedacht werden kann, wurde seit alters auf die Zwecktätigkeit einer überweltlichen Macht zurückgeführt. Platon beispielsweise spricht vom *Vater des Alls* (πατὴρ τοῦ παντός), vom Weltenbaumeister (δημιουργός), vom Steuermann (κυβερνήτης τοῦ παντός), wenn er auf

den Ursprung der kosmischen Ordnung weisen will (*Timaios* 28a-c, *Politikos* 272e). Hilfreich für die Beurteilung dieses Arguments ist die Analyse des finalen Prozesses, wie Nicolai Hartmann sie ausgearbeitet hat. Hartmann unterscheidet drei Akte im Phänomen des Finalnexus, nämlich die *Setzung des Zweckes*, die *Selektion der Mittel* und die *Realisation des Zweckes* mit den selegierten Mitteln (vgl. *TD* 68ff., bes. 69).[23]
Zunächst soll der *fünfte Weg* referiert werden. Thomas zielt hier auf eine Lenkung der Dinge (*gubernatio rerum*). Sucht man aus der Zweckmäßigkeit dieser Naturdinge einen Gottesbeweis zu gewinnen, muß zunächst feststehen, daß deren Zielbestimmtheit ihren Grund nicht in sich trägt. Demgemäß führt Thomas zielorientierte Dinge an, die sich mangels Vernunft nicht selbst die faktisch wirksame Orientierung geben können: „Videmus enim quod aliqua quae cognitione carent, scilicet corpora naturalia, operantur propter finem". Sofern es in der Natur Dinge gibt, die regelmäßig auf ihre Vollendung zustreben, scheint sich zu zeigen, daß hinter solchem Streben kein Zufall, sondern eben eine Absicht steht, die sie zu ihrem Ziel führt: „unde patet quod non a casu, sed ex intentione perveniunt ad finem". Thomas schließt derart auf etwas Erkennendes, das die Naturdinge auf ihr natürliches Ziel hinordnet; dieser Beweis endet wieder mit der Formel, daß das vorauszusetzende Erkennende und die Weltprozesse Lenkende von allen Gott genannt werde: „Ergo est aliquid intelligens, a quo omnes res naturales ordinantur ad finem: et hoc dicimus Deum" (*S. th.* I,2,3c).
Nicolai Hartmanns Analyse des finalen Prozesses dokumentiert die Verwandtschaft der theologischen Teleologie mit der menschlichen Zwecktätigkeit. Aus dieser Verwandtschaft resultiert dann jedoch auch die Möglichkeit von Einwänden gegen das teleologische Argument. Menschliche Zwecktätigkeit zeichnet sich nämlich im Blick auf ihr Resultat dadurch aus, daß sie ihr Ziel entweder erlangen oder verfehlen kann. Gelingen und Mißlingen scheint es indessen auch in der Natur zu geben. Neben aller staunenerregenden Zweckmäßigkeit im Kosmos gibt es offenbar auch erschreckende Sinnwidrigkeiten in der Natur. Solche Sinnwidrigkeiten begegnen in Naturkatastrophen ebenso wie in den gleichsam alltäglichen Leiden der Kreatur. Die Bedürftigkeit alles Lebendigen macht konstitutionell Mangelsituationen möglich, Hungersnöte, körperliche und seelische Krankheiten. Daraus erwächst in der Fauna die Notwendigkeit, sich regelrecht Nahrung einzuverleiben. Als

---

[23] Vgl. dazu *DTD*. Die teleologische Theologie des Aristoteles kommt ohne die planvoll auf die Welt bezogene Zwecktätigkeit Gottes aus, wie aus dessen oben skizzierter metaphysischer Kinetik hervorgeht.

besonders zweckwidrig erscheint es, wenn andere Lebewesen zu diesem Zweck gejagt und getötet werden müssen. Diese von der Natur her bestehenden Sinnwidrigkeiten können Fragen provozieren, deren Beantwortung nicht so leicht *für* die Annahme Gottes als allmächtigen und allgütigen Weltherrschers in Anschlag gebracht werden kann; leichter scheint es gewiß, anhand dieser Dysteleologien *gegen* Gott zu votieren (vgl. dazu auch § 9 und § 10).
Mit Kants positiver Stellungnahme zum bleibenden Ansehen des teleologischen Arguments scheint wie mit den kritischen Überlegungen alles Wesentliche zu diesem Beweis gesagt zu sein (vgl. dazu die weiterführenden Hinweise in *KFG*, bes. 146-161, 188-198, 321-343). Wie sehr das Argument zum Beispiel durch die bewunderungswürdige Zweckmäßigkeit der körperlichen Organe und ihrer komplexen Steuerungsmechanismen gestützt wird und wirklich nach einem dem Menschen unendlich überlegenen Weltursprung fragen läßt, so sehr ist deutlich, daß auch dieses Argument kritische Gegenfragen zuläßt. Mit diesem Argument kann man nämlich nur *proportional* aus der in der Welt gegebenen *Zweckmäßigkeit* auf ein *zwecktätiges* Wesen schließen. Ein solcher Ansatz erlaubt durchaus die Frage, *wie* groß und *wie* intelligent diese zwecktätige Ursache zu denken sei (*KrV* B 650). Außerdem führt der Beweis nicht zu einem *Weltschöpfer*, sondern bloß zum Gedanken des *Weltbaumeisters* (*KrV* B 655). Immerhin weckt das teleologische Argument die *Frage* nach einer absolut transzendenten Vernunft im Ursprung der Welt, auch wenn keine zweifelsfreie Beantwortung dieser Frage aus der Kraft menschlichen Wissens möglich ist.

e) Moralphilosophisch: Gott als Ursprung und Ziel verantwortlichen menschlichen Lebensvollzugs

Eine andere Möglichkeit, den in der kosmologischen Reflexion eröffneten Abgrund auszufüllen, bietet die Moralphilosophie. Diese Möglichkeit hat den Vorzug, nicht nur aus dem *empirisch faßbaren Weltzustand* auf einen diesem Zustand entsprechenden Welturheber zurückschließen zu müssen, sondern aus einem *unbedingt gebotenen Vernunftgesetz* heraus denken zu können. Kant äußert sich in diesem Sinne: „Die **Physikotheologie** ist der Versuch der Vernunft, aus den Zwecken der Natur (die nur empirisch erkannt werden können) auf die oberste Ursache der Natur und ihre Eigenschaften zu schließen. Eine **Moraltheologie** (Ethikotheologie) wäre der Versuch, aus dem moralischen Zwecke vernünftiger Wesen in der Natur (der *a priori* erkannt werden kann) auf jene Ursache und ihre Eigenschaften zu schließen“ (*KU* B 400).

Zu beachten ist jedenfalls, daß die Empirie auch verwirrende und negative Momente enthält, die keine eindeutige Beurteilung angeraten erscheinen lassen. Der in *moralisch relevanten Situationen* hervortretende Anspruch scheint aber die Zweideutigkeit besiegen zu können. Solches moralphilosophisch orientierte Gottdenken ist einerseits ermöglicht durch die theoretischen Erwägungen, die im teleologischen Argument gipfelten, andererseits stellt es jedoch für die theoretische Vernunft gewissermaßen ein „fremdes Angebot dar, das nicht auf ihrem Boden erwachsen, aber doch hinreichend beglaubigt ist" (vgl. *KpV* A 218).
Dieses fremde Angebot macht nun erst die Einheit der Philosophie möglich, die ansonsten vermutlich an der Unlösbarkeit ihrer zentralen Probleme zerschellen würde, nämlich der *Freiheit des Willens*, der *Unsterblichkeit der Seele* und des *Daseins Gottes* (*KrV* B 826). Kant erklärt in diesem Sinn: „Die ganze Zurüstung in der Bearbeitung, die man reine Philosophie nennen kann, ist in der Tat nur auf die gedachten drei Probleme gerichtet. Diese selber aber haben wiederum ihre entferntere Absicht, nämlich was zu tun sei, wenn der Wille frei, wenn ein Gott und eine künftige Welt ist. Da dieses nun unser Verhalten in Beziehung auf den höchsten Zweck betrifft, so ist die letzte Absicht der weislich uns versorgenden Natur bei der Einrichtung unserer Vernunft eigentlich nur aufs Moralische gestellt" (*KrV* B 828f.).
Die moralphilosophischen Motive stützen den Glauben an Gott als den souveränen Herrn der Welt, der den Menschen in seine endliche Freiheit entläßt und die wahre Glückseligkeit des Menschen im Auge behält. Derart zeigt sich die Freiheit als der „Schlußstein von dem ganzen Gebäude eines Systems der reinen, selbst der spekulativen Vernunft" (*KpV* A 4). Sie begründet den *Primat der praktischen Vernunft*, der die Einheit der spekulativen und der praktischen Vernunft sichert (vgl. *KpV* A 215ff.).
In seiner *natürlichen Ausrichtung* zielt menschliches Handeln zunächst stets auf die Erlangung von Gütern, die sehr unterschiedlich sind, aber schließlich doch alle unter dem Namen der Glückseligkeit subsumiert werden können.[24] *Wahre Glückseligkeit* ist indessen kein vollendet erreichbares Ziel menschlichen Handelns, da Menschen nicht einmal sicher wissen können, was sie dauerhaft in der Welt glücklich zu machen in der Lage wäre. Auch unter der Voraussetzung, daß jemand wüßte, was ihm zu der erhofften Glückseligkeit gereicht, fehlt ihm doch die

[24] *NE* I, 1094 a 1f.: Πᾶσα τέχνη καὶ πᾶσα μέθοδος, ὁμοίως δὲ πρᾶξίς τε καὶ προαίρεσις, ἀγαθοῦ τινος ἐφίεται. Obwohl sich bei der Verwirklichung zwischen den Menschen ein Unterschied in den Zielen zeige, stimmten alle wenigstens im Namen des Zielgutes, der Glückseligkeit, überein (1095 a 18: εὐδαιμονία).

Macht, diesen Zustand zu verwirklichen und dauerhaft zu erhalten. Aristoteles hat die tugendhaften Handlungen zwar an sich selbst genußreich genannt (*NE* I, 1099a 21: καθ' αὑτὰς ἂν εἶεν αἱ κατ' ἀρετὴν πράξεις ἡδεῖαι); zugleich wußte er aber, daß jeder Tugendhafte von großem äußeren Unglück befallen werden kann, das wie ein Druck und eine Trübung auf ihm lastet (*NE* I, 1100 b 4ff., bes. 30ff.). Der die Glückseligkeit suchende Mensch vermag weder im Genußleben (βίος ἀπολαυστικός), noch im tätigen Leben (βίος πρακτικός), noch im betrachtenden Leben (βίος θεωρητικός) aus eigener Kraft Erfüllung zu finden (vgl. *NE* I, 1095 b 14-19).

Menschen können zwar danach streben, soviel *Glück und Genuß* wie möglich zu erhaschen. Dieses Streben, das zumindestens zunächst natürlich und jedenfalls aber nicht schlecht ist, stößt alsbald auf Grenzen. Erstens kann nämlich das je eigene Glücksstreben in einen Konflikt mit dem Glücksstreben Anderer geraten; zweitens zeigt sich einer nüchternen und besonnenen Einschätzung, daß das von einzelnen Menschen erreichbare Maß an Glück und Genuß ihrem Leben nicht den gesuchten Sinn verleihen kann. Der *Sinn des bloßen Genußlebens* kann im nächsten Augenblick schon in sein Gegenteil verkehrt werden; ihre volle Schärfe erlangt diese Gefahr im bevorstehenden Tod, der als endgültiger Abschied aus der Welt so mit Schmerz belastet sein kann, daß er alles genossene Weltglück wenigstens zweifelhaft machen kann.

Der Möglichkeit der Sinnsuche durch bloßes Glücksstreben stellen sich vor allem zwei Motive entgegen: es scheint meist nichts als *Selbstbetrug* zu sein, wenn Menschen behaupten, mit ihren Lebensverhältnissen vollkommen glücklich zu sein; sind sie es dennoch, sind sie es oft nur durch gewissenlose *Unterdrückung und Ausbeutung* der schwachen Anderen. Angesichts solcher geraubter Glückseligkeit auf Kosten Anderer, kann man mit Recht nur hoffen, daß den Räubern irgendwann all ihr Lebensgenuß vergällt werden möchte. Dieses Bewußtsein drückt sich noch in der These aus, daß die Aufgabe der Philosophie nicht allein darin bestehe, die Welt zu interpretieren, sondern auch, sie zu verändern.[25]

Menschen, die in günstige Lebensverhältnisse hineingeboren wurden, kann das *schwere Leid zahlloser Menschen* aber auch dann auf der Seele lasten, wenn sie sich persönlich keiner Verantwortung für diese Leiden bewußt sind. In der Beurteilung eines Genußlebens, das sich scheinbar

---

[25] Vgl. hierzu *ThüF* 341: „11. Die Philosophen haben die Welt nur verschieden *interpretiert*; es kömmt darauf an, sie zu *verändern*." Vgl. dazu auch *MHG*; Heidegger betont hier aber mit Recht kritisch gegen Karl Marx, „daß eine Weltveränderung eine Änderung der *Weltvorstellung* voraussetzt und daß eine Weltvorstellung nur dadurch zu gewinnen ist, daß man die Welt zureichend interpretiert" (69).

selbst genügt, kann man also mit Kant sagen: „Was das Leben für uns für einen Wert habe, wenn dieser bloß nach dem eingeschätzt wird, was man genießt ... ist leicht einzusehen. Er sinkt unter Null ...“ (*KU* B 395 Anm.). Der Begriff einer menschlichen Glückseligkeit übersteigt laut Kant wesenhaft den gleichsam tierischen *Genuß*: „Der Begriff der Glückseligkeit ist nicht ein solcher, den der Mensch etwa von seinen Instinkten abstrahiert und so aus der Tierheit in ihm selbst hernimmt“ (*KU* B 388), sofern die Natur des Menschen eben gar nicht von der Art ist, „irgendwo im Besitze und Genusse aufzuhören und befriedigt zu werden“ (*KU* B 389).

Mit der Kritik der Sinnsuche im *bloßen* Glücksgenuß wird indessen nicht behauptet, das natürliche Glücksbedürfnis und die natürliche Sehnsucht nach vollendeter Glückseligkeit dürften mißachtet werden. Wenn es einen Menschen gäbe, der wirklich *selbstlos* seine *Pflicht* täte, oder sogar einen, der aus *uneigennütziger Liebe* zu Anderen handelte, dann läge auf der Hand, daß gerade ein solcher Mensch *würdig ist, glücklich zu sein*, da er nicht vor allem das Glück und erst recht nicht allein sein eigenes Glück im Auge hatte. Daraus folgt jedoch, daß die *Sittlichkeit* eines Menschen, wenn und soweit es sie wirklich gibt, *noch lange nicht das vollständige höchste Gut* ist. Je selbstloser also ein Mensch für Andere handelt, desto deutlicher zeigt sich, daß er dadurch würdig würde, glücklich zu sein. In diesem Sinn erklärt Kant immer wieder, daß *Tugend* nichts anderes sei als die *Würdigkeit, glücklich zu sein* (z. B. *KrV* B 838).

Hiergegen könnte man kritisch anmerken, daß es durchaus fraglich ist, ob Menschen wahrhaft sittlich zu handeln vermögen. Außerdem kann man fragen, welchen Lebenssinn moralisches Handeln hat. Zur zweiten Frage kann gesagt werden, daß dies Handeln zunächst einmal die höchste Möglichkeit menschlichen Handelns überhaupt darstellt, sofern es von nichts anderem abhängt, also als ursprüngliche Kausalität in sich absolut gut ist, sofern es das Gute nur um des Guten willen will (vgl. *DLA* 1,27; *GMS* BA 1). Dennoch gibt es eine *Dialektik der reinen Vernunft in Bestimmung des Begriffs vom höchsten Gut* (vgl. *KpV* A 198). Wenn lautere Sittlichkeit als eine echte Möglichkeit des menschlichen Seinsvollzugs angenommen werden darf, stellt sich der Vernunft notwendig die Aufgabe, die genannte Dialektik zu verfolgen. Bevor jedoch eine Lösung dieser Aufgabe gesucht werden kann, ist nun die Beantwortung der ersten Frage erforderlich.

Deren Beantwortung ist ungleich schwieriger und rein theoretisch sogar unmöglich. Wer sieht, daß ein Mensch sein Leben für Andere opfert, die er möglicherweise persönlich kaum kennt, dürfte aber nicht mit besonders guten Gründen die Annahme in Zweifel ziehen können, daß Men-

schen wenigstens hin und wieder uneigennützig aus sittlich lobenswerten Motiven für Andere handeln. Trotzdem kann gewiß prinzipiell alles wahrnehmbare Geschehen in der Welt auch kausalanalytisch gedeutet werden. Es kann zum Beispiel nicht als falsch gelten, falls ein Psychiater mit der Absicht, Kranken zu helfen, frühkindliche Traumata aufzuspüren sucht, die er als Ursache für späteres Fehlverhalten interpretiert.[26] Theoretisch bleibt es in menschlicher Perspektive unentscheidbar, ob die ins Auge gefaßte, konkrete Handlung tatsächlich von sittlichen Motiven bestimmt war oder ob doch die natürliche Veranlagung und die Erziehung – oder was auch immer – die ausschlaggebende Rolle gespielt haben. Im Handlungsvollzug scheint es indessen unmöglich, diese Frage unentschieden zu lassen. Sofern der Handlungsvollzug die *praktische* Entscheidung dieser *theoretisch* unlösbaren Aufgabe zuläßt und sogar fordert, wird es nötig, weiterzufragen, welche theoretischen Konsequenzen diese praktische Entscheidung für die Frage hat, ob Menschen *formal* sittlich handeln können.[27]
Zwar kann einem Menschen theoretisch zweifelhaft bleiben, warum er dieses oder jenes tut; praktisch aber kann er vor der Verantwortungsfrage nicht ausweichen. Er vollzieht nämlich das, was er tut, entweder aus unbedingtem Anspruch oder aus anderen Motiven, beispielsweise aus Klugheit im Hinblick auf sein weiteres Wohlergehen. Sobald einem Menschen der unbedingt gebietende Anspruch begegnet, ist ihm die Alternative, vor die er gestellt ist, völlig deutlich, auch wenn er sie nicht theoretisch meistern kann. Vielmehr muß man gerade umgekehrt sagen, daß eine *endliche Freiheit*, die sich selbst als solche durchschauen könnte, nicht möglich wäre, da sie dann zugleich erkennen würde, daß der Sinn der endlichen Freiheit gleichsam in die Unendlichkeit reicht, so daß die Befolgung des moralisch Gebotenen zur bloßen Klugheitsfrage absänke.[28] Wer sieht, daß das moralische Gesetz seinem Anspruch nach unbedingt gebietet, ist derart prinzipiell in die Lage versetzt, die unbe-

[26] Vgl. die Methode der Psychoanalyse, die Sigmund Freud entwickelt hat und die als ärztliche Methode ihre Meriten hat. Zu beachten ist aber, daß Freud die Grenzen zwischen ärztlichem Handeln und seiner philosophisch-theologischen Deutung nicht immer ausreichend beachtet; vgl. z. B. *AdP* 9: „Die Psychoanalyse macht eine Grundvoraussetzung, deren Diskussion philosophischem Denken vorbehalten bleibt, deren Rechtfertigung in ihren Resultaten liegt.“ Diese resultatgegründete Grundvoraussetzung stellt der Philosophie gewiß Fragen, präsumiert aber keine eindeutigen Antworten.

[27] Zur Unterscheidung zwischen formaler und materialer Entsprechung (*Moralität* und *Legalität*) gegenüber dem Anspruch des Sittengesetzes vgl. z. B. *KpV* A 127.

[28] Vgl. *GMS* BA 42: Klugheit sei „die Geschicklichkeit in der Wahl der Mittel zu seinem eigenen größten Wohlsein“.

dingte Geltung dieses Anspruches zu bejahen. Die Bejahung der Gültigkeit des Anspruchs führt also zur Konsequenz, daß die Wirklichkeit der menschlichen Freiheit *angenommen* werden kann. Der Mensch ist zwar nicht einfach frei, aber doch frei zur Annahme seiner Verantwortung, ebenso wie zur Verweigerung gegenüber ihrem Anspruch. Die auf Entscheidung gegründete Philosophie Kants, die um die Fragen nach *Gott, Freiheit und Unsterblichkeit* ringt (*KrV* B 826), ist also kein *toter Hausrat*; die unvermeidliche Entscheidung, *was für eine Philosophie man wähle*, hängt tatsächlich davon ab, *was man für ein Mensch ist* (vgl. *VDW* 17).

In jeder Freiheitsphilosophie, welche die Situation des Menschen auch in seiner Endlichkeit ernst nimmt, zeigt sich, daß die Dialektik in der Bestimmung des höchsten Gutes unabweislich ist. Es ist nämlich allzu deutlich, daß der gute Wille, der will, was er wollen soll, nur unter günstigen und von ihm selbst nicht beeinflußbaren Umständen das wirklich machen kann, was er will. Diese These, die schon für die einzelne Handlung gilt, erhält ihre radikale Bedeutung im Blick auf das gesamte Freiheitsgeschehen. Im Freiheitsgeschehen geht es insgesamt um die vollkommene Verwirklichung dessen, was gesollt ist. Mit Augustinus gesprochen geht es also um die Verwirklichung des geordneten Menschen (*homo ordinatus*), der richtigen Ordnung, (*rectus ordo*), der Ordnung des Ganzen überhaupt (*ut omnia sint ordinatissima*).[29] Das *Gut eines guten Willens*, das Menschen aus eigener Kraft verwirklichen können, hat zwar als *höchstes Gut* zu gelten, sofern es auf die Verwirklichung des Guten zielt und den Grund seines Gutseins nur in sich selbst trägt. Dieses höchste Gut können Menschen aber nicht *verwirklichen*, sondern höchstens *befördern*. Es kann sich bereits in der nächsten Handlung zugleich als *etwas höchst Dürftiges* erweisen, falls sie nämlich trotz aller Bemühungen mißlingt.

Weil das Gutsein des Willens von diesem Mißlingen nicht aufgehoben wird, unterscheidet Kant im Begriff des Höchsten zwei Bedeutungen, laut denen ein *Höchstes* entweder ein *Oberstes* (*supremum, originarium*) oder ein *Vollendetes* (*consummatum, perfectissimum*) sein kann (*KpV* A 198ff.). Die Anwendungen dieser Unterscheidung für die Dialektik in der Bestimmung des Gegenstandes der reinen praktischen Vernunft liegen auf der Hand. *Tugend* ist nämlich für sich allein schon das höchste Gut im Sinn eines *obersten Gutes*; hat sie zusätzlich die gewollten Folgen, so gelingt die Verwirklichung des höchsten *vollendeten Gutes*.

---

29 Vgl. *DLA* 1,15-18; diesem Ziel entspricht in Platons Philosophie die ἁρμονία des Ganzen (*Politeia* 443d), in der Philosophie Kants der Gedanke der *moralischen Welt* (z. B. *KrV* B 836).

Wenn das höchste vollendete Gut verwirklicht wäre, müßte zwar auch hier die *Pflicht um der Pflicht willen* getan worden sein, aber so, daß dem Handelnden dabei zugleich *alles nach Wunsch und Willen ginge* (vgl. *KpV* A 126ff., 224). Demnach wäre die Welt, in der Tugend und Glückseligkeit unauflöslich verknüpft wären, notwendigerweise als das höchste Ziel jeder praktischen Vernunft zu denken. Weil Menschen aber bestenfalls zur *Beförderung* dieses vollendeten Gutes in der Lage sind, nicht zu seiner *Verwirklichung*, ist dies „höchste Gut in der Welt nur möglich, so fern eine oberste Ursache der Natur angenommen wird, die eine der moralischen Gesinnung gemäße Kausalität hat" (*KpV* A 225). Kant fährt im Text hier auf eine Weise fort, die an das *hoc dicimus deum* des Thomas erinnert (*KpV* 225f.): „Nun ist ein Wesen, das der Handlungen nach der Vorstellung von Gesetzen fähig ist, eine Intelligenz (vernünftig Wesen) und die Kausalität eines solchen Wesens nach dieser Vorstellung der Gesetze ein Wille desselben. Also ist die oberste Ursache der Natur, so fern sie zum höchsten Gute vorausgesetzt werden muß, ein Wesen, das durch Verstand und Willen die Ursache (folglich der Urheber) der Natur ist, d. i. **Gott**." Diese Überlegung stellt das Postulat des Daseins Gottes dar, auf Grund dessen Kants Lehre als *postulatorischer Theismus* bezeichnet wurde, als Glaube um der Freiheit und des Daseins des Menschen willen, im Kontrast zu den Positionen des *humanistischen Atheismus* (vgl. § 10 d.).

Dieses *Postulat der reinen praktischen Vernunft* hat Kant späterhin zu einem *moralischen Beweis des Daseins Gottes* ausgebaut,[30] den er in der *Kritik der Urteilskraft* vorgetragen hat (*KU* B 418ff.). Der Beweis beginnt dort mit der aus der *Kritik der reinen Vernunft* schon bekannten These, daß die *physische Teleologie* uns einen für unsere theoretisch reflektierende Urteilskraft hinreichenden Beweisgrund an die Hand gebe, „das Dasein einer verständigen Weltursache anzunehmen" (*KU* B 418f.). Die Kausalität aus Freiheit, die wir laut Kant in uns finden, zieht aber zusätzlich auch eine *moralische Teleologie* nach sich. Obwohl diese Kausalität aus Freiheit zu ihrem Vollzug keiner äußeren Ursache bedarf, betrifft die moralische Teleologie „doch uns als Weltwesen und also mit anderen Dingen in der Welt verbundene Wesen", weshalb uns das moralische Gesetz gebietet, unsere vernünftige Beurteilung auf sie zu richten (*KU* B 419). An dieser Stelle erhält die theoretische Untersuchung selbst moralische Dignität.

---

[30] Zum Begriff eines Postulats der reinen praktischen Vernunft vgl. *KpV* A 220; das Postulat gilt als theoretischer Satz (in diesem Falle der Satz: *Gott ist*), der als theoretischer Satz nicht erweislich sei (sondern nur ein Problem darstellt), aber dennoch gilt, „so fern er einem *a priori* unbedingt geltenden praktischen Gesetze unzertrennlich anhängt".

Da die Kausalität aus Freiheit auf *Zwecke* und den *Endzweck* bezogen ist, *der von uns in der Welt beabsichtigt werden muß*, führt die Zweckbezogenheit der Freiheit zur moralisch *notwendigen Frage*, ob die moralische Teleologie „unsere vernünftige Beurteilung nötige, über die Welt hinaus zu gehen und zu jener Beziehung der Natur auf das Sittliche in uns ein verständiges oberstes Prinzip zu suchen, um die Natur auch in Beziehung auf die moralische innere Gesetzgebung und deren mögliche Ausführung uns als zweckmäßig vorzustellen" (*KU* B 419f.). Als Endzweck wird der Zweck bestimmt, „der keines andern als Bedingung seiner Möglichkeit bedarf" (*KU* B 396). Endzweck ist also einerseits der Mensch *unter moralischen Gesetzen* (*KU* B 421 Anm.). Weil der Mensch *unter* diesen Gesetzen steht, ergibt sich, daß die ganze Polemik gegen die Selbstgesetzgebung der Vernunft (*Autonomie*) grundlos war, zumal Kant sie von vornherein mit der *Erkenntnis aller Pflichten als göttlicher Gebote* verbunden hatte (*KpV* A 233). Andererseits gilt aber auch die *Natur unter moralischen Gesetzen* als Endzweck, da sich die Kausalität aus Freiheit notwendig auf sie bezieht. So stellt sich die Aufgabe, die Gesetzgebungen des Verstandes und der Vernunft durch die Urteilskraft zu verknüpfen, weil die *Wirkung nach dem Freiheitsbegriffe* als *Endzweck* existieren soll (*KU* B LV). Diese wegen der verschiedenartigen Gesetzgebungen (Nomothetik) der Freiheit und der Natur moralisch notwendige Aufgabe löst Kant mit dem *moralischen Beweis des Daseins Gottes.*

Der Beweis fängt mit der Frage an, wie eine Welt gedacht werden muß, in der ein Endzweck möglich ist. Kant sieht im Dasein einer Welt *aus lauter leblosen, oder zwar zum Teil aus lebenden, aber vernunftlosen Wesen gar keinen Wert.* Falls zwar Wesen existierten, denen an ihrem *Wohlbefinden* gelegen wäre, gäbe es immerhin Zwecke, jedoch keinen Endzweck. Nur moralische Gesetze schreiben der Vernunft Zwecke ohne Bedingung vor und genügen damit dem Begriff des Endzwecks (*KU* B 422f.). Obwohl das moralische Gesetz von keiner materialen Bedingung abhängen darf, schreibt es doch vor, dem Endzweck nachzustreben, der „das höchste durch Freiheit mögliche Gut in der Welt" ist, also dem Gut, das die Glückseligkeit und die wahre Sittlichkeit miteinander verknüpft. Da diese Verknüpfung aber durch keine endliche Kraft verwirklicht werden kann, ist es moralisch geboten, das Dasein Gottes als des moralischen Welturhebers anzunehmen (*KU* B 423f.).

Obwohl Kant meint, diesem Argument *leicht die Form der logischen Präzision* geben zu können, soll es „keinen objektiv-gültigen Beweis vom Dasein Gottes an die Hand geben, nicht dem Zweifelgläubigen beweisen, daß ein Gott sei". Das Argument richtet sich von vornherein nur an den, der den Anspruch des moralischen Gesetzes vernimmt und übernimmt. Es soll zeigen, daß ein Mensch, „wenn er moralisch konsequent denken will, er die Annehmung dieses Satzes unter die Maximen seiner praktischen Vernunft aufnehmen müsse“; es ist also „ein subjektiv, für moralische Wesen, hinreichendes Argument“ (*KU* B 425; 424 Anm.).[31] Einen ähnlichen Weg geht John Henry Newman in der Auslegung der Gewissenserfahrung, die auch er nicht als *demonstration*, sondern als *proof* versteht. Newman lehrt, das Gewissen erschließe eine anfängliche Erkenntnis von Gottes Sein, die auf die Erkenntnis der eigenen Existenz folge, jedoch nicht so klar erfaßt werde wie die eigene Existenz (vgl. *PT* 63, dazu *JHN* 713).

Insofern der Mensch dem Anspruch des moralischen Gesetzes gehorchen soll, kann gesagt werden, daß er auch das Dasein Gottes annehmen soll, unter dessen Voraussetzung er allein das vollkommene höchste Gut, das er befördern soll, denken kann. Der gesollte Glaube hat indessen mit dem lebendigen Gottesglauben anscheinend wenig zu tun, wenn immer sich ein lebendiger Glaube nämlich in Freude und Dankbarkeit, in Bitte und Hoffnung Gott aus dem Vertrauen heraus zuwendet, daß er uns zuerst geliebt habe und die menschliche Gottsuche nur die Antwort auf diesen göttlichen Ruf darstelle.[32] Weil aber auch unter moralisch denkenden Menschen die Gottesfrage negativ beantwortet wird, wie noch zu sehen sein wird, vermag der moralische Gottesbeweis trotzdem eine wichtige apologetische Funktion zu erfüllen.

---

[31] Vgl. darüber hinaus § 90 (*KU* B 443-454: *Von der Art des Fürwahrhaltens in einem teleologischen Beweise des Daseins Gottes*) und § 91 (*KU* B 454-468: *Von der Art des Fürwahrhaltens durch einen praktischen Glauben*).

[32] Vgl. *1 Joh* 4,19: ἡμεῖς ἀγαπῶμεν, ὅτι αὐτὸς πρῶτος ἠγάπησεν ἡμᾶς; laut *C* 4,10 hängt unsere Hoffnung davon ab, daß Gott unser Weinen hört: „Et tamen nisi ad aures tuas ploraremus, nihil residui de spe nostra fieret.“

§ 9

Die sachhaltigen *Grundlagen für Bestreitungen des Daseins Gottes* und seiner Beweisbarkeit

Die Gedankenwege der skizzierten Gottesbeweise stehen dafür, daß der philosophierende Mensch von unterschiedlichen Wirklichkeitsbereichen aus zum Transzendieren der weltlichen Wirklichkeit getrieben wird. Wie wenig nun diese Transzendenzbewegungen auch zu wirklicher Gotteserkenntnis zulangen mögen, so bleibt es dennoch mit Thomas vernünftig, die unendliche Wirklichkeit, auf die sie den Blick lenken, als Gott zu *benennen und anzunehmen*. Falls man die Funktion der Gottesbeweise so beurteilt, zeigt sich, daß der Wirbel um Kants Gottesbeweiskritik auf Mißverständnissen beruht. Kant lehnt zwar die am Wissenschaftsideal von Mathematik und Naturwissenschaft orientierten *Demonstrationen für das Dasein Gottes* ab, nicht jedoch das *Argumentieren für die Annehmbarkeit des Gottesglaubens*. Für die Annehmbarkeit wie auch für die wirkliche Annahme steht Kant vielmehr selbst ausdrücklich ein.

Die Frage der Möglichkeit von Gottesbeweisen ist erstmals in das *Zentrum* der Diskussion gerückt, als man im Rationalismus der beginnenden Neuzeit den Versuch machte, der Metaphysik und vor allem der philosophischen Theologie als dem unbedingten Grund des gesamten Systems gleichsam mathematische Gewißheit zu verleihen. Der Kontrast zur alten Philosophie der Griechen und deren Umformung im Mittelalter springt in die Augen. Obwohl beispielsweise Platon die Mathematik offenbar hochschätzte, ist er gerade nicht auf den Gedanken verfallen, deren Darstellungsart für die genuin philosophischen Fragen zu wählen. Es paßt schlecht zum Charakter Sokratisch-Platonischen Philosophierens, die Zustimmung der Gesprächspartner mit Argumentationen von mathematischer Gewißheit erzwingen zu wollen. Schon die Offenheit der Dialoge, die – wie das Weltleben des Menschen insgesamt – nicht zu abschließenden, dogmatischen Resultaten kommen, würde dem widersprechen.[1]

---

[1] Vgl. das mathematische Gespräch im *Menon*, das die Möglichkeit der Erkenntnis als Wiedererinnerung (ἀνάμνησις) zeigen soll (82b-84a). Dieses Ziel wird indessen verfehlt und von Sokrates demgemäß konterkariert (84a/b). Die Mathematik dient nur als das Spielmaterial einer in die Ausweglosigkeit führenden Beweiskunst (*aporetische Elenktik*), das für die verhandelte Sache, ob Lernen möglich sei, nichts austrägt; vgl. *APE* 49f.; vgl. auch § 11.

Die Gottesbeweise erlauben folglich zu sagen, daß der Mensch das Dasein Gottes aus vernünftigen Gründen annehmen *kann*, daß er als das vom moralischen Gesetz beanspruchte Vernunftwesen auf das Dasein Gottes seine lebensentscheidende Hoffnung setzen *darf* und daß er, sofern er die unbedingte Geltung des moralischen Gesetzes anerkennt, das Dasein Gottes annehmen *soll*. Inwieweit man vernünftigerweise auch behaupten kann, daß das Dasein Gottes angenommen werden *muß*, ist eine Frage, deren Beantwortung auch davon abhängt, ob Gründe vorgetragen werden können, die Beweisbarkeit oder gar das Dasein Gottes selbst zu bestreiten. Wenn einer schon die Frage nach Gott ignoriert und, vornübergebeugt wie das Vieh nur dem Bauche gehorsam, seinen Neigungen lebt, *muß* er sich immerhin anhören, daß der Mensch von seiner Naturanlage her eben kein Tier ist, sondern sich, falls er sich doch wie ein Tier gebärdet, durch seine eigene Tat erst auf das bloße Tiersein reduziert haben muß.[2]

Trotzdem gibt es auch eine sehr zweifelhafte Bedeutung der These, daß das Dasein Gottes angenommen werden *müsse*. Es ist nicht der Ausfluß der hybriden Subjektivität eines Willens zur Macht, wenn jemand die Auffassung vertritt, die Beweiskraft der Gottesbeweise dürfe nicht so beschaffen sein, daß sie der *freien Stellungnahme* des endlichen Menschen den für sein Selbstsein nötigen Spielraum verweigert.[3] Vielmehr gibt es sowohl aus dem Blickwinkel des Menschen als auch im Blick auf das Wesen des unendlichen Gottes, auf den der Mensch hindenkt und den er aus der endlichen Kraft seines Denkens nicht erfassen kann, beachtenswerte Gründe, wenigstens an der Beweisbarkeit der Existenz Gottes zu zweifeln. In diesem Sinn vertritt Heidegger bei der kritischen Beurteilung von Nietzsches Beweisen für die Wiederkunftslehre und unter Beachtung von Einwänden gegen die Gottesbeweise die folgende These: „Ein Gottesbeweis z. B. kann mit allen Mitteln der strengsten

---

2 Vgl. *CC* 1; als Aufgabe des Menschen gilt, sich vom Tiersein abzusetzen, also anders zu leben als „pecora, quae natura prona atque ventri oboedientia finxit“ (im Hintergrund *Politeia* 585e-586a, bes. 586a: ἀλλὰ βοσκημάτων δίκην κάτω ἀεὶ βλέποντες). Jaspers sagt in ähnlichem Sinne vom Menschen (*EE* 297): „Er bricht mit der Natur, um entweder aus Freiheit wieder eins zu werden mit ihr, oder um an sie zu verfallen in Rohheit, die keine Rückkehr zur Natur, sondern Verkehrung des Menschen ist, der nicht aufhören kann, Mensch zu sein.“ Mit Heidegger wäre zu sagen (*SuZ* 16): „Die ontische Auszeichnung des Daseins liegt darin, daß es ontologisch *ist*.“

3 Dagegen *VTGP* 12: „Der beweisende Aufstieg des Thomistischen Denkens zu Gott vollbringt sich im strengsten Ausweichen vor jeder Art von Widerspruch und damit im gleitenden Duktus von Konsequenz und der sich darin entfaltenden Identität des gedanklichen Prozesses.“ Die Polemiken gegen Heidegger und Rahner (12f.) disqualifizieren sich durch die Verkürzung von deren Thesen.

formalen Logik aufgebaut sein, gleichwohl beweist er nichts, weil ein Gott, der sich seine Existenz erst beweisen lassen muß, am Ende ein sehr ungöttlicher Gott ist und das Beweisen seiner Existenz höchstens auf eine Blasphemie hinauskommt" (*N* I,366).[4]
Sofern die These, daß das Dasein Gottes stringent beweisbar sei, wenigstens im Sinne der modernen Wissenschaften zweifelhaft ist, da diese weitgehend nur an *prognostischer Verfügbarmachung* durch Mathematik und Technik interessiert sind, stellt sich die Aufgabe, umfassend zu klären, was gegen das Dasein und die Beweisbarkeit Gottes ins Feld geführt werden kann. Je beachtlicher solche Gründe sind, desto leichter können Gottesleugner die Vernünftigkeit ihrer Leugnung behaupten. Bevor in die Auseinandersetzung mit dem Denken wirklicher Gottesleugner eingetreten werden soll, sind zunächst die Grundlagen der Argumente zu sichten, die gegen eine Annahme der Existenz Gottes und seiner *Beweisbarkeit* sprechen. Allein vor diesem Hintergrund kann eine sachgemäße Debatte um den Sinn und die Möglichkeit vernünftig ausweisbaren Gottdenkens innerhalb der Philosophie stattfinden. Wenn sich der Mensch der konstitutionellen Dürftigkeit der endlichen Gottsuche bewußtbleibt, vermag er sich am Ende der Frage nach seinem Verhältnis zur lebendigen, von Glaube und Vertrauen getragenen Gottesbeziehung zu öffnen. Die Beweise sind nur eine Durchgangsstation auf dem Weg des endlichen Geistes, der – wenn er gelingt – zum Gottesglauben und am Ende zu Gott selbst führen kann.

a) Das Fehlen einer naturhaften Erscheinung Gottes in der Welt und das Nichtwissen des Wesens Gottes

Gott wird von den Menschen in der Welt nicht unmittelbar in seiner Göttlichkeit wahrgenommen; er kann so unbeachtet bleiben und verachtet oder verächtlich gemacht werden. Wenn es Gott wirklich gibt, ist es verfehlt, das Entzogensein Gottes als Schwäche aufzufassen. Vielmehr kann die *Ferne Gottes* sogar als einzig möglicher Weg einer Ermöglichung der *Nähe des Unendlichen* beim Endlichen begriffen werden. Das Unendliche kann Endlichem nur im Modus der Defizienz erscheinen und gerade in der Defizienz der Erscheinung eine die Welt transzendierende Sehnsucht wecken. Eine vollkommene Erfüllung der Sehnsucht könnte sich nur in der absoluten Zukunft ereignen. Die

---

[4] Vgl. zu dieser Frage auch *KGLW*, bes. die Einführung des Herausgebers, 9-17, in der mit Recht die Vernünftigkeit der Gottesbeweise im Sinne der *rationabilitas*, nicht der *rationalitas* gesehen wird.

unmittelbare Allgegenwart Gottes in der Welt ließe nämlich alles bereits so an seinem Endziel sein, daß kein Raum für endliche Freiheit und Selbstfindung bliebe. Könnte der Wille die Glückseligkeit, sein Endziel, schon in der Welt erlangen, so hinge er ihm mit Notwendigkeit an: „voluntas ex necessitate inhaeret ultimo fini, qui est beatitudo" (*S. th.* I,82,1c). Bevor nicht die Notwendigkeit dieser Verknüpfung durch die Gewißheit einer göttlichen Schau gesichert ist, hängt laut Thomas der Wille aber nicht notwendig Gott und dem Göttlichen an: „Sed tamen antequam per certitudinem divinae visionis necessitas huiusmodi connexionis demonstretur, voluntas non ex necessitate Deo inhaeret, nec his quae Dei sunt" (*S. th.* I,82,2c).
Wer den Versuch machen wollte, sich einmal die Bedeutung der unmittelbaren Gegenwart Gottes auszumalen, würde sofort sehen, daß die Begegnung mit der unendlichen Wahrheit und Heiligkeit Gottes für den Menschen zugleich das Ende aller Unwahrheit und Schlechtigkeit sein müßte. Sofern ein Mensch selbst sich als die Quelle dieser Unwahrheit und Schlechtigkeit erkennt und anerkennt, wäre diese Gottesbegegnung für ihn zunächst einmal der Anlaß zu einer unendlichen Scham und Zerknirschung. Eine endliche Freiheit kann offenbar im Licht des Angesichts Gottes nur wohnen, wenn sie zuvor bereits den Weg ihrer Entscheidung gegangen ist. Damit folglich ein Mensch sein kann, was er sein soll, darf er nicht schon in seinem Weltleben der unmittelbaren Gegenwart des unendlichen Gottes ausgesetzt sein, dessen Nähe ihm schließlich die gesuchte Vollendung verheißt. In neopaganisch klingendem Ton sagt Heidegger im Zug der Einführung seiner Lesung von Hölderlin-Gedichten: „Was sagt Hölderlins Dichtung? Ihr Wort ist: das Heilige. Dies Wort sagt von der Flucht der Götter. Es sagt, daß die entflohenen Götter uns schonen. Bis wir gesonnen sind und vermögend, in ihrer Nähe zu wohnen" (*VHG* 196).
Aber nicht nur die Frage, ob Menschen in der Welt schon als *reif für die unmittelbare Gegenwart Gottes* gelten können, bietet eine Möglichkeit, seine gegenwärtige Ferne zu verstehen. Wenn nämlich das Ganze von Welt und Mensch am Ende der Zeiten – und trotz aller Sinnwidrigkeiten in der Welt – als das beglückende Geheimnis erfahrbar sein soll, muß das Geheimnis zunächst einmal *geheim* im Sinne von *verborgen* sein. Nur der für das überraschende und doch seinem inneren Sehnen entsprechende Geschenk offene und dankbare Mensch ist der erstrebten Glückseligkeit fähig. Nur ungesicherte Suche ermöglicht das Glück des Findens und das selbständige Sein endlicher Wesen, die nicht schon einfachhin vollendet sie selbst sind und als solche in sich ruhen (vgl. *C* 11,39).
Auch in den Systemen, in denen behauptet wird, das Dasein Gottes könne bewiesen werden, steht eine *unmittelbare Gegenwart* des bewie-

senen Gottes aus, aber doch so, daß mit ihm spätestens im und nach dem Tod zu rechnen ist. Wer das Dasein Gottes in einer Weise bewiesen zu haben glaubte, daß nicht der *Glaube* die eigentümliche Zugangsweise des Menschen sei, scheint das Leben aus einem sich überlegen dünkenden Wissen heraus zur Rechenaufgabe zu entwürdigen, in der die Leiden und Freuden des Lebens in funktionaler Auslegung ihren Sinn einbüßen. Ein Beispiel für unangemessene Funktionalisierung bietet Augustinus, indem er die Leiden unmündiger Kinder als Maßnahme zur Erziehung ihrer Eltern erklärt (*DLA* 3,68). Augustinus betont andererseits jedoch mit Recht, daß die *Ursünde* von persönlicher Schuld unterschieden werden muß und nur uneigentlich als Sünde bezeichnet werden kann (*DLA* 3,54: *sic non solum peccatum illud dicimus quod proprie peccatum vocatur*). Wenn diese Erklärung gilt, fällt die Möglichkeit ihrer Funktionalisierung in der Theodizee weg. Zwar kann man die Entlastungsfunktion der Ursündenlehre für den Einzelnen wie für den Schöpfer hervorheben, sofern sie ein passender Ausdruck der Einsicht ist, daß es Übel in der Welt gibt, die weder ursprünglich auf das positive Wollen Gottes noch auf die freie Entscheidung der Menschen zurückführbar sind, die unter ihnen leiden.[5] Dadurch werden jedoch positive Ableitungen eines Sinnes des Leidens unmöglich. Das hieraus folgende Eingeständnis des Nichtwissens hat trotzdem für die Möglichkeit des Glaubens eine wichtige Konsequenz. Wäre die unendliche Wahrheit nämlich bereits in der Welt offenbar, würde es zu einem Hohn, vom *Sinn der Endlichkeit des Endlichen* zu sprechen, da der Sinn der Endlichkeit, die von Leiden und Mängeln durchsetzt ist, angesichts des offenbaren Unendlichen in bedeutungsloser Nichtigkeit versänke.

Da Menschen das Wesen Gottes nicht erkennen können, bevor es ihnen im Augenblick der Erscheinung unmittelbar entgegentritt, ist der Stolz, das Dasein Gottes bewiesen zu haben und die absolute Wahrheit gewiß zu wissen, verfehlt. Das haben besonders die reformatorischen Theologen von Martin Luther bis zu Karl Barth mit Recht betont; ob sie der Freiheit des natürlichen Menschen ebenfalls ihren sachgemäßen Rang zuerkannt haben, mag wohl auf einem anderen Blatt stehen. Indem der Mensch nicht einmal seine eigene endliche Wahrheit vollendet erfassen kann, dürfte ihm jedenfalls zugleich klar sein, daß der Zugang zur

---

[5] Augustinus hat später gesagt, daß niemand, wenn er die Ursünde leugnete, angesichts der vielen schweren Leiden der Kinder Gott als gerechten preisen kann: „Nemo igitur potest in tot tantisque poenis parvulorum praedicare Deum iustum, negans originale peccatum“ (*CJoi* 5,64).

unendlichen Wahrheit Gottes wenigstens während der Weltzeit verschlossen bleibt.

Sofern all das, was Menschen zu erfassen vermögen, durch die ihnen eigene Endlichkeit verendlicht wird,[6] kann Gott vom Menschen nur ahnungsweise vermittelst der Begegnung mit endlichen Seienden und in der Natur begegnenden Ereignissen erfaßt werden, die zeichenhaft über sich hinaus auf Gott weisen. Mit Thomas muß gesagt werden, daß Gott dem Menschen im Weltleben lediglich in der Vermittlung durch die Natur begegne: „ea vero quae sunt supra naturam, ordinantur mediante natura" (*Mal* 5,2c). Diese über das Natürliche hinausweisenden natürlichen Zeichen können aber so ausdrucksstark und trotzdem so zweideutig sein, daß der Wunsch auftritt, sie in der Vermittlung durch die menschliche Rede vernehmen zu können (*Dtn* 18,15ff.). Die sich in der Welterfahrung ankündigende Kraft der Unendlichkeit kann zwar das suchende Denken des Menschen zu immer neuen Transzendenzbewegungen anreizen, jedoch in ihrer Unendlichkeit nicht von ihm erfaßt werden. Demnach kann das menschliche Gottdenken nur den Weg der Infinitionen von Endlichem gehen, ohne das Unendliche als Unendliches erfassen zu können; das Bewußtsein des Menschen (*memoria*) ist unfähig, Gott zu begreifen, zumal es sich nicht einmal selbst vollendet erfassen kann. In diesem Sinn sieht Augustinus sich zwar in der Lage, die bemerkenswerten Leistungen des Gedächtnisses zu beschreiben; er gesteht danach aber, daß er sie nicht begreifen kann: „Et ecce memoriae meae vis non conprehenditur a me, cum ipsum me non dicam praeter illam" (*C* 10,25). Solange der endliche Geist Gott nicht gleichsam von Angesicht zu Angesicht erschaut, vernimmt er immer nur Endliches, das sicher aus vernünftigen Gründen auf den unendlichen Gott hin ausgelegt wird, aber doch nicht so, daß alle Einwände und Zweifel damit erledigt wären.

Weil Menschen also um das Wesen Gottes nicht wissen können, wird die Annahme des Daseins Gottes für den Menschen einesteils fraglich, andernteils aber dadurch zugleich eine vernünftig gerechtfertigte Möglichkeit, die sich zum Beispiel gegen die Religionskritik zu behaupten weiß, sofern auf diesem Wege klar wird, daß Gott wesenhaft als Wirklichkeit gedacht werden muß, die das Vermögen endlicher Fassungskraft übersteigt. Bekanntlich hat Feuerbach versucht, die Selbstbescheidung der Vernunft, die sich die Unerkennbarkeit des Wesens Gottes gesteht, als eine schwächliche Schutzbehauptung moderner Theologen zu dis-

---

[6] Nach Thomas wird alles, was in etwas aufgenommen wird, in der Weise des Aufnehmenden aufgenommen: „Omne quod recipitur in aliquo, recipitur in eo per modum recipientis" (*S. th.* I,75,5c).

kreditieren. Er unterstellt, die Alten hätten noch alles ganz gewiß gewußt, und sagt: „Die Bestimmungslosigkeit und die mit ihr identische Unerkennbarkeit Gottes ist daher nur eine Frucht der neuern Zeit, ein Produkt der modernen Ungläubigkeit" (*WC* 49). Entgegen dieser Unterstellung ist die unfaßliche Größe Gottes von den Anfängen der philosophischen Theologie an deutlich gesehen worden. Die Forderung nach Bestimmtheit des Gottesbegriffs verdirbt vielmehr von vornherein jede Möglichkeit eines Zugangs zum Unendlichen.

So zeigt sich, worin das positive Resultat der Gottesbeweise für eine sich selbst kritisch betrachtende Vernunft besteht, die erkennt, daß die Beweise nicht dazu taugen, eine freie und verantwortliche Entscheidung gegen die Annahme des Daseins Gottes auszuschließen. Daß Gottesleugner nicht mit Recht behaupten dürfen, den *wissenschaftlichen Standpunkt* zu vertreten, ist eine erste, obgleich nur *negativ* gegen den Atheismus formulierte Konsequenz. Der Versuch, das Resultat *positiv* zu formulieren, hat sein Zentrum im Begriff des *Problems* als einer notwendigen, theoretisch aber unlösbaren Aufgabe, die unvermeidlich die Entscheidung herausfordert. Sobald der Mensch diese *Aufgabe* versteht und er seine *metaphysische Naturanlage* annimmt, wird die Entscheidung fällig, ob und wie er ihr gerecht zu werden versucht (vgl. *MNPG*). Der sich aus diesem Problembewußtsein verstehende Mensch ist nun auch mit solchen Wirklichkeiten konfrontiert, die zum Zweifel am Dasein Gottes führen können. Es gibt neben positiven Motiven für das argumentierende Hindenken auf Gott nämlich beachtliche Argumente für die Bestreitung des Daseins Gottes. Ein entscheidender Grund, der gegen das Dasein Gottes angeführt wird, ist die Wirklichkeit des Schlechten (*malum*), das die Welt als *physisches* und *moralisches Übel* mannigfaltig durchzieht.[7] Diese negative Wirklichkeit führt am Ende zur Frage der Theodizee, welche die Göttlichkeit Gottes angesichts der Übel in der Welt auf die Probe stellt oder sie sogar ausdrücklich in Zweifel zieht.

b) Die argumentierenden Wege zu Gott als Probleme und die Notwendigkeit vernünftiger Entscheidung

Wer sieht, daß die Welt gar nicht als selbständige Wirklichkeit bestehen könnte, wenn der unendliche Gott von vornherein in ihr allgegenwärtig

---

[7] Die Unterscheidung zwischen *malum physicum* und *malum morale* geht auf Leibniz zurück (*ETh* 1,21), findet sich aber schon in der älteren Tradition (z. B. *NE* I, 1099 b 20 bis 1100 a 9; *DLA* 1,1).

und für die Geschöpfe unmittelbar wahrnehmbar wäre, erkennt auch, obwohl vielleicht widerstrebend, daß die faktische *Ferne Gottes* von der Welt nicht nur etwas ist, das zu beklagen wäre, sondern auch die Ermöglichung endlichen Eigenseins, sofern in der unmittelbaren Allgegenwart des *unendlichen* Gottes alles nichts als Gott – oder das Endliche als Endliches nichtig wäre. Die Annahme, daß es ein sicheres Wissen vom Dasein Gottes gebe, das anhand komplizierter Schlußverfahren von Spezialisten erworben werden könnte, hätte zudem den Geburtsfehler, daß dieses vermeintliche, unmittelbar einsichtige Gottesbewußtsein nur einer Elite zugänglich wäre. Eliten haben sicher in der Ausbildung der menschlichen Kultur ihre Berechtigung und Befugnis. Ein solches Recht scheint aber nicht für den Punkt gelten zu können, *der die allgemeine menschliche Angelegenheit betrifft.* Deswegen empfiehlt Kant, sich in den höchst entscheidenden Fragen „keine höhere und ausgebreitetere Einsicht ... anzumaßen ..., als diejenige ist, zu der die große (für uns achtungswürdigste) Menge auch eben so leicht gelangen kann“ (*KrV* B XXXIII). Kant bekämpft die *arroganten Ansprüche der Schulen* und empfiehlt dagegen eine Einschränkung auf die *allgemein faßlichen und in moralischer Absicht hinreichenden Beweisgründe*; so hofft er, durch Kritik „dem Materialism, Fatalism, Atheism, dem freigeisterischen Unglauben, der Schwärmerei und Aberglauben, die allgemein schädlich werden können, zuletzt auch dem Idealism und Skeptizism“ auf alle Zeit die Wurzel abschneiden zu können (*KrV* B XXXIV).

Wenn man in einem Gedankenexperiment fragt, wie ein Weltschöpfer gedacht werden kann, der dem Endlichen freigebig und wohlwollend endliches Sein zuteilt, kann für den philosophisch Fragenden nur ein Resultat herauskommen, das hinsichtlich seiner theoretischen Haltbarkeit mit dem *Begriff des Problems* zu bezeichnen ist. Als Problem wurde oben eine *Aufgabe* bestimmt, die sich der Vernunft zwar *notwendig* stellt, theoretisch aber *unlösbar* ist. Sofern der Gottesgedanke als ein Problem der theoretischen Vernunft zu denken wäre, erlaubt er dem Menschen sein *endliches Eigensein* nicht nur, sondern fordert es geradezu heraus. Die in der notwendigen, theoretisch unlösbaren Aufgabe liegende Herausforderung versetzt jeden Einzelnen nämlich in die Offenheit seiner praktischen Entscheidung, die ihn zu einem kleinen Angelpunkt der alles und für alle endgültig entscheidenden Fragen macht. Im Gedanken des *endlichen Eigenseins* werden zwei Momente verknüpft, die disparat zu sein scheinen. Durch die Herausstellung der Endlichkeit wird die *Bezogenheit und Angewiesenheit auf das Unendliche* hervorgehoben, durch das Moment des Eigenseins wird dagegen die *Selbständigkeit (Substanzialität) des Endlichen* akzentuiert, die dem Lebensvollzug allererst seine unverwechselbare Besonderheit und den Personen ihre Unvertretbarkeit vermitteln kann.

Auch von der Existenzproblematik her können Gottesbeweise lediglich Probleme sein. Mit der *Notwendigkeit* dieser Aufgabe ist gesagt, daß es einem redlich Fragenden nicht gleichsam in sein Belieben gestellt ist, ob er nach der unendlichen Wahrheit und dem absolut vollendeten Sinn des Ganzen fragt oder ob er diese Frage unterläßt. Was immer ein Mensch in seinem Leben tut, hat nämlich eine implizite Beziehung auf das Unbedingte, sei es im Zusammenhang der wissenschaftlichen Wahrheitssuche oder des alltäglichen Lebens. Ohne diesen Bezug kann schon die Geltung der einfachsten naturwissenschaftlichen Erkenntnis nicht verstanden werden, ohne diesen Bezug bleibt auch der zutage tretende Sinn der alltäglichen Lebensverwirklichung flüchtig und jederzeit durchkreuzbar.

Den Problemcharakter des Philosophierens hat Nicolai Hartmann in bezug auf das teleologische Denken betont. Anfangs wendet er den Blick ganz auf die Phänomene und hält so die Tatsache der Zweckmäßigkeit in der Natur für unbestreitbar; da er aber Hinderungsgründe gegen das Dasein eines transzendenten, zwecktätigen Urhebers der Welt von seiten der Ethik erkennt, weicht er angesichts der Phänomene auf ein immanentes teleologisches Naturprinzip aus (auf den *nexus organicus*), von dem er behauptet, daß es *Zweckmäßigkeit ohne Zwecktätigkeit* zu denken erlaube. Dieses organische Prinzip erklärt indessen wenig und ist im Blick auf die überwältigende Zweckmäßigkeit der Natur eher nur die Anzeige der *tiefen Rätselhaftigkeit des Organischen*, für dessen Sein alle weltimmanenten Erklärungen unzureichend erscheinen (*TD* 24,94). Wer sich und sein Leben recht versteht, wird sich weder absolutes Wissen in bezug auf das Absolute anmaßen, noch die Frage nach dem Absoluten preisgeben. Diese Spannung zwischen der Aufgegebenheit und der Unlösbarkeit zeichnet gerade die *sokratische Art* des Wissens des Nichtwissens aus, die hier allein sachgemäß ist.

Dennoch kann gesagt werden, daß die menschliche Vernunft auf den Wegen der Beweise durch sich selbst und durch ihre Welterfahrung so sehr *auf eine ganz unfaßbare Transzendenz verwiesen* wird, daß in der natürlichen Erkenntnis des Menschen genügend Anhaltspunkte für eine sichere Überzeugung vom Dasein Gottes liegen. Sofern dies zutrifft, wird die Existenz Gottes für den Menschenverstand gerade in der Weise zugänglich, wie sie den Kern der kirchlichen Lehre in der Entscheidung des *Vaticanum I* bildet. Die maßgebende Passage der Konzilsentscheidung sagt, daß Gott, als der Ursprung und das Ziel aller Dinge, vom natürlichen Licht der menschlichen Vernunft aus dem Geschaffenen mit Gewißheit erkannt werden kann; denn – so heißt es im Anschluß an den

Römerbrief (1,20) – ‚seit Erschaffung der Welt wird seine unsichtbare Wirklichkeit anhand der geschaffenen Werke vernünftig wahrgenommen': „Eadem sancta mater Ecclesia tenet et docet, Deum, rerum omnium principium et finem, naturali humanae rationis lumine e rebus creatis certo cognosci posse; ‚invisibilia enim ipsius, a creatura mundi, per ea quae facta sunt, intellecta conspiciuntur'" (*DH* 3004).

Hans Urs von Balthasar bemerkt dazu, das *Vaticanum I* habe „den Satz, ‚daß Gott als aller Dinge Ursprung und Endziel mit dem Licht der Menschenvernunft aus den geschaffenen Dingen sicher erkannt werden kann', zwar hingesetzt, ihn aber mit vorsichtigen Klauseln umgeben" (*ZWG* 30). Diesen Hinweis präzisiert er in dem Sinne, daß die Verurteilung ebenso gegen den *Fideismus* wie gegen den philosophischen *Agnostizismus* gerichtet gewesen sei. Zur Interpretation dieses Textes fügt er weiter hinzu: „1. Dem Konzil geht es nicht um die quaestio facti, sondern um das *Vermögen* der menschlichen Vernunft zur Gotteserkenntnis ... 2. Der Text zeigt mit den Worten ‚naturali rationis lumine e rebus creatis' den Weg dieser Gotteserkenntnis an ... 3. Die Konzilsaussage gilt von allen konkreten oder möglichen Ständen des Menschen ... 4. Die natürliche Erkennbarkeit der im Text erwähnten Attribute wird nicht definiert ... 5. Das Konzil hat mit Absicht den vorsichtigen Ausdruck: ‚cognosci' und nicht ‚demonstrari' gewählt ... 6. Die Aussage des ‚certo cognosci posse' (DS 3004) muß zugleich mit der komplementären Aussage DS 3005 gelesen werden".[8]

Wenn immer es also zutreffend ist, daß Menschen das *Wesen Gottes* wenigstens in der Weltzeit nicht zu erkennen vermögen, verbleibt in der menschenmöglichen Erkenntnis eine Unbestimmtheit, die der Überbrückung durch *Glauben* bedarf. Dieser Glaube ruht jedoch auf vernünftigen Fundamenten, weil das natürliche Streben nach absoluter Fundierung der Erkenntnis in der Welt kein Ende findet und also auf eine welttranszendente Macht weist. In diesem Sinn kann auch Kant durchaus als Zeuge für die positive Möglichkeit natürlicher Gotteserkenntnis angeführt werden, die er der Gewißheitsstufe eines *doktrinalen Glaubens* zurechnet (vgl. *KrV* B 848-855; dazu *Tr*, bes. § 18.).

---

[8] *ZWG* 30, Anm.; *DH* 3005 sagt, daß es der göttlichen Offenbarung zuzuschreiben sei, daß das, was an den göttlichen Dingen an sich nicht unzugänglich ist, auch bei der gegenwärtigen Verfaßtheit des Menschengeschlechts von allen ohne Schwierigkeit, mit fester Gewißheit und ohne Beimischung von Irrtum erkannt werden kann: „Huic divinae revelationi tribuendum quidem est, ut ea, quae in rebus divinis humanae rationi per se impervia non sunt, in praesenti quoque generis humani conditione ab omnibus expedite, firma certitudine et nullo admixto errore cognosci possint."

Ob und inwieweit die *notwendige*, in die Richtung Gottes weisende Frage dem Fragenden seine existenzielle *Not wendet*, kann auch im Blick auf die theoretische *Unlösbarkeit* der Aufgabe erwogen werden. Sofern das je besondere Sein des Menschen als endlichen Wesens, für das wahres Erkennen und gutes Handeln die entscheidenden Aufgaben sind, nur aus seinem verantwortlichen Lebensvollzug erwachsen kann, gehört die theoretische Unsicherheit in der Gottesfrage unvermeidlich zur Ermöglichung des wahren Menschseins. Nur durch die Ferne und Unbegreiflichkeit des Absoluten wird der Mensch ganz und radikal auf sich selbst verwiesen und dadurch zu einer absoluten Entscheidung fähig. Wenn der unendliche Gott in der Welt unmittelbar allgegenwärtig wäre, dann wäre zugleich von vornherein alles schon endgültig besorgt; alles Sich-Sorgen des Menschen, sein In-der-Welt-sein überhaupt, wäre völlig überflüssig, sofern das Sein des *Daseins* als Sorge auszulegen ist (vgl. *SuZ* 240ff.). Allein im Wissen um die Unfaßlichkeit des absolut souveränen Gottes eröffnet sich dem Menschen die Chance, die Gegenwart des Unendlichen beim Endlichen zu denken.

Die Unlösbarkeit der den Gottesbeweisen gestellten Aufgabe birgt die Gefahr in sich, daß die Beweise für gescheitert gelten. Wenn es jedoch zutrifft, daß die Gottesbeweise mit der mathematischen oder naturwissenschaftlichen Beweisart nicht übereinstimmen, ergibt sich selbstredend, daß ihre diesbezügliche Überprüfung keinen Erfolg verspricht. Aus dem Blickwinkel von Logik und Wissenschaftstheorie entsteht also der Eindruck, sie seien für ihr Beweisziel ohne Wert. Aus dieser Einschätzung erscheinen Gottesbeweise als mehr oder weniger interessante, immer aber vergebliche Sandkastenspiele von Logikern, die keinen Sachbezug zum philosophischen Gottdenken hätten.[9] Rein logisch-wissenschaftstheoretische Interpretationen der Argumente unterliegen der Gefahr eines rationalistischen Mißverständnisses, wenn immer ihnen der nötige Sinn für die in den Gottesbeweisen erfragte Wirklichkeit fehlt.

Wenn zugestanden würde, daß die Beweise von vornherein gar nicht in den geradlinig verfolgbaren *Kontext mathematisch-naturwissenschaftlicher Erkenntnis* gehörten, dann könnte man sowohl das begrenzte Recht der wissenschaftlichen Kritik der Beweise zugestehen, als auch erkennen, daß in den Beweisen die Nichtabsolutheit aller mathematisch-

[9] Vgl. *WGB* 76; dort heißt es, „daß die historischen Gottesbeweise einer wissenschaftlichen Kritik aus heutiger Sicht nicht standhalten"; ihr „hohes logisches Niveau" könne sich zwar sehen lassen; zum erstrebten Resultat aber trügen sie nichts bei, so daß man sie nur noch „als historische Leistungen würdigen und intellektuell genießen" könne (77). Eine solche unverständige Kritik mündet in die Eitelkeit des Logikers, da er gerade nicht das untersucht, was er zu untersuchen vorgibt.

naturwissenschaftlichen Erkenntnisse deutlich werden kann. Sofern diese Wissenschaften axiomatischen und hypothetischen Charakter besitzen, muß das Fragen nach dem Unbedingten jedenfalls über sie hinausgehen. Schließlich läßt sich sogar behaupten, daß diese Beweise ihr Ziel gerade dann verfehlen würden, falls jemand meinte, es mit den Mitteln mathematisch-naturwissenschaftlicher Erkenntnis erreichen zu können.[10]

Mittelbar decken die Beweise nämlich die Abhängigkeit aller wissenschaftlichen Wahrheiten von versuchsweise aufgestellten Axiomen und nur empirisch faßbaren Ereignissen auf; sie gehen derart von Voraussetzungen aus (ἐξ ὑποθέσεων) und suchen sie in der Erfahrung anzuwenden. Sie deuten indirekt zugleich die *Bruchstelle*an, die ein Denken überwinden muß, das auf den voraussetzungslosen Ursprung zielt (ἀρχὴ ἀνυπόθητος), da Unbedingtes vom Bedingten durch eine unendliche Kluft (ἐπέκεινα τῆς οὐσίας) abgetrennt ist (vgl. *Politeia* 509b ff.). Wer ohne Sinn für diese Frage nach dem Unbedingten ist, sei es für die unbedingte Wahrheit oder für den unbedingten Anspruch moralisch relevanter Situationen, dürfte den Beweisen nichts abgewinnen können. Für ihn wäre jedoch in der Theorie und in der Praxis jeder *Horizont so weggewischt*, daß er nicht einmal die Erfahrung Nietzsches haben könnte, *durch ein unendliches Nichts zu irren* (vgl. *FW* 125; *KSA* 3,481).

Die *Erfahrung des Fehlens von Maßstäben* in Erkennen und Handeln, die in den Wissenschaften wie im alltäglichen Leben immer wieder beklagt wird, ist denkbar allein als die *Gegenwart des Absoluten im Modus der Defizienz*. Wer nun für die Erfahrung dieses Mangels völlig taub und unempfindlich wäre, kann auch mit Gottesbeweisen nichts anfangen, weil diese den unendlichen Mangel der Weltwirklichkeit aufdecken. Wer diesen Mangel nicht wahrzunehmen vermag, kann alles Geschehen nur noch in äußerster Kälte und mit Gleichgültigkeit kommentieren. Er wäre der eindimensionale Mensch (βάναυσος, *homo faber*), dem das Dürftige der Weltzeit „nur noch als Bedarf erscheint,

---

[10] Laut *GB* wurde Gödel von der Theorie der Ultrafilter (Begriff der Mengenlehre) inspiriert (143); Anwendungen *auf den modifizierten Gottesbeweis von Gödel* seien folgende Sätze (152): „Sei I das Universum. Die Axiome Ax_1-Ax_3 besagen, daß das System *Ps* der positiven Eigenschaften auf I ein Ultrafilter ist, der zugleich ein Hauptfilter ist. Die Existenz genau eines Gottes ist nun gleichwertig damit, daß *Ps* ein Hauptfilter ist." Ansätze zur philosophischen Diskussion bietet *EGGA*, wo die ‚positiven Eigenschaften' Gödels mit dem „Begriff der reinen Seinsgehalte (perfectio pura)" verbunden werden (61). Passend wäre womöglich auch ein Vergleich mit den Begriffen der *complicatio omnium rerum*, des *focus imaginarius* und der *Weltformel* (vgl. § 5 b.).

der gedeckt sein will" (*HW* 249). Diesen Mangel könnte bereits der bloße Gedanke des denkbar *Größten* aufdecken, das auch Existenz besäße; er kann sich in der Sehnsucht nach absoluter *Wahrheit* zeigen, die ihr die höchste Erfüllung schenkte; er kann in der *Zufälligkeit* des Zeitlichen begegnen, die sich in der Flüchtigkeit des Geschehens und der Lebenszeit insgesamt dokumentiert; er könnte in der *Zweckmäßigkeit* hervortreten, sofern diese auch als das bloße Produkt des Zufalls gedacht werden kann und doch nur als Ergebnis der *Zwecktätigkeit* der absoluten Macht ein tragfähiges Fundament für die Zwecktätigkeit des Menschen zu bieten vermag; zuletzt könnte dieser Mangel in der Erfahrung der *Differenz von Sein und Sollen* erkennbar werden, sofern diese als Herausforderung zur *personalen Sinnsuche* und als ein Angebot zur verantwortlichen und *sinnstiftenden Mitgestaltung* des höchstmöglichen Gutes in der Welt begegnet.

Vom Bedingten aus kann das Unbedingte allein durch den *Sprung in eine andere Sphäre* erreicht werden. Dieses Verfahren der μετάβασις εἰς ἄλλο γένος, das die Logik als Fehler zu brandmarken hat, ist in der Ausarbeitung von *Gottesbeweisen* notwendig. Es hat zu zeigen, daß sich der menschliche Lebensvollzug ohne das Bewußtsein des Unzureichenden der Welt selbst nicht versteht. Die Erkenntnis einer systemkonformen ersten Ursache taugte vielleicht zur Vervollkommnung der jeweils ins Auge gefaßten Systeme, kann jedoch nicht als eigentliche Gotteserkenntnis gelten, weil Gott nicht Gott wäre, wenn er von der Welt her schon verstanden werden könnte. Die Gottesbeweise repräsentieren so eine *metaphysische Transposition* weltlich faßbarer Wirklichkeiten, ermöglicht durch das Bewußtsein des Ungenügens der Welt als solcher. Die Argumente sind vernünftige Wege, die selbstsicher scheinende Immanenz aufzubrechen, die sich in der Endlichkeit vergräbt. Sie können niemals schlagende Beweise sein, die alle Widerreden verstummen ließen, sondern nur verdeutlichen, daß die bewußte Übernahme des Gottesglaubens als *vernünftig vertretbare Entscheidung angesichts notwendiger, aber unlösbarer Aufgaben* gelten darf.[11] Der problematische Charakter tritt nicht nur aus dem notwendigen Bruch ihrer Denkbewegungen hervor, sondern auch aus dem Erlebnis von nichtig erscheinenden Wirklichkeiten, die man nicht oder jedenfalls nicht leicht mit der Annahme der Wirklichkeit Gottes in Einklang bringen kann. Es bleibt folglich dabei, was Kant zu Beginn der *Kritik der reinen Vernunft* sagt (A VII): „Die menschliche Vernunft hat das besondere Schicksal in einer

[11] Vgl. z. B. auch *FGT*, bes. 21 zur „freien Gewißheit" (*certitudo libera*).

Gattung ihrer Erkenntnisse: daß sie durch Fragen belästigt wird, die sie nicht abweisen kann, denn sie sind ihr durch die Natur der Vernunft selbst aufgegeben, die sie aber auch nicht beantworten kann, denn sie übersteigen alles Vermögen der menschlichen Vernunft." Die menschliche Vernunft ist so gesehen nichts als eine offene Frage, die sich letztlich an das Transzendente richtet und nur von ihm her die gesuchte Antwort zu erhalten vermag.

So kann der *Problemcharakter der Gottesbeweise* auf die Begegnung mit Schwierigkeiten vorbereiten, die in den *Nichtigkeitsphänomenen* der Welterfahrung zutage treten. Diese Phänomene besitzen im Blick auf die Frage nach Gott ambivalente Bedeutung. Die als *Insel der Glücklichen* erlebte Welt, in der allen alles nach Wunsch und Willen ginge, wäre zugleich die Welt, über die nicht hinauszufragen wäre, da alles Gute in ihr selbst gefunden werden kann. Schon die *Möglichkeit* des Schlechten fordert eigenständiges Handeln des Menschen heraus; die *Wirklichkeit* des Schlechten vermag sodann die Distanz zur Welt und eine Hoffnung über sie hinaus zu provozieren. Durch die faktische Nichtigkeit in der Wirklichkeit erheben sich aber zugleich Fragen, die sich gegen die Annehmbarkeit des Weltzustandes richten – und damit auch gegen die Annahme, daß diese Welt einen göttlichen Urheber haben kann.

c) Das *malum* als doppelsinnige Herausforderung des Glaubens an den göttlichen Schöpfer der Welt

Das Problem des Ursprungs des Schlechten hat das philosophische Denken, das die Welt von Gott her und auf Gott hin zu verstehen suchte, von jeher beschäftigt. So hat Platon die *Idee des Guten* (ἰδέα τοῦ ἀγαθοῦ) zwar als den transzendenten *Ursprung des Weltganzen* interpretiert, als πάντων αἴτιος, aber dann doch die Einschränkung gemacht, daß das Gute (ἀγαθόν) jedenfalls am Schlechten keine Schuld trage (τῶν δὲ κακῶν ἀναίτιον); diese Schuld hat er ursächlich der freien Entscheidung des Wählenden zugerechnet, nicht Gott: θεὸς ἀναίτιος· αἰτία ἑλουμένου (*Politeia* 509b, 516c, 379b/c, 617e). Entsprechend hat Aristoteles sich zum Problem der Habituskonstitution, der Entstehung eingeübter Verhaltensweisen, geäußert und gesagt, daß sie in die Verantwortung des Handelnden falle (vgl. *NE* II, 1103 a 31: ἐνεργήσαντες πρότερον).

In ähnlicher Weise hat auch Augustinus seine Untersuchungen zur freien Willensentscheidung begonnen, in denen er Antwort auf die Frage sucht, ob Gott der Urheber des Schlechten sei: „utrum deus non sit auctor mali" (*DLA* 1,1). Bevor er seine Thesen entfaltet, knüpft er an die althergebrachte Unterscheidung zwischen *Übeltun* und *Übelleiden* an.[12] Sobald es Wesen gäbe, die aus freiem Willen Schlechtes täten und damit als böse zu gelten hätten, wären diese strafwürdig. Insofern es wirklich strafwürdige Menschen gäbe, könnte Gottes Gerechtigkeit mit gutem Grund als Quelle von Übeln gedacht werden, weil sie nämlich das Übel dieses Übeltuns wieder zurechtrückt. Solches Zurechtrücken tritt aber zunächst als Übel auf, da die Strafe nur dadurch Strafe ist, daß sie von den Übeltätern als Übel erfahren wird (vgl. *DLA* 1,1).

Thomas hat das Problem, das mit dem Dasein des Schlechten in der Welt verbunden ist, so zugespitzt, daß aus dieser Tatsache sogar zunächst die Nichtexistenz Gottes zu folgen scheint. Er beginnt den Artikel der *Summa theologiae* zur Frage nach dem Dasein Gottes (*Utrum Deus sit*) wie üblich mit der Vorstellung von Einwänden (*obiectiones*). Der erste Einwand lautet hier, daß etwas völlig aufgelöst würde, falls ein ihm konträr Entgegengesetztes unendlich wäre: „si unum contrariorum fuerit infinitum, totaliter destruetur aliud". Weil Gott als etwas unendlich Gutes (*quoddam bonum infinitum*) zu denken ist, dürfte es nichts Schlechtes geben. Da in der Welt jedoch Schlechtes zu finden ist, scheint es unvermeidlich, zu folgern, daß Gott nicht existiert: „Invenitur autem malum in mundo. Ergo Deus non est" (*S. th.* I,2,3 obi.1).

Vor der Betrachtung von Augustins Lösungsversuch, den Thomas nur ansatzweise und in verkürzter Form heranzieht, ist festzuhalten, daß sich diese Aufgabe auf Grund ihres Inhaltes prinizipiell immer nur nachträglich stellen kann. Sie setzt den Weg des Geistes zu Gott schon voraus; diese Aufgabe stellt sich, weil das unmittelbare Bewußtsein, das alles von Gott her in hellem und heilem Glanz wahrnimmt, durch die Erfahrung des Übels so getrübt wird, daß der zu Gott führende Weg jetzt als Irrweg erscheint. Dieser Einwand tangiert demnach nicht die zum Transzendieren treibenden Motive. Das Problem entsteht vielmehr, obwohl diese Motive durch den Einwand nicht aufgehoben werden, da die vermeintlich eindeutigen Folgen einer Annahme des Daseins Gottes mit der faktischen Weltwirklichkeit ganz offenbar nicht übereinstimmen.

Wenn angenommen werden könnte, daß Gottes Schöpferkraft der endlichen Menschenwelt trotz seiner Unendlichkeit einen Raum gelassen hat, in dem sie ihr eigenes, endliches Leben entfalten kann, dann geht es in dem genannten Einwand nicht so sehr um das *logische Problem*, ob

---

[12] Z. B. Demokrit, *Fr* B 45 (Unrechttun sei unseliger als Unrechtleiden): ὁ ἀδικῶν τοῦ ἀδικουμένου κακοδαιμονέστερος.

etwas bestehen kann, auch wenn das konträr Entgegengesetzte unendlich wäre, sondern um die *Frage*, ob Gott, sofern er unendlich gut ist, eine Welt hat schaffen können, in der es neben staunenerregend Schönem und Gutem diese große Fülle erschreckenden Übels gibt. Da im ersten Fall das Sein von Gott und Welt nicht zu unterscheiden wäre, löst sich das logische Problem auf, wenn die Differenz von Gott und Welt aus den Phänomenen der Endlichkeit feststünde. So lautet die Frage in sachgemäßer Form, *wie Gott Urheber einer Welt sein kann, in der es Übel gibt.*

Eine Beantwortung dieser Frage setzt ein Einverständnis über den Sinn dessen voraus, was als schlecht zu bezeichnen wäre. Als etwas Schlechtes erscheint einem Menschen zunächst einmal das, was eine Tendenz durchkreuzt, mit der er sich identifiziert. In diesem Sinn ist es eine Art *Beraubung* (στέρησις, z. B. *Mp* Δ, 1022 b 22ff.; *privatio boni*, z. B. *C* 3,12). Krankheit, Leiden und Sterben sind offenkundige Weisen, in denen ein Mensch von Schlechtem getroffen wird, nämlich vom Mangel an Gesundheit und Lebensfreude oder sogar vom Ende der Seinsmöglichkeit überhaupt. Zu fragen ist, inwiefern Gott der Urheber der Welt sein kann, die auch von Krankheit, Leiden und Tod gezeichnet ist. Die schon erwähnte Unterscheidung zwischen Übeltun und Übelleiden, die Schlechtes als Folge von menschlicher Ungerechtigkeit (ἀδικία), also als Strafübel deutet,[13] hat Leibniz mit den Bestimmungen des moralischen Übels (*malum morale*) und des natürlichen Übels (*malum physicum*) auf den Begriff gebracht; weil sie unvollständig ist, sofern sie nicht beachtet, daß man schon die *Möglichkeit* von Übeln als Übel verstehen kann, hat er noch den Begriff des metaphysischen Übels (*malum metaphysicum*) hinzugefügt, das allem Endlichen als Endlichem notwendig anhaftet (vgl. *ETh* 1,21).

Demgegenüber hat Augustinus im Duktus sowohl der biblischen Tradition als auch der Platonischen Philosophie die Grundthese formuliert, daß alles Seiende, insofern es ist, gut ist: „omnis natura bona est."[14] Diese These wischt weder Unterschiede im Guten weg, noch die Probleme des Schlechten und Bösen. In ihrer Durchführung unterscheidet Augustinus zwischen den *niederen* (*infima*), *mittleren* (*media*) und *höchsten*

---

[13] Vgl. *Politeia* 379c, 619a ff.; auch Demokrit unterscheidet bereits den natürlichen Ursprung des Übels (*Fr* B 83) von seinem Ursprung im menschlichen Willen (vgl. *Fr* B 62, B 181); vgl. dazu *DLA* 1,1.

[14] Z. B. *DLA* 3,36; *CFau* 6,7 (u. a.); *CFel* 1,7; *DNB* 1; *CIoi* 4,21. Zur Frage des Guten bei Augustinus vgl. *Bon*.

Gütern (*summa bona*); hinzu kommt, in exklusivem Sinn, Gott als *höchstes Gut* (*summum bonum*).[15]
Wenn im Blick auf diese Grade des Gutseins zwischen strukturalem und reflexivem Gutsein unterschieden wird, zeigt sich, daß etwas struktural Gutes ohne reflexives Selbstverhältnis den Grund seiner Gutheit nicht in sich selbst trägt. Es kann als niederes Gut (*infimum bonum*) gelten. Ein womöglich bei solchen Gütern gleichwohl auftretender strukturaler Mangel an Vollkommenheit geht nie zu deren eigenen Lasten, sondern verweist auf die Verantwortung von Handelnden mit Selbstverhältnis, konkret gesprochen also auf eine Verantwortung Gottes oder diejenige von Menschen. Der erste Fall führt das Denken in die Fragen der Theodizee, der zweite zu den Fragen der Moralphilosophie.
Die sich hier stellenden Aufgaben sucht Augustinus gleichsam mit einem Schlag durch den Begriff des mittleren Guts (*medium bonum*) zu lösen. Als mittleres Gut gilt der *freie Wille*, da er die *Möglichkeit* guten und schlechten Willens in sich enthält. Er repräsentiert eine Kraft der Seele, ohne die man nicht in der rechten Weise leben kann: „potentiae vero animi, sine quibus recte vivi non potest, media bona sunt" (*DLA* 2,50). Die Wirklichkeit dieses mittleren Gutes, ohne das die höchste denkbare Vollkommenheit in der Welt nicht möglich ist, ist aber durchaus ambivalent, da sie auch die Möglichkeit des Schlechten in sich enthält. In höchster Weise vollkommen wäre eine Welt nämlich nicht schon dadurch, daß sie gemäß der strukturalen Perspektive vollkommen geordnet wäre, sondern dadurch, daß sie das höchste in der Welt mögliche Gut in sich zu enthalten vermöchte, nämlich ein Gut, das den Grund seiner Gutheit in sich selber trüge. Ein solches Gut erblickt Augustinus im Gut des guten Willens, den der Wille allein durch sich selbst hervorzubringen imstande ist (*sola voluntas per se ipsam*; *DLA* 1,26). Zwar ist auch diese Wirklichkeit des denkbar höchsten Gutes in der Welt von Gott ermöglicht. Sie ist vom Schöpfer aber nicht schon als eine vollendete Wirklichkeit geschaffen, sondern nur als die Möglichkeit solcher Wirklichkeit. Da diese Wirklichkeit nur durch freies Wollen hervorgebracht werden kann, muß die Schöpfung also, um zu sein, was sie in ihrer Ausrichtung auf die Ermöglichung des höchsten Gutes in der Welt sein soll, *vorgeordnetes Spielfeld* sein, nicht schon das Ziel des *ordo rectus*.
Dieses Spielfeld ist unvermeidlich zugleich der Ort einer *Chance* und einer *Gefahr* für das menschliche Handeln. Die Schöpfung kann auf diesem Weg durch gutes Handeln schrittweise zu ihrer Vollendung kommen, durch schlechtes aber auch dem Verderben anheimfallen. Die Welt

---

[15] *Infima, minima bona*: *DLA* 2,50; *VR* 38; *CD* 15,22; *media bona*: *DLA* 2,50.53, *Sermo* 173,1; *summa bona*: *DLA 2,50*; *VR* 37; *C* 7,18; *DNB* 1; zum folg. vgl. ÜuÜ 398-403.

wäre laut Augustinus aber weniger vollkommen, wenn es in ihr nicht die *Möglichkeit* des Sündigens gäbe. Also fordert die *Möglichkeit der vollkommenen Welt* Seelen, die sündigen, wenn sie dies wollen, und durch die Sünde am Ende elend werden: „quae si velint peccant, si peccaverint miserae fiunt" (*DLA* 3,26). In der von freiem Handeln mitbestimmten, geschichtlichen Menschenwelt zeigen sich sowohl Ansätze zu zunehmender Vollendung wie zu zunehmender Verderbnis. Das Risiko eines Scheiterns liegt in der Möglichkeit der Freiheit, zumal es die Möglichkeit des Gelingens nicht ohne Risiko geben kann (vgl. auch *RGV* B 81 Anm.).
Die oben gestellte Frage, wie ein unendlich guter Gott der Urheber einer Welt sein kann, in der Übel auftreten, muß, wenn immer es eine selbständige Welt geben können soll, so beantwortet werden, daß nur eine Welt mit Personen, die zur freien Entscheidung aufgerufen sind, eine sinnvolle endliche Welt sein kann. Die von Anbeginn *sinngerechte Welt*, in der das *malum* keinen Platz hätte, wäre für den endlichen Menschen *sinnlos*, da sie ihm keinen Platz für die von ihm gesuchte Sinnverwirklichung ließe (*TD* 15,57).[16] Leiden können dennoch so unerträglich werden, daß sich trotz der Bereitschaft des Menschen, Verantwortung auf sich zu nehmen, die Zuversicht in Entsetzen und in die Anklage wandelt, die sich von Gott distanziert oder seine *Rechtfertigung angesichts der Leiden* fordert. Die Übel treten in der Welt mit und ohne Zutun des Menschen auf, ohne daß theoretisch feststünde, wo Verantwortung und Sinn zu finden sind. Der Mensch nimmt die Welt folglich so wahr, daß er in einen *radikalen Zweifel an der Göttlichkeit Gottes* geraten kann, wenn er sich Gott als Schöpfer der Welt denkt. Diese Zweifel sind die Grundlage der *Theodizee*-Problematik.

d) Die unbeantwortbare Frage der Theodizee als *exemplum crucis* der Theologie

Man könnte die Frage der Theodizee mit der Denkaufgabe beginnen, wie es möglich wäre, die endlichen Menschen nicht als armselige Drahtzieh-Puppen und die Menschenwelt insgesamt nicht als kosmisches Marionetten-Theater zu denken. Der molekular strukturierte und mit einer Vielzahl von Informationen ausgestattete Stoff des menschlichen Körpers, der das Wachstum und die Möglichkeiten des Menschen von

---

[16] Die Lösung der Aufgabe bei Thomas, laut der Gottes Güte das Schlechte zuläßt, um aus ihm das Gute hervorzulocken, scheint mit der skizzierten Antwort vereinbar zu sein (*S. th.* I,2,3 ad 1.: „Hoc ergo ad infinitam Dei bonitatem pertinet, ut esse permittat mala, et ex eis eliciat bona").

seinem Anfang bis zum Ende weitgehend präjudiziert, scheint, vermittelt durch psychische, soziale und geschichtliche Faktoren, alle Geschicke vorzuprägen und das Fundament des Freiheitsbewußtseins zu untergraben. Trieben den Menschen also nicht Angst, Wut und Entsetzen vor möglichem Unheil in die Distanz zur Welt und zu seinem genetischen Code, verbliebe er vielleicht im Schlummerzustand des selig lächelnden, satten und bisweilen auch schreienden Säuglings, der sich seines Seins nicht bewußt würde (vgl. *Agam* 177 zum Motiv des Lernens durch Leiden: πάθει μάθος).

Die bewußte Wahrnehmung des Unheils stößt ihn in Distanz zu sich und zur Welt und läßt ihm eine bloß kausal erklärende Weltinterpretation sinnlos werden. Die Frage, ob die menschliche Freiheit in einer von Anbeginn sinngerechten Welt denkbar wäre, wird auch von Denkern verneint, denen versteckte theologische Motive nicht nachzusagen sind. Nicolai Hartmann galt seit Max Schelers irreführender Deutung seiner Position (*FEMW* 22f.) als Vertreter des *postulatorischen Atheismus* in Gegenstellung zu Kants Postulatenlehre (vgl. dazu *EdS* 64-66). Hartmanns Ablehnung der vorgängigen Sinngerechtheit der Welt provoziert die Frage, ob nicht doch nur ein *endliches Wesen*, das den absoluten Sinn des Ganzen nicht erkennen kann, das zudem von Leiden erschüttert und vom Tod geängstigt ist, Entscheidungen verantwortlich aus *Freiheit* vollziehen kann, nicht nur aus *Klugheit* im Blick auf etwaige Folgen im Jenseits. Die positive Beantwortung dieser Frage brächte zwar keine Lösung des Theodizee-Problems; gleichwohl würde derart klar, daß ohne die den Menschen verunsichernde Grundlage dieser unlösbaren Aufgabe menschliche Freiheit gar nicht denkbar wäre.

Die traditionellen Antworten auf die Fragen nach der Möglichkeit des Glaubens an den allgütigen Gott angesichts der Leiden in der Welt stimmen mit Recht darin überein, daß sie eine ursprüngliche Verantwortung Gottes für das Schlechte von ihm abzuhalten versuchen. Ein Wesen, das die ursprüngliche Quelle von Schlechtem wäre, kann und soll nicht als Gott angenommen und geglaubt werden. Die Verantwortung für das faktische Schlechte kann man zunächst dadurch von Gott abhalten, daß man, wie im Anschluß an Aristoteles angenommen wurde, keine Beziehung Gottes zur Welt zuläßt, da diese Beziehung zur Welt die Vollkommenheit Gottes nur schmälern könne (*Mp* Λ, 1074 b 25ff.). Innerhalb eines solchen Modells wäre es womöglich vergeblich, irgendwelche Hoffnungen auf göttliches Handeln zu setzen oder ihn nach seiner Rechtfertigung angesichts der Leiden zu befragen. Nur wenn ein Denken schon im Ansatz vom Glauben getragen ist, daß der Schöpfer von sich aus einen Bezug zu der Welt hat, hat die Theodizee-Frage auch ein personales Gegenüber, an das sie sich mit Hoffnung auf eine Antwort richten könnte. In der einfachsten Form lädt diese Antwort dem Menschen als Individuum oder als Gattung alle Schuld für die Faktizität des Schlechten auf und kommt so zu einer Klärung, die in irgendeiner Weise ganz zu Lasten des Menschen geht. Die vom Leid provozierte Frage an Gott fängt aber meistens mit der Hoffnung an, Gott möge sich schließlich als der allmächtige, allgütige und gerechte Weltherrscher erweisen und dem Leid ein Ende bereiten. Sofern das Ende dieser Leiden dann doch nicht eintritt und sich die Leiden gar noch verschlimmern, kann die Hoffnung am Ende so sehr niedergedrückt werden, daß entweder alles Gottvertrauen dahinschwindet oder der Mensch sich zumindestens eingestehen muß, daß er Gottes Wege nicht zu verstehen vermag.

Der Schwund an Gottvertrauen kann sich auf die *Allmacht* oder auf die *Allgütigkeit* Gottes beziehen (*GbA* 36-38). Die Frage nach der Rechtfertigung Gottes angesichts der Leiden setzt beide Attribute einerseits als gültig voraus, sieht andererseits jedoch einen Mangel und pocht deswegen darauf, daß Gott seine Göttlichkeit in der Welt endlich offenbaren solle. Eine *Anklage Gottes* wegen der Leiden in der Welt ist der Sache nach weniger ein Kampf zwischen Mensch und Gott, sondern ein innerer Kampf des Menschen mit sich selbst um sein wahres, auf einer Entscheidung gründendes Selbstverständnis. Dieser Kampf bricht aus, sobald ein Mensch erkennt, daß er nicht weiß, ob er angesichts alles dessen, was ihm begegnet, an einen allmächtigen und allgütigen Gott glauben kann.

Wenn dieser Kampf nun allgemeingültig entschieden werden könnte, würden Vertrauen und Glauben ebenso wie Verzweiflung und Protest in bezug auf den Sinn des Ganzen unmöglich. Soweit kann man also dem zustimmen, was Hans Blumenberg gegen die alte These der Konvertibilität von *ens* und *bonum* sagt. Diese These besagt, daß alles, was ist, insofern es ist, gut ist. Er kehrt die These nicht um, sondern setzt sie für die Welt außer Kraft: „Eine ›Welt‹ ist eben, was in keinem Augenblicke *abschließend* qualifiziert werden kann. Sonst wäre es nicht das, woran und worin die Allmacht sich aufs Spiel setzen konnte. Es ist nichts dadurch schon gut, daß es ist."[17] Diese gegen das vorgängig gesicherte Gutsein der Welt gerichtete These kann also durchaus positiv gewendet werden. Nur der durch *Unwissenheit* zu freier Entscheidung befreite und durch *Leiden* herausgeforderte endliche Geist kann nämlich in endlicher Weise Grund seiner selbst und damit das höchste in der

[17] *Mtpas* 12; vgl. 13: Matthäus „würde nicht nur und zuerst den Menschen für den Mißstand der Welt verantwortlich machen, wie Augustin es im Dienst des Freiheitsbeweises tun wird". Blumenberg vernachlässigt hier aber die *Dialektik von Freiheit und Gnade*, so daß seine Äußerungen nicht als ausgewogene Augustinus-Interpretation gelten können; zur Korrektur vgl. *APE* 268-295.

Welt mögliche Gut werden. Der Mensch kann als Freiheitswesen nur dasein, wenn er *unfähig* ist, den Sinn der Welt schon in der Welt absolut zu qualifizieren. Nur so kann er Entscheidungen aus reiner Güte in der Unsicherheit fehlenden Wissens und im Bewußtsein mangelnder Kraft treffen (vgl. auch den Gedanken der *illéité* § 15).

Die unleugbaren Übel in der Welt, die den Menschen mit mehr oder weniger großer Gewalt bedrängen, können sicher den Eindruck hervorrufen, als sei der Welturheber entweder nicht allmächtig oder nicht wirklich gut. Offenbar gibt es nämlich in der Welt Leiden, die nicht als Strafe für zurechenbare Vergehen verstanden werden können, die aber ebensowenig als Taten gelten können, die endlichen Wesen als Schuld zuzurechnen sind. In der Spannung zwischen dem als gut und allmächtig geglaubten Gott und diesen faktischen Übeln in der Welt liegt der Zündstoff, der die Lehre von der Ursünde (*peccatum originale*) in der einen oder anderen Weise immer wieder in das philosophische Denken hineingetragen hat (z. B. *Politeia* 617e; *RGV* B 25f.). Sobald die Weltordnung auf Gott zurückgeführt wird, sieht man sich im gleichen Zug gezwungen, das begegnende Sinnlose und Sinnwidrige in die Beziehung zu Gott als dem Urheber der Welt zu bringen. Die Grundmöglichkeit der Eröffnung einer solchen Beziehung besteht, wenn man annimmt, daß Menschen hier nichts mit Gewißheit wissen können, einerseits im *Zutrauen*, daß sich der gesuchte Sinn des Ganzen trotz des Übels in einer unabsehbaren Zukunft doch noch als die endgültig wirkliche Wirklichkeit offenbaren werde, andererseits aber in dem *Mißtrauen* gegen diese erhoffbare Möglichkeit; im Mißtrauen verschwindet der Glaube, daß alle Leiden einst doch zum Guten gewendet und in die Seligkeit ewigen Lebens aufgehoben werden könnten.

Die sachgemäße Antwort auf die in der Theodizee zugrundeliegende Frage kann also *nicht im Wissen* vorgetragen werden, noch weniger *im Ton eines Richters*, der gleichsam nach gültigen Gesetzen Gott entweder freispricht oder ihn anklagt. Der Mensch kann allein im Wissen, daß er den Sinn des Schlechten nicht versteht, die Frage beantworten, *wie er sich zum Leiden verhalten will.* Er kann Leiden für sich persönlich weitgehend zu meiden suchen; in den Versuch, sein Leben möglichst frei von Leid zu gestalten, könnte er aus Mitleid die Anderen einschließen.[18] Leidvermeidung kann aber auch dadurch versucht werden, daß man dem Leid möglichst geringe Aufmerksamkeit widmet und in versuchter

[18] Vgl. *PGM* 737ff. (§ 16: *Aufstellung und Beweis der allein echten moralischen Triebfeder*).

Autarkie gegenüber sinnlichen Eindrücken ein vom Geist beherrschtes Leben führt.[19]

Diese Versuche, die gemäß der jeweiligen Besonderheit der zu bewältigenden, konkreten Lebenssituationen eine relative Berechtigung besitzen mögen, können jedoch das Problem des Leidens nicht lösen, sondern nur zeitweilig überdecken. Also stellt sich durch dieses Problem, über den situationsbezogenen Umgang mit ihm hinaus, die Frage nach einer Stellungnahme zum Sinn des Lebens, sofern es von Leiden betroffen ist oder betroffen werden kann. Ein Sinn des Lebens trotz alles Leidens kann ganz offensichtlich nur *geglaubt* oder *nicht geglaubt* werden. Solcher Glaube richtet sich notwendigerweise an eine transzendente Macht, an Gott, sofern er das Leiden wahrnimmt und den Leidenden zu trösten vermag.

Wie Menschen diesen Glauben erlangen können, ist eine Frage, die über die Philosophie hinausweist. Philosophie kann zwar den zaghaften Versuch machen, aus begegnenden Sinnphänomenen eine Stütze für die Hoffnung über die Welt hinaus zu gewinnen. Es mangelt ihr aber die Kraft, dem Glauben eine letzte Zuversicht zu geben. Angesichts des Leidens kann der Mensch Zuversicht nur im Glauben an die Treue Gottes finden, die den Leidenden, gegen den äußeren Augenschein, zuletzt auch das tiefste Elend durchstehen läßt. In diesem wörtlichen Sinne liegt in der Theodizee das *exemplum crucis* jedes philosophischen Redens von Gott.[20] Wer mit der Definition Kants Theodizee als eine *Verteidigung der höchsten Weisheit des Welturhebers gegen die Anklage* begreift, *welche die Vernunft aus dem Zweckwidrigen in der Welt gegen jene erhebt*, muß zuletzt das Scheitern der philosophischen Versuche in der Theodizee konstatieren (*MPVT* A 194f.). Kant vertritt deshalb die These, „daß unsre Vernunft zur Einsicht des Verhältnisses, in welchem eine Welt, so wie wir sie durch Erfahrung immer kennen mögen, zu der höchsten Weisheit stehe, schlechterdings unvermögend sei" (*MPVT* A 210). Die Frage, ob es eine *theologische* Theodizee geben kann, die das Leid im Ausgang vom Glauben an die göttliche Offenbarung deutet, wird hier nicht berührt. Eine zulängliche *philosophische* Antwort auf die Fragen der Theodizee ist jedenfalls unmöglich.

---

[19] Diese Haltung wird oft der Stoa zugeschrieben; vgl. zur Korrektur *DsE* 139 Anm.: „Der Weise ist ἀπαθής im Sinn von ‚affektlos', aber nicht σκληρός (hartherzig) und ἄτεγκτος (gefühllos)".

[20] *TD* 109; außerdem 39f., 134. Von der Prädestinationslehre spricht Hartmann als von „einer wahrhaft teuflischen Erfindung der Spekulation unter dem Deckmantel der Frömmigkeit" (*TD* 125).

§ 10

Kritische Repräsentation einiger exemplarischer *Formen des Atheismus*

In den folgenden Betrachtungen zu atheistischen oder zum Atheismus neigenden Positionen geht es einerseits um den Versuch eines denkenden Nachvollzugs, andererseits aber auch um kritische Auseinandersetzung. Das Ziel ist hier, exemplarische Wege der Leugnung Gottes darzustellen und zu hinterfragen. Dabei sind die Gedanken der Leugner als ernste Einwände wahrzunehmen. Der Atheismus begegnet zwar in verschiedenen Formen und Graden seiner Ausdrücklichkeit. Da aber zu vermuten ist, daß die unausdrücklichen Arten auf Motiven gründen, die von den expliziten Gottesleugnungen entfaltet und theoretisch untermauert werden, reichen summarische Hinweise zur Charakterisierung einiger Spielarten des unausdrücklichen Atheismus aus.

Die Hauptgestalt im derzeitigen Atheismus ist kein wissenschaftlich begründeter Zweifel am Dasein Gottes, sondern der *Kampf des Menschen um die Zentralposition im Ganzen des Seienden*. Der Hintergrund des vorgeblich *wissenschaftlichen*, in Wirklichkeit aber *ideologischen Atheismus* bei Marx besteht in seiner Abwehr Gottes als der Macht, die in Todfeindschaft „des Menschen Selbstbewußtsein und Selbständigkeit bedroht und gegen die sich der Mensch nur in verzweifelter Auflehnung behaupten kann, indem er selbst zum Schöpfer einer neuen Welt wird" (*FGDKM* 156). Hiermit ist der entscheidende Punkt bezeichnet. Wer demgegenüber das Dasein Gottes mit wissenschaftlichen Argumenten ablehnen zu können glaubt, beansprucht derart ein Wissen, das kein endlicher Geist besitzen kann; mit Gott leugnet er nämlich zugleich auch die Wirklichkeit der absoluten Wahrheit. Die Versuche, die Gottesleugnung als Ergebnis wissenschaftlicher Erkenntnis vorzustellen, haben demnach als dünkelhaft zu gelten; sie können nicht als das Resultat wissenschaftlicher Einsicht ausgegeben werden.

Wer hingegen für sich in Anspruch nimmt, Gott in positiver Weise erkennen zu können, und sich so im Besitz der absoluten Wahrheit dünkt, geht ebenfalls in die Irre, sofern er dem endlichen Geist etwas als Einsicht zuspricht, was sich mühelos als eine Anmaßung erweisen läßt, zumal es jederzeit durch den Hinweis auf die faktische Wirklichkeit problematisiert werden kann. In dieser Weise hat Georg Büchner das *Leiden* als *Fels des Atheismus* bezeichnet.[1] Die Kritik solcher usurpierter

---

[1] Vgl. *Dantons Tod*, Dritter Act. Das Luxemburg. Ein Saal mit Gefangenen; Payne will

Einsicht in die absolute Wahrheit Gottes könnte als das Moment in atheistischen Positionen gelten, das Anspruch auf Wahrheit erheben kann. Der *vorgetäuschte Besitz göttlicher Wahrheit* ist also ebenso wie die *vorgebliche Einsicht der Atheisten* zu bekämpfen. Die Gegner sind stets angeblich *Wissende* (*Sophisten*), die nicht philosophieren, die nicht im Wissen des Nichtwissens nach wahrer Weisheit streben und so trotz ihrer Endlichkeit über alles Endliche hinausfragen.

Die Hauptfrage lautet demnach, ob der Mensch sein endliches Sein dankbar als Geschenk akzeptieren kann und sein endliches Streben in der Hoffnung auf eine Erfüllung durch den unendlichen Gott zu vollziehen bereit ist. Es könnte immerhin sein, daß Gott am Leiden der Menschen nicht weniger leidet als diese und es doch noch so verwandelt, daß es vom Ende her in ganz neuem Licht erscheint und sich vielleicht als der einzigmögliche Weg zur Beseligung endlicher Freiheitswesen zeigt. Leiderfahrung hat in der individuellen Lebensgeschichte nicht immer nur Seinsminderung zur Folge, sondern kann sich auch als Herausforderung entpuppen, an der man wachsen konnte und wirklich gewachsen ist. Auf diese Weise können Leiden paradoxerweise zu etwas Kostbarem werden (*πάθει μάθος*). Obwohl es im Endlichen also zuweilen schon einen Sinn des Leidens gibt, bleibt doch die Frage bestehen, ob das Sinnwidrige am Leid nicht am Ende positiv in ein jetzt noch unfaßbares Sinngeschehen aufgehoben wird.

In voller Deutlichkeit hebt Nietzsche den Wurzelgrund des gegenwärtigen Atheismus hervor. Er sagt: „Aber daß ich euch ganz mein Herz offenbare, ihr Freunde, *wenn* es Götter gäbe, wie hielte ich es aus, kein Gott zu sein! *Also* giebt es keine Götter“ (*Za* II; *KSA* 4,110). Zuvor hatte er Gott als bloße *Mutmaßung* bezeichnet, die endlichem Erkennen unzugänglich sei. Diese Mutmaßung kann er nicht akzeptieren, weil sie das Zeitliche für nichtig und lügenhaft erkläre. Er fährt so fort: „Gott ist ein Gedanke, der macht alles Gerade krumm und Alles, was steht, drehend. Wie? Die Zeit wäre hinweg, und alles Vergängliche nur Lüge?“ Er spricht derart gegen Gott, um am Sein des Endlichen festhalten zu können. Indem Gott jedoch negiert wird, *entleert sich die Unendlichkeit*. Diese *leere Unendlichkeit* deutet Nietzsche als Gelegenheit zur Hervorbringung des *Übermenschen* (*Za* II; *KSA* 4,109): „So schweigt mir doch von allen Göttern! Wohl aber könntet ihr den Übermenschen schaffen. Nicht ihr vielleicht selber, meine Brüder! Aber zu Vätern und Vorfahren könntet ihr euch umschaffen des Übermenschen: und Diess sei euer be-

seinen Mitgefangenen Chaumette „katechisiren“, daß es keinen Gott gibt, weil dieser sich angesichts der bevorstehenden Hinrichtung ängstigt und ihm der Atheismus zweifelhaft zu werden beginnt. Als Hintergrund vgl. *Spin* 236-240.

stes Schaffen! –“ Der unendliche Gott wird nicht als die tiefste Sehnsucht des wahrhaften Menschen erhofft, sondern als eine scharfe und unerwünschte Konkurrenz abgewiesen. Nietzsches Mensch, der sich auf dem Weg zum *Übermenschen* sieht, erfährt Gott folglich als die schärfste Bedrohung seines Daseins und ist keineswegs bereit, sich ihm zu unterwerfen. Diese Ablehnung Gottes ereignet sich als eine bewußte Tat des Menschen, der sein Joch abzuwerfen trachtet. Sofern sich der Mensch von diesem Joch zu befreien wünscht, bricht mit dem Gedanken der *Gleichheit* auch die Möglichkeit der Anerkennung der *Brüderlichkeit* der Menschen in sich zusammen; gleichfalls verschwindet die Möglichkeit der *intersubjektiven Wahrheit.* Nietzsche bezeichnet die *Gleichheit* als die *Wahrheit des Pöbels*, der alles Höhere zunichte zu machen suche (*Za* IV; *KSA* 4,356): „Ihr höheren Menschen, – so blinzelt der Pöbel – es giebt keine höheren Menschen, wir sind Alle gleich, Mensch ist Mensch, vor Gott – sind wir Alle gleich!“

Dieser alles höhere Menschentum vernichtenden *Gleichmacherei des Pöbels* werde durch den Tod Gottes endgültig der Boden entzogen. Vom Tod Gottes, den Nietzsche als *Mord* an Gott auslegt, erwartet der *Übermensch*, der mit dem Pöbel nicht auf eine Stufe gestellt sein will, seine Befreiung. Höheres Menschentum und Gottlosigkeit gehören laut Nietzsche notwendig zusammen. Wer den höheren Menschen will, müßte demzufolge den Atheismus postulieren. Weil Nietzsche meint, daß *vor diesem Gott* alle Menschen gleich seien, sieht er im Tod Gottes die Rettung des höheren Menschen (*Za* IV; *KSA* 4,357): „Nun aber starb dieser Gott! Ihr höheren Menschen, dieser Gott war eure größte Gefahr. Seit er im Grabe liegt, seid ihr erst wieder auferstanden. Nun erst kommt der große Mittag, nun erst wird der höhere Mensch – Herr!“

Der Atheismus tritt so als die *Emanzipation des höheren Menschen* auf, der sich von der Vormundschaft Gottes zu befreien sucht. Zu fragen bleibt allerdings, wohin der Weg solcher *Befreiung* führt.

Als erste Gestalt des ausdrücklichen Atheismus soll die Religionsphilosophie Feuerbachs untersucht werden, die das optimistische Kraftgefühl der Neuzeit zur *Vergöttlichung der menschlichen Gattung* umformt. Der auf Feuerbachs Optimismus folgende Skeptizismus Nietzsches erscheint zunächst als eine Gegengestalt; in seiner Verzweiflung an der Erreichbarkeit des Unendlichen ersetzt jedoch auch er Gott gleichsam durch den Menschen, den er, um das durch die Negation Gottes entstandene, *unendliche Vakuum* zu füllen, auf die postulierte *Möglichkeit eines Übermenschen* hin interpretiert. Seit die teilweise überschwengliche Begeisterung für die Idee des Übermenschen und dessen Willen zur Macht im Gefolge ihres Mißbrauchs durch die menschenverachtenden Diktaturen und Kriege des 20. Jahrhunderts ihre Strahlkraft verloren hat, begann der Atheismus sich in ein eher skeptisch-humanistisches Gewand zu kleiden, das ihm in der Tat besser steht. Die Ablehnung der Existenz Gottes tritt hier als *Atheismus um des Menschen willen* auf, der sich der Absurdität in der Welt und im menschlichen Tun öffnet, sich jedoch von ihr nicht einschüchtern läßt, sondern sie verzweifelt aushält. Die aus gutem Grund entschwundene Selbstsicherheit des wissenschaftlichen Positivismus richtet sich in letzter Zeit wieder an skeptischen Tendenzen auf. Diese Skepsis betrachtet die Metaphysik wie die Metaphysikkritik gleichermaßen kritisch und könnte dem Gottdenken noch gefährlicher werden, als es je die expliziten Bestreitungen waren. Sie begegnet im postmodernen Denken, sofern dies die Einheit der Vernunft verneint und in der Propagierung der Pluralität zur Behauptung der *Gleichgültigkeit vieler Vernünfte* tendiert. Obwohl der Pluralismus sich kaum an seiner Oberfläche atheistisch aufführt, enthält er doch Motive, die hier zu untersuchen sind.

a) Zum Problem eines methodischen Atheismus und zu den Spielarten einer praktischen Außerachtlassung Gottes

In ihrem Innersten wissen Menschen sehr gut um ihre *Endlichkeit*, da sie bekanntlich als hilflose Säuglinge geboren werden und gegen den Tod offenbar noch immer kein Kraut gewachsen ist. Würde in gentechnischen Laboratorien eines Tages solch ein Mittel zusammengebraut, wäre etwas höchst Erschreckendes und Furchtbares, nichts Tröstliches gefunden, weil dem Zeitlichen dann die Unwiederbringlichkeit seines endlichen Seinsvollzugs geraubt wäre.[2] Trotz aller Erfolge sind Menschen unabänderlich der Möglichkeit und am Ende der Wirklichkeit des äußeren Scheiterns ausgesetzt. Daran wird kein Medikament etwas ändern können. *Erfahrungen des Scheiterns* müssen aber als Ausweis der Bezogenheit des Menschen auf das Unendliche verstanden werden, das die raumzeitliche und virtuelle Endlichkeit der Welt allererst wahrnehmbar macht. Wer immer behauptet, daß er ohne Bezug auf das Unendliche sei, müßte zugleich unfähig sein, die Endlichkeit von Endlichem wahrzunehmen. Die Wahrnehmung der Endlichkeit impliziert also den notwendigen Bezug zum Unendlichen. Weil damit jedoch *keine sichere*

[2] Die Unwiederbringlichkeit jedes Augenblicks verleiht ihm den Adel und den Ernst. Alles Getane bleibt getan; das Schlechte kann höchstens durch Liebe aufgefangen und gerettet werden. Vgl. als konkrete Darstellung Fontanes Roman *Unwiederbringlich* (Romane und Erzählungen, Band 2, 7-252), der wie viele seiner Werke den Ernst und den Schmerz der Endlichkeit vergegenwärtigt.

Erkenntnis des Unendlichen gegeben ist, sind weitere Überlegungen nötig, um eine Stellungnahme zum Unendlichen zu rechtfertigen.

Die *Unendlichkeit* kann dem Menschen als *chaotische Wirklichkeit* erscheinen, auch wenn sie zuweilen ans Wunderbare grenzende Ordnungsstrukturen hervorgebracht hat. Trotz dieses staunenerregend Wunderbaren bleibt die bunte Mannigfaltigkeit der Weltwirklichkeit in ihrem tiefsten Grund unverstehbar. Das Gefühl radikaler Unsicherheit, das aus dem oftmals bedrohlichen und vernichtenden Charakter der Weltwirklichkeit erwächst, kann den Menschen gerade im Blick auf diese das Ganze betreffende und vielleicht entscheidende Frage dazu bestimmen, seinen Bezug auf das Unendliche gleichsam ruhen zu lassen und sich vorderhand nur um das zu kümmern, was in der Reichweite seiner eigenen Kraft liegt, laut dem alten Sinnspruch: *quod supra nos, nihil ad nos.*[3] Dieser Spruch besagt jedenfalls mit Recht, daß die *Situation des Menschen* in der Welt Tätigkeiten verlangt, die sich auf das beschränken, was ein Mensch überhaupt beeinflussen kann. Durch Übung kann er beispielsweise die eigenen natürlichen Kräfte steigern; durch überlegtes Eingreifen kann er einiges dessen, was in der Welt begegnet, in andere Bahnen lenken. Innerhalb der engen und unsicheren Grenzen des Gestaltbaren und Verfügbaren kann und muß wenigstens zunächst so gehandelt werden, als ob nur mit ihm zu rechnen sei. Die Einsicht in diese Notwendigkeit läßt sich indessen in unterschiedlicher Weise auslegen. Es scheint nämlich faktisch möglich zu sein, über dem Getriebe der Weltgeschäfte die Fragen nach dem Sinn und Ziel des Ganzen aus dem Bewußtsein zu verdrängen.

Das unbemerkte Vergessen dieser Fragen kann immerhin durch einen plötzlichen Einbruch von Unverfügbarem, zum Beispiel im Ausbruch einer tödlichen Krankheit, aus der Bewußtlosigkeit geweckt und zur Entscheidung im Blick auf den übergreifenden Sinn des Ganzen gerufen werden. Diese Entscheidung kann sich allerdings auch auf eine ausdrücklich *gewollte Gleichgültigkeit* gegenüber dem Unverfügbaren zu versteifen suchen. Eine bewußt erworbene und verteidigte Gleichgültigkeit ist die hartnäckigste und unzugänglichste Art des Atheismus, weil sie schon der Frage nach dem Unbedingten den Ansatzpunkt verweigert. Denkbar ist es, daß Schicksalsschläge ebenso wie eine tiefreichende

---

[3] Vgl. z. B. Minucius Felix (*Octavius* 13,1) und Laktanz, (*Divinae institutiones* 3,20) führen diesen Spruch auf Sokrates zurück; der Inhalt erscheint auf den ersten Blick immanentistisch; Ariston von Chios (vgl. Johannes Stobaios, *Anthologiae* 2,1,24) trägt eine erweiterte Fassung dieses Spruches vor, laut der die Ethik den Menschen angeht (πρὸς ἡμᾶς), die Dialektik hingegen nicht (μὴ πρὸς ἡμᾶς); die Physik gehe über den Menschen hinaus (ὑπὲρ ἡμᾶς), da ihr Sachbereich unerkennbar und ohne Nutzen sei.

Beglückung solch einen Menschen aus dem Schneckenhaus seiner Gleichgültigkeit herauslocken. Diese Verlockungen sind jedoch keine möglichen Leistungen menschlichen Tuns, sondern lassen sich nur als Gabe denken, die zur Entscheidung drängt und den Menschen zu Gott hin offen macht.

Weit verbreitet und im Vollzug menschlichen Lebens gelegentlich unvermeidlich ist eine *praktische Außerachtlassung* der Existenz Gottes. Jedenfalls gibt es im Alltag zahlreiche Situationen, in denen kein Unterschied im äußerlich wahrnehmbaren Tun von Atheisten und gläubigen Menschen zu bemerken ist. Brecht läßt den Piloten, der als erster den Atlantik überfliegt, im Lehrstück *Der Ozeanflug* erklären: „Was immer ich bin und welche Dummheiten ich glaube/ Wenn ich fliege, bin ich/ Ein wirklicher Atheist" (*Ozfl* 18). Obwohl fromme Menschen dem nicht ohne Recht auch widersprechen könnten, sofern sie sich ihrer Angewiesenheit auf etwas Unfaßbares und Unverfügbares bewußtbleiben, wird es ihnen dennoch zum Beispiel nicht angenehm sein, wenn sie als Fluggast jemanden zum Piloten haben, der riskant fliegt oder das Flugzeug ohne die nötige Aufmerksamkeit bedient. In der technischen Bedienung komplizierter Maschinen ist *selbstanordnende Vorsorge* vonnöten, also Achtsamkeit auf die Funktion der Apparate, wobei Gott gleichsam das Ruder aus der Hand gegeben hat (vgl. *Politikos* 272e).

Aber auch in signifikanten Situationen, in denen das menschliche Verhalten von einer ausdrücklichen Beziehung zur Gottesfrage bestimmt sein kann, bleibt der Unterschied zwischen Glaubenden und Ungläubigen oft unklar. Der Glaubende stellt sich zwar innerlich in anderer Weise den Lebenssituationen, sofern er seine Endlichkeit und zugleich den Bezug auf den unbedingten Anspruch des Unendlichen akzeptieren wird. Er wird in seinem alltäglichen moralisch relevanten Verhalten, ebenso wie in Wissenschaft und Technik, seine ins Unendliche reichende Verantwortung wahrnehmen und sie mit einer unendlichen Hoffnung verknüpfen. Dennoch sieht er, daß die weithin ausgeübte *methodische Nichtberücksichtigung Gottes* im Bereich von Wissenschaft und Technik ebenso wie im täglichen Leben nicht unberechtigt ist, zumal der Mensch seine Kräfte nur als die ihm eigenen Möglichkeiten ins Spiel bringen kann. Die Nichtbeachtung Gottes kann im Lebensvollzug berechtigt sein. Sie führt aus den ihr immanenten Motiven aber nicht zur Leugnung der Verantwortung und läuft nicht auf eine implizite Bestreitung der Wirklichkeit Gottes oder einen Versuch hinaus, Gleichgültigkeit ihm gegenüber zu bewirken (vgl. hierzu *TBpA*).

Alle außertheologischen Wissenschaften müssen ihre Ergebnisse in der Tat so vortragen, daß sie gegenüber der Gottesfrage zunächst einmal neutral sind; die Geltung ihrer Thesen muß unabhängig von der Frage der Existenz Gottes gesichert sein. Dieser konstitutive Anspruch der Wissenschaften spiegelt sich in der Hugo Grotius zugesprochenen Formel, laut der wissenschaftliche Aussagen nicht von der Existenz Gottes abhängen dürfen: *etsi deus non daretur*.[4] Selbstredend kann man gegen die Ausklammerung Gottes zurückfragen, wie das Dasein von Welt und Mensch denkbar wäre, wenn es nicht Gott gäbe. Diese Rückfrage ist aber keine Frage, die sich der Wissenschaft stellt. Da niemand bezweifelt, daß die Menschenwelt existiert, können die Wissenschaften ohne die *Hypothese* der Existenz Gottes auskommen, sofern diese Hypothese nicht den *Inhalt*, sondern nur die unbedingte universale, moralische und existenzielle *Bedeutung* solcher wissenschaftlicher Aussagen betrifft.

Im Blick auf die bedingten und unbedingten Ansprüche des alltäglichen Lebens muß folglich zunächst so gehandelt werden, als ob alles allein auf den Handelnden ankomme. Wer selbst nichts täte, sondern immer nur Bitten und Wünsche äußerte, ohne sich selbst zu mühen, könnte gewiß nicht als Idealbild des an Gott glaubenden Menschen gelten, auch wenn er das Wort *Gott* noch so häufig in seinem Munde führte.[5] Ebensowenig könnte ein Mensch, der die an sich guten Handlungen, die er vielleicht vollbringt, nicht um des Guten selbst willen tut, sondern um sich persönliche Vorteile zu verschaffen, als derjenige gelten, der sich und sein Leben in der Weise auf Gott ausrichtet, wie er es soll. Er ist es auch dann nicht, wenn er das Gute in einer Berechnung seiner Stellung bei Gott oder um der Beeinflussung seines ewigen Schicksals willen tut. Menschen sollen also all das, was sie Gutes tun sollen, um des Guten selber willen tun, folglich reinen Herzens und eben nicht wie Kaufleute, die um das ewige Leben feilschen. Nur unter dieser Voraussetzung sind endliche Menschen überhaupt zu eigentlichem Gutsein befähigt. Wenn diese Annahmen zutreffen, kann ein Mensch, der an der Oberfläche des Bewußtseins von sich meint, er glaube nicht an Gott, dem Anspruch seiner Lebenssituation trotzdem im konkreten Lebensvollzug womöglich genauso gut entsprechen wie der Glaubende, der sich für Gott bewußt und ausdrücklich offenhält (zur Relativierung der Selbsteinschätzung vgl. *ConD* 6).

Zu fragen bleibt aber, aus welchen Motiven sich manche Menschen, die sich im Bewußtsein ihrer eigenen Endlichkeit dem unbedingten und unendlichen Anspruch der Wahrheit und des sittlich Gebotenen stellen,

---

4 Zum Kontext dieser den Aufbruch der Neuzeit prägenden Formel vgl. *TDB*, bes. 361.

5 Zur Regel, man solle auf Gott vertrauen, als ob aller Erfolg vom Handelnden abhinge, und zugleich, als ob doch alles nur Gott zu verdanken sei, vgl. *WIL*; *DesIL* I,305ff.; dazu *A* 385.

doch als Gottesleugner verstehen. Die Antwort auf diese Frage liegt überall dort unmittelbar auf der Hand, wo der Glaube zur Befriedigung partikularer menschlicher Interessen funktionalisiert wird. Solche Ziele können in der Wissenschaft als Interesse an der Geschlossenheit der Erklärung auftreten; sobald dann die primär gesuchte Geschlossenheit auf anderen Wegen erreichbar würde, erschiene die Hypothese der Existenz Gottes als hinfällig oder unnötig. Der *Lückenbüßergott* wird also immer weiter aus der Wirklichkeit der technischen Menschenwelt vertrieben. In solchen Wissenschaften muß die *Berufung auf einen göttlichen Urheber* als ein *Prinzip der faulen Vernunft* gelten, sofern die Vernunft sich durch die Berufung auf Gott der weiteren Nachforschungen enthebt (*KrV* B 801). Drastisch hat Brecht dies im *Ozeanflug* zum Ausdruck gebracht. Er fordert zur Beteiligung an der *Verscheuchung jedweden Gottes* durch menschliche Errungenschaften auf und beteuert: „Unter den schärferen Mikroskopen / Fällt er. / Es vertreiben ihn / Die verbesserten Apparate aus der Luft. / Die Reinigung der Städte / Die Vernichtung des Elends / Machen ihn verschwinden und / Jagen ihn zurück in das erste Jahrtausend" (*Ozfl* 19). Mit der Verscheuchung Gottes will Brecht das Primitive bekämpfen. Der Kampf erreicht indessen kein endgültiges Ziel, in dem er seine Siegesfeier begehen könnte. Vielmehr schließt Brecht mit einem *Bericht über das noch nicht Erreichte*. Die bislang erreichte Überwindung des Primitiven sei *stählerne Einfalt*, die zwar das Mögliche aufzeige, aber den Menschen nicht des *noch nicht Erreichten* vergessen machen soll, dem der Bericht gewidmet ist (*Ozfl* 26f.).

Einschneidender als die Funktionalisierung Gottes in den Wissenschaften ist die Nutzung des Gottesnamens für Partikularinteressen, die das Lebensinteresse anderer Menschen tangiert. Wo immer sich Herrschaftsausübung auf Gott beruft, ist mit höchster Wachsamkeit darauf zu achten, daß der Herrscher nicht in verlogener Weise nur sein Machtstreben kaschiert, sondern sein Amt als an den Willen Gottes gebundener Diener der Mitmenschen ausübt. Die Geschichte hat auf dem Wege schmerzhafter Revolutionen eine Antwort auf das Gottesgnadentum der Monarchien erteilt. Heute macht die Sozialbindung des Besitzes mit dem Ziel der Dämpfung der ungebundenen Willkür weniger Kapitaleigner gegenüber der Masse der Lohnabhängigen in den demokratischen Industriegesellschaften gewiß Fortschritte, obwohl immer neue Fragen auftauchen, besonders in den ökonomisch weniger entwickelten Gesellschaften und in den Beziehungen zwischen den armen und den reicheren Gesellschaften.

Religion könnte jedenfalls dann, wenn die Befreiung von der Ausbeutung durch offensichtlich ungerechte Strukturen geleistet wäre, nicht mehr als *Opium des Volks* denunziert werden.[6] Falls das Elend des Menschen nicht schon überwunden ist, wo die Produktion von kapitalistischer Ausbeutung befreit ist, zeigt sich, daß die marxistische Religionskritik scheitert, weil die Welt dann immer so sein wird, daß ihr *geistiges Aroma die Religion ist* (*FS* 208). Eine Herrschaft, die sich zur Stabilisierung ungerechter Ordnungen auf Gott beruft, macht sich der Blasphemie schuldig. Wer also Ausbeuter bekämpft, die sich auf Gott berufen, bewegt sich in diesem Kampf auf einem Gebiet, das noch vor der Entscheidung der Frage einer Annahme oder Leugnung der Existenz Gottes liegt.

Die Befreiung von einer den Gottesnamen benutzenden, ungerechten Unterjochung darf also nur vordergründig als Atheismus bezeichnet werden (vgl. *AiC*). In diesen Befreiungsbewegungen können zugleich Gottesbilder entmachtet werden, in denen die Wirklichkeit Gottes zur furchtbaren Karikatur verkommen ist. Zwar ist in der Entwicklung der menschlichen Kultur und Zivilisation tatsächlich auch Machtausübung dienlich oder sogar erforderlich. Die Dienlichkeit oder Erforderlichkeit können demnach zur Rechtfertigung verantwortlicher Machtausübung herangezogen werden. Wer indessen als Machthaber – auch innerhalb der Kirche – den Namen Gottes in den Mund nimmt, sollte schon vom Text des *Magnificat* her wissen, wie gefährlich solche Berufung auf Gott für ihn selbst noch einmal werden kann. Wo immer der Gottesname zur Funktion menschlichen Machtstrebens verkommt, soll dieser Gebrauch *um Gottes willen* bekämpft werden. Dieser vordergründig atheistisch scheinende Kampf hätte als Vorbedingung der Offenheit des Menschen für den unverfügbaren Gott zu gelten. Das egoistische Machtstreben nutzt aber nicht nur den Gottesglauben, sondern – unter dem Deckmantel der Menschlichkeit – auch atheistische Befreiungsideologien, die dem Menschen die Pforte zu irdischen Paradiesen aufzustoßen verheißen und in der Verfolgung ihrer Ziele nicht weniger menschenverachtend sind. Der unklare Atheismus dieser Befreiungsbewegungen verwandelt sich in unbewußter Weise dann aber in den eigentlichen und unmenschlichen Atheismus, sobald er sich tyrannischer Mittel bedient und rücksichtslos die konkrete Situation des Menschen in der Welt ignoriert, die niemals paradiesisch zu werden verspricht.

Gegen die Gleichgültigkeit des praktischen Atheismus ist die Offenheit der Erkenntnis der menschlichen Situation zu setzen, die in der Endlichkeit kein Genüge findet. Wer in der Welt mit allen *Grenzphänomenen* wie Krankheit, Leiden, Schuld und Tod sein Genüge zu finden meint,

---

[6] Vgl. *MRCG* 23-28; mit Hinweisen auf den vormarxistischen Gebrauch; zur Konterkarierung vgl. *RGV* B 105 Anm.

wer die Endlichkeit des Endlichen, die Sehnsucht nach dem Unendlichen nicht wahrnimmt, mit dem kann man offenbar nicht weiter sprechen. Jede unvoreingenommene Wahrnehmung der Wirklichkeit fordert vom Menschen aber die Offenheit für die unendliche Wahrheit. Das Dasein und die besondere Beschaffenheit von Mensch und Welt sind in der Wirklichkeit, wie sie im alltäglichen Lebensvollzug und in den Wissenschaften sichtbar wird, so unfaßbar staunenerregende Phänomene, daß sich jedes Beharren auf der bloß immanenten Weltwirklichkeit als die dumpfe und hilflose Eigenbrötelei des *homo faber* zeigt, der schließlich mit dem Ende im Tod ein dicker Strich durch die Rechnung folgen wird.

b) Der Versuch der aufklärerischen Destruktion und anthropologischen Interpretation der Theologie durch Ludwig Feuerbach

Ludwig Feuerbachs frühe Äußerungen zu religiösen Fragen sind von schwärmerischem Überschwang gekennzeichnet. Diese quasi-religiöse Begeisterung hat Feuerbach bis in die Zeit seiner religionskritischen Thesen nicht verloren (vgl. *LW* 17ff.). Er selbst sah auch keinen so scharfen Bruch zwischen der anfänglichen religiösen und der späteren religionskritischen Phase. Vielmehr bediente er sich des Modells der Reifung und deutete die Religion später als das *kindliche Wesen der Menschheit*.[7] Der aufgeklärte Erwachsene unterscheide sich vom Kinde nicht, weil er in einer anderen Welt lebe, sondern sofern er dieselbe Welt tiefer erkenne und durchschaue. Dieses Schema erlaubt eine rationale Diskussion der Inhalte der Weltsicht, die als *reif* zu gelten hätte. Zu fragen ist derart, für wie reif Feuerbachs Interpretation der Theologie und der Wirklichkeit überhaupt gelten kann.
Vor der kritischen Auseinandersetzung müssen jedoch die Grundgedanken Feuerbachs bezüglich der Gottesfrage skizziert werden. Zu beginnen ist mit einigen Hinweisen zur Sache und Methode seiner Religionskritik. Feuerbach ist zunächst von der ihm für selbstverständlich geltenden Annahme ausgegangen, daß der *Glaube* die Vorstellungsweise der *Religion* sei, das *Denken* aber diejenige der *Philosophie*. Die Religion

---

[7] *WC* 335: „Die Religion ist das kindliche Wesen der Menschheit. Das Kind sieht sein Wesen, den Menschen, außer sich – als Kind ist der Mensch sich als ein andrer Mensch Gegenstand." Vgl. die Darstellung des gleichzeitig mit Feuerbach von Auguste Comte entwickelten *Dreistadiengesetzes* in *ÜGh* 93-123; auch Nietzsche bietet Anklänge an solche Entwicklungsvorstellungen (vgl. z. B. *NuG* 298ff.); als nichtatheistischen Vorläufer vgl. *PNW*.

und die Philosophie seien folglich „im allgemeinen, d. h. abgesehen von ihrer spezifischen Differenz, identisch ..., weil es ein und dasselbe Wesen ist, welches denkt und glaubt" (*WC* 4). Er sieht die spezifische Differenz zwischen Religion und Philosophie also nur im Unterschied des *besonderen* Glaubens von der *allgemeinen* Vernunft (*WC* 4f.). Das aufklärerische Ziel seiner Kritik ist die *Umwandlung der Religion in Philosophie*, des *Glaubens* in *Denken*. Wie ihm das Glauben als die schwächere Vorform des Denkens gilt, so die Religion als die schwächere Vorform der Philosophie. Göttliche Wahrheiten werden dementsprechend als menschliche Wahrheiten interpretiert, die sich durchaus selbst genügen. Daß umgekehrt *Denken* auch eine *Vorstufe des Glaubens* sein könnte, daß das philosophische Denken den Menschen am Ende schließlich vor die Frage und das Mysterium der Religion führen könnte und daß die Wirklichkeit des Menschen über sich hinauswiese, sind Thesen, deren Berechtigung zwar Kant noch hervorgehoben hat; Feuerbach jedoch war offenbar nicht mehr fähig, ihren Sinn angemessen wahrzunehmen.[8]

Demgemäß wird laut Feuerbach die Wahrheit der Religion durch die Philosophie einerseits *be-* und *erleuchtet*, andererseits *diluiert* und *destruiert*. Die Religion, die ihre eigene Wahrheit nicht erkannt habe, spreche sich *in Bildern* aus; die Philosophie dagegen erkenne die Bilder der Religion *als Bilder*. Auf diesem Wege will Feuerbach die *Anthropologie* als das *Geheimnis der Theologie* enthüllen. Als *das wahre Epigramm und Thema* seiner Schrift gilt ihm so die Selbsterkenntnis, das Γνῶθι σαυτόν des Sokrates (*WC* 6-8). Sein Verfahren hat eine positive und eine negative Seite. Religion soll nicht als Unsinn entlarvt, sondern in Selbsterkenntnis aufgehoben werden. Die Geheimnisse der Religion gelten demgemäß nicht mehr als das, „was sie in der Illusion der Theologie sind – nicht ausländische, sondern einheimische Mysterien, die Mysterien der menschlichen Natur" (*WC* 19). So wird die *Theologie* zwar *zur Anthropologie erniedrigt*, zugleich aber auch die *Anthropologie zur Theologie erhoben* (*WC* 20). Eine Erhebung der Anthropologie zur Theologie hat wiederum die deutlich auf der Hand liegende Folge, daß die Attribute Gottes, auch seine Allmacht, auf das *Wesen des Menschen* übertragen werden müssen. Demnach kann man an Feuerbachs Auslegung der Reli-

---

[8] Immerhin ist die bereits erwähnte Tatsache bemerkenswert, daß Feuerbach *WC* zunächst als eine *Kritik der unreinen Vernunft* in expliziter Gegenstellung zu Kants *KrV* bezeichnen wollte (vgl. die Hinweise in *Vb* V); Feuerbachs Programm scheint also tatsächlich eine Konterkarierung von Kants Intentionen zu sein, sofern Kant nämlich annahm, *das Wissen aufheben zu müssen, um zum Glauben Platz zu bekommen* (*KrV* B XXX).

gion die Frage richten, ob das, was er als *Wesen des Menschen* bezeichnet, überhaupt in der Lage sei, die Bürde auf sich zu nehmen, die nach der Beendigung der angeblich kindlichen Täuschung der Religion nun mit voller Wucht auf dem *Menschen* oder dem *Wesen des Menschen* zu lasten beginnt.

Feuerbachs *anthropologische Interpretation der Religion* ist kein Resultat objektiver Forschung. Sie ist mit Recht als die vom Menschen angezettelte, metaphysische Konkurrenz zwischen Mensch und Gott um die *Zentralposition* im Ganzen des Seienden interpretiert worden. Dieser Streit hat nach Wilhelm Teichner zur Folge, daß sich *Mensch und Gott* „der Existenz nach, nicht aber dem gegeneinander beanspruchten Wesensgehalt des absoluten Selbstbewußtseins nach, der einmal als Menschheit und das andere Mal als Gottheit erscheint", ausschließen. Trifft diese Diagnose zu, so treten am Ende des absoluten Idealismus *Mensch und Gott auf Sein und Nichtsein* einander entgegen (*MGE* 17f.). Dieser Kampf hat sich seit dem Beginn der Neuzeit angekündigt. Oben wurde davon berichtet, daß Luther diesen heraufziehenden Kampf schon im voraus wahrgenommen und zu einem Ausgangspunkt seiner Theologie gemacht hat (vgl. § 7 a). Feuerbach versteht seine Vorgehensweise zwar nicht offen als Kampf um die Zentralposition, sondern bedient sich zumindestens an der Oberfläche einer rationalen Argumentationsart. Tatsächlich geht es aber um eine Auseinandersetzung zwischen Mensch und Gott, die gewissermaßen auf Leben und Tod geführt wird. Gemäß dem eigenen Anspruch Feuerbachs können seine Argumentionen kritisch untersucht und diskutiert werden. Ob eine bloß rationale Auseinandersetzung allerdings zu den entscheidenden Punkten des Kampfes vorstoßen kann, bleibt fraglich, solange es keine Entscheidung aus absolutem Wissen gibt.

Die argumentative Grundlage trägt Feuerbach in der *Einleitung* in *Das Wesen des Christentums* mit zwei komplementären Kapiteln vor, in denen er zum Wesen des Menschen und der Religion im allgemeinen spricht. Als *Wesen des Menschen* gilt im Unterschied zum Tier das *Bewußtsein*, genauer das *Bewußtsein der Gattungen*, in welchem dem Menschen „seine *Gattung*, seine *Wesenheit* Gegenstand ist" (*WC* 28). Deswegen auch sei der Mensch, der sich selbst zugleich Ich und Du sei, schon als Individuum in der Lage, Gattungsfunktionen wie Denken und Sprechen zu verrichten. Die *Bezogenheit des Menschen auf das Unendliche* sei es, was sein Wesen ausmache. Feuerbach fängt hier mit einer These an, die der Argumentationsstruktur des ontologischen Beweises für die Existenz Gottes nicht unähnlich ist: „Ein *wirklich* endliches Wesen hat keine, auch nicht die *entfernteste Ahnung*, geschweige *Bewußtsein* von einem *unendlichen Wesen*, denn die *Schranke des Wesens* ist

auch die *Schranke des Bewußtseins*" (*WC* 29). Dieser Satz nennt sowohl das entscheidende Fundament für die Möglichkeit einer denkerischen Rechtfertigung als auch für die Möglichkeit einer antikritischen Zurückweisung der religionskritischen Grundthese Feuerbachs.
Feuerbach legt diesen Satz so aus, daß das *Bewußtsein des Unendlichen* nichts anderes sei als „das Bewußtsein von der *Unendlichkeit des Bewußtseins*"; er spitzt diese Interpretation weiter mit der These zu, daß dem Bewußten im Bewußtsein des Unendlichen nur die *Unendlichkeit des eignen Wesens Gegenstand* wird (*WC* 30). Das wahre Wesen des Menschen sieht Feuerbach in der von ihm angenommenen Selbstgenugsamkeit des *Denkens*, *Liebens* und *Wollens*. Folglich sieht er die „göttliche Dreieinigkeit *im* Menschen *über* dem individuellen Menschen" verwirklicht (*WC* 3). Zu berücksichtigen ist hier, daß als *göttlich* lediglich das *Wesen des Menschen* gelten kann, also nicht ein *individueller Mensch*. Diese Unterscheidung ist von großer Tragweite und enthält in sich den Zündstoff, der am Ende möglicherweise das Gesamtsystem Feuerbachs zusammenstürzen läßt. Dieser Zusammenbruch tritt ein, sobald sich zeigt, daß Feuerbachs Aussagen zur Endlichkeit und zur Unendlichkeit am Ende in den Selbstwiderspruch führen.
Nach Feuerbach muß gelten: „Endlichkeit nämlich und Nichtigkeit sind identisch. Endlichkeit ist nur ein Euphemismus für Nichtigkeit" (*WC* 35). Die *Selbsterkenntnis des Menschen* kann so nur *in der Unendlichkeit* gesucht werden. Religion gilt als „die *erste*, und *zwar indirekte, Selbsterkenntnis* des Menschen" (*WC* 47). Vor allem die christliche Religion interpretiert Feuerbach als „*Verhalten des Menschen zu sich selbst* oder richtiger: *zu seinem … Wesen*". In der Sicht Feuerbachs gilt dies Verhalten insofern für irrig, als sich der Mensch in der Religion „zu seinem Wesen *als zu einem andern Wesen*" verhalte. Das *göttliche Wesen* sei nämlich „*nichts andres* als das menschliche Wesen oder besser: *das Wesen des Menschen*, gereinigt, befreit von den Schranken des individuellen Menschen" (*WC* 48). Das Wesen des Menschen müsse als gegenständlich bestimmt gedacht werden, weil Bestimmungslosigkeit und Ungegenständlichkeit zugleich Nichtigkeit bedeuteten. Derart zeigt sich die *Endlichkeit* des Seienden als der ausschlaggebende *Index der Existenz*. Feuerbach erklärt in diesem Sinne: „*Wer sich scheut, endlich zu sein, scheut sich, zu existieren.* Alle reale Existenz, d. h. alle Existenz, die *wirklich* Existenz ist, die ist *qualitative, bestimmte* und deswegen *endliche Existenz*" (*WC* 50). Diese These vermag angesichts der vorher genannten Gleichsetzung von *Endlichkeit* und *Nichtigkeit* immerhin zu überraschen.
Nach dieser Skizze einiger Hauptthesen Feuerbachs soll nun nach den Möglichkeiten einer Gegenkritik gefragt werden. Immerhin ist positiv

zu würdigen, daß Feuerbach das Göttliche selbst verehrt, auch wenn er es auf das Wesen des Menschen restringiert. Als erster Einwand gegen die Reduktion der Theologie auf Anthropologie ist zu nennen, daß Feuerbach die *kritische Selbstbegrenzung des philosophischen Denkens* vernachlässigt, daß er damit das genuin philosophische Wissen des Nichtwissens überspielt und durch seine ausdrücklichen Thesen ohne merkbare Selbstkontrolle eine Reihe von Fragen unterdrückt, die bei ihm ohne Antwort bleiben und seinen Aufklärungsversuch ebenfalls als aufklärungsbedürftig erscheinen lassen. *Unbeantwortet* bleiben insbesondere die Fragen, *woher das Weltganze kommt, was es im Dasein hält und wohin es sich bewegt* (vgl. *WC* 190ff.). Obgleich Feuerbach den Menschen, das Wesen des Menschen und die Natur als ganze für göttlich erklärt, vermag er nicht zu sagen, was das Wesen des Menschen für sich ist, was Natur für sich ist. Wenn er eingestände, daß das, was Menschen zu erkennen imstande sind, nicht alle Fragen beantwortet, die sie stellen können, wäre dieser Einwand ausgeräumt. Alsdann könnte er jedoch nicht im Brustton der Überzeugung alle Wahrheit der Religion für aufgehoben erklären. Die so versuchte Vergöttlichung des Wesens des Menschen bürdet dem Menschen eine Last auf, die dieser weder im Sinn des Individuums noch im Sinn der Gattung tragen kann. Diese prinzipielle Kritik an Feuerbachs Ansatz soll in einigen Einzelpunkten weiter entfaltet werden.

Feuerbachs Auffassung der Identität von Philosophie und Religion ist von seiten der Philosophie unhaltbar, sofern Philosophie zu keinem absoluten Wissen des Wissens und des Seienden im Ganzen führen kann. Philosophie sucht zwar unbedingte Wahrheit aus der Kraft menschlicher Erkenntnis, sieht aber die Grenzen ihrer Möglichkeit. Philosophisches Denken, das in der Linie von Platon, Augustinus, Cusanus und Kant vom *Wissen des Nichtwissens* geprägt ist, findet zwar unbedingt gültige Gewißheit, erkennt aber, daß das Gefundene seinem Inhalt nach dürftig bleibt. Es kann immerhin verzeichnet werden, daß die Formen des Atheismus, die hier im Anschluß an Feuerbach betrachtet werden, weitgehend den aufklärerischen Überlegenheitsgestus abgelegt haben.

Da Menschen sich mit der Dürftigkeit ihres Wissens nicht zufrieden geben und nicht zufrieden geben können, fragen sie über alle Grenzen ihres Wissens hinaus. Wer sich die Wahrheit nach eigenem Geschmack zurechtmacht, dürfte das Resultat jedenfalls nicht als Wissen ausgeben. Kritische Philosophie muß immer selbstkritische Philosophie sein, also eine Philosophie, welche die Grenzen des Wissenkönnens aus der Kraft des menschlichen Geistes anerkennt. Die Inhalte der Religion können für den Philosophen – wie für jeden Menschen überhaupt – zwar glaubwürdig oder unglaubwürdig sein: Religion ist aber zugleich immer auch *etwas ganz Anderes* als Philosophie, sofern sie nämlich aus einem unableitbaren Vertrauen in die Allmacht und Allgütigkeit des Unendlichen lebt.

Die Kritik an Feuerbachs Fassung der Identitätsthese ist noch an weiteren Momenten zu erhärten. Angesichts des unableitbaren Daseins der Welt beginnt alles philosophische Fragen mit dem Staunen, daß nämlich überhaupt etwas ist und nicht vielmehr nichts. Falls diese Frage beantwortbar wäre, könnten Grund und Ziel des Ganzen gewußt werden. Weil Feuerbach dem Anspruch dieses Wissens nicht nachkommen kann, wird sein Gesamtkonzept problematisch und als Religionsersatz brüchig. Er sträubt sich deswegen gegen eine Unterscheidung „zwischen dem, was Gott *an sich*, und dem, was er *für mich* ist". Trotzdem ist diese Unterscheidung nach Feuerbachs eigenem Eingeständnis sachlich geboten, weil auch nach ihm feststeht, daß man *gar nicht wissen kann*, „ob Gott etwas *andres* an sich oder für sich ist, als er *für mich* ist" (*WC* 51).[9] Feuerbach bezeichnet den Menschen als *wahres ens realissimum*; es ist jedoch unklar, ob der als Einzelner existierende Mensch oder das Wesen des Menschen gemeint ist (vgl. *WC* 16f.). Wenn nur das *Wesen* des Menschen unendlich wäre, dann dürfte nur dieses Wesen für göttlich gelten; wenn aber auch feststünde, daß dieses *Wesen* nicht zu handeln vermag, sofern es selbst keiner Akte fähig ist, würde es ein lächerliches Gedankending. So gehört es laut Feuerbach zum *Wesen* des Menschen, *als Arzt* wirken zu können. Die Wirkungsmöglichkeit des Arztes gehört aber nicht zum *Wesen des Menschen*, da nur *ein konkreter Arzt* einem Kranken zu helfen vermag. Der wirkliche Arzt als endlicher Mensch ist aber keineswegs das *ens realissimum*. Mit Unrecht ist Feuerbach immer wieder unpräzise, wenn er den Menschen göttlich nennt. Als Schwäche kann verbucht werden, daß Feuerbach nicht eindeutig klärt, was oder wen er als *ens realissimum* vorstellt. Es kann *nicht der individuelle Mensch* gemeint sein, weil dieser nicht alle Vollkommenheiten des Wesens besitzt; es darf jedoch auch *nicht das Wesen des Menschen* sein, da nur Endliches als existierend und handelnd gedacht werden kann. Feuerbachs These vom Menschen als wahrem *ens realissimum* endet also in zahlreichen Schwierigkeiten. Diese Kritik kann man auch auf Feuerbachs Grundthese anwenden. Wäre das Individuum fähig, das unendliche Wesen zu denken, dann müßte es nämlich *als Individuum* unendlich sein, weil es als Endliches sich des Unendlichen nicht bewußt sein könnte. Offenbar paßt die Unendlichkeit des Gattungsbewußtseins nicht zu der Endlichkeit des individuellen Menschen, wenn immer Endlichkeit

[9] Der Text fährt fort (ebd.): „*wie* er für mich ist, *so* ist er *alles* für mich". Dies mag in der Weltzeit gelten, aber nicht für eine ausstehende Ewigkeit.

als die Anzeige wahrer Existenz zu gelten hat. Demnach lassen sich unter der Voraussetzung der vorgenommenen Qualifizierungen die Thesen zum Verhältnis von Endlichkeit und Existenz einerseits und von der Göttlichkeit des Wesens des Menschen andererseits retorquieren (vgl. *WC* 340f.).

Bezüglich des *Kampfs um den Besitz der göttlichen Prädikate* zwischen Gott und Mensch ist festzuhalten, daß diese Vergöttlichung des Menschen durch sich selbst weder in Hinsicht auf die Gattung noch im Blick auf das Individuum gelingen kann. Vielmehr ist der Mensch ganz offenbar wirklich arm und sterblich; er braucht sich nicht erst schwach zu machen, um sich auf eine verblendete Weise in einem transzendenten Gott wieder vergöttlichen zu können. Die von Feuerbach im *Wesen des Christentums* gedachte Situation eines Kampfs um den Besitz der göttlichen Prädikate setzt bereits eine deformierte Sicht der menschlichen Wirklichkeit voraus. Immerhin muß gesagt werden, daß die Religion, wo immer sie die natürliche Wirklichkeit des Menschen als solche schon abschätzig beurteilt, an dieser Deformation nicht unschuldig ist (vgl. *WC* 454).

Feuerbach versucht durch die anthropologische Interpretation der Religion dem Menschen die Würde zurückzuerringen, von der er behauptet, daß er sie in der Theologie vorher ohne Erfolg gesucht habe. Diesen Hinweis sollte die Theologie nicht ignorieren, sondern selbstkritisch aufnehmen. Entgegen Feuerbachs Absicht könnte aber der Fall eintreten, daß dem *individuellen Menschen* durch die Vergöttlichung des *Wesens des Menschen* die höhere Würde doch nicht zukäme. Diese *Integrierung des Göttlichen* in das Wesen des Menschen kann nämlich im selben Zug die *Entwürdigung des Einzelnen* wie die *Entgöttlichung Gottes* nach sich ziehen.

Wenn das *Wesen* des Menschen vergöttlicht wird, das vergöttlichte Wesen aber im strengen Sinne nichtseiend ist, sofern Endlichkeit als Index des Seins fungiert, dann scheint der Einzelne als Einzelner schließlich in der Geschichte wie auf einem Misthaufen zu verrotten. Die Vergöttlichung eines unendlichen menschlichen Wesens, das kein Sein hat, wäre dann nur der trügerische Zuckerguß über die endliche Wirklichkeit, die der Mensch in ihrer Endlichkeit nicht aushalten kann, oder sie wäre der mißverstandene Ausdruck der metaphysischen Naturanlage des Menschen, laut der seine Situation auf eine Wirklichkeit verweist, die er nicht erfassen kann und die für ihn dennoch von der höchsten Bedeutung ist. Auch eine Interpretation Feuerbachs, die ihm sachlich weitgehend zustimmt, konstatiert schließlich eine Gebrochenheit der menschlichen Existenz, so daß sie eingesteht, wie sehr diese Existenz „im Irdisch-Faktischen Ungenügen jeder Art spürt“ (*RLF* 170).

Aus Feuerbachs Ausführungen gibt es keinen Hinweis dafür, daß es nicht ebenso, wie es *außer und über* Pflanzen und Tieren den Menschen gibt – obwohl doch Pflanzen und Tiere, wenn sie Bewußtsein hätten, sich ebenso für unendlich halten müßten – *außer und über* dem Menschen, der sein Wesen laut Feuerbach *für unendlich hält*, ein Wesen geben kann, das *wahrhaft unendlich ist.* Diese hypothetische Überlegung entzieht Feuerbachs Thesen einerseits ihre behauptete absolute *Gewißheit*; andererseits zeigt sie aber auch, daß das Gottdenken immer in der Gefahr steht, eine Unendlichkeit zu projizieren, sie sich phantastisch auszumalen und so die Last der Endlichkeit abzustreifen. Demnach kann Feuerbachs Kritik als *Warnung vor anthropomorphen Gottesbildern* positiv gewürdigt werden. Der Mensch kann und darf sich den unendlichen Gott nicht nach seinem Bild zurechtmachen. Auch für Glaubende wohnt Gott in unzugänglichem Lichte; seiner Wahrheit kann nur begegnet werden, sofern und soweit er sich von sich selbst her zeigt.

Feuerbach trägt seine Kritik der Theologie unangemessen als Wissen vor. Weil deutlich ist, daß man seine Position kritisch hinterfragen kann, wird zugleich sichtbar, daß diese Interpretation der Religion auf einem Glauben fußt und also nicht als Aufhebung des Glaubens in das Wissen gelten kann, sondern vielmehr als ein *neuer Glaube gegen den alten Glauben* steht. Feuerbach kannte die *Entlarvungstechnik* bereits von Hegel, der sie zwar auf die griechische Religion angewandt hatte, nicht aber auf die christliche Theologie. Bei Hegel stand noch *Glaube gegen Glaube.* Laut seiner Darstellung hat der heidnische Glaube zwar seine Glaubwürdigkeit verloren, der christliche hingegen nicht. Hegel hatte in den von Feuerbach gehörten *Vorlesungen über die Ästhetik* seine These von der „Auflösung der Götter durch ihren Anthropomorphismus" vorgetragen. Er polemisiert dort gegen Schillers berühmtes Wort: „Da die Götter menschlicher waren,/ Waren Menschen göttlicher" und hält in der Interpretation des Schlusses von Schillers Gedicht (*Die Götter Griechenlands*) fest: „Damit ist ganz bestätigt, was wir schon oben ausgeführt haben: die griechischen Götter hätten ihren Sitz nur in der Vorstellung und Phantasie, sie könnten weder in der Wirklichkeit des Lebens ihren Platz behaupten noch dem endlichen Geist seine letztliche Befriedigung geben" (*VÄ* II,109ff.). Auf diese Weise hat Hegel die Projektionsthese in den Dienst einer Darlegung der absoluten Wahrheit der christlichen Religion gestellt. Dennoch war es eine der Optionen, „die nach Hegels Tod von seinen Schülern in der zerfallenen Schule methodisch möglich war: die Generalisierung der Projektionsthese in Anwendung auf alle, auch die christlichen religiösen Phänomene" (*LF* 31). Von daher darf mit Recht gefragt werden, ob der *Glaube Feuerbachs*, der dem Menschen oder dem Wesen des Menschen Göttlichkeit zuspricht, als zureichende und glaubwürdige Antwort auf die wesentlichen Fragen verstanden werden kann, die sich dem Menschen stellen. Anscheinend ist die Faszination der These, die dem Menschen zwar Göttlichkeit zuspricht, sie aber für Gott als einer übermenschlichen und überweltlichen Wirklichkeit bestreitet, für manche Menschen so stark, daß sie ihr Glauben schenken und sie sich gleichsam von Gott zu *emanzipieren* suchen.[10] Stellt man die Frage nach einer Annehmbarkeit von Feuerbachs Thesen in dieser Form, stößt die rationale Diskussion bald an ihre Grenze, sofern hier eben nur noch Glaube gegen Glaube steht.

Der Inhalt von Feuerbachs Glaube bleibt in zentralen Punkten undeutlich. Dementsprechend diffus ist auch die Wirkungsgeschichte gewesen. Feuerbach hat selbst gesagt, er sei weder *Materialist*, noch *Idealist* oder *Identitätsphilosoph*.[11] Schon die Bandbreite der hier erwogenen Einschätzungen, für die es aber jeweils Anhaltspunkte gibt, läßt erkennen, wie schwierig es ist, Feuerbachs Position eindeutig zu qualifizieren. Sein Einfluß auf die Entwicklung der Philosophie und der Theologie ist jedenfalls beträchtlich gewesen. Sein Denken wirkte zwar tatsächlich als Meilenstein auf dem Weg zum Atheismus, der dann in Nietzsche seinen Höhepunkt erlangte. Später wurde allerdings auch deutlich, daß die Vereindeutigung seiner Thesen auf blanken Atheismus seine Intention nicht vollständig und zutreffend wahrnimmt.[12]

Obwohl nicht eindeutig zu entscheiden ist, ob Feuerbachs Interpretation der Religion als *mystische Religionsphilosophie* aufzufassen ist, als *Sensualismus*, der alle geistigen Wirklichkeiten als Mystifikation abtut oder als ein *emanzipatorischer Kampf* um die göttlichen Prädikate, also um die Zentralposition im Ganzen des Seienden, so ist es dennoch möglich, die Traditionslinie zu verfolgen, welcher Feuerbach durch sein Denken Impulse zur Ausbildung des expliziten Atheismus gegeben hat. Das geschieht im nächsten Abschnitt im Blick auf Nietzsche. Hierbei zeigt sich, daß der aufklärerische Optimismus Feuerbachs heimlich von

[10] Die Frage einer *Emanzipation des Menschen von Gott* spielt schon lange eine wichtige Rolle, vgl. Augustins Auseinandersetzung mit den Pelagianern (*CIoi* 1,78); dort wird die Freiheit der Entscheidung zum Sündigen als Emanzipation von Gott gedeutet: „Libertas arbitrii, qua a Deo emancipatus homo est, in admittendi peccati et abstinendi a peccato possibilitate consistit."

[11] In: *Erläuterungen und Ergänzungen zum Wesen des Christenthums*, 358f.; vgl. *IFM*.

[12] Vgl. *GdP* 293f.: Buber weiß sich zwar durch Feuerbach angeregt, sieht jedoch auch dessen Abgleiten in *pseudo-mystische Konstruktion* als Folge der *Substitution eines anthropologischen Gottersatzes*; vgl. *DPM* 342: Über Marx hinaus habe „Feuerbach mit seinem Satze jene Du-Entdeckung eingeleitet, ‚die man die kopernikanische Tat' des modernen Denkens und ‚ein elementares Ereignis' genannt hat, ‚das genauso folgenschwer ist wie die Ich-Entdeckung des Idealismus'" (Buber zitiert hier den Theologen Karl Heim).

der usurpierten Kraft des religiösen Glaubens lebt. Er versucht das Feuer des Göttlichen auf den Menschen oder die Natur zu übertragen, ohne aber sagen zu können, wie diese das Feuer brennend zu halten vermöchten. In quasi-religiöser Hoffnung dichtet Feuerbach: „Der Tod ist selbst in Gott. / Erst laß mit allen seinen Gewalten / Den Tod zermalmend in dir walten, / Von ihm dich rütteln und erschüttern, / Von seinem Schrecken dich durchzittern; Dann kommt von selbst in dein Gedärme / Des sanften Friedens linde Wärme. / Beiz' erst im Tod vom Selbst dich rein; / Versöhnung kommt schon hintendrein."[13] Die Tatsache, daß Feuerbach den Atheismus zwiespältig beurteilt, gehört insofern notwendig zum Gesamtduktus seines Denkens.[14]

Karl Marx hat Feuerbach zu geringe Beachtung des realen menschlichen Elends attestiert. Für ihn ist die *Religion das notwendige geistige Aroma solchen Elends* (*KHR* 208, *ThüF* 339-341). Obwohl er einsieht, daß die Religion eben so lange notwendig bleibt, wie das menschliche Elend währt, meint er den Atheismus doch durchhalten zu können, indem er zur Beseitigung des Elends eine *Realutopie* entwickelt, die darauf aus ist, den *Gegensatz des Wirklichen und Sollenden* zu überwinden, der die Basis von Kants Postulatenlehre war (*BV* 3). Kant hatte noch die Auffassung vertreten, daß der Mensch den Gegensatz zwischen dem, *was ist*, und dem, *was sein soll*, aus seiner eigenen Kraft nicht aufheben kann. Weil er dennoch aus moralischen Gründen an der Überwindung dieses Gegensatzes im Unendlichen festhalten soll, sieht Kant sich zur Ausarbeitung der Postulatenlehre gedrängt (*KpV* A 203). Indem Marx dagegen *im Wirklichen selbst die Idee* sucht, macht er Anstalten, gleichsam die Götter selbst auf die Erde zu holen. Er sagt in diesem Sinne: „Hatten die Götter früher über der Erde gewohnt, so waren sie jetzt das Zentrum derselben geworden" (*BV* 7). Nachdem der Himmel entgöttert und auch der atheistische Glaube an die Kraft der Realutopie offenbar gescheitert ist und sich derart als unglaubwürdig erwiesen hat, scheinen dem Denken nur noch der Skeptizismus oder gar der Nihilismus übrigzubleiben. Die erschreckenden Konsequenzen dieses Weges werden in ihrer voller Schärfe schon im Denken Nietzsches sichtbar.

---

13 Vgl. *GTU* 387. Vgl. die *Xenien* 468: „Macht euch vertraut mit Natur, erkennt in ihr auch den Geist an, / Ruhig sinket ihr dann einst in die Erde hinab."

14 Diese Zwiespältigkeit, die teils positiv den Atheismus vertritt, sich andernteils aber von ihm distanziert, ergibt sich aus: *WC* 17, 42f., 49f., 55f., 341-346, 410f.

c) Friedrich Nietzsches Ent-täuschung der Suche nach Unbedingtem und sein Gegenentwurf zur Überwindung des Nihilismus

Friedrich Nietzsche gilt nicht zu Unrecht als *Atheist*, *Verkünder des Todes Gottes* und *Antichrist*. Diese Qualifizierungen kann man mit einschlägigen Aussagen rechtfertigen. Der *Atheist* benennt es als größtes neueres Ereignis, das „bereits seine ersten Schatten über Europa zu werfen" beginne, nämlich, „dass ‚Gott todt ist', dass der Glaube an den christlichen Gott unglaubwürdig geworden ist" (*FW* 343; *KSA* 3,573; dazu *EH*; *KSA* 6,278). Der *Verkünder des Todes Gottes* bedient sich einer kunstvollen Bildersprache, die ihn als Propheten einer neuen atheistischen Religion stilisiert. Der *Zarathustra*, den Nietzsche als *fünftes Evangelium* bezeichnet hat, ist als atheistische Antibibel konzipiert.[15] Seine Verkündigung hat bedeutende Jünger gefunden. Zum Beispiel hat man als die *theologischen Gewährsmänner* Heideggers Hölderlin und Nietzsche angeführt und erklärt, daß die „Dicta Nietzsches, ‚Gott ist tot', ‚die Wüste wächst', ‚weh dem, der keine Heimat hat' … für Heidegger Topoi von nahezu kanonischer Geltung" sind (*GuE* 97).
Als *Antichrist* setzt er *Dionysos gegen den Gekreuzigten* (*EH*; *KSA* 6,374; vgl. *NKA*). Nietzsche selbst sagt zum *Zarathustra*, daß er mit ihm „alle Religionen herausgefordert und ein neues ‚heiliges Buch' gemacht" habe.[16] Die Polemik gegen das Christentum ballt sich in seinem Buch mit dem Titel *Der Antichrist. Fluch auf das Christenthum* zusammen. Dort trägt er seine gewiß verkürzende Interpretation der Botschaft Jesu vor und verkündet eine *Gegenbotschaft*: „Die Schwachen und Missrathenen sollen zu Grunde gehn: erster Satz unsrer Menschenliebe. Und man soll ihnen noch dazu helfen" (*AC* 2; *KSA* 6,170; vgl. dagegen Mk 2,17; Joh 10,10; Offb 7,14-17; 21,3f.). Die Nietzsche positiv bewegende Frage lautet, „welchen Typus Mensch man züchten soll, wollen soll, als den höherwerthigeren, lebenswürdigeren, zukunftsgewisseren". Er zielt auf die Hervorbringung eines *höheren Typus*, auf etwas, „das im Verhältniss zur Gesammt-Menschheit eine Art Übermensch ist" (*AC* 3.4; *KSA* 6,170f.). Vor allem dem Christentum unterstellt Nietzsche eine Art „Todkrieg gegen diesen höheren Typus" (*AC* 5; *KSA* 6,171). Hier

---

[15] *KSB* 6,327 (Brief vom 13. Februar 1883 an Ernst Schmeitzner); Nietzsche äußert sich zwiespältig, ob er als Prophet und Religionsstifter gelten will; z. B. *EH*; *KSA* 6,257-261, 287, 365.

[16] *KSB* 6,363 (Brief vom 20. April 1883 an Malwida von Meysenbug); sogar die Einrichtung von Lehrstühlen zur Exegese des *Zarathustra* hält er nicht für unmöglich (*EH*; *KSA* 6,298).

muß immerhin gefragt werden, ob diese Insinuation nicht doch fehlgeht. Man kann nämlich darauf hinweisen, daß Jesus zwar die Liebe zu den Schwachen lehrte, aber mit dem Ziel wahren Lebens für alle. Der christliche Glaube ist weit entfernt davon, *das Höhere zu mißachten*, meint es indessen nicht durch eine Züchtung erreichen zu können. Solche Hybris und Wirklichkeitsferne in Nietzsches Idee des Übermenschen ist schon von den Zeitgenossen skeptisch und spöttisch aufgenommen worden.[17]
Obwohl die Einschätzungen Nietzsches als *Atheist* und *Antichrist* nicht grundlos sind, ist es wichtig, seinen Gedanken inhaltlich achtsam zu begegnen und nicht vorschnell Fronten zu ziehen, die seine echten Intentionen verdecken. Vor allem Martin Heidegger hat mit Nachdruck die Frage verfolgt, ob Nietzsche mit dem Wort ‚Gott ist tot' nur eine *persönliche*, also *einseitige* und *leicht widerlegbare* Stellungnahme vorgetragen habe oder ob er nicht „eher das Wort ausspricht, das innerhalb der metaphysisch bestimmten Geschichte des Abendlandes immer schon unausgesprochen gesagt wird" (*HW* 213). Es erscheint als ein schwer lösbares Rätsel oder gar als ein Verhängnis, das zu der immer noch wachsenden Abwendung vieler Menschen vom Glauben an Gott geführt hat. Aus dieser Situation können vorschnelle Urteile nicht helfen. Möglicherweise wird die Zukunft noch deutlicher zeigen, daß eine sachgemäße Auslegung von Nietzsches Werk auch Offenheit für den Glauben an einen unfaßbaren Gott zu provozieren in der Lage ist, wenn immer es in der Tat Nietzsches Programm ist, „die Epiphanie seines letzten Gottes" vorzubereiten (*PahT* 99).
Zu beachten ist, daß Nietzsche die Thesen zur Gottesfrage nicht in Form sachlicher Abhandlungen vorgetragen hat. Es überwiegen Gattungen und Stilmittel, die seine Texte ihrer *Form* nach eher als Dichtungen ausweisen. Trotzdem betreffen sie ihrem *Inhalt* nach die zentralen Fragen von Philosophie und Metaphysik. Zugleich beanspruchen sie den Besitz von überlegener Erkenntnis, die sich wegen der behaupteten Überlegenheit eben ungewöhnlicher Stilmittel bedienen müsse. Nietzsches Stil ist meistens poetisch oder fragmentarisch und aphoristisch. Die Form der wissenschaftlichen Prosa ist demgegenüber selten. Im nachgelassenen Spätwerk scheint er aber eher schulmäßige Argumentationsstrukturen angestrebt zu haben (z. B. *NF* 18 [17]; *KSA* 13,537f.). Diese Wahl der Ausdrucksformen hängt eng mit dem Inhalt von Nietzsches Position zusammen, sofern ihm nämlich der Glaube an die *absolu-*

[17] Vgl. Theodor Fontane, *Der Stechlin* (Romane und Erzählungen, Band 3), 391: „Jetzt hat man statt des wirklichen Menschen den sogenannten Übermenschen etabliert; eigentlich gibt es aber bloß noch Untermenschen, und mitunter sind es gerade die, die man durchaus zu einem ‚Über' machen will."

te Wahrheit und *unbedingte Gültigkeit* abhanden gekommen ist. Hätte Nietzsche seine Thesen systematisch kohärent darstellen wollen, wäre er in die Gefahr des Selbstwiderspruchs geraten. Ihm bleibt allein die Möglichkeit, die kritisch-polemisch von anderen behaupteten Wahrheiten als Irrtum zu entlarven und dann, da er selbst keine Wahrheit als absolut gewiß behaupten kann, seine *Lehre* als Produkt seiner künstlerisch-schöpferischen Tätigkeit mit religiös-prophetischem Anspruch vorzutragen.

Nietzsche greift vor allem *Metaphysiker* und *Moralisten* an, aber auch *Naturwissenschaftler*, sofern diese den Anspruch vertreten, gültige Wahrheit zu besitzen. Gegen die *Physiker* polemisiert er nicht weniger scharf als gegen die Vertreter von Platonismus und Christentum. So sagt er: „Es dämmert jetzt vielleicht in fünf, sechs Köpfen, dass Physik auch nur eine Welt-Auslegung und -Zurechtlegung ... und nicht eine Welt-Erklärung ist".[18] Seine Position hat mit plattem Positivismus nichts zu tun. Gegen den nicht seltenen *Wissensdünkel der Naturwissenschaften* stellt er diskreditierende Fragen von folgender Art: „Die Berechenbarkeit der Welt, die Ausdrückbarkeit alles Geschehens in Formeln – ist das wirklich ein ‚Begreifen'? Was wäre wohl an einer Musik begriffen, wenn alles, was an ihr berechenbar ist und in Formeln abgekürzt werden kann, berechnet wäre?" (*NF* 7 [56]; *KSA* 12,314). An anderer Stelle sagt er in bewundernswerter Deutlichkeit: „Gegen den Positivismus, welcher bei den Phänomenen stehen bleibt ‚es giebt nur Thatsachen', würde ich sagen: nein, gerade Thatsachen giebt es nicht, nur Interpretationen" (*NF* 7 [60]; *KSA* 12,315).

Platonische Philosophie und *christlicher Glaube* spielen deswegen so wichtige Rollen im Feindbild Nietzsches, weil sie am klarsten und auf höchstem Niveau die Thesen zu vertreten scheinen, die er zu bekämpfen sich anschickt. Nietzsche sagt, „dass der schlimmste, langwierigste und gefährlichste aller Irrthümer bisher ein Dogmatiker-Irrthum gewesen ist, nämlich Plato's Erfindung vom reinen Geiste und Guten an sich"; dieser *Kampf gegen Plato* sei zugleich „der Kampf gegen den christlich-kirchlichen Druck von Jahrtausenden – denn Christenthum ist Platonismus für's Volk" (*JGB*, Vorrede; *KSA* 5,12). Obgleich sich zeigen ließe, daß diese Identifizierung sowohl dem Platonismus als auch dem Christentum Unrecht tut, ist doch klar, daß Nietzsche in ihnen die angemes-

---

[18] Z. B. *JGB* 14 (*KSA* 5,28f.); vgl. dazu auch *JGB* 12 (*KSA* 5,26f.). Zum *Besitz* der Wahrheit vgl. *NF* 3 [1], 234; *KSA* 10,81: „Der Besitz der Wahrheit ist nicht schrecklich sondern langweilig wie jeder Besitz." Zu Darwin vgl. *NF* 7 [25]; *KSA* 12,304f. Den Physikern attestiert er, daß sie die *Perspektiven-setzende* Kraft des Subjekts vergäßen, vgl. *NF* 14 [186]; *KSA* 13,373.

sen reflektierte Gegenposition findet; er sieht in Platonismus und Christentum nämlich die ausschlaggebenden Exponenten, die sich dem *Wahren* und dem *Guten* verschrieben haben. Nietzsche vertritt selbst wenigstens vordergründig die Gegenthese, daß es Wahrheit nicht *gibt*, daß alles, was Wahrheit genannt wird, doch nur eine perspektivisch funktionale Lebensäußerung sei.

Diesen Skeptizismus Nietzsches kann man retorquieren, sofern er sich überlegenes Wissen anmaßt. Wer als wahr behauptet, daß es Wahrheit nicht gibt, begeht Selbstwiderspruch oder muß sich begnügen zu sagen, daß die Wahrheit sich ihm bisher nicht gezeigt hat. Unbeeindruckt von seiner Skepsis, die sich gegen andere Positionen richtet, trägt Nietzsche selbst aber als wahr vermeinte Thesen vor, die ebenfalls hinterfragbar sind. Eine grundlegende, hinterfragbare *Wahrheit* Nietzsches lautet: „Unsre Bedürfnisse sind es, die die Welt auslegen: unsre Triebe und deren Für und Wider. Jeder Trieb ist eine Art Herrschsucht, jeder hat seine Perspektive, welche er als Norm allen übrigen Trieben aufzwingen möchte" (*NF* 7 [60]; *KSA* 12,315). Wenn es die Bedürfnisse sind, die die Welt auslegen, dann ist es selbstverständlich auch nur ein Bedürfnis, das hinter dieser angeblichen Erkenntnis steckt. Die Destruktion der unendlichen Wahrheit reißt alle endlichen Wahrheiten mit in ihren Strudel und läßt sie in ihm versinken, sogar die angebliche Wahrheit, daß es keine Wahrheit gibt. Also gilt die folgende ironische Äußerung Nietzsches, die gegen andere gerichtet war, auch für ihn selbst: „In jeder Philosophie giebt es einen Punkt, wo die ‚Überzeugung' des Philosophen auf die Bühne tritt: oder, um es in der Sprache eines alten Mysteriums zu sagen: adventavit asinus / pulcher et fortissimus" (*JGB* 8; *KSA* 5,21). Der *Esel* Nietzsches hatte kurz zuvor die Bühne betreten: Obwohl Wahrheit und Falschheit als Kriterien für Urteile abgelehnt werden und er sich damit auch die Grundlage für die eigene Position entzieht, hält Nietzsche doch strikt an der Berechtigung eines Urteilskriteriums fest, nämlich inwieweit etwas „lebenfördernd, lebenerhaltend, Art-erhaltend, vielleicht gar Art-züchtend" sei (*JGB* 4; *KSA* 5,18). Im Blick auf dieses Kriterium drängt sich die Frage auf, was *Leben* heißt. Das Zitatende klingt so biologistisch, daß der *höhere Mensch* aus dem Gesichtsfeld geraten zu sein scheint. Man wird den Verdacht nicht leicht von der Hand weisen können, daß eine nüchterne Betrachtung der hier behaupteten *Wahrheit* und ihrer moralisierenden Motive diesem *Esel* schnell den Garaus gemacht hätte, falls Nietzsche nur bereit gewesen wäre, Selbstkritik zu üben.[19]

---

[19] Vgl. aber *EH*; *KSA* 6,302: „Wohlan, ich wage zu behaupten, dass ich die kleinsten Ohren habe ... Ich bin der Antiesel par excellence und damit ein welthistorisches Unthier." Dies Urteil hätte Nietzsche, der moralisch gegen Moral polemisiert (z. B. *EH*, *KSA*

Da die von Nietzsche bekämpfte Philosophie die absolute Wahrheit aber immer auch *jenseits bloßer Lebensfunktionen* sucht, begegnet er dem Anspruch dieses Philosophierens destruktiv. Ein destruktiv Philosophierender versucht stets zu zeigen, daß die Wahrheit noch nicht gefunden worden ist. Er wird *seine innerlichste Willkür* an dem *auslassen*, „was am allersichersten als wahr, als real empfunden wird: er wird den *Irrthum* gerade dort suchen, wo der eigentliche Lebens-Instinkt die Wahrheit am unbedingtesten ansetzt" (*GM* 3,12; *KSA* 5,364). Die *Annahme*, daß es die in Platons Philosophie gesuchte Wahrheit nicht gebe, hat Nietzsche zwar zuweilen, aber nicht durchgehend *als Erkenntnis* behauptet. Er hat gesehen, daß die Frage, ob es Erkenntnis gibt, unmöglich beantwortet werden kann, wenn nicht gewußt wird, was Erkenntnis ist. Nietzsche muß deshalb alle sich in Urteilen äußernde *Erkenntnis als Glaube* auslegen. Also erkennt er die entscheidende Frage im Unterschied zwischen dem *wahren* und dem *falschen Glauben* (*NF* 7 [4]; *KSA* 12,264f.). Diese Einsicht kann als genuin Sokratisch-Platonisches Motiv gelten, das eine Entscheidung herausfordert. Derart bleibt die *Frage nach den Kriterien* drängend, laut denen ein Glaube für wahr oder für falsch gehalten werden kann.
Mit dem Blick auf die philosophische Gottesfrage ist konkret zu untersuchen, warum Nietzsche den Gottesglauben radikal ablehnt. Eine der Antworten lautet: „Warum heute Atheismus? – ‚Der Vater' in Gott ist gründlich widerlegt; ebenso ‚der Richter', ‚der Belohner'. Insgleichen sein ‚freier Wille': er hört nicht, – und wenn er hörte, wüsste er trotzdem nicht zu helfen. Das Schlimmste: er scheint unfähig, sich deutlich mitzutheilen: ist er unklar?" (*JGB* 53; *KSA* 5,72). Diese Diagnose der Ursache des gegenwärtigen Atheismus, die immerhin in Frageform endet, provoziert beim Glaubenden die Gegenfrage, wie es möglich ist, Gott als Vater, Richter und Belohner für *gründlich widerlegt* auszugeben.
Zunächst kann man gegen Nietzsche festhalten, daß seine Überzeugung, der Gottesglaube sei widerlegt, selbst nichts anderes als ein *Glaube* ist. Sodann könnte man weiterfragen, was den Gottesglauben in den Augen Nietzsches unglaubwürdig werden ließ. Die Annahme Gottes als Vaters, Richters und Belohners vermochten auch Menschen früherer Zeiten nicht als *Wissen*, sondern nur als *Glauben* zu vollziehen. Entschei-

6,281.297), getrost den Lesern überlassen sollen. Zur Frage des Erkenntnisstatus der Kritik Nietzsches vgl. *FN* 206ff. Diese weitgehend instruktive Einführung übersieht aber durch Reduktion auf utilitaristische Aspekte das Feuer in Nietzsches Denken, das sich von der Unendlichkeit bedrängt weiß und dem es nicht nur darum geht, ob eine Wahrheit *als wohltuend* erscheint (212). Wer sieht, daß die Metaphysik immer nur eine gesuchte Wissenschaft war, wird Nietzsches Neuerungsanspruch eher relativieren können.

dend ist wohl, daß Nietzsche den von Hoffnung getragenen Gedanken verwirft, die Wahrheit Gottes könne womöglich erst in einer absoluten Zukunft aufscheinen. Er besteht vielmehr darauf, die absolute Wahrheit *jetzt* zu erkennen; er scheint es Gott gleichsam verbieten zu wollen, sich in der Weltzeit für die Menschen im Verborgenen zu halten. Indem die *Wahrheitsgläubigen* auf die Wahrheit zudenken, ohne sie aber zu erkennen, stempelt er sie polemisch zu *Agnostikern*. Er sagt: „die Verehrer des Unbekannten und Geheimnißvollen an sich, woher nehmen sie das Recht, ein Fragezeichen als Gott anzubeten? Ein Gott, der sich dergestalt im Verborgenen hält, verdient vielleicht Furcht, aber nicht Anbetung!" (*NF* 7 [3]; *KSA* 12,254).[20]

Da sich die absolute Wahrheit in der Gegenwart nicht unmittelbar zeigt, läßt Nietzsche seine Hoffnung fahren, daß „es eine ‚Wahrheit' gäbe, der man sich irgendwie nähern könne" (*NF* 7 [10]; *KSA* 12,299). In dieser Hoffnung dachten jedoch alle *Philosophen*, die sich trotz des Eingeständnisses des *Wissens des Nichtwissens* vom *Streben nach Wahrheit und Weisheit* nicht abschrecken ließen. Wer sich mit den alten Philosophen auf diese *Suche* der Wahrheit verlegt, erhält von Nietzsche die Auskunft: „ich wette, er findet nichts" (*JGB* 35; *KSA* 5,54). Nietzsche ist sich darüber im klaren, daß hier nichts *gewußt* werden kann, sondern *gewettet* werden muß. Diese das Wissen eingrenzende Antwort markiert, obgleich er sie eher beiläufig gibt, doch das Zentrum seiner Beurteilung der gesamten Philosophiegeschichte. Er behauptet nämlich: „Der ganze Idealismus der bisherigen Menschheit ist im Begriff, in Nihilismus umzuschlagen – in den Glauben an die absolute Werthlosigkeit das heißt Sinnlosigkeit ..." (*NF* 7 [54]; *KSA* 12,313).

Im *Nihilismus*, den er als radikalen *Verfall aller Werte* und als *Glaube an die absolute Sinnlosigkeit* sieht, kommt ein Schlüsselbegriff seines Denkens in den Blick. Nietzsche will der Metaphysik und dem Fortschrittsoptimismus seiner Zeit einerseits einen Spiegel vorhalten und so deren *impliziten Nihilismus* offenlegen. Andererseits versucht er dem Nihilismus, den er auch als bedrohliche Gefahr für sich selbst erkennt, mit einer neuen, *absolut ungebundenen Sinngebung* durch den Menschen zu begegnen. Ob der Spiegel, den Nietzsche der Metaphysik vorhält, das wahre Gesicht der Metaphysik oder in weiten Teilen doch nur eine verzerrende Karikatur zeigt, ist eine antikritische Frage, die hier gestellt werden muß.[21] Jedenfalls faßt er nicht einmal den zeitlich noch recht na-

---

[20] Demgegenüber hat Heidegger gefragt, „ob der Gott göttlicher ist in der Frage nach ihm oder dann, wenn er gewiß ist" (*NmG* 71).

[21] Vgl. *Wei*, bes. 252: Nietzsches Platonismus-Kritik richte sich eher gegen neuzeitliche Philosophen, die „das metaphysische Denken nicht in seinem vollen Umfang und vor

hen Kant sachlich zutreffend, sofern er insinuiert, Kant meine naiverweise, *Erkenntnis der Erkenntnis* zustande gebracht zu haben. Er sagt zu Kant: „es ist eine Naivetät, was er will: die Erkenntniß der Erkenntniß!" (*NF* 7 [4]; *KSA* 12,264). Kants Unterscheidungen zwischen den Erkenntnisweisen des Verstandes und der Vernunft, zwischen der erfahrungsbedingten Erkennbarkeit der Erscheinungen und der Unerkennbarkeit der *Dinge an sich* bekümmern ihn wenig. Die von Kant ausdrücklich betonte Offenheit der kritischen Philosophie für eine größere Wahrheit und ihr Bewußtsein von den Grenzen des Wissens werden demgemäß übergangen. Dies Bewußtsein von den Grenzen des Wissens ist nämlich ein Eingeständnis der Begrenztheit jeder *funktional-hypothetischen* Erkenntnis, die auch laut Kant vielfältig von subjektiven und objektiven Bedingungen abhängt. Die Annahme der Bedingtheit alles dessen, was von menschlicher Erkenntnis in bestimmter Weise erreicht werden kann, die Annahme der Bedingtheit aller endlichen Erkenntnis und die Unerkennbarkeit des transzendentalen Subjekts, versteht Kant im Sinne der Endlichkeit menschlichen Erkennens, das schließlich für das Transzendieren in die Unendlichkeit Gottes offenbleibt.

In solche *Unendlichkeit* gestellt erfährt sich jedoch auch Nietzsche. Er sieht, daß der Glaube im hellsten Bewußtsein der Situation des Menschen möglich ist und denunziert ihn nicht, wie es Feuerbach tat, als kindliche Vorstufe des Wissens. Vor dem Stück vom *tollen Menschen*, dem in der *Fröhlichen Wissenschaft* die Rolle zufällt, den *Tod Gottes* zu verkünden, steht ein Abschnitt unter dem Titel: *Im Horizont des Unendlichen*. Dessen Text lautet: „Wir haben das Land verlassen und sind zu Schiff gegangen! Wir haben die Brücke hinter uns, – mehr noch, wir haben das Land hinter uns abgebrochen! Nun, Schifflein! sieh' dich vor! Neben dir liegt der Ocean, es ist wahr, er brüllt nicht immer, und mitunter liegt er da, wie Seide und Gold und Träumerei der Güte. Aber es kommen Stunden, wo du erkennen wirst, dass er unendlich ist und dass es nichts Furchtbareres giebt, als Unendlichkeit. Oh des armen Vogels, der sich frei gefühlt hat und nun an die Wände dieses Käfigs stösst! Wehe, wenn das Land-Heimweh dich befällt, als ob dort mehr Freiheit gewesen wäre, – und es giebt kein Land mehr!" (*FW* 124; *KSA* 3,480). Im *Anhang* zur *Fröhlichen Wissenschaft* steht unter den *Liedern des Prinzen Vogelfrei* das Gedicht *Nach neuen Meeren* (*FWP*; *KSA* 3,649).[22]

---

allem nicht in seinem letzten Grund erfassen". Borsches Versuch, diese Kritik dennoch zu verteidigen, muß für gescheitert gelten; vgl. *Rez.*

[22] Vgl. auch *NF* 3 [1]; *KSA* 10,53. Die Gruppe dieser Fragmente endet mit dem Gedicht *Auf hohem Meere* (*NF* 3 [4]; *KSA* 10,108): „Freundin – sprach Columbus – traue / Kei-

Der Text lautet:

> Dorthin – will ich; und ich traue
> Mir fortan und meinem Griff.
> Offen liegt das Meer, in's Blaue
> Treibt mein Genueser Schiff.
>
> Alles glänzt mir neu und neuer,
> Mittag schläft auf Raum und Zeit –:
> Nur dein Auge – ungeheuer
> Blickt mich's an, Unendlichkeit!

Ähnlich Kants Rede vom Land der Wahrheit als einer Insel (*KrV* B 294f.) stellt Nietzsche hier seine Interpretation der Situation des Menschen in der Welt dar. Er schaut der Unendlichkeit in das Angesicht, glaubt sie aber nicht als Gott, als *liebenden Vater*, als *Richter* und *Belohner*. Warum er nicht glaubt, läßt sich negativ und positiv sagen. Negativ ist es sowohl der schon erwähnte Umstand, daß *Gott sich nicht unmittelbar in der Welt zeigt*, als auch die Tatsache, daß diese *Welt nicht so beschaffen* ist, daß sie als das *vollkommene göttliche Schauspiel* gelten kann, in dem alle glücklich sind. So versteht sich Nietzsches Klage im *Lied eines theokritischen Ziegenhirten*: „ich warte wie ein Hund, – / Es kommt kein Zeichen" (*FWP*; *KSA* 3,645). Nietzsche will sich offenbar nicht auf eine Wahrheit vertrösten lassen, die erst zu erwarten ist, wenn die Weltzeit zu Ende gegangen wäre.
Das Leiden der Kreatur führt Nietzsche aber nicht zu einem *Pessimismus der Schwäche*, wie er ihn bei Schopenhauer findet (vgl. *HW* 207), sondern vielmehr zu einem *Pessimismus der Stärke*, der all seine Kraft zusammennimmt und in *Treue zur Erde* das Höchste zu erreichen versucht, dessen er fähig ist. Man könnte sein Denken entgegen seinen vordergründigen Intentionen so auslegen, daß es positiv vom zuhöchst Vollkommenen bewegt sei, so daß man im Anklang an das Wort des Aristoteles sagen könnte, das Vollkommene bewege es wie ein Geliebtes (vgl. *Mp* Λ, 1072 b 4f.). Sofern Nietzsche aber jede Hoffnung auf eine eschatologische Erfüllung preisgibt und dieses Geliebte sich in der Welt der vollkommenen Verwirklichung entzieht, richtet sich seine *Liebeserklärung* auf den Menschen, der sich für das Höchste so frei macht, wie es unter der Voraussetzung der Nichtexistenz Gottes eben

---

nem Genueser mehr! / Immer starrt er in das Blaue, / Fernstes zieht ihn allzusehr! // Wen er liebt, den lockt er gerne / Weit hinaus aus Raum und Zeit – / Über uns glänzt Stern bei Sterne, / Um uns braust die Ewigkeit." Vgl. *EH*; *KSA* 6,287: „Wir fürchten uns Alle vor der Wahrheit ..."

nur möglich ist.[23] Indem Nietzsche den Gottesglauben als eine echte Möglichkeit erkannt hat, ihn jedoch nicht vollzieht, zeigt sich, daß er den *Unglauben* wirklich als bewußtes und verantwortliches Tun interpretiert, nämlich *als die Tötung Gottes*, als *Mord*.[24]

Diese Besonderheit der Lehre Nietzsches vom *Tod Gottes* tritt im Stück vom *tollen Menschen* hervor. Der tolle Mensch ist laut seinem ersten Wort ein *Gottsucher*: „Habt ihr nicht von jenem tollen Menschen gehört, der am hellen Vormittage eine Laterne anzündete, auf den Markt lief und unaufhörlich schrie: ‚Ich suche Gott! Ich suche Gott!'" So setzt er sich von den gewöhnlichen Gottlosen ab, die für die Gottsuche nur Spott übrig haben. Die Spötter mit seinen Blicken durchbohrend ruft er aus: „Wohin ist Gott? ... Ich will es euch sagen! Wir haben ihn getödtet, – ihr und ich! Wir Alle sind seine Mörder!" Die Folge dieser Untat ist eine unendliche Leere und Orientierungslosigkeit. Der Horizont ist weggewischt, das Zentrum fehlt, es gibt weder ein Oben noch ein Unten (*FW* 125; *KSA* 3,480f.).

Der Mensch, der nach seiner Tat *wie durch ein unendliches Nichts* irrt, sieht sich schließlich gezwungen zu fragen, ob *die Größe dieser Tat* nicht *zu groß* für ihn war. Nietzsches neuer Weg, der nach der Entwertung der alten Werte auf die Einsetzung neuer Werte zielt, kämpft mit altem Pathos für neue Inhalte, obwohl er dies gelegentlich zu verbergen sucht. Er sagt: „Ungläubige und Gottlose, ja! – aber ohne jene Bitterkeit und Leidenschaft des Losgerissenen, der sich aus dem Unglauben einen Glauben, einen Zweck, oft ein Martyrium zurecht macht: wir sind abgesotten und kalt geworden in der Einsicht, daß es in der Welt nicht göttlich zugeht, ja noch nicht einmal nach vernünftigem, barmherzigem, menschlichem Maß; wir wissen es, die Welt, in der wir leben, ist unmoralisch, ungöttlich, unmenschlich – wir haben sie allzulange im Sinne unserer Verehrung interpretiert" (*NF* 2 [197]; *KSA* 12,163). Im Modus der Defizienz tritt hier die Sehnsucht nach einer moralischen, göttlichen, menschlichen Welt zutage. Zudem zeigt sich, daß der Unglaube die Stel-

---

[23] Vgl. *FWP*; *KSA* 3,644: „*Liebeserklärung* (bei der aber der Dichter in eine Grube fiel-). // Oh Wunder! Fliegt er noch? / Er steigt empor, und seine Flügel ruhn? / Was hebt und trägt ihn doch? / Was ist ihm Ziel und Zug und Zügel nun? // Gleich Stern und Ewigkeit / Lebt er in Höhn jetzt, die das Leben flieht, / Mitleidig selbst dem Neid –: / Und hoch flog, wer ihn auch nur schweben sieht! // Oh Vogel Albatross! / Zur Höhe treibt's mit ew'gem Triebe mich. / Ich dachte dein: da floss / Mir Thrän' um Thräne, – ja, ich liebe dich!"

[24] Hierin unterscheidet sich Nietzsche deutlich von den Vorspielen zur Rede vom Tod Gottes; vgl. dazu beispielsweise Jean Paul, *Rede des toten Christus vom hohen Weltgebäude herab, daß kein Gott sei* (in: *Siebenkäs*, 270-275); Heinrich Heine, *Zur Geschichte der Religion und Philosophie in Deutschland*, 591: „Hört ihr das Glöckchen klingeln? Kniet nieder – Man bringt die Sakramente einem sterbenden Gotte."

le Gottes nicht ohne Folgen leer läßt, sondern daß ein unendlicher Sog wirksam bleibt, der immer Neues an seine Stelle bringt. Nietzsches Vorschläge, das Vakuum auszufüllen, sind zwiespältig. Er lehnt zwar alles Allgemeingültige ab, propagiert aber doch selbst Werte wie beispielsweise *Genuß des Lebens*, *Dankbarkeit gegen das Leben* und *Veredelung des Lebens* (vgl. *NF* 7 [6]; *KSA* 12,276-281).

Die Frage, worin der wahre und ewigwährende Genuß des Lebens bestehen kann, worin sich wahre Dankbarkeit gegen das Leben zeigt, wodurch es wahrhaft zu veredeln wäre, vermag Nietzsche nur vom subjektiven *Willen zur Wertsetzung*, als Ausdruck des *Willens zur Macht* und als *Symptom des herrschenden Triebes* zu beantworten.[25] Nietzsches *friedloser und freiheits-dürst'ger Geist* möchte sich nichts schenken lassen, nicht am *Kreuz niedersinken* (vgl. hierzu die Polemik *An Richard Wagner*, in: *NF* 28 [48]; *KSA* 11,319).

Friedlosigkeit und *Freiheitsdurst* haben sich seither immer offener die Bahn gebrochen. Die Friedlosigkeit des auf sich gestellten Menschen ist zwar ein altes Motiv, das im Gedanken des ruhelosen Herzens (*C* 1,1: *cor inquietum*) seinen bildhaften Ausdruck gefunden hat. Das Motiv des Freiheitsdurstes ist ebenfalls durch die philosophisch-theologische Tradition als konstitutives Merkmal menschlichen Seins verstanden worden. Werden Friedlosigkeit und Freiheitsdurst aber unversöhnlich auf die Spitze getrieben, bleibt der Mensch mit sich allein als höchster Seinsmöglichkeit zurück. Dem *Tod Gottes* folgt dann bald der reale und massenhafte *Tod des Menschen*. Wenn es Wahrheit und Verpflichtung nicht gibt, ist keine Untat zu mißbilligen, ist nichts gegen menschenverachtende Diktaturen zu sagen. Der Unglaube an Gott scheint auch den Unglauben des Menschen an sich selbst zur Folge zu haben. Wo der Mensch seinen Glauben an die Wirklichkeit absoluter Wahrheit und unbedingter Geltung verliert, verliert er offenbar zugleich sich selbst. Es gibt dann nichts und niemanden mehr, der irgendetwas erkenntnismäßig oder moralisch zu qualifizieren vermöchte.[26]

Gewiß bleibt es möglich, an der Gottesfrage zu verzweifeln – und zugleich am Menschen, weil der an Gott verzweifelnde Mensch auch an

---

25 Vgl. *NF* 7 [3]; *KSA* 12,256: „Wille zur Wahrheit / Interpretation / **In wiefern die Welt-Auslegungen Symptom eines herrschenden Triebes sind.**" Weiterhin *NF* 14 [186]; *KSA* 13,373: zum notwendigen Perspektivismus, „vermöge dessen jedes Kraftcentrum – und nicht nur der Mensch – von sich aus die ganze übrige Welt construiert". Zum Ziel ewigwährenden Genusses vgl. *Das Nachtwandler-Lied* 11 (*Za* IV; *KSA* 4,403): „– Lust will aller Dinge Ewigkeit, will tiefe, tiefe Ewigkeit!"

26 Vgl. *MF* 191: „Was hinter den bekannten Todeserklärungen: Gott ist tot, der Mensch ist tot, der Autor ist tot … steht, ist die Absage an jede Zentrik, sei es eine des Ausgangs oder des Rückgangs. Wer das Wort ergreift, tut dies ‚jenseits jeden möglichen Anfangs'."

sich zu verzweifeln beginnt.[27] Trotzdem hat der *Atheismus um des Menschen willen* immer weitere Kreise um sich gezogen. Dieser Atheismus hat allerdings nicht mehr Nietzsches Immoralismus geteilt, sondern eher versucht, zu einer *ursprünglichen Sinnstiftung durch den Menschen* in einer Welt zu finden, die an sich als sinnlos und absurd begegnet. Ob das moralische Sichaufbäumen des gottlosen Menschen gegen den Nihilismus Bestand haben kann, wird sich zeigen müssen. Schiller nennt in seinem Gedicht *Die Worte des Glaubens* (Werke I,214f.) drei entscheidende Worte, die das Schicksal des Menschen bestimmen. Der Text beginnt:

> Drei Worte nenn' ich euch, inhaltsschwer,
> Sie gehen von Munde zu Munde,
> Doch stammen sie nicht von außen her;
> Das Herz nur gibt davon Kunde.
> Dem Menschen ist aller Wert geraubt,
> Wenn er nicht mehr an die drei Worte glaubt.

Als die drei Worte nennt Schiller, daß der *Mensch frei geschaffen* sei, daß er trotz seines überall anzutreffenden Strauchelns *nach göttlicher Tugend streben* könne und *daß schließlich ein Gott sei*, ein heiliger Wille, der lebendig über allem Wechsel als ruhiger Geist beharre. Der Text schließt: „Dem Menschen ist nimmer sein Wert geraubt, / So lang er noch an die drei Worte glaubt.“ Der Kampf um Nietzsches Thesen ist nicht abgeschlossen und kann, ein wenig pathetisch gesprochen, *in der Weltzeit* auch gar nicht abgeschlossen werden. Nietzsche orientiert sich an den schöpferischen Möglichkeiten des Menschen und führt die Auseinandersetzung um die Gottesfrage in eine Entscheidung, der kein denkender Mensch mit Recht ausweichen kann. Seine Impulse haben die Ausarbeitung des nun zu betrachtenden sogenannten *humanistischen Atheismus* provoziert und inhaltlich beeinflußt.

d) Exemplarische Gestaltungen des *humanistischen Atheismus* des Ernstes und der Verantwortung

Trotz aller *Unsicherheit*, daß der Mensch die von ihm noch in der Verzweiflung gesuchte *absolute Wahrheit* je finden könnte, vermag der

---

[27] Diese Verzweiflung drückt auch *Mtpas* 297ff., bes. 307, aus. Dort wird Emile M. Cioran mit dem Wort zitiert, daß es die historische Bestimmung des Menschen sei, die Idee Gottes bis zu ihrem Ende zu führen: „La destin historique de l'homme est de mener l'idée de Dieu jusqu' à sa fin.“

Mensch, wenn immer er bewußt lebt und sich und sein Leben zu verstehen sucht, die Wahrheitsfrage doch nicht zum Verstummen zu bringen. Angesichts dieses *Wissens des Nichtwissens* gibt es laut der Philosophie Platons *zwei Möglichkeiten*: entweder zum *Misologen* zu werden, der bereits an der Möglichkeit der Wahrheitssuche verzweifelt, oder aber als *Philosoph* nach Wahrheit und Weisheit zu streben, auch wenn sich zuletzt ergeben sollte, daß Menschen nicht in deren absoluten Besitz zu gelangen vermögen (vgl. *Phaidon* 89d). *Verzweiflung* und *Mißtrauen* gegenüber der Möglichkeit, die absolute Wahrheit zu finden, sind ein *Ausdruck des wesenhaften Bezugs* auf die Wahrheit, wenn auch *im Modus der Defizienz*. Noch unentrinnbarer sind die *sittlich relevanten Entscheidungen* durch die Tat, die implizit auf theoretische Entscheidungen verweisen. Im Anschluß an die Erschütterung durch Nietzsches Denken stellte sich in der Philosophie neu die Aufgabe einer Suche nach der Wahrheit und nach der unbedingten Geltung des sittlichen Anspruches. Diese neuen Versuche waren aber meist nicht mit einer positiven Antwort auf die Gottesfrage verbunden.
Die so entstandene, *existenzielle Problemsituation* des philosophischen Denkens wird hier zunächst im Anschluß an *Albert Camus* dargestellt. Obwohl Camus sich ausdrücklich auf die durch Nietzsches Gedanken hervorgerufene Situation bezieht, stemmt er sich doch in anderer Weise gegen den *Pessimismus*, indem er sich nämlich offener die *bleibende Endlichkeit* des Menschen eingesteht. Eine weitere Konkretion des sogenannten *humanistischen Atheismus* wird bei *Jean-Paul Sartre* verfolgt. Als ein Versuch der systematischen Reflexion dieser Ansätze, die zwar an der *Wahrheitssuche* und an der moralischen *Verpflichtung* festhalten, jedoch *ohne das Dasein Gottes* auskommen wollen, sollen zuletzt die einschlägigen Überlegungen *Nicolai Hartmanns* vorgestellt und im Blick auf ihre Beziehung zum philosophischen Gottdenken untersucht werden.

α) Der absurde Geist im *Mythos von Sisyphos* (*Le Mythe de Sisyphe*) von Albert Camus

Camus läßt Gott, die Götter und das Göttliche für seine Leitfigur *Sisyphos* nicht an sich belanglos sein. Die Gottesfrage gerät dennoch auf Grund der Sinnlosigkeit und Sinnwidrigkeit des Weltgeschehens in die Krise. Ungeachtet des Fehlens eines absoluten Sinnes beharrt Sisyphos voller Trotz auf der Sinnstiftungskraft menschlichen Tuns, obgleich der Mangel an natürlicher Kraft und die Widrigkeit der Situation den erstrebten Erfolg immer wieder vernichten. Der Rückzug auf das ihm Mögliche läßt ihn im Endlichen immerhin ein Stück überlegener Autarkie erfahren, das ihn glücklich macht. Wenn im Blick auf Sisyphos auch

zu fragen wäre, wie lange er welche Torturen auszuhalten imstande ist, darf man nicht warten wollen, bis die Götter doch noch triumphieren. Es muß daran festgehalten werden, daß das Leid – soll Gott in seiner Göttlichkeit gedacht werden können – nicht die Waffe Gottes zur Demütigung und Unterwerfung des Menschen sein darf.
Sisyphos wird von Camus als *Musterbild* des sich redlich mühenden Menschen in einer Welt eingeführt, die ihm zwar alle seine Kräfte abverlangt und ihn auslaugt, aber ihm den letzten Erfolg seines Tuns verweigert. Als Ausgangspunkt seines Denkens (*point de départ*) erklärt Camus die faktische Situation des Nichtwissens und der Ohnmacht des Menschen. Diese Situation habe sich *nach Nietzsche* zu einer Frage auf Leben und Tod entwickelt; demgemäß fordere sie eine endgültige Tat (*gest définitif*) heraus. Die so geforderte Tat versteht er als die Lösung des einzigen ernsten philosophischen Problems, nämlich der Frage des Selbstmords, der dem Einzelnen eine Entscheidung der Frage abverlange, ob das Leben sich lohne oder nicht: „Juger que la vie vaut ou ne vaut pas la peine d'être vécue" (*MS* 99/397). Der Glaube an einen Sinn des Lebens hängt laut Camus mit der Vertrautheit der Welt zusammen. Wo diese Vertrautheit fehle, werde der Sinn fraglich. Der seiner Erinnerungen an eine verlorene Heimat oder der Hoffnung auf ein gelobtes Land beraubte Mensch (*privé des souvenirs d'une patrie perdue ou de l'espoir d'une terre promise*) fühlt sich fremd und verstoßen; der Zwiespalt zwischen dem Menschen und seinem Leben (*divorce entre l'homme et sa vie*) provoziert das Gefühl der Absurdität, das die Sehnsucht nach dem Nichts (*l'aspiration vers le néant*) auslöst (vgl. *MS* 101/399f.).[28] Als Zuschauer dieses *unmenschlichen Spiels*, des metaphysischen Welttheaters, in dem *das Absurde, die Hoffnung und der Tod Rede und Gegenrede wechseln*, sucht Camus seine Antwort auf die Frage, ob es eine *Logik bis zum Tod* gibt (vgl. *MS* 103f./402f.). In der Ausgangssituation dieses Gesprächs wird sichtbar, daß Camus um seine Antwort auf gerade die Fragen ringt, die vormals einerseits in den Versuchen des philosophischen Gottdenkens und andererseits von der Theologie beantwortet worden sind, die sich auf den Glauben an göttliche Offenbarung beruft. Demnach ist von vornherein sichtbar, daß Camus dieses Denken und solchen Glauben als ernsthafte Möglichkeiten des Menschen in den Blick bekommt. Die Frage wird aber zu beantworten sein, ob der Mensch, der sich in der Situation der *Absurdität* wahrnimmt, seinen Denkweg noch ohne falsche Vertröstung als Gottsuche begreifen kann. Das kann nur gelingen, wenn im Weg des philosophischen Gottdenkens zugleich eine

---

[28] Zur Beurteilung des Problems des Selbstmords vgl. auch *DLA* 3,22f.; *EE* 300-314.

Offenheit für den Glauben an die sich von sich selbst her offenbarende Wirklichkeit Gottes eingeschlossen ist.

Die Wechselrede zwischen dem Absurden, der Hoffnung und dem Tod markiert die *Absurdität* als grundlegende Situation des Menschen in der Welt. Diese Situation ist zwar zunächst nur der Ausgangspunkt für Camus; sie erscheint dem absurden Geist jedoch als unentrinnbare Situation des Menschen, der zu entfliehen Camus als *philosophischen Selbstmord* betrachtet (*MS* 135/442). Die Absurdität erscheint schon im Ansatz des Denkens: „Commencer à penser, c'est commencer d'être miné" (*MS* 100/398). Die Negativität des Absurden gilt aber weder als Grund, das Leben selbst auszuschlagen, noch als Anlaß, Trost im Jenseits zu suchen. Dagegen stellt Camus den Grundsatz (*principe*), daß ein Mensch, der fähig ist, mit sich ins reine zu kommen, sein Handeln dadurch bestimmt sein läßt, was er als wahr glaubt: „ce qu'il croit vrai doit régler son action." Camus begibt sich auf einen Weg, auf dem er die suchende Vernunft der Wahrheit als ihrer Meisterin unterordnet. Er beginnt seinen Weg mit Absichten, die denen ähneln, die Augustinus im noologischen Argument auf den Weg zu Gott geleitet haben (vgl. § 8 b.). Aus seiner inhaltlichen Beurteilung der Wahrheit folgt indessen der dem Gottesglauben entgegengesetzt scheinende Imperativ, den Glauben an die Absurdität der Existenz zur Richtschnur seines Tuns zu machen: „La croyance dans l'absurdité de l'existence doit donc commander sa conduite" (*MS* 101/400).

Die Wirklichkeit des Absurden zeigt sich zunächst als ein Gefühl der Absurdität (*sentiment de l'absurdité*), das jeden beliebigen Menschen an einer beliebigen Straßenecke anzuspringen vermag (*MS* 105/404). Camus verfolgt das Ziel, dieses gefühlsmäßig empfangene *Klima der Absurdität* zu einem *absurden Universum* zu erweitern und derart die *Geisteshaltung* einzunehmen, die dieser Absurdität entspricht (vgl. *MS* 106/405). Als das erste Anzeichen der Absurdität nennt er den einzigartigen Seelenzustand, in dem das Leere beredt werde: „ce singulier état d'âme où le vide devient éloquent" (*MS* 106/406; als Kontrast *KrV* B 650). Als Inhalte, an denen diese Absurdität zum Vorschein kommt, benennt er das *Grauen*, das den Menschen schon bei der Wahrnehmung der Zeitlichkeit erfaßt, sodann die *Dichte und Fremdartigkeit der Welt*, weiter das *Unbehagen vor der Unmenschlichkeit des Menschen* und schließlich das *Abenteuer des jedem Menschen bevorstehenden Todes* (vgl. *MS* 107-109/407-409). In der Wahrhaftigkeit wird sichtbar, daß das menschliche Leben jedenfalls Fragen stellt, auf die der Mensch in der Zeit keine erfüllenden Antworten zu geben weiß und die zuletzt in die radikale Ungewißheit des Todes münden.

Als Konsequenz des Geistes angesichts dieser Erfahrungen erkennt Camus für sich im ersten Schritt die Aufgabe, das Wahre von Falschem zu unterscheiden: „La première démarche de l'esprit est de distinguer ce qui est vrai de ce qui est faux" (*MS* 109/409). Die gestellte Unterscheidungsaufgabe verlangt zunächst die Selbsterkenntnis ganz im Sinne Sokratischen Fragens, nämlich in dem Sinn der Frage, was überhaupt Erkennen und was oder wer der Erkennende sei. Als Grundlage des Strebens nach Erkenntnis erkennt Camus das Bedürfnis nach dem Vertrautsein und das Verlangen nach Klarheit (*exigence de familiarité*, *appétit de clarté*); das menschliche Erkennen wäre dann erst zu seinem wahren Ziel gelangt, wenn der Mensch erkennen würde, daß auch das Universum zu lieben und zu leiden vermag: „Si l'homme reconnaissait que l'univers lui aussi peut aimer et suffrir, il serait réconcilié." Solche Erkenntnis wäre laut Camus die Versöhnung mit der Absurdität und zugleich ein höchstes Glück des Geistes (*un bonheur de l'esprit*; *MS* 110/410).[29] Es liegt auf der Hand, daß solche Erkenntnis als Gotteserkenntnis verstanden werden muß. Sie kann laut der philosophisch-theologischen Tradition während des Weltlebens des Menschen nur im Modus der Hoffnung gegenwärtig sein.

Wenn Erkennen ein Bewußtsein höchster Erfüllung einschließt, die im Leben wesenhaft ausbleibt, erhebt sich also mit voller Schärfe die Frage nach der Möglichkeit der *Hoffnung* als zweitem Wort, das in der Wechselrede zur Sprache kommen sollte. Camus begreift das Heimweh nach der Einheit (*nostalgie d'unité*) und das Verlangen nach dem Absoluten (*appétit d'absolu*) als die wesentliche Bewegungskraft des menschlichen Dramas (*le mouvement essentiel du drame humain*); ihr Vorhandensein bedeutet aber nicht, daß das Verlangen auch unverzüglich gestillt werden müsse: „n'implique pas qu'elle doive être immédiatement apaisée" (*MS* 110/411). Daß sich Camus gegen eine Hoffnung auf *unverzügliche* Stillung richtet, bedeutet zunächst, daß das Absurde, das er als den metaphysischen Zustand des bewußten Menschen bezeichnet, nicht zu Gott führt: „L'absurde, qui est l'état métaphysique de l'homme conscient, ne mène pas à Dieu" (*MS* 128/433). Dazu fügt Camus in der Anmerkung an, daß er nicht gesagt habe, ‚schließt Gott aus', was sich erst bestätigen müßte: „Je n'ai pas dit ‚exclut Dieu', ce qui serait encore affirmer" (*MS* 128/433 und 537). Camus meidet dogmatischen Atheismus und attestiert seiner Auslegung selbst etwas Vorläufiges. Man solle also über den Standpunkt, den sie bezieht, nicht voreilig urteilen; keine Metaphysik, kein Glaube sei zunächst mit ihm verbunden: „on ne saurait préjuger la position qu'il engage. On trou-

---

[29] Die abfällige Deutung der Sokratischen Maxime (*MS* 111/412) ist unzutreffend; sie kann ignoriert werden, weil Camus ihrem wahren Sinn näher ist, als er meint.

vera seulement ici la description, à l'état pur, d'un mal de l'esprit. Aucune métaphysique, aucune croyance n'y sont mêlées pour le moment" (*MS* 97/394).

Die Welt werde brüchig und stürze ein, sobald sich der menschliche Geist rege; so müßten wir es verzweifelt aufgeben, aus den Bruchstücken unserer zerbrochenen Hoffnung jemals die vertraute und ruhige Oberfläche, die uns den Frieden des Herzens gäbe, wiederherzustellen: „Il faut désespérer d'en reconstruir jamais la surface familière et tranquille qui nous donnerait la paix du cœur" (*MS* 111/411f.). Camus hält unbeirrt an der Absurdität des Denkens und der Welt fest. Die Hoffnung soll sich an die Phänomene halten, in denen endliche Sinnverwirklichung gesucht werden kann. Camus sträubt sich gegen die Totalzertrümmerung des endlichen Sinnes ebenso wie gegen die Verlegung der menschlichen Sinnsuche in die jenseitige Welt. Die Liebe zum Sein (*Ontophilie*), die ihn zur *Vergöttlichung der Welt* treibt, läßt ihn gegen die Entwertung der Weltwirklichkeit ankämpfen.[30] Aus Liebe zur endlichen Welt fragt er, wie man sinnvoll in ihr leben kann. Da die Welt und das menschliche Leben in ihr als absurd gedacht werden, darf man sich nicht im Übergehen aller Sinnwidrigkeiten eine Versöhnung vorgaukeln, sondern soll trotz der Sinnlosigkeit Sinn suchen. Diese Sinnsuche des absurden Menschen ist allein in der an sich sinnlosen Welt möglich. Paradoxerweise kann das Absurde einen Sinn haben, wenn auch zunächst einmal nur insoweit, als man protestiert und sich mit ihm nicht einverstanden weiß: „L'absurde n'a de sens que dans la mesure où l'on n'y consent pas" (*MS* 121/425). In diesem Sinn stimmt Camus einer Maxime des Abbé Galiani zu, der es für bedeutender hielt, mit seinen Krankheiten zu leben, als gesund zu werden: „L'important ... n'est pas de guérir, mais de vivre avec ses maux" (*MS* 126/431f.).

Im Festhalten am Absurden tritt als dritter Gesprächspartner der *Tod* auf. Den Tod deutet Camus einerseits als das letzte Abenteuer (*mon aventure*), von dem man nichts wirklich wissen kann (*MS* 112f./414f.), andererseits als Ende des Absurden: „Ainsi l'absurde finit comme toutes choses avec la mort" (*MS* 121/424). Da der *Tod* als *Gegenteil der Hoffnung* gilt, ist aus ihm keine Hoffnung zu schöpfen (*MS* 127/432). Camus will im Absurden leben und meint auch entschlossen und ohne Zagen seine Verzweiflung bewältigen zu können: „Tout bien considéré, une âme déterminée s'en arrangera toujours" (*MS* 128/434).

---

30 Vgl. *Essais* 2, *Préface*, 6: Camus akzeptiert zwar die Notwendigkeit, das Leben zu ändern; er weigert sich aber, die Welt zu ändern, von der er sagt, daß er sie zu seiner Gottheit gemacht habe: „Changer la vie, oui, mais non le monde dont je faisais ma divinité." Vgl. *ACPL* 13.

Die These der *Absurdität* ist absolut gesehen *kein Endurteil* über Sinn und Sinnlosigkeit des Ganzen. Camus deutet das Absurde als begrenzte Vernunft, die ihre Grenzen feststellt: „L'absurde, c'est la raison lucide qui constate ses limites" (*MS* 134/441). Er will sich an die *gegebene* Wahrheit halten und der unabweisbaren Absurdität der Welt treu bleiben. Es geht darum, mit der Zerrissenheit zu leben und zu denken, zu wissen, ob man annehmen oder ablehnen soll: „Il s'agissait de vivre et de penser avec ces déchirements, de savoir s'il fallait accepter ou refuser" (*MS* 135/ 442). Camus meidet Äußerungen zur Frage, ob die Welt einen transzendenten Sinn hat: „Je ne sais pas si ce monde a un sens qui le dépasse". Er bleibt bei disparaten Gewißheiten, die er je für sich fassen, aber nicht vereinigen kann, nämlich seinem Verlangen nach Absolutem und nach Einheit (*appétit d'absolu et d'unité*) und dem Unvermögen, die Welt auf ein vernunftgemäßes Prinzip zurückzuführen (*l'irréductibilité de ce monde à un principe rationnel et raisonnable*; *MS* 136/444). Das Absurde ermöglicht die Freiheit, die zur Verzweiflung und Lebensverneinung führen kann, aber auch zur Entscheidung, auf die zerstörende und wunderbare *Wette* des Absurden (*le pari déchirant et merveilleux de l'absurde*) einzugehen, um dem Körper, der Zärtlichkeit, der Schöpfung, der Tätigkeit, dem menschlichen Adel in der sinnlosen Welt Platz zu verschaffen (*MS* 137/445f.). Freiheit schafft Sinn durch ihre endliche Bestimmung (*destin limité*; *MS* 143/453). *Sinnverwirklichung in der an sich sinnlosen Welt* ist das im Tode scheiternde Ziel der *absurden Freiheit*. Sie verweigert sich dem Selbstmord, der eine Anerkennung der Grenzen des Endlichen wäre und alles in den Tod zöge. Wer Sinn verwirklicht, versucht sein Leben eigensinnig und leidenschaftlich in Auflehnung gegen den Tod zu leben und unversöhnt, nicht aus freiem Willen zu sterben: „Il s'agit de mourir irréconcilié et non pas de plein gré" (*MS* 139/448).[31]

Das Ergreifen des absurden Lebens setzt den *Glauben an die Freiheit* voraus, der jedoch Lügen gestraft wird durch die *schwindelerregende Absurdität* des *möglichen Todes* und mehr noch durch den *wirklichen Tod*, der, wenn er da ist, sich *als die einzige Realität* breitmacht. So gerät der absurde Glaube an die Freiheit mit der Frage, welche Freiheit es *ohne die Gewähr der Ewigkeit* geben kann, in die schärfste Krise. Camus beschränkt sich auf die Frage, ob er unwiderruflich leben kann, im Wissen, daß die Freiheit nur in der Beziehung auf ihre schicksalhafte Begrenzung sinnvoll ist (*MS* 143/453). Er sucht im *möglichst langen Leben*,

---

[31] Camus konterkariert seine Mißachtung der Freiheitsfrage durch die eigene Aufgabenstellung (*MS* 139f./448f.); kurzatmig sind auch seine Thesen zum Verhältnis von göttlicher und menschlicher Freiheit, das *antinomisch*, nicht *alternativ* ist.

das er als *Sache des Glücks* auslegt, ebenso wie im *Ideal des Gegenwärtigen* und in der Abfolge aller Gegenwärtigkeiten vor der *unaufhörlich bewußten Seele* eben die unfaßbare Wirklichkeit, die in der Hoffnung auf ewige Erfüllung des Menschen in Gott geglaubt wird. Er harrt aus in der *Nacht der Verzweiflung*, in einer *Nachtwache des Geistes* (*MS* 143 bis 146/454-457). Camus revoltiert gegen einen Gott, der mit Vorliebe für nutzlose Schmerzen (*goût des douleurs inutiles*) in die Welt eingedrungen sei, und vergegenwärtigt den unerlösten Menschen, der – in der *hellen Nacht* ausharrend – doch stumm nach vollem Tageslicht schreit (*MS* 197/518). In der eingestandenen Ohnmacht erweist sich, wenn auch nur im Modus von Verneinung und Verachtung, die Gegenwart des Göttlichen als Frage. Ob auf *unsere Nächte von Gethsemane* je noch etwas anderes folgt, muß er offenlassen (*MS* 197/517). Sein Weg führt nicht zum dogmatischen Atheismus, sondern in die *Entscheidungssituation.* Dieser Weg erlaubt Hoffnung und Vertrauen, gerade weil seine Stationen in der Weltwirklichkeit nicht als bedeutungslos verdrängt werden.

β) Atheistischer Humanismus in *Der Teufel und der liebe Gott* (*Le Diable et le bon Dieu*) von Jean-Paul Sartre

Vor ähnlichem Problemhintergrund vertritt Jean-Paul Sartre einen atheistischen Humanismus, den er als *Entscheidung des Einzelnen* vergegenwärtigt. Was Camus im *Mythos des Sisyphos* versucht, hat Sartre in anderer Weise zum Beispiel in *Der Teufel und der liebe Gott* (*Le Diable et le bon Dieu*) in Angriff genommen. Dies Schauspiel liegt der folgenden Betrachtung zugrunde. Im Blick auf die Frage nach der Beziehung zwischen Gottesglauben und menschlicher Freiheit kann es als eine Konkretion von Sartres systematischem Hauptwerk *Das Sein und das Nichts* (*L'Être et le Néant*) gelten. Die Protagonisten des Existenzialismus folgten keiner Mode, als sie einen Teil ihrer triftigsten Äußerungen in dramatischen und epischen Werken gestalteten. Der Sinn des Philosophierens liegt von ihrem Ansatz her nicht vor allem in der allgemeinen Wahrheit systematischer Thesen, sondern in individuellen Konkretionen.[32] Sartre verfolgt die existenzielle Situation des Helden in diesem Drama nicht in einem Mythos, sondern stellt ihr Pathos aus dem blutigen Ernst einer nicht allzu fernen Geschichte dar, deren Sinn leicht in die Gegenwart übertragen werden kann.

---

[32] Camus behauptet den Vorrang des Lebens vor dem Denken (*MS* 146/457): „Ce qui précède définit seulement une façon de penser. Maintenant, il s'agit de vivre.“ Zu dem Übergang vom Denken zum Handeln vgl. auch *A* 492.

Sartres Drama *Der Teufel und der liebe Gott* spielt zu Beginn des 16. Jahrhunderts in der Gegend um Worms, einem Kulminationspunkt der damaligen sozialen und religiösen Krisen, die sich vor allem in den Bauernkriegen und in der Reformation entluden. Die Hauptperson des Dramas trägt den Namen Götz. Es handelt sich um einen Bastard, das uneheliche Kind eines adligen Vaters. Derart gehört Götz zu keiner Gruppe, ist schutzlos ein Einzelner, der im Vollzug seines Lebens radikal ganz auf sich selbst gestellt ist. In der ersten Stufe seiner Entwicklung versucht Götz sein Außenseitertum, die Bodenlosigkeit seiner Existenz, zu überspielen, indem er sich selbst zum Teufel machen will, der das *Böse um des Bösen willen* tut. Im Auftrag des Bischofs belagert Götz als Heerführer Worms, da sich dort die Armen gegen die Kirche erhoben haben. Um seine geistlichen Mitbrüder zu retten, begeht der Priester Heinrich einen Verrat an der Stadt und händigt Götz den Stadtschlüssel aus, der diesem ohne Kampf Zutritt verschafft. Der Priester begeht den Verrat, obgleich er weiß, daß Götz ein Blutbad unter der Bevölkerung anrichten wird.

Götz erklärt Heinrich: „Wir beide *sind* nichts und *haben* nichts. Alle ehelich geborenen Kinder dürfen die Erde genießen, ohne dafür zu zahlen. Aber nicht du, und nicht ich. Seit meiner Kindheit sehe ich die Welt durch ein Schlüsselloch: ein hübsches, rundes, volles Ei, in dem jeder den Platz einnimmt, der ihm zugewiesen ist, aber du kannst mir glauben, wir beide sind nicht mit darin. Draußen stehen wir! Verschmähe doch lieber selbst diese Welt, die nichts von dir wissen will! Tu das Böse, und du wirst sehen, wie leicht dir auf einmal wird“ (*TlG* 284).[33] In der Gesinnung des Ausgestoßenen verrät Götz seinen Bruder Konrad, der eines schrecklichen Todes stirbt. Entscheidend ist das Motiv für diesen Verrat: „Weil ich eine Vorliebe für das Endgültige habe. Pfarrer, ich habe etwas aus mir gemacht. Bastard war ich schon durch Geburt, aber den stolzen Namen eines Brudermörders verdanke ich mir selbst“ (*TlG* 284f.).[34]

Auf Heinrichs Vorhaltungen hin gibt Götz zu verstehen, das Böse sei sein Lebenszweck. In diesem Stadium sieht Götz sich ganz als *Gegenspieler Gottes*. Ausgehend von dieser Position ereignet sich der erste

---

[33] *Diable* 55: „Nous *ne sommes* pas et nous *n'avons* rien. Tous les enfants légitimes peuvent jouir de la terre sans payer. Pas toi, pas moi. Depuis mon enfance, je regarde le monde par un trou de la serrure: c'est un beau petit œuf bien plein où chacun occupe la place qui lui est assignée, mais je peux t'affirmer que nous ne sommes pas dedans. Dehors! Refuse ce monde qui ne veut pas de toi! Fais le Mal: tu verras comme se sent léger.“

[34] *Diable* 56: „Parce que j'ai le goût du définitif. Curé, je me suis fait moi-même: bâtard, je l'étais de naissance, mais le beau titre de fratricide, je ne le dois qu'à mes mérites.“

Umschwung seiner Haltung. Heinrich erklärt ihm, daß es Menschen gar nicht vermeiden könnten, Böses zu tun; er nennt ihn einen Prahlhans, der, indem er Böses tue, nur tut, was alle Menschen tun. Die Entlarvung seiner Haltung als gewöhnlich und niederträchtig trifft Götz im Innersten. Falls er sein Ziel verfolgen will, sich aus eigener Kraft selbst zu verwirklichen, muß er einen ganz neuen Entschluß fassen. Dieser neue Entschluß besteht darin, den Versuch zu wagen, von nun an nur das Gute zu tun. Mit Heinrich, der behauptet hatte, daß es unmöglich sei, das Gute zu tun, *wettet* er folglich, daß er jetzt das Gute tun werde und aus ihm noch ein Heiliger werde (*TlG* 305f./*Diable* 98f.).
Damit beginnt das zweite Stadium in Form einer *Wette*, deren Entscheidung ein Jahr später in einem förmlichen Prozeß abgeschlossen werden soll. Innerhalb dieses Jahres versucht Götz zunächst, sich durch Verteilung seiner Güter als *Wohltäter* zu erweisen. Er begründet eine christliche Siedlung, seine *Sonnenstadt*, und gibt den Bauern dort sein Land. Die Sonnenstadt erregt einerseits jedoch die Furcht und den Zorn der Adligen, andererseits den Neid und die Mißgunst der landlosen Bauern. So ist das Schicksal der Sonnenstadt bald besiegelt und seine Bauern werden niedergemetzelt (*TlG* 343ff./*Diable* 184ff.). Götz gibt nach dem Mißlingen seine Versuche, das Gute zu tun, nicht auf. Er lebt kärglich in der Einöde und quält sich mit Kasteiungen. Seine Gefährtin Hilda bemüht sich vergeblich, ihm klarzumachen, daß er sich mit diesem Leben selbst betrüge und in Wahrheit *nur aus Verzweiflung* handele. Nachdem ein Jahr vergangen ist, kommt, wie es in der Wette vereinbart war, Heinrich zu Götz und der Prozeß beginnt, der mit der zweiten und letzten Wandlung Götzens endet, nämlich mit seiner Abwendung von Gott (*TlG* 357ff./*Diable* 214ff.).
Götz will in diesem Prozeß aufrichtig prüfen, ob es ihm gelungen sei, das Gute zu tun. Die Prüfung ergibt, daß er bei seinem Versuch, das Gute zu tun, ebenso das Böse bewirkt hat wie ehedem, als er das Böse wollte. Diese Einsicht führt zum *Zusammenbruch*, in dem er Gott anklagt. Auch er zeigt sich hier als Gottsucher, der die Konsequenzen des Fehlens Gottes ähnlich wie Nietzsche im Stück vom *tollen Menschen* beschreibt (*FW* 125; *KSA* 3,480f.). Das erlebte Nichtdasein Gottes wird zunächst als niederschmetterndes Ereignis erlebt. Götz sagt: „Ich flehte, ich rang um ein Zeichen, ich sandte dem Himmel Botschaften zu, doch es kam keine Antwort. Der Himmel weiß nicht einmal, wer ich bin. In jedem Augenblick fragte ich mich, was ich in den Augen Gottes wohl sei. Ich kenne die Antwort jetzt: nichts. Gott sieht mich nicht, Gott hört mich nicht, und Gott kennt mich auch nicht. Du siehst diese Leere zu unsern Häupten? Diese Leere ist Gott ... Das Schweigen ist Gott. Die Abwesenheit ist Gott, die Verlassenheit der Menschen ist Gott. Was da

war, war einzig ich: ich allein habe mich für das Böse entschieden, habe das Gute erfunden. Ich habe betrogen und Wunder getan, ich selber klage mich heute an, und auch freisprechen kann nur ich mich, der Mensch. Wenn Gott existiert, ist der Mensch ein Nichts; wenn der Mensch existiert ..." (*TlG* 360).[35]

An dieser Stelle hält Götz ein und vollzieht die Wende zu einer Haltung, die man den *humanistischen Atheismus* nennen könnte. Die Leugnung Gottes legt Götz als seine Befreiung aus. Mit ähnlichen Worten der Freude, in denen Pascal im *Memorial* die Erfahrung der Nähe Gottes feiert (vgl. § 12 c.), verkündet Götz die Entfernung Gottes als seine Rückführung auf das, was man mit Nietzsche die *Treue zur Erde* nennen könnte: „Heinrich ich möchte dir eine tolle Posse erzählen: Gott existiert nämlich nicht. *Heinrich wirft sich auf ihn und schlägt ihn. Unter seinen Schlägen lacht Götz und schreit:* Er existiert nicht. Halleluja! Eitel Freude und Tränen der Freude! Du Narr! Schlage mich doch nicht. Ich befreie uns ja. Wenn es keinen Himmel gibt, gibt es auch keine Hölle mehr: nichts außer der Erde bleibt da" (*TlG* 360f.).[36] Obwohl Heinrich weiß, daß er selbst böse ist, hängt er so am Gedanken göttlicher Gerechtigkeit, daß er Götz töten will. Dabei wird jedoch er von Götz erstochen. Ungerührt stellt Götz fest, daß die *Komödie des Guten*, wie er seine zweite Phase nun nennt, mit einem Mord beendet worden sei.

Götz will bescheiden als *Mensch unter Menschen* anfangen. Er will mit den Menschen kämpfen und leiden und stellt sich als Heerführer zur Verfügung. Er sagt, daß auch dieses Leben mit Verbrechen beginne: „Die Menschen von heute kommen als Verbrecher auf die Welt, da muß ich teilhaben an ihren Verbrechen, wenn ich teilhaben will an ihrer Liebe und den Tugenden. Ich wollte reine Liebe: Unsinn! Sich lieben bedeutet: man haßt den gleichen Feind; ich muß mir euren Haß aufs tiefste zu eigen machen. Ich wollte das Gute: Torheit! Auf dieser Welt und zu dieser

---

[35] *Diable* 220f.: „Je suppliais, je quémandais un signe, j'envoyais au Ciel des messages: pas de réponse. Le ciel ignore jusqu'à mon nom. Je me demandais à chaque minute ce que je pouvais *être* aux yeux de Dieu. A présent je connais la réponse: rien. Dieu ne me voit pas, Dieu ne m'entend pas, Dieu ne me connaît pas. Tu vois ce vide au-dessus de nos têtes? C'est Dieu. Tu vois cette brèche dans la porte? C'est Dieu. Tu vois ce trou dans la terre? C'est Dieu encore. Le silence, c'est Dieu. L'absence, c'est Dieu. Dieu, c'est la solitude des hommes. Il n'y avait que moi: j'ai décidé seul du Mal; seul, j'ai inventé le Bien. C'est moi qui ai triché, moi qui ai fait des miracles, c'est moi qui m'accuse aujourd'hui, moi seul qui peux m'absoudre; moi, l'homme. Si Dieu existe, l'homme est néant; si l'homme existe ...".

[36] *Diable* 221: „Heinrich, je vais tu faire connaître une espièglerie considérable: Dieu n'existe pas. (*Heinrich se jette sur lui et le frappe. Goetz sous les cries, rit et crie.*) Il n'existe pas. Joie, pleurs de joie! Alleluia. Fou! Ne frappe pas: je nous délivre. Plus de Ciel, plus d'Enfer: rien que la Terre."

Zeit sind Gut und Böse verquickt; ich muß mich abfinden, böse zu sein, um gut werden zu können" (*TlG* 363).[37] Götz schließt das Drama mit folgenden Worten: „Das Reich des Menschen ist angebrochen. Ein schöner Beginn. Gut ..., ich werde Henker und Schlächter sein ... Ich werde sie schaudern machen, da ich sie anders nicht lieben kann; werde ihnen Befehle erteilen, da es für mich keine andere Form des Gehorsams gibt. Ich werde allein sein mit dem leeren Himmel über mir, da ich nur so mit allen sein kann. Es gilt, diesen Krieg zu führen, und ich führe ihn" (*TlG* 366).[38]

Götz gilt am Anfang als radikal Einzelner, für den es die Anderen als *andere Freiheit* nicht gibt. Ihm scheint das Andere als *bloßes An-sich-Sein* (*en soi*), als bloßes Objekt, das er als Mittel seinem Selbstentwurf dienstbar machen möchte (vgl. *SuN* 35/*EN* 34). Er deutet die Welt als hübsches rundes volles Ei, das in vollkommener Bezugslosigkeit zu sich selbst und zu ihm steht. Mit dieser Welt hat er nichts gemein, er besitzt nicht die Art des Seins der Welt, sondern ist vielmehr genötigt, sich selbst allererst zu etwas zu machen. *Sich selbst zu machen*, versucht Götz zunächst dadurch, daß er sich als Bösen, als *Gegenprinzip zum Sein* machen will. Seine Antwort auf die Frage, was er tut, wenn er sich zum Bösen machen will, tritt in dem Augenblick hervor, in dem sein Wille zusammenbricht. Sein Wille bricht zusammen, als sichtbar wird, daß er, als er sich zum Bösen machte, in Wahrheit nichts selbst bewirkt hat, *daß sein Machen nichtig war*. Die Nichtigkeit des eigenen Machens erhellt aus Heinrichs Wort, man könne ruhig im Bett liegen bleiben, wenn man Böses tun will. Falls alle das Böse tun, kann keiner sich zum Bösen machen, weil jeder es schon immer ist. In dem Augenblick, in dem er einsieht, daß sein Machen nichtig war, wendet er sich von diesem Ziel ab. Sofern er allein aus sich seiend sein wollte, sich selbst seiend machen wollte, ist er wenigstens zunächst gescheitert.

Auf diese Weise erfährt sich der Mensch als eine Wirklichkeit, die sich wesentlich vom An-sich-Sein der Welt unterscheidet. Er erfährt sich als ein Für-sich-Sein (*pour soi*), das zugleich der Nichtigkeit ausgesetzt ist.

---

[37] *Diable* 228: „Les hommes d'aujourd'hui naissent criminels, il faut que je revendique ma part de leurs crimes si je veux ma part de leur amour et de leurs vertus. Je voulais l'amour pur: niaiserie; s'aimer, c'est haïr le même ennemi: j'épouserai donc votre haine. Je voulais le Bien: sottise, sur cette terre et dans ce temps, le Bien et le Mauvais sont inséparables: j'accepte d'être mauvais pour devenir bon."

[38] *Diable* 233: „Voilà le règne de l'homme qui commence. Beau début ... je serai bourreau et boucher ... Je leur ferrai horreur puisque je n'ai pas d'autre manière de les aimer, je leur donnerai des ordres, puisque je n'ai pas d'autre manière d'obéir, je resterai seul avec ce ciel vide au-dessus de ma tête, puisque je n'ai pas d'autre manière d'être avec tous. Il y a cette guerre à faire et je la ferai."

Im Unterschied zum An-sich-Sein, in dem es kein Stück Sein gibt, „das nicht ohne Distanz zu sich selbst wäre", muß vom Bewußtsein gesagt werden, daß es „nicht mit sich selbst in einer vollständigen Gleichung koinzidiert" (*SuN* 126/*EN* 112). Indem dieses *Sich* eine Verweisfunktion beinhaltet, kann das Subjekt, das ein Bewußtsein von sich hat, nicht einfach mit sich identisch sein, ohne andererseits aber auch die Identität im Selbstbezug völlig zu verlieren, weil das Bewußtsein sich auf sich selbst bezieht. Das Bewußtsein befindet sich *in einem dauernd labilen Gleichgewicht*. Es bezieht sich zwar auf sich, aber ohne einfach nur bei sich selbst zu sein: „Das bedeutet für uns die *Anwesenheit bei sich*. Das Seinsgesetz des *Für-sich*, als ontologisches Fundament des Bewußtseins, ist, selbst zu sein in der Form der Anwesenheit bei sich" (*SuN* 129).[39]
Die Anwesenheit bei sich vollzieht sich dadurch, daß das Bewußtsein zugleich *im Abstand zu sich* ist. So trägt „das Sein in sein Sein ... das Nichts" hinein. Sartre sagt: „Das Nichts ist stets ein *Anderswo*. Es ist die Notwendigkeit des Für-sich, nur in der Form des Woanders, sich selbst gegenüber zu existieren, nur als ein Sein zu existieren, das dauernd um die Unbeständigkeit seines Seins besorgt ist. Diese Unbeständigkeit verweist jedoch nicht auf ein anderes Sein, sie ist nur dauernder Verweis des Sich auf Sich, des Reflexes auf das Reflektierende, des Reflektierenden auf den Reflex" (*SuN* 131).[40] Diese Reflexion gilt als eigentliche Wurzel der Menschwerdung: „Das Nichts ist die Infragestellung des Seins durch das Sein, das heißt eben das Bewußtsein oder Für-sich. Es ist ein absolutes Ereignis, welches durch das Sein ins Sein kommt und das, ohne Sein zu haben, dauernd vom Sein getragen wird. Da das Sein an sich durch seine vollständige Positivität in seinem eigenen Sein isoliert ist, kann das Sein kein Sein erzeugen, und dem Sein kann vom Sein nichts zustoßen, es sei denn das Nichts. Das Nichts ist die dem Sein eigene und seine einzige Möglichkeit. Jedoch erscheint diese ursprüngliche Möglichkeit nur in dem absoluten Akt, der sie verwirklicht. Da das Nichts Nichts des Seins ist, kann es nur durch das Sein selbst ins Sein kommen. Und es kommt zum Sein gewiß nur durch ein besonderes Sein, nämlich die menschliche Wirklichkeit. Dieses besondere Sein stellt sich aber als menschliche Wirklichkeit her, insofern es nichts anderes als der ur-

---

[39] *EN* 115: „C'est ce que nous appellerons la *présence à soi.* La loi d'être du *pour-soi*, comme fondement ontologique de la conscience, c'est d'être lui-même sous la forme de présence à soi."

[40] *EN* 116f.: „Le néant est toujours un *ailleurs.* C'est l'obligation pour le pour-soi de n'exister jamais que sous la forme d'un ailleurs par rapport à lui-même, d'exister comme un être qui s'affecte perpétuellement d'une inconsistance d'être. Cette inconsistance ne renvoie pas d'ailleurs à un autre être, elle n'est qu'un renvoi perpétuel de soi à soi, du reflet au reflétant, du reflétant au reflet."

sprüngliche Entwurf seines eigenen Nichts ist. Die menschliche Wirklichkeit ist das Sein, insofern es in seinem Sein und für es einziger Grund des Nichts im Schoße des Seins ist" (*SuN* 131f.).[41]
Seinem Willen, sich aus sich selbst zu einem Seienden zu machen, bleibt Götz treu und versucht, weil er sich als Bösen nicht zu einem Selbstseienden machen konnte, sich als Guten seiend zu machen. In beiden Anläufen will das *Für-sich-Sein* ein *An-sich-Sein* gewinnen. Das Ziel alles Strebens ist also das *An-sich-für-sich* (*l'en-soi pour-soi*), das Substanz gewordene Bewußtsein (*la conscience devenue substance*). Dieses Ideal deutet Sartre als Gott-Menschen, als *l'Homme-Dieu* (*SuN* 724/*EN* 636). Auf sein unerreichbares Ziel, auf das Sich-selber-machen-Wollen und auf das Sich-selber-zu-etwas-Beständigem-machen-Wollen richtet sich Götz mit der ersten Tendenz seines Tuns. Diese Absicht ist aber in der Verwirklichung des Bösen wie des Guten zum Scheitern verurteilt.
Folglich zeigt sich, daß auch Sartre die Fragen für entscheidend hält, die einem auf Gott sich ausrichtenden philosophischen Denken und Glauben zugrunde liegen. Die durch menschliches Tun nicht erreichbare Erfüllung des Menschen in Gott wäre sein Ideal. Sartre glaubt nicht an dieses Ideal, weil es in der Welt nicht verwirklichbar ist. Er nimmt zwar seinen Ausgang von dem Punkt, den Kant dem *Postulat vom Dasein Gottes* zugrundegelegt hatte, also von der Unmöglichkeit, das höchste in der Welt mögliche Gut zu verwirklichen (*KpV* A 223-229). Diese Unmöglichkeit versteht er aber nicht als Hinweis, daß die Bestimmung des Menschen sein Weltdasein transzendiert. Eher gibt er seine Hoffnung preis und akzeptiert die Menschenwelt in ihrer Absurdität. Trotz der Absurdität richtet er sich dennoch handelnd auf das ideale Ziel aus.
Der neue Weg, auf dem Götz mit seinem Scheitern umzugehen sucht, zeigt sich im engagierten, *brüderlichen Zugehen auf den Anderen*. Am Anfang des Dramas tritt der Andere nur als Objekt der eigenen Freiheit auf. Indem Götz sich nun als einen Guten entwirft, entwirft er sein *Für-sich-Sein* als ein *Für-andere-Sein*. Er entwirft sich auf ein Sein in

---

[41] *EN* 117: „Le néant est la mise en question de l'être par l'être, c'est-à-dire justement la conscience ou pour-soi. C'est un événement absolu qui vient à l'être par l'être et qui, sans avoir l'être, est perpétuellement soutenu par l'être. L'être en soi étant isolé dans son être par la totale positivité, aucun être ne peut produire de l'être et rien ne peut arriver à l'être par l'être, si ce n'est le néant. Le néant est la possibilité propre de l'être et son unique possibilité. Encore cette possibilité originelle n'apparaît-elle que dans l'acte absolu qui la réalise. Le néant étant néant d'être ne peut venir à l'être que par l'être lui-même. Et sans doute vient-il à l'être par un être singulier, qui est la réalité humaine. Mais cet être se constitue comme réalité humaine en tant qui'l n'est rien que le projet originel de son propre néant. La réalité humaine, c'est l'être en tant qu'il est dans son être et pour son être fondement unique du néant au sein de l'être."

der Gemeinschaft freier Personen, die sich wechselseitig als Gegenstand und als Freiheit anerkennen. Jedoch scheitert auch dieser Versuch in der Welt, wie sie faktisch ist. Er scheitert im übrigen unabhängig davon, ob die Existenz Gottes angenommen oder bestritten wird. Unsere Welt erscheint in diesem Sinn tatsächlich und unabänderbar auch in der Sicht Sartres als Jammertal, gegen das sich der Mensch aber in absoluter Freiheit handelnd zu richten vermag. Nur wenn die Welt an einem Ideal gemessen wird, treten die Phänomene des Zweifels und der Verzweiflung auf. Auf seinem Weg sucht Götz derart das Sein und die Gemeinschaft mit dem Anderen in Freiheit. Er sucht diese Ziele zu verwirklichen und muß sich am Ende doch eingestehen, daß die gesuchte ideale Wirklichkeit höchstens durch Gott erreichbar wäre. Weil er sieht, daß die *Verwirklichung des Ideals in der Welt* zum Scheitern verurteilt ist, lehnt er *Gott als unglaubwürdig* ab. Er sieht sich *nicht in der Lage*, seine Sehnsucht und deren partielle Verwirklichungen als *Zeichen der Hoffnung* für eine jenseitige Zukunft zu glauben. Die Weise, wie Sartre hier seinen Protagonisten schwanken läßt, verdeutlicht sowohl, was ihn zum Unglauben geführt hat, als auch, daß ein Vertrauen auf Gott über die Welt hinaus grundsätzlich eine echte Möglichkeit des Menschen ist.

Obwohl die ideale Verwirklichung der Ziele gescheitert ist, gibt Götz die Zielsetzung nicht auf. Er schickt sich an, das Leben in Hoffnung zu leben, aber in einer *Hoffnung ohne Hoffnung* auf wahre Erfüllung. Götz hat eine Vorstellung davon, was das Gute ist, was er tun soll und welchen Weltzustand er erhofft. Da die Hoffnung keine Realisierungsmöglichkeit in der Welt erkennt und jede Hoffnung über die Welt hinaus fehlt, widmet Götz sich, wie er annimmt, der einzigen sich bietenden Möglichkeit des Guten, dem Streben nach *Verwirklichung des Sinnes im Sinnlosen*. Sartres Weg führt so in die Nähe des Marxismus. Diese Beziehung ist indessen ambivalent geblieben, da er dessen Optimismus nicht teilt. Nach Sartre müßte der Mensch nämlich Gott werden, wenn er sein Ziel wahrhaft erreichen können soll. Sartre verdeckt die unaufhebbare Unvollkommenheit des Endlichen nicht, so daß die Religion gemäß der Analyse von Marx notwendig bliebe. Es gibt also gute Gründe, warum der Marxismus Sartre kühl begegnet ist.[42] Die Inhalte, um die es in dieser Diskussion ging, die Orientierungslosigkeit des Menschen, das Zurückgeworfensein des Einzelnen auf sich und seine Freiheit und das unversöhnte Ernstnehmen des Leids zeigen den Menschen als endliches Freiheitswesen, das dem Sinnlosen ausgesetzt ist. Insofern die menschliche

---

[42] Vgl. *MoS* 48; Schaff will den Existentialismus nicht rezipieren, sondern besiegen, indem er allerdings dessen echte Motive integriert.

Freiheit die Verwirklichung des *An-sich-für-sich* erstrebt, nimmt sie sich als scheiternde Freiheit wahr und wird sich so selbst zur Frage.
Im Zurückgeworfensein richtet sich der Mensch auf eine von ihm selbst zu bewirkende Gestalt der Welt aus, die sich an Göttlichem orientiert und als *moralische Natur* oder als *Reich Gottes* bezeichnet wurde. In Sartres Leugnung Gottes leuchtet noch die letzte Sehnsucht nach ihm auf. Soweit er kein geschlossenes System vorträgt, darf man den Anspruch seines Denkens nicht übergehen, wenn man die Wirklichkeit unvoreingenommen erfassen will. Bezöge er das Scheitern auch auf das geschenkhaft Schöne und Beglückende im Weltdasein, könnte aus der doppelten Erfahrung auch ein Staunen erwachsen, das für das Unendliche offen macht.

γ) Der *Sinn der Sinnlosigkeit* und die *Epigenesis des Sinnes* nach Nicolai Hartmann

In der Erfahrung des Todes und des Negativen erscheint die ganze Wirklichkeit tödlich. Das hat schon Augustinus deutlich zum Ausdruck gebracht (*C* 4,9). Im Durchschreiten des Tals des Negativen kann aber sichtbar werden, daß es, auch ohne Rückgriff auf theologische Vorstellungsmuster, einen *Sinn der Sinnlosigkeit* gibt, so daß man überraschenderweise zu einem *Postulat des Sinns der Sinnlosigkeit* gelangt, das den Vollzug endlicher Freiheit ermöglicht. Dieser Gedanke soll im Anschluß an Nicolai Hartmann entwickelt werden, für dessen Ansatz Max Scheler das Schlagwort des *postulatorischen Atheismus* geprägt hat (*FEMW* 22f.). Die Tendenz dieses Atheismus bestimmt Scheler folgendermaßen: „Ein Gott *darf* und *soll* nicht existieren, um der Verantwortung, der Freiheit, der Aufgabe – um des Sinnes vom Dasein des Menschen willen“ (*PW* 142). Entgegen Schelers Interpretation vertritt Hartmann keinen blanken Atheismus, sondern legt eine systematische Reflexion der Problemsituation nach Nietzsche vor, ohne zum prophetischen Künder einer inhaltlichen Entscheidung zu werden.[43] Zwar ist es für Philosophierende unvermeidlich, ihre lebensmäßigen Vollzüge auch im Blick auf das, was sie nicht wissen können, zu betrachten und einer Entscheidung zuzuführen. Ob es aber legitim ist, wenn Philosophierende für ihre Glaubensentscheidung gleichsam Propaganda treiben, ist eine andere Frage. Jedenfalls soll Hartmann als ein *Philosoph der Ratlosigkeit* und nicht der expliziten Leugnung Gottes ausgelegt werden. Seine Rat-

---

[43] Die Charakterisierung Hartmanns durch Scheler geht fehl, sofern Hartmann nur *Antinomien* ausarbeitet, ohne die *Möglichkeit der realen Koexistenz von Religion und Ethik* zu bestreiten; vgl. *E* 808-821, bes. 810; dazu *EdS*, bes. 64ff.

losigkeit hat in ihrem Ausgangspunkt Ähnlichkeit mit Augustins Frage, ob es möglich ist, Gottes Vorherwissen (*praescientia*) und Vorsehung (*providentia*) mit der Freiheit des Menschen zusammenzudenken (vgl. *CD* 5,10).

Hartmann bezeichnet es als *Sachlage*, „daß das Phänomen des sittlichen Bewußtseins, des Menschen als personalen Wesens, sich mit der Weltteleologie nicht verträgt" (*E* 204). Indem er den Vorrang der Phänomene vor Theorien annimmt, stellt er die Forderung auf, der Philosoph müsse, weil das sittliche Bewußtsein ein *Phänomen* sei, die *Theorie* einer teleologischen Metaphysik *zugunsten des ethischen Phänomens preisgeben* (vgl. *E* 204f.). Sofern keine teleologische Metaphysik konsequenterweise ohne *geprägten Gottesbegriff* auskommt, gerät der Gottesgedanke mit in den Strudel der Kritik der teleologischen Metaphysik. Obgleich der Gottesgedanke nur in bestimmten Auslegungsmodellen in den Konflikt zur menschlichen Freiheit gerät, bestehen keine Zweifel, daß Hartmann die Alternative zwischen einer teleologischen Bestimmtheit des weltlich Seienden durch Gott und der teleologischen Bestimmungskraft eines endlichen Wesens in der Welt vom Blickpunkt der metaphysischen Konsequenzen der Ethik aus sachgemäß auslegt. Es läßt sich nämlich wenigstens die *Frage* stellen, ob nicht jede mögliche Art von Theologie, die an der unendlichen Macht Gottes festhält, auf die alles durchformende Zwecktätigkeit eines allmächtigen Wesens hinausläuft; dadurch könnte sie zur „Vernichtung eines wollenden und verantwortlich handelnden Wesens" im Sinne der Personalität des Menschen führen (*TD* 10). Diese Frage kann gestellt werden, sofern angenommen wird, daß der Mensch als personales Wesen nur sein kann, wenn er *‚Träger' der Akte*, *‚Setzer' des Zweckes* und *‚Wähler' der Mittel* ist (*TD* 71). Hartmann übersetzt diese Termini in die Sprache der Theologie und erkennt so dem Menschen als sittlichem Wesen *Providenz und Prädestination* zu (*E* 208). Damit ergibt sich: „Die Ethik tut – und muß tun – was in den Augen des Frommen Gotteslästerung ist: sie gibt dem Menschen die Attribute der Gottheit. Sie gibt ihm wieder, was er, sein eigenes Wesen verkennend, von sich abgetan und Gott beigelegt hat. Oder, wenn man es anders ausdrücken will, sie läßt die Gottheit herabsteigen von ihrem Weltenthron und im Willen des Menschen wohnen. Dem Menschen fällt das metaphysische Erbe Gottes zu" (*E* 199).

Daß Hartmann sich dennoch nicht von antitheologischen Tendenzen hat leiten lassen, zeigt seine unparteiische Haltung, mit der er sich *gegen alle Arten von Weltteleologie* richtet, also nicht nur gegen deren theistische Form: „In einer durchgehend teleologisch determinierten Welt ist ein sittliches Wesen ein Ding der Unmöglichkeit. Die konsequente Weltteleologie hebt die Ethik schlechterdings auf. Sie ist Prädestinationstheorie – einerlei ob theistisch, pantheistisch oder atheistisch –, sie läßt dem Menschen einzig den Fatalismus übrig" (*E* 204). Auch der atheistische Teleologismus, der in der Art des historischen Materialismus das Weltgeschehen finalisiert, hat die Vernichtung des Menschen als sittlichen Wesens zur Folge.[44] In der Position Hartmanns liegt insofern noch keine dezidierte These über die Möglichkeit oder die Unmöglichkeit einer Koexistenz von Ethik und Religion (vgl. die ausdrückliche Stellungnahme in *E* 808-821).

Hartmanns Kategorialanalyse des finalen Prozesses führt in ihrer Anwendung auf Fragen der Ethik zu der Annahme, daß ein ursprünglich sinnstiftendes Handeln des Menschen allein in einer an sich sinnlosen Welt gedacht werden kann. Hartmann behauptet, daß eine Welt, die von vornherein final determiniert ist, keinen Raum für freie Bestimmung von Zwecken läßt und so den Menschen als freies Wesen unmöglich macht. Der Kausalnexus kann hingegen als *offener Nexus* durch ein *Plus an Determination* überformt werden (*TD* 119ff., bes. 122). Hartmann bestreitet also jede Weltteleologie aus ethischen Gründen, obwohl er die Zweckmäßigkeit des Organischen nicht leugnet und die *tiefe Rätselhaftigkeit* dieser Zweckmäßigkeit sogar hervorhebt, die er als Folge einer *Zweckmäßigkeit ohne Zwecktätigkeit* deutet (*TD* 24, 94; vgl. *Ph* II, 196 b 17ff.).

Neben den Phänomenen des blinden Kausalnexus und der organischen Zweckmäßigkeit ohne Zwecktätigkeit wendet sich Hartmann der Analyse des finalen Prozesses zu. Sein Motiv für die Einführung und das Festhalten an diesem Nexus liegt in der Anerkennung der Verbindlichkeit des sittlichen Bewußtseins, der Verbindlichkeit des Gewissensspruchs, die den Menschen laut Hartmann zum Menschen im Sinne eines verantwortlichen, personalen Geistes macht (*TD* 81; vgl. 11, 24ff., 134). Dieses kategoriale Novum innerhalb der Schichten des Seienden in der Welt ist für seinen Träger so verpflichtend, daß seine an sich berechtigte Suche nach Einheit des Weltganzen ebenso wie seine Suche nach einer Garantie des Sinns des Ganzen zurückgewiesen werden müssen, weil die sichere Annahme der Einheit des Ganzen alles sittliche Bewußtsein zerstören würde (*TD* 56-58, 108). Besonders kämpft Hartmann ge-

---

[44] Vgl. *EzDN* 327: „- wir haben die Gewißheit, daß die Materie in allen ihren Wandlungen ewig dieselbe bleibt, daß keins ihrer Attribute je verlorengehn kann und daß sie daher auch mit derselben eisernen Notwendigkeit, womit sie auf der Erde ihre höchste Blüte, den denkenden Geist, wieder ausrotten wird, ihn anderswo und in anderer Zeit wieder erzeugen muß." Vgl. Hartmanns Ablehnung der „Realteleologie des geschichtlichen Lebens von Völkern und ganzen Völkergruppen, die nicht die eines Menschen ist" (*TD* 34).

gen die theologische Prädestinationslehre, die er als *wahrhaft teuflische Erfindung der Spekulation unter dem Deckmantel religiöser Frömmigkeit* bezeichnet (*TD* 125; vgl. auch 125f.).

Auch wenn man zugeben muß, daß „die ‚Rechtfertigung' Gottes als Weltschöpfer niemals gelungen" ist und das *Theodizeeproblem* ein *exemplum crucis* der Theologie bleibt (*TD* 109), läßt sich zeigen, daß es aus der Konsequenz von Hartmanns Denken einen *Sinn vor aller menschlichen Sinngebung* geben muß. Bei seiner strikten Zurückweisung der allgemeinen Weltteleologie vermeidet er selbst nicht die Annahme, daß die Sinnindifferenz des nichtpersonalen Seienden einen Sinn für den Menschen als personalen Geist hergebe. Diese Aussage folgt notwendig aus dem Duktus seines Denkens, sofern es vom Primat der praktischen Vernunft bestimmt ist.[45] Da Hartmann die These von der *Epigenesis des Sinnes* durch den Menschen vertritt, also die These von der ursprünglichen Stiftung des Weltsinnes durch den Menschen, gerät zugleich damit der *Sinn der Sinnlosigkeit der Welt* in den Blick (vgl. *TD* 57, 110). Wie die abgelehnte *Sinnmetaphysik* die Sinngerechtheit der Welt um des Sinnes des Ganzen willen postulieren mußte, so muß Hartmann um der Möglichkeit der Epigenesis des Sinnes willen die Sinnlosigkeit der Welt postulieren. Die These der *Epigenesis des Sinnes* durch den Menschen sieht den Sinn des Menschenlebens darin, daß der Mensch selbst Sinn in die Welt bringt, so daß „gerade eine schon von Anbeginn an sinngerechte Welt für ihn sinnlos" wäre (*TD* 57; vgl. 15). Die Kritik jeder *Sinnmetaphysik*, deren Überlegungen nach Hartmanns Worten die Erwägung der Möglichkeit der Epigenesis des Sinnes *himmelfern* liegt, muß dementsprechend, gleichsam gegen ihren Willen, nun selber einen Sinn postulieren, wenn auch bloß den *Sinn der Sinnlosigkeit der Welt.*

Die Sinnindifferenz der untermenschlichen Seinsschichten ist sowohl zur Ermöglichung des Eigenseins des Anorganischen als auch des Menschseins erforderlich. Das Postulat der Sinnindifferenz zielt auf das Ganze des endlich Seienden und die Verwirklichung des in der Welt möglichen Sinnes. Es ist eine Bedingung der Möglichkeit des Sinns des Seins des Menschen als des Ortes der Epigenesis des Sinnes in der aus ihr selbst heraus zunächst sinnlosen Welt (vgl. *TD* 89, 94, 109ff., 114ff.). Als Ort einer *Epigenesis des Sinnes* ist der Mensch *das der Sinngebung mächtige Wesen*, für das „die sinnlose Welt … die allein sinnvolle Welt" ist (*TD* 111 und 112). Hartmann trägt derart ausdrücklich ein das Ganze

---

[45] Vgl. *E* 204ff. An anderer Stelle sagt Hartmann (*SysS* 39): „Im handelnden und moralisch verantwortlichen Leben ist der Mensch in der Tat vorsehend und vorbestimmend; beides zwar in sehr begrenztem Maße, aber doch grundsätzlich in derselben Weise, wie die Gottheit es absolut ist."

umfassendes und das Ganze zudem auf den Menschen beziehendes Sinnpostulat vor, das er selbst paradox nennt (*TD* 112). Dieses *paradoxe Sinnpostulat* bedarf der weiteren Interpretation. Weil sich laut Hartmann die niederen Seinsschichten gleichgültig zum Sein der höheren Schichten verhalten, muß er zugestehen, daß der faktische Zustand der Schichtenverhältnisse den Erfordernissen der höheren Schicht angepaßt und für sie zweckmäßig ist. Man darf also fragen, ob und gegebenenfalls in welcher Weise das paradoxe Sinnpostulat für das Denken Hartmanns konstitutiv ist und Geltung beanspruchen kann. Die Beantwortung dieser Frage enthält sowohl Konsequenzen für das Wesen des Menschen als auch für die Möglichkeit eines philosophischen Gottdenkens.

Die Entscheidung der Frage, ob epigenetisch erzeugter Sinn sein solle, fällt für Hartmann mit der Frage nach dem Geltungscharakter des Sollensbewußtseins zusammen. Die Antwort auf diese Frage nach dem *Geltungscharakter* des Sinnpostulats ergibt sich aus der Entscheidung der Frage, ob und mit welcher Verbindlichkeit anzunehmen sei, daß epigenetisch erzeugter Sinn sein solle. Wenn das Sollensbewußtsein die zufällige Marotte ateleologischer Weltprozesse wäre, fände die Ethik ein ebensolches Ende, wie es ihr mit der Sinngarantie der teleologischen Metaphysik widerfährt. Laut Hartmann besteht die menschliche Freiheit im Blick auf die Geltung der Werte nur in der Wahl, sich *mit dem Wissen und mit der Tat* für oder gegen sie zu entscheiden. Sobald der sittliche Wert in seiner Werthaftigkeit erkannt ist, besitzt er unbedingte Verbindlichkeit, wofür laut Hartmann *die Sprache des Gewissens, soweit es eben erwacht ist, das beredte Zeugnis* ist (*TD* 118).[46]

In die Sprache der Sinnproblematik übertragen, wird damit gesagt, daß der Sinn unbedingt sein soll. Der vom Menschen epigenetisch zu erzeugende Sinn soll unbedingt sein, weil dem Menschen durch die Geltung der sittlichen Werte unbedingte Verbindlichkeit auferlegt ist. Die Unbedingtheit der Wertgeltung führt – was Hartmann selbst nicht expliziert – aus innerer Konsequenz zur Überschreitung der Grenzen, durch die er die Möglichkeit der Sinnstiftung auf die Tätigkeit des Menschen einschränken will. Der *Sinn der Sinnlosigkeit, der für die Epigenesis des Sinnes vorausgesetzt werden muß, kann nämlich nicht wiederum vom Menschen epigenetisch erzeugt werden.* Da der Satz vom Sinn der Sinnlosigkeit, der mit Kant ein Postulat der reinen praktischen Vernunft zu nen-

[46] Vgl. *E* 135: „Und das Rätselhafte, das dieser ‚Stimme' anhaftet, das der fromme Sinn zu allen Zeiten als Einwirkung höherer Macht, als Stimme Gottes im Menschen, aufgefaßt hat, paßt nur zu genau auf den Begriff des emotionalen A priori. Denn es spricht nicht, wenn man es ruft, oder forschend nach ihm sucht, es spricht nur ungerufen, nach eigener Gesetzlichkeit, wo man sich seiner nicht versieht."

nen wäre, die Kraft menschlicher Sinnstiftung überfordert, muß der *ateleologische Charakter der Welt*, der aus der unbedingten Verpflichtung des Gewissens folgt, vor dem Hintergrund der Destruktion der positiven Weltteleologie von einer übergreifenden, in ihrer Wirkung nicht erfaßbaren Teleologie her gesehen werden. Diese unbestimmbare Teleologie hat mit der von Hartmann destruierten Weltteleologie nichts zu schaffen, da sie nicht zur Sinngerechtheit der weltlichen Verhältnisse führt.

Indem aus der unbedingten Geltung des sittlichen Bewußtseins nun ein Sinnpostulat erwächst, läßt sich aus dem Postulat auch eine wichtige Konsequenz für Hartmanns Auslegung des *Wesens des Menschen* ziehen. Vor dem Hintergrund dieses Postulats wird nämlich die Sonderstellung des Menschen in der Welt bezüglich der Sinnproblematik sichtbar. Der Mensch wird, ähnlich wie in der Philosophie Kants, nachdem er, „was das ‚Sein' der Welt angeht, an die Peripherie gerückt war, jetzt, was ihren Sinn angeht, faktisch wieder ins Zentrum gerückt" (*KWPJ*, bes. 26; vgl. außerdem *DWNH*, bes. 109f.; dazu als Hintergrund *KpV* A 288ff.).

Eine notwendige Konsequenz des paradoxen Sinnpostulates ist eine *neue Metaphysik des Menschen* (vgl. *E* 200ff.), die ihre Rechtfertigung aus der scheinbar atheistischen These gewinnt, daß *dem Menschen die Attribute der Gottheit* zugesprochen werden und ihm *das metaphysische Erbe Gottes* zufällt (*E* 199). Weil Hartmann den Menschen als den einzigen Sinngeber in der Welt deutet, der jedoch *unter* der Verbindlichkeit der Werte und des Sollensbewußtseins steht und als Tätigkeitsfeld für die Sinnstiftung *ex nihilo* einer sinnindifferenten Welt bedarf, ist sein Denken prinzipiell und der Sache nach für die Wirklichkeit des Transzendenten offen. Hartmann entwirft so die Idee des Menschen als eines endlichen Freiheitswesens gleichsam anonym auf das *Bild Gottes* hin, auch mit dem Ziel der *Heiligkeit* und einer *moralischen Welt*.[47] Seine Überlegungen enthalten zwar durchaus eine Reihe kritischer Anfragen an die Theologie, aber auch Hinweise auf Zugänge zu ihr, die allerdings die Grenzen des genuin philosophisch Denkbaren überschreiten.[48]

---

[47] Vgl. die Hinweise zur *generatio ex nihilo* (*E* 165). Hartmann faßt den *Schöpferberuf* des Menschen nicht im Sinn absoluter Schöpferlichkeit auf (*creatio*), sondern der Rolle als *Mitbildner des Demiurgen*, *Mitschöpfer der Welt*; zu *Selbstschöpfung*, zur *Erfüllung seines Ethos* vgl. *E* 4f.; zur Heiligkeit vgl. *E* 610ff.

[48] Zum Sinn der Sinnstiftung durch den Menschen vgl. *GHM* 52: „Daß der menschliche Geist den Schlüssel zum Sinn der Dinge besitzt, nicht indem er fertig eingeprägte Ideen in sich herumträgt, sondern indem er sich selber, sein geistiges Licht, als das Instrument universaler Sinndeutung an sie heranträgt, das hat Thomas schon gedacht, bevor es Leibniz aussprach."

e) Skeptischer Pluralismus als Gefahr postmoderner Selbstinterpretation des Menschen

Der dogmatische Positivismus der auf Erfolge pochenden Naturwissenschaft ist der Sache nach überwunden. Dies hat die Selbstkritik der Naturwissenschaft und die philosophische Kritik ergeben. Emil Du Bois Reymonds Rede auf der *Versammlung Deutscher Naturforscher und Ärzte* am 14.8.1872 in Leipzig bietet ein gutes Beispiel: Naturforschung muß laut Du Bois zwar die Wirklichkeit von *Stoff*, *Kraft* und *Bewußtsein* stets voraussetzen, kann deren Sein innerhalb ihres Forschens aber nicht thematisieren oder erkennen (bes. *GdN* 44f.). Ludwig Büchner, einer der positivistischen Popularphilosophen des neunzehnten Jahrhunderts, akzeptiert solche Grenzen des Naturerkennens nicht und sagt in der Einleitung seines Hauptwerkes: „Was klar gedacht ist, kann auch klar und ohne Umschweife gesagt werden" (*KuS* XXII). Er meint, auf dem Weg naturwissenschaftlicher Erklärungen alle wesentlichen philosophischen Probleme lösen zu können und beantwortet in vermeintlich überlegener Manier die Fragen nach dem Wesen der Bewegung, des Menschen, der Seele und der menschlichen Freiheit. Mit scheinbar naturwissenschaftlichen Mitteln betreibt er die Zerstörung *religiöser und metaphysischer Dogmen* und erhofft sich von deren Ende ein *ganz neues und moralisch höher angelegtes oder organisiertes Geschlecht* ohne *Verbrechen, Sünde, Laster u. s. w.* (*KuS* 508). Daß das Paradies von Gnaden der Naturwissenschaft nicht verwirklicht werden konnte, zeigen ihre unheilvollen Anwendungsmöglichkeiten ebenso wie die in der Tat eingetretenen Katastrophen fast allzu deutlich. Die Naturwissenschaft ist offenbar gerade so gut und schlecht wie die Menschen, die sich ihrer bedienen.

Wittgensteins Einsicht, die *Darwinsche Theorie habe mit der Philosophie nicht mehr zu schaffen als irgendeine andere Hypothese der Naturwissenschaft*, besagt zugleich die Besonderheit philosophischen Denkens gegenüber den naturwissenschaftlichen Erklärungen (*TLP* 4.1122). An Büchner implizit anknüpfend, ihn jedoch zugleich konterkarierend, erklärt er: „Alles was überhaupt gedacht werden kann, kann klar gedacht werden. Alles was sich aussprechen läßt, läßt sich klar aussprechen" (*TLP* 4.116). Wittgenstein behauptet, daß durch Sätze, in denen gesagt wird, daß sich etwas so und so verhalte, nicht das ausgedrückt werden kann, worauf es der Philosophie ankommt, zum Beispiel auf das *Subjekt*, das die Sätze äußert und nicht selbst durch diese Sätze bestimmt werden kann (*TLP* 4.5 und 5.6–5.632). Daraus ergibt sich für die Tatsachenwelt nun zwangsläufig, daß der *Sinn der Welt außerhalb ihrer liegen muß* (*TLP* 6.41). Nach Wittgenstein heißt dies: „Die Lösung des

Rätsels des Lebens in Raum und Zeit liegt *außerhalb* von Raum und Zeit" (*TLP* 6.4312). Die Welt der bloßen Tatsachen beengt den Menschen so sehr, daß er auf verschiedene Weisen Auswege aus der Enge sucht.[49] Einer dieser Auswege, die das philosophische Gottdenken aber eher bedrohen, soll nun unter dem Namen *postmodernen Denkens* skizziert werden. Es sei hier schon darauf hingewiesen, daß die heutige Situation nicht zur postmodernen Relativierung der Vernunft verdammt ist, daß sie dem philosophischen Gottdenken vielmehr auch neuen Raum bietet. Dies soll zuletzt am Denken von Emmanuel Lévinas gezeigt werden (vgl. § 15).

Wer von der bleibenden Bedeutung der Fragen der Metaphysik überzeugt ist, kann immerhin verbuchen, daß die positivistische Kritik der Metaphysik, die gegen sich selbst unkritisch war, durch Wittgensteins Sprachspieltheorie, durch die Hinwendung zur Analyse der Normalsprache (*ordinary language analysis*) oder Austins Hinweise zum Charakter des *performativen Sprechens* ihren antimetaphysischen Schwung weitgehend verloren hat (vgl. z. B. *ARP*; *GR*; *PST*). Dieser Wandel erlaubt der Sprachphilosophie zwar weiterhin kritische Bemerkungen zu philosophischem und theologischem Sprechen; die analytische Sprachphilosophie ist aber selbstkritisch geworden und vermeidet es heute gewöhnlicherweise, ihre Grenzen zu überschreiten und in alte Feindseligkeiten zu verfallen.

Die Schwächen eines eindimensional positivistischen Denkens sind aus der Selbstkritik sprachphilosophischer Theorien deutlich geworden. Das Ende der Metaphysikkritik, die am naturwissenschaftlichen Wissenschaftsideal orientiert war, hat allerdings weniger die Metaphysik neu beflügelt, als vielmehr zu einer Ermattung in der Bereitschaft geführt, überhaupt noch die Fragen nach absoluter Wahrheit und unbedingter Geltung zu stellen. Die Gefährdung des philosophischen Gottdenkens besteht heutzutage nicht darin, daß jemand glaubte, das Dasein

---

[49] Vgl. hierzu das Gedicht *Ausweg* von Christa Reinig, das trotz allen Behaustseins in der Welt des Verfügbaren aus einem mystischen Sehnsuchtsgefühl heraus den Exodus vorschreibt (*Gedichte*, 21):

Das was zu schreiben ist mit klarer schrift zu schreiben
dann löcher hauchen in gefrorne fensterscheiben

dann bücher und papiere in ein schubfach schließen
dann eine katze füttern eine blume gießen

und ganz tief drin sein – und zum türgriff fassen:
zieh deinen mantel an du sollst das haus verlassen.

Gottes aus wissenschaftlichen Motiven bestreiten zu können. Vielmehr könnte sich in der Philosophie ein Bruch vollzogen haben, der sich weithin als Abbruch des auf eine absolute Wahrheit bezogenen metaphysischen Fragens darstellt. Offenbar ist die Metaphysik seit den revolutionären Gegenentwürfen des neunzehnten Jahrhunderts so in die Krise geraten, daß deren Folgen noch immer nicht absehbar sind.

Angesichts der Krise, in die das Denken auch durch den Atheismus geraten ist, scheint ein Innehalten erforderlich. Es muß neu gefragt werden, was Philosophie und Metaphysik sind, sofern sie zur Ausbildung der *Frage nach Gott*, aber auch zur Ausbildung *systematischer Gotteslehren* und zur *expliziten Bestreitung des Daseins Gottes* geführt haben. In dieser Lage kann Metaphysik nicht getrieben werden, ohne daß zugleich gefragt würde, was die Metaphysik *ist*, *sein kann* oder *sein soll.* Diese Frage wird aber heute faktisch meist in der Form gestellt, daß man fragt, was Metaphysik in der Geschichte einst *war*. Auf diesem Weg löst sich die philosophische Frage jedoch in eine Art archäologische Forschung auf, die sich in umfangreichen philosophiehistorischen Projekten der Gegenwart dokumentiert. Historische Arbeiten können nützliche Hilfsmittel philosophischen Denkens sein und sind als solche erwünscht. Es kommt aber darauf an, ob und in welchem Maße sie der Beantwortung der philosophischen Sachfragen *dienen*, ohne unbemerkt zu insinuieren, diese Antwort selbst zu repräsentieren. Zwischen historischer Forschung und ursprünglichem Philosophieren besteht gerade das Verhältnis, das Platon zwischen Schriftlichkeit und Mündlichkeit in der Philosophie behauptet hat (vgl. *Phaidros* 278c). Wenn die historischen Arbeiten als die gültigen Repräsentanten des heutigen Philosophierens auftreten, löst sich das ursprüngliche philosophische Fragen in Historismus auf, der alle Perspektiven aus der Geschichte gleichgültig nebeneinander stehen läßt oder wenigstens prinzipiell stehen lassen müßte. Von diesem *Perspektivismus* her wird verständlich, warum Nietzsche so sehr in den Mittelpunkt der Diskussion geraten ist.

Diese Gleichgültigkeit verschiedener Sprachwelten propagiert zum Beispiel Wolfgang Welsch unter dem Titel der postmodernen Moderne als *Vision einer radikalen Pluralität*, die er mit den Idealen der Demokratie verbunden sieht: „Das Charakteristische postmoderner Pluralität gegenüber früherer ist, daß sie nicht bloß ein Binnenphänomen innerhalb eines Gesamtrahmens darstellt, sondern noch jeden solchen Horizont bzw. Rahmen oder Boden tangiert". Er vertritt die These, Platons *Sonnenmodell* habe sich als unzutreffend erwiesen, weil es die *eine* Wahrheit des Ganzen nicht gebe: „Fortan stehen Wahrheit, Gerechtigkeit, Menschlichkeit im Plural" (*UpM* 4f.). Diese Auslegung des Sonnen*gleichnisses* (*Politeia* 506b-509b) ist jedenfalls irreführend; der Text zeigt

nämlich die *Unfaßbarkeit* des *einen* Ursprungs, auf den Platon *hindenkt* (z. B. 509b).
Zwar zielt Welschs Auslegung der Postmoderne unmittelbar nur gegen die Einheitsträume und Globalentwürfe der Neuzeit; insofern das Gottdenken wenigstens die *Frage* nach einer allübergreifenden Wahrheit und dem einen Ziel alles Endlichen stellen muß, gerät es notwendig in Konflikt mit diesem Ansatz. Welsch sieht immerhin, daß trotz der von ihm unterstützten Pluralität doch irgendwie an der Einheit der Vernunft festgehalten werden muß, „da absolute Heterogenität, streng genommen, Kommunikation verunmöglicht und somit im Konfliktfall nur noch die Praxis des Terrors übrig läßt" (*UpM* 167; vgl. 270ff.; 295-318). Diese Analyse der Postmoderne macht zugleich die Forderung nach einer *Philosophie ‚nach' der Postmoderne* verständlich (*TP* 351).
Sinnenfällig wird diese allgemeine geistige Situation der Gegenwart in der postmodernen Architektur, sofern sie sich *eklektisch* und *nach Belieben* unterschiedlicher Stilelemente anderer Epochen bedient. Weil das postmoderne Denken *gegen die Totalitätsaporien der Moderne* zielt und für die *Vervielfältigung der Vernunft* plädiert, scheint die Gottesfrage aus dem Themenbereich philosophischen Denkens zu verschwinden (vgl. die Hinweise *UpM* 314). Trotz dieser Situation, in der offenbar weite Teile der Öffentlichkeit von Pluralismus und Hedonismus – und damit zugleich von der Mißachtung der Gottesfrage – geprägt sind, enthält auch das postmoderne Denken Ansätze zur Anerkennung eines alles endliche Denken übersteigenden Unfaßbaren. Bevor kurz auf dieses Unfaßliche einzugehen ist, soll die kritische Situation skizziert werden.
In den pluralen Vernunftwelten der Gegenwart scheint eine *Reduktion des Anspruchs* zu dominieren, der in den überkommenen Philosophien lebendig war. Die mit vielfältigen und disparaten Methoden arbeitende wissenschaftliche Erforschung der real gegebenen Welt scheint die alten Fragen nach dem *einen Absoluten* völlig zu überdecken oder gar unmöglich zu machen. Wer die Welt nicht mehr als *Eine und Ganze* zu denken vermag, kann natürlich auch die Redeweise nicht akzeptieren, gemäß der Gott – und insbesondere *ein* Gott – die Welt gestiftet habe.[50]
Theoretisch scheint sich heute ein *skeptischer Pluralismus* mit verstecktem Unglauben bezüglich der Fragen der alten Metaphysik zu verbreiten. Praktisch drückt sich solcher Unglaube in einem *verzweifelten Hedonismus* aus, der darauf zielt, möglichst viel Spaß zu haben. Wer keine

---

[50] *UpM* 212: „Auch daß Heidegger so ohne Umstände von einem Gott zu reden vermag, der allein uns noch retten könne, belegt, daß er die neue Welt als Eine und Ganze gedacht hat – nur unter dieser Bedingung ist es ja möglich, daß *ein* Gott sie stiftet." Zur Kritik der Polyregularität vgl. auch *KVPP*, bes. 394-397.

unbedingt beanspruchende Perspektive anerkennt, trägt den Überlegenheitsgestus, der ihn bestimmt, nicht offen zur Schau. Die These, daß alles erreichbare Wissen nur eine relative Perspektive repräsentiert, könnte dem philosophischen Gottdenken gefährlicher werden als jede explizite Bestreitung, indem sie in die Dumpfheit eines unausdrücklichen Atheismus zurückfällt.

Aus dieser Haltung heraus wächst einerseits eine gewisse Beliebigkeit der Selbstinterpretation, gemäß der jeder *seine eigene Philosophie* beansprucht; andererseits führt sie zur verbissenen Suche nach persönlichem *Lustgewinn* während der eng begrenzten Zeit menschlichen Lebens. Aus ihr resultieren die Verteilungskämpfe, die das politische Geschehen nicht nur in den ökonomisch und kulturell entwickelten Ländern beherrschen. Die Früchte der Verteilungskämpfe werden in entwickelten Ländern in immer neuen Varianten der Freizeitgestaltung verbraucht, beispielsweise in Sport, Tourismus und Kunst, die damit der Gefahr ausgesetzt werden, zum bloßen Kulturbetrieb abzusinken, dem man sich zuwendet, weil und solange er *Vollzugslust* bereitet, *Spaß* macht. Gleiches scheint für die weniger entwickelten Länder zu gelten, die neidvoll auf die entwickelten blicken. Wenn die Maxime des postmodernen Pluralismus in der *Polyregularität ohne Totalitätsregel* besteht (vgl. *UpM* 324), darf und kann man Vieles. Mit einer *Entregelung* geregelter oder überregelter Systeme überschreitet das postmoderne Denken, wie Welsch sagt, die gegebenen Regelsysteme „in Richtung Irritation, zunächst im Sinn der Vieldeutigkeit und zuletzt und vor allem im Sinn der Unfaßlichkeit“ (*UpM* 324). Weil darin ein möglicher Ansatzpunkt für die Gottesfrage liegt, soll gefragt werden, ob sich dieses *Unfaßliche* in der Postmoderne als eine bemerkte oder unbemerkte Offenheit für Gott verstehen läßt, die sich womöglich von Gedanken Heideggers für ein verantwortbares Sprechen von Gott hat leiten lassen (z. B. *HW* 259f.).

Nach Welsch hat „die postmoderne Hervorhebung der Mehrdeutigkeit und zuletzt des Unfaßlichen ... ihren Nerv im Gegenzug gegen Uniformierungseffekte der expandierenden Funktionswelt“, ebenso wie auch die Moderne „gegen die Funktionswelt absoluter Regelung auf ein Gegenphänomen“ gesetzt habe. In der Postmoderne werde jedoch keine *Gegenkraft* beschworen. Welsch optiert demnach für das Ende der *Gigantomachie*, die in der abendländischen Philosophie ausgekämpft worden ist, sofern er „das Gigantische selbst auf das Ungigantische hin sich überschreiten“ läßt, so daß es mit der endlichen Wirklichkeit sein Bewenden hat (vgl. *UpM* 324f.; im Hintergrund stehen *Sophistes* 244a und *SuZ* 1).

Gleichwohl bleibt diesem postmodernen Denken ein *Finitätsbewußtsein*

erhalten. Die trotz aller Pluralität der Vernunft geforderte Vernünftigkeit macht dieses Grenzbewußtsein nötig. Zum Grenzbewußtsein erklärt Welsch: „Man bedarf seiner im einzelnen, um nicht gegen Legitimitätsgrenzen zu verstoßen. Der Weise bedarf seiner, um für das Unfaßliche offen zu sein und von daher im Faßlichen gerecht operieren zu können." In der Definition des Weisen bleibt also wichtig, „daß zu seinem Wissen das Wissen um sein Nicht-Wissen gehört". Die von Welsch angestrebte *Balance von Wissenschaft und Weisheit* begrenzt sich darauf, auf die Ränder und Rückseiten der Präzision aufmerksam zu sein; er möchte einen *Kult des Unfaßlichen* vermeiden (*UpM* 326). Die Hoffnung des postmodernen Denkens gilt der *Vision der Pluralität* (*UpM* 328).
Man kann aber immerhin fragen, ob es nicht doch möglich ist, das *Finitätsbewußtsein* der Postmoderne auf ein alle Pluralität übergreifendes Unfaßliches hin zusammenzufassen, eben auf *das Unendliche*, das als *der unendliche Gott* geglaubt wird. Die Schlüsselsituationen des individuellen Lebens, „wo ein Leben zu Ende geht oder eine neue Form findet", könnten nämlich durchaus die Annahme der Wirklichkeit des Unendlichen provozieren, die keinesfalls auf die *Uniformierung des Weltlichen* hinausläuft (vgl. *UpM* 327). Diese möglichen Fragen fehlen bei Welsch. So scheint es, daß die Propagierung einer ohne sittlichen Anspruch vorgetragenen, radikalen Pluralität ein modisches Unternehmen ist, das sich auf den Zeitgeist stützt und gleichwohl eines Hintergrunds bedarf, der die diversen Vernunftwelten verknüpft. Es ist der eine Mensch, der sein Leben als Glaubender, Forschender und Handelnder vollzieht (vgl. *UpM* 285f.). Daß Vernunftordnungen nicht unzulässig miteinander vermischt werden dürfen, bedeutet nicht, daß sie im konkreten Menschen zusammenhanglos nebeneinander stünden. Gerade das geforderte differenzbewußte Denken verlangt, die Besonderheiten der unterschiedlichen Vernunftordnungen erfassen zu können. So nimmt Welsch die Tatsache wahr, „daß einzelne Rationalitätstypen sowohl transsektorielle Prädikate (‚Mensch') ins Spiel bringen als auch Grundcharakteristika anderer Rationalitäten anklingen lassen können" (*UpM* 303).
Demnach ist postmodernes Denken gezwungen, Vernunft als Vermögen und Vollzug von Übergängen *zwischen* verschiedenen Rationalitätstypen zu deuten, nämlich als „Medium und Prozeßform aller interrationalen Klärungen" (*UpM* 307). Der Vernunft stellt sich so die Aufgabe, Gegenstandsfragen dem jeweiligen *Rationalitätstypus* zuzuordnen, als ein *Vermögen der Findung von Übergängen* zu fungieren, *Gemeinsamkeiten* zwischen den verschiedenen Rationalitätstypen zu reflektieren oder *bei Konflikten* die Rechtsgründe zu differenzieren, zu prüfen und abzuwägen (vgl. *UpM* 309). Welsch vertritt zwar die These der Nichtdeduzierbarkeit der unterschiedlichen Rationalitätstypen und fordert, daß sie

nicht nur im Blick auf ihre Vergleichbarkeit, sondern auch auf ihre Unvergleichbarkeit gesichtet werden sollen. Es liegt jedoch auf der Hand, daß jeder Versuch eines Gesprächs auf eine solche Gemeinsamkeit des Verstehenshorizonts angewiesen ist, die von den Sprechenden nur zu einem kleinen Teil mitgestaltet werden kann.

Falls das postmoderne Denken zuletzt auf eine *Opposition von Totalvernunft und gebrochener Vernunft* hinausläuft, kann man dieses Denken auch auf die Tradition philosophischen Denkens beziehen (vgl. *UpM* 313). Allerdings müßte der Sinn der alten Philosophie zutreffend aufgefaßt werden. Offenbar kann Welschs These, sofern er Platons Philosophie als *absolutes Wissen* gegenüber der sogenannten *kritischen Rationalität* der Sophisten bezeichnet, aus gutem Grund für irreführend gehalten werden. Das Philosophieren Platons ist durch seine dogmatische Fixierung, die nicht Platon selbst zu verantworten hat, in einen unverdienten Mißkredit geraten. Die unvoreingenommene Lektüre seiner meist aporetisch endenden Dialoge weist in eine andere Richtung.

Wenn derart in Zurückweisung der genannten philosophiegeschichtlichen Thesen Welschs gleichzeitig der *metaphysische*, *undogmatische* und *wissenschaftliche Charakter* der Philosophie Platons anzunehmen wäre, könnte im Ansatz seines für die gesamte europäische Philosophie maßgeblichen Denkens eine Komplexität und eine Interpretationskraft zu finden sein, die in der Postmoderne keineswegs überholt worden ist.

IV.

Zum Spannungsverhältnis zwischen dem sogenannten ‚Gott der Philosophen' und dem lebendigen Gott des Glaubens

Alles Argumentieren gegen Bestreitungen des Daseins Gottes führt nicht zum Ziel, wenn der Fragende nicht von *göttlicher Begeisterung* (θεία μανία) getrieben wird (*Phaidros* 244a ff., 249e, 265a ff.). Wer sich mit Faktischem und Verfügbarem begnügen zu können meint, wird auch das Phänomen des Geistigen auf physikalisch und chemisch erklärbare, materielle Prozesse reduzieren. Bei solchen Reduktionen gerät die geistige Wirklichkeit aus dem Gesichtsfeld – und zuletzt auch das Subjekt, das sich die Welt zum Gegenstand macht, indem Geistiges dann als *Epiphänomen materieller Prozesse* ausgelegt wird. Die Reduktion deutet gerade die Wirklichkeit als sekundär, die den Erkenntnisakt trägt – und ebenso die Wirklichkeiten, an denen das Herz und die spezifischen Lebensmöglichkeiten des Menschen hängen, nämlich Liebe, Vertrauen und Hoffnung.

Wenn die *Ursprünglichkeit des Phänomens des Geistigen* aber nicht bestritten wird, erscheint die Welt insgesamt in anderem Lichte. In dieser anderen Beleuchtung wird gewiß nicht schon die Gottesfrage positiv beantwortet, aber immerhin die Brüchigkeit im Fundament materialistischer Weltdeutungen offenbar. Der Mensch, der sich auf den *homo faber* reduziert, verliert mit der Geistigkeit zugleich den Hauptteil der Wirklichkeit, die er erklären will, und ebenso die Möglichkeit, sich selbst als Erklärenden zu verstehen. Sobald die ursprüngliche Wirklichkeit des Geistigen anerkannt wird, tritt die tiefe *Rätselhaftigkeit* des Daseins dieser Welt und das *Staunenerregende* ihrer Verfassung hervor. Die sinnlich wahrnehmbare Welt beeindruckt auf der einen Seite durch *unfaßbare Größe, Komplexität und Mannigfaltigkeit*, auf der anderen Seite aber auch durch *unerklärbare Faßlichkeit und strukturelle Einfachheit*, die erst den Triumph der Naturwissenschaften ermöglicht haben. Berücksichtigt man außerdem die *genuin menschlichen Phänomene*, vor allem das Streben nach Wahrheit, Gerechtigkeit und Glückseligkeit, dann offenbart sich die menschliche Geistigkeit selbst als der Fingerzeig auf eine andere, ihren Horizont *transzendierende Wirklichkeit*, weil der menschliche Geist allein aus sich selbst unfähig ist, seinen Ursprung, seine Vollzugsmöglichkeit und seine Endbestimmung zu verstehen.

Aus solchen Überlegungen ergibt sich die Behauptung, daß das Dasein Gottes angenommen werden *kann*, angenommen werden *soll* und angenommen werden *darf*. Philosophische Gotteserkenntnis steht gleichwohl auf schwankendem Boden. Laut Platon können die Fragen der Philosophie nicht in gleicher Weise beantwortet werden wie die Fragen anderer Wissenschaften (*Politeia* 511c und *Siebenter Brief* 341e). Philosophisches Fragen hängt von *unableitbar Plötzlichem* ab, das *unverfügbar* ist und auf *Göttliches* verweist.[1] Indem das philosophische Gottdenken auf einen überspringenden Funken unbekannter Herkunft verweist, erlangt es seine höchste Form in der Frage nach der unverfügbaren Wirklichkeit Gottes, deren Wahrheit allein *von ihr selbst her* offenbar werden kann.

Die philosophische Gottesfrage sucht das *in der Welt Unfaßbarste und scheinbar Unwirklichste* zu erkennen, das aber der Sache nach als *das Erhellendste und Wirklichste überhaupt* zu denken ist. So fehlen die Worte, die überwältigende Schönheit des Göttlichen zur Sprache zu bringen (*Politeia* 509a und b: ἀμήχανον κάλλος und ἐπέκεινα τῆς οὐσίας). Nur dann, wenn die Wirklichkeit Gottes unmittelbar begegnete, wäre die philosophische *Frage* nach Gott unendlich überboten und zum Ziel gelangt. Da eine solche Begegnung in der Welt höchstens augenblickhaft oder in Verknüpfung mit religiösem Glauben eintreten kann, behält die philosophische Gottsuche ihren eigenständigen Sinn. Sie zeigt Gläubigen wie Ungläubigen das absolute Ziel und die Grenzen menschlichen Weltdaseins und bezieht sich auf die wahre Situation des Menschen. Sie nimmt zugleich die *Schwächen des Endlichen* und seine *Kostbarkeit* wahr. Diese Schwächen und diese Kostbarkeit können aus gegensätzlichen Motiven von Gläubigen wie von Ungläubigen vernachlässigt werden. Glaubende könnten die Erde als Jammertal diskreditieren oder das Leid in triumphaler Glaubensgewißheit gar nicht mehr wahrnehmen; Ungläubige könnten nihilistisch an der Welt verzweifeln oder sie in hybrider Weise für selbstgenugsam erklären.

In der philosophischen Gottesfrage ist der *Mensch der Ausgangspunkt der Suche*. Schon das Auftreten der Gottesfrage beim endlichen Menschen ist aber, wo sie von ihm als entscheidend erfahren wird, ein unverfügbares Schicksal. Zuletzt hängt die Antwort auf diese Frage davon ab, ob man das Dasein von Welt und Mensch von Gott her als Gabe mit der Möglichkeit zum Guten annehmen und mit Vertrauen übernehmen

---

[1] Zu Platons Gedanken des *Prinzips der sinnvollen Plötzlichkeit* (ἐξαίφνης) vgl. *DsP* 26; das Höhlengleichnis (*Politeia* 514a-517a) zeigt, daß nur das unableitbare Ereignis der Umwendung (περιαγωγή) die philosophische Wahrheitssuche provozieren konnte, die als Ziel die Schau der absoluten Wahrheit hat (518d).

kann. Der Mut zum Glauben an einen Sinn des Einzelnen wie des Ganzen braucht auch dann nicht zu sinken, wenn jemand sähe, daß er nur im Wissen des Nichtwissens zu vollziehen ist und angesichts der begegnenden Übel angefochten bleibt. Vielmehr kann diese Einsicht den zum Schlagwort gewordenen Gegensatz zwischen dem *Gott der Philosophen* und dem *lebendigen Gott des Glaubens* relativieren, mit dem man zuweilen falsche Fronten zwischen philosophischem Denken und religiösem Glauben aufgebaut hat.[2]
Trotzdem ist die Frage nach dem Verhältnis philosophischen Gottdenkens zu dem lebendigen Gott des Glaubens berechtigt. Obgleich zu vermuten ist, daß die *entscheidende Beantwortung* dieser Frage *nur aus dem Bewußtsein einer lebendigen Gegenwart Gottes* gegeben werden kann, zeigt sich doch, daß zumindest das *Problem* des Verhältnisses zwischen dem sogenannten Gott der Philosophen und dem lebendigen Gott des Glaubens schon *in der Philosophie* auftaucht. Dieses Problem besitzt die Doppelgesichtigkeit, die der Philosophie im Blick auf die Gottesfrage allerorten zukommt. Einerseits scheint der Philosophengott zwar von der Zufälligkeit einer bloß geglaubten Wahrheit frei zu sein und eine dem Glauben überlegene Erkenntnis zu bieten; andererseits scheint sich Philosophie hier ein Ideal auszudenken, dem der Lebensbezug fehlt und die Zeichen der Freiheit Gottes mangeln. Im folgenden werden einige signifikante Bearbeitungen dieses Problems in der Philosophiegeschichte betrachtet. Die Grundlegung wird mit Platon und Aristoteles versucht; danach wird die Zuspitzung in der neuzeitlichen Diskussion skizziert, die mit Pascal begonnen hat und durch die metaphysikkritischen Ansätze Kants und Heideggers fortgeführt wurde.

---

[2] Vgl. *Mtpas* 19: „Der Gott der Philosophen ist unempfindlich, der der Bibel überempfindlich." Vgl. dazu den Abschnitt, *Die Exzesse des Philosophengottes*, *Mtpas* 295-307.

§ 11

Die *Distanz* zwischen menschlichem Gottdenken und der Wirklichkeit Gottes in der Philosophie Platons

Auch die flüchtige Betrachtung der von Platon überlieferten philosophischen Texte läßt bereits sehen, daß sie um die Fragen der *Metaphysik* kreisen, daß diese Fragen *nicht dogmatisch* beantwortet werden und ihre Beantwortung auf dem Weg *wissenschaftlicher Unterredungen* gesucht wird. Dennoch wird von Teilen der Platonforschung eine Auffassung vertreten, die seine Philosophie als Musterbild einer dogmatischen Metaphysik erscheinen läßt. Diese Auffassung hat weniger sachliche als überlieferungsgeschichtliche Gründe, sofern die Philosophie Platons ihre Wirkung bis zu Schleiermacher eher durch die Systematisierungen der neuplatonischen Schulen als durch seine authentischen Werke entfaltet hat. Weil vor allem die Dialoge den Charakter der Philosophie Platons widerspiegeln, baut die Darstellung auf ihnen auf.[3] An einschlägigen Passagen der Dialoge sollen einige von Platons Äußerungen zur Gottesfrage dargestellt und im Blick auf ihre Bedeutung für die Frage nach einem lebendigen Gott untersucht werden. Als Kontrast wird auch die Theologie des Aristoteles angeführt, die das Urbild des *Philosophengottes* darzubieten scheint. Der metaphysische, undogmatische und wissenschaftliche Charakter der Philosophie Platons hat zur Folge, daß sein Sprechen über Gott eher negativ ist und zu keiner objektiven Fixierung führt. Obgleich die Gottesfrage bei Platon gewiß eine zentrale Rolle spielt, ist ihr doch kein eigener Dialog gewidmet. Daraus folgt aber keineswegs die gängig gewordene Annahme, Platon spreche nur prädikativ von Gott, wie es im Griechischen allgemein der Fall sei.[4]

Als ein eindeutiger Hinweis für die Richtigkeit der Annahme, daß das Reden und Denken der alten Griechen von Gott und den Göttern nicht nur dem Ziel diente, die Göttlichkeit des Seins und seiner Erscheinungen zu prädizieren, kann der Umgang mit dem Faktum des Schlechten,

---

[3] Gegen eine einseitige Akzentuierung der sog. *ungeschriebenen Lehre*, die sich auf antike Dokumente zur Vorlesungstätigkeit Platons stützt; zur Diskussion vgl. *PuLP* und *ZnIP*; zur Entwicklung der Platonforschung vgl. auch *DPb*.

[4] Vgl. *GdH* 1,17ff.; diese These wird häufig nachgesprochen, obzwar Wilamowitz sie gar nicht ausdrücklich auf Platon bezieht; gleichwohl wird in Artikeln zu Platon behauptet, Wilamowitz habe *gezeigt* (!), „daß ‚Gott' im Griechischen kein Eigenname, sondern ein Prädikatsbegriff sei" (*AfG* 278). Die Bezugnahme auf philosophische Texte fehlt auch in *AR* 210ff. Kerényis grammatikalische Argumentation bezieht sich nicht auf den Sprachgebrauch Platons.

des Bösen und des Leidens angeführt werden. Gott und das Göttliche können nur solange als Prädizierungen für das Sein als Ganzes gelten, als dies Ganze gewissermaßen im Lot ist, ohne einer über die Welt hinausweisenden Hoffnung zu bedürfen. Sofern es bei den alten Griechen die Rede vom *Neid der Götter* gibt, sofern es Versuche der *Theodizee* gibt, zeigt sich, daß der Gedanke einer glücklichen Weltinsel, der durch sich selbst bereits Göttlichkeit zukomme, am Denken der Griechen vorbeigeht.

Karl Reinhardt hat ein Zweifaches als die Grundlage der griechischen Gottesvorstellung genannt, das nur verstanden werden kann, falls in ihrem Sprechen von Gott und den Göttern eine eigenständige Wirklichkeit angesprochen ist. Diese Grundlage ist „erstens Gottes Allmacht und Vorausbestimmung, die gleichwohl ein Mitwirken des Menschen fordert, zweitens Zeus' Gerechtigkeit, die jedem Unrecht seine Strafe zumißt" (*ARTh* 13). Die Antwort des Menschen, die diesen Gottesvorstellungen entspricht, ist das Gebet, das im Opfern, im Bitten, im Klagen und Danken seinen angemessenen Ausdruck findet. Diese Vollzüge, die wesentlich eine Distanz zum Faktischen aufreißen, setzen einerseits die Endlichkeit und Bedürftigkeit des Menschen voraus, andererseits aber seine Bezogenheit auf eine transzendente Macht, die dem besten Streben des Menschen zu entsprechen vermag.

Das Wissen des Nichtwissens, als Ausdruck der wesenhaften Situation des Menschen zwischen Weisheit und Unwissenheit, öffnet die Philosophie Platons für die eigenständige Wirklichkeit des Göttlichen. Zwar übt Platon, wie vor ihm Xenophanes, Parmenides oder Heraklit, Kritik an überlieferten Gottesvorstellungen (vgl. z. B. *Politeia* 377b ff.). Trotzdem verschmäht er nicht ganz die traditionellen mythischen Redeweisen, offenbar im Bewußtsein, daß nur durch sie die Macht des Göttlichen zum Ausdruck kommt, die nicht in Prädikate aufgelöst werden kann.

a) Wesentliche Merkmale der ausdrücklichen Rede von Gott in den Schriften Platons

Platon spricht, wenn man seine Werke äußerlich durchmustert, von Gott, von den Göttern und vom Göttlichen eher nur beiläufig. Im Blick auf seine ausdrückliche Rede von Gott, die hier gleichwohl zur Grundlage der Untersuchung gemacht werden soll, kann man zunächst die *unmittelbare Gegenwart des Göttlichen* in einer Stimme (δαιμόνιον) erwähnen, die mit dem *Ideal einer göttlichen Gerechtigkeit* verbunden ist. Sodann kann man darauf hinweisen, daß die Hoffnung über den Tod (θάνατος) hinaus Bezug zur Gottesfrage besitzt. In einem engen Zusammenhang mit diesen Motiven steht weiterhin das den Philosophen auszeichnende Streben (ἔρως) nach der göttlichen Wahrheit und Gerechtigkeit (δίκη).[5] Sie bilden zusammen den Hintergrund, der Platon Gott als den *Urheber und neidlosen Vater des Weltganzen*, als den *Ermöglichungsgrund der menschlichen Freiheit* und am Ende als das *Ziel und Gericht des menschlichen Strebens nach Weisheit und Gerechtigkeit* denken läßt.

Von einer Gegenwart des Göttlichen im δαιμόνιον ist vor allem in der *Apologie* des Sokrates die Rede. Zwar fällt Sokrates schließlich seinem Asebie-Prozeß zum Opfer, da ihn die verantwortlichen Amtsträger auf Gottlosigkeit verklagt haben und er in der Volksversammlung schuldig gesprochen worden ist. Entgegen dem Inhalt der Anklage beruft sich Sokrates in seiner Verteidigung aber auf seinen engen, inneren Bezug zu etwas *Göttlichem und Dämonischem* (θεῖόν τι καὶ δαιμόνιον). Er erwähnt eine Stimme (φωνή), die er von Kindheit an gehört habe, und sagt von ihr, daß sie ihm, *wenn sie sich hören lasse, immer von etwas abrede, was er tun wolle, zugeredet aber habe sie ihm noch nie* (*Apologie* 31d). Die Vermutung, das θεῖόν τι καὶ δαιμόνιον sei von der Art des Gewissens, ist sicher nicht abwegig. Sokrates erlebt und deutet sein Leben derart aus einem Bezug zum Göttlichen, der in gewissen Situationen hervortritt, wenngleich hier zunächst nur als eine warnende und ihn von manchen Handlungen zurückhaltende Stimme (*vox Dei*).

Platon sagt jedoch auch positiv, worauf das Streben des Menschen sich richten solle. Als höchste Tugend erscheint in der *Politeia* die Gerechtigkeit (δικαιοσύνη), welche die verschiedenen Kräfte und Vollkommenheiten des Menschen zu *harmonischer Einheit* bringen soll (*Politeia* 443c/d). Das *Ideal*, das der Mensch erstreben soll, ist die *Vollkommenheit Gottes*. Von dieser sagt Platon, daß Gott niemals auf irgendeine Weise ungerecht sei; vielmehr sei er im höchsten Sinne vollkommen gerecht, und niemand sei ihm ähnlicher, als wer ebenfalls der Gerechteste sei: θεὸς οὐδαμῇ οὐδαμῶς ἄδικος, ἀλλ' ὡς οἷόν τε δικαιότατος (*Theaitetos* 176b/c). Endziel des Philosophierenden ist folglich die *Anähnlichung an Gott, soweit diese in seinen Kräften steht*: ὁμοίωσις θεῷ κατὰ τὸ δυνατόν (*Theaitetos* 176b). Diese göttliche Gerechtigkeit soll im konkreten Lebensvollzug erstrebt werden, beispielsweise durch die Verwirklichung des gerechten Staates. Platon ermuntert denjenigen, der diese Gerechtigkeit im Leben zu verwirklichen trachtet, zur Hoff-

[5] Vgl. *PM* 240; diese drei seelischen Mächte bringen laut Reinhardt „den Mythos vom Himmel herab zur Erde".

nung auf göttliche Hilfe, auch sofern er unter Armut, Krankheit und sonstigen Übeln zu leiden hätte. Er glaubt, daß der von den Göttern wohl nicht vernachlässigt werde, der sich beeifere, gerecht zu werden und, indem er die Tugend übt, soweit es einem Menschen möglich ist, Gott ähnlich zu werden: Οὐ γὰρ δὴ ὑπό γε θεῶν ποτε ἀμελεῖται ὃς ἂν προθυμεῖσθαι ἐθέλῃ δίκαιος γίγνεσθαι καὶ ἐπιτηδεύων ἀρετὴν εἰς ὅσον δυνατόν ἀνθρώπῳ ὁμοιοῦσθαι θεῷ (*Politeia* 613a/b). Eine solche Hoffnung auf Gott hegt Sokrates schließlich auch über den Tod hinaus. Er beendet die *Apologie* mit folgenden Worten: „Jedoch, es ist Zeit, daß wir gehen, ich, um zu sterben, und ihr, um zu leben. Wer aber von uns beiden zu dem besseren Geschäft hingehe, das ist allen verborgen außer nur Gott" (42a). Er zeigt sich überzeugt, daß Gott von den menschlichen Angelegenheiten wisse. Gemäß der *Apologie des Sokrates* kann verbucht werden, daß der Gottesgedanke Platons ein lebensmäßiges Fundament besitzt, das praktisch-moralische und anthropologisch-ontologische Konsequenzen nach sich zieht.

Im Blick auf die Herausforderung des Menschen durch den Tod, die der *Phaidon* zum Thema macht, ergeben sich zwar Argumente für die Unsterblichkeit der Seele, aber nicht so, daß sie dogmatisch bewiesen wäre (vgl. *PAST* 20-23). Es bleibt die Aufgabe der persönlichen, Mut erfordernden Entscheidung, sein Leben in dieser Welt aus der Hoffnung auf ein Leben über den Tod hinaus zu übernehmen und zu gestalten. Das Ziel der Gespräche im *Phaidon* ist es, Vertrauen über den Tod hinaus zu ermöglichen. Sokrates sagt: „Euch Richtern will ich nun Rede darüber stehen, daß ich mit Grund der Meinung bin, ein Mann, welcher wahrhaft philosophisch sein Leben vollbracht, müsse getrost sein, wenn er im Begriff ist zu sterben, und der frohen Hoffnung, daß er dort Gutes in vollem Maße erlangen werde, wenn er gestorben ist" (63e/64a). Nicht die Einsicht in die Unsterblichkeit der Seele ist das Beweisthema, sondern lediglich, daß mit Grund hoffnungsvoll auf den Tod zugegangen werden kann. Wer in solcher Hoffnung die Gefahr des Daseins übernimmt, lebt in einer *schönen Gefahr* (114d: κίνδυνος καλός), wer sie aber zu meiden sucht, verdeckt die Gefährdetheit seines Seins, die er gleichwohl nicht abschütteln kann, und steht also in einer *schrecklichen Gefahr* (107c: κίνδυνος δεινός).

Aus dem *Phaidon* wird deutlich, daß Gott für den von dieser Hoffnung getragenen Philosophen eine zentrale Rolle spielt. Dies ergibt sich einerseits aus dem Mythos über das Schicksal der Seele nach dem Tode, das für die Seelen zum Gericht führt, in dem sie das gerechte Urteil für ihr Leben empfangen (107d-115a; vgl. *Politeia* 608c-621d). Andererseits kann man auf die Stelle am Ende des Dialogs hinweisen, in der Sokrates seine Überzeugung äußert, daß jedenfalls *der Gott* (ὁ θεός) und *die Idee des Lebens* (τὸ τῆς ζωῆς εἶδος) unsterblich zu nennen seien (*Phaidon* 106d). Sokrates setzt voraus, daß die Idee der Seele, die dem Leib Leben bringt, zwar den Tod nicht annehmen kann. Darin sieht er aber offenbar noch keinen ausreichenden Beweis für die Unsterblichkeit der Seele des einzelnen Menschen. Er scheint auf die Notwendigkeit hinweisen zu wollen, daß der wesenhaft unsterbliche Gott der Seele des einzelnen Menschen, deren *Idee* (εἶδος) an sich selbst schon Unvergänglichkeit zukommt, als einer konkreten Wirklichkeit auch jene Unsterblichkeit verleihe, die der Idee des Lebens eignet, so daß jeder einzelne endliche Mensch mit Mut und guter Hoffnung auf den Tod zugehen kann (*Phaidon* 64a: εὔελπις).

Diese Hoffnung auf ein Leben nach dem Tode ist mit dem Vertrauen verbunden, daß das Sein des Ganzen in Gottes Hand ruht, ohne daß Gott von Menschen in seiner inneren Wahrheit erfaßt werden könnte (z. B. *Politikos* 273d). Obgleich Platon die Idee des Guten als Ursprung von allem (πάντων αἴτιος) bezeichnet, wird dennoch jede Thematisierung des Guten an sich selbst verweigert: αὐτὸ μὲν τί ποτ' ἐστὶ τἀγαθὸν ἐάσωμεν τὸ νῦν εἶναι (*Politeia* 506d/e). In Anknüpfung an den Sprachgebrauch des Thomas (*S. th.* I,2,2c) wäre zu sagen, daß nur Wirkungen Gottes erkannt werden, er selbst jedoch unbekannt bleibe. Die Wirkung Gottes bezieht sich auf alle weltliche Wirklichkeit, sowohl auf ihr Sein als auch auf das Geschehen in ihr, zu dem auch der Vollzug der menschlichen Erkenntnis gehört. Der Ursprung von allem aber ist jenseits der Seiendheit und überragt sie an Würde und Kraft (*Politeia* 509b: ἐπέκεινα τῆς οὐσίας πρεσβείᾳ καὶ δυνάμει ὑπερέχοντος).

Platon nennt Gott als *Urheber und Vater des Ganzen* (ποιητὴς καὶ πατὴρ τοῦ παντός). Diese Redeweise wird von Platon bewußt metaphorisch gehalten, da er überzeugt ist, daß nicht leicht angemessen von Gott gesprochen werden kann (*Timaios* 28c).[6] Er sieht schon das Dilemma, daß von Gott nicht beweisend gesprochen werden kann, daß die Gottesleugner aber durch ihre Zweifel dennoch beweisendes Sprechen provozieren.[7] Besonders ist noch das Motiv der Neidlosigkeit Gottes zu erwähnen. Neidlos (ἄφθονος) ist, wer unbedürftig und vom Besitz der anderen unbeeinträchtigt ist. Nur der neidlose Geber, der Urheber

---

[6] Vgl. *IWPT* 269; entsprechend dieser Interpretation Gadamers ist die *Weltschöpfung durch den Demiurgen* nichts anderes als die *Welterkenntnis durch den Menschen*; gegen diesen Entmythologisierungsversuch vgl. *UPT* 249-255.

[7] Vgl. hierzu *Nomoi* 890b/d, 897b/c; *Phaidros* 245d/e; *Timaios* 31a. Die Weltseele und der Demiurg sind nicht selbst Gott, sondern Bindeglieder zwischen Gott und Welt (z. B. *Nomoi* 899d).

des Ganzen ist, kann der liebende Vater sein, der die Schöpfung zu einem werdenden (θεὸς ἐσόμενος) oder wahrnehmbaren Gott (θεὸς αἰσθητός) macht (vgl. *Timaios* 29d/e, 34b, 92c). Was immer Gott ähnlich werden können soll, muß frei sein, weil Gott als unendliche Freiheit zu denken ist. Will Gott die Gottähnlichkeit der Welt, will er auch ihre Freiheit.

Hielte Gott als Ursprung des Alls von vornherein alles in seiner Hand, bliebe für ursprüngliches Handeln, das nicht die Aktivität Gottes wäre, kein Raum. Aus der Tatsache, daß vieles in der Welt schlecht ist, schließt Platon, daß Gott nicht die Ursache an allem in der Welt ist (*Politeia* 379b/c). Er ist überzeugt, daß der Mensch zu selbständigem und verantwortlichem Lebensvollzug fähig ist, dessen Bedeutung bis in die Ewigkeit reicht. Solche menschliche Verantwortung betrifft zunächst den sittlichen Zustand des Einzelnen, den er selbst gewählt habe (vgl. *Politeia* 617e: αἰτία ἑλομένου· θεὸς ἀναίτιος), aber auch die Geschicke der Staatswesen, die in die Hand des Menschen gelegt seien (*Politikos* 272e). Platon versteht Gott nicht bloß als neidlosen *Urheber* von allem, sondern auch als den um die Menschen besorgten *Vater*. Er erklärt deswegen ausdrücklich, daß der zu ermahnen sei, „der glaubt, daß es zwar Götter gibt, daß sie sich aber nicht um die menschlichen Angelegenheiten kümmern" (*Nomoi* 899d: τὸν δὲ ἡγούμενον μὲν θεοὺς εἶναι, μὴ φροντίζειν δὲ τῶν ἀνθρωπίνων πραγμάτων). Dies Sichkümmern Gottes um die Welt beginnt bereits mit der Grundordnung, in der ein verantwortliches Wesen sich frei entfalten kann. Demnach spricht Platon zwar von Gott als einem allmächtigen Weltenlenker (κυβερνήτης τοῦ παντός), aber so, daß Gott den Menschen mit Verantwortung für sich selbst und die Welt betraut und ihm die Aufgabe freien Selbstvollzugs mit der Möglichkeit der Selbstgestaltung übergeben hat. Damit erwächst für den Menschen die Möglichkeit und die Notwendigkeit der Wahl seines besonderen Seins. Dem Menschen ist die Aufgabe der selbstanordnenden Vorsorge (αὐτεπίταξις, ἐπιμέλεια) gestellt, so daß er die Zurüstung für sein Leben selbst zu besorgen hat (*Politikos* 260e, 267a/b, 274d, 275c, 276d/e, 279a, 307e). Trotzdem ist der Mensch nicht ganz vom Band zum Göttlichen abgeschnitten. Falls die Weltsituation zu verworren werde, greife der *Steuermann des Alls* rettend ein. Gott, der den Kosmos geordnet hat (θεὸς ὁ κοσμήσας αὐτόν), bleibt in Sorge um die Welt (κηδόμενος), wenngleich er dem Menschen sein Schicksal zur *selbstanordnenden Vorsorge* anvertraut hat.[8]

---

[8] Zur plötzlichen, göttlichen Fügung (θεία τύχη, ἐξαίφνης) vgl. *Politeia* 499b/c und 515c, *Symposion* 210e, *Siebenter Brief* 341e; vgl. die Idee des θεὸς ἐξ ἀνθρώπων (*Politikos* 303b).

Schließlich wird Gott als Maß und Gericht des menschlichen Strebens nach Weisheit und Gerechtigkeit angenommen. Die Vollendung von Weisheit und Gerechtigkeit, die von Menschen nur unvollkommen erreicht werden kann, nimmt Platon in Gott als wirklich an (*Theaitetos* 176b/c). Der Mensch kann zwar als *Zwischenwesen* zwischen Weisheit (σοφία) und Unwissenheit (ἀμαθία) aus eigener Anstrengung seine Verähnlichung mit dem Göttlichen soweit als möglich erstreben. Er bleibt aber stets einer Vollendung bedürftig, die er sich selbst nicht geben kann (vgl. *Symposion* 204b).
Platons Annahmen zu Gott und Göttlichem lassen sich so zusammenfassen: <1> Gottes Stimme ist unmittelbar im Gewissen erfahrbar. <2> Gott ist der Gerechteste. <3> Göttlichkeit gilt als ideales Ziel menschlichen Lebens und Strebens. <4> Gott ermöglicht eine Hoffnung des Menschen über den Tod hinaus. <5> Gott ist der unfaßbare und neidlose Urheber der Welt. <6> Gott entläßt den Menschen in die Freiheit, er ist frei tätig und um den Weg des Menschen besorgt. <7> Gott ist das eschatologische Ziel und Gericht alles menschlichen Strebens nach Weisheit und Gerechtigkeit.
Dieser Gottesgedanke zeichnet sich durch unmittelbare *Erfahrbarkeit* aus, die sich aber gegen seine volle theoretische *Erfassung* sperrt. Gleichwohl denkt Platon in theoretischen und praktischen Überlegungen auf Gott hin. Die Doppelthese von der theoretischen Unerfaßbarkeit und der trotzdem sich aufdrängenden wissenschaftlichen Notwendigkeit, auf Gott hinzudenken, ist in den zentralen Gleichnissen der *Politeia* verbildlicht. Platon stellt das Denken so in die Spannung zwischen Affirmation, Negation und Steigerung der Aussagen. Er betont das negative Motiv, daß die Menschen von Gott nicht wissen können. Dennoch bleibt klar, daß in der Philosophie von Gott gesprochen werden muß. Wer Gott erkennen könnte, besäße göttliche Weisheit und bedürfte nicht der Philosophie. Im *Wissen des Nichtwissens* gewahrt Platon folglich die höchste Verwirklichung jeder möglichen menschlichen Weisheit (*Apologie* 20d: ἀνθρωπίνη σοφία). Platons Sprechen von Gott besitzt demnach eine große Nähe zur Religion, sofern diese vom Glauben an das göttliche Offenbarungshandeln in und an der Welt getragen ist.

b) Der theoretisch reflektierende Grundcharakter der Aristotelischen Theologie

Platons Äußerungen zur Gottesfrage treten meist beiläufig innerhalb von *Dialogen* auf, die überwiegend in Form von Streitgesprächen ausgearbeitet sind. Platon wahrt in seinen Werken damit die Lebendigkeit der mündlichen Rede; die Dialoge sind eher gezielte *Aufforderungen zu eigenem Philosophieren* als *dogmatische Repräsentationen von Einsichten* Platons. So versteht sich die These, daß ein Philosophierender fähig sein solle, das Geschriebene als minderwertig zu erweisen: αὐτὸς δυνατὸς τὰ γεγραμμένα φαῦλα ἀποδεῖξαι (*Phaidros* 278c). Weil die Hypothesen der Dialoge nur vorläufige Stationen darstellen,[9] sei weniger auf die Meinungen des Sokrates zu achten als vielmehr auf die Wahrheit: σμικρὸν φροντίσαντες Σωκράτους, τῆς δὲ ἀληθείας πολὺ μᾶλλον (*Phaidon* 91c).[10]

Aristoteles, der zwanzig Jahre lang Schüler und Mitglied der von Platon gegründeten und geleiteten *Akademie* war, hat seine Philosophie im Anschluß und in Auseinandersetzung mit der Philosophie Platons vorgetragen, aber der *empirischen Ausrichtung* der vorsokratischen Philosophie mehr Recht zugestanden. Im Unterschied zu der Überlieferungssituation der Werke Platons, von denen die für die Öffentlichkeit bestimmten Schriften vollständig überliefert sind, jedoch kaum die Vorlesungstexte des Schulbetriebs, basiert die Aristoteles-Kenntnis vorwiegend auf Texten, die als manchmal stichwortartige Skizzen für Vorlesungen dienten. Wie Platons Gedanken heute also vor allem durch seine Dialoge bekannt sind, so stehen in der Aristoteles-Lektüre dessen Vorlesungen im Zentrum. In ihnen zeigt sich Aristoteles als *Problemdenker*, der das ganze Spektrum aller geschichtlichen und systematischen Möglichkeiten ins Spiel zu bringen und zu reflektieren sucht.

Zunächst hat Aristoteles manche Thesen der skizzierten Theologie Platons übernommen. Das gilt beispielsweise für das Streben nach unvergänglicher Tätigkeit (ἀθανατίζειν), entsprechend zur Anähnlichung an Gott (ὁμοίωσις θεῷ κατὰ τὸ δυνατόν),[11] ebenso wie für das Streben nach einem den Tod überdauernden Leben. Zur Unsterblichkeitsfrage hat sich Aristoteles in dem als Fragment überlieferten Dialog *Eudemos* geäußert, gleichsam seinem Gegenstück zu Platons *Phaidon*. Den Gedanken des *Eudemos* liegt vermutlich ein Gottesbild zugrunde, das sich durchaus spannungsvoll zu der philosophischen Theologie der *Physik* und vor allem der *Metaphysik* verhält, die auf deren physikalischer und psychologischer Kinetik gründen. Das Besondere des *Eudemos* besteht darin, daß er die These vertritt, die Seele eines Verstorbenen sei sich der

---

[9] Vgl. z. B. *Phaidon* 70d und 106d, wo in fast gleichlautenden Formulierungen (εἰ δὲ μή, ἄλλου ἂν δέοι λόγου) die mögliche Unvollkommenheit der Beweise zugestanden wird.

[10] Vgl. in diesem Sinn *KrV* B 865: „Man kann also unter allen Vernunftwissenschaften (*a priori*) nur allein Mathematik, niemals aber Philosophie (es sei denn historisch), sondern, was die Vernunft betrifft, höchstens philosophieren lernen."

[11] Vgl. *NE* X, 1177 b 33. Ziel ist es, sich der höchsten und zugleich unvergänglichen Lebensform zu nähern; vgl. *Theaitetos* 176b.

Freunde, denen sie im Weltleben verbunden war, klarer bewußt als vordem. Die Vollkommenheit der menschlichen Seele wird hier nicht in der *autarken Selbstgenugsamkeit reinen Denkens* gesehen, wie sie im Anschluß an die *Metaphysik* als das gedachte Wesen Gottes, im Anschluß an die *Nikomachische Ethik* aber als die höchste Möglichkeit des menschlichen Handelns erscheinen kann (zu Inhalt und Bedeutung des *Eudemos* vgl. *Ari*).

Obgleich die philosophische Theologie des Aristoteles also gewiß mehr Facetten hatte, als die überlieferten Texte zeigen, muß sich die Interpretation an diese Texte halten, allerdings im Wissen, daß sie womöglich nur einen schmalen Ausschnitt seines Gesamtdenkens erreicht. Epochemachend ist die Aristotelische Theologie vor allem durch ihre Darstellung im zwölften Buch der *Metaphysik* geworden, in dem der von Xenophanes bekämpfte Polytheismus vom Ansatz her überwunden ist. Die spekulative Rationaltheologie, die Aristoteles vorträgt, scheint ein unverhülltes Musterbild des *Gottes der Philosophen* zu repräsentieren. Aristoteles versucht nämlich, Gott als reines Denken zu begreifen, das sich selbst in ungegenständlicher Reflexion als höchste Substanz (ἀρίστη οὐσία) und höchstes Leben (ἀρίστη ζωή) erfaßt.

Nach einer oft gedankenlos wiederholten Auffassung war der Name *Metaphysik* anfänglich ein Verlegenheitstitel für die Bücher, die *nach der Physik* kamen (τὰ μετὰ τὰ φυσικά). Es scheint jedoch zutreffender, im Namen der *Metaphysik* von vornherein etwas zur Sache Gehöriges zu sehen (vgl. *EBNM*). Schon Alexander von Aphrodisias hat diesen Namen sachbezogen als *Erste Philosophie* gedeutet und hinzugefügt, daß die *Metaphysik* in bezug auf uns (τάξις πρὸς ἡμᾶς) *nach der Physik* komme.[12] Weil menschliches Erkennen stets mit der Wahrnehmung beginnt (*ratio cognoscendi*), ist die Physik also *für uns* und *der Zeit nach* das Frühere. *Nach der Physik* erheben sich dann die Fragen, die Aristoteles einer *gesuchten Wissenschaft* (ἐπιστήμη ζητουμένη) zuordnet, in welcher die ersten Seinsgründe erforscht werden sollen (das Frühere in der *ratio essendi*). Aristoteles versteht die gesuchte Wissenschaft als göttlichste Wissenschaft (ἐπιστήμη θειοτάτη; *Mp* A, 982 b-983 a) oder als theologische Philosophie (φιλοσοφία θεολογική; *Mp* E, 1026 a 18f.). Sie gilt ihm als die höchste der drei theoretischen Disziplinen der Philosophie, nämlich der Mathematik, der Physik und der Theologie, weil sie als die im höchsten Sinne aus Ursachen mit Notwendigkeit beweisende

---

[12] Vgl. *EBNM* 146f.; weiterhin 160f. (didaktische Gesichtspunkte); 165f. enthält Belege für die Annahme, daß die Reihenfolge der Schriften von Aristoteles selbst geplant gewesen sei; 171ff. wird gezeigt, daß wenigstens in der Aristoteles folgenden Generation der Name sachhaltig verstanden wurde.

Wissenschaft (ἡ ἐπιστήμη ἀποδεικτική) gilt. Aristoteles unterscheidet sie von der Erfahrung (ἡ ἐμπειρία), der allein das *Daß*, nicht aber das *Warum* des Wirklichen bekannt ist. Die innerhalb der *Ersten Philosophie* untersuchten Seinsgründe laufen also *zuletzt* auf einen *ersten* Grund zu, den Aristoteles in religiöser Sprache *Gott* nennt. Obgleich *Metaphysik* in diesem Sinn *Meta-Physik* ist, muß im voraus bemerkt werden, daß Aristoteles die Theologie nicht allein von derartigen physikalischen Ausgangspunkten her entwickelt, sondern daß insbesondere auch *psychologische* und *noologische* Erwägungen hinzukommen und eine wesentliche Rolle in ihr spielen.

Die *Metaphysik* trägt die Krönung der Aristotelischen Philosophie vor, nämlich die Lehre vom höchsten Seienden. Schon Platon hatte sich von der verschieden ausgelegten *Eindeutigkeit der Seinsaussage* der Eleaten und der Atomisten entfernt. Als *seiend* verstanden die Eleaten das *denkbare geistige Sein*, die Atomisten jedoch die *kleinsten Bausteine der Materie*. Zwischen beiden hält Platon eine Mittelposition (z. B. *Theaitetos* 180e). Aristoteles vertritt diese mittlere Position in verschärfter Form und betont, daß das Seiende auf vielfältige Weise ausgesagt wird (z. B. *Mp* Z, 1028 a 10: τὸ ὂν λέγεται πολλαχῶς). Mit gezielterer Intensität als Platon versucht er die *Bewegung* zu verstehen; auch dieser Weg führt zuletzt zur Theologie. Platon hatte sich der Physik eher nur zugewandt, um sie philosophisch umzudeuten und ihre Anmaßung, wenn sie ein auf Stoff und Kraft reduziertes Weltbild vorträgt, durch die genuin philosophische Reflexion zu hinterfragen.[13]

Eine den Ansatz der metaphysikalischen Theologie des Aristoteles kennzeichnende Stelle hat Hans von Arnim kommentierend übersetzt (*Ph* VIII, 253 a 22ff.): „Die Erfahrung lehrt (φανερόν), daß es Dinge (ὄντα) gibt, die bald bewegt werden, bald ruhen. Durch den Hinweis auf diese Erfahrungstatsache konnten wir drei mögliche Ansichten widerlegen: 1. daß alle Dinge immer bewegt werden (das heraklitische Dogma), 2. daß alle Dinge immer unbewegt bleiben (den Eleatismus), 3. daß einige Dinge immer ruhen, andere immer bewegt werden (die platonische Ansicht). Wir haben dann den Satz aufgestellt, daß alles Bewegte von etwas bewegt wird, welches entweder unbewegt oder bewegt sein könne, und zwar bewegt entweder von sich selbst oder von einem anderen; und so kamen wir zu dem Satze, daß der Anfang für alle bewegten Dinge … das sei, das sich selbst bewegt, von allem aber das Unbewegte“ (*EAG* 38).

---

[13] Vgl. *Phaidros* 229e; *Phaidon* 96a ff.; vgl. die Bedeutung der Physik im Liniengleichnis der *Politeia* (509b ff.) und im Gesamtprogramm des *Timaios*.

Das zwölfte Buch der *Metaphysik*, der Haupttext zur Theologie des Aristoteles, beginnt mit den Unterschieden zwischen Seinsweisen. Die zuerst eingeführte Unterscheidung zwischen dem substantiell und dem akzidentell Seienden ist hier nicht zu untersuchen. Sie verdeutlicht jedoch, daß die entscheidenden Abschnitte von selbständig, *substantiell* Seiendem handeln (vgl. *Mp* Λ, 1071 a 1). Im Hinblick auf solches substantiell Seiende ist wiederum zwischen drei Seinsweisen zu unterscheiden (οὐσίαι δὲ τρεῖς), nämlich zunächst einmal zwischen dem, was sinnlich wahrnehmbar ist (αἰσθητόν), und dem, was als geistige Wirklichkeit vom Wahrnehmbaren getrennt ist (χωριστόν); bezüglich des sinnlich Wahrnehmbaren ist weiter zwischen der Seinsweise des Ewigen (ἀΐδιον) und des Vergänglichen (φθαρτόν) zu unterscheiden (*Mp* Λ, 1069 a 30ff.).

Aristoteles erklärt im Anschluß an diese Unterscheidungen, daß die beiden ersten Arten der Seiendheit (οὐσία) zur Physik gehören, da sie mit Bewegung verbunden sind, die letzte aber gehöre zu einer anderen Wissenschaft, die mit der Physik *keinen gemeinsamen Ursprung* habe (*Mp* Λ, 1069 b 2: μηδεμία αὐτοῖς ἀρχὴ κοινή). Er zeigt sich schon zu Beginn überzeugt, daß über das veränderliche Seiende, das in der Physik untersucht wird, auf das Seiende hingedacht werden muß, in dem die Bewegung alles Bewegten ihren von nichts Anderem bewegten Ursprung hat. Demnach muß es vor allem um die Frage gehen, ob eine unbewegte und nichtwahrnehmbare Ursache der Bewegung vorauszusetzen ist. Diese Frage wird vom sechsten Kapitel an präzisiert und beantwortet.

Aristoteles beginnt dort mit der These, daß es ewiges unbewegtes Sein geben muß, wenn man die Wirklichkeit des Bewegten verstehen können will: λεκτέον ὅτι ἀνάγκη εἶναι ἀΐδιόν τινα οὐσίαν ἀκίνητον (*Mp* Λ, 1071 b 5f.). Aristoteles geht sodann davon aus, daß Bewegung die Überführung von etwas Möglichem in Wirklichkeit ist und daß diese Überführung sich nur durch etwas Wirkliches ereignen kann. Unter dieser Voraussetzung gibt es entweder gar keine Bewegung oder sie muß zuletzt von etwas Wirklichem ausgehen, das unbewegt an sich selbst reine Tätigkeit ist: δεῖ ἄρα εἶναι ἀρχὴν τοιαύτην ἧς ἡ οὐσία ἐνέργεια (*Mp* Λ, 1071 b 20). Mit diesen Überlegungen, die Thomas ganz ähnlich übernommen hat (*S. th.* I,2,3c; vgl. § 8 c.), scheint indessen eine unlösbare Aufgabe gestellt zu sein. Das notwendige Sein der Ursache soll einerseits nämlich als unbewegte *Tätigkeit* erfaßt werden, andererseits soll in diesem Unbewegten zugleich der erste *Grund aller Bewegung* zu finden sein. Aus der Forderung, daß dieser erste Grund aller Bewegungen an sich selbst unbewegt sein soll, weil er sonst selbst eines Grundes der Bewegung bedürfte, schließt Aristoteles weiter auf seine Stofflosigkeit (vgl. *Mp* Λ, 1071 b 20).

Alle aus der Erfahrung bekannte Tätigkeit ist nichts anderes als Bewegung, Überführung dessen, was bloß möglich ist, in die Wirklichkeit. Das Mögliche scheint so immer früher als das Wirkliche zu sein. Nur das, was schon vorher möglich war, scheint wirklich *werden* zu können. Wenn man diesen Gedanken genau auffaßt, ist er richtig. Es geht in ihm nämlich allein um das *Werden* des Wirklichen. Alles Werden setzt jedoch eine ungewordene, nicht werdende Wirklichkeit voraus. Die *Möglichkeit* geht zwar im einzelnen Werdenden der Wirklichkeit voraus, bezüglich der Existenz von Werdendem überhaupt besitzt jedoch die *Wirklichkeit* den Primat: τὸ μὲν δὴ δύναμιν οἴεσθαι ἐνεργείας πρότερον ἔστι μὲν ὡς καλῶς ἔστι δ' ὡς οὔ (*Mp* Λ, 1072 a 2ff.; dazu *DuE*, bes. 135ff.).
Aristoteles geht auf Grund von physikalischen Überzeugungen seiner Zeit davon aus, daß ein oberster Himmel, die Fixsternsphäre, sich in unaufhörlicher und gleichförmiger Bewegung befinde. Diese unaufhörliche und gleichförmige Bewegung könne aber nur dann gedacht werden, wenn es beim Bewegenden keine Veränderung gibt. Er folgert daraus, daß es etwas geben muß, das unbewegt und doch zugleich bewegend ist; dies vorausgesetzt muß es also Bewegendes geben, das zwar alles Andere bewegt, ohne indessen selbst bewegt zu sein; es muß ewig sein, wahres Sein und tätige Wirklichkeit: ἐπεὶ δὲ τὸ κινούμενον καὶ κινοῦν μέσον, ἔστι τι ὃ οὐ κινούμενον κινεῖ, ἀΐδιον καὶ οὐσία καὶ ἐνέργεια οὖσα (*Mp* Λ, 1072 a 24ff.).
Soweit scheint der Sachzusammenhang ganz allein durch die Physik vorgegeben zu sein. Im folgenden Satz taucht aber ein deutlicher Hinweis für eine weiterreichende Motivation auf. Ohne solche *den Horizont der Physik aufbrechenden Motive* würden die Untersuchungen in der Aporie enden, also nicht zum Gedanken an das höchste, vollkommene Sein führen. Nur diese Verbindung der physikalischen mit psychologischen, moralischen und religiösen Motiven läßt den Gedankengang theologisch werden. Nur sofern *Psychologie* und *Noologie* mit ins Spiel gebracht werden, kann überhaupt eine theologische Lösung der Bewegungslehre in Betracht kommen. Dieses Faktum wird in den kritischen Äußerungen zur Aristotelischen Theologie zuweilen nicht ausreichend gewürdigt.[14]
Aristoteles sagt an der entscheidenden Stelle, daß dasjenige bewegend ist, ohne bewegt zu sein, worauf das *Verlangen* und worauf das *Denken* geht: κινεῖ δὲ ὧδε τὸ ὀρεκτὸν καὶ τὸ νοητόν· κινεῖ οὐ κινούμενα (*Mp* Λ, 1072 a 26f.). Nur auf diesem prinzipiell über alle physikalischen Überlegungen hinausweisenden Wege wird klar, wie ein Unbewegtes

---

14 Vgl. z. B. die Grundtendenz der an sich verdienstvollen Untersuchung *UG*, bes. 53-65.

überhaupt der Grund einer Bewegung sein kann. Aus den Zielen des menschlichen Strebens und Denkens ergibt sich nämlich, daß etwas in sich ruhendes Ewiges als vollkommene Wirklichkeit aufgefaßt werden kann. Solches Vollkommene kann für das weniger Vollkommene so attraktiv sein, daß das minder Vollkommene von sich aus auf das Vollkommene zustrebt, ohne daß das Vollkommene sich bewegen müßte, um diese Bewegung des Unvollkommenen auszulösen. Das Vollkommene bewegt, indem es wie ein Geliebtes das weniger Vollkommene anzieht, wobei also Unvollkommenes Vollkommenheit erstrebt. Dies Streben ist nicht aus dem Vermögen des Unvollkommenen möglich, sondern aus der Maßgabe, die von anderer Seite kommt. Jede Vervollkommnung von Unvollkommenem setzt voraus, daß das Vollkommene *wie das Geliebte bewegt*: κινεῖ δὴ ὡς ἐρώμενον (*Mp* Λ, 1072 b 3). Damit gerät der Gedanke grundsätzlich auf die Ebene noologischer und interpersonaler Kategorien. Wieweit Aristoteles diesem Anspruch des Bewegenden mit seinem Gottdenken entsprochen hat, kann auch kritisch beurteilt werden.[15]

Unbewegtes scheint jedenfalls nach alltäglicher Auffassung nicht vollkommen zu sein. Aristoteles versteht die *Unveränderlichkeit Gottes* jedoch keineswegs als Starrheit, sondern als das *höchste Leben*, als *reine Tätigkeit*, als ἀρίστη ζωή und als ἐνέργεια (*Mp* Λ, 1072 b 29f.). Dieses höchste Leben und reine Tätigsein Gottes legt er als den Inbegriff des geistigen Vermögens (νοῦς) und seines Vollzugs (νόησις) aus (*Mp* Λ, 1074 b 22ff.). Die Frage, was dieses göttliche Denken denke, wird jedenfalls so beantwortet, daß es immer auf das Göttlichste und Würdigste ziele (*Mp* Λ, 1074 b 26: τὸ θειότατον καὶ τιμιώτατον νοεῖ), daß es also auf sich selbst gerichtet sei. Aristoteles hält das geistige Schauen auch für die erfreuendste Tätigkeit, sofern sie sich auf das Beste richtet (vgl. *Mp* Λ, 1072 b 13-20). Weil Denken die beste Tätigkeit ist, sofern es keines Anderen bedürftig und erfreuend ist, erfährt es dann seine höchste Vollendung, wenn es sich auf sich selbst richtet, wenn *denkender Geist und Gedachtes also dasselbe sind*: ταὐτὸν νοῦς καὶ νοητόν (*Mp* Λ, 1072 b 21f.).

Aristoteles beendet diese Überlegung mit der These, daß Gott zugleich lebendig, ewig und vollkommen sei (*Mp* Λ, 1072 b 30ff.). Das Bewegte in der Welt läßt auf ein erstes unbewegt Bewegendes schließen: τὸ κινούμενον ἀνάγκη ὑπό τινος κινεῖσθαι, καὶ τὸ πρῶτον κινοῦν ἀκίνητον (*Mp* Λ, 1073 a 26ff.). Das unbewegt Bewegende wird von al-

---

[15] Die Schöpfungsidee, die bei Aristoteles fehlt, geht laut Lévinas *in Gott über ein ewig in sich zufriedenes Sein hinaus*: „l'idée de création qui, en Dieu, dépasse un être éternellement satisfait de soi" (*TI* 193f./*TU* 316).

lem Anderen wegen seiner Vollkommenheit und Göttlichkeit (als θειότατον und ἀρίστη οὐσία) geliebt (*Mp* Λ, 1074 b 16 und 21). Gott ist höchste Tätigkeit, die das Höchste – sich selbst – zum Ziel hat. Der im Anschluß an die physikalische und psychologische Kinetik gedachte Gott ist *Denken* als *Denken des Denkens*: νόησις νοήσεως νόησις (*Mp* Λ, 1074 b 34f.).

Wer dies spekulative Gottdenken für problematisch hält, muß beachten, daß eine Theologie, die sich vom *gedachten Gott* befreien will, die Gefahr kennen muß, in die sie gerät, wenn sie auf vernünftige Ausweisung verzichtet. Die gewiß bestehende Problematik des *Gottes der Philosophen* läßt philosophisches Gottdenken nicht überflüssig werden. Vielmehr bleibt es nötig zu fragen, wo seine Chancen liegen und wo Gefahren der Abgleitung lauern. Der Ansatz des Aristoteles, Gott als das absolute Ziel einer *gesuchten Wissenschaft* zu denken, behält jedenfalls seine Bedeutung.

c) Der apologetische, negative und mythopoietische Charakter der philosophischen Theologie Platons

Es könnte sein, daß Platon schon einige der Fragen bedacht hat, die sich bezüglich des rational-diskursiven Gottdenkens stellen, wie Aristoteles es vorträgt. Außerdem kann nicht ausgeschlossen werden, daß die Aristotelische Theologie doch für einen lebendigen Gottesbezug offener ist, als es ein erster Augenschein wahrmachen will. Sofern dieser philosophisch gedachte Gott sich nämlich *für das Endliche* attraktiv zeigt, kann man zugleich fragen, wie seine Attraktivität möglich ist, da er ja so gedacht zu sein scheint, als sei er ausschließlich auf sich selbst bezogen. Wie das Unendliche die Sehnsucht des Endlichen zu erwecken und dessen Bewegung auf die Vollkommenheit als Erfüllung zu initiieren vermag, bleibt rätselhaft. Aristoteles kannte die Fragen und Antworten Platons und hat nicht negativ zu ihnen Stellung bezogen, was er an anderer Stelle durchaus nicht umgangen hat (z. B. *An* A, 404 b 16ff. und 406 b 26ff.).

Aristoteles kommt im Zuge seiner Kinetik und seiner Ontologie zu Gott als vollkommenstem Wesen, zur Idee eines Ideals. Dabei wird das Wesen Gottes *in sich* zum Thema; anders als Platon trägt Aristoteles explizit das Ideal einer theologischen Philosophie (φιλοσοφία θεολογική) vor, die indessen eine gesuchte Wissenschaft (ἐπιστήμη ζητουμένη) bleibt. Dabei wird die in der Religion entscheidende Beziehung zwischen Gott und Mensch problematisch, sofern sie dann nur noch vom Menschen her gedacht werden zu können scheint, soweit die Vollkommenheit Gottes für ihn anziehend ist. Wenn Aristoteles das Wesen Gottes gleichsam von innen her zu erfassen und sich seiner zu bemächtigen suchte, könnte man auf die Probleme dieser Theologie hinweisen. Es wäre in der Tat seltsam, wenn Menschen einen Weltgrund erfassen könnten, der von sich her ohne Bezug zur Welt wäre. So würde das Sein des Ganzen durch etwas verstanden, das nicht in der Lage wäre, das Ganze als Ganzes und in all seinen einzelhaften Verwirklichungen zu erkennen. Wie Aristoteles angesichts derartiger Fragen geantwortet hätte, kann nicht von vornherein für eindeutig und klar gelten.

Das freiwillige oder unfreiwillige Fehlen von Antworten ist eine Art des *Schweigens*, die von seiten der Philosophie zuweilen eine sachgemäße Antwort auf die Situation sein kann. Philosophie soll suchen und fragen, soweit es in ihrer Kraft steht; sie sollte es aber vermeiden, die unendliche Wahrheit spekulativ zu entwerfen. Die Philosophie, die um ihre Aufgaben und Grenzen weiß, kann immerhin Argumente entkräften, die dem Gottdenken und dem Gottesglauben entgegenstehen. Sie kann das Denken gegen irrige Meinungen wappnen und es womöglich für das Geheimnis Gottes öffnen.

Indem Platon diese Aufgaben im Wissen des Nichtwissens zu lösen sucht, besitzt sein Philosophieren zugleich *wissenschaftlichen*, *undogmatischen* und *metaphysischen* Charakter. Für das Gottdenken ergibt sich aus diesen Charakteren im Blick auf Leugner die Aufgabe der *Apologetik*, im Blick auf die vermeintlichen Alleswisser die Aufgabe des *negativen* Sprechens, im Blick auf die aber, die für das Unendliche offen sind, die *mythopoietische* Repräsentation des Geheimnisses. Damit hat die philosophische Theologie Platons *apologetischen*, *negativen* und *mythopoietischen* Charakter.

An dieser Stelle könnte Heideggers Metaphysikkritik zurückgewiesen werden, soweit sie als Interpretation von Platons Metaphysik konzipiert ist. Das Hauptbedenken Heideggers zu dem, was sich in Platons Philosophie ereignet, besteht in dem von ihm behaupteten *Wandel im Wesen der Wahrheit*, der von der Unverborgenheit (ἀλήθεια) zur Richtigkeit (ὀρθότης) führe (*PLW* 231-233). Laut Heideggers Interpretation trägt die Metaphysik seit Platon, ohne es zu wissen, den Keim des *Nihilismus* in sich. Indem also Platon das Sein als *Idee* auslege, mache er es verfügbar und bereite die Umdeutung der Idee als *Wert* im Sinne Nietzsches vor.[16] Indessen ist es doch sehr fraglich, ob Platon die *Wahrheit unter das Joch der Idee* hat kommen lassen; obgleich die philosophiegeschicht-

[16] *PLW* 227 bezeichnet Nietzsche als *zügellosesten Platoniker innerhalb der Geschichte der abendländischen Metaphysik*; *SD* 78 hält trotz Korrekturen weiter an diesen Thesen fest.

lichen Thesen Heideggers damit problematisch werden, bleiben seine Ansätze dennoch sachlich beachtenswert (vgl. dazu § 13 b.).

Wenn Platon von Gott spricht, scheint das stets mit dem Ausdruck seiner persönlichen Frömmigkeit verbunden zu sein. Sofern Platon es einerseits vermeidet, die Gottesfrage so zum Thema zu machen, wie er die Frage nach der Gerechtigkeit des Staates und der Seele, dem besten Leben, der menschlichen Erkenntnis und dem Eros thematisiert, und sofern er andererseits doch gottbezogen philosophiert, scheint er deutlich machen zu wollen, daß die Bemühungen der Philosophie entweder nur wenig oder überhaupt nicht zur Beantwortung der Gottesfrage taugen. Wenn es Gott gibt – und von dieser Meinung oder Gewißheit scheint Platons Denken überall getragen zu sein –, dann wird Gott gerade als der geglaubt, dessen Sein voraussetzungslos und selbstverständlich ist.[17] Gott gegenüber, der das Weltganze und Alles im Einzelnen fraglos in Händen hält, wäre es grundsätzlich verfehlt, dieses Verhältnis umkehren zu wollen. Eine solche Umkehrung wäre es aber, wenn der Fragende seine zufällige Existenz für fraglos nähme und von ihr ausgehend überlegen wollte, ob Gott ist. Zu beginnen ist mit der Fraglichkeit des Seins des Philosophierenden, der sich mit offenem Wahrheitssinn zu orientieren sucht. Die in ihrem welthaften Ursprung unfaßbare Gottesgewißheit Platons ist im übrigen auch die Grundlage für die Möglichkeit der Art von *Ironie*, die in seinem Werk an zahlreichen Stellen zum Vorschein kommt (zur metaphysischen Bedeutung der Ironie vgl. auch *BIRS*).

Wer sich entschieden hat, das Dasein Gottes als die tragende und gleichsam selbstverständliche Wahrheit des Ganzen zu suchen, und sich zugleich der Heiligkeit und Größe Gottes bewußt ist, mag es mit Platon vorziehen, innerhalb der Philosophie, die auf eigener Einsicht gründen muß, mit der höchsten Zurückhaltung von Gott zu sprechen. Seine Theologie wird in dieser Hinsicht vor allem eine *negative Theologie* sein (vgl. *Politeia* 377b-383c, diese Passage könnte man als kleinen *theologischen Grundkurs* verstehen). Ohne den Hintergrund positiver Aussagen droht die negative Theologie aber ihren Inhalt zu verlieren. Dieser Gefahr, die in einer nur negativen Theologie liegt, wirkt Platon aber durch seine Anknüpfung an mythisches Sprechen entgegen, an eine Art des Sprechens, das sich nicht allein auf menschliches Wissenkönnen stützt und so gesehen grundsätzlich große Nähe zu einer Offenbarungstheologie besitzt. Das mythische Sprechen ist in der Philosophie der sachgemäße Ausdruck für das Bewußtsein, daß die Gottesgewißheit, wenn immer sie den wahren Gott meint, sich zuletzt aus anderen und tieferen

---

[17] In der Sprache des Liniengleichnisses ist die ἰδέα τοῦ ἀγαθοῦ zugleich die ἀρχὴ ἀνυπόθητος; vgl. *Politeia* 510b.

Quellen als der Kraft menschlichen Wissenkönnens speist, also Vertrauen auf ein unverfügbares Wort ist.

Allerdings sieht sich Platon auch gezwungen, gegen den Atheismus von Zeitgenossen argumentierend vorzugehen. In solchem Zusammenhang hat er die Grundlinien eines Gottesbeweises entwickelt. Der erste Schritt dieses Arguments besteht im Nachweis, daß stoffliche Wirklichkeit für eine Erklärung der wirklichen Welt unzureichend ist und also auf etwas Unstoffliches verweist, nämlich auf etwas Wirkliches, das von sich aus selbständige Gestaltungskraft besitzt. Als solche Wirklichkeit kommt zunächst die Seele in den Blick. Wie das geschieht, könnte aus den unterschiedlichen Sachzusammenhängen der Dialoge gezeigt werden.[18] Ist erst einmal die seelische Wirklichkeit anerkannt, kann man von hier aus auch die anderen Wege zu philosophischem Gottdenken beschreiten, zum Beispiel den erkenntnistheoretischen, den ontologischen, den erotisch-ästhetischen oder auch den ethisch-politischen Weg. Diese Wege sind jedoch eher als Vollzüge des Seins des Menschen zu der Wirklichkeit Gottes hin zu verstehen; sie haben nicht eigentlich dessen Wirklichkeit zu beweisen, sondern sind als Möglichkeiten einer Annäherung an Gott (ὁμοίωσις θεῷ κατὰ τὸ δυνατόν) gemeint, die als das höchste Ziel des Philosophierenden im Sinne Platons zu gelten hat (*Theaitetos* 176b).

Platons Gottdenken ist folglich vor allem durch zwei Momente bestimmt: einerseits durch das Bewußtsein der absoluten Souveränität und Unbegreiflichkeit Gottes, andererseits aber dennoch auch durch den Glauben, daß der Mensch sich dem Göttlichen nach Kräften annähern solle und daß er auf seinem Weg auch der göttlichen Unterstützung teilhaftig werden könne. Gemäß dem Glauben Platons sorgt sich Gott – wie in einer Heilsgeschichte – um das Geschick der Menschen. Obgleich Platon keine *konkrete* Geschichte des Eingreifens Gottes nennt, so ist sein Denken trotzdem grundsätzlich und vom Ansatz her auf eine solche Geschichte bezogen. Er denkt zumindestens die Möglichkeit des geschichtlichen Handelns Gottes nicht bloß mythisch, nämlich in einer unvordenklichen Vergangenheit, die bis in das Jetzt hinein wirksam ist, sondern zugleich auch als das Geschehen der göttlichen Eingebung (θεία ἐπιπνοία), die zu bestimmten Zeitpunkten in die menschliche Geschichte eintreten kann und auch nicht eintreten kann (*Politeia* 499a/b). Als den entscheidenden Index für das Auftreten eines solchen göttlichen

[18] Vgl. die Kritik der Naturphilosophen, *Phaidon* 95a-102a; die Deutung der Atomlehre des Demokrit, *Timaios* 53c ff.; die Beweise aus der Bewegung, *Phaidros* 245b ff. und *Nomoi* 890b ff. Die Beweise können als Modifikation der zentralen Gleichnisse der *Politeia* gelten (505a-517a).

Handelns nennt Platon seine *unverfügbare Plötzlichkeit*, die dem Menschen wie ein Funke die göttliche Wahrheit und Gerechtigkeit enthüllt, die alle Finsternis vertreibt und alle Fragen beantwortet (vgl. *Siebenter Brief* 341c).

Gott handelt folglich, falls er in die Geschichte eingreift, für die menschliche Auffassung plötzlich (ἐξαίφνης) und im *sorgenden Blick* auf die Menschenwelt (*Politikos* 273d/e). Die Plötzlichkeit im göttlichen Handeln bezeugt seine bleibende Unbegreiflichkeit; Gott wird so ausdrücklich nicht als er selbst in seiner Wahrheit zum Thema, sondern bleibt als er selbst ehrfurchtsvollem Schweigen anheimgegeben, wohnt als er selbst in unzugänglichem Lichte. Erfaßbar ist seine Funktion für Mensch und Welt, beispielsweise als Demiurg und Steuermann. Diese *Beschränkung auf die Erfassung der Funktion* Gottes ist mit der Reduktion des Anspruches menschlichen Weisheitsstrebens im Sinne der ἀνθρωπίνη σοφία verbunden; sie besagt das *Gegenteil von Funktionalisierung*.

Ähnlich hat Egil Wyller die philosophische Theologie Platons vor dem Hintergrund der Heideggerschen Deutung der *ontotheologischen Verfassung der Metaphysik* gesehen, die zu Gott als der *causa sui* führe. Zu diesem philosophischen Gott könne man, so sagt Heidegger, weder *beten*, noch ihm *opfern*; vor ihm könne kein Mensch *aus Scheu ins Knie fallen*, noch vor ihm *musizieren und tanzen*.[19] Mit diesen, wie Wyller meint, *schroffen Sätzen* trage Heidegger *eine radikalere Kritik der Metaphysik als die Kantische* vor. Aus diesem Grund ist die Frage entscheidend, ob mit *Ursache* im Sinn der *causa sui* tatsächlich der *sachgerechte Name für den Gott in der Philosophie* genannt sei. Wyller erblickt jedenfalls, ähnlich wie in der hier vorgetragenen Auslegung, bei Platon keine Onto-theologie im Sinne Heideggers, sondern nimmt an, daß Platon zwischen „dem Suchen des Denkens nach transzendentaler *Begründung* auf der einen Seite und der Applikation des Gedachten in phänomenologischer *Beschreibung* andererseits“ getrennt hat (*DsP* 154f.).

Diese Unterscheidung hat zur Folge: „Im ersten Falle wird ‚Gott‘ in Klammern gesetzt; im zweiten zwingt er sich dem fromm Gesinnten auf. Auf dem Höhepunkt seines transzendentalen Fragens – im ‚Parmenides‘ – errichtet Platon einen Altar des Denkens für den unbekannten Gott Vater; dort schweigt er nicht ‚von‘ Gott, sondern ‚vor‘ Gott“ (*DsP* 155). In den *Nomoi* finde sich auch der Beleg für die Lebendigkeit des Gottes, vor dem der Mensch – wie es Heidegger anmahnt – beten und tanzen kann (653d ff.). Wyller erkennt in den Auffassungen Platons

---

[19] Vgl. *DsP* 154. Wyller zielt auf Heidegger (*IuD*, bes. 64); zu Heidegger vgl. weiterhin § 13.

von Gott eine gewisse Nähe zur Bibel, ohne deren Differenzen zu übersehen. Er sagt: „Erst diese lebendige Gottheit des menschlichen Alltags hat, wie es scheint, für Platon Substanz – ein griechischer Jehowa, der nur ausnahmsweise Gnade vor Recht ergehen läßt“ (*DsP* 155). Diese Differenzen kulminieren im Fehlen der Gnade, zu der die Philosophie als Philosophie keinen positiven Zugang hat. Trotz der Differenzen läßt sich sehen, daß das philosophische Gottdenken auf den lebendigen Gott ausgerichtet sein kann, obwohl es dessen Wirklichkeit nicht allein durch sich zu evozieren vermag. Solange der Glaube an ein reales Wirken Gottes fehlt, ist die Trennungslinie zwischen Philosophie und Theologie nur latent wirksam. Zu einer scharfen Abgrenzung kommt es, sobald der Offenbarungsglaube und selbständiges, philosophisches Gottdenken aufeinanderstoßen. Solch ein Zusammenstoß hat sich am Beginn der Neuzeit ereignet.

§ 12

Blaise Pascals Bewußtsein der *Spaltung* zwischen dem gedachten und dem erfahrenen Gott

Platon hat von Gott als dem höchst vollkommenen, neidlosen Vater der Welt (πατὴρ τοῦ παντός) gesprochen, dessen Sein menschlichem Erkennen nicht unverhüllt zugänglich ist. Trotzdem soll geglaubt werden, daß er um die Geschicke von Mensch und Welt besorgt ist. Aristoteles suchte die Vollkommenheit Gottes gleichsam von innen zu denken und ist auf diese Weise zu Formulierungen gelangt, die eine von Gott ausgehende Beziehung zur Welt unmöglich erscheinen lassen. Thomas hat eine Möglichkeit gesehen, wie *Selbstbezug* und *Weltbezug Gottes* verbunden werden können. Er sagt, daß Gott, indem er sich will, auch das Andere wolle: „Deus, volendo se, vult etiam alia." Laut Thomas ist die Doppeltheit dieser Beziehung in einer einzigen Handlung verwirklicht: „Deus uno actu voluntatis se et alia velit" (vgl. *S. c. g.* I 75 und 76; dazu I 47-49).

Aristoteles bezeichnet Theologie als eine *gesuchte Wissenschaft*, als eine Wissenschaft, die der Mensch nicht besitzt, nach der er nur streben kann. Das göttlich Vollkommene bewegt laut Aristoteles wie ein Geliebtes. Das Fehlen von Aussagen zur Beziehung des Göttlichen zur Welt kann auch als die dem Philosophen auferlegte Zurückhaltung verstanden werden. Die Beschreibung der Geschichte göttlichen Handelns in und an Mensch und Welt wäre hingegen dem Offenbarungswort vorbehalten. Die Weise, mit der Aristoteles das Sein Gottes zur Sprache bringt, ist von dem Überschwang der Liebe geprägt, die von der Anziehungskraft des Vollkommenen hervorgerufen ist. Nur so sind die scheinbar widersprechenden Thesen zu vereinigen, laut denen Aristoteles in Gott zugleich *höchste Ruhe* (ἀκινητόν) und *höchstes Leben* (ἀρίστη ζωή) gesehen hat, womit er gewiß auch ein Präludium zum Gedanken des Ineinsfalls des Entgegengesetzten (*coincidentia oppositorum*) bietet, wie er später bei Cusanus zu finden ist (vgl. § 14 b.). Diese philosophiegeschichtlichen Zusammenhänge hat Pascal im Zuge seiner Trennung zwischen dem *Gott der Philosophen und Gelehrten* und dem *Gott Jesu Christi* nicht näher berührt. Bevor aber der Sinn der von Pascal ins Spiel gebrachten Entgegensetzungen interpretiert werden kann, muß ihr geschichtlicher Hintergrund an exemplarischen Stationen beleuchtet werden.

a) Zur Vorgeschichte der Unterscheidung zwischen dem Gott der Philosophen und dem lebendigen Gott

Das Bewußtsein einer Differenz zwischen philosophischem Gottdenken und der Verkündigung der Heilsgeschichte, die durch das Handeln Gottes bestimmt wird, ist dem Offenbarungsglauben von vornherein inhärent.[1] In der Auseinandersetzung mit der Philosophie, die ihm in Gestalt des Neuplatonismus begegnet war, hat Augustinus zwei Feststellungen getroffen, die wirkmächtig geworden sind und einen bis heute brauchbaren Interpretationsrahmen bieten.

In *De vera religione* erklärt er, für das menschliche Heil sei es entscheidend, daß Philosophie, die er als Weisheitsstreben versteht, und Religion nicht im Verhältnis der Andersheit stünden: „humanae salutis caput, non aliam esse philosophiam, id est sapientiae studium, et aliam religionem“ (*VR* 5). Die *Nichtandersheit* bedeutet hier nicht, daß es keine Unterschiede gäbe. Als Unterschied nennt Augustinus den Mangel an heilsgeschichtlichen Aussagen in der Philosophie, den er durch den wiederholten Hinweis auf das, was er bei den Philosophen nicht gelesen habe (*ibi non legi*) unterstrichen hat (*C* 7,13f.). Offenbar sieht Augustinus *im Kern* die Identität zwischen dem Weisheitsstreben der Philosophie und dem Offenbarungsglauben; in *Umfang* und *Inhalt* aber überschreitet dieser Glaube die Fragen und Antworten der Philosophie. Diese Doppelthese der *Identität und Differenz* von Philosophie und Religion hat Kant in dem Schema zweier *konzentrischer Kreise* verbildlicht. In diesem Schema gilt Offenbarung als *weitere Sphäre des Glaubens*, Philosophie als *engere*, weil diese das Historische einer Offenbarung nicht in sich begreifen könne.[2]

In der Spätantike und im frühen Mittelalter war das Bewußtsein der Differenz zwischen philosophischer und religiöser Wahrheit offenbar unterentwickelt, zumal die Philosophie wenigstens die institutionelle Selbständigkeit im Bereich des christlichen Denkens verloren hatte.[3]

---

[1] Paulus verkündet das Kreuz Christi als Gottes Kraft, die die Weisheit der Weisen vernichtet; *1 Kor* 1,19: ἀπολῶ τὴν σοφίαν τῶν σοφῶν (im Hintergrund *Jes* 29,14; *Ps* 33,10).

[2] Vgl. *RGV* B XXI f.; unzureichend ist Kants Versuch, sofern er eine autarke *Vernunftreligion* begründen soll; dieser Versuch verfehlt die *Realität der Geschichte*, sofern sie einen konkreten Anspruch an die Freiheit enthält, und reduziert sie auf etwas *historisch Zufälliges*; Kants Schema bleibt trotz dieses Mangels erhellend; zu der Berechtigung und zu den Grenzen von Kants Deutung der Geschichtlichkeit vgl. z. B. *GKKR*, bes. 165-167.

[3] Vgl. z. B. die abrupte Verfügung zur Schließung der Akademie durch Kaiser Justinian nach 900-jährigem, ununterbrochenem Bestehen (vgl. hierzu z. B. Joannes Malalas, *Chronographia* XVIII; *PG* 97,661C). Die Philosophie stand nun bis zum Beginn der Neuzeit ebenso wie die Theologie unter der Obhut der Kirche.

Obwohl die Lebendigkeit des Geisteslebens dieser Epoche nicht bestritten wird, scheint klar zu sein, daß *philosophische Wahrheitssuche* von der damaligen Theologie nicht als etwas Eigenes und Fremdes wahrgenommen wurde. Diese Wahrnehmung drängte sich ihr machtvoll mit dem Eindringen des Aristotelismus in das christliche Abendland auf (vgl. z. B. *DH* 824).

Die aufbrechenden Konflikte zwischen philosophischer und theologischer Wahrheit haben die großen Theologen des Hochmittelalters zu epochemachenden Synthesen angespornt. Diese gelangen ihnen so gut, daß die Einarbeitung der zunächst mit Skepsis betrachteten Philosophie des Aristoteles, die gefärbt durch die arabische und die jüdische Kommentierung ins Abendland eingedrungen war, bald für mustergültig gehalten und zum Vorbild erklärt wurde. Vor allem Thomas von Aquin hat zu zeigen versucht, daß das Verhältnis zwischen Wissen und Glauben von Übereinstimmung und von Ergänzung bestimmt ist. Derart hebt die göttliche Gnade die natürliche Wirklichkeit nicht auf, sondern überwindet nur den der Natur eigenen Mangel, so daß die Gnade als die Vervollkommnung der Natur gilt: *Gratia non tollit naturam, sed perficit et supplet defectum naturae* (z. B. *S. th.* I,1,8 ad 2 und I,2,2 ad 1). Demgegenüber versuchten andere aus philosophischen und theologischen Motiven, die philosophische von der religiösen Wahrheit zu trennen, wodurch es zu dem nicht ungefährlichen Gedanken einer *doppelten Wahrheit* kam (*ThvA*, 253-257; *LzW*; *LzWPP* und *LzWAA*).

Sobald der Erfolg der Versuche, die philosophische und religiöse Wahrheit zu harmonisieren, zweifelhaft geworden war, kam es einerseits, vor allem in der reformatorischen Theologie, zur Geringschätzung des natürlichen Erkenntnislichtes (*lumen naturale*) und der Freiheit der Entscheidung (*liberum arbitrium*; z. B. *RbV*, *DSA* und *Aug*), andererseits zur Ausklammerung der Glaubenswirklichkeit bei den autonom durchgeführten Forschungen der anderen Wissenschaften (*LdN*). Schon die Anfangsphase dieser Entwicklung zeigt die mit ihr verbundenen Probleme. Wenn Philosophie autark ein *geschlossenes System menschlichen Wissens* aufbaut, stößt sie auch dort auf berechtigten Protest der Religion, wo sie Gott die systemimmanent höchste Stelle zuweist. Solche gegen den Rationalismus gerichteten Einwände hat Pascal mit Schärfe erhoben. Weil er die Systemfunktion im Gottdenken von Descartes im Auge hatte, sollen dessen einschlägige Thesen hier skizziert werden.[4]

---

[4] Vgl. aber *ThbD*, bes. 444-454; Descartes gibt in der Tat an einigen Stellen alle errungenen Gewißheiten vor der Unfaßbarkeit des unendlichen Gottes preis, weil kein Endlicher die unendliche Wahrheit begreifen, ja nicht einmal berühren könne (*MPP*

Entscheidend für das sich mit dem Beginn der Neuzeit verändernde Selbstverständnis der Philosophie war der Aufstieg der Naturwissenschaften, der durch die *Mathematisierung von sinnlich gegebenen Phänomenen* möglich wurde und zur immer weiter fortschreitenden *mechanischen Beherrschung der Naturprozesse* geführt hat. Die methodische Grundlage ihrer Erfolge war den Protagonisten dieses Wandels, zum Beispiel Newton, deutlich bewußt (*MPNl* 1f.). Dabei ist die Entscheidung der Frage, ob die Methode *empiristisch-induktiv* oder aber *rationalistisch-deduktiv* durchgeführt wird, von zweitrangiger Bedeutung, sofern beide Vorgehensweisen die mathematische Erklärung von isolierten Phänomenen der durch die Sinne gegebenen Welt bezwecken, so daß sie beide der *Prognostizierbarkeit* von Ereignissen im Naturgeschehen dienen. Eine Methode, in der Gott eine systemimmanente Funktion zugesprochen wurde, hatte Pascal mit der Cartesischen Philosophie vor Augen.

Die Weisen, in denen Descartes innerhalb seiner Methode auf Gott zu sprechen kommt, sind in sich vielschichtig, laufen aber allesamt darauf hinaus, daß Gott als Quelle alles Gutseins und aller Wahrheit, als Schöpfer aller Dinge gedacht wird: *omnis bonitatis veritatisque fons, rerum omnium creator* (z. B. *PP* I,22). Bekanntlich beginnt Descartes seine Untersuchungen mit einem radikalen Zweifel; indem dieser Zweifel alle ungeprüft als wahr und gewiß geltenden Annahmen von Grund auf umstößt, sollen auf diesem Wege deren Unsicherheiten überwunden und die Wissenschaft dadurch von ihren ersten Fundamenten an ganz neu und mit absoluter Gewißheit begründet werden (*MPP* I,1).

Der Zweifel, den Descartes mit *methodischem Willen zum Atheismus* ins Werk setzt (*GnM* 34), betrifft zunächst etwas *von* Körpersinnen oder *durch* sie Gegebenes (*a sensibus vel per sensus*), weil die Sinne gelegentlich täuschen (*MPP* I,2). Mit einiger Gewißheit scheinen Arithmetik und Geometrie täuschungsfrei zu sein (*MPP* I,8). Dennoch zeigt sich, daß auch deren Wahrheiten bezweifelt werden können, sofern nicht ausgeschlossen werden kann, daß ein allmächtiger Gott diese Vorstellungen im menschlichen Geist hervorgerufen hat. Unter dieser Voraussetzung hinge die Wahrheit aller Vorstellungen ganz an der Frage, ob es mit der Güte Gottes vereinbar sei, *daß er den menschlichen Geist stets täuscht*

III,25): „nec obstat quod non comprehendam infinitum, vel quod alia innumera in Deo sint, quae nec comprehendere, nec forte etiam attingere cogitatione ullo modo possum; est enim de ratione infiniti, ut a me, qui sum finitus, non comprehendatur ..." Von dieser Einsicht läßt sich Descartes nicht weiter beeinträchtigen; er baut das System vielmehr unbehelligt auf dem Gottesgedanken als einer *idea maxime vera et maxime clara et distincta* auf. Damit scheint er das Unendliche in die Verfügbarkeit des Systems zu holen.

(vgl. *MPP* I,9). Descartes sieht sich im Streben nach absoluter Gewißheit also zum Zugeständnis gezwungen, es sei möglich, an allem zu zweifeln, was er früher für wahr gehalten hat: „cogor fateri, nihil esse ex iis, quae olim vera putabam, de quo non liceat dubitari" (*MPP* I,10). Falls es gelingen soll, Wahrheit zurückzuerringen, muß sie sich trotz der Möglichkeit behaupten können, daß ein bösartiger, allmächtiger Geist als Ursprung der für wahr gehaltenen, aber in Wahrheit dennoch trügerischen Vorstellungen zu gelten habe (*MPP* I,12). Descartes führt hier hypothetisch einen *genius malignus* ein, dem das Vermögen zugesprochen wird, trügerische Gewißheit vorzuspiegeln. Zunächst wird diese Möglichkeit einer Täuschung nicht weiterverfolgt; ihre Erwähnung sollte hier schon einmal den metaphysischen Horizont und das absolute Maß deutlich machen, in dem die Gewißheitsfrage gestellt wird.

Ein erster Schritt zur Wiedergewinnung sicherer Wahrheit besteht in der Retorsion des Skeptizismus, der zumindestens die Wahrheit als sicher anerkennen muß, daß nichts gewiß ist (*nihil esse certi*), wenn er sich nicht selbst aufzugeben bereit ist (*MPP* II,2). Im zweiten Schritt richtet sich die Aufmerksamkeit auf die Existenz und den Ursprung der dem Zweifelsprozeß zugrundeliegenden *cogitationes*. Weil es überhaupt Gedanken gibt, muß es auch einen Urheber dieser Gedanken geben. Die Möglichkeit, daß Gott der Urheber sei, ist zunächst außer acht zu lassen, da nicht ausgeschlossen werden kann, daß jeder Denkende eben selbst der Urheber seiner Gedanken ist. In der Betrachtung dieser Hypothese stößt Descartes auf die *Einsicht, daß kein Denkender daran zweifeln kann, daß er selbst ist* (*MPP* II,3). Dieses gewiß erkannte Sein ist das Sein des Denkenden (*res cogitans*), der also erkennt, daß er ist, jedenfalls solange er denkt: „ego sum, ego existo, certum est. Quamdiu autem? nempe quamdiu cogito" (*MPP* II,6).

An das so gefundene feste Fundament sind dennoch Fragen zu stellen. Zunächst ist weitere Klarheit zu suchen, worin das Sein des Denkenden bestehe: „Novi me existere, quaero, quis sim ego ille, quem novi" (*MPP* II,7). Sodann stellt sich die Frage, ob alle Bewußtseinsinhalte lediglich vom Sein des Denkenden her verstanden werden können. Derart kann man fragen, ob über das Sein des Denkenden hinaus noch andere Wahrheiten gewiß sind: „numquid ergo etiam scio, quid requiratur, ut de aliqua re sum certus?" (*MPP* III,2). Wenngleich dem Denkenden sein Sein als Denkender solange zweifelsfrei gewiß ist, als er denkt, bleiben doch Herkunft und Inhalt der Denkinhalte möglichen Zweifeln ausgesetzt. Damit dieser Zweifel verstanden werden kann, führt Descartes wiederum das Konstrukt eines allmächtigen Geistes ein (*aliquis Deus*), der im Denkenden trügerische Gewißheiten hervorrufen kann, die nun aber nicht das Sein des Denkenden (*cogitans*), sondern das Sein seiner *cogita-*

tiones tangieren (*MPP* III,4). Um die Möglichkeit auch dieses Zweifels auszuschließen, muß jetzt entschieden werden, ob es überhaupt einen Gott gibt und ob dieser Gott, falls es ihn gibt, wohl ein Betrüger sein könnte: „examinare debeo, an sit Deus, et si sit, an possit esse deceptor" (*MPP* III,4).

Jedenfalls zeigt sich damit, daß der Ursprung (*origo*) der Vorstellungen, die angeboren, erworben oder willkürlich hervorgebracht sein können (*ideae innatae*, *adventiciae*, *a me ipso factae*), noch nicht klar durchschaut wird (*MPP* III,7). Ganz einzigartige Bedeutung hat aber die Frage nach dem Ursprung der Vorstellung eines höchsten Gottes, der als der ewige, unendliche, allwissende und allmächtige Schöpfer gedacht wird. Weil diese Vorstellung einen größeren Sachgehalt (*realitas obiectiva*) in sich birgt, als ihn endliche Substanzen besitzen können (*MPP* III,13), muß man fragen, worin deren Ursache bestehen könnte. Descartes trifft die Feststellung, daß weder er selbst, noch überhaupt irgendein anderes endliches Seiendes diese Ursache sein kann (*MPP* III,16). Die bloße Vorstellung Gottes führt damit zur Gewißheit der Annahme, daß Gott notwendig existiert, weil Endliches nicht Grund der Vorstellung des Unendlichen sein kann (*MPP* III,22f.). Weil die Vorstellung Gottes als die wahrste, klarste und deutlichste aller Vorstellungen zu gelten hat, umfängt sie noch einmal auf absolute Weise die Gewißheit der eigenen Existenz (*MPP* III,25: *idea, quam de illo habeo, sit omnium, quae in me sunt, maxime vera et maxime clara et distincta*; *MPP* III,28: *an ego ipse habens illam ideam esse possem, si tale ens nullum existeret*). Sie setzt das Ich allererst in seine Endlichkeit ein (vgl. *GnM* 38).

Nachdem das Dasein Gottes bewiesen ist, soll noch ausgeschlossen werden, daß er ein Betrüger sei. Da *Täuschenwollen* (*velle fallere*) stets als Zeichen von Bosheit oder Schwäche gilt, ist es offenbar mit der Vorstellung eines höchsten Gottes nicht vereinbar und muß deshalb von ihm ferngehalten werden.[5] Die philosophische Gottesgewißheit erhält ihre letzte Abrundung durch den von Kant der Kritik unterzogenen, *ontologischen* oder *cartesischen* Gottesbeweis, laut dem die Existenz Gottes von seinem denkbaren Wesen ebensowenig abgetrennt werden kann, wie die Größe der Winkelsumme von einem Dreieck (vgl. *MPP* V,8; dagegen *KrV* B, bes. 626f.). Was diese Erwägungen an gültigem Hinweis auf die Existenz Gottes enthalten, ist in der Betrachtung der Gottesbeweise erwähnt worden (§ 8 a.). Der Angelpunkt des Beweises besteht in der Behauptung, der Gedanke Gottes müsse als klarste und deutlichste aller Vorstellungen gelten (*MPP* III,25; IV,1). Diese Annahme kann aber

---

[5] Vgl. *MPP* IV,2. Die Antwort auf die Frage, warum Gott Täuschung zuläßt (IV,4ff.), hängt mit der Ermöglichung endlicher Freiheit zusammen (bes. IV,8).

bezweifelt werden. Mit Anselm könnte man sagen, daß Gott etwas Größeres sei, als gedacht werden kann (*Pr* 15: *quiddam maius quam cogitari possit*). Mit Kant könnte man annehmen, daß Menschen nur die *logische*, nicht aber die *reale* Möglichkeit des höchsten Seienden verstehen können. Vermutlich müßte man das Ganze von Welt und Mensch samt ihrer Geschichte verstehen, wollte man mit Recht den Anspruch erheben, das Wesen Gottes verstanden zu haben. Descartes geht diesen Fragen nicht weiter nach. Er legt die Gottesfrage in dem Augenblick beiseite, in dem er sich durch die absolute Gewißheit zum endlichen Sein ermächtigt weiß (vgl. *GnM* 38).

Man kann mit Grund der Auffassung sein, daß die im Gottesbeweis gipfelnden *Sicherungsbemühungen* gescheitert sind. Aus der *Verunsicherung* läßt sich vernünftigerweise fragen (gegen *GnM* 41), was dies spekulative Gottdenken mit dem lebendigen Gott zu tun haben kann. Seltsam ist schon der Umstand, daß man trotz der zentralen Stellung des Gottesgedankens in den *Meditationes* überhaupt noch nach der religiösen Haltung des Autors fragen konnte.[6] Trotz der spekulativen Annahme Gottes scheint noch unklar zu sein, was sie für das religiöse Gottesverhältnis bedeutet. Ob die Interpretation des Gottesgedankens als *idea innata* für das Geheimnis Gottes immerhin offen ist oder ob sie sich als *Funktion des menschlichen Gewißheitsstrebens* entlarven läßt, ist die entscheidende Frage. Systematisch wird der Gottesgedanke zweifellos als Funktion zur Sicherung der Erkenntnis eingeführt. Pascal konnte demnach mit gutem Grund auf eine andere Dimension verweisen, indem er sich gegen die funktionale Bestimmung Gottes wandte.

b) Pascals Absetzung vom *Geist der Geometrie* und seine Hinwendung zum lebendigen Gott des Glaubens

Pascal hat den *Geist der Geometrie* aus der eigenen wissenschaftlichen Tätigkeit von Jugend auf bis in seine späten Jahre hinein gekannt (vgl. z. B. *Epc* von 1644; als späteres Werk *EG* von 1655). Schon vor der scharfen Trennung zwischen dem *Gott der Philosophen und Weisen* und dem *Gott des biblischen Glaubens* hatte Pascal Überlegungen vorgetra-

[6] Welche religiöse Haltung persönlich Descartes eingenommen hat, ist umstritten; laut *Desc* 322-325 reicht das Spektrum vom *Rosenkreuzer* über den *Katholiken* bis zu dem *Atheisten*, der aus Gründen eines sozialen und religiösen Konformismus sein wahres Gesicht hinter einer Larve verborgen habe; resümierend sagt Rodis-Lewis allerdings (324f.): „Im allgemeinen aber hat man die Frage nach der religiösen Aufrichtigkeit von Descartes positiv beantwortet".

gen, die eine Dichotomie zwischen den Methoden von gedächtnisgestützten und vernunftgeleiteten Wissenschaften propagieren (vgl. *TV* von 1651). In der ersten Form von Wissenschaften geht es um die *Aufbewahrung von Inhalten*, die in früheren Zeiten aufgeschrieben worden sind. Als Anwendungsfelder dieser Methode gibt Pascal *Geschichte*, *Geographie*, *Jurisprudenz*, die *Sprachen* und die *Theologie* an, da in den Büchern, die diesen Wissenschaften zugrunde lägen, schon alles enthalten sei, *was man über sie wissen könne*: „puis que tout ce que l'on en peut savoir y est contenu" (*TV* 131/2).
Innerhalb der autoritätsgebundenen Wissenschaften wird der Theologie die größte Macht zugesprochen, weil deren Autorität laut Pascal von der Wahrheit nicht zu trennen ist und wir jene nur durch diese kennen: „parce que'elle y est inséparable de la vérité, et que nous ne connaissons que par elle" (*TV* 131/2). Der Geist des Menschen sei nämlich unfähig, sich zu solch hohen Einsichten zu erheben, falls er nicht von einer allmächtigen und übernatürlichen Kraft getragen werde: „il ne peut parvenir à ces hautes intelligences s'il n'y est porté par une force toutepuissant et surnaturelle" (*TV* 131/2f.). In der anderen Art von Wissenschaften hätten die *Vernunft und die Experimente* den Vorrang. Zu ihnen zählen Arithmetik, Musik, Physik, Medizin, Baukunst und folglich alle Wissenschaften, die der *Erfahrung* und dem *Denken* unterworfen sind: „toutes les sciences qui sont soumises à l'experience et au raisonnement" (*TV* 132/3). Sie entsprächen nämlich der Fassungskraft des menschlichen Geistes: „les sujets de cette sorte sont proportionnés à la portée de l'esprit". In den von Denken und Erfahrung getragenen Wissenschaften bringe die unerschöpfliche Fruchtbarkeit des Geistes ununterbrochen Neues hervor: „sa fécondité inépuisable produit continuellement" (*TV* 132/3). Obwohl Pascal hier dem Wort nach auch von Philosophen spricht, zielt er eher auf Naturforscher, jedenfalls auf eine Wissensbemühung der zweiten Gruppe, von der man sagen kann, daß sie bei den Alten, die laut Pascal das *Kindesalter der Menschheit* (*l'enfance des hommes proprement*) repräsentieren, nur in unvollkommenerer Weise ausgebildet war (*TV* 141/8). Gegenüber der Autorität dieser Alten müsse die gegenwärtige Erforschung der Wahrheit den Vorrang besitzen: „la vérité doit toujours avoir l'avantage" (*TV* 145/10).
Die philosophischen Überlegungen sind *zwischen* diesen beiden Arten von Wissenschaft zu plazieren, sofern sie nämlich mit Erfahrung und Denken beginnen und gleichwohl auf eine Antwort zielen, die diese nicht geben können. Hier kommt Pascal auf den *Stoizismus* Epiktets und den *Skeptizismus* Montaignes zu sprechen, die er beide in ihrer Wahrheit und ihrer Unwahrheit darzustellen sucht. In deren Positionen meint er die einzigen zu sehen, die sich mit der Vernunft in einem Ein-

klang befinden (*les seules conformes à la raison*). Der Einklang der Vernunft mit gegensätzlichen Positionen enthüllt allerdings schließlich die Selbstentzweiung der Vernunft (*EaS* 51/144; die Ausgangssituation ähnelt *KrV* B 472ff.: *Antinomie der reinen Vernunft*). Pascal meint, Philosophie könne jeweils nur einen der beiden Wege einschlagen; entweder glaube man nämlich an das Dasein Gottes und verlege in ihn sein höchstes Gut; oder man halte das für ungewiß und sei dann auch bezüglich des wahren Gutes ungewiß, da man seiner nicht fähig ist: „puis qu'on ne peut suivre qu'une de ces deux routes, sçavoir: ou qu'il y a un Dieu, et lors il y a place son souverain bien; ou qu'il est incertain, et qu'alors le vrai bien l'est aussi, puis qu'il en est incapable" (*EaS* 51/144). Pascal erklärt, man müsse die beiden Zustände, die in diesen gegensätzlichen Auslegungen menschlicher Möglichkeiten entfaltet werden, zusammen erkennen, um die ganze Wahrheit sehen zu können: „Ainsi ces deux estats qu'il falloit connoistre ensemble pour voir toute la verité" (*EaS* 52/145).

Isoliert führen laut Pascal beide Auslegungen des Seins des Menschen notwendigerweise zu Lastern, entweder zum *Stolz* oder zur *Trägheit* (*l'orgueil et la paresse*). Die wahre Situation des Menschen, so müßte die Philosophie eigentlich sagen, liegt zwischen diesen Extremen. Pascal nimmt jedoch an, alle Menschen befänden sich, bevor die Gnade kommt (*avant la grace*), unausweichlich in solchen Lastern (*EaS* 53/145). Die Unvollkommenheit der beiden Positionen führe zwar zu einer Sachlage, die prinzipiell der gegenseitigen Ergänzung fähig zu sein scheine. In der konkreten Wirklichkeit verliere sich allerdings der eine, der zwar die Pflichten des Menschen anerkennt, aber seine Ohnmacht ignoriert, notwendigerweise in der Anmaßung; der andere hingegen, der zwar seine Ohnmacht anerkennt, nicht jedoch die Pflicht, verzage in Trägheit: „C'est donc de ces lumieres imparfaites qu'il arrive que l'un, connoissant le devoir de l'homme et ignorant son impuissance, se perd dans la presomption, et que l'autre, connoissant l'impuissance et non le devoir, il s'abat dans la lacheté" (*EaS* 53/146). Die beiden unvollständigen Wahrheiten können in der Philosophie wegen ihrer Mängel nicht je für sich allein bestehen, wegen ihrer Widersprüche können sie aber auch nicht miteinander vereinigt werden: „De sorte qu'ils ne peuvent subsister seuls à cause de leurs defauts, ny s'unir à cause de leurs oppositions" (*EaS* 53/146).

So behauptet Pascal, daß die Wahrheit der Philosophie zerbrechen müsse, um für die Wahrheit des Evangeliums Platz zu machen (*faire place à la verité de l'Evangile*), weil nur Gott die notwendige Vereinigung durch die *unsagbare* Vereinigung zweier Naturen in der einen Person des *Gott-Menschen* (*un effet de l'union ineffable de deux natures dans la seule personne d'un Homme-Dieu*) lehren und bewirken konnte (*EaS* 53f./146f.).[7] Laut Pascal können Epiktet und Montaigne, sofern man sie zusammennimmt, zwar nicht sehr viel Unheil anrichten. Da sie aus der Kraft der Philosophie jedoch nicht vereinigt werden können, kann die wahre menschliche Situation dennoch erst mit der Überwindung der Philosophie durch die göttliche Wahrheit der Offenbarung sichtbar werden (vgl. *EaS* 56/149).

Bevor der Mensch indessen die Wahrheit der Offenbarung annehmen kann, muß er seine faktische Situation erst einmal wahrgenommen haben. Die *Philosophie* soll zu einer solchen *Analyse der Situation des Menschen* führen, die ihn zwar von der Selbsttäuschung befreit, aber nicht schon positiv die gesuchte Wahrheit darbietet. Die positiven Annahmen der Philosophie sind das Ziel eines Spotts, der laut Pascal erst das *wahrhafte Philosophieren* ausmacht: „Se moquer de la philosophie, c'est vraiment philosopher" (*P* 671/23). Pascals Philosophie gelangt also nicht zu der Beruhigtheit klarer und deutlicher Einsichten, sondern vielmehr zum *Elend des Menschen*, der stets Höheres erstrebt, als er aus seiner eigenen Kraft erringen kann. Pascal versteht allerdings das *Bewußtsein des Elends* zugleich als einen paradoxen Ausweis für die *Größe des Menschen*: „La grandeur de l'homme est grande en ce qu'il se connaît misérable" (*P* 146/181).

Nicht in dem, was der Mensch in der Tat kann, liegt demnach seine wahre Größe, sondern in der Erkenntnis seines eigenen Elends und in der Offenheit gegenüber der Vollendung, die er sich nicht selbst geben kann. Folglich erklärt Pascal, daß nichts genauer mit der Vernunft übereinstimme als die Verwerfung der Vernunft: „Il n'y a rien de si conforme à la raison que ce désaveu de la raison" (*P* 213/140). Solche Selbstdesavouierung der Vernunft, die man mit Kant auch als *kritische Selbstbegrenzung* bezeichnen könnte, gründet in einem Mißverhältnis, welches das Thema der *Pensée* mit dem Titel *Disproportion de l'homme* ist, deren Grundaussage hier skizziert werden soll (*P* 230/41-50).

In der Einleitung dieses Textes wird das Mißverhältnis zwischen der *gesuchten* und der *gefundenen* Wahrheit hervorgehoben. Da der Mensch nicht ohne den Glauben an die Wahrheit seiner natürlichen Sachkenntnisse (*connaissances naturelles*) zu leben vermag, wird ihm dieses Mißverhältnis zu einem Anlaß der Demütigung, der sich der Mensch beugen muß, ob er nun will oder nicht (*il y trouve un grand sujet d'hu-*

[7] Vgl. die ähnliche Einsicht Kants (*KrV* B XXX): „Ich mußte das Wissen aufheben, um zum Glauben Platz zu bekommen". Bis auf die Tatsache, daß Kant hier nicht vom Platzmachen für das Evangelium spricht, könnte sein Satz durchaus eine Übersetzung dieser Pascal-Stelle sein.

miliation, forcé à s'abaisser d'une ou d'autre manière). Diese Disproportion des Menschen zur Wahrheit, die aller möglichen Sachkenntnis prinzipiell vorausliegt, soll demnach das Thema dieser *Pensée* sein. Ihre Entfaltung ist als die Aufgabe jeder wahren Philosophie zu sehen.[8]

Der Weg beginnt mit Bemerkungen zur sinnlich wahrnehmbaren Welt. Pascal möchte den Blick des Menschen auf die Natur als ganze in ihrer Größe und Majestät gerichtet sehen (*donc la nature entière dans sa haute et pleine majesté*), so daß ihm die Erde samt ihrer Bahn, die sie durch das All zieht, zum winzigen Punkte wird. Vor dieser staunenerregenden Größe versagt nun die Fassungskraft des Menschen (*imagination*) früher als der Überfluß der Natur: „Elle se lassera plus tôt de concevoir que la nature de fournir." Die menschlichen Vorstellungen können sich ihr nicht annähern (*nulle idée n'en approche*); alle Vorstellungskraft verliert sich angesichts der Unermeßlichkeit der Natur als dem sinnlichen Merkmal der Allmacht Gottes: „Enfin c'est le plus grand des caractères sensibles de la toute-puissance de Dieu que notre imagination se perde dans cette pensée." Diese Erkenntnis der Endlichkeit wirft den Menschen auf sich selbst, auf seinen Ort und seine Stellung in der unfaßbaren Größe des Universums zurück (vgl. *KrV* B 650).

Die weiter zu stellende Frage lautet, was der Mensch in dem Unendlichen ist: „Qu'est-ce qu'un homme, dans l'infini?" Begonnen wird mit der Suche der äußersten Kleinheit (*extrême petitesse*), die den staunenerregenden Abgrund mit neuer Unermeßlichkeit im Bereich der Atome und des Lebendigen eröffnet. Sobald sich auf diesem Weg die Neugierde in Bewunderung gewandelt haben wird (*que sa curiosité se changeant en admiration*), erblickt sich der Mensch als ein Nichts in Anbetracht des Unendlichen oder als ein All in Anbetracht des Nichts: „Un néant à l'égard de l'infini, un tout à l'égard du néant" (vgl. dazu *KpV* A 288ff.). Derart scheint ihm die Welt und er sich selbst ein undurchdringliches Geheimnis (*secret impénétrable*) zu sein, solange er eben nicht zu begreifen imstande ist, wie alle Dinge aus dem Nichts hervorgehen und wie sie gleichwohl bis in das Unendliche hineinragen: „Toutes choses sont sorties du néant et portées jusqu' à l'infini. Qui suivra ces étonnantes démarches?" Pascal vertritt zusammen mit der Tradition von Anselm bis Descartes die Überzeugung, daß diese Unendlichkeiten lediglich durch ein unendliches Vermögen erfaßt werden könnten, daß aus diesem Grunde also auch die Behauptung, den Plan des Ganzen erkannt zu haben, ohne Zweifel dünkelhaft sei: „Car il est sans doute qu'on ne peut

[8] Insofern könnte Kants kritische Philosophie teilweise als genuin philosophische Ausführung von Motiven Pascals gelten.

former ce dessein sans une présomption ou sans une capacité infinie, comme la nature."
Einen solchen Dünkel findet Pascal jedenfalls bei allen *Philosophen*, die darauf aus waren, alles zu wissen, und auch Abhandlungen mit Titeln verfaßt haben, die auf den Besitz solchen Wissens zu verweisen schienen (*Des principes des choses*, *Des principes de la philosophie*, *De omni scibili*).[9] Anhand dieser Beispiele wird noch einmal deutlich, welche Wege des Philosophierens Pascal zu akzeptieren bereit ist und welche nicht. Die von ihm gesuchte absolute Erkenntnis des Unendlichen kann nur im Unendlichen gefunden werden, also nur in Gott (*en Dieu seulement*). Da Menschen zwar etwas sind, aber keinesfalls alles (*nous sommes quelque chose et ne sommes pas tout*), können sie den archimedischen Punkt nicht erreichen, von dem aus sie das Unendliche zu begreifen vermöchten. Wahre Philosophie gilt damit als *Einsicht in die Unerreichbarkeit der absoluten Wahrheit*, die aber mit dem *Bewußtsein der Notwendigkeit der Suche* verbunden ist.
Die *Disproportion* im Sein des Menschen ist demnach der eigentliche Gegenstand der Philosophie. Sie hat offenbar ebenso eine negative wie eine positive Seite im Blick auf die Gottesfrage. Einerseits verwehrt sie dem Denken den unmittelbaren Zugang zur Wirklichkeit Gottes, andererseits öffnet sie das Denken zugleich für die unendliche Wirklichkeit, die ein endlicher Geist nicht aus sich heraus erfassen kann. Die Zurückweisung des *Gottes der Philosophen und Weisen* betrifft also nicht den philosophischen Zugang zu Gott, sofern er im Wissen des menschlichen Nichtwissens *gesucht* wird, sondern einen denkerisch *gefundenen* Gott, dessen vermeintlicher Besitz den Denkenden zu *absolutem Wissen des Wissens* zu führen verspricht, ohne daß ein solches Versprechen aber jemals in der Welt eingelöst werden könnte. Damit fehlt dem von Pascal zurückgewiesenen *Gott der Philosophen* der Bezug zu einer kritischen Philosophie, die sich in der Art des von Sokrates und Platon inspirierten Wissens des Nichtwissens auf die Suche nach absolutem Wissen begibt, ohne sich vorzugaukeln, es aus der eigenen Kraft finden zu können. Pascals Kritik der Philosophie ist folglich eher das Präludium zu einer sich kritisch ihre Grenzen eingestehenden Philosophie, als eine Zurückweisung der Philosophie überhaupt und insbesondere des philosophischen Gottdenkens.
Pascal gelangt durch seine *Analyse des Menschen* also zu Resultaten, die denen der Philosophie Platons nicht unähnlich sind. Wo Platon den Philosophierenden zwischen Weisheit und Unwissenheit stehend erkennt

[9] Vgl. Sellier, 250 Anm. 11 und 12, der als Autoren solcher Traktate Duns Scotus, Pico de la Mirandola und Descartes nennt.

(μεταξὺ σοφίας καὶ ἀμαθίας), spricht Pascal davon, daß Menschen zwar unfähig seien, etwas sicher zu wissen, aber ebenso wenig auch in der Lage, gänzlich unwissend zu sein: „C'est ce qui nous rend incapables de savoir certainement et d' ignorer absolument."[10] Folglich verfehlt der Mensch sich selbst ebenso wie die gesuchte Wahrheit, wenn er nach Sicherheit und Ruhe strebt: „Ne cherchons donc point d'assurance et de fermeté." Er ist demnach in Wahrheit nichts anderes als ein ruheloses Herz (*cor inquietum*), als das schon Augustinus ihn gesehen hatte (*C* 1,1). Der Mensch ist sich selbst die erstaunlichste Realität, die ihm in der Natur begegnet: „L'homme est à lui-même le plus prodigieux objet de la nature". Von diesem Erstaunen kann sich kein Mensch lösen. Wer es überspielt, fällt ins Nichts, wer Befreiung sucht, öffnet sich der Macht des lebendigen Gottes.

c) Die gläubige Gotteserfahrung des sich öffnenden Menschen als nicht vorwegnehmbares Ereignis

Nachdem verdeutlicht ist, worin Pascal die wahre Möglichkeit und die Schwäche der Philosophie sieht, kann darauf eingegangen werden, wie der Mensch trotz seiner Endlichkeit wirklich dem unendlichen Gott begegnen kann. Vorher ist noch zu klären, inwieweit Pascal mit der *Wette* nicht selbst in den Sog seiner Destruktion des Philosophengottes kommt (*P* 680/120-126; vgl. dazu die kritischen Bemerkungen in *Lepc* 19f.). *Wahrscheinlichkeitstheoretische Kalküle* widerstritten seinen Absichten nicht weniger als die konstruierenden Gedanken Descartes', die aus systemimmanenten Motiven zur Annahme Gottes als des höchsten Garanten menschlichen Seins und Erkennens führen sollten. Eine aufmerksame Betrachtung zeigt jedoch, daß der Versuch, den Text Pascals wahrscheinlichkeitstheoretisch zu deuten, seine Absicht verfehlt.
Das Fragment, das vieldeutig mit dem Motto *Unendlich nichts* (*Infini rien*) überschrieben ist (*P* 680/120-126), beginnt mit der Frage nach der Möglichkeit des Endlichen angesichts des Unendlichen und antwortet zunächst, daß sich das Endliche in Gegenwart des Unendlichen vernichte und ein reines Nichts werde: „Le fini s'anéantit en présence de l'infini et devient un pur néant." Der auf der Idee des Unendlichen gründende Gottesbeweis, wie er von Descartes vorgetragen worden ist, wird hier durch weiterreichende Fragen umgriffen und sinnlos, nämlich durch die

---

[10] Vgl. dazu *Symposion* 202a ff. Das dem Philosophieren überlegene Wissen gilt als Sache der Götter (204a): θεῶν οὐδεὶς φιλοσοφεῖ οὐδ' ἐπιθυμεῖ σοφὸς γενέσθαι· ἔστι γάρ.

Fragen, wie das Wesen des Unendlichen und das Sein des Endlichen angesichts des Unendlichen erfaßt werden können. Pascal meidet den Versuch spekulativer Lösungen dieser Fragen. Statt dessen geht er von der Tatsache aus, daß wir das Dasein und Wesen des Endlichen kennen, weil wir ja ebenso endlich und ausgedehnt seien, und legt es als Wirkliches zugrunde: „Nous connaissons donc l'existence et la nature du fini, parce que nous sommes finis et étendues comme lui.“ Umgekehrt hält er daran fest, daß das Dasein und das Wesen Gottes für den Menschen unbekannt seien, weil Gott weder Ausdehnung noch Grenzen habe: „Mais nous ne connaissons ni l'existence ni la nature de Dieu' parce qu'il n'a ni étendue, ni bornes.“

Indem er so das spekulative Problem eines Verhältnisses zwischen Unendlichem und Endlichem voraussetzt und mit dem faktischen Dasein des Menschen in der Welt ansetzt, kommt er zu der Einsicht, daß Gott, wenn es ihn gibt, notwendigerweise unendlich unbegreifbar ist: „S'il y a un Dieu' il est infinement incompréhensible“. So formuliert er offenbar die Gegenthese zu Descartes, der in Gott die am meisten wahre, klare und bestimmte Idee gefunden hatte (*MPP* III,25: *idea maxime vera et maxime clara et distincta*; vgl. aber die Hinweise auf die Unbegreiflichkeit Gottes, z. B. *Praefatio* 4). Derart gelten laut Pascal Menschen als unfähig zu wissen, was Gott ist und ob er ist: „Nous sommes donc incapables de connaître ni ce qu'il est, ni s'il est.“ Der Vernunft mangele nämlich die Kraft, hier etwas zu *bestimmen*: „La raison n'y peut rien déterminer“.

Vor diesem Hintergrund setzt der Gedankengang der Wette ein, der den Menschen zur notwendigen existenziellen Entscheidung bewegen will. Pascal beginnt mit Überlegungen, die sicher von seinen Arbeiten zur Wahrscheinlichkeitstheorie beeinflußt sind. Ausgangspunkt ist eine für unvermeidlich gehaltene Wette; es sollen die möglichen Entscheidungen und ihre Konsequenzen reflektiert werden. Zunächst wird ein unendliches Chaos (*chaos infini*) auf zwei Möglichkeiten reduziert, auf die Möglichkeit, daß Gott ist, und die Möglichkeit, daß er nicht ist. Der Einwand, jede Wahl überhaupt führe in den Irrtum, weil sich niemand in ihr auf die Vernunft berufen dürfe, wird zurückgewiesen, da man sich der Wahl nicht entziehen kann: „Oui, mais il faut parier. Cela n'est pas volontaire, vous êtes embarqué.“

Für den Menschen, der von vornherein gleichsam mit *im Boot* sitzt (*vous êtes embarqué*) und sich bezüglich der Gottesfrage entscheiden muß, wäre es demnach *klug*, das Dasein Gottes anzunehmen, weil ihm diese Annahme die *Chance eines unendlichen und unendlich glücklichen Lebens* zu verheißen scheint, die gegenteilige Entscheidung aber in jedem Fall in die *Nichtigkeit* führt. Zwar fordere die Entscheidung für die Annahme Gottes als Wetteinsatz den Verzicht auf verderbliche Vergnügungen, Ruhm und Genüsse (*plaisirs empestés, gloire, délices*), sie bringe aber bereits in diesem Leben Gewinn, da das, worauf verzichtet wird, sich schon im Lebensvollzug zunehmend als nichtig erweise. Demzufolge gilt eine Entscheidung für das Dasein Gottes als Annahme mit unendlicher Überzeugungskraft (*force infinie*).

Trotz der Überzeugungskraft dieser Überlegungen hat laut Pascal zu gelten, „daß die Wette keine Demonstration der Existenz Gottes ist, auch nicht transponiert auf das Gebiet der Wahrscheinlichkeit und dann mit Hilfe der Wahrscheinlichkeitsrechnung demonstriert"; Pascal versucht keine *Vernunftwahrheit* zu beweisen, sondern will belegen, daß der Glaube eine *vernünftige Wahl*, ein *vernünftiges Verhalten* darstellt (*SuP* 236).

Die Wette führt den Menschen also nicht positiv zur Annahme des Daseins Gottes. Was sie negativ leistet, ist eine Widerlegung von Gottesleugnern, die sich einreden, sie könnten sich auf Schwächen der Gottesbeweise berufen. Über diese Funktion als Teil einer *Apologie des Gottesglaubens* hinaus enthüllt sie auch ein Stück der notwendigen *existenziellen Prädisposition*, die einer Übernahme des Glaubens vorausliegt. Wenn der unendliche Gott dem Menschen auch aus dessen endlicher Kraft weder theoretisch noch praktisch zugänglich ist, bedarf der fragende Mensch nämlich doch einer Prädisposition für die Begegnung mit dem Göttlichen.

Der Entscheidungscharakter der Wette zeigt, daß es zwischen Gott und Mensch auch etwas gibt, was Sache des Menschen ist. Zwar ist das *Getragensein* vom Gottesglauben eine Gabe, die nur empfangen werden kann. Diese Gabe kann aber nur vom Bewußtsein der *Situation des Menschen* aus ergriffen werden; sie tritt als Herausforderung der menschlichen Freiheit auf, die eine bleibende Gefahr, aber zugleich eine unendliche Hoffnung in sich birgt. Das Herantreten des lebendigen Gottes, dessen Wahrheit der Mensch nicht aus sich selbst erreichen kann, erscheint hier *nicht als widervernünftig*, sondern als *übervernünftig*. Die Vernunft muß sich, wenn sie sich auf glaubensgegründete Erfahrungen einläßt, nicht selbst preisgeben, weil es immerhin eine vernünftige Annahme ist, daß eine wirkliche Gottesbegegnung allein von Gott her auf den Menschen zukommen kann. Pascals Dokumentation solch einer Begegnung liegt im *Memorial* vor (*P* 742). Der in Gedichtform verfaßte und als Kalligramm niedergeschriebene Text lautet:

„L'an de grâce 1654
Lundi 23 novembre, jour de Saint Clément, pape et martyre, et autres au Martyrologe.
Veille de saint Chrysogone, martyr, et autres.
Depuis environ dix heures et demie du soir jusques environ minuit et demi.

Feu.

Dieu d'Abraham, Dieu d'Isaac, Dieu de Jacob.
non des philosophes et des savants.
Certitude, certitude, sentiment, joie, paix.
Dieu de Jésus-Christ.
Deum meum et Deum vestrum.
Ton Dieu sera mon Dieu.

Oubli du monde et de tout, hormis Dieu.
Il ne se trouve que par les voies enseignées dans l'Evangile.

Grandeur de l'âme humaine.

Père juste, le monde ne t'a point connu, mais je t'ai connu.

Joie, joie, joie, pleurs de joie.

Je m'en suis séparé.
Dereliquerunt me fontem aquae vivae.
Mon Dieu, me quitterez-vous?
Que je n'en sois pas séparé éternellement.

Cette est la vie éternelle, qu'ils te connaissent seul vrai Dieu et celui que tu as envoyé, Jésus-Christ.

Jésus-Christ.
Jésus-Christ.

Je m'en suis séparé. Je l'ai fui, renoncé, crucifié.
Que je n'en sois jamais séparé.
Il ne se conserve que par les vois enseignées dans l'Evangile.

Renonciation totale et douce.

Soumission totale à Jésus-Christ et à mon directeur.
Éternellement en joie pour un jour d'exercice sur la terre.
Non obliviscar sermones tuos. Amen."[11]

---

[11] *VgH* 126f.: „Montag, 23. November, Tag des heiligen Clemens, Papstes und Märtyrers und anderer im Martyrologium, / Vigil des heiligen Chrysogonus, Märtyrers, und anderer / Von ungefähr zehn und einhalb am Abend bis/ ungefähr eine halbe Stunde nach Mitternacht, / Feuer / ‚Gott Abrahams, Gott Isaaks, Gott Jakobs' / nicht der Philosophen und Gelehrten./ Gewißheit. Gewißheit. Empfindung. Freude. Friede./ Gott Jesu Christi./ Deum meum et Deum vestrum./ ‚Dein Gott soll mein Gott sein.' / Vergessen

Die Aussage dieses Textes ist bereits auf den ersten Blick deutlich: Für Pascal ist die Begegnung mit dem Gott in der Geschichte entscheidend. Deswegen beginnt er mit einer genauen Zeitangabe, die das Jahr 1654 als ein Jahr der Gnade ausweist. Im weiteren Text wird der Doppelsinn dieser Zeitangabe deutlich, sofern sie sowohl einen Bezug auf die Geburt Jesu Christi als auch auf Pascals Gegenwart herstellt. Dieser Doppelbezug des Gegenwärtigseins und Vergangenseins hält sich auch in den übrigen Zeitangaben, mit den Hinweisen auf die Heiligen des Tages, auf Menschen, die aus der Begegnung mit dem geschichtlichen Gott gelebt haben, und der genauen Bestimmung der Uhrzeit, mit der die Besonderheit eines geschichtlichen Ereignisses bezeichnet wird.
Die Gotteserfahrung wird durch das Wort *Feuer* bezeichnet, das an die Offenbarung Jahwes im *brennenden Dornbusch* erinnert (*Ex* 3,1-6). Die Folge des Feuers ist eine als erlösend empfundene Gewißheit des Glaubens, verbunden mit Empfindung, Freude und Friede. Die Betonung des Ausdrucks *certitude* repräsentiert den Menschen, der die Erfahrung solchen Feuers gemacht hat, *als einen Suchenden*, der auf Gewißheit aus war, also gerade *als die Forscherpersönlichkeit* (*savant*), die Pascal in der Tat war. Pascals Polemik gegen den Gott der Philosophen und Weisen spricht zwar gegen die Möglichkeit eines *Gottfindens* allein aus der Kraft der endlichen Vernunft, nicht jedoch gegen das *Gottsuchen*, das seine Erfüllung womöglich in einer geschenkten Gewißheit finden kann.
Pascal besteht darauf, daß keine vernünftig ableitbare Erkenntnis ihn zu dieser Erfahrung geführt hat. Er bekennt sich als Glaubenden, dem in dieser Stunde der Gott der alttestamentlichen Väter, der Gott Jesu Christi entgegengetreten ist. Er erkennt in dieser Erfahrung den Gott, der in der Geschichte gehandelt hat und zu aller Zeit allen Menschen im Glauben zugänglich ist. Demnach ist dieser ihm begegnende Gott ebenso als *mein Gott* wie *als euer Gott*, als *dein Gott* wie als *mein Gott* anzusprechen. Er ist der Gott, der den Gläubigen von Beginn des Bundes bis in

der Welt und aller Dinge, ausgenommen Gott. / Er wird nur auf den Wegen gefunden, die im Evangelium gelehrt sind. / Größe der menschlichen Seele. / ‚Gerechter Vater, die Welt hat dich nicht erkannt, / aber ich habe dich erkannt.‘ / Freude, Freude, Freude, Tränen der Freude. / Ich habe mich von ihm getrennt: / Dereliquerunt me fontem aquae vivae. / ‚Mein Gott, wirst du mich verlassen?‘ / Möge ich nicht ewig von ihm getrennt werden. / ‚Dies ist das ewige Leben, daß sie dich erkennen,/ den einzigen, wahren Gott, und den du gesandt hast, Jesus Christus.‘ / Ich habe mich von ihm getrennt; ich bin vor ihm geflohen, ich habe ihn geleugnet, gekreuzigt. / Möge ich nie von ihm getrennt sein. / Er wird nur auf den Wegen bewahrt, die im Evangelium gelehrt sind: / Vollkommene, innige Entsagung. / Vollkommene Unterwerfung unter Jesus Christus und unter meinen geistlichen Führer. / Ewig in der Freude für einen Tag der Plage auf Erden. / Non obliviscar sermones tuos.“

die Gegenwart Treue versprochen und gehalten hat. Obwohl ihm diese Erfahrung in seiner spezifischen Disposition widerfährt, kann sie auch von anderen Dispositionen aus gemacht werden. Das *Memorial* bringt ein *Ereignis* zur Sprache, das die Welt und alles in ihr vergessen läßt. Ineins damit wird eine *Erkenntnis* behauptet, deren Sinn und Bedeutung auch ohne dieses Ereignis verstanden werden kann. Daß Gott nur Gott als Gott aller Menschen ist, daß der Allmächtige ein souverän Handelnder und nicht ein schwierig zu bearbeitendes Forschungsobjekt spezialisierter Gelehrter ist, kann auch unabhängig von diesem religiösen Ereignis akzeptiert werden. Offenbar sieht Pascal im Feuer des Ereignisses, das dem Text zugrunde liegt, die Argumentationskraft rationalistischen Philosophierens gleichsam zu Asche werden, ohne daß sich durch dieses Feuer die Gottesgewißheit auflöste. Allerdings bekommt diese Gewißheit nun sowohl ein anderes *Fundament*, nämlich das Fundament des geschichtlichen Offenbarungsglaubens, als auch einen anderen *Inhalt*, nämlich ein lebendiges Angerührtsein, das zugleich Freude und Frieden bringt (*sentiment, joie, paix*).

Man könnte fragen, welche Beziehung das *Memorial* zur Mystik hat. In der mystischen Einigung scheint die Welt gleichsam zurückgelassen zu werden; von der unmittelbar erscheinenden Wirklichkeit Gottes wird alles andere verdrängt. Dies führt tatsächlich zum *Vergessen der Welt*, zur Weltlosigkeit. Solche Weltlosigkeit findet sich zum Beispiel bei Plotin, dem Erzvater der Mystiker, weniger aber in den Zeugnissen biblischen Glaubens. Die heidnische Herkunft der Mystik weckt das Mißtrauen, daß ihre Grunderfahrungen wenig mit dem geschichtlichen Glauben zu tun haben, von dem Pascal spricht. Es wäre so zu fragen, ob die von Pascal dokumentierte Gotteserfahrung, wenn sie als mystische Erfahrung zu gelten hätte, in die Art biblischen Glaubens gehören kann. Laut dem biblischen Glauben darf die Welt offenbar nicht für etwas gehalten werden, das besser nicht in das Dasein getreten wäre und am besten in mystischer Versenkung vergessen werden sollte.

Daß der mystische Zugang zu Gott dem *Memorial* nicht positiv zugrunde liegt, ergibt sich bereits daraus, daß die Heilsgeschichte als ein tragendes Motiv hinzukommt und die Berufung auf die von dem biblischen Glauben inspirierten Märtyrer eine tragende Rolle spielt. Trotz des Bezugs auf die biblische Offenbarung und auf die Menschen, die ihr gefolgt sind, liegt es doch auf der Hand, daß das *Memorial* der Ausdruck hoher wissenschaftlicher Bildung seines Autors ist. Der Text setzt gerade das *wahre Philosophieren* voraus, von dem Pascal gesagt hatte, daß es mit der Einsicht in den Unernst der Philosophie beginne. Das wahre Philosophieren besteht in der Erkenntnis der Disproportion des Menschen zu der von ihm gesuchten Wahrheit, in der Erkenntnis der wahren

Situation des Menschen. Diese Situation bedarf einer Rettung, die der Mensch sich nicht selbst geben kann, für die er nur die Hoffnung hegen kann, daß sie ihm von anderer Seite gegeben werde.
Solche Erkenntnis der wahren Situation des Menschen ist zugleich die entscheidende Herausforderung der menschlichen Freiheit, die ein bleibendes Risiko, aber auch eine unendliche Hoffnung ewiger Erfüllung in sich birgt. Pascals *wahres Philosophieren*, das seine Stärke in der Analyse der Situation des Menschen beansprucht, aber auch seine Schwäche in der Beantwortung seiner letzten Fragen eingesteht, kann also keine positive Antwort auf die Gottesfrage des Menschen geben. Dennoch kann es zeigen, wie der Mensch trotz seiner Endlichkeit und seines Unvermögens zu der Begegnung mit dem unendlichen Gott kommen kann. Dies ist möglich, weil das wahre Philosophieren gleichzeitig zur *Einsicht in die Unerreichbarkeit der absoluten Wahrheit* und zum *Bewußtsein der Notwendigkeit der Suche dieser absoluten Wahrheit* führt. Das *Memorial* ist dementsprechend ein treffender Ausdruck dafür, wie man laut Pascal wahrhaft zu philosophieren hat. Es basiert auf den oben genannten philosophischen Einsichten, ohne sie noch einmal zu explizieren, und gelangt von ihnen aus zum Glauben an den geschichtlich handelnden Gott. Es ist der Ausdruck eines gläubigen Bewußtseins, das den Weg der Vernunft durchschritten hat. Derart besitzt Pascals Zurückweisung des Gottes der *Philosophen* und der *Weisen* im Fundament einen *philosophisch verständlichen Sinn.*
Pascals Zurückweisung des Gottes der Philosophen und der Gelehrten zeigt sich selbst als ein philosophischer und gelehrter Prozeß, der ganz allgemein die negative Theologie kennzeichnet, wie sie im philosophischen Gottdenken weit verbreitet ist. Demgemäß muß man sich von vornherein darüber klar sein, daß durch den Titel des *Gottes der Philosophen* keineswegs ein einheitliches Phänomen bezeichnet wird. Was von Pascals Überlegungen zur Gottesfrage des Menschen im allgemeinen und von diesem Text im besonderen jedenfalls zu lernen ist, ist das Mißtrauen gegen die sich allzu selbstsicher gebärdenden philosophischen *Gotteslehren*, die zuletzt vielleicht eher Hervorbringungen von Eitelkeit oder von Daseinsangst als wirkliche Ergebnisse einer ernsthaften philosophischen Wahrheitssuche sind.
Die Gottesfrage ist nämlich in der großen philosophischen Tradition immer ein *Problem* gewesen, also gerade kein Thema, das dogmatisch hätte abgehandelt werden können, wie das in der rationalistischen Philosophie der Neuzeit behauptet wurde. Wer meint, *more geometrico* alle letztgültigen Menschheitsfragen entscheiden zu können, muß sich der Kritik in vollem Umfang stellen. Es war deswegen kein Wunder, daß das Aufkommen dieser philosophischen Rationaltheologie einerseits durch

die Kritik von seiten einer erfahrungsorientierten Wissenschaftlichkeit konterkariert worden ist und daß man andererseits – im Anschluß an die Ausbildung rationalistischer und empiristischer Theorien – *eine radikale Erkenntniskritik* vorgetragen hat, die explizit das Ziel verfolgte, die Möglichkeit und die Grenzen der spezifisch menschlichen Erkenntnis zu beachten. Kant, dessen kritische Philosophie in diesem Sinne epochemachend wurde, hat zwar ausdrücklich auch einen *positiven Nutzen der Metaphysik* gesehen; er hat jedoch, ähnlich wie es der Intention Pascals entspräche, die Ansprüche der Metaphysik, sofern diese die Gottesfrage behandelt, beschnitten und sie als *Wissenschaft von den Grenzen der menschlichen Vernunft* betrachtet (vgl. *KrV* B XV-XXII; *TG* 115f.). Sein Ansatz und dessen Konsequenzen für die philosophische Frage nach Gott sollen nun dargestellt werden; dieser Darstellung folgt die Zuspitzung der Problematik bei Heidegger.

§ 13

Immanuel Kants *Metaphysikkritik* und Martin Heideggers *gott-loses Denken* als Wegzeichen einer notwendigen Aufgabe

Kants denkerischer Weg hat mit der Übernahme und Fortführung des rationalistischen Ansatzes seiner Lehrer begonnen und den ersten Höhepunkt mit der Ausarbeitung eines förmlich vorgetragenen Gottesbeweises erlangt.[1] Bald danach geriet Kant aber in eine skeptische Krise, in der ihm Metaphysik als Traumgebilde erschien.[2] Diese Krise überwand er in der ein Jahrzehnt währenden Arbeit an seinem ersten Hauptwerk, der *Kritik der reinen Vernunft*. In der kritischen Philosophie hat Kant die Motive des rationalistischen Anfangs mit den skeptischen Bedenken verbunden. Die in der kritischen Philosophie vorgetragene These von der *Unmöglichkeit der spekulativen Rationaltheologie* bedeutet keine Ablehnung des Inhalts der metaphysischen Theologie. Kant versucht vielmehr, die Möglichkeit einer kritisch haltbaren Annahme dieses Inhalts neu zu sichern. Seine Neubegründung ist aber mit der Einschränkung verbunden, daß metaphysische Annahmen sich auf kein absolutes *Wissen* stützen können, sondern auf einen *Glauben*, der sich vom Dogmatismus scheinbar absoluten Wissens befreit hat (z. B. *KrV* B XXIX f.). Ähnlich wie Pascal kommt Kant über die Beschneidung wuchernder Ansprüche der Spekulation zu seiner kritischen Position, die sich als *Wissen von den Grenzen des Wissens*, nicht als absolutes Wissen des Wissens versteht. Zwar fragt endliche Vernunft über das, was erkannt werden kann, hinaus und erkennt, daß sie ihr Ziel nur in der absoluten Wahrheit Gottes finden könnte. Der Gottesgedanke bleibt deswegen auch in der *Kritik der reinen Vernunft* ein *Ideal ohne Gleiches* (*KrV* B 639f.). Endliche Vernunft kann den unendlichen, alle Begriffe übersteigenden Gott jedoch nur denken, wenn der Mensch sich bewußt ist, daß er das Unendliche nicht zu erfassen vermag. Im Unterschied zu Pascal versucht Kant aber doch, eine Vernunftreligion aus Motiven der praktischen Philosophie zu begründen.

---

[1] *BDG* (1763). Neuauflagen und Nachdrucke zu Lebzeiten Kants erfolgten: 1770, 1783, 1794, also auch noch nach dem Erscheinen der großen kritischen Schriften.

[2] *TG* (1766); als Motto vorangestellt ist ein Wort von Horaz, mit dem Kant die Gedanken der Metaphysik als Träume eines Kranken apostrophiert: *velut aegri somnia, vanae finguntur species.*

Kants kritische Erneuerung der Metaphysik aus dem Bewußtsein der Endlichkeit des Menschen ist durch die unterschiedlichen Entwürfe zu einer neuen absoluten und spekulativen Metaphysik im *Deutschen Idealismus* zunächst in den Hintergrund gedrängt und wegen ihrer vermeintlich agnostizistischen Tendenzen geächtet worden. Der dem Tod Hegels folgende Zusammenbruch des spekulativen Idealismus war die Auswirkung der Anmahnung der Endlichkeit des Menschen, die sich in seiner Einzelhaftigkeit und Leibgebundenheit dokumentiert. Dieser Zusammenbruch gipfelte in Nietzsches Antimetaphysik, die eine *Umkehrung aller Werte* und die *ewige Wiederkunft des Gleichen* propagierte. Aus der Not dieses Niedergangs der Metaphysik erwuchsen auch Versuche zu ihrer Neubelebung.

Als bedeutende kritische Neuaufnahme eines *ursprünglich metaphysischen Fragens* kann die Philosophie Heideggers gelten, obgleich Heidegger selbst sich im Spätwerk gegen diese Einordnung gewehrt hat. Die häufig wiederholte These, er habe das *postmetaphysische Zeitalter* eingeläutet, ist als irreführend zu betrachten. Offenbar versucht Heidegger vielmehr in immer neuen Anläufen, das *Wesen der Metaphysik* zu denken, die Meta-physik als die Wurzel des europäischen Nihilismus zu begreifen und die gegenwärtige Weltsituation als Geschichte der *Metaphysik des Willens zur Macht* zu interpretieren. Aus den Schwierigkeiten und Aporien der Situation heraus stellt er sich zuletzt der Aufgabe, die Metaphysik mitsamt ihrer Geschichte, aber um ihrer Sache willen, zu *überwinden* oder zu *verwinden*.[3] Obwohl Heidegger die Geschichte der Metaphysik mit fundamentaler Kritik überzieht, kann man in seinen Wegen, Wendungen und Irrtümern den Kampf um die alten Fragen der Philosophie sehen, zumal auch er sein Denken in den Kontext der Platonischen Gigantomachie um das Sein stellt (vgl. dazu das Motto von *SuZ* 1). Seine Kritik ist vom Ziel der Bewahrung des ursprünglichen Sinnes getragen. Dies belegt schon die Vermutung Heideggers, ein *gott-loses Denken*, das sich des Redens von Gott in der Philosophie enthält, sei dem *göttlichen Gott* womöglich näher, als die Metaphysik es glauben machen möchte.

[3] Vgl. vor allem *Nietzsches Wort ‚Gott ist tot‘* (in: *HW* 209-267) und *N* I und II.

a) Der Wandel von physikalisch zu personal fundierten Kategorien im Gottdenken Kants

Kant hat nach den Vorspielen der vorkritischen Rationaltheologie versucht, einen kritisch geläuterten Weg zur Annahme des Daseins Gottes zu beschreiten, sich also nicht vom praktischen Interesse zu einer vorschnellen Lösung verleiten zu lassen. Wenn es um die *Entschließung* geht, welchen Weg man im Blick auf die Gottesfrage einschlagen solle, kann man laut Kant *nicht schicklicher wählen*, als sich für das Dasein Gottes zu entscheiden. Geht es aber bloß um nüchterne theoretische *Beurteilung*, erscheint dieser zunächst überzeugende, natürliche Beweisgang „bei weitem nicht in so vorteilhafter Gestalt und bedarf der Gunst, um den Mangel seiner Rechtsansprüche zu ersetzen" (*KrV* B 615).
Kant gelangt in der Prüfung der ihm bekannten Gottesbeweise, obzwar zunächst wider Willen, zu dem *Urteil*, daß diese Beweise ihr Ziel nicht erreichen, sofern es darin besteht, das Dasein Gottes wie die Wahrheit von mathematischen oder naturwissenschaftlichen Sätzen zu sichern. Kant sieht, daß die Behauptung absoluten Wissens der Wahrheit zugleich das Wissen der fraglosen Realität des Unendlichen voraussetzt (*KrV* B 612). Wenn die endliche Menschenvernunft die Realität des Unendlichen nicht gewiß erkennen kann, muß sie grundsätzlich die Behauptung des absoluten Wissenkönnens preisgeben. Aus der Einsicht, daß der rationalistische Anspruch, der absolutes und zweifelsfreies Wissen der Wahrheit zu besitzen vorgab, haltlos ist, erhob sich Kants Frage nach der Möglichkeit und den Grenzen der Erkenntnis. Sie bildet das erste Zentrum der kritischen Philosophie (*KrV* B 833: *Was kann ich wissen?*). Da die Vernunft eine *unbedingte* Antwort auf diese Frage sucht, verfängt sie sich in den Problemen der *Metaphysik*. Sie gelangt so zu notwendigen, theoretisch aber unlösbaren Aufgaben, die ihr Raum zur Beantwortung der Fragen von *Moral* (*Was soll ich tun?*) und *Religion* (*Was darf ich hoffen?*) läßt. Diese Fragen greift Kant ausdrücklich in seinen späteren Hauptwerken auf.[4]
Kants theoretische Transzendentalphilosophie beantwortet die erste Frage so, daß sie die Möglichkeit von *Mathematik und Naturwissenschaften* verstehen läßt, indem sie deren Erkenntnis entweder als *Einigung des Mannigfaltigen der reinen oder der empirischen Anschauung* denkt. Jedes endliche Denken, das die gesuchte absolute Wahrheit nicht aus sich hervorbringen kann, ist auf etwas angewiesen, das ihm gegeben werden muß. Erkenntnis ist für den Menschen nichts anderes als die

---

[4] Vgl. vor allem *KpV* aus dem Jahre 1788; *KU* aus dem Jahre 1790; *RGV* aus dem Jahre 1793 (^{2}1794).

Synthesis des Mannigfaltigen, das in der Erfahrung der Vernunft entgegentritt und für das die Vernunft die Einheit des Denkens sucht. Die auf sinnlich Gegebenes angewiesene Erkenntnis des Menschen entspringt folglich „aus zwei Grundquellen des Gemüts, deren die erste ist, die Vorstellungen zu empfangen (die Rezeptivität der Eindrücke), die zweite das Vermögen, durch diese Vorstellungen einen Gegenstand zu erkennen (Spontaneität der Begriffe)" (*KrV* B 74).

Wenn Erkenntnis aus der Vereinigung dessen hervorgeht, was durch Anschauung *gegeben* und was durch Vernunft *gedacht* wird, kann nur Endliches *erkannt* werden. Allerdings zeigt die kritische Selbstbegrenzung der Vernunft zugleich, daß sie Voraussetzungen machen muß, die *jenseits* der Grenzen jeder möglichen Erkenntnis liegen. Der Ursprung des Gegebenseins des Gegebenen ist in diesem Modell der Erkenntnis ebenso unerfaßbar wie die Möglichkeit reinen Denkens. Dennoch muß dieses Unerfaßbare angenommen werden, das Kant als *Ding an sich* bezeichnet, denn „sonst würde der ungereimte Satz daraus folgen, daß Erscheinung ohne etwas wäre, was da erscheint" (*KrV* B XXVI f.). Ebensowenig könnte man die Spontaneität reinen Denkens verstehen (*KrV* B 157f.). Ist die Erkenntnis die Einigung von gegebenem Mannigfaltigen, dann steht das Prinzip des Einigens selbst außerhalb der Reichweite jeder möglichen Erkenntnis und die kritische Philosophie kann nicht als absolutes System vorgetragen werden. Sie ist von ihrem Ansatz bei Kant nur ein Experiment, dessen Ausgang zunächst unsicher ist (*KrV* B XVI und B XVIII Anm.). Allerdings ist Kant überzeugt, daß dieser Versuch nach Wunsch gelingt. Das Ergebnis läßt zunächst die Möglichkeit der objektiven Erkenntnis verstehen (*KrV* B XVIII), hat aber das anscheinend *nachteilige Resultat*, daß die Wirklichkeit des Unbedingten nicht Gegenstand einer endlichen Erkenntnis sein kann (*KrV* B XIX). Zuletzt zeigt sich jedoch, daß die Einsicht in die Unmöglichkeit einer objektiven, theoretischen Erkenntnis der Wirklichkeit der *Gegenstände der Metaphysik* (*Gott, Freiheit und Unsterblichkeit*) deren Annehmbarkeit gerade nicht entgegensteht, sondern sie allererst ermöglicht (vgl. *KrV* B XXX).

Das unerkennbare *Ding an sich*, das sowohl nach der Seite des erkennenden Subjekts als auch nach der Seite des zu erkennenden Objekts vorausgesetzt werden muß, ist in der Suche nach den Bedingungen der Möglichkeit der Erkenntnis die notwendige Anzeige der Nichtabsolutheit der menschlichen Erkenntnis, die dennoch unvermeidlich nach dem Absoluten fragt (vgl. *KrV* A VII). Vor dem Hintergrund dieser erkenntniskritischen Position kann zwar eine Existenz außerhalb der durch die Sinne zugänglichen Erfahrung, also insbesondere die Existenz Gottes, *nicht schlechterdings für unmöglich erklärt werden*, sie kann aber auch

nicht objektiv erkannt werden (*KrV* B 629). Damit hat das philosophische Gottdenken jedenfalls die von Descartes gesuchte Funktion einer Sicherung der absoluten Wahrheit der Verstandeserkenntnis verloren.
Kants kritische Einschränkung der Möglichkeit des endlichen Erkennens führt also zu einem *negativen* und einem *positiven Ergebnis* im Blick auf die Gottesfrage, die aber in einem sachlichen Zusammenhang miteinander stehen. Das negative Ergebnis besteht in der *Bestreitung der Gültigkeit der Beweise* (vgl. *KrV* B 620-658); das positive Ergebnis dagegen besteht in der *Offenheit für das Unendliche*, das jeder endlichen Erkenntnis wesenhaft unzugänglich bleibt und nur im *Glauben* angenommen werden kann (vgl. *KrV* B XXX und 854f.). Die Anerkennung der Begrenztheit des Vermögens des Menschen läßt den Menschen gerade das endliche Wesen sein, als das er sich in der Welt vorfindet. Sie läßt aber ebenso das Unendliche als wahrhaft unendlich denkbar werden, ohne es zu einer menschlichen *Vorstellung* zu depravieren. Die Kritik des rationalistischen Gottdenkens ermöglicht die vernünftige Annahme der Endlichkeit des Menschen und zugleich die Annahme der Unendlichkeit Gottes. In diesem Sinne ist es bemerkenswert, daß die christliche Lehre nicht vom Denken Kants her, sondern im Gefolge Spinozas als ein *unsinniger Versuch* gelten konnte, „Gott einerseits als allmächtig anzusetzen und andererseits ihm gegenüber den Menschen als ein Wesen zu bestimmen, das bei aller Abhängigkeit doch relativ selbständig ist“ (*GnM* 64).
Die Aporien, in die ein Denken gerät, das die Möglichkeit eines endlichen *Selbstands* mit der Annahme einer selbständig bestehenden, unendlichen Wirklichkeit zusammendenken will, werden durch diese Bescheidung der menschlichen Erkenntnis zwar keineswegs überwunden. Kant zeigt sich im Blick auf das unbedingte Ziel der menschlichen Erkenntnis jedoch überzeugt, durch diese Aufhebung des Wissens so *zum Glauben Platz zu bekommen*, daß sich das Negative, das in der Destruktion der Gottesbeweise liegt, in etwas Positives wendet. Er erkärt: „Ich kann also *Gott*, *Freiheit* und *Unsterblichkeit* zum Behuf des notwendigen praktischen Gebrauchs meiner Vernunft nicht einmal *annehmen*, wenn ich nicht der Vernunft zugleich ihre Anmaßung überschwenglicher Einsichten *benehme*“ (*KrV* B XXX). Nur durch die Aufhebung des rationalistischen Gottdenkens, das zudem in die Spannung zum lebendigen Gottesglauben gerät, wird es also möglich, die Substanzialität und Freiheit des endlichen Menschen so zu denken, daß er sich glaubend der absolut souveränen Freiheit eines unendlichen Gottes zu öffnen vermag.
Wer glaubt, mit Argumenten für das Dasein Gottes mehr ausrichten zu können, als die Immanenz des sich auf das Endliche einschränkenden Denkens aufzubrechen und in die Richtung der vernünftigen Annehm-

barkeit der Wirklichkeit des Unendlichen und also für Gott zu öffnen, sieht sich schnell mit weiteren Fragen konfrontiert, die ihn bald in große Bedrängnis bringen können. Wer sich eine positive Erkenntnis des Unendlichen zutraut, müßte dann nämlich auch sagen können, wie endliche Substanzen neben der unendlichen bestehen könnten, wie die endliche Freiheit des Menschen neben der allmächtigen Freiheit Gottes gedacht werden könnte, wie das Leiden und die erschreckenden Sinnwidrigkeiten zu erklären sind oder aus welchem Grunde sie womöglich vernachlässigt werden dürfen. Der Fragen wird es hier kein schnelles Ende geben. Der Verzicht auf die Annahme, das Dasein Gottes beweisen zu können, hat hingegen nicht allein den Vorzug, daß die Gotteserkenntnis nicht zu einem Forschungsgebiet für hochqualifizierte Spezialisten absinkt, die mit ihren fein gearbeiteten Beweisen etwas gefunden zu haben glauben, das den Blicken gewöhnlicher und ungeschulter Menschen entgeht. Dieser Verzicht entspricht darüber hinaus zugleich auch der tatsächlichen und notwendigen Situation des Menschen als eines endlichen Geistwesens. Der sich seiner Endlichkeit und seiner notwendigen Fragen bewußte Mensch erkennt nämlich, daß er auf die unfaßbare Wirklichkeit des unendlichen Gottes hindenken muß, wenn er sich und seine Welt zu verstehen versucht, daß er in dieser Suche aber nicht zu einem Resultat kommen kann, das alle sich ihm aufdrängenden Fragen beantwortet.

Die kritische Philosophie führt schließlich zur Möglichkeit, das Dasein Gottes zu *glauben*, ohne sich anzumaßen, den Sinn des Ganzen mit diesem Glauben *wissen* zu können. Angesichts dieser Sachlage wird schon einmal der *lebendige Mensch* herausgefordert, der sein Leben nicht mehr aus gleichsam unveränderlichen Fakten heraus verstehen kann, sondern durch seinen Lebensvollzug *das Glück des ganzen Lebens verwetten* muß (*KrV* B 853). Im Blick auf diesen Wetteinsatz, bei dem das Leben auf dem Spiel steht, erklärt Kant bereits aus theoretischen Motiven, daß er „festiglich einen Gott glaube“ (*KrV* B 854). Indem der *lebendige Mensch* sich jedoch zum Glauben herausgefordert weiß, ist schon der erste Schritt getan, der sich dem *lebendigen Gott* zu nähern sucht.

Die Kritik soll nach Kants Absicht auf den *wahren Mittelweg zwischen Dogmatismus und Skeptizismus* führen. Sie beginnt deswegen mit dem Eingeständnis, „daß uns das höchste Wesen nach demjenigen, was es an sich selbst sei, gänzlich unerforschlich und *auf bestimmte Weise* so gar undenkbar sei“; sie hält die Vernunft an, keinen transzendenten Gebrauch ihrer Begriffe zu machen, „um die göttliche Natur durch Eigenschaften, die doch immer nur von der menschlichen Natur entlehnt sind, zu bestimmen“ (*PMW* A 178f.; vgl. 180). Durch diesen negativen Anfang relativiert sie also die Aussagekraft von Begriffen, die in den Naturwissenschaften und in der Mathematik legitim sein mögen, die aber im Blick auf die Gottesfrage untauglich sind, weil sie Gott zu verendlichen scheinen. Welche Absicht Kant zu diesem negativen Anfang geführt hat, ergibt sich bereits aus seinem frühen Versuch, die Vollkommenheit Gottes eher durch den Begriff der *Allgenugsamkeit* als durch den Begriff des *Unendlichen* wiederzugeben, dessen eigentliche Bedeutung er für offenbar mathematisch hält. Für erschaffene Augen sind laut Kant göttliche *Geheimnisse* unerforschlich. Nicht die *Erkenntnis*, sondern die *Bewunderung* der in der Welt sich abspiegelnden *Schönheit* führt das menschliche Denken demgemäß zu Gott (vgl. *BDG* A 186f. und 180ff.). Man kann folglich davon ausgehen, daß Kant sowohl die Erkenntnis des lebendigen Gottes als auch der Lebendigkeit des Menschen gesucht hat. Die *höchste Lebendigkeit* des Menschen hat er nicht im sinnlichen Genuß, sondern in der moralisch notwendigen Aufgabe gefunden, „das höchste Gut durch Freiheit des Willens hervorzubringen" (*KpV* A 203). Diese Aufgabe resultiert laut Kant aus unserer „Tauglichkeit zu höheren Zwecken, die in uns verborgen liegt" (*KU* B 395). Obgleich das höchste Gut, in dem Tugend und Glückseligkeit auf der Grundlage der Heiligkeit des Willens vereint gedacht werden, aus der Kraft des Menschen nicht verwirklichbar ist, bleibt es moralisch doch notwendig (vgl. *TuG*). Der Zwiespalt zwischen dem menschlichen Unvermögen, das höchste Gut zu *verwirklichen*, und der weiterbestehenden moralischen Notwendigkeit, die Verwirklichung doch zu *befördern*, ist die Grundlage der Annahme der Wirklichkeit Gottes, der Willensfreiheit und der Unsterblichkeit der menschlichen Seele als *Postulaten der reinen praktischen Vernunft*. Ohne deren Annahme kann das moralische Gesetz als *phantastisch und auf leere Zwecke gestellt, mithin an sich falsch* erscheinen (vgl. *KpV* A 205). Die Unbedingtheit des moralischen Gesetzes führt demnach zum praktisch gebotenen Glauben an Gott.

Das Postulat der reinen praktischen Vernunft, gemäß dem die Existenz Gottes notwendig *zur Möglichkeit des höchsten Guts* gehört, läuft auf den Gedanken eines *lebendigen Gottes* hinaus, der nicht mehr als *Ursache*, sondern als *Urheber* der Natur mit *Verstand und Willen* gedacht werden soll (vgl. *KpV* A 224ff.). Die Geltung der Postulate der reinen praktischen Vernunft ist an die Unbedingtheit der moralischen Verpflichtung gebunden, die auch mit dem Willen Gottes zusammenhängt. Obwohl die Selbstgesetzgebung des Willens das alleinige Prinzip aller moralischen Gesetze ist (*KpV* A 58), sind sie doch zugleich *göttliche Gebote*. Da sie den Menschen *unbedingt* in Anspruch nehmen, stellt sich nämlich die Frage, wie man die unmittelbar und unableitbar auftretende Unbedingtheit der Geltung verstehen kann (*KpV* A 233; *RGV* B 138f.). Außerdem gründet die Postulatenlehre auf der Forderung, laut der die *höchste Möglichkeit des Lebens* befördert werden soll; als höchste Möglichkeit hatte Kant den Versuch gesehen, das höchste in der Welt mögliche Gut durch die Freiheit des Willens hervorzubringen. Der Ursprung von Kants Gottdenken in der praktischen Philosophie läuft darauf hinaus, daß von Gott nur dann wahrhaft die Rede ist, wenn man in *personalen Kategorien* von ihm spricht.

Die zentrale Kategorie, die in diesem Kontext zur Sprache kommt, ist die *Heiligkeit Gottes*, ohne die alle weiteren Kategorien, in denen von Gott gesprochen wird, möglicherweise eine sehr ungöttliche Bedeutung erlangen, seien es nun die *Allmacht*, die *Allwissenheit*, die *Allgegenwart* oder die *Allgütigkeit* Gottes. Es liegt auf der Hand, was ein allmächtiges Wesen, das nicht heilig wäre, für die Schöpfung bedeutete. Aber auch eine Gütigkeit, die nicht mit der Heiligkeit zusammenginge, könnte der Würde eines endlichen Freiheitswesens nicht gerecht werden. Gott muß heilig sein, um Urbild des Guten sein zu können (vgl. *GMS BA 29* zum *Heiligen des Evangelii*). Gott muß also „*allwissend* sein, um mein Verhalten bis zum Innersten meiner Gesinnung in allen möglichen Fällen und in alle Zukunft zu erkennen; *allmächtig*, um ihm die angemessenen Folgen zu erteilen; eben so *allgegenwärtig*, *ewig* u. s. w" (*KpV* A 252). Kant betont, daß es in dieser Benennung des Wesens Gottes zunächst um Eigenschaften geht, „deren Qualität man auch den Geschöpfen angemessen findet, nur daß sie dort zum höchsten Grade erhoben werden" (*KpV* A 236 Anm.). Nur drei Eigenschaften können laut Kant „ausschließungsweise und doch ohne Beisatz von Größe Gott beigelegt" werden, nämlich: „er ist der *allein Heilige*, der *allein Selige*, der *allein Weise*; weil diese schon die Uneingeschränktheit bei sich führen." Im Anschluß könne weiter gesagt werden: „Nach der Ordnung derselben ist er denn also auch der *heilige Gesetzgeber* (und Schöpfer), der *gütige Regierer* (und Erhalter) und der *gerechte Richter*: drei Eigenschaften, die alles in sich enthalten, wodurch Gott der Gegenstand der Religion wird, und denen angemessen die metaphysischen Vollkommenheiten sich von selbst in der Vernunft hinzufügen" (*KpV* A 236 Anm.).

Die Sprache bedient sich hierbei eines *symbolischen Anthropomorphismus*, eines Anthropomorphismus, der weiß, daß das, was gesagt wird, kritisch reflektierte *Infinitionen* der endlichen Wirklichkeit sind. Die Alternative, die Kant für die philosophische Rede von Gott sieht, besteht darin, entweder ausgehend von der *Physik* oder von der *Moral* auf Gott zuzudenken. Die richtige Antwort auf die wichtige Frage, „ob der menschliche Begriff von Gott ein zur Physik (mithin auch zur Metaphysik …) oder ein zur Moral gehöriger Begriff sei", liegt gemäß Kant auf der Hand. Wolle man *Natureinrichtungen* damit erklären, daß man zu Gott als dem Urheber der Dinge seine Zuflucht nehme, sei das *überall*

ein Geständnis, man sei mit seiner Philosophie zu Ende. Deshalb muß auch gesagt werden: „Durch Metaphysik aber von der Kenntnis *dieser* Welt zum Begriffe von Gott und dem Beweise seiner Existenz, *durch sichere Schlüsse* zu gelangen, ist darum unmöglich, weil wir diese Welt ... erkennen, mithin allwissend sein müßten, um zu sagen, daß sie nur durch einen *Gott* ... möglich war“ (*KpV* A 249f.).
Ein tragfähiger Weg zu Gott führt laut Kant nicht über physische oder physikalische Erklärungen, sondern über den innerlichen und unbedingten Anspruch, den Kant als moralischen Anspruch erfahren und ausgelegt hat. Ihm deshalb moralistische Engführungen vorzuwerfen, ist anachronistisch. Passender ist der Versuch, den *Wandel von physikalisch zu personal fundierten Kategorien* im *philosophischen Gottdenken* wahrzunehmen, der bei Kant unabgeschlossen sein mag, zu dem er aber doch seinen Beitrag geleistet hat.

b) Heideggers Zurückweisung des Gottes der Philosophen und das nichtmetaphysische Sprechen von Gott

Heideggers Denkwege haben in *Sein und Zeit* ihren ersten gültigen Ausdruck gefunden, auch wenn dieses *opus magnum* ein Fragment geblieben ist, in dem nicht einmal die Hälfte des Gesamtplans ausgearbeitet vorliegt (vgl. *SuZ* 52f.; zum Hintergrund vgl. *SD* 87ff.). Nach der Einführung in die *phänomenologische Methode* durch Edmund Husserl ist Heidegger schon mit diesem Werk ganz eigene Wege gegangen, in denen er die alten Fragen von Philosophie und Metaphysik neu aufgreift. Falls man als Kurzfassung der zentralen Aufgaben von Philosophie und Metaphysik Augustins Wort *Deum et animam scire cupio* anzuerkennen bereit ist, wonach es die Aufgabe der Philosophie ist, nach der Erkenntnis des unendlichen Gottes und nach der Selbsterkenntnis der menschlichen Seele zu streben (*S* I,2; dazu *KrV* B 831), stellt man verwundert fest, daß die Gottesfrage im Text von *Sein und Zeit* fast völlig ausgeblendet zu sein scheint. Die Vokabel *Gott* kommt zwar noch an einigen Stellen des Textes vor, aber doch nur in Referaten von Gedanken, die mit denen Heideggers inhaltlich jedenfalls nicht übereinstimmen.
Im Vordergrund aller Untersuchungen von *Sein und Zeit* stehen die Analyse und die Interpretation des Seins des Daseins, die in der Absicht ausgearbeitet werden, mit ihrer Hilfe Aufschluß über die Seinsfrage zu erhalten. Heideggers Wort für den endlichen Geist, *Da-sein*, das als das *Da des Seins* der Ort der Offenbarkeit des Seins ist, deutet schon darauf hin, daß seine Untersuchung nicht vor allem das Sein des Menschen, sondern die ontologische Frage nach dem *Sinn von Sein* zum Ziel hat,

die noch das Denken Platons und Aristoteles' in Atem gehalten habe, dann aber verstummt sei. Das *Sein* habe seither als der *allgemeinste*, *undefinierbare* und *selbstverständliche* Begriff gegolten, der nicht weiter bestimmt und erläutert werden könne. Die Diskussion der Vorurteile, die das Versäumnis der Seinsfrage hervorgerufen haben, zeigt laut Heidegger die *Notwendigkeit einer Wiederholung der Frage nach dem Sinn von Sein* (*SuZ* 3-6).

Diese Frage nach dem Sinn von Sein gilt ihm als die *Fundamentalfrage*. In der Erörterung der Strukturmomente der Frage überhaupt beginnt Heidegger mit der Annahme, das erkennende Suchen bedürfe *einer vorgängigen Leitung vom Gesuchten her*; diese Leitung erlangt die Frage nach dem Sinn von Sein mit dem faktischen *durchschnittlichen und vagen Seinsverständnis* des Daseins (*SuZ* 7). So wird Philosophie zu einer *universalen phänomenologischen Ontologie*, „ausgehend von der Hermeneutik des Daseins, die als Analytik der *Existenz* das Ende des Leitfadens alles philosophischen Fragens dort festgemacht hat, woraus es *entspringt* und wohin es *zurückschlägt*" (*SuZ* 51). Heidegger verfolgt die Seinsfrage durch die Analytik des Seins des Daseins, dessen Sein er als *Sorge* erfaßt und in den Modi seiner *Zeitlichkeit* auslegt.

Diese Analyse hält sich im Bereich von Endlichkeit und Zeitlichkeit, gleichsam in *Treue zur Erde*, ohne dabei eine Entscheidung treffen zu wollen, „ob ‚nach dem Tode' noch ein anderes, höheres oder niedrigeres Sein möglich ist, ob das Dasein ‚fortlebt' oder gar, sich ‚überdauernd', ‚unsterblich' ist" (*SuZ* 329). Um so mehr versteht es sich, daß die Gottesfrage in dieser Phänomenologie wenigstens zunächst einmal nicht ins Spiel kommt.

Trotzdem ist es erhellend, einen Blick auf die Zusammenhänge zu werfen, in denen Heidegger in *Sein und Zeit* nebenbei auf Gott zu sprechen kommt. Zunächst weist der Text in den Erörterungen des *ontologischen Vorrangs der Seinsfrage* auf die Krise hin, in die einige exemplarisch angeführte Wissenschaften geraten seien. Zur Theologie seiner Tage sagt Heidegger, sie suche „nach einer ursprünglicheren, aus dem Sinn des Glaubens selbst vorgezeichneten und innerhalb seiner bleibenden Auslegung des Seins des Menschen zu Gott". Er vertritt die These, daß dadurch das *primär glaubende Fragen* als Fundament der Theologie wieder neu zum Vorschein komme (*SuZ* 13f., 38; dazu *PuT* 51ff.). Sodann ist von Gott die Rede in einer *Kritik der traditionellen Anthropologie*, von der Heidegger annimmt, sie ruhe auf antik-christlichen Fundamenten und verbaue oder mißleite die grundsätzliche Frage nach dem *Sein des Daseins* (*SuZ* 65f.).

Weiter zeigen einige Stellen von *Sein und Zeit* eine gewisse Nähe der dort untersuchten und ausgelegten Phänomene zu dem Themenbereich der Theologie, jedoch so, daß Heidegger die theologischen Inhalte und Deutungen zurückweist oder sie stillschweigend beiseite läßt (vgl. z. B. *SuZ* 252f., 264, 357, 366). Unmittelbar setzt er sich in *Sein und Zeit* mit der *Interpretation der Welt bei Descartes* auseinander, in deren Kontext die Substanzfrage untersucht wird, wodurch auch der Gottesgedanke ins Spiel gelangt (*SuZ* 119-135). Die dort vorkommenden Motive sollen ausdrücklich erwähnt werden, zumal der Cartesische Gottesgedanke bereits als Hintergrund von Pascals Zurückweisung des *Gottes der Philosophen* in den Blick geraten war.

Das Sein einer Substanz ist laut der von Descartes gegebenen Definition durch *Unbedürftigkeit* charakterisiert: „Per substantiam nihil aliud intelligere possumus, quam rem quae ita existit, ut nulla alia re indigeat ad existendum." Dieser Idee der Substanz genügt jedoch gewiß nur das *ens perfectissimum*, also Gott, der selbstgenugsam keines anderen Seienden bedarf: „Substantia quae nulla plane re indigeat, unica tantum potest intelligi, nempe Deus" (*SuZ* 123; zitiert wird *PP* I,51). Derart bedarf alles andere Seiende der *Herstellung* und *Erhaltung*. Das besagt: „Herstellung zu Vorhandenem, bzw. Herstellungsunbedürftigkeit machen den Horizont aus, innerhalb dessen ‚Sein' verstanden wird" (*SuZ* 123f.). Weil Heidegger den Weg einer solchen Substanzontologie meidet, kann er auch nicht auf den von ihr gebahnten Wegen zu Gott gelangen. Das Fehlen des Gottesgedankens läßt sich hier also daraus verstehen, daß Heidegger ein an *Herstellung* orientiertes Denken als Horizont der Seinsfrage verwirft; seine Motive ähneln folglich Pascals Kritik am *Gott der Philosophen* ebenso wie Kants Motiv, den Gottesgedanken als einen *nicht zur Physik* gehörigen Begriff auszulegen.

Das Feuer der Gottesfrage kann, wiewohl nicht an der Oberfläche, aber auch in *Sein und Zeit* gefunden werden. Zwar spricht Heidegger recht distanziert zum Gedanken der Gottebenbildlichkeit des Menschen (*SuZ* 65f.). Seine Interpretation des *Sinnes des Seins des Daseins* führt aber zur *Idee des eigentlichen Ganzseinkönnens des Daseins* und damit zum Horizont einer zwar endlichen Selbstgenugsamkeit, der aber durchaus Kennzeichen zukommen, die vordem als Merkmale des Göttlichen gegolten hatten. In diesem Sinne kann man wenigstens fragen, ob im *Ideal des eigentlichen Ganzseinkönnens* nicht die Tendenz zu einem *Sichselbstgenügen des Endlichen* liege, das am Ende dem Tod den Stachel ziehen will und das Geheimnisvolle des Gewissensrufes auf das Wort des eigentlichen *Selbst* des Daseins reduziert (vgl. *SuZ*, bes. 314ff. und 400ff.).

Schon bald, nachdem Heideggers Denken durch die Veröffentlichung von *Sein und Zeit* auf einen Schlag bekannt geworden war, bahnte sich das an, was man als die *Kehre* seines Denkens bezeichnet hat (z. B. *DMH* und *HSp*). Heideggers Denkwege waren auch durch die von unklaren Absichten und ehrgeizigen Ambitionen mitbestimmte politische Haltung im *Dritten Reich* in die Krise geraten (vgl. hierzu z. B. *MDHZ*, bes. 291-406). Sein Denken kreiste nun um die Fragen nach dem Grund und dem Wesen der Metaphysik, wobei Heidegger das Ziel verfolgte, den Zusammenhang der Metaphysik mit dem Aufkommen des Nihilismus aufzudecken. In der Interpretation der Geschichte und der Vorgeschichte der Metaphysik deutet Heidegger den Nihilismus, der mit Nietzsche offen hervorgetreten sei, als den entscheidenden und zugleich notwendigen Endpunkt der Metaphysikgeschichte. Dieser Nihilismus sei durch einen *Wandel im Wesen der Wahrheit* vorbereitet worden, wie er sich schon in der Philosophie Platons ereignet habe.[5] Das Nihilismusproblem provozierte Heidegger nun auch verstärkt zu Äußerungen zur Gottesfrage.

Heidegger erfährt im Geschick des Nihilismus die tiefste Not der gegenwärtigen Zeit und bezeichnet sie mit Hilfe des seit der *Romantik* geläufigen Bildes der *Weltnacht* (z. B. *HW* 269ff.). Angesichts dieser Not verweigert er sich jeder Polemik gegen den Nihilismus, zumal durch Polemik die Sache des Denkens nicht mehr in den Blick kommen kann. Heidegger betont: „Jede Art von Polemik verfehlt im voraus die Haltung des Denkens" (*WhD* 49). In der Diagnose des Untergangs der Metaphysik durch die *Seinsvergessenheit* des Nihilismus wird selbstverständlich zugleich auch die metaphysische Weise des Sprechens von Gott unzugänglich. Trotzdem sucht Heidegger sowohl in der Vorgeschichte der Metaphysik, hier vor allem bei den Vorsokratikern, als auch bei Denkern und Dichtern aus nicht so ferner Vergangenheit, insbesondere bei Hölderlin und Nietzsche, Hilfen für sein *nicht-metaphysisches Denken*, das ihn zuweilen zu *Versuchen eines neuen Sprechens von Gott und den Göttern* geführt hat. In Heideggers Diagnose der Metaphysik und des Nihilismus im Blick auf die Gottesfrage spielt seine Abhandlung zu *Nietzsches Wort ‚Gott ist tot'* eine zentrale Rolle. Hier treten die Intentionen seiner metaphysikkritischen Erwägungen zur Frage der philosophischen Möglichkeit des Sprechens von Gott deutlich hervor. Diese Abhandlung sucht den Ernst des Nihilismusproblems mit der Ehrfurcht vor Gott zu bedenken, die Heidegger in manchem nur vermeintlich frommen, in Wahrheit jedoch blasphemischen Sprechen von Theologen vermißt.

Heidegger antwortet auf die Situation des Nihilismus, der im Zusam-

---

[5] Vgl. *PLW*. Es würde zu weit führen, Heideggers Interpretation hier zu konterkarieren. Sie setzt aber einen Dogmatismus Platons voraus, der bei diesem selbst nicht zu finden ist. Heidegger hat immerhin selbst gewußt, daß seine konstruierende Geschichtsdeutung auch Fragwürdigkeiten beinhaltet (vgl. dazu *SD* 78 und *W* 1651).

menhang mit der Seinsvergessenheit der Metaphysik des Willens zur Macht entstanden sei, einerseits in einem *gott-losen Denken*, „das den Gott der Philosophen, den Gott als Causa sui preisgeben muß" (*IuD* 65). Die Antwort entkräftet, ohne daß es eigens betont werden müßte, implizit auch die Argumente Feuerbachs, so daß man schon in diesem Schweigen von Gott, das sich für das Unendliche immerhin offenhält, einen bewahrenden Gestus sehen kann.[6] Andererseits sucht Heidegger positive Anhaltspunkte für das Gottdenken. Diese findet er in Worten von Dichtern, vor allem solchen, die sich weniger aus einer christlichen Tradition speisen, sondern wenigstens auf den ersten Blick eher neuheidnisch klingende Töne anschlagen. Es sind allerdings doch Texte von Autoren, die durchaus im christlichen Glauben aufgewachsen sind und sich aus dieser ihrer Herkunft heraus, also in der Art einer Renaissance, dem Glauben der alten Griechen zugewandt haben.

Wie sich der Weg einer *Überwindung* und *Verwindung der Metaphysik* für Heideggers Stellung zur Gottesfrage ausgewirkt hat, soll sogleich in der Interpretation von *Nietzsches Wort ‚Gott ist tot'* (*HW* 209-267) skizziert werden. Die positive Seite von Heideggers späterem Zugang zur Gottesfrage über *Auslegungen dichterischen Denkens* ist in den metaphysikkritischen Gedanken dieser Abhandlung grundgelegt. Um einen Eindruck von der eher positiven Seite von Heideggers Zugang zur Gottesfrage zu geben, werden zunächst einige wesentliche Gedanken des Textes präsentiert, den er der Lesung von Hölderlin-Gedichten vorausgeschickt hat.[7]

Dieser Text beginnt mit dem Eingeständnis des Fehlens einer Einsicht und zugleich mit der Hoffnung, daß sie sich einst einstellen werde. Die fehlende, aber erhoffte Einsicht bezieht sich auf die Dichtung Hölderlins, deren Wort das *Heilige* sei. Diese Dichtung spreche von einer *Flucht der Götter* um der Menschen willen, die sich von den Menschen fern hielten, solange diese nicht *gesonnen und vermögend* seien, *in ihrer Nähe zu wohnen*. Als notwendige Aufgabe des Menschen ergibt sich so, *den Aufenthalt in dieser Nähe vorzubereiten*. Das Ziel, dem diese Vorbereitung dienen soll, sei lediglich der *Vorort der Ortschaft*, „in der vielleicht der Götter Gott erscheint" (*VHG* 195). Durch diese Erscheinung allein könnte offenbar eine *Wende des derzeitigen Weltzustandes* erhofft werden; kein menschliches Rechnen und Machen sei von sich aus zu die-

---

[6] Dies wäre eine Parallele zu Kant, bei dem Adorno von der *Begierde des Rettens* gesprochen hat (*NegD* 376).

[7] *VHG* 195-197; der Text bietet das *Vorwort zur Lesung von Hölderlins Gedichten*, die zunächst als Sprechplatte ‚Martin Heidegger liest Hölderlin', Pfullingen 1963, publiziert worden war.

ser Wende fähig, *weil die menschliche Machenschaft von diesem Weltzustand geprägt und ihm verfallen sei.*

Die so gestellte Aufgabe der *Entsprechung* gegenüber dem Anspruch des Schicksals führt laut Heidegger auf *den Weg einer Einkehr in die Nähe der entflohenen Götter.* Der Weg beginne damit, „daß wir auf Hölderlins Dichtung hören". Deren *erstes Leitwort* sei: *Alles ist innig.* Das besagt in Heideggers Interpretation: „Eines ist in das andere vereignet, aber so, daß es dabei gerade in seinem eigenen bleibt: Götter und Menschen, Erde und Himmel. Die Innigkeit meint kein Verschmelzen und Verlöschen der Unterscheidungen. Innigkeit nennt das Zusammengehören des Fremden. Das Walten der Befremdung, den Anspruch der Scheu." Dieses Zusammengehören von Gott und Mensch, das nicht das jeweilige Eigensein zerstört, läßt Heidegger im *zweiten Leitwort* eine Frage stellen, nämlich: „Wie bringe ich den Dank?" Unter dem Dank versteht er *das scheu verehrende, zustimmende Andenken an das Gewährte.* Das *dritte und letzte Leitwort* lautet: *Tief prüfend ist es zu fassen.* Prüfendes Fassen hat hier nichts mit einer kritischen Haltung zu tun, wie sie bezüglich der Möglichkeit und der Grenzen menschlichen Tuns vonnöten ist. Vielmehr spricht Heidegger im Blick auf das zu erhoffende göttliche Geschehen sein *Flectamus genua* aus: „Die Prüfung muß durch die Knie gegangen sein". Er bringt damit zum Ausdruck, daß der *Eigensinn sich beugen und wegschwinden muß.* Heideggers Einführung schließt mit dem Hinweis auf die *Glocke*, die laut Hölderlins Text im *Winter* zum *Abendessen* läutet. Heidegger interpretiert, daß durch das *geringe Alltägliche* das *ungewöhnliche Große* genannt werde. Obgleich die Glocke, die Stimme Hölderlins, *wie vom Schnee verstimmt* klinge, weise sie dennoch *auf den Abend der Zeit, wo es sich wendet.*

Der *adventistische Zug* in Heideggers Gottdenken, das auf die *Ankunft eines Heiligen* hofft, in dem Götter und Menschen, Erde und Himmel *unterschieden zusammengehören*, das von Dank und Scheu des Menschen und von der Ablegung seines Eigensinns spricht, gipfelt in der Erwartung des *Göttergottes*, von dem es die *Wende der Zeit* ersehnt. Neben Anspielungen auf eine heidnische Theologie, neben Anspielungen auf Nietzsches Einschätzung des gegenwärtigen Weltzustands kommen gewiß auch Anklänge an christliche Überlieferung zum Vorschein. Falls aber zu gelten hätte, daß es nicht die *Aufgabe der Philosophie* sein kann, für prophetisch gehaltene Texte gläubig auszulegen, könnte man die referierte Vorbemerkung zu den Hölderlingedichten auf das reduzieren, was der Mensch von sich aus zur Vorbereitung auf die von ihm erhoffte Begegnung mit Gott und dem Göttlichen tun kann. Der mythische Anthropomorphismus von der Flucht der Götter in der Erklärung des gegenwärtigen Weltzustandes könnte dann als marginales Beiwerk gelten.

In dieser Reduktion kann der *Philosophierende* nach dem göttlichen Gott fragen, dessen Ankunft er voller Scheu, Dank und Demut höchstens vorbereiten kann; der Philosophierende wird hier als ein Mensch sichtbar, der auf ein *heiles Nahsein* von Gott und Mensch wartet, das nicht er selbst ins Werk setzen kann (vgl. z. B. *NDMH*).

Ausgehend von diesem eher positiven Ausblick auf Heideggers spätes Zugehen auf die Gottesfrage kann seine Absicht in *Nietzsches Wort ‚Gott ist tot'* als eine Zurückweisung des *Gottes der Philosophen* und zugleich als Öffnung für den *göttlichen Gott* verstanden werden. Diese Abhandlung gehört zu einer Sammlung von Arbeiten unter dem Titel *Holzwege*, welcher Titel darauf aufmerksam macht, daß die dort vereinigten Gedankengänge verwachsene, *jäh im Unbegangenen* aufhörende Wege betreten (*HW* Vorspruch). Diese nun ins Auge zu fassende Abhandlung gilt als Versuch einer *wesentlichen Auseinandersetzung mit der verborgenen Position der sich vollendenden Metaphysik des Weltalters* (*HW* 248). Sie fängt mit der Frage nach dem Wesen des Nihilismus an und beantwortet sie im Zug der Interpretation von Nietzsches Verkündigung des Todes Gottes, wie sie vor allem im Stück *Der tolle Mensch* aus der *Fröhlichen Wissenschaft* vorliegt. Heidegger versucht den Nihilismus als das Endstadium der abendländischen Metaphysik zu begreifen, das diese am Ende gewissermaßen ihrer eigenen Wesensmöglichkeit beraubt (vgl. *HW* 209).

Der *Nihilismus* gilt als das *Ende der Metaphysik*, weil der Glaube an die übersinnliche Welt in ihm unglaubwürdig geworden sei. Sofern Gott der *Name für den Bereich der Ideen und Ideale* sei, muß es im Nihilismus als *das größte neuere Ereignis* gelten, daß *Gott tot ist* (*HW* 216). Entscheidend für die Gültigkeit von Heideggers Interpretation ist zwar die Frage, ob man *die* Metaphysik insgesamt als Wurzel des Nihilismus bezeichnen könne. Die philosophiegeschichtlich strittige Frage, ob es dieses *eine* Wesen der Metaphysik gebe, übersteigt weit die hier gestellte Aufgabe. Bei der vorliegenden Untersuchung genügt es, Heideggers Bestimmungen des Wesens des Nihilismus zu charakterisieren, ohne sich auf die umstrittene Frage einzulassen, ob der Nihilismus tatsächlich in verborgener Weise schon die eine oder andere der geschichtlichen Ausprägungen der Metaphysik durchherrscht hat.

Ob also Heideggers Wort von *Nietzsche als zügellosestem Platoniker innerhalb der Geschichte der abendländischen Metaphysik* Platons Philosophie zu treffen vermag (*PLW* 227), bleibe hier dahingestellt, obwohl die oben zu Platon gegebenen Hinweise geeignet wären, Zweifel anzumelden. Ohne die Beantwortung der geschichtlichen Fragen kann immerhin geklärt werden, in welcher Gestalt die Metaphysik den Nihilismus in sich trägt. Jedenfalls gilt der Nihilismus als Gegenbewegung zur

Metaphysik. Heidegger sieht ihn „jedoch wie alles Anti- im Wesen dessen verhaftet, wogegen sie angeht"; die *bloße Umstülpung* der Metaphysik müsse als *ausweglose Verstrickung in die Metaphysik* gelten, wobei Metaphysik sich im Nihilismus „gegen ihr Wesen abschnürt und als Metaphysik ihr eigenes Wesen nie zu denken vermag" (*HW* 217).
Heidegger hält sich bei der Bestimmung des Wesens des Nihilismus zunächst an Nietzsches Deutung, der ihn als den *Vorgang der Entwertung der bisherigen obersten Werte* verstanden und dieser Entwertung zugleich eine *Umwertung aller Werte* entgegengesetzt hat. Damit rückt der Begriff des *Wertes* in das Zentrum der Diskussion zwischen Metaphysik und Nihilismus, sofern in der Metaphysik die übersinnliche Welt als höchster Wert gilt, im Nihilismus dagegen diese Welt ihren Wert verliert und an die Stelle der alten Werte nun die *Erhaltungs- und Steigerungsbedingungen* des Lebens treten (*HW* 222ff., bes. 227-230f.).
Eine solche Umwertung ist notwendigerweise auf das wertende Subjekt bezogen, dem die für objektiv gehaltene Wertordnung gleichsam zwischen den Fingern zerrinne und das nun aus eigener Machtfülle neue Werte setze. In diesem Sinn zitiert Heidegger folgendes Wort Nietzsches: „*Die Werte und deren Veränderung* stehen im Verhältnis zu dem *Macht-Wachstum des Wertsetzenden*" (*HW* 231; das Zitat findet sich *NF* 9 [39]; *KSA* 12,353). Werte gelten so als Mittel des Willens zur Macht, der als sich wollendes Subjekt die Erhaltungs- und Steigerungsbedingungen des Lebens setzt. Sofern sie als *die vom Willen zur Macht selbst gesetzten Bedingungen seiner selbst* gelten, ist mit dieser Bestimmung das *Prinzip der Wertsetzung* erkannt, das Heidegger als die Grundlage des metaphysischen Wertdenkens interpretiert (*HW* 231).
Eine Metaphysik, die in diesem Sinn wertorientiert denke, sei in ihrem Kern schon nihilistisch. Heidegger erklärt: „Allein indem das Sein als ein Wert gewürdigt wird, ist es schon zu einer vom Willen zur Macht selbst gesetzten Bedingung herabgesetzt. Vordem schon ist das Sein selbst, insofern es überhaupt geschätzt und so gewürdigt wird, um die Würde seines Wesens gebracht" (*HW* 258). Demnach wäre Nietzsches *Denken in Werten der reine Nihilismus*, obwohl Nietzsche den Nihilismus mit der Umwertung aller Werte überwunden zu haben glaubte. Sein *Werte-Setzen* wäre keine *Überwindung*, sondern die *Vollendung des Nihilismus*. In diesem Sinn werde die Stellung Gottes verstanden, sobald er als der zuhöchst gesetzte Wert ausgelegt wird. Heideggers These, die Auslegung der übersinnlichen Welt und Gottes als der obersten Werte sei nicht aus dem Sein selbst gedacht, läßt ihn nach anderen Wegen wahren Gottdenkens fragen. Zu einem Gottdenken aus dem Wertsetzen eines endlichen Subjekts, das *das Sein nicht das Sein sein läßt*, sagt

er: „Der letzte Schlag gegen Gott und gegen die übersinnliche Welt besteht darin, daß Gott, das Seiende des Seienden, zum höchsten Wert herabgewürdigt wird." Diese Weisen zu denken und reden seien, „aus dem Glauben gesehen, die Gotteslästerung schlechthin, falls sie sich in die Theologie des Glaubens einmischen" (*HW* 259f.). Heideggers metaphysikkritisches Denken kann demgemäß als eine negative Vorbereitung der möglichen Ankunft eines *wahren und lebendigen Gottes* verstanden werden, zu dem der Mensch *beten*, dem er *opfern*, vor dem er *aus Scheu ins Knie fallen*, *musizieren* und *tanzen* kann (*IuD* 64).[8]

c) Die Notwendigkeit einer Erneuerung undogmatischen Philosophierens im Gottdenken der Gegenwart

Hans-Georg Gadamer sagt im Blick auf die religiöse Dimension zu Heideggers Denken: „Es ist keine Ontologie und erst gar nicht eine Theologie, was sich in solchem Denken vorbereitet. Und doch möge zum Schluß daran erinnert sein, daß Heidegger – im Denken Hölderlinscher Dichtung – einmal sagt, die Frage: Wer ist Gott? sei zu schwer für die Menschen. Sie seien höchstens imstande zu fragen: Was ist Gott? – und damit deutete er auf die Dimension des Heiligen und Heilen und sagte darüber: ‚Der Verlust der Dimension des Heiligen und des Heilen ist vielleicht das eigentliche Unheil unseres Zeitalters'. Er mochte damit meinen, daß wir Gott deshalb nicht erreichen können, weil wir über Gott in einer Weise reden, die dem Selbstverständnis des Glaubens niemals helfen kann. Aber das ist die Sache der Theologen. Meine Sache, die des Philosophen, ist – könnte Heidegger mit Recht gesagt haben und das für jedermann, nicht nur für die Christen oder gar nur für die Theologen – zu warnen, daß die herkömmlichen Wege des Denkens nicht zureichen" (*RD* 319).

Gadamers Stellungnahme besagt zunächst, daß Heidegger jedenfalls nicht auf die Errichtung einer neuen Ontologie und der dazugehörigen Theologie zielt. Die Wissenschaft vom Seienden, welche die Wahrheit des Seienden im Ganzen und im Höchsten aus dem Vermögen der menschlichen Vernunft zu fassen behauptet, scheint als hybrides Unternehmen endgültig abgetan zu sein. Man kann aber fragen, ob die *dogmatische Ontologie*, ebenso wie ihr Name, nicht doch erst eine Unterneh-

---

[8] Hier scheint Heidegger auch unmittelbar sprachlich von Nietzsche inspiriert zu sein, vgl. *NF* 10 [161]; *KSA* 12: „Wahrheiten, *nach denen sich tanzen läßt*, – Wahrheiten für *unsere* Füße ...".

mung der frühen Neuzeit war.[9] Wenn dies der Fall wäre, könnte man weiter fragen, ob alles ontologisch-metaphysische Fragen und Suchen, das für sich gar nicht den Besitz der Wahrheit des Ganzen beansprucht, damit zugleich auch diskreditiert sei. Offenbar ist die Metaphysikkritik Heideggers keineswegs prinzipiell gegen das transzendierende Denken gerichtet, sondern repräsentiert selbst ein solches Denken, das für die Wirklichkeit des Göttlichen offen ist. Ob man sein Denken metaphysisch oder postmetaphysisch nennen will, kann demgegenüber für sekundär gelten.

Jedenfalls bleibt in Heideggers Denken die Gottesfrage virulent. Sein Hinweis, daß die Philosophie nicht imstande sei, eine Theologie vorzutragen, ist selbst die reflektierte These einer philosophischen, nämlich einer negativen Theologie. Diese negative Theologie sieht einerseits, daß die Frage, *wer Gott ist*, für den Menschen zu schwer ist; sie sieht andererseits aber auch, daß es Rettung für den Menschen nur von seiten Gottes geben kann. Damit wird der *Glaube* zum entscheidenden Ort, an dem das gegenwärtig werden kann, was das Unheil der Zeit überwindet. Auch Heidegger arbeitet so gesehen wie einst Kant daran, das Wissen aufzuheben, um zum Glauben Platz zu schaffen (*KrV* B XXX). Er kommt in der Gottesfrage zu einem Resultat, das weder das undogmatische Gottdenken der Alten zu desavouieren vermag noch auch neue Versuche des Gottdenkens unmöglich macht (vgl. dazu § 15). Heideggers Warnung, daß die herkömmlichen Wege des Denkens nicht zureichen, kann selbst als Ausdruck der positiven Bezogenheit seines Denkens auf die Wirklichkeit des Unendlichen verstanden werden.

Kein Mensch kann aus eigener Kraft *wissen*, wer und was Gott ist. Sucht er dennoch, sich Gott *denkend zu nähern*, kann er es lediglich aus dem Bewußtsein dieses Nichtwissens heraus. Philosophieren heißt also, nach einer Weisheit zu streben, die kein Philosophierender aus eigener Kraft besitzen kann, die aber trotz ihrer gegenwärtigen Unerreichbarkeit am Ende doch die vom Menschen gesuchte Wahrheit des Ganzen ausmacht. Trotz des *Nichtwissens*, das ebenso wie das *Fragenkönnen* für jedes *Philosophieren* konstitutiv ist, bleibt die einsichtige Erscheinung des Ganzen in der Besonderung alles Einzelnen, seine *Epiphanie*, die *Enthüllung* seiner Absolutheit, ein notwendiges Ziel für die philosophische Wahrheitssuche, auch für den Fall, daß die ersehnte Wahrheit schließlich nur als ein Geheimnis entgegengenommen werden könnte, in dem

---

[9] Der in der griechischen Philosophie vorgeprägte Ausdruck *Ontologie* (vgl. z. B. *Politeia* 508d und *Mp* E 1026 a 30f.) ist vermutlich von der deutschen Schulphilosophie in die philosophische Sprache eingeführt worden (durch Goclenius; 1547-1628); vgl. dazu *Ont*, bes. 1189).

das *Denken* zum *Danken* wird, in dem die Wahrheit folglich kein Herrschaftswissen ermöglicht, sondern als Gabe eines geheimnisvollen, unbekannten Anderen in sich unverfügbar bleibt (vgl. *Whd* 91-95; dazu *GHFD* 65f. und *AuS*, bes. 135-143).

Im Wissen des Nichtwissens kann sich das Ziel alles Philosophierens, sofern es der Mensch zu erreichen vermag, nur als selbstkritische Einsicht in die Endlichkeit des menschlichen Vermögens niederschlagen. Gerade durch diese Einsicht vermeidet die Philosophie Lügen oder Träumereien, die ihr ansonsten fast allzu einfach unterstellt werden können. Diese Wahrhaftigkeit wird in der Betrachtung der Situation des Menschen zum obersten Gebot.[10] Das Wissen des Nichtwissens ist das Eingeständnis der nur begrenzten Kraft der philosophischen Suche nach Wahrheit, Gerechtigkeit und Glückseligkeit. In ihm liegt der Grundstein jeder haltbaren philosophischen Erkenntnis. Nur so kann die Philosophie, obwohl sie ihr letztes Ziel nicht aus ihrer eigenen Kraft zu erreichen vermag, doch auch wissenschaftlichen Kriterien genügen. Philosophie hätte damit auf der einen Seite *metaphysisch-transzendierenden*, auf der anderen Seite aber zugleich und notwendigerweise auch *undogmatischen* und *wissenschaftlichen* Charakter.

Solche Philosophie enthält in sich das kritische Potential, sich durch *philosophisches Gottdenken* vom *Gott der Philosophen* zu befreien. Das philosophische Gottdenken muß sich gegen den Leichtsinn oder den Hochmut vorwitzigen Wissenwollens im Blick auf die unendliche Wahrheit ebenso wehren wie gegen eine stumpfe Gleichgültigkeit, in der die Gottesfrage verdrängt wird. Es wehrt sich gegen Gottesleugnungen, die scheinbar wissenschaftlich fundiert vorgetragen werden, weil die Perspektive des Menschen, da sie das Unendliche in seiner inhaltlichen Fülle nicht fassen kann, ebenso zur fundierten Begründung einer Leugnung Gottes unfähig ist. Wahres philosophisches Gottdenken bringt den Menschen ausgangsweise in die Unruhe des Existierens, die seiner

---

[10] Vgl. *NF* 11 [33], *KSA* 13,19, wo das Lügenkönnen als eine Auszeichnung gesehen wird, die auch zu besserem Schreibenkönnen befähigt: „ – ‚une croyance presque instinctive chez moi c'est que tout homme puissant ment quand il parle, et à plus raison quand il écrit.' – Stendhal" (zur Quelle vgl. *NF*, *KSA* 14,748). Diese Meinung Nietzsches hängt mit seiner Grundposition zusammen (*NF* 34 [253], *KSA* 11,506: Wahrheit ist die Art von Irrthum, ohne welche eine bestimmte Art von lebendigen Wesen nicht leben könnte. Der Werth für das Leben entscheidet zuletzt"). Folglich wird auch Wahrhaftigkeit nur unter dem Gesichtspunkt der *Nützlichkeit* gesehen (vgl. *NF* 34 [64], *KSA* 11,439). Als Gegenstück vgl. Theodor Fontane, *Der Stechlin*, 463, wo der alte Stechlin zu Pastor Lorenzen sagt: „Seit beinah zwanzig Jahren kenn' ich ihn, und noch hat er mich nicht ein einziges Mal bemogelt. Und daß man *das* von einem sagen kann, das ist eigentlich die Hauptsache."

wahren Situation entspricht und mehr Fragen stellt als Antworten gibt. Sie befähigt zu gläubiger Gottsuche ebenso, wie zu Verzweiflung im Unglauben. Da es hier für den Menschen wirklich um Leben und Tod geht, kann gesagt werden, daß eine mit Herzblut geschriebene Gottesleugnung wahrem philosophischem Gottdenken vielleicht eher entspricht als eine herzlose Wissenschaftlichkeit, die mit der Philosophie und erst recht mit der Gottesfrage nicht viel zu tun hat. Sie vermag das *absolute Wissen* als *Wissen des Absoluten* nämlich nur vorzuspiegeln, ohne die *Wahrheit des Endlichen und das Geheimnis der Zeit*, und noch weniger die *absolute Wahrheit des Unendlichen und der Ewigkeit*, begriffen zu haben.

Gott, wenn immer es ihn als den in der philosophischen Frage Gesuchten gibt, muß jedenfalls auch so gedacht werden, daß er sich dem Menschen in seiner Allmacht nicht aufdrängt, sondern ihn zur Suche und zum Glauben oder auch zur Gleichgültigkeit und zum Unglauben befähigt. Für das philosophische Gottdenken wäre es eher eine Katastrophe, wenn ein strikter Gottesbeweis gefunden würde. Es gilt damit die Umkehrung des folgenden, von Nietzsche zitierten Baudelaire-Satzes, der spöttisch anmerkt, Gott sei das einzige Sein, das, um zu herrschen, nicht zu existieren brauche: „Dieu est le seul être qui, pour régner, n'a même pas besoin d'exister" (*NF* 11 [171]; *KSA* 13,77; vgl. *KSA* 14,752). Demgegenüber wäre also zu sagen, daß Gott, obwohl er als allmächtige und allgütige Wirklichkeit existiert, es dennoch nicht nötig hat, seine Herrscherlichkeit am Menschen auszuspielen. Er ist umgekehrt als so vollendet zu denken, daß er den Weltlauf frei lassen kann und es nicht nötig hat, alles regierend zu bestimmen, um zu existieren, auch wenn er zugleich als allmächtig gedacht werden muß.

Die neuzeitliche Diskussion hat das Gottdenken in seine bislang schwerste Krise geführt, aber auch den Blick für einen sachgemäßen Zugang zur philosophischen Gottesfrage geschärft. Aus dieser Krise heraus vermag sie wieder an ein Niveau des Gottdenkens anzuknüpfen, das auch schon vorneuzeitliche Denker angestrebt hatten. Die Anwendung der für die Neuzeit charakteristischen Methoden der Wissenschaft auf die Gottesfrage war ein Irrweg, gleichgültig, ob sie nach der Meinung der jeweiligen Denker zu positiven oder negativen Resultaten geführt hat. Die heute eingetretene Situation der Gottesfrage fordert derart, was zu allen Zeiten von einem denkenden Menschen gefordert war, nämlich, daß er sich in seinen Möglichkeiten und Grenzen zu erkennen versucht, daß er sein Leben in Endlichkeit und Freiheit übernimmt, daß er in seinem Sein die Probleme wahrnimmt, die sein transzendierendes Denken provozieren, daß er sich auf seine Aufgabe als Mensch in Leben und Denken einläßt. Wer sich diesen Aufgaben stellt, erkennt am Ende, daß es der endliche Mensch, der ins Unfaßbare verwiesen ist, nicht vermeiden kann, sich entweder glaubend und vertrauend oder aber zweifelnd und mißtrauend zum Unendlichen zu verhalten.

Das philosophische Gottdenken kann sich demnach stets nur in *Wegen der Gottsuche* dokumentieren, nicht in dogmatischen Darstellungen, die von eigenmächtigem *Gottfinden* künden. Es vermag nur auf den *Rahmen* zu weisen, innerhalb dessen Glauben erforderlich und möglich wird und innerhalb dessen es vielleicht zu einer die Möglichkeit der Philosophie überragenden Begegnung zwischen Gott und Mensch kommen kann. In diesem Rahmen kommt es zur *Erkenntnis der Endlichkeit* des Menschen, der sich im Versuch seiner Selbsterfassung zugleich unendlich übersteigt und sich unfaßlich wird. So wird der *Platz zum Glauben* gefunden, also Offenheit für eine Selbstübernahme aus dem Glauben, in dem ein Glaubender sein Sein als Geschenk entgegennehmen kann. Inwieweit dem Menschen in diesem Glauben an den Geschenkcharakter seines Daseins Gott als Ursprung und Erfüllung seines Strebens begegnen kann, überschreitet die Sache der Philosophie, die lediglich „in den Bereich des Aufgangs des Heilen“ führen kann, nicht aber das Heile selbst zu vollbringen vermag (vgl. *H* 359ff.).

V.

Ansätze zu einem nicht am Ideal der exakten Wissenschaften orientierten philosophischen Gottdenken

Philosophisches Gottdenken kann zwar *Wege denkender Gottsuche* beschreiten, ohne jedoch zu wissen, ob und wie diese Suche ihr Ziel erreichen wird. Die Einsicht in das für den Menschen konstitutive *Wissen des Nichtwissens* ist wieder lebendig geworden, nachdem das Ideal der exakten Wissenschaften, das sich in greifbaren Erfolgen manifestiert, für die Philosophie seine Faszination verloren hat, die es lange genug besessen hatte. Die *Rückkehr zu einer Bescheidung des Wissens* in der Philosophie überhaupt verlangt von philosophischen Bearbeitungen der Gottesfrage *a fortiori* die *Besinnung auf die ursprünglichen Quellen* dieses jeden Menschen betreffenden Themas und die *Rückbesinnung auf die alten Wege*. Im Blick auf die Krise des Gottdenkens sollen derartige *Wege der Gottsuche* an zwei vorneuzeitlichen Beispielen und einem Versuch der Gegenwart nachgezeichnet werden. Begonnen wird mit den klassisch gewordenen Gedankenwegen von Augustinus und Cusanus. Am Ende wird der von Emmanuel Lévinas ausgearbeitete Versuch ins Auge gefaßt, mit kritischem Anschluß an phänomenologische und transzendentalphilosophische Methoden zu einem neuen Gottdenken zu gelangen.

Diese alten und neuen Wege der Gottsuche stehen exemplarisch für die im menschlichen Weltdasein unabschließbare, doppelte Aufgabe der *Vergeistigung des Sinnlichen* und der *Versinnlichung des Geistigen*. Laut Cusanus steigt die Vernunft deshalb in unserer Seele zum Sinn hinab, damit das Sinnending zu ihm aufsteige; umgekehrt steigt das Sinnending zur Vernunft hinauf, damit die Einsicht zu ihr hinabsteige (*Coni* II,16,157): „Intellectus autem ipse in nostra anima eapropter in sensum descendit, ut sensibile ascendat ad ipsum. Ascendit ad intellectum sensibile, ut intelligentia ad ipsum descendat." Die wechselseitige Durchdringung von durchsichtiger, aber zunächst inhaltsleerer Form, und unverstandener, aber inhaltlich reicher Fülle kann als das Grundschema aller Versuche zur Interpretation der menschlichen Erkenntnis gelten. Schon das Anliegen der exakten Wissenschaften ist im Schema von Vergeistigung und Versinnlichung zu begreifen; im Unterschied zur Philosophie erreichen sie ihre Sinnerfüllung aber in objektiven Synthesen, deren *Wahrheit* mathematisch und technisch *funktional* erfaßbar ist. Philosophie führt dagegen nur zu Bestimmungen des besonderen Suchcharakters des menschlichen Denkens, nicht zu dogmatischen Resultaten. Die unendliche Wahrheit und die Sehnsucht nach ihr vertreibt das Denken stets aus den festgefügten Gebäuden, sobald es danach strebt, *denkerisch in ihnen zu wohnen* und *endgültige Gewißheiten* zu erwerben. Dabei spielt es eine geringere Rolle, ob es sich bei den Wohnungen um *Altbauten* oder um *Neubauten* handelt, ob die vermeintlich endgültigen Gewißheiten bejahenden oder verneinenden Charakter haben. Philosophisches Fragen sollte sich zwar an den Versuchen großer Denker orientieren, aber nicht so, als ob es sich in Altbauten einrichten könnte.

Obgleich man sich öfters „von der Wahrheit einer Sache überzeugt hält, sobald man die Meinung versteht, die ein großer Mann davon gehegt hat", gilt doch, daß Philosophen sich nur um die *Wahrheit*, nicht um die *Meinungen anderer Denker* kümmern sollen (*SudB* I,723 <475>; dazu *Phaidon* 91b/c). Angesichts der Gottesfrage kann sich keiner hinter Meinungen anderer verstecken, zumal die Antwort am Ende so oder so auf ihn zurückschlägt. Philosophierende sind auf dem Weg des Suchens, sollen sich wahrhaft äußern und ihr Leben für die Wahrheit in die Waagschale werfen: *verba animi proferre et vitam inpendere vero* (*Sat* 4,91). In der Suche geht es darum, wer der nach Gott fragende Mensch ist, wonach er in dieser Frage fragt, daß er vernünftigerweise vom Dasein Gottes überzeugt sein kann und daß die Beziehungen zwischen dem philosophischen Gottdenken und dem lebendigen Gottesglauben trotz aller Verschiedenartigkeiten nicht feindlich sein müssen. Am Ende wird der Suchende wieder auf sich als Ausgangspunkt des Weges zurückgeworfen. Indem der nach Gott Fragende den *Wagnischarakter* und die *Vernünftigkeit* philosophischen Gottdenkens wahrnimmt, drängt ihn die wahre Situation des Menschen zur Entscheidung. Im Bewußtsein der Notwendigkeit dieser Entscheidung haben die im folgenden betrachteten Denker mit Grund darauf vertraut, daß der Gottesname auf die Wahrheit verweist, die dem Menschen die alles *entscheidende Antwort* auf die Fragen nach der höchsten Erfüllung des Lebenssinnes und die endgültige Erhellung aller Dunkelheiten *verheißt*. Ihr Denken baut darauf, daß die Spuren der Transzendenz gelegt sind, um den Menschen auf ihren Weg zu locken.

§ 14

Das Bewußtsein der Unbegreiflichkeit Gottes in den *Wegen der Gottsuche* von Augustinus und Cusanus

Eine einsinnig verlaufende *Geschichte der Metaphysik* gibt es weder im Sinne einer *dialektischen Aufhebung* alles früheren Denkens in die absolute Wahrheit, noch im Sinne ihrer *Destruktion*, welche sie auf den Nihilismus hintreiben sieht. *Geschichtskonstruktionen* erklären vergangene Gedanken zu bloßen Vorläufern der jeweils gegenwärtigen Situation. Entweder legen sie das Frühere als unvollkommene Vorstufe eigener Einsichten in die absolute Wahrheit aus oder sie deuten sie als die Wurzeln der gegenwärtigen Übel. Beide Weisen, das Denken der Alten zu überholen, diskreditieren es und sind unsachgemäß. Wer sich eingesteht, daß er selbst unfähig ist, die Wahrheit des Ganzen in der erstrebten Vollkommenheit und Sicherheit zu erfassen, sollte nicht annehmen, frühere Gestaltungen der Philosophie sicher beurteilen oder gar verurteilen zu können. Er sollte zwar deren Ernst, Kraft und Gefahren nachspüren, seinen eigenen Weg dann aber auf eigene Verantwortung gehen. Philosophie bot und bietet wie das menschliche Leben immer die Chance von Gelingen und Mißlingen, wenn auch unter mehr oder weniger günstigen geschichtlichen Vorausetzungen. Ein Denkender kann, auch wenn der Gottesfrage heute kaum Aufmerksamkeit geschenkt wird, dennoch aus dem überlieferten Denken und aus seinem eigenem Urteil Zuversicht behalten. Die wahre Situation des Menschen spricht dafür, daß die Gottesfrage den Menschengeist dauerhafter in Atem halten wird als alle anderen Fragen der Philosophie und der Wissenschaften.

Im folgenden geht es nicht um *meta-physikalisches*, an der Physik orientiertes philosophisches Gottdenken. *Nichtmetaphysikalisches Gottdenken* findet sich schon in der griechischen Philosophie bei Platon. Verstärkt hat sich diese Tendenz in der Philosophie, die der *biblischen Gottrede* begegnet war. Nicht meta-physikalisch ist ein Gottdenken, das jede Bindung an *Physik* und *Herrschaftswissen* übersteigt. Sachgemäßes Forschen angesichts der Gottesfrage verlangt den Verzicht auf das sonst notwendige bestimmende Erklärenwollen. Wie solches Denken dennoch seinen argumentativen Anspruch bewahren kann, soll an Augustinus und Cusanus gezeigt werden.

a) Die unauflösliche Dialektik von Gottsuchen und Gottfinden im philosophischen Denken Augustins

Augustinus sieht den Menschen als *unruhiges Herz*, das die ersehnte Ruhe nicht in der Welt oder in sich selbst, sondern allein in Gott erlangen kann: „inquietum est cor nostrum, donec requiescat in te" (*C* 1,1). Die Ruhe selbst (*quies ipse*) zu finden, überfordert die endliche Kraft des Menschen. Die ihm eigene *Unwissenheit* und *Schwäche* erlauben ihm jedoch, sein *Unvermögen zu bekennen* und die *Wahrheit zu suchen*, welche die unendliche Sehnsucht des Menschen weckt und zur Suche antreibt. Die *Suche* wie das *Finden* Gottes sind nur als unableitbare Ereignisse zu verstehen. Gott wird als der gesucht, der zur Suche antreibt (*tu excitas*) und sich von sich her in einem Einbruch der Ewigkeit in die Zeit zu sehen gibt (*C* 1,1; 10,38). Augustins Weg folgt der *Spur* der natürlichen Tendenz des menschlichen Suchens. Dieser Weg beginnt mit der Wendung nach außen (*foris*), führt zur Rückkehr nach innen (*intus*) und endet in der Suche nach dem Innersten (*intimum*). Zunächst empfiehlt Augustinus den Weg nach innen. Er sagt: „Noli foras ire, in te ipsum redi; in interiore homine habitat veritas" (*VR* 39). Weil er annimmt, daß im inneren Menschen zwar *Wahrheit* zu finden ist, nicht aber *die* Wahrheit, die er als vollkommene Wahrheit gesucht hat und die *Gott selbst* ist, fährt er in *De vera religione* fort: „et si tuam naturam mutabilem inveneris, transcende et te ipsum." Sofern also die Wahrheit, die im inneren Menschen gefunden wird, flüchtig und unvollkommen ist, muß sich der Suchende schließlich selbst übersteigen. Vom erstrebten transzendenten Ziel der Suche sagt Augustinus, daß es dem suchenden Menschen innerlicher sei, als er sich selbst sein kann (*interior intimo meo*), und höher, als seine endlichen Kräfte reichen (*superior summo meo*, vgl. *C* 3,11; zum Unterschied vgl. *Enneade* I 6,9; dazu *AWG* und *TuT*).

Daß Augustinus einerseits den Weg dieser *Rückkehr zu sich selbst* und andererseits den Weg dieses *Transzendierens* geht, hat seinen Grund in der *Zeitlichkeit des menschlichen Weltdaseins*, dessen Erfahrung mit der reizvollen Hinwendung nach außen beginnt, die ihre Beglückung im Lieben und Geliebtwerden sucht: „Et quid erat, quod me delectabat, nisi amare et amari?"[1] Die Suche nach Glück, die ihr Herz völlig an Vergängliches heftet, endet für Augustinus allerdings unversehens in der Erkenntnis des eigenen Elends. Diese Erkenntnis stellt er am oben schon

[1] Vgl. *C* 2,2; dazu Goethes *Willkommen und Abschied* (*Werke* I, 28f.); der Schluß dieses Gedichts lautet: „Und doch, welch Glück, geliebt zu werden! / Und lieben Götter, welch ein Glück!"

erwähnten Beispiel der Erfahrung vom Tod eines Jugendfreundes dar (vgl. § 2 b.), von dem er sagt, er habe ihn so geliebt, als ob dieser nicht sterben würde: „quem quasi non moriturum dilexeram" (*C* 4,11).

Mit dem Tod des Freundes, an dem sein Herz gehangen hatte, ist ihm nämlich plötzlich die Freude des Lebens vergangen, so daß er sich ins Elend gestürzt sieht: „Miser enim eram et amiseram gaudium meum" (*C* 4,10). Er ist vom doppelten Affekt des Lebensüberdrusses (*taedium vivendi*) und der Todesfurcht (*moriendi metus*) befallen (*C* 4,11) und nimmt sich so selbst als große Frage wahr: „Factus eram ipse mihi magna quaestio" (*C* 4,9). Eine erste Antwort auf die Frage, die er sich selbst geworden ist, erlangt Augustinus durch die Erkenntnis, daß es nicht der Tod des Freundes gewesen ist, der ihn ins Elend gestürzt hat, sondern daß er schon vorher im Elend war, weil er sein Herz an Vergängliches geheftet hatte, als ob es unvergänglich sei. Er erkennt nun das *Elend des Geistes*, der von der *Freundschaft zu Vergänglichem gefesselt* ist. Sobald der Verlust des Geliebten eintritt, wird er zerrissen; dann nimmt er durch diesen Verlust das Elend wahr, in dem er laut Augustins Einsicht bereits vor dem Verlust gewesen ist: „Miser eram, et miser est omnis animus vinctus amicitia rerum mortalium et dilaniatur, cum eas amittit, et tunc sentit miseriam, qua miser est et antequam amittat eas" (*C* 4,11).

Diese Erfahrung zwingt ihn zur Suche nach einer sicheren Wahrheit und einem unverlierbaren Gut. Sichere Wahrheit findet er zunächst im Zuge der Auseinandersetzung mit der akademischen Skepsis (vgl. *CA* 3,14,30ff.). Wer annimmt, daß dem Menschen Wahrheit prinzipiell verschlossen bleibe, behauptet unvermerkt gleichwohl ein durchaus entscheidendes Wissen. Falls der Skeptiker den Selbstwiderspruch vermeiden möchte, muß er also einerseits *offen sein für die Wahrheit*, die ihm bislang noch nicht begegnet ist, und andererseits *sich selbst als Suchenden verstehen*. Augustinus findet im inneren Menschen (*in interiore homine*) die sichere Wahrheit, daß er ein Suchender ist, der absolut vollkommene Wahrheit sucht, daß er ein ruheloses Herz (*cor inquietum*) ist, das wahre Ruhe nicht in sich, sondern lediglich in Gott finden kann. Indem der Mensch sich als Suchenden gefunden hat, nimmt er sein von Suche bestimmtes *Sein in der Zeit* als die *zeitenthobene Wahrheit* des menschlichen Weltdaseins wahr. Als das *unveränderliche Wesen des Menschen* zeigt sich somit der *temporale Charakter seines Seinsvollzugs*. Im zeitlichen Seinsvollzug strebt der Mensch zugleich wesentlich nach einem *unverlierbaren Gut*. Als Gut, das menschlichem Streben nicht wider Willen entrissen werden kann, erkennt Augustinus den *guten Willen*, den der Wille *allein durch sich selbst* (*sola voluntas per se ipsam*) hervorbringen kann (vgl. *DLA* 1,26). Ein solches höchstes Gut in der Welt ist nur möglich, sofern sich der Wille *unter* ein Gesetz stellt, das der vernünftige Wille sich gleichwohl *selbst gegeben* hat. Auf diesem Weg stellt Augustinus die berechtigten Motive der *Autonomie des Willens* heraus und ist doch zugleich offen für die Auslegung des Gesetzes als Gottesgebots (*DLA* 1,11). Damit zeigt sich der freie Wille, der die vollkommene Ordnung von allem will (*ut omnia sint ordinatissima*), als der gute Wille, als ein höchstes und unverlierbares Gut (*DLA* 1,15).

Dieses Gut ist aber nicht schon das höchste *vollendete* Gut, weil aus dem guten Willen nicht notwendig die vollkommene Ordnung von allem folgt, die er will. So ist der Wille, obgleich er als Wille dem Werden und Vergehen der Zeit *entzogen* ist, doch auf Zeitlichkeit *bezogen*, da er nicht bloßer Wille bleiben kann. Guter Wille ist nämlich nicht gut, sofern er *sich als guten Willen* will, sondern sofern er die *Verwirklichung des Guten* will. Zur Verwirklichung des höchsten vollendeten Gutes beizutragen, die er als objektive Forderung erkennt, sieht sich der Wille nur in begrenzter Weise in der Lage. Die moralisch relevanten Situationen konfrontieren den Menschen mit stets neuen Forderungen. Das *unverlierbare Gut* des guten Willens, das *im temporalen Vollzug* des menschlichen Seinscharakters zu suchen ist, ist in der Zeit nicht in der gesuchten Vollendung zu finden, da dem Menschen Wissen und Kraft fehlen. Der Mensch, der faktisch von Nichtwissen (*ignorantia*) und Unvermögen (*difficultas*) gezeichnet ist, kann aber immerhin seine *Schwäche bekennen* und nach *Wahrheit suchen* (*DLA* 3,52).

Augustins Suche nach sicherer Wahrheit und nach einem unverlierbaren Gut führt ihn auf die Fährte der Frage nach *Sein und Sinn der Zeitlichkeit* des Menschen. Der zeitliche Mensch ist von einer Unruhe bestimmt, die ihn zwar zielstrebig leben läßt, die ihn in den lärmenden Abwechslungen (*tumultuosis varietatibus*) des Weltgeschehens aber die erstrebte Ruhe entbehren läßt (*C* 11,39). Das zeitliche Weltdasein wird zunächst als die Nichtigkeit einer *Zerstreuung in die Zeiten* (*distentio*) wahrgenommen. Diese Nichtigkeit lockt die *Sammlung des menschlichen Geistes in die Einheit der Zeit* hervor (*intentio*), die dem Menschen die Suche nach Wahrheit und das Streben nach Hervorbringung des Guten als sinnstiftende Aufgaben zuweist. Das Unzureichende der möglichen Verwirklichungen provoziert zuletzt seine *Ausrichtung auf die Erfüllung der Zeit in der Ewigkeit* (*extentio*, vgl. *C* 11,39).

Die Zeit ist so das Spielfeld zur *Selbstwerdung* des Menschen, auf dem er sich erprobt haben muß, um *als er selbst* für eine unendliche Gabe, für die gesuchte Erfüllung empfänglich zu werden. Solch ein Bedenken des *Seins und des Sinns der Zeitlichkeit* in der Ausarbeitung des *Weges nach innen* sind die Leitworte der Philosophie Augustins. Der Weg nach innen verknüpft Weltbezug und Selbstbezug des Menschen; er fordert demnach die Vergeistigung des Sinnlichen und die Versinnlichung des Geistigen.[2] Der nötige Assimilationsprozeß bleibt für den Menschen aber auf Grund seiner Endlichkeit ein *Suchen*, das allein aus seiner endlichen Kraft nicht zu einem ihn erfüllenden *Finden* werden kann. Die Wege führen am Ende, wenn sie ihr Ziel erreichen, zur hoffnungsvollen Bereitschaft, zu hören und zu empfangen, die allerdings nicht möglich wäre, wenn der Mensch sich nicht zuvor in seiner endlichen und zugleich vom Leiden bedrängten Freiheit als Suchenden gefunden hätte (vgl. *SSZA*).

Gott wird gesucht als heilbringender Herr des Ganzen, der alles, was ist, vor der drohenden Vernichtung rettet (*memoria*), der das Ganze durchlichtet (*intellectus*) und in Liebe (*amor*) aufbewahrt.

Auf diesem Weg zeigt sich, daß sich Augustins Frage nach Gott auf die Erfüllung und Bewahrung der Zeit in der Ewigkeit richtet. Die Hoffnung richtet sich von menschlichen Lebensvollzügen aus unmittelbar auf die Grundbegriffe der Trinitätslehre (vgl. dazu *PThA*). Dauerhaft selig zu sein ist ein Zustand, den kein Mensch in der Weltzeit (*in re*) je erreichen kann und der doch von allen ersehnt wird. Dieser Zustand ist in der Welt nur in der Hoffnung (*in spe*) gegenwärtig (*EP* 38,13). Ohne die Hoffnung, daß der Mensch je dieses Zieles teilhaftig werde, verlöscht seine Sehnsucht in dem zur Verzweiflung treibenden Widersinn der Tödlichkeit des Lebens (*vita mortalis*). Die faktische Betroffenheit des Menschen von Leiden und Tod rüttelt so sehr an den Grundfesten des Alls, daß Gott allein es vor dem Einsturz bewahren kann.

Eine Vorempfindung der erhofften Gückseligkeit (*primordia inluminationis tuae*) findet sich nur im Gottesglauben (*C* 11,2). Solcher Glaube hat den Mut, darauf zu vertrauen, daß die Flüchtigkeit des Zeitlichen und ebenso das Negative in ihm eine notwendige Vorstufe zur möglichen Vollendung endlicher Wesen repräsentiert. Er erahnt eine künftige *Entflüchtigung des Zeitlichen*, die das Zeitliche seiner Flüchtigkeit entledigt und es in die Ewigkeit aufhebt. Dieser Glaube hofft darauf, daß das Ganze, also auch das, was in der äußeren Welt (*foris*) begegnet, erneut kostbar und vermittelst der Suche des inneren Menschen (*intus*) durch Gott (*intimum*) aufgehoben und bewahrt wird. Vor diesem Hintergrund kann Augustinus sagen, daß eben derjenige Mensch glückselig sei, der *Gott* liebe, der den Freund *in Gott* und den Feind *wegen Gott* liebe; allein ein solcher Mensch verliere nämlich keinen ihm teuren Freund, da ihm alle, die er liebt, in Gott teuer sind, der nicht verloren

[2] Ähnlich verlangt Maurice Blondel, sich dem Seienden und das Seiende sich zu assimilieren: *ut virum agat, toto mundo sese inserendo, et totum mundum sibi inserens* (*Drp* 242/*AP* 116f.).

wird und der alle zu retten vermag: „Beatus qui amat te et amicum in te et inimicum propter te. Solus enim nullum carum amittit, cui omnes in illo cari sunt, qui non amittitur“ (*C* 4,14).
Solcher Glaube, daß in der Liebe zu Gott nichts in Gott Geliebtes verloren werde, offenbart sich also gerade auch als Glaube in den *absoluten Sinn der Zeitlichkeit*. Die Zeit wird nicht als etwas geringgeschätzt, das besser nicht sein sollte. Vielmehr kann Gott als der *Schöpfer der Zeit* gepriesen werden: „ipsum tempus tu feceras“ (*C* 11,17). Durch diese Hoffnung und dieses Vertrauen kann das Zeitliche trotz seiner innerweltlichen Verlierbarkeit dennoch so geliebt werden, daß der zeitliche Verlust das Herz des Liebenden nicht mehr endgültig zu zerreißen vermag. Der höchste Sinn des Zeitlichen liegt nicht in seinem *Vergehen*, sondern in seinem *Eingehen* in die entflüchtigte Gegenwart der Ewigkeit; nur in ihr kann eine wahre Liebe im *ruhigen Scheinen der Seelen ineinander* ihre in der Welt nur erahnte und ersehnte Vollendung finden (vgl. als Hintergrund dieser Formulierung *EE* 244).
Dieser Glaube, daß in der Liebe zu Gott nichts in Gott Geliebtes verloren werde, ist zugleich der Glaube an den Sinn der Zeitlichkeit, so daß Augustinus nicht *Entzeitlichung* sucht, sondern *Entflüchtigung des Zeitlichen*, also die Erhebung des Zeitlichen in eine unvergängliche Glückseligkeit lebendigen Lebens. Jedes Sichversteifen auf die bloß zeitlichen Möglichkeiten des Menschen widerstreitet dagegen der immanenten Tendenz des Endlichen, das die Flüchtigkeit des Endlichen nur als eine endgültige Verneinung der Wirklichkeit des Zeitlichen und des endlichen Selbstseins wahrzunehmen vermag. Dieser Mangel des Zeitlichen, das die Tödlichkeit des faktischen Weltdaseins des Menschen (*vita mortalis*, *mors vitalis*) nicht überwinden kann (*C* 1,7), wird in starrem Festhalten der Wendung nach außen verdrängt. Dieses Festhalten am Zeitlichen stößt es in die Nichtigkeit, so daß am Ende eine *transzendenzlose Weltfreudigkeit* gerade als die *wahre Weltverneinung* erscheint.
In diesem Sinne sieht sich der Mensch, der seine inneren Möglichkeiten wahrnimmt und übernimmt, zum Kampf mit sich selbst herausgefordert, *„gegen das Böse* ...; *gegen* jede Weise des *Abfallens* ins Nichtige ...; *gegen* den eigenen *Unglauben* in transzendenzlosem Daseinsgenuß oder in Daseinsverzweiflung“ (*EE* 435). Eine von Trotz gegenüber dem Transzendenten getragene Selbstreduktion allein auf das, was ein Mensch aus eigenen Kräften zu tun vermag, raubt ihm zuletzt sein endliches Sein, erniedrigt ihn gegen seine innerste Sehnsucht zu einem bloßen Nichts, da der Mensch sich nicht selbst ins Sein hat bringen können und weil die Kräfte, die er ins Spiel bringt, ebenso nicht von ihm selbst hervorgebracht sind. Folglich muß der Mensch laut Augustinus

am Ende gestehen, daß er aus eigener Kraft durch sich selbst überhaupt nichts vermag: „Tu enim per te ex viribus tuis nihil potes" (*EP* 35,1).
Die Selbsterkenntnis der menschlichen Schwäche ist der sachgemäße Ausdruck der *Dialektik von Freiheit und Gnade*, die Augustinus als bestimmendes Kennzeichen der wahren Situation des Menschen in der Welt interpretiert hat. In dieser Erkenntnis von *Unwissenheit* und *Schwäche* ist der Mensch schon immer über alles bloß Endliche hinaus. Der Mensch braucht die Suche nach der Wahrheit und das Streben nach dem Guten nicht preiszugeben; er muß sich aber die Endlichkeit seiner Kraft eingestehen (*humiliter confiteri*) und zugleich die Vollendung suchen (*quaerere*), die er nicht verwirklichen, sondern nur als Gabe erhoffen kann (vgl. *DLA* 3,53).
Der Weg nach innen führt zwar zu einer Wahrheit und zu einem Gut, aber nicht zur vollendeten Wahrheit und nicht zum höchsten Gut, nicht schon zu der Begegnung mit Gott. Der Imperativ, der die Abkehr von der äußeren Wirklichkeit und die Rückkehr zu sich selbst forderte, muß durch den Imperativ ergänzt werden, der die Weisung zum Übersteigen der eigenen Innerlichkeit gibt. Kein Mensch soll annehmen, daß er selbst das Licht sei: „Noli putare teipsum esse lucem" (*EP* 25,2,11). Da der Mensch zu schwach und unwissend ist, um Gott erfassen zu können, bleibt er aus seiner endlichen Kraft heraus auch als Gottsucher in der Gottferne, sofern und solange Gott sich ihm nicht von sich selbst her offenbart. Er kann sich zwar seiner die Weltgrenzen sprengenden Sehnsucht bewußt sein und deren Ziel Gott nennen; aus seinem Vermögen kann er dennoch nicht den wahren Gott erkennen, das Gut des wahren Gottes erreichen und genießen. Gott bleibt folglich für die menschliche Wahrheitssuche derjenige, der besser gewußt wird, wenn er im Nichtwissen gewußt wird: *qui scitur melius nesciendo* (*O* 2,44). Augustinus weist den Menschen so eindringlich auf seine Sterblichkeit und Endlichkeit hin, daß er es sogar für besser hält, Gott im Nichtfinden zu finden, als ihn in vermeintlichem Finden nicht zu finden: *non inveniendo invenire potius quam inveniendo non invenire* (*C* 1,10). Wer sich ernst und offen auf den Weg der Suche begibt und im Bewußtsein der Unabschließbarkeit dieses Wegs die Wahrheit sucht, wird Gott weniger verfehlen, als einer, der Gott bereits gefunden zu haben vorgibt. Wer Gott gefunden zu haben glaubt, hat vielleicht doch nur sich selbst oder seine geheimen Idole gefunden. Gerade in der Ohnmacht des Nichtbesitzenkönnens erblickt Augustinus für endliche Wesen die Chance, Selbstand zu bewahren und höchste Erfüllung im Angesicht des Unendlichen zu erlangen.
Trotz der fundamentalen Distanz muß der unendliche, für den Menschen aus eigener Kraft unerreichbare Gott dennoch als allüberall ge-

genwärtig gedacht werden. Demzufolge erklärt Augustinus, nichts sei *abgeschiedener* und nichts *gegenwärtiger* als Gott; wenn Gott als der Unendliche notwendigerweise zugleich der Nächste und der Fernste ist, läßt sich dieser Gedanke mit dem Hinweis fortführen, daß es zwar schwierig sei, den Ort zu finden, an dem Gott sei, aber noch schwieriger, wo er nicht zu finden sei: „quo nihil secretius, nihil praesentius; qui difficile invenitur ubi sit, difficilius ubi non sit" (*QA* 34,77).

Der Weg, der zum Finden Gottes führt, ist laut Augustinus demnach kein Weg, den der Suchende, der als solcher in seiner Endlichkeit Selbstand besitzt, von sich aus zu gehen vermag, sondern vielmehr der Weg Gottes, sofern Gott sich aus seinem freien Tun heraus dem Suchenden zeigen kann. In den *Confessiones* stellt Augustinus ausdrücklich die Frage, wo er Gott gefunden habe. Er beginnt mit der These, daß Gott nicht vorher schon im Gedächtnis gleichsam verborgen gewesen sei und nur hätte entdeckt und hervorgeholt werden müssen. Im Gedächtnis (*memoria*), das alle Erfahrungen wie ein Magen aufbewahre (*quasi venter animi*), sei Gott nicht zu finden gewesen (*C* 10,21). Also wird es nötig, das Gedächtnis (*memoria*) zu überschreiten, um Gott zu berühren: „Transibo ergo et memoriam, ut attingam eum" (*C* 10,26). Augustinus sieht, daß es keinen irdischen Ort des Gottfindens geben kann. Gott kann nur *in* Gott, also *über* dem ihn suchenden Menschen gefunden werden: „Ubi ergo te inveni, ut discerem te? Neque enim iam eras in memoria mea, priusquam te discerem. Ubi ergo te inveni, ut discerem te, nisi in te supra me? Et nusquam locus, et recedimus et accedimus, et nusquam locus" (*C* 10,37). Der endliche Menschengeist kann dem unendlichen Gott in der Welt nur in dem Glauben begegnen, daß sich der unendliche Gott von sich her dem Suchenden öffnet und zuwendet.

Kein Mensch kann folglich darüber Auskunft geben, wie ein Mensch so über sich hinausgelangen kann, daß er schließlich Gott findet. Dies gilt, obwohl auf der anderen Seite natürlich gesagt werden muß, daß Gott zugleich das All des Seienden erfüllt, da alles nur sein kann, sofern es von Gott im Sein gehalten wird. Weil demnach ohne Gott nichts sein könnte, scheint das, was ist, Gott in sich zu fassen: „An quia sine te non esset quidquid est, fit, ut quidquid est capiat te?" Also könnte der Mensch nicht sein, wenn Gott nicht in ihm wäre: „Non ergo essem, deus meus, non omnino essem, nisi esses in me" (*C* 1,2).

Diese Einsicht kann dem Menschen jedoch fehlen und hat Augustinus lange gefehlt. Er erklärt, Gott sei zwar bei ihm gewesen, er aber nicht bei Gott: „Mecum eras, et tecum non eram" (*C* 10,38). Gottes Gegenwart bliebe der unerreichbare Wunschtraum menschlicher Sehnsucht, wenn der Glaube fehlte, daß er sich um den Menschen sorgt. Wenn Gott unbeweglich in sich ruhte und nicht aus sich heraus auf den suchenden

Menschen zuginge, würde alle Hoffnung zunichte: „Et tamen nisi ad aures tuas ploraremus, nihil residui de spe nostra fieret" (*C* 4,10). Der Mensch mag zwar fähig und dazu aufgefordert sein, die Frage nach Gott zu stellen. Er ist als Fragender indessen nur in die Lage versetzt, glaubend eine Antwort zu empfangen, nicht aber, sie im Wissen zu besitzen. Ganz aus sich allein sieht er nicht einmal, worauf die Frage endgültig zielt, da ihm das Erfragte ein unfaßbares und rätselhaftes Geheimnis bleibt.

Diese Einsicht ist Augustinus im Kontext seiner eigenen Lebensgeschichte aufgegangen. Nach seiner Erfahrung mit der Gottsuche ist das Finden Gottes nur als eine Tat Gottes möglich, als *Einbruch der Ewigkeit Gottes in die Zeitlichkeit des Menschen*. Dementsprechend erklärt Augustinus, daß Gott selbst ihn auf die Fährte der Gottsuche geführt habe: Gott habe ihn gerufen und geschrien und seine Taubheit zerbrochen, er habe geblitzt und geleuchtet und seine Blindheit in die Flucht geschlagen; Gott habe ihn zur Liebe entzündet und er schmachte und seufze nun nach ihm; er habe gekostet und jetzt hungere und dürste ihn; Gott habe ihn berührt und nun sei er auf den Frieden Gottes hin entbrannt: „Vocasti et clamasti et rupisti surditatem meam, coruscasti, splenduisti et fugasti caecitatem meam, flagrasti, et duxi spiritum et anhelo tibi, gustavi et esurio et sitio, tetigisti me, et exarsi in pacem tuam" (*C* 10,38).

Das gottbewirkte Finden Gottes in der Zeit des menschlichen Weltdaseins versetzt den Menschen nicht in die Ruhe des Besitzes oder in ein weltabgeschiedenes Paradies, sondern entfacht vielmehr die wesenhafte Ruhelosigkeit des Menschen noch einmal neu, sofern es dem unruhigen Herzen im Glauben das eigentlich beunruhigende Ziel gibt, das ihn bei nichts Endlichem sein Genüge finden läßt. Diese Unruhe, die sich gleichwohl oft genug in Nichtigkeiten erschöpft, gelangt im Finden Gottes, das in der Welt von Glaube und Hoffnung getragen ist, zu sich selbst und wird sich in ihrem innersten Wesen durchsichtig. Die Selbstdurchsichtigkeit dieser Unruhe macht eine neue Zuwendung zur Zeitlichkeit möglich und erforderlich, da die Zuwendung nun von der Hoffnung auf ein lebendiges Leben in Gott getragen ist. Wenn ich einst – so sagt Augustinus – aus mir als Ganzem Dir anhangen werde, dann wird nirgends Schmerz mir sein und Mühsal, und lebendig wird dies Leben sein, als mein Leben, als Ganzheit, erfüllt von Dir: „Cum inhaesero tibi ex omni me, nusquam erit mihi dolor et labor, et viva erit vita mea tota plena te". Solange der Mensch das Ziel seiner Hoffnung allerdings noch nicht erreicht hat und nicht von Gott erfüllt ist (*tui plenus non sum*), ist er noch in der Ungewißheit des mühevollen Zeitdaseins: „ex qua parte stet victoria nescio" (*C* 10,39).

Der Mensch, der wie Augustinus zum Glauben an Gott gefunden hat, bleibt doch in die Zeitlichkeit des Weltdaseins eingebunden und von ihr und ihren Ereignissen bedrängt. Das lebendige Leben (*vita viva*) besitzt auch der Gläubige nur in der Hoffnung, nicht in der Wirklichkeit. Erst zum Ende der Weltzeit kann es in Gott die erhoffte Erfüllung geben. So gilt auch für den glaubenden Menschen Augustins Wort vom Beginn der *Confessiones*, daß unser Herz ohne Ruhe sei, bis es in Gott Ruhe findet (1,1). Erst die Ruhe in Gott verheißt die Erfüllung des lebendigen Lebens. Der Weg nach innen provoziert zuletzt die Einsicht in die Notwendigkeit der Selbsttranszendenz, weil im zeitlichen Leben eine letzte Sinnerfüllung aussteht. Diese könnte nur in einer Ewigkeit gefunden werden, die sich als die souverän handelnde Freiheit Gottes von sich selbst her dem Menschen übereignete. Der Einbruch der Ewigkeit in die Zeitlichkeit der Menschenwelt begegnet damit als Verheißung, die nur in Glauben und Vertrauen angenommen werden kann.

Gläubiges Vertrauen setzt die Hoffnung darauf, daß die Sehnsucht eine Art von *Vorgeschmack* der vollendeten Glückseligkeit ist, in der sich die zeitliche Welt nicht als nichtig gewordene Vorstufe erweist, sondern in entflüchtigter Gestalt das ihr eigentümliche endliche Sein bewahrt, in dem sogar Leiden und Übel als Weg zum endlichen Selbstsein in Gott kostbar werden können. Die Ruhe in Gott wird als Leben erhofft, in dem der Mensch eine Beständigkeit und Festigkeit empfängt, die er in der Welt nicht erlangen kann: *Et stabo et solidabor in te*. Diese Ruhe läßt die besondere endliche Gestalt des Menschen nicht untergehen, sondern gibt ihr vielmehr Bestand: *in forma mea*. Sie befreit ihn von allem Mangel, sofern er nun in der gesuchten Wahrheit Gottes ist: *in veritate tua* (*C* 11,40). Weil diese Ruhe die Differenz zwischen Gott und Mensch nicht aufhebt, führt sie nicht zur Auflösung des Menschen im Unendlichen, sondern zugleich zur Ruhe des Menschen in Gott, der die Ruhe selbst ist (*quies tu ipse es*), und zur Ruhe Gottes im Menschen (*requiescis in nobis*). Der Mensch kann diese Erfüllung seines endlichen Seins und Strebens nur aus den Hand Gottes empfangen: „A te petatur, in te quaeratur, ad te pulsetur: sic, sic accipietur, sic invenietur, sic aperietur" (*C* 13,53 und 52).

b) Die unübersteigbare Mauer des Paradieses in der Gottsuche des Cusanus

Die Zeit, sofern sie das menschliche Weltdasein einerseits ermöglicht und es andererseits zugleich in ihrer Flüchtigkeit bedroht, wurde als das strukturierende Grundproblem von Augustins philosophischem Denken interpretiert. Die Zeit hält den Menschen in der Fraglichkeit und ist doch offen für den Glauben, der die Zeit aus den Händen Gottes entgegennimmt und auf ein Handeln Gottes hofft, das die Zeitlichkeit des Menschen am Ende in die Ewigkeit eintreten läßt, ohne sie im Unendlichen versinken zu lassen, so daß die im Vollzug endlicher Freiheit erlangte Besonderheit jedes Einzelnen bewahrt wird. Solche Ansätze finden sich unter Bezugnahme auf Augustinus im Denken des Nikolaus von Kues vor allem dort, wo er die Seele als die *nichtzeitliche Zeit* (*tempus intemporale*) deutet (*Aeq* 14ff./372ff.; dazu *GMZ*). Das lange wenig beachtete philosophisch-theologische Denken des Cusanus, der in einer von schweren innerkirchlichen Auseinandersetzungen heimgesuchten und vom Zerfall der mittelalterlichen Ordnungen bedrohten Zeit als hochrangiger Kirchenmann tätig war und als päpstlicher Legat, Bischof von Brixen und als römischer Kardinal im Zentrum des Geschehens stand (vgl. *NvK*), wird seit Beginn des gegenwärtigen Jahrhunderts neu wahrgenommen und wissenschaftlich erforscht.[3]

Obgleich Cusanus das Zeitproblem durchaus im Sinne Augustins aufnimmt, ist das Grundereignis seines Denkens jedoch zunächst das, was er als den *Ineinsfall des Entgegengesetzten* (*coincidentia oppositorum*) bezeichnet. Von diesem Ineinsfall ausgehend glaubte er sich in die Lage versetzt, das Unbegreifliche in nichtbegreifender Weise, in belehrter Unwissenheit zu erfassen (*incomprehensibilia incomprehensibiliter amplecterer in docta ignorantia*), nämlich durch das Übersteigen selbst der unvergänglichen Wahrheiten, die auf menschliche Weise erkannt werden können (*per transcensum veritatum incorruptibilium humaniter scibilium*; *DI* 3,263; *Epistola Auctoris*).

Der *Ausgangspunkt* seiner Aufgabenstellung und des aus ihr folgenden Denkweges liegt im Gedanken des Größten (*maximum*), das er im Anschluß an Anselms Formulierung als das benennt, über dem nichts Größeres sein kann (*quo nihil maius esse potest*; *DI* I,2,5). Nur für sich genommen scheint das *maximum* keinen Zündstoff zu enthalten, weil Cusanus mit der neuplatonischen Tradition annimmt, der unendliche Überfluß (*abundantia*) sei ein Wesensmerkmal des Einen (*unum*), das als Gott geglaubt wird (*DI* I,2,5). Diese Annahme gilt ihm jedoch *nicht als Lösung* aller Aufgaben, sondern als Ausgangspunkt für das sein Denken in Gang setzende *Problem*. Er sucht nämlich das *maximum* nicht allein als *maximum absolutum*, abgelöst von jedem Bezug und jeder Be-

[3] Für die Forschung grundlegend ist die noch unabgeschlossene Edition (*Nicolai de Cusa Opera omnia, iussu et auctoritate Academiae Litterarum Heidelbergensis*); als Forschungsorgane sind die *Mitteilungen und Forschungsbeiträge der Cusanus-Gesellschaft* (*MFCG*) und die *Buchreihe der Cusanus-Gesellschaft* zu erwähnen.

grenzung (*ab omni respectu et contractione universaliter est absoluta*), sondern auch im Sinne des *Universums*, dessen Einheit in die Vielheit des Endlichen eingeschränkt ist (*cuius quidem unitas in pluralitate contracta est*). Obgleich der Gedanke des *maximum contractum* der Inbegriff alles weltlich Seienden ist, mangelt ihm doch – abgesehen von der Vielheit, in der es existiert – eine eigene Subsistenz (*non tamen habet extra pluralitatem in qua est subsistentiam*; *DI* I,2,6). So stellt sich für Cusanus die *Aufgabe*, auch in den vielen Seienden das Eine und Größte zu suchen, in dem das Universum auf maximale und vollkommene Weise wirklich subsistiert, gleichsam in seinem Ziel (*in ipsis pluribus inquiremus unum maximum, in quo universum maxime et perfectissime subsistit actu ut in fine*). Damit wird ein *maximum* gesucht, das *zugleich eingeschränkt und absolut* ist (*quod simul est contractum et absolutum*; *DI* I,2,7). Cusanus sucht auf diesem Weg zugleich den denkerischen Zugang zur Göttlichkeit Gottes und zur möglichen Absolutheit eines endlichen Seienden.

Diesen Zugang findet er zunächst im überwältigenden Bewußtsein der alles überstrahlenden Unendlichkeit Gottes, die er durch paradoxe Begriffe zu vergegenwärtigen versucht: „Cusanus strebte, wie er von sich selbst sagt, mit unermüdlichem Eifer nach dem Unbegreiflichen. Erkenntnis und Gefühl, daß das Absolute das Unendliche sei, ließen ihm auf der Suche nach einem noetisch einwandfreien Gottesbegriff keine Rast, und nach vielem Wechsel der Formeln erlebt er in der Findung einer neuen knapp vor seinem Tode noch ‚ungeheure Freude'" (*DpMM* 212). Beispiele für solche Begriffe aus seinen letzten Lebensjahren sind das *Possest* und das *Non-aliud* (*Pos* von 1460 und *NA* von 1462). Der Begriff des *Possest* ist eine sprachliche Neubildung des Cusanus, die als *Können-Ist* übersetzt werden kann. Er soll zum Ausdruck bringen, daß Gott, absolut in sich betrachtet, das Wirklichsein alles Könnens und zugleich die schlechthin einfache und dennoch unendliche Wesensform sei: „deus in se absolute consideratus sit actus omnis posse seu forma simplicissima simul et infinitissima" (*Pos* 59). Im Ausdruck *Non-aliud* tritt ein Gedanke auf, der auf die Weise des Begriffs das Moment des Begrifflichen zu entschränken und für das Unendliche zu öffnen sucht. Nur in der Überwindung des wesenhaft verendlichenden Charakters des Begriffs kann das Unendliche begrifflich repräsentiert werden. Sofern es zutrifft, daß etwas überhaupt nur dann erkannt werden kann, falls es als ein bestimmtes Etwas (*aliquid*) in seiner Andersheit von Anderem erfaßt wird, muß Gott, der als un-endlich gedacht wird, jedenfalls unerfaßbar sein. Das Nicht-Andere (*non-aliud*) kann folglich nur als etwas berührt werden, das zwar auf eine unfaßbare Weise in allem Anderen *gegenwärtig* ist, sich gleichwohl aber *geheimnisvoll* der Erfaßbarkeit entzieht.

Aus diesem Kontext erklärt Cusanus, daß die Theologen mit Recht die Behauptung aufgestellt hätten, Gott sei alles in allem und doch nichts von allem: „recte theologi affirmarunt Deum in omnibus omnia, licet omnium nihil" (*NA* 6,21/466).

Das Gottdenken des Cusanus, das aus dem Überschwang der Begeisterung an der Unendlichkeit Gottes lebt, beginnt dennoch im Ausgang von der endlichen Weltwirklichkeit. Diese Wirklichkeit dient aber nicht in einer Weise als Sprungbrett ins Absolute, daß das Endliche sich im Unendlichen schließlich als nichtig erwiese. Vielmehr kommt dem Endlichen auch als Endlichem ein absoluter Sinn zu. Die erregendste Frage des Cusanus lautet, wie Endliches zugleich eingeschränkt (*contractum*) und dennoch absolut (*absolutum*) ein Größtes (*maximum*) sein kann. Demzufolge übersteigt die Aufgabe seines Denkens jede Maßgabe der innerweltlich gültigen Logik. Laut Cusanus muß gelten: „So kann, wie die *Nichtkoinzidenz* als unumstößliches Prinzip all unseres *rationalen Wissens* angesehen werden muß, die *Koinzidenz* als das Prinzip des cusanischen ‚*Nichtwissens*' angesehen werden" (*IGWN* 3).

Daß etwas Endliches allein aus sich überhaupt nicht möglich wäre, daß es nur vom unendlichen Gott her verstanden werden kann, nimmt Cusanus als so selbstverständliche Wahrheit an, daß er den Beweisen für das Dasein Gottes nur eine geringe Aufmerksamkeit schenkt (vgl. *NC* 145f.; als Skizze vgl. aber *DI* I,6,15-17). Cusanus ist von der Gewißheit getragen, daß alles Endliche nur als vom Unendlichen ermöglicht verstanden werden kann. Allerdings ist nur das Endliche, das sein besonderes endliches Sein nicht preisgibt, dazu in der Lage, im Aufbrechen der Grenzen des Endlichen auf das Unendliche hinzudenken. Dieser Doppelsinn seines Gottdenkens soll anhand der Schrift über das *Gottsehen* (*De visione Dei*) erläutert werden, die Cusanus als Einführung in die *mystische Theologie* für die Mönche vom Tegernsee auf Bitten ihres Abtes Kaspar Aindorffer verfaßt hat. Der Titel des *Sehens Gottes* bezeichnet sowohl einen *genitivus subiectivus*, durch den Gott als der Sehende aufgefaßt wird, als auch einen *genitivus obiectivus*, der den Menschen, der Gott schauen will, als Sehenden begreift. Was Cusanus als Einführung in die mystische Theologie denkt, hat keine gegen die selbständige Wirklichkeit des Endlichen gerichteten und die endliche Vernunft abwertenden Tendenzen. Sie ist keine Arkandisziplin, die der Vernunft unzugänglich ist: „‚Mystische Theologie' ist für Cusanus ein allgemein zugängliches menschliches Phänomen, das über sehr konkrete Denk- und Erfahrungsmodelle aufzuweisen ist" (*NW* 152; dagegen *Enneade* I 6,8,2f.).

Obgleich der *Intellektualismus* der menschlichen Vernunft schließlich seinen *Bruch* erleidet, ist dieser Bruch doch selbst noch vom Intellektualismus getragen. Weil der menschliche Geist aus seiner Sehnsucht nach dem Unendlichen lebt, kann der endliche Geist nämlich erkennen, daß er alles Endliche transzendiert, indem er sich dem Unendlichen zu nähern sucht, und daß das Unendliche schon auf eine unfaßbare Weise bei ihm als gegenwärtig vorausgesetzt werden muß, wenn er es als endliches Wesen berühren können soll. Ähnlich wie Augustinus gelangt auch Cusanus durch Rückkehr zu sich selbst zwar zur Einsicht in die Notwendigkeit des Transzendierens seiner selbst, wobei der endliche Mensch aber gerade nicht seiner Auflösung im Meer des Unendlichen preisgegeben ist. Dieser Weg zu Gott führt zum Innersten (*intimum*) des Menschen und läßt den Menschen damit in der Trennung von Gott. Gott bleibt ihm also innerlicher, als er sich selbst zu sein vermag (*C* 3,11: *interior intimo meo*). In einer berührenden Beziehung zum Unendlichen nimmt der endliche Menschengeist sowohl sein Umgriffensein als auch seine Verschiedenheit vom Unendlichen auf die unbegreifliche Weise wahr, die Cusanus wie Augustinus als *Schöpfung* bezeichnet. In ihr wird das Endliche als etwas *Neues und Eigenes* verstanden, das von Gott *aus nichts* (*ex nihilo*) geschaffen ist, nicht als *Überstrahlung* (περίλαμψις) oder Ausfluß (*emanatio*, ἔκχυσις) des Einen und Ganzen.[4]

Weil Cusanus in *De visione Dei* die Absicht verfolgt, seine Leser auf eine menschliche Weise zum Göttlichen zu geleiten (*humaniter ad divinas vehere*), bevorzugt er zu ihrer Ausführung eine gleichnishafte Darstellung. Eine geeignete Vorstellung von Gott scheint ihm das Bild des *Alles-Sehenden* zu sein. Dieses zunächst abstrakte Bild erläutert er an Gemälden von Personen, von denen der Betrachtende aus allen möglichen Positionen den Eindruck hat, daß der Abgebildete ihn anschaue: „Sed inter humana opera non repperi imaginem omnia videntis proposito nostro conventiorem, ita quod facies subtili arte pictoria ita se habet quasi cuncta circumspiciat" (*VD*, *Praefatio* 2/94).

Cusanus erwähnt zu Beginn einige solcher Gemälde und schickt den Mönchen mit der Schrift ein Bildnis zu, das er als *eicona Dei* bezeichnet. Sie sollen es an eine Wand hängen und sich mit gleichem Abstand um das Bild gruppieren. Wenn sie es gemeinsam betrachten, werden sie wahrnehmen, daß der Abgebildete jeden alleine ansieht, von welcher Stelle man das Bild auch betrachten mag: „et quisque vestrum experietur: ex quocumque loco eandem inspexerit, se quasi solum per eam videri" (*VD*, *Praefatio* 2/96). Im Anschauen des Bildes sollen die Brüder die Linie des Halbkreises entlangschreiten und zur anderen Seite gehen. Dabei nähmen sie wahr, daß der Blick stets auf sie gerichtet bleibe. Wer

---

[4] Vgl. *VD* 10,38ff./132ff.; dazu *DLA* 1,5; dagegen Plotin, *Enneade* V 1,6 und VI 8,18; weitere Hinweise in *APE* 116-147.

weiß, daß das Bild unbewegt hängt, wird sich über die Wandlung des unwandelbaren Blicks wundern (*admirabitur mutationem immutabilis visus*; *VD*, *Praefatio* 3/96). Diese Verwunderung steigert sich, wenn ein Mitbruder, der ebenfalls das Bild anschaut, gleichzeitig den gegenläufigen Weg geht, wobei der Andere auch vom Blick der *eicona Dei* begleitet wird, so daß sich dieser Blick mit ihm und zugleich in der entgegengesetzten Richtung zu bewegen scheint. Die Bedeutung dieser Betrachtungsübung tritt einerseits aus der je eigenen Erfahrung und andererseits aus dem Bericht des jeweils Anderen hervor, der diese Erfahrung ebenfalls macht (*revelatione relatoris*). Der Bericht führt zum Wissen, daß jenes Antlitz alle, die es anblickt, auch bei entgegengesetzten Bewegungen nicht verläßt: „ut sciat faciem illam omnes, etiam contrariis motis incedentes non deserere". Der Blick Gottes scheint um jeden Einzelnen so Sorge zu tragen, als ob er sich allein um den, der sieht, daß er angeblickt wird, kümmern würde und um keinen Anderen: „quo modo visus ille nullum deserit, videt, quod ita diligenter curam agit cuiuslibet quasi de solo eo, qui experitur se videri, et nullo alio curet". Den Sinn dieser Übung legt Cusanus dahingehend aus, daß Gott dem geringsten Geschöpf die gleiche liebevolle Sorge widme wie er sie dem größten und dem Universum insgesamt zuwende: „quod ita habet diligentissimam curam minimae creaturae quasi maximae et totius universi" (*VD*, *Praefatio* 4/98).

Nach dieser Übung anhand einer sinnlichen Erscheinung beginnt Cusanus mit drei Vorbemerkungen. Die erste knüpft an den sich übersteigenden Gedanken an, der Gott als den Gipfel aller Vollkommenheit versteht und ihn also größer denkt, als gedacht werden kann: „Deus etenim, qui est summitas ipsa omnis perfectionis et maior quam cogitari possit." Dieser die Kraft des Denkens übersteigende Gedanke wird als Voraussetzung der ersten Vorbemerkung angeführt. Diese besagt, daß im wahren Blick Gottes alles wahrer sei (*verius sit in vero visu Dei*), als es im Blick des Bildes Gottes zu sein scheine. Das Sehen, das von der Einschränkung des Endlichen abgelöst ist (*visus absolutus*), übertreffe so das Vermögen des Sehens aller tatsächlich Sehenden (*VD* 1,5/98). Die zweite Voraussetzung setzt mit der Annahme an, daß das Sehen im Sehenden nach Maßgabe seiner endlichen Eingeschränktheit unterschiedlich ist. Das entschränkte Sehen dagegen umfasse alle Weisen des Sehens. Es gilt als Urbild alles Sehens, ohne das es kein eingeschränktes Sehen geben kann: „Visus autem absolutus ab omni contractione simul et semel omnes et singulos videndi modos complectitur quasi adaequatissima visuum omnium mensura et exemplar verissimum. Sine enim absoluto visu non potest esse visus contractus" (*VD* 2,7/100). Als eine dritte Voraussetzung nimmt Cusanus an, daß die in menschlichen Urteilen Gott zugesprochenen Wesensbestimmungen (*rationes*) in Gott wegen der höchsten Einfachheit Gottes nicht wirklich verschieden sein können (*realiter ob summam Dei simplicitatem non posse differre*), da Gott die Wesensbestimmungen aller Dinge eingefaltet in sich enthält (*in se omnium rationes complicat*). Demnach seien in Gott *Haben* und *Sein* identisch, ebenso auch *Bewegen* und *Stehen*, *Laufen* und *Ruhen* und andere Bestimmungen dieser Art: „Et habere Dei est esse eius, et movere est stare, et currere est quiescere, et ita de reliquis attributis" (*VD* 3,8/102). Nach diesen Vorbemerkungen knüpft Cusanus wieder an die Betrachtung der *eicona Dei* an und beginnt mit der Interpretation der sich im Bild anzeigenden Wahrheit. Einige der philosophisch rekonstruierbaren Momente dieser Interpretation sollen hier entfaltet werden.

Als den entscheidenden Angelpunkt des Weges zu Gott nennt Cusanus den freien Willen (*libera voluntas*). Der Umschlag vom bloßen *Bild* zu der *Wirklichkeit Gottes* ist keine Sache der theoretischen Diskussion, sondern hängt in ihrem Ursprung von eines jeden Menschen Tun ab, durch das er erst für die Wirklichkeit Gottes empfänglich wird. Dies für die Annahme des Seins Gottes grundlegende Tun, für das ein jeder selbst verantwortlich ist, besteht darin, sich Gottes Gutheit (*bonitas*) soweit als möglich ähnlich zu machen. Gemäß den Graden der Ähnlichkeit wächst nun die Empfänglichkeit für die Wahrheit (*secundum gradus similitudinis ero capax veritatis*; *VD* 4,10/104). Zwar hat Gott dem Menschen sein endliches Sein *verliehen*, aber doch ein Sein, das als das lebendige Bild (*viva imago*) der Kraft der göttlichen Allmacht in der Lage ist, seine Empfänglichkeit für die Wahrheit und Gnade Gottes durch den freien Willen zu beeinflussen. Er kann sich nämlich um Angleichung (*conformitas*) an das Sein Gottes bemühen, für das er empfänglich zu werden sucht. Wer immer Gott empfangen will, muß zuvor gut (*bonus*), gerecht (*iustus*) und barmherzig (*misericors*) geworden sein. Diese frei zu verantwortende Bemühung wird möglich durch Gottes Liebe, die die Liebe des Menschen entflammt und seine Sehnsucht nach der Süßigkeit des Lebens (*dulcedo vitae*) entzündet (*VD* 4,11/104ff.).

Weil jedoch die Güte Gottes, der sich der Mensch angleichen soll, aus absoluter Freiheit geschieht, wird der Mensch auf dem Weg der Gottsuche auf sich selbst zurückverwiesen. Gott, der die Freiheit selbst (*ipsa libertas*) ist, läßt dem Menschen sogar die Freiheit, ihn völlig unbeachtet zu lassen und sich von ihm zu entfernen (*VD* 8,28/124). Bevor der Mensch sich Gott zu nähern suchen kann, muß er erst er selbst geworden sein. Demnach steht das Selbstsein des Endlichen nicht in der Konkurrenz zum Sein Gottes, sondern hat vielmehr als die faßbare Voraussetzung der unfaßbaren Anwesenheit des unendlichen Gottes beim endlichen Menschen zu gelten. Cusanus vernimmt als Antwort auf seine

Frage, wie der unnahbare Gott sich dem Menschen schenken werde, tief im Herzen die Maßgabe, er solle sich selbst gehören. Diese Maßgabe ist mit der göttlichen Verheißung verbunden, daß Gott sich mir geben wird, wenn ich mir selbst gehören werde: „Sis tu tuus, et Ego ero tuus" (*VD* 7,25/120).[5]

Der Mensch soll sich gehören; ihm wird im strengen Sinne gerade keine Verleugnung seines wahren Selbst, auch keine Unterwerfung unter eine fremde Teleologie abverlangt. Derart zeigt sich, daß der humanistische Atheismus, der sich gegen eine Herabsetzung der Eigenständigkeit des Endlichen und die Überstülpung einer heteronomen Teleologie zur Wehr setzt, jedenfalls im Gottdenken des Cusanus keinen Anhaltspunkt für seine Kritik zu finden vermag. Hier tritt der unendliche Gott nämlich in keiner Weise als Konkurrent auf den Plan, gegen den Menschen sich im Namen wahrer Menschlichkeit wenden könnten. Was in der Auseinandersetzung mit der Hauptgestalt des gegenwärtigen Atheismus als der *Kampf um die Zentralposition im Ganzen des Seienden* bezeichnet wurde, wird angesichts der genannten Maßgabe ein ganz haltloses Unterfangen. Der Atheismus, der ein solches Gottesbild voraussetzt und von ihm ausgehend die Existenz Gottes bestreitet, begeht damit einen folgenschweren Fehler. Er erkennt nämlich nicht, daß es nicht in der Reichweite philosophischen Gottdenkens liegt, die Wirklichkeit Gottes unmittelbar zu erkennen. Da der endliche Mensch aus seiner Kraft Gott nicht zu erkennen vermag, ist er zunächst auf seine faktische Situation zurückgeworfen; er muß jedoch, wenn er sich und seine Situation richtig sieht, für eine unendliche Wahrheit offen sein, ohne diese aus sich heraus bestimmen zu können. Allein im Ausgang vom Endlichen, im Sichgehören des Endlichen, kann sich die Gegenwart des unendlichen Gottes beim Endlichen ereignen.

Die Maßgabe, zunächst sich selbst zu gehören, macht es von vornherein sinnwidrig, von Gott als einem Konkurrenten des Menschen zu sprechen – oder auch umgekehrt vom Menschen als einem Konkurrenten Gottes, der gleichsam den Ort Gottes einzunehmen strebt. Gott kann nicht Konkurrent des Menschen sein, sofern er jenseits des Entgegengesetzten als gütige Quelle des pluralen Seienden in der Welt geglaubt wird. Nur in heiligstem Nichtwissen (*sacratissima ignorantia*) können

---

[5] Vgl. *GVmF.* Kremer erwähnt (239), daß Cusanus die Umkehrung eines Satzes von Cassiodor vorträgt, der das Selbstseinkönnen vom Gottgehören abhängig macht: „tunc ero meus cum fuero tuus" (*De anima*, PL 70, 1308 A). Cusanus steht mit dieser Akzentuierung des Selbstseins des Endlichen, das gleichwohl auf das Unendliche bezogen bleibt, in einer Reihe, die von Platon (vgl. z. B. *Politikos* 272d-274e) bis hin zu Kants Gedanken einer Selbstgesetzgebung der Vernunft reicht (vgl. *KpV* A 58ff.).

Menschen von Gott wissen (*VD* 16,67/164). Obgleich Gott als Quelle alles eingeschränkten Seienden geglaubt wird, kann er dem Seienden *nicht als Anderer* entgegengesetzt werden. Nur die außergöttliche Wirklichkeit ist durch Andersheit bestimmt. Sie ist Gott gegenüber selbständig und kann doch in sich etwas Anderes sein. Gott aber wird als Gegensatz alles Gegensätzlichen (*oppositio oppositorum*) und dadurch als Gegensatz ohne Gegensätze (*oppositio sine oppositione*) gedacht (*VD* 13,54/148).

Cusanus wagt sogar die Aussage, daß von Gott als dem schaffenden Schöpfer (*creator creans*) nur außerhalb der Mauern des Paradieses gesprochen werden kann (*VD* 12,50/144). Der Mensch kann den unendlichen Gott in keiner Weise als etwas Bestimmtes, als Anderen erfassen, zu dem er in unmittelbarer Beziehung stünde. Cusanus weiß sich von der als Offenbarung empfangenen Einsicht getragen, gemäß der kein anderer Weg zu Gott führt als derjenige, der allen Menschen, selbst den gelehrtesten Philosophen, ganz unzugänglich und unmöglich erscheint: „non est via alia ad te accedendi nisi illa quae omnibus hominibus, etiam doctissimis philosophis, videtur penitus inaccessibilis et impossibilis" (*VD* 9,37/132). Die endliche Vernunft des Menschen, die ihre genuinen Möglichkeiten im Unterscheiden und Festhalten von Bestimmtheit und Andersheit vollzieht, begreift auf diesem Weg, daß Gott nur jenseits des Ineinsfalls des Entgegengesetzten gesehen werden kann (*ultra igitur coincidentiam contradictoriorum videri poteris*; *VD* 9,37/132). Die Unendlichkeit duldet keine Andersheit bei sich, sofern nichts außerhalb des Unendlichen gedacht werden kann: „Infinitas enim non compatitur secum alteritatem, quia cum sit infinitas, nihil est extra eam" (*VD* 13,54/150).

Von vornherein sind alle Versuche verfehlt, eine Konkurrenzsituation zwischen Gott und Mensch aufzubauen, weil sich Gottes Unendlichkeit jedem Vergleich entzieht: *Finiti ad infinitum nulla est proportio* (*VD* 23,101/200; vgl. auch *DI* I,3; weiter *S. th.* I,12,1 obi. 4 und ad 4.). Die Unendlichkeit ist, sofern und solange sie unendlich ist, weder einschränkbar noch teilhabbar (*incontrahibilis et imparticipabilis*; *VD* 6,18/112). Wer das Antlitz Gottes erfassen wollte, müßte alle Antlitze übersteigen. Da der Blick über die Mauer des Paradieses auf Erden aber höchstens als gnadenhafte Entrückung gedacht werden kann, ist der Suchende zunächst auf die eingeschränkte Wirklichkeit verwiesen, die er in seiner Endlichkeit zu erfassen in der Lage ist.

Laut Cusanus wird in allen Antlitzen in der Tat das Antlitz aller Antlitze erblickt, wenn auch nur verhüllt und im Gleichnis: „In omnibus faciebus videtur facies facierum velate et in aenigmate" (*VD* 6,21/114; vgl. den Gedanken der *illéité* in § 15). Diese nicht objektivierbare Beziehung zum Unendlichen ist indirekt faßbar in der unendlichen Sehnsucht, die alle endlichen Ziele übersteigt. Das Ziel der Sehnsucht ist unendlich: „Finis igitur desiderii est infinitus" (*VD* 16,68/166). Die Unendlichkeit des Ziels der Sehnsucht kündigt sich in der Unersättlichkeit des Hungers (*insaturabilis fames*) an, der sich durch keine endliche Speise befriedigen läßt. Der Mensch ersehnt eine Speise, die zu ihm kommt, aber nie völlig verzehrt werden kann, auch wenn er ständig von ihr zehrte: „cibus, qui ad eum pervenit, et licet continue deglutiatur, tamen numquam ad plenum potest deglutiri" (*VD* 16,70/166). Die Unersättlichkeit in der Begegnung mit dem Endlichen ist nun der Index der Sehnsucht nach dem Unendlichen, das der endliche Mensch nicht aus sich hervorzubringen vermag und von dem er nur in einem Nichtwissen wissen kann, das alles Wissen und Begreifen überschreitet.

Von Gott kann nur ein Mensch wissen, dessen Vernunft in Unwissenheit ist und sich in bezug auf Gott als nichtwissend weiß: „cuius intellectus est in ignorantia, qui scilicet scit se ignorantem tui" (*VD* 13,52/146). Der von aller Einschränkung abgelöste Blick Gottes (*visus absolutus*), der das Sein der Geschöpfe aus nichts hervorruft und in Sorge bei ihnen weilt, ist vom Menschen nur in der Dunkelheit des Nichtwissens zu sehen. Durch das Hervorgerufensein und Gehaltensein des endlichen Sehens wird die Gegenwart des unendlichen Sehens Gottes im endlichen Sehen des Menschen auf eine unfaßbare Weise sichtbar. Das Auge des Menschen sieht im Sehen Gottes, wie auch Meister Eckhart sagt: „Daz ouge, dâ inne ich got sihe, daz ist daz selbe ouge, dâ inne mich got sihet".[6]

Das Gottdenken des Cusanus hat mit Pantheismus nichts zu tun. Der Mensch muß, um Gott als Ziel seiner Sehnsucht erfassen zu können, in wesenhafter Trennung vom unendlichen Gott sein.[7] Weder kann das eingeschränkte Ganze als solches Gott sein, noch kann es Gott werden.

---

[6] Vgl. *DW* 1,201; *Predigt* 12. Diesen Gedanken, der auf das Sonnengleichnis der *Politeia* zurückgeht (505a ff.), hat Goethe in deutsche Reime gefaßt (*Werke* XIII,323). Die Verse lauten:

Wär' nicht das Auge sonnenhaft,
wie könnten wir das Licht erblicken?
Lebt' nicht in uns des Gottes eigne Kraft,
Wie könnt' uns Göttliches entzücken?

[7] Cusanus setzt sich von den Motiven der Mystik ab, die in die Gefahr geraten, die Differenz zwischen Endlichem und Unendlichem aufzuheben. In diese Gefahr gerät eher Meister Eckhart, wenn er in der Fortsetzung der zitierten Predigt das Auge des Menschen und das Auge Gottes als ein einziges Auge versteht, als ein einziges Gesicht, als eine Erkenntnis, als eine Liebe (*DW* 1,201; *Predigt* 12): „mîn ouge und gotes ouge daz ist ein ouge und ein gesiht und ein bekennen und ein minnen".

Aus der Trinitätsspekulation und der mit dieser zusammenhängenden Christologie, die Cusanus ausdrücklich auf der Grundlage des neutestamentlichen Glaubens vorträgt (z. B. *VD* 16,67/164; 19,83ff./178ff.), folgt ein Resultat, das die hier skizzierte Interpretation unterstützt. Um das zu verdeutlichen, sollen einige Elemente dieser theologischen Lehren erwähnt werden. Weil sich Gott jenseits des Zusammenfalls des Gegensätzlichen befindet, gerät die Vernunft notwendig in die Dunkelheit des Unbegreiflichen, wenn sie ihre Sehnsucht auf den unendlichen Gott richtet. Dem Unverständigen scheint sie in dieser Sehnsucht etwas Sinnleeres zu ersehnen. Tatsächlich läßt sich die Mauer des Paradieses vom Menschen nicht übersteigen, ohne daß er sein endliches Sein verlöre. Im Paradiesesgarten wohnt lediglich der Unendliche, in dem alles Gegensätzliche ununterschieden ist (vgl. auch *Gq* 333ff.).

Die gesuchte Beziehung des Menschen zu Gott kann nicht ursprünglich vom Menschen ausgehen. Das Faktum der menschlichen Sehnsucht nach dem Unendlichen setzt jedoch voraus, daß Gott sich von sich her dem Menschen als das unendliche Ziel der Sehnsucht offenbart hat. Das faktische Dasein des endlichen Menschen weist ebenso wie seine Sehnsucht nach dem Unendlichen auf die liebenswerte Unendlichkeit Gottes hin. Durch diese Sehnsucht wird Gott in sich als der unendlich Liebende (*infinite amans*), als der unendlich Liebenswerte (*infinite amabilis*) und als die unendliche Verknüpfung beider (*amoris nexus infinitus*) offenbar, weil Gott zugleich als Liebender und Liebenswerter ersehnt wird (*VD* 17,71/168).

Sofern Gott zugleich als Liebender und als Liebenswerter betrachtet wird, könnte es scheinen, daß Vielheit und Andersheit in ihn eindrängen. Es muß aber dennoch ein und derselbe Gott sein, der nämlich nur dann das Ziel der menschlichen Sehnsucht sein kann, wenn er zugleich als Liebender und Liebenswerter geglaubt wird. Die vordergründig aufscheinende Andersheit muß folglich als Selbigkeit des Unendlichen gedacht werden (*VD* 17,75/170: *alteritas quae identitas*). Cusanus nennt die liebenswerte Liebe (*amor amabilis*) den *Sohn Gottes*. Auf Grund der Innigkeit der Einung des Sohnes mit der liebenden Liebe (*amor amans*) wird seine Verbindung zum Vater als Kindschaft (*filiatio*) bezeichnet (*VD* 18,80-82/176-178). Im Sohn denkt Cusanus demnach die Vermittlung zwischen Gott und Mensch. Der Mensch kann also mit Gott geeint werden, nämlich durch den Sohn Gottes als dem Mittel dieser Einung: „Potest igitur homo tibi uniri per filium tuum, qui est medium unionis“ (*VD* 19,85/182).

Der entscheidende Gedanke kommt damit durch die Christologie ins Spiel, die den unendlichen Gottessohn in der Verbindung mit Jesus als dem Menschensohn sieht. Jesus wird von Cusanus in einer Weise als

Einung von Gott und Mensch gesehen, die das Menschsein Jesu nicht aufhebt. In Jesus glaubt Cusanus die menschliche Sohnschaft mit der göttlichen Sohnschaft zwar so geeint, daß eine Trennung dieses Menschensohnes vom Gottessohn nicht möglich ist: „Non est igitur possibilis separatio filii hominis a filio Dei in te Iesu" (*VD* 19,86/182ff.). Die menschliche Natur kann indessen nicht auf unendliche Weise mit dem Unendlichen verbunden werden, weil sie dann in die Identität des Unendlichen einginge und so aufhörte, ein Endliches zu sein: „Transiret enim in identitate infiniti et sic desineret esse finitum" (*VD* 20,87/184). Insofern Cusanus am besonderen menschlichen Sein Jesu festhält, das eben nicht einfach in der Unendlichkeit Gottes aufgehen soll, zeigt sich, daß in seinem Denken die Wahrheit des Endlichen ihre bis in die Ewigkeit fortdauernde Eigenbedeutung behält.

Cusanus versucht nicht allein, die absolute Unendlichkeit Gottes in *belehrtem Nichtwissen* (*docta ignorantia*) zu vergegenwärtigen, sondern auch, die wahre Vollkommenheit und vollendete Glückseligkeit des endlichen Menschen zu denken, dessen Sein durch die Unendlichkeit gerade nicht aufgehoben, sondern gerettet wird. Nur auf diesem Weg kann der Mensch die erfüllende Seligkeit erlangen, die das Ziel der Sehnsucht nach dem Unendlichen ist. Das Ziel der Sehnsucht nach dem Unendlichen ist der höchste Grad der Anziehung des menschlichen Wesens an das göttliche Wesen (*attractio naturae humanae ad divinam in altissimo gradu*). Der höchste Grad der Annäherung, den Cusanus entsprechend der christlichen Botschaft in Jesus erreicht glaubt, ist zugleich die Ermöglichung menschlichen Angezogenseins von Gott. Sie bedeutet aber keine verschmelzende Vereinigung (ἕνωσις) mit dem unendlichen Gott: „Sed non est simpliciter maxima et infinita, ut est unio divina" (*VD* 20,87/184). Plotin sagt dagegen von der das wahrhaft Geliebte (ἀληθινὸν ἐρώμενον) schauenden Seele, daß sie nicht nur Gott *geworden* sei, sondern Gott *sei* (*Enneade* VI 9,9,45-61): θεὸν γενόμενον, μᾶλλον δὲ ὄντα.

Diese bleibende *Trennung* des endlichen Menschen von Gott und die Möglichkeit seiner endlichen *Annäherung* an Gott ermöglichten sowohl das Denken der wahren Absolutheit Gottes als auch wahrer menschlicher Glückseligkeit fernab jedes *Egoismus*. Die Annäherung hängt laut der Perspektive des Menschen zunächst vom menschlichen Freiheitsgeschehen ab, weil der Mensch nur in dem Grade für Gott empfänglich wird, als er *aus eigener Entscheidung* gut, gerecht und barmherzig geworden ist. Sie hängt aber in einem tieferen Sinne noch davon ab, *daß Gott sich schon immer als der Liebenswerte gezeigt und die menschliche Sehnsucht nach dem Unendlichen geweckt hat*. Obgleich diese Verknüpfung von Unendlichem und Endlichem im Gottmenschen Jesus Christus endlichem Erkennen als nicht denkbar erscheint, kann sie dennoch als die Ermöglichung der menschlichen Hoffnung auf Glückseligkeit geglaubt werden. Im Gottmenschen sieht Cusanus, wobei er von der philosophischen zur offenbarungstheologischen Betrachtung übergeht, das Endliche mit dem Unendlichen und Unvereinigbaren vereinigt: „Et sic finitum te unitur infinito et inunibili“. Nur auf diese Weise kann der Unfaßbare in ewigem Genuß erfaßt werden, in einem Genuß, der die höchst erfreuende Seligkeit ist, die im Genießen niemals aufgezehrt werden kann: „Et capitur incomprehensibilis fruitione aeterna, quae est felicitas gaudiosissima numquam consumptibilis“ (*VD* 21,93/192).

§ 15

Die *Phänomenologie des Anderen* als der Hintergrund des philosophischen Sprechens von Gott bei Emmanuel Lévinas

Neue Ansätze zu philosophischem Gottdenken sind in der gegenwärtigen Zeit selten. Falls es zutrifft, daß in der heutigen Situation die Schwachstellen des von den Alten vorgetragenen Gottdenkens meist deutlicher akzentuiert werden als seine Stärken, wird es zu einer wichtigen Aufgabe, die Hektik immer neuer Moden, die den Wissenschaftsbetrieb der Philosophie zwar anregen, aber auch verwirren können, mit Gedanken zu konfrontieren, die sich länger schon als wegweisend und fruchtbar erwiesen haben. Auf Grund der ungebrochenen Kraft der älteren Ausprägungen des philosophischen Denkens wurden diese für die vorliegende Bearbeitung der Gottesfrage immer wieder als Orientierungspunkt herangezogen. Das Ziel war es, ihren über zeitweilige Moden hinausreichenden Wahrheitsgehalt zu vergegenwärtigen. Für die These, daß sich die Philosophie in einer die Antworten übergreifenden Gemeinsamkeit auf die Gottesfrage bezieht, sprechen auch die Gestalten des ausdrücklichen Atheismus; sie ist grundlegend für die Möglichkeit des unbedingten Anspruchs dieser Frage. Bezöge sich die Suche des Menschen nicht auf die alte und stets neue Wahrheit, würde es sinnlos, ihr Ziel als Gott zu bezeichnen. Wer also immer Gott sucht, sucht ihn nur dann, wenn er ihn zugleich als den Gott aller Menschen und Zeiten sucht. Die Ableitungen eines Historismus, der unter Preisgabe der ursprünglichen Wahrheitsbedeutung der überlieferten Gedanken gleichsam *objektive Forschung* betreibt, sind ebenso irrig wie das Überlegenheitsbewußtsein der Progressisten, das die Gedanken der Alten durch die zwischenzeitlich erreichten *Fortschritte* überwunden glaubt. Demgegenüber hat sich die philosophische Betrachtung überlieferter Denkgestalten der Aufgabe zu stellen, deren *Suchweg* zu verstehen; aus diesem Verstehen heraus soll sie selbst in das sachbezogene *Suchen* geraten und damit den Anspruch des Gottdenkens in die Gegenwart bringen.

Obwohl explizite und eigenständige Versuche zur philosophischen Gottesfrage am Ende des gegenwärtigen Jahrhunderts dünner gesät sind, läßt sich immerhin das Denken von Emmanuel Lévinas erwähnen, das der Gottesfrage aus philosophischen Impulsen *expressis verbis* einen dem Inhalt dieser Frage angemessenen Platz zuweist. Das Schweigen der Philosophen von Gott, das wurde vor allem bei Heidegger deutlich, kann durchaus einem ehrfurchtsvollen Bewußtsein entspringen, daß nämlich das Sprechen der Wissenschaft dieser Aufgabe nicht gewachsen ist, daß sich der Inhalt der Gottesfrage seiner Erforschung versagt und es also möglicherweise besser ist, *in der Philosophie* von Gott zu schweigen. Obgleich ein bewußt vollzogenes gott-loses Denken, das für den göttlicheren Gott freizusein versucht, gewiß nichts mit Atheismus zu tun hat, kann das Schweigen entgegen seiner Absicht Wasser auf die Mühlen des Atheismus leiten. In diesem Sinn ist es eine notwendige Aufgabe, das Schweigen zu brechen. Wittgenstein hat zwar nicht ohne Recht gesagt, das Unaussprechliche habe es nicht nötig, daß man es trotz seiner Unaussprechlichkeit ausspreche: „Wenn man sich nicht bemüht, das Unaussprechliche auszusprechen, so geht *nichts* verloren. Sondern das Unaussprechliche ist unaussprechlich in dem Ausgesprochenen *enthalten*" (*Briefwechsel* 78; an Paul Engelmann, 9. April 1917). Obgleich Wittgenstein sogar fürchtete, daß das Unaussprechliche durch das *Sagen* seiner Transzendenz beraubt werde, hat er doch sprechend auf dieses von ihm erkannte Dilemma reagiert, indem er immer wieder versuchte, auf das *Metaphysische* zu *zeigen* (vgl. *LW* 95).

Die folgende Skizze des Denkens von Emmanuel Lévinas beginnt mit der Rekonstruktion der grundlegenden Aufgabe von *Totalité et infini* (*Totalität und Unendlichkeit*); sodann sucht sie den Ansatzpunkt seines Gottdenkens; zuletzt wird das aus der *radikalen Trennung vom Anderen* vollzogene und im *Empfang des Antlitzes* geweckte Gottdenken dargestellt. Zuweilen fragwürdig erscheinende historische und sachliche Einschätzungen werden dabei weitgehend vernachlässigt (zur kritischen Würdigung vgl. *AUZ*). Seine Leistung wird in einer ursprünglichen denkerischen Bearbeitung von menschlicher Erfahrung gesehen. Die Bedenken können vor allem deswegen im Hintergrund bleiben, weil die Lösungen der von Lévinas formulierten Aufgaben auf keine systematische Doktrin hinauslaufen. Lévinas stellt das Phänomen des Ethischen so heraus, daß es die Philosophie mit Macht herausfordert und auf neue Weise die philosophische Kraft des Gottdenkens belegt.

Wie sehr Lévinas in Traditionen verwurzelt ist, auch wo er diese in ihrer Oberflächenstruktur kritisch behandelt, ergibt sich aus den durchgeführten Interpretationen des philosophischen Gottdenkens von Platon bis Heidegger. Diese Wurzeln im einzelnen aufzuzeigen, wäre Sache einer philosophiegeschichtlichen und quellenanalytischen Kommentierung. Schon die in diesem Buch präsentierten Motive erlauben zahlreiche Querverbindungen. Daß die von Lévinas behaupteten Traditionsbrüche aber oft nicht unversöhnlich sind, zeigt sich auch dadurch an, daß er sich häufig zustimmend auf Gedanken Platons bezieht, deren traditionsbildende Kraft für die europäische Philosophie bis in die Gegenwart wirkt (positiv wird z. B. öfters *Politeia* 509b erwähnt; z. B. *AQ* 5/

JS 28). Lévinas spricht zwar mit seiner eigenen Stimme, aber doch so, daß er zugleich auch Stimmen der philosophischen Tradition verlebendigt und deren stets neu wiederkehrende Aufgaben vergegenwärtigt.

Lévinas strebt in traditioneller Zielsetzung nach einem *Erkennen der Erkenntnis* (*connaître la connaissance*; *TI* 57/*TU* 117), deren angebliche Objektivität er aber mit gutem Grund aufbricht und in andere Zusammenhänge stellt. Er beschreitet Wege, die einen *Primat der praktischen Philosophie* voraussetzen. Ein solcher Primat der praktischen Philosophie wird nicht erst in der neuzeitlichen Philosophie seit Kant behauptet, sondern liegt schon der *Grundvision* in der Philosophie Platons zugrunde, der die höchste Idee als *Idee des Guten* (ἰδέα τοῦ ἀγαθοῦ) bezeichnet hat. Als das höchste Ziel des philosophierenden Menschen nennt Platon die Gerechtigkeit (δικαιοσύνη), die als Harmonie der Seelenkräfte verstanden wird, nämlich der Begierde (ἐπιθυμητικόν), des Mutes (θυμοειδές) und der Vernunft (λογιστικόν).[1] Die Aufgabe dieser Philosophie besteht in der *Vergeistigung des Sinnlichen* und der *Versinnlichung des Geistigen*. Die Unlösbarkeit dieser Aufgabe erwächst aus der Beziehung des Philosophierenden auf das Unendliche; sie kann ihre endgültige Lösung nur im *Unendlichen* finden, in der Bewahrung des Endlichen über die Weltzeit hinaus.

Lévinas behauptet, daß in der *Philosophie von Platon bis Heidegger* der *Primat des Panoramas* geherrscht habe. Als Struktur des Panoramas deutet er die dem Subjekt verfügbare Durchsichtigkeit des Ganzen, die er als Tendenz zur Totalitat deutet. Zweifellos schlägt er damit durchaus gegensätzliche Tendenzen der Philosophiegeschichte über einen Leisten (vgl. z. B. *TI* 270/*TU* 426). Er weiß aber, daß diese Tendenz – zum Beispiel in der kritischen Philosophie Kants – gebrochen ist (vgl. *DMT* 175-178). Lévinas sieht selbst, daß Leser wie Einbrecher in die Innerlichkeit der Autoren eindringen, ohne daß diese noch die Möglichkeit besäßen, ihrem Werk beizustehen: „Aborder quelqu'un à partir des œuvres, c'est entrer dans son intériorité, comme par effraction". Ein Autor wird von Lesern, zu denen auch Lévinas zu zählen ist, in seiner Intimität nämlich an einer Stelle überrascht, wo er sich zwar *darstellt*, wo er sich jedoch – wie die Personen der Geschichte – nicht *ausdrückt*: „l'autre est surprise dans son intimité, ou il s'expose certes, mais ne s'exprime pas, comme les personnages de l'histoire" (*TI* 38/*TU* 89; vgl. *TI* 47/*TU* 101f.).

Wer sieht, daß veröffentlichte *Werke* stets den Absichten eines fremden Willens ausgesetzt sind (*TI* 203/*TU* 331), wird von dieser Einsicht zu der Maxime geführt werden, den Werken, mit denen er sich befaßt, bei

---

[1] Vgl. *Politeia* 434d ff.; *Timaios* 92c; das aus Lust und Einsicht gemischte Leben (μεικτὸς βίος) ist für uns das höchste Leben (τελεώτατον); vgl. *Philebos* 20d-21a, 27d.

der Lektüre mit all seinen Kräften beizustehen. Wenn und wo immer nun die *totalisierende Herrschaft des Subjekts* auftritt, läßt sich der *Protest gegen die panoramahafte Struktur des Seins* jedenfalls vertreten und ist aus den von Lévinas vorgelegten Gründen auch berechtigt (*TI* 270f./*TU* 426). Jeder, der überzeugt ist, daß Philosophie *Liebe zur Weisheit*, nicht *Besitz der Wahrheit* ist, steht der Wahrheit als absolutem Geheimnis, als etwas ganz Anderem gegenüber. Als staunenerregendes Merkmal des Philosophierens kann die Tatsache gelten, daß die Wahrheitssuche trotz der Unerreichbarkeit des absoluten Wissens nicht in sich zusammenbricht. Offenbar ist es von beachtenswerten Denkern der philosophischen Tradition als das sachgemäße Ziel der philosophischen Reflexion begriffen worden, *philosophieren zu lernen*, also in dem Bewußtsein zu philosophieren, daß die Wahrheit nicht als Wissen in Besitz genommen werden kann (*KrV* B 865). Wenn dies zutrifft, kann hier festgehalten werden, daß die Philosophie von der bleibenden *Transzendenz der gesuchten Wahrheit* lebt.

a) Die Bedingungen der Konstitution einer Beziehung des Endlichen zum Unendlichen

Das Grundphänomen der Untersuchung in *Totalité et Infini* ist die *Beziehung des Selben zum Anderen* (*relation du Même avec l'Autre*) in einer ethisch-metaphysischen Grundvision. Die Analyse dieser Beziehung ist an der formalen Struktur der *Idee des Unendlichen in uns* (*l'idée de l'Infini en nous*) orientiert. Die Idee des Unendlichen kann nur ein Wesen haben, das sich in der *Trennung* befindet (vgl. *TI* 52/*TU* 109; dazu *KpV* A 55f.). In der Trennung zu sein, ist demnach die *Bedingung der Möglichkeit* des Besitzes der Idee des Unendlichen: „Nos analyses sont dirigées par une structure formelle: l'idée de l'infini en nous. Pour avoir l'idée de l'infini, il faut exister comme séparé" (*TI* 53/*TU* 109f.; dazu *KpV* A 56). Das Anliegen von Lévinas ist so die phänomenologische Konstitution der Beziehung des Endlichen zum Unendlichen.
Diese Konstitution geht von zwei fundierenden *Ereignissen* (*production*) aus, durch die einerseits die *Selbstheit des Ich* (*l'ipséité du moi*) und andererseits die *radikale Andersheit* (bzw. *Anderheit*) *des Anderen* (*l'altérité radicale de l'Autre*) konstituiert werden (*TI* 88/*TU* 160; *TI* 6/*TU* 39). In diesen Ereignissen besitzt das Denken von Lévinas seine Phänomengrundlage. Im Ausgang von dieser Basis und in kritischer Reflexion phänomenologischer und transzendentalphilosophischer Methoden entfaltet er die Wirklichkeit der *pluralistischen* und *diskontinuierlichen* Menschenwelt (vgl. *TU* 7; *TI* XIII/*TU* 25). Diese pluralistische Welt

glaubt Lévinas nur als *Schöpfung Gottes* verstehen zu können, weil nur in der als Wunder erfahrenen Schöpfung (*merveille de la création*) etwas Endliches in der Weise als ein *für sich bestehendes Getrenntes* gewollt worden sein kann, daß kein Ich und kein Anderer durch eine übergeordnete *Totalität* aufgesogen und verschlungen wird (*TI* 91/*TU* 166; dazu *TI* 29f., 35, 61/*TU* 76, 84, 123).

Gegen das *Totalitätsdenken* setzt Lévinas, ausgehend von der *Epiphanie des Anderen im Antlitz*, den *Pluralismus* der Subjekte, der das Denken zugleich für das Unendliche öffnet. Die durch den Anderen vorausgesetzte *Bedingung der Möglichkeit der Mannigfaltigkeit der Subjekte* begreift er in einem transzendentalphilosophischen Denkmuster als das Ereignis der Subjektivität. Demnach muß sich die Subjektivität *im Sein* ereignen, damit die Mannigfaltigkeit sich halten kann. Diese Subjektivität kann allerdings *keine Kongruenz mit dem Sein* suchen, in dem sie sich ereignet: „Pour qu'une multiplicité puisse se maintenir, il faut que se produisse en lui la subjectivité qui ne puisse pas chercher une congruence avec l'être où elle se produit" (*TI* 196/*TU* 320). Der Pluralismus hat als seine *konstituierenden Termini* einerseits den *Genuß* (*jouissance*), der mit der Trennung des Ich die Subjektivität konstituiert, und andererseits den *Empfang des Antlitzes* (*l'accueil du visage*), der die Trennung des Subjekts vorgängig ermöglicht. Als die konstituierenden Termini dieses Pluralismus sind also das Ich und das Nicht-Ich (*le moi et le non-moi*) zu denken: „les termes qui constituent la pluralité" (*TI* 196/*TU* 321).

Im Genuß und in den Bedürfnissen (*besoin*) geschieht die primäre Konstitution der Selbstheit des Ich in einer radikalen *Trennung*. Bedürfnis und Genuß konstituieren unaufgebbar das Ich, sofern zu gelten hat, daß Bedürfnisse in meiner Gewalt sind und mich konstituieren, soweit ich der Selbe bin, und nicht, soweit ich vom Anderen abhänge: „Les besoins sont en mon pouvoir, ils me constituent en tant que Même et non pas en tant que dépendant de l'Autre" (*TI* 89/*TU* 162). Die so konstituierte Selbstheit des Ich lebt aus dem Genuß und dem *Widerstand gegen das Aufgehen in die Allheit* (*résistance à la totalisation;* vgl. *TI* 82/*TU* 152). Der Widerstand wendet sich gegen die zur Gleichheit aller neigende Politik, gegen totalisierende Philosophien und gegen eine Form der Mystik, die das endliche Subjekt im Unendlichen untergehen läßt (z. B. *TI* 35, 59, 177/*TU* 84, 121, 291). Die Weise der Konstitution und der Widerstand des Ich gegen die Auflösung zeigen die „*Ambivalenz* der Sinnlichkeit als Getrenntseinkönnen *und* als Ausgesetzt- oder Verwundbarsein" (*ZNA* 73).

Diese Trennung ist so radikal, daß sie *atheistisch* genannt wird. Der Genuß läßt das Subjekt sich so sehr selbst genug werden, daß es sich Gottes oder des Anderen überhaupt unbedürftig dünkt. Lévinas erkennt im

Genuß den Vollzug einer atheistischen Trennung. Durch den Genuß wird der Begriff der Trennung des Ich entformalisiert: „La jouissance accomplit la séparation athée: elle déformalise la notion de séparation" (*TI* 88/*TU* 160). Im folgenden wird offenbar, daß diese *atheistische Trennung* nichts mit landläufigem Atheismus zu tun hat, sondern im Vorfeld von Atheismus und echter menschlicher Gottesbeziehung spielt, die ohne die radikale Trennung den Menschen im Chaos des Unendlichen versinken ließe. Die Göttlichkeit Gottes setzt also wie das wahre Menschsein des Menschen die Trennung des endlichen Selbst voraus. Diese Trennung kann nur vollzogen werden, indem das Ich sich im Genuß selbst genügt. Das Sichgenügen des Ich im Genießen entreißt es jeder übergreifenden Einheit, die es im Sinne einer Totalität in sich einbeziehen will. Derart gewährleistet das selbstgenugsame Beisichsein des Ich im Genuß gerade die *Diskontinuität der Totalität*, die als Voraussetzung des *Pluralismus* gedacht werden muß. Der Pluralismus wird folglich von dem unauflöslichen Zusammenhang zwischen der Ermöglichung der *Selbstheit des Selben* und der *Andersheit* (oder *Anderheit*) *des Anderen* konstituiert.
Die Gegebenheit des Anderen ereignet sich im *Empfang des Anderen* durch die das Selbst transzendierende *Beziehung von Angesicht zu Angesicht*. Indem von der Konstitution des Anderen als Anderen zu sprechen ist, zeigt sich die *Konstitution* als eine Bewegung, die den Richtungssinn in ihrem Vollzug umkehrt. Durch diesen Vollzug wird nämlich deutlich, *daß die Welt, die ich konstituiere, mich ernährt und umgibt*: „Le monde que je constitue me nourrit et me baigne" (*TI* 102/*TU* 182f.). Der Bezug zur Unendlichkeit des mich Umgebenden erhält durch die Beziehung von Angesicht zu Angesicht den eigentümlichen Charakter. Mit dieser Beziehung ereignet sich eine *Entformalisierung* und *Konkretisierung* der Idee des Unendlichen im *Empfang des Anderen*. Die Beziehung zum Angesicht des Anderen ist das Ereignis, von dem die von Lévinas angestellten Untersuchungen und Reflexionen ausgehen; diese Begegnung von Angesicht zu Angesicht bleibt die absolut *irreduzible Beziehung*: „Le face à face demeure situation ultime" (*TI* 52f./*TU* 109ff.).
Die beiden konstituierenden *Ereignisse* stehen nicht gleichrangig nebeneinander. Obgleich sich die Konstitution der Selbstheit des Ich im *Bedürfnis* (*besoin*) ereignet, die Konstitution der Andersheit des Anderen aber im *Begehren* (*désir*), ist dennoch klar, daß das menschliche Bedürfnis schon auf dem Begehren beruht und so vom Begehren erst ermöglicht wird: „Le besoin humain repose déja sur le Désir" (*TI* 90/*TU* 163). Zunächst schien das *Bedürfnis* eine eigenständige Wirklichkeit zu sein, indem es aus Mangel erwuchs; es schien offenbar ganz aus einem egoisti-

schen Prinzip ableitbar zu sein. Das *Begehren* richtet sich jedoch ohne Berücksichtigung der Mangelsituationen des Subjekts auf ein *Unendliches*, das sich also *ursprünglich* in der Beziehung mit dem Anderen ereignet. Das Begehren kann derart prinzipiell nicht von der Innerlichkeit des Subjekts hergeleitet werden; es muß *empfangen worden* sein.
Damit ist deutlich, daß sich die Innerlichkeit des Subjekts samt deren Bedürfnissen, die zunächst selbstgenugsam einen Vorrang zu haben schien, nur aus dem *vorgängigen Empfangenhaben des Anderen* verstehen läßt. Es findet sich hier die Gegenläufigkeit von *ordo cognoscendi* und *ordo essendi*, die für die Struktur der Grundfragen der Metaphysik charakteristisch ist (als Beispiele für diese Struktur seien erwähnt: *Politeia* 509c ff. und *KpV* A 5 Anm.). Die metaphysische Erkenntnis beginnt stets mit unmittelbar Gegebenem und fragt von ihm ausgehend nach einem absolut fraglosen Anfang. Der voraussetzunglose Anfang, den auch Lévinas findet, kann aber infolge seiner Konstitution durch das Auftreten des Anderen, der ein Anderer bleibt, nicht als Totalität gedacht werden.
Der Entwurf ruht methodisch auf zwei Fundamenten, einerseits dem genannten *Ereignis*, das phänomenologisch aufgefaßt wird, nämlich auf dem *Empfang des Anderen*. Dieser Empfang entformalisiert und konkretisiert die *Idee des Unendlichen*, die schon durch die Vorstellung das Vorgestellte (*ideatum*) überschreitet. Andererseits gründet der Entwurf auf der Lösung der durch dieses Ereignis gestellten Aufgaben. Um dieses Ereignis denken zu können, muß sich die Innerlichkeit als ein absolut in sich geschlossenes Seiendes hervorbringen; zudem darf die Verschlossenheit der Innerlichkeit nicht verbieten, aus sich herauszugehen, damit der Andere zu ihr sprechen, sich ihr in unvorhersehbarer Bewegung *offenbaren* kann: „Il faut que l'intériorité assurant la séparation ... produise un être absolument fermé sur lui, ne tirant pas dialectiquement son isolement, de son opposition à Autrui." Gegenüber der Innerlichkeit begegnet der Andere als äußere Wirklichkeit (*Exteriorität*), die Bedeutung für das Innere gewinnt; im getrennten Seienden muß die Tür nach außen zugleich offen und geschlossen sein: „Et il faut que cette fermeture n'interdise pas la sortie hors de l'intériorité, pour que l'extériorité puisse lui parler, se réveler ... Il faut donc que dans l'être séparé, la porte sur l'extérieur soit à la fois ouverte et fermée" (*TI* 122/*TU* 212f.).
Die Beziehung von Angesicht zu Angesicht geschieht als *Epiphanie des Anderen*; sie nimmt den Anderen in einer radikalen Andersheit wahr, die hoheitlich gebietend auftritt. Die Phänomene, die Lévinas bei dieser Begegnung ins Auge faßt, lassen den Anderen wesenhaft als *Meister* sichtbar werden. Seine Gegenwart überwindet die Anarchie des Faktums, das alle Tatsachen gleichgültig nebeneinander stehen läßt: „Le présent de la manifestation du maître qui enseigne, surmonte l'anarchie

du fait" (*TI* 41/*TU* 94). Der Andere durchbricht die Geschlossenheit der je eigenen Innerlichkeit, ohne ein Skandal für die Vernunft zu sein. Der Empfang des Anderen ist umgekehrt sogar die erste vernünftige Unterweisung, die Bedingung jeder Unterweisung: „L' Autre n'est pas pour la raison un scandale ..., mais le premier enseignement ..., la condition de tout enseignement" (*TI* 178/*TU* 292f.; vgl. dazu den Hinweis auf die *fremde Vernunft* in *KrV* B 849).
Ohne den Anderen ist das Ich nämlich stets bloß bei sich in seiner Innerlichkeit. Die Innerlichkeit besitzt allein auf sich gestellt keine Sprache und bleibt derart ohne Vernunft. Die Unterweisung durch den Anderen erfolgt aber nicht aus der Distanz der Überlegenheit, sondern aus einer anderen Quelle. Der Andere, der sich als Meister erweist, begegnet nämlich gerade als der Mensch in seiner Schwachheit. Lévinas erkennt die eigentliche Epiphanie des Anderen in der Forderung nach einer Gerechtigkeit, die durch das Elend im Antlitz des Fremden, der Witwe und der Waise begegne: „Son épiphanie même consiste à nous solliciter pas sa misère dans le visage de l'Etranger, de la veuve ou de l'orphelin" (*TI* 50/*TU* 107). Auf diese Weise wird das *Transzendente als fremd und arm gesetzt*. Das anzunehmen, bedeutet zugleich, daß die metaphysische Beziehung mit Gott sich nicht in der Unwissenheit bezüglich der Menschen und der Dinge vollziehen darf: „Poser le transcendent comme étranger et pauvre, c'est interdire à la relation métaphysique avec Dieu de s'accomplir dans l'ignorance des hommes et des choses" (*TI* 50/*TU* 106).
Die Grundthese zum Zugang des Menschen zu Gott im Denken von Lévinas lautet folglich, daß die *Dimension des Göttlichen sich im Ausgang vom Antlitz des Menschen eröffne*: „La dimension du divin s'ouvre à partir du visage humain" (*TI* 50/*TU* 106f.). Als primär fundierendes Phänomen tritt eine durch den Empfang des Antlitzes gegebene Forderung auf. Das Antlitz des Anderen sagt zunächst: „Du wirst keinen Mord begehen" (*tu ne commettras pas de meurtre*; *TI* 173/*TU* 285). Diese *Aussage* des Antlitzes wandelt sich für den Empfangenden in einen unbedingt gebietenden, kategorischen Imperativ; der kategorische Imperativ entspringt dem ursprünglichen Ausdruck (*expression originelle*) des Antlitzes als dessen erstem Wort. Mit solchem Ausdruck paralysiert das Unendliche die Kräfte des Menschen in seinem unendlichen Widerstand gegen den Mord und erteilt auf diesem Wege Unterweisung. Dieser Widerstand, so sagt Lévinas, leuchtet hart und unüberwindbar im Antlitz des Anderen, in der vollständigen Blöße seiner Augen ohne Verteidigung, in der Blöße der absoluten Offenheit des Transzendenten: „L'infini paralyse le pouvoir par sa résistance infinie au meurtre, qui, dur et insurmontable, luit dans le visage d'autrui, dans la nudité totale de ses yeux, sans défense, dans la nudité de l'ouverture absolue du Tran-

scendant" (*TI* 173/*TU* 285). Das Antlitz des Anderen wird so das Einfallstor des Unendlichen.

Die ethische Forderung ist das Grundereignis der Freiheit. Indem die im Antlitz des Anderen aufleuchtende, unableitbare Forderung wahrgenommen und übernommen wird, wird zugleich die Freiheit des Menschen eingesetzt, die sich aus sich allein nicht zu rechtfertigen vermag. Mit dieser Art von Einführung der Freiheit ergeben sich weitreichende Parallelen zum Weg Kants, der ebenfalls nicht die These der Unmittelbarkeit des Freiheitsbewußtseins annimmt, sondern mit dem *Bewußtsein des moralischen Gesetzes* beginnt, das in moralisch relevanten Situationen auftritt. In ihnen tritt der kategorische Imperativ als unbedingt gültiges Gesetz des Willens auf und läßt ihn wissen, was er tun soll, ohne ihn naturhaft zu zwingen, dieser Forderung handelnd zu entsprechen.[2] Die von Kant der Formulierung und Interpretation des *Grundgesetzes der reinen praktischen Vernunft* vorausgeschickte *moralisch relevante Situation*, laut der ein Fürst einen Untertanen zur Denunziation eines anderen anstiften möchte, um diesen zu vernichten, wäre auch für Lévinas passend. Der zur Entscheidung Herausgeforderte wird also mit der Not eines Anderen konfrontiert und damit in seiner Freiheit angesprochen. Dieses Faktum des Bewußtseins des moralischen Gesetzes fordert eine Entscheidung aus praktischer Freiheit heraus (*KpV* A 54). Damit begrenzt der Andere nicht die Freiheit des *Selben*, sondern setzt sie vielmehr ein und rechtfertigt sie. Das Denken wird also unterwiesen, ohne verletzt zu werden. Darin besteht die Situation des Empfangs des Antlitzes: „Voilà la situation que nous appelons accueil du visage" (*TI* 171/*TU* 282).

Wie Kant sieht, daß das Sittengesetz schließlich eine das innerweltliche Vermögen des Menschen transzendierende *Heiligkeit des Willens* fordert,[3] so nimmt Lévinas den vom Antlitz ausgehenden Anspruch als grenzenlos wahr. Die Forderung verlangt vom endlichen Menschen *Unendliches*. Angesichts dieser Spannung sieht er in der Geduld (*patience*) die äußerste Meisterschaft. Die Geduld deutet er als äußerste Passivität, die sich verzweifelt in Hoffnung und Handlung wandele und den Egoismus an seiner Grenze zu einer Existenz führe, die ihren Schwerpunkt nicht mehr in sich selber setze.[4] In der Geduld zerbricht der Wille die

---

[2] *KpV* A 52: „Freiheit und unbedingtes praktisches Gesetz weisen also wechselweise auf einander zurück." Die Freiheit aber können wir nicht unmittelbar erkennen: „Also ist es das **moralische Gesetz**, dessen wir uns unmittelbar bewußt werden" (*KpV* A 53); vgl. auch *Illéité* 276.

[3] Dieses Motiv fundiert das *Postulat der Unsterblichkeit der Seele* (vgl. *KpV* A 219ff.).

[4] Verzweifeltheit der Hoffnung ist die Situation der egoistischen Vernunft, die – indem sie den Anderen über sich setzt – zugleich verwüstet und gerechtfertigt wird (vgl. auch *Phil* 2,3).

Schale des Egoismus; er setzt sein Zentrum außerhalb seiner und tritt als grenzenloses Begehren und reine Güte auf (*TI* 216f./*TU* 351).
Die Ethik scheint damit in eine Ordnung der Liebe (*ordo amoris*) überzugehen, die sich einem absoluten Urteil, dem Urteil Gottes unterstellt. Sofern der Empfang des Antlitzes die Freiheit des Empfangenden einsetzt, öffnet er den Empfangenden zugleich für das Unendliche. Der sich dem Urteil Gottes unterstellende Wille steht unter diesem Urteil, wenn seine Furcht vor dem Tode sich umkehrt in die Furcht, einen Mord zu begehen: „La volonté est sous le jugement de Dieu lorsque sa peur de la mort, s'invertit en peur de commetre un meurtre" (*TI* 222/*TU* 359; vgl. dazu *Illéité* 279, Anm. 8). Dieses Urteil verschärft die Singularität; sie appelliert nämlich an eine unendliche Verantwortung, sofern jede vollzogene Pflichterfüllung die Verantwortung immer noch weiter erhöht. Die Verantwortung übersteigt alle Grenzen der objektiven Gesetze: „Je suis donc nécessaire à la justice comme responsable au-delà de toute limite fixée par une loi objective." So drängt die Gerechtigkeit, über die Grenze der Gerechtigkeit hinauszugehen: „la justice me somme d'aller au-delà de la ligne droit de la justice" (*TI* 223/*TU* 360). Offenbar sprudeln hier Quellen, die unendlich sind (*ressources infinies*), weil jede erfüllte Pflicht ständig durch größere Verantwortlichkeiten (*responsabilités plus larges*) gesteigert wird. Derart öffnet die Begegnung mit dem Anderen einen unendlichen Horizont, der am Ende auf Gott und damit über das zeitliche Weltleben hinausweist (*TI* 223f./*TU* 362).
Eine ausgezeichnete Bedeutung kommt in diesem Zusammenhang auch der *erotischen* Erfahrung zu, die in der *Fruchtbarkeit* eine über die eigene endliche Lebenszeit hinausreichende Erfüllung findet. Fruchtbarkeit ist laut Lévinas die Beziehung zu der Zukunft, die nicht mehr auf die Macht über das dem Subjekt Verfügbare zurückführbar ist. Sie führt nämlich im Erscheinen des Sohnes zur *Dualität des Identischen*. Trotz aller Diskontinuität des Sohnes zum Vater ist die Fruchtbarkeit, aber in einem neuen Sinne, auch die eigene Zukunft des Vaters. In Gestalt der Fruchtbarkeit ereignet sich das unendliche, immer neu beginnende Sein: „L'être infini, c'est-à-dire l'être toujours recommençant ... se produit sous les espèces de la fécondité" (*TI* 246/*TU* 392).
Das Geschehen der *Fruchtbarkeit* hat *metaphysische Bedeutung*. Lévinas deutet die Fruchtbarkeit als die *Bestätigung des Pluralismus* der Subjekte. Indem sie dem persönlichen Ich Rechnung trägt, durchkreuzt sie den Pantheismus, der als das anonyme Sakrale die Person mit dem Nichts oder der Ekstase bedroht. Demgegenüber ereignet sich das Sein in der Fruchtbarkeit als Mannigfaltiges und Gespaltenes in Selbes und Anderes: „L'être se produit comme multiple et comme scindé en Même et en Autre" (*TI* 247/*TU* 394). Das in Fruchtbarkeit mündende eroti-

sche Begehren erfüllt sich nicht, indem es sich befriedigt, sondern indem es *sich durch die Erzeugung des Begehrens transzendiert*: „Le Désir ... non pas en se satisfaisant et en s'avouant ainsi besoin, mais en se transcendant, en engendrant le Désir“ (*TI* 247/*TU* 395). Das Subjekt tritt kraft der Sexualität in die Beziehung zu dem, was absolut anders ist. Diese Beziehung hat aber *nichts Ekstatisches*, da das Pathos der Wollust gerade aus ihrer Dualität besteht. Das Ich bleibt in ihr Ich und der Andere bleibt der Andere, gerade als der geliebte Andere. Verschmelzungen von Personen finden im erotischen Geschehen nicht statt. Die Sexualität offenbart in uns demnach die eigentliche Pluralität der Existenz (*TI* 254/*TU* 405).
Das Ich erfährt so seine eigentliche Transzendenz in der Fruchtbarkeit: „La fécondité du moi, c'est sa transcendance même“ (*TI* 254/*TU* 406). Sofern die Vaterschaft sich als unabsehbare Zukunft ereignet, ist die Menschheit *zu Brüderlichkeit verpflichtet*. Mit der Vaterschaft existiert das gezeugte Ich zugleich als einziges auf der Welt und als ein Bruder unter Brüdern, der sich dem Antlitz des Anderen ethisch zuwendet. Lévinas präzisiert den Unterschied zu einer bloß biologischen Brüderlichkeit, die mit *Kains nüchterner Kälte* gedacht wird. Die biologisch ausgelegte Brüderlichkeit bietet nämlich keine zureichende Begründung dafür, daß ich für ein von mir getrenntes Wesen Verantwortung besäße: „La fraternité biologique humaine – pensée avec la sobre froideur caïnesque – n'est pas une raison suffisante pour que je sois responsable d'un être séparé“ (*Dp* 117/*GP* 110f.). Die Brüderlichkeit ist selbst die Beziehung mit dem Antlitz: „la fraternité est la relation même avec le visage“ (*TI* 256/*TU* 408). Auf diese Weise scheint das Erotische – und ebenso die Familie, die laut Lévinas das Erotische artikuliert – in der Fruchtbarkeit und der Brüderlichkeit diesem Leben eine unendliche Zeit zu sichern, ohne welche Aussicht die Güte nichts als Subjektivität und Torheit wäre: „Mais l'érotique, et la famille qui l'articule, assurent à cette vie ... le temps infini du triomphe sans lequel la bonté serait subjectivité et folie“ (*TI* 257/*TU* 409). Die Güte *soll* indessen keine Torheit sein. Wenn die Güte keine unendliche Bedeutung besitzt, kann nicht vermieden werden, daß sie in der Beliebigkeit von Privatmeinungen versinkt.
Wenn das Ich sich in der Vaterschaft durch die Definitivität des unvermeidlichen Todes hindurch auch in den Anderen zu verlängern scheint, siegt dennoch stets die Zeit kraft ihrer Diskontinuität über das Alter und das Schicksal. Laut Lévinas macht die diskontinuierliche Zeit der Fruchtbarkeit zwar absolute Jugend und den Neubeginn möglich; so kann er sagen, daß dank der Fruchtbarkeit eine unendliche Zeit besessen werde: „Par la fécondité je detiens un temps infini“ (*TI* 264/*TU* 416).

Mit diesem Hinweis auf einen unendlichen Neubeginn des Endlichen sind jedoch keineswegs alle Fragen beantwortet. Der Tod bleibt damit ein Geheimnis, das in undurchsichtiges Dunkel gehüllt ist. Lévinas vertritt ähnlich wie Sokrates die Auffassung, daß der Tod sich nicht als das *Ende des Seins*, sondern als ein *Unbekannter* nähere, der eine glückliche Ewigkeit verheißt (vgl. *Phaidon* 63e/64a). Die Verheißung des Todes weist auf eine unendliche, vollendete Zeit (*un temps infini*, *un temps achevé*). Demnach wäre das Ende des Gesamtgeschehens nicht der Tod, sondern vielmehr die Vollendung der messianischen Zeit, in der das Fortwährende sich in Ewiges verwandelt: „où le perpétuel se convertit en éternel" (*TI* 261/*TU* 415f.).
Die Epiphanie des Antlitzes führt als das grundlegende *Ereignis*, ähnlich dem *Faktum der reinen Vernunft* in der praktischen Philosophie Kants, zu *Aufgaben* (vgl. *KpV* A 51ff.), in denen die Bedingungen der Möglichkeit des Ereignisses entschlüsselt werden. Diese Aufgaben, die vom Ereignis des Empfangs des Anderen provoziert werden, könnte man in der folgenden Weise formulieren:

Aufgabe I: Wie ist ein Endliches zu denken, das sich auf das Unendliche beziehen könnte, ohne sein endliches Sein zu verlieren? **Lösung**: Solches endliche Sein muß getrennt und in sich gegründet sein; es darf sich durch die Begegnung mit dem Unendlichen nicht verflüchtigen. Es muß selbst dem Unendlichen Widerstand entgegensetzen, um nicht in ihm zu versinken. Die *Idee* des Unendlichen, die sich im Empfang des Antlitzes konkretisiert, fordert bereits formal betrachtet ein getrenntes Seiendes. Um die Trennung inhaltlich denken zu können, muß das Licht der Beziehung zum Anderen hinzukommen, sofern diese Beziehung allein durch den *Empfang des Antlitzes* konstituiert werden kann: „La lumière du visage est nécessaire à la séparation" (*TI* 125/*TU* 216).

Aufgabe II: Wie ist das Unendliche zu denken, das sich auf Endliches beziehen kann, ohne das Endliche durch den Bezug auf das Unendliche in sich oder das Chaos aufzulösen? **Lösung**: Es muß als absoluter Meister begegnen und so souverän sein, daß es das Ich nicht im Unendlichen untergehen läßt; es muß dem Endlichen Freiheit und Selbstsein ermöglichen; dieses Unendliche darf nicht im Sinne der Totalität gedacht werden, die das Endliche versklavt.

Aufgabe III: Wie ist eine Initiation der Beziehung zwischen Endlichem und Unendlichem zu denken, in welcher das Endliche nicht unter das Joch einer fremden Teleologie gerät und das Unendliche nicht als Funktion des Endlichen diskreditiert werden kann? **Lösung**: Diese Initiation muß sich als nicht antizipierbares Faktum ereignen. Im plötzlichen Auftreten der Beziehung treten die endliche Freiheit des Menschen und die unendliche Freiheit Gottes hervor. Jede Begegnung zwischen einander achtenden Freiheiten enthält das Moment des unvorwegnehmbar *Plötzlichen*.

Aus der Lösung dieser drei Aufgaben resultieren wiederum in Analogie zu Kant drei Bedeutungen von Freiheit: Zuerst ist Freiheit als *Trennung* im Sinne der Konstitution des Ich zu interpretieren (Freiheit in negativem Verstand als *Freiheit von der Naturkausalität*); sodann wird Freiheit im Sinne der *Verantwortung für den Anderen* gedacht (Freiheit in positivem Verstand als *Freiheit für das Sittengesetz*); schließlich ist sie als *Entscheidungsfreiheit* auszulegen, die Raum läßt für einen Seinsprozeß, der sich grundsätzlich aus sich selbst herleitet, getrennt bleibt und damit in der Lage ist, sich dem Anruf, der ihn hervorgerufen hat, zu öffnen oder zu verschließen (*TI* 191/*TU* 313; zu Kant vgl. § 1 b.).

Den von Lévinas verfolgten Weg kann man auch als die Bearbeitung einer Aufgabe auslegen, die in *Sein und Zeit* zwar vorgezeichnet, aber nicht zur Ausführung gelangt ist. Dort tritt *der Andere* auf weite Strecken *im defizienten Modus des Man* auf. Heidegger sagt (*SuZ* 172): „Zunächst ist das Dasein Man und zumeist bleibt es so." *Jemeinigkeit* der Existenz bedeutet aber in der Umkehrung *Jeandrigkeit* des Anderen. Man darf nicht übersehen, daß *Sein und Zeit* die *Idee des eigentlichen Miteinanderseins* immerhin kennt, wenn sie auch nicht weiter thematisiert wird (*SuZ* 217f., 395). Lévinas spürt also in der Phänomenologie des Anderen ein Defizit in *Sein und Zeit* auf und führt die Untersuchung selbständig weiter. Sein philosophisches Gottdenken ist nicht der Kritik ausgesetzt, die der Totalisierungsversuch der dogmatischen Metaphysik provoziert hatte, wie ihn Heidegger in der Abhandlung *Nietzsches Wort ‚Gott ist tot'*, skizziert hat. Indem Heidegger die *Herabwürdigung Gottes zum höchsten Wert* innerhalb der Metaphysik als die Gotteslästerung schlechthin brandmarkt, bereitet sein *gott-loses Denken*, das sich für den *göttlicheren Gott* offenhält, ein neues Sprechen von Gott vor, ohne es schon selbst vollziehen zu können (vgl. § 13b). Der von Lévinas in kritischer Anknüpfung an Heidegger ausgearbeitete Versuch ist also gegen Formen der Metaphysik gerichtet, die das Andere nicht *sein lassen* wollen und die Wahrheit in ihrer Totalität zu erfassen trachten. Dieser Versuch kann derart als Erfüllung eines Desiderates gelten, das sich aus dem vorwiegend negativen philosophischen Gottdenken Heideggers ergibt.

b) Die ethische Personerfahrung im Anderen als der Ort, an dem Gott ins Denken einfällt

Lévinas geht seinen Weg in drei Stufen. Er ist dem dreistufigen Weg Augustins nicht unähnlich, der in der Wendung nach außen beginnt, von dort zur Rückkehr des Menschen zu sich selbst führt und mit der Ausrichtung auf die Wahrheit endet, die dem Menschen innerlicher ist, als er sich selbst sein kann (*foris-intus-intimum*). Dieser Weg fängt bei Lévinas mit dem *elementalen Leben* an, dessen Sinn als Genuß gedeutet wird. Die *Instabilität des Glücks* (*instabilité du bonheur*), die als *Abgrund der Ungewißheit* begegnet, treibt den Menschen jedoch zur *Arbeit*, mit deren Hilfe man das *zerbröckelnde Werden* des Genusses im Elementalen (*son effritement de devenir*) aufzuhalten versucht (vgl. *TI* 115/*TU* 201f.). Die sich selbst genügend erscheinende Befriedigung des Subjekts zerbricht nämlich an der Unbestimmtheit der Zukunft, in der die Vergänglichkeit der Zeit offenbar wird, weil das *perfide Elementale* sich gibt, indem es sich entzieht: „l'élémental perfide se donne en échappant" (*TI* 115/*TU* 201f.).

Das Entschwinden des Beglückenden, das die immanente Tendenz des sinnlichen Ich durchkreuzt, provoziert das freie Handeln des Ich in der sinnlichen Welt, mit dem es sein verlorenes Glück zurückzuerlangen und das verlierbare Glück vor jedem Verlust zu bewahren sucht. Kraft der *Vorstellung*, als der Leistung des Subjekts, wird der Genuß durch die *Arbeit* wieder der *Herr der Welt*, die er dank des Verhältnisses zu seiner *Bleibe in einer Wohnung* verinnerlicht hat: „C'est par la représentation que la jouissance recourant au travail, redevient absolument maîtresse du monde en l'intériorisant par rapport à sa demeure" (*TI* 115/*TU* 201). Weil der Genuß ohne Sicherheit ist, sucht das Subjekt Wege zu seiner Sicherung. Auf diesen Wegen wird es nun von einer ganz anderen Wirklichkeit getroffen, die sich mit der Epiphanie des Antlitzes durch den Empfang des Anderen ereignet.

Vergleicht man also versuchsweise den von Lévinas unter den Titeln *Element-Arbeit-Antlitz* (*élément-travail-visage*) vollzogenen Weg mit dem Weg Augustins, kann man *Element* und *Ding* als Bereich des *foris* zusammenfassen; *Arbeit* und *Antlitz* wären dann als Ort des *intus* zu denken; *Jenseits des Antlitzes* (*au delà du visage*) könnte zuletzt als Ort der Begegnung mit dem *intimum* gelten. Auf diesem Weg ergäben sich folgende Stufen: 1. Suche des sinnlichen Glücks: *foris* – Egoismus, Ökonomie; 2. Epiphanie des Antlitzes: *intus* – Verantwortung, die den Empfang des Anderen als Anderen voraussetzt; 3. Jenseits des Antlitzes: *intimum* – die Vollendung der Zeit in der Ewigkeit, die von einer philosophischen Untersuchung nur als Hoffnung angedeutet, aber nicht positiv behauptet werden kann (vgl. *TI* 264/*TU* 416; *ZNA* 78 deutet diese Stufung als *ontologisches*, *ethisches* und *religiöses* Verhältnis; vgl. weiterhin *L* A 25). Daraus resultiert am Ende die Offenheit des Denkens für Gott als den ganz Anderen, der laut dem Wort des Cusanus zugleich als etwas Nicht-Anderes (*non-aliud*) zu begreifen ist, das den Menschen als ein endliches Selbst in der Trennung und in der Transzendenz sein läßt (die Parallelen zur *Dialektischen Theologie* zieht *ELKB*). Diese *Offenheit* könnte sich in der Weise eines Bruches der thematisierenden Intentionalität des Subjekts durch das Unendliche ereignen, dessen formale und abstrakte Idee sich im Empfang des Antlitzes entformalisiert und konkretisiert. Den *Bruch*, in dem sich die Immanenz des totalisierenden Bewußtseins in einem unableitbaren Geschehen durch die Beziehung zum Anderen öffnet, interpretiert Lévinas anhand von solchen Bedeutungen des Geschehens, die auf die Spur des Unendlichen weisen.[5]

Diese Bedeutungen, die sich unmittelbar aufdrängen, spitzen sich zunächst in der These zu, daß Gott selbst der Andere sei: „Dieu, c'est l'Autre" (*TI* 186/*TU* 306). In der Folge zeigt sich, daß die Versprachlichung solcher Bedeutungen aus dem fundierenden Ereignis heraus noch einer weitergehenden Reflexion fähig und bedürftig ist. Einen Bruch der philosophischen Reflexion, der sich im Empfang des Anderen ereignet, vernimmt doch nur ein *von diesem unableitbaren Ereignis getroffener Philosophierender*. Derart sind zwei Stufen der Interpretation und Reflexion dieser fundierenden Ereignisse zu unterscheiden. Auf der ersten Stufe geht es um die fundierenden Ereignisse selbst, um die Konstitution eines getrennten Subjekts und die Epiphanie des Anderen. Auf der zweiten Stufe werden in der *transzendentalphilosophischen Reflexion* theoretische Entwürfe vorgetragen, um einerseits die Bedingungen der Möglichkeit des Empfangs des Anderen und andererseits die in die Metaphysik weisenden Folgen des Ereignisses zu umreißen.

Als die grundlegende Bedingung der Möglichkeit der Beziehung zum Anderen als Anderem und des aus dieser Beziehung unmittelbar resultierenden Pluralismus erkennt Lévinas den *Gedanken der Schöpfung*. Diesen Gedanken kann er zwar *nicht als Erklärung* heranziehen, sondern nur als *Wunder* benennen; dennoch begibt er sich mit ihm in eine Diskussion konkurrierender Entwürfe. Er bezieht kritisch Stellung gegen Entwürfe, die dem Ereignis nicht angemessen sind. Er argumentiert gegen Interpretationen des Ganzen, die mit dem von ihm als grund-

[5] Vgl. *ZNA* 80: „Die Spur des Unendlichen macht sich bemerkbar als Störung in der Ordnung der Welt, als Störung, die einbricht etwa als meine Infragestellung durch die Nacktheit und Fremdheit des Antlitzes des Anderen. Die ethische Situation ist die Situation, in der mir ‚Gott einfällt', ‚in den Sinn kommt'."

legend gedachten Ereignis und dessen unmittelbaren Konsequenzen nicht in Einklang stehen, besonders gegen *Pantheisten* und *Mystiker*, die das Subjekt in die Ekstase und die Auflösung seines Selbstseins im *Einen und Ganzen* zu führen beabsichtigen und dazu den Untergang des Einzelnen als Einzelnen gar noch als etwas Gutes interpretieren.[6] Gegen solche Auflösungsmystik, trete sie nun in der Form spekulativer Systeme oder in der Gestalt von Heimweh und von weltflüchtig-nostalgischer Sehnsucht nach der himmlischen Heimat auf, argumentiert Lévinas und stellt ihr seinerseits den *Ernst der Verantwortung* entgegen. Trotz seiner Kritik der Ontologie vollzieht Lévinas selbst auch ontologisches Denken. Was *jenseits des Seins* liegt, ist bereits vom Wortlaut her nur vom Sein aus zu verstehen, das demnach Ausgangspunkt und Bezugspunkt bleibt. Schon Platon hat das absolute Ziel alles philosophischen Fragens *jenseits des Seins* (ἐπέκεινα τῆς οὐσίας) gesehen. Er war sich bewußt, daß dieses Ziel des zu wiederholenden Durchbuchstabierens des Seienden bedarf, im Vollzug des Wegs vom gegebenen Sinnlichen zum Geistigen und vom Geistigen wieder zurück zum Sinnlichen (*Politeia* 511b/c und 516e; *Siebenter Brief* 343e: ἄνω καὶ κάτω). Solches Durchbuchstabieren des Seienden beginnt bei Lévinas mit dem elementalen und anonymen *Es gibt* (*il y a*; z. B. *TI* 117, 165, 257/*TU* 203f., 273, 410). Er trägt auf diesem Weg eine Phänomenologie der Leiblichkeit und der Sinnlichkeit des Menschen vor und gelangt weiter zu anderen Lebensbereichen, zur Bleibe, zu Arbeit und Ökonomie; zuletzt berührt er die alles verwandelnde Beziehung zum Antlitz. Diese Beziehung, die als das vorläufige Ziel des Weges hinauf (*Anabasis*) gedeutet werden kann, ist keine Endstation der Bewegung, sondern führt im Weg hinab (*Katabasis*) wieder zu den Ausgangspunkten zurück, zum Beispiel in der erwähnten *Phänomenologie des Eros*, die ohne die ethische Beziehung zum Anderen vermittelst des Empfangs des Antlitzes nicht möglich wäre. *Ethik* und *Metaphysik* gehen so zwar der Ontologie voraus (*TI* 12ff./*TU* 49ff.). Ontologie wird damit aber nicht unmöglich, wenn sie auch nicht als dogmatische Ontologie haltbar ist, sondern nur als *Ontologie der Probleme*.

Wenn man diesen Weg zu überblicken sucht, sieht man, daß Lévinas je-

---

[6] Vgl. Goethes Gedicht *EINS UND ALLES* (*Werke* I,368):
Im Grenzenlosen sich zu finden,
Wird gern der Einzelne verschwinden,
Da löst sich aller Überdruß;
Statt heißem Wünschen, wildem Wollen,
Statt läst'gem Fordern, strengem Sollen,
Sich aufzugeben ist Genuß.

denfalls *Wirklichkeit beschreibt*; er nimmt wahr, daß seine Beschreibung der Wirklichkeit *von Unvordenklichem abhängt*; er versteht die Konkretisierung des Unvordenklichen als *Beziehung zum Antlitz des Anderen*, als die Begegnung mit der Unendlichkeit in einem *nur zu erleidenden Ereignis*; er weist auf die *weltverwandelnde Kraft dieses Ereignisses* in der Brüderlichkeit, im Eros, in der Fruchtbarkeit. Er versucht zu erfassen, was durch dieses Ereignis mit der Subjektivität des Subjekts geschieht. Schließlich fragt er über die Grenze des Todes hinaus nach dem Sinn des menschlichen Lebens, der nur als eschatologische Wirklichkeit in der vollendeten, messianischen Zeit erhofft werden kann. So zeigt sich, daß es die *Spur* des Gottes der Bibel ist, der als Schöpfer der pluralen Welt (absolute Vergangenheit), als Erwecker des Begehrens (absolute Gegenwart) und als Herrscher des messianischen Reichs (absolute Zukunft) seine Antwort auf die Fragen gibt, die der phänomenologisch und transzendentalphilosophisch forschenden Vernunft aufgegeben sind. Lévinas vermeidet die Engführungen der *Vernunftreligion*, wie Kant sie im Anschluß an die Fundamente der praktischen Philosophie entfaltet hat, da deren Wirklichkeit auf etwas weist, was die Kraft des Menschen übersteigt. Er vermeidet ebenfalls eine Beschränkung auf den eindimensional theoretischen Gottesbegriff, dessen Sinn Heidegger in einer Deutung des *Wesens der Metaphysik* als *causa sui* diagnostiziert hat (*IuD* 64).

Gegen die neuzeitlichen Verengungen der Antworten auf die Frage, wie Gott in das Denken des Menschen gelangt, stellt Lévinas die These, daß menschliche Vernunft nicht verstanden werden könnte, wenn sie nicht von der Wirklichkeit des Unendlichen ermöglicht wäre. Wird aber erst einmal die Wirklichkeit Gottes angenommen, ist es eine sinnvolle These, zugleich anzunehmen, daß jeder, der Gott sucht, ihn als Gott aller Menschen und Zeiten sucht. Sofern das Göttliche sich als unabweisbare und doch unfaßbare Wirklichkeit im Antlitz des Anderen zeigt, ist es möglich, den ethischen *Zugang zum Unendlichen*, das sich als eine sinnbezogene Wirklichkeit erweist, als den *Zugang zur Wirklichkeit Gottes* auszulegen, im Gegensatz zur sinnleeren Unendlichkeit eines *Apeiron*, und sie mit der biblischen Rede von Gott zu verbinden.[7]

Die Ansatzpunkte für diese Verbindung liegen in der phänomenologischen Untersuchung und in der ethischen Grunderfahrung. Diese bezeichnen aber eher Bruchstellen des Endlichen; gleichwohl zerbrechen sie das Endliche keineswegs, sondern setzen es allererst als Endliches in sein Recht ein und öffnen es so für den Empfang des Anderen und indi-

---

[7] Zum Gedanken des *Apeiron* vgl. *TI* 115/*TU* 201; die Absicht, die biblische Gottrede heranzuziehen, zeigt sich in *Dp* 95/*GP* 83.

rekt auch für den Empfang Gottes. Einige typische Bruchstellen, die gleichsam *Einfallstore des Unendlichen* markieren, sollen im folgenden zunächst in Form eines Überblicks skizziert werden. Diese Skizze ist der Hintergrund für die integrierende Interpretation, die sich auf den Terminus des *Er-seins* des Unendlichen (*illéité*) stützt.[8] Dieser Schlüsselbegriff, der die Gegenwart Gottes in die *dritte Person* setzt, zeigt zugleich, wie der unendliche Gott als der unbegreifliche Ursprung der Möglichkeit der pluralen Welt zu denken ist und seine Wirklichkeit dennoch vom Menschen faktisch geleugnet werden kann.

In der reinsten Form philosophischen Denkens tritt der Gottesgedanke bei Lévinas in der *Idee des Unendlichen* auf, wie er sie in den Cartesischen *Meditationes de prima philosophia* findet. Wenig bedeutet ihm die Beweiskraft dieser Idee, die in ihr liegen mag (vgl. oben § 8 a. unter Hinweis auf *TI* 186/*TU* 305f.). Ihm liegt mehr an dem Bruch *des Bewußtseins* (*la rupture de la conscience*; *Dp* 104f./*GP* 95), der sich bereits durch den bloßen Gedanken des Unendlichen vollzieht, sofern dieser aus sich heraus ein Denken hervorruft, „das mehr oder das *besser* denkt, als es der (theoretischen) Wahrheit nach denkt" (*TU* 11). Dieses Denken hört gewissermaßen auf, bloßes Denken zu sein, und beginnt, *mehr oder Besseres zu tun als zu denken*: „faire plus ou mieux que penser" (*TI* 20/*TU* 61). Lévinas knüpft explizit an ein Motiv Platons an, laut dem die Begeisterung der Frage nach Gott, die zwar als ein *göttlicher Wahnsinn* (*Phaidros* 265a/b: θεία μανία) diskreditiert werden kann, aber als *göttliches Geschenk verliehen* wird (*Phaidros* 244a: διὰ μανίας, θείᾳ δόσει διδομένης). Das Denken vermag sich Gott nur zu nähern, sofern es mit Gott etwas Größeres meint, als gedacht werden kann: *maius quam cogitari possit* (*Pr* 15). Obwohl dieser Gedanke, wie faszinierend er sein mag, nicht als Beweis taugt, der im Kampf gegen Atheisten den Glauben an Gott zwingend durchsetzen könnte, vermag er doch, was auch nach seiner Kritik durch Thomas und Kant anerkannt werden kann, einer vernünftigen Selbstverständigung denkender Gläubiger zu dienen, die sehen, daß dieser Gedanke mehr enthält, als endliche Wesen denken können. Obwohl diese Idee das endliche Denken aufbricht, treibt sie es nicht in haltlosen Schwindel, der alles im Wirbel einer chaotischen Unendlichkeit untergehen läßt. Vielmehr fordert die *entformalisierte und konkretisierte* Idee des Unendlichen das Subjekt in der Begegnung mit

[8] Dieser im Werk von Lévinas eher periphere Ausdruck stellt einen Neologismus dar; er bringt laut Bernhard Casper das aporetische Ganze der Philosophie von Lévinas zum Vorschein; vgl. *Illéité* 273. Dieser Neologismus, der sich vom französischen *Il* ableitet, wird hier versuchsweise als *Er-sein* (*Er-haftigkeit*) des Unendlichen übersetzt.

dem Antlitz heraus und setzt es so in vernünftiger Weise in seine *Vernünftigkeit und Freiheit* ein.

Die Entformalisierung und Konkretisierung der Idee des Unendlichen ereignet sich in der Beziehung zum Anderen, indem diese die Sprache hervorruft, die im Appell an die Verantwortung des Subjekts dessen Freiheit rechtfertigt und Vernunft ermöglicht. Die ursprüngliche Sprache legt Lévinas als *Bitte* und *Imperativ* aus. Aus dieser Sprache erhebt sich der Anspruch des Imperativs, „der mich, trotz der eigenen Sterblichkeit, verantwortlich macht für den sterblichen Nächsten" (*TU* 10). Aus der Bitte, die sich zum Imperativ wandelt, erwächst die Forderung, den Anderen, der in der Bitte schwach, im Imperativ aber als Meister erscheint, an der eigenen Welt teilhaben zu lassen. „Das Unendliche wird nur gedacht *im* Gehorchen und *durch* das Gehorchen auf den Anspruch im Antlitz des Anderen, ohne daß das Unendliche durch dieses Denken je zum Ausgangs- oder Endpunkt, zu arché oder telos dieser Bewegung werden könnte" (*ZNA* 79). Diese *Infragestellung der Freiheit* durch den Anderen verletzt nicht die Freiheit, die zu Gerechtigkeit aufgerufen ist. Die Aufgabe der Vernunft besteht eben nicht darin, den Menschen seines Grundes und seiner Vermögen zu versichern, sondern darin, ihn in Frage zu stellen und zur Gerechtigkeit einzuladen: „L'essence de la raison ne consiste pas à assurer à l'homme un fondement et des pouvoirs, mais à le mettre en question et à l'inviter à la justice" (*TI* 60f./*TU* 122).

Das Antlitz öffnet die ursprüngliche Rede, deren erstes Wort die Verpflichtung ist: „Le visage ouvre le discours originel dont le premier mot est obligation". So begründet die Rede die Universalität der Vernunft; die Ebene der Ethik fundiert folglich allererst die Ebene der Ontologie (*TI* 175/*TU* 289). Das Wort, das den Anfang aller Verstehbarkeit erzeugt, hängt ab vom Imperativ, der aus dem Antlitz des Anderen vortritt. Diese Unterweisung des Ich durch den Anderen gibt der Vernunft ihr Recht. Die willkürliche Freiheit des Ich erblickt ihre Schande in den Augen des Anderen. Die wesenhaft apologetische Vernunft bezieht sich von sich aus auf das Urteil des Anderen. Freiheit ist also keine verminderte *causa sui*, sondern allererst von einem Anderen in ihr Recht eingesetzt (*TI* 229f./*TU* 367f.; vgl. auch *TI* 279f./*TU* 439-441).

Das Antlitz des Anderen hat einen doppelten Ausdruck, einerseits nämlich *Forderung* (*exigence*), andererseits Ziel eines unstillbaren Begehrens (*désir*) zu sein. In beiden Seiten der Beziehung zu dem Anderen ist das Unendliche gegenwärtig, obzwar nicht als das unmittelbar gegenwärtige *Du*, sondern als *Er*, als indirekt gegenwärtige dritte Person. Die Gegenwart einer dritten Person deutet Lévinas zunächst einmal als Anwesendsein der Menschheit im Anderen, sofern mich in den Augen des Anderen der Dritte ansieht und die Epiphanie des Gerechtigkeit fordernden

Antlitzes die Menschheit erschließt: „Le tiers me regarde dans les yeux d'autrui ... L'épiphanie du visage comme visage, ouvre l'humanité" (*TI* 188/*TU* 307f.).[9] In der Unterweisung durch den Anderen wird meine Freiheit eingesetzt; sie setzt mich als Meister ein, da mich der Befehl nur treffen kann, sofern ich selbst ein Meister bin (*maître moi-même*). Damit wird die Gemeinschaft des *Wir* als Bedingung der Möglichkeit jeder ethischen Forderung durch das *Du* sichtbar: „Le *tu* se pose devant un *nous*" (*TI* 188/*TU* 308).[10]

Menschliche Gemeinschaft ist keine *Gattungseinheit*, sondern *Verwandtschaft der Menschen untereinander*, da in der Epiphanie des Antlitzes das Geschehen der *Brüderlichkeit* (*fraternité*) gestiftet wird (*TI* 189/*TU* 309). Die Brüderlichkeit setzt die Selbstbezogenheit der Individualität voraus, den Pluralismus, und ebenso die Gemeinsamkeit des Vaters; sie weist derart über die biologische Verbundenheit auf den *Monotheismus*, der die Verwandtschaft der Menschen bedeutet. Die Brüderlichkeit der Menschen untereinander, sofern sie die Dimension der Erhabenheit, der Verantwortung für sich und für den Anderen enthält (*dimension de hauteur, dans la responsabilité pour soi et pour autrui*), weist somit auf die Väterlichkeit (*paternité*) Gottes (*TI* 190/*TU* 311).

Im Anderen begegnet der Dritte also nicht nur als Menschheit. In der Maßlosigkeit der Forderung nach Gerechtigkeit zeigt sich ein *Überschuß des Unendlichen*, der durch Endliches nicht aufgefangen werden kann. Die überschießende Forderung der Gerechtigkeit entspricht der Idee des Unendlichen, die über die *cogitatio* hinausweist. Der Gedanke des Unendlichen bedeutet das *Berühren des Unberührbaren* (*contact de l'intangible*; *TI* 21/*TU* 62). Die paradoxe Formel, die das Cusanische *incomprehensibiliter attingere* aufzunehmen scheint (vgl. dazu *BdT*), meint eine *Ungeradheit* (*irrectitude*), die höher als die *Geradheit* (*rectitude*) reicht (*Dp* 114/*GP* 106). Das *Ersehnenswerte* (*désirable*) bleibt an sich selbst *unberührbar* (*intangible*); es ist nur als dritte Person faßbar, als *Er-sein* des Unendlichen (*illéité*). Dieser Überschuß überwindet die bloß biologische Brüderlichkeit, laut der die Brüderlichkeit als *Vertrag* gedacht wird, und enspricht der Sehnsucht, die aus dem Antlitz des Anderen als *Du* spricht (vgl. *Dp* 117/*GP* 110f.).

Das *Er-sein* (*illéité*) ist die Weise des Unendlichen oder Gottes, den Menschen vom Ersehntsein Gottes weg in eine nicht ersehnenswerte Nähe der Anderen zu verweisen: „cette façon pour l'infini, ou pour

[9] Dieser Gedanke steht in Analogie zur sogenannten Menschheitsformel bei Kant; vgl. dazu *KESZ*, bes. 157-179.

[10] In der Sprache Kants könnte das, was Lévinas *maître* nennt, als *Zweck an sich selbst* gelten.

Dieu, de renvoyer, du sein de sa désirabilité même, à la proximité non désirable des autres" (*Dp* 113/*GP* 106).[11] Auf unberührbare Weise wird das Ersehnte in der dritten Person berührt, *Er* auf dem Grund des *Du*: „Il au fond du *Tu*." Der mittelbar gegenwärtige Gott überfüllt den Menschen nicht mit Gütern, sondern drängt ihn zur Güte, die besser ist als alle Güter, die *gegeben werden* können: „Il ne me comble pas de biens, mais m'astreint à la bonté, meilleur que les biens à recevoir." Gott ist also kein erster Anderer, sondern bleibt ein Anderer als der Andere (*autre qu'autrui*, *Dp* 114f./*GP* 107f.; vgl. *non-aliud* bei Cusanus).

c) Das aus der radikalen Trennung vom Anderen vollzogene und durch den Empfang seines Antlitzes geweckte Gottdenken

An den Untersuchungen von Lévinas fällt auf, daß er sein Denken einerseits als einen radikalen *Intellektualismus* entfaltet, der darauf zielt, *Erkenntnis der Erkenntnis* zustande zu bringen, ähnlich den Zielsetzungen der rationalistischen Philosophie in der Neuzeit und ihrem Höhepunkt im Deutschen Idealismus. Die bei Lévinas häufig zutage tretende Hochschätzung der Cartesischen Philosophie, deren Folgen für Metaphysik und philosophische Theologie allerdings auch kritisch eingeschätzt werden können, bestätigt dieses Merkmal seines Denkens.[12]
Andererseits versucht Lévinas gerade durch den Intellektualismus die Immanenz der Subjektivität aufzusprengen. Der entfaltete Intellektualismus vollzieht dabei seine Selbstaufhebung, er vollzieht sie intellektualistisch und erscheint folglich als Ausdruck des althergebrachten *Wissens des Nichtwissens* (vgl. *TU* 12). Die Totalität des Subjekts zerbricht zwar am Ereignis des Empfangs des Anderen. Durch diesen Bruch wächst jedoch die Einsicht, daß sich die Vernunft und die Freiheit des *Selbst* der Beziehung zu dem *Anderen* verdanken, der Sprache und Verantwortung herausfordert. Die Beziehung zum Anderen kann gemäß ihrer Struktur zu keiner *Befriedigung* kommen; sie ruft vielmehr unendliches *Begehren* hervor. Die Subjektivität nimmt die Transzendenz im Begehren zugleich als *Negation* ihres Totalitätsanspruches und als *Einsetzung* ihres endlichen Sinnes wahr. Die *Negation* läßt sich ebenso wie die *Einsetzung* der endlichen Vernunft allein von der Gegenwart des Unendlichen im Begehren her verstehen.

---

[11] Hier könnte man kritisch fragen, ob an diese Stelle nicht auch eine Reflexion zum Phänomen des Erotischen gehören müßte.

[12] Die Bezugnahme auf Augustinus, Anselm und Cusanus wäre möglicherweise treffender.

Der Anspruch der Philosophie fordert dieses radikale Nachbohren; die Schärfe des Anspruches hat zahlreiche der größten Denker zum Eingeständnis des *Wissens des Nichtwissens* geführt, zu vernunftgeleiteter Selbstkritik der Vernunft. In diesem Sinn erkennt Lévinas die *Unmöglichkeit der vollständigen Reflexion* und hält sie als Kennzeichen der Exteriorität des Anderen und des Unendlichen fest (*TI* 196/*TU* 320). Mit Recht besteht er darauf, daß eine solche kritische Einsicht nicht dazu führt, dem Subjekt den *Zutritt zur Wahrheit* abzusprechen. Das *Nichtwissen des Anderen* und die aus ihm folgende Unmöglichkeit, das Ganze in eine Totalität aufzuheben, ist kein defizienter Modus des Wissens, keine Skepsis, sondern die *Bedingung der Möglichkeit der Mannigfaltigkeit von Subjekten*, die durch den Empfang des Antlitzes zur Brüderlichkeit zugleich aufgerufen und fähig sind.

Es kann jedoch gefragt werden, wie sich das Motiv der *Erkenntnis der Erkenntnis* zum Motiv der *Unmöglichkeit der vollständigen Reflexion* verhält. Es könnte sein, daß mit der Epiphanie des Antlitzes zwar ein wichtiger Ansatzpunkt für die Ausarbeitung der philosophischen Frage nach Gott gegeben ist, ohne daß damit zugleich eigentliche Gotteserkenntnis möglich wird. Gewiß öffnet das Ereignis des Empfangs eines ganz Anderen den Geist für etwas Unendliches. Die Welt und das Geschehen in ihr verharren dennoch in unergründeter Rätselhaftigkeit. Diese unergründete Rätselhaftigkeit der Welt kann indessen als Bedingung der Möglichkeit des Sinns des Daseins von endlichen Freiheitswesen begriffen werden. Für das endliche Freiheitswesen bestünde dieser Sinn darin, daß das Nichtwissen reine Güte ermöglicht.

Demnach bliebe die Aufgabe, als die sich das endliche Freiheitswesen erfährt, über die Weltzeit hinaus einer letztgültigen Auflösung bedürftig, die es sich nicht mehr selbst zu geben vermag. Für problembeladen und klärungsbedürftig an diesem Weg philosophischen Gottdenkens könnte gelten, daß der Andere als entgegentretendes Antlitz die Stelle des Unendlichen gelegentlich allein auszufüllen scheint. Dieses Bedenken findet seinen Stein des Anstoßes in der oben schon zitierten Aussage, die Gott mit dem Anderen identifiziert: „Dieu, c'est l'Autre" (*TI* 186/*TU* 306). Solche ungeschützt scheinenden Aussagen haben dennoch als ein wohlbedachter Ausdruck der Gesamtkonzeption zu gelten. Trotz des Anscheins einer gewissen Parallelität zu Feuerbachs Anthropologisierung der Theologie ist dieser Satz als Ausdruck des Gegenentwurfs zu Feuerbach zu verstehen. Er hat sein Zentrum im *Er-sein* Gottes (*illéité*). Nur sofern das Begehren an einen nicht begehrenswerten Anderen verwiesen ist, sofern damit der Andere zum Adressaten des unendlichen Begehrens wird, kann es eine endliche Freiheit und Vernunft geben, die den Grund für endliches Gutsein und endliche Wahrheit in sich selbst zu tragen und so den Pluralismus der endlichen Subjekte zu konstituieren vermag.

Die Negation des Endlichen durch das Unendliche wird gegen allen Anschein zur Geburt der ewigen Bedeutung des Endlichen, die gerade im Angesicht des Unendlichen Bestand behalten kann (*Dp* 106, 108/*GP* 97, 100; vgl. *SSZA* 230-234.). Dieses Unendliche, das vom endlichen Denken nicht begriffen werden kann (*le ne-pas-pouvoir-comprendre-l'Infini-par-la-pensée*), affiziert das Denken dennoch gleichzeitig in doppelter Weise, insofern es das Denken zugleich verwüstet und hervorruft: „L' Infini à la fois affecte la pensée en la dévastant et l'appelle." Indem das Unendliche die immanente, auf Totalität gerichtete Tendenz des Denkens durchkreuzt und es in seine Schranken verweist, weist es ihm erst seinen Ort an: „à travers une ‚remise à sa place', il la met en place" (*Dp* 100f./*GP* 108f.). Ohne die Gegenwart des Unendlichen vermöchte sich das Endliche als Endliches nicht zu erkennen, ohne die Beziehung zum Unendlichen wäre auch die Verantwortlichkeit, die mit endlicher Freiheit verbunden ist, nicht denkbar (*TI* 186, 200/*TU* 305, 326). Etwas Endliches, das als Endliches Bestand behalten kann, ist demnach nur möglich, sofern sich das Unendliche im Endlichen transzendiert, sich also durch die Transzendenz *zugleich darbietet und entzieht*. Folglich muß sich das Unendliche gewissermaßen ins Endliche hinein überschritten haben, da es mir den endlichen Nächsten anbefiehlt, ohne sich mir als Unendliches auszusetzen: „L'Infini se transcende dans le fini, *passe* le fini, en ce qu'il m'ordonne le prochain sans s'exposer à moi" (*Dp* 123/*GP* 118). Die indirekte Weise der Gegenwart des unendlichen Gottes in der Vermittlung durch den Anderen läßt sich auf das im Endlichen unfaßbare Wesen Gottes hin auslegen, sofern dieses Wesen als absolute, im Zeitlichen aber nicht unmittelbar faßbare Vergangenheit, Gegenwart und Zukunft gedacht wird.

Das *Er-sein* des Unendlichen (*illéité*) fundiert die Identität und die Differenz in der von Lévinas behaupteten Beziehung zwischen dem unmittelbar begegnenden Anderen und Gott, der lediglich in der dritten Person gegenwärtig ist und also ein Anderer als der Andere (*autre qu'autrui*) ist. Zunächst muß jeweils die Differenz herausgearbeitet werden, da die Identität als die unendliche Bedeutung des endlichen Anderen nur vor dem Hintergrund der Trennung des Endlichen vom Unendlichen begriffen werden kann. Identität mit dem Unendlichen, im Sinne einer unendlichen Bedeutung, kann sich im Endlichen nur dann finden, wenn diese Identität dem Wesen, das als etwas Endliches in der Trennung ist, nachträglich verliehen wurde. Der Andere wird derart in einer Weise zum Mittler, die auch an die Weise der Vermittlung erinnern kann, in der Cusanus in *De visione Dei* Jesus als denjenigen angesprochen hat, der zugleich als *Sohn Gottes* und als *Menschensohn* geglaubt wird (bes. *VD* 21/188ff.; vgl. § 14b.).

Im Blick auf die *Schöpfung der Welt* bringt Lévinas die Differenz zwischen dem Anderen und Gott als Nicht-Anderem dadurch zum Ausdruck, daß der Andere, der *in* der Welt als Anderer begegnet, das Faktum des Pluralismus zwar zur Kenntnis gibt, ohne aber die unendliche Bedeutung verständlich zu machen, die sich im einzelnen Begegnenden anzeigt. Die in der Beziehung zum Anderen unmittelbar gegebene Trennung des Einen vom Anderen weist also auf einen Dritten, der *vor* aller Schöpfung als deren Urheber geglaubt werden muß, wenn immer das Faktum des Pluralismus und das Ereignis des Empfangs des Antlitzes begriffen werden sollen. Nur dadurch, daß sich der Pluralismus der Subjekte als das Werk der Schöpfung erweist, ist das einzelne Subjekt mit unendlicher Bedeutung versehen, so daß das Unendliche in nicht enthüllender Weise im Endlichen begegnet. Im Anderen tritt die Spur des abwesend bleibenden unendlichen Gottes entgegen, sofern Gott dem Anderen unendliche Bedeutung verliehen hat (vgl. auch *ZNA* 80).

Differenz und Identität im Blick auf Gott und den Anderen können jedoch auch *innerhalb des Weltgeschehens* thematisiert werden. Es liegt offen zu Tage, daß die Verantwortung, die in der Beziehung zum Anderen hervortritt, nicht als Maßgabe der Zeit zu verstehen ist und faktisch in der Zeit mißachtet werden kann. Die sich unabweisbar und unableitbar aufdrängende Verantwortung für den Anderen entspringt weder der willkürlichen Entscheidung eines Subjekts, noch kommt sie überhaupt aus einer Zeit: „La responsabilité pour l'autre, vient d'en-deçà de ma liberté. Elle ne vient pas du temps" (*Dp* 117/*GP* 111; diesen unbedingten, ins Unendliche weisenden Anspruch scheint *AntR* zu depotenzieren; bes. 634ff.). Sobald das Bewußtsein der Verantwortlichkeit bei mir angekommen ist, werde ich unvertretbar und unbedingt in die Pflicht genommen, so daß ich mich dem Antlitz dessen, der sich in der Not befindet, nicht ohne Versagen und Schuld entziehen kann. Die Zufluchtslosigkeit des Anderen (*son ‚sans recour'*) wird vernommen wie Schreie, die schon zu Gott hin geschrien sind (*comme cris déjà criés vers Dieu*; *Dp* 118/*GP* 112; vgl. *C* 4,10: *nisi ad aures tuas ploraremus, nihil residui de spe nostra fieret*). Im wahren Verstehen des Schreis begegnet die Brüderlichkeit als eine Verantwortlichkeit für den Anderen, die auf den Vater aller Menschen weist. In der Unendlichkeit der Forderung enthüllen sich Differenz und Identität als Unerfüllbarkeit des Gebotenen und als Unbedingtheit der Geltung, ohne die der Anspruch überhaupt nicht hervortreten könnte. Auf diesem Weg gelangt Lévinas in die *Dialektik von Freiheit und Gnade*, die im Blick auf das Erkenntnisproblem als *Dialektik von Wissen und Glauben* erscheint.

Schließlich führen die faktischen Mängel im Sinngeschehen in der Welt und die Zeitlichkeit des menschlichen Weltdaseins überhaupt zu *Fragen über alles zeitliche Weltgeschehen hinaus*, zu den Problemen von Eschatologie und Apokalypse, die als absolute Vollendung der Zeit in einer messianischen Zeit erhofft wird, über die Lévinas in der philosophischen Untersuchung aber meist schweigt. Die Frage geht auf die Bedeutung des Einzelnen über die Weltzeit hinaus, auf die *Wiederauferstehung*, die nicht innerhalb der Zeit bleibt und von der Fruchtbarkeit der Zeit nicht zu erreichen ist (*TI* 260f./*TU* 414f.), zumal die Zeit selbst von der Differenz bestimmt ist, so daß sie der Vollendung in der Identifikation der zahllosen Subjekte mit ihrer unendlichen Bedeutung harrt.
Lévinas bewegt sich denkend im Zwischenbereich von Philosophie und Theologie. Indem er *transzendierend philosophiert, transzendiert er die Philosophie* aus philosophischen Motiven. Da Philosophie in der Gottesfrage zu keiner endgültigen Antwort gelangt, bleibt sie grundsätzlich in der Fraglichkeit, weil die absolute Wahrheit des Endlichen auf dessen Ursprung und Ziel im Unendlichen verweist. Die absolut tragende Antwort kann nur im Glauben an einen souverän handelnden Gott gefunden werden. Dieser Glaube ist für den Menschen zwar ein *fremdes Angebot* (*KpV* 218); er überformt aber nicht die endliche Wirklichkeit durch Gottes Allmacht, sondern verheißt dem Menschen sogar, mehr und besser das zu werden, als was er sich selbst vorfindet, falls er wachen Auges sich und seine Situation in der Welt wahrnimmt.
Die philosophische Untersuchung der Wirklichkeit des Menschen in der Welt mündet so in die Frage des Menschen nach Gott, die nur im Glauben an eine Tat Gottes Antwort erlangen kann. Die Gottesfrage stellt sich, sobald sich ein Mensch dem Anderen als Anderem öffnet. Sie öffnet Spielraum für eine *Annahme des Anspruches* ebenso wie für *Verzweiflung am Sinn des Ganzen*. Aus dem Anspruch erwächst die Sprache, deren Grundstruktur die *ethisch inspirierte Sinnlichkeit* ist (*ZNA* 70); sie fände Erfüllung in der Vergeistigung des Sinnlichen wie in der Versinnlichung des Geistigen. Der Weg folgt einer Spur, die im Endlichen zweideutig und rätselhaft bleibt. Obwohl die Spur als Wink in Richtung des Geheimnisses geglaubt werden kann, läßt das Geheimnis sich in der Welt doch nur im Schweigen vergegenwärtigen. Der Mensch vermag aus erfülltem Schweigen in der Hoffnung zu leben, daß die immanente Tendenz seines Strebens nicht verlorengeht, sondern auf die unendliche Wahrheit zulebt. Der Ausgangspunkt aller Fragen ist der endliche Geist, der sich eingesteht, daß er zu eng ist, um sich selbst zu besitzen. Indem er sieht, daß er im Suchen des Unbedingten immer nur Dinge findet, erkennt er doch, daß sich seine Frage in unbegreiflicher Weise, positiv oder negativ, auf den endlosen Spuren des Unendlichen

befindet. Der unendliche Gott kann in der philosophischen Wahrheitssuche als unfaßbar gegenwärtig erahnt werden; der Weg der Suche findet indessen im Endlichen kein Ende.
Der endliche Menschengeist, der sich mit notwendigen, unlösbaren Aufgaben konfrontiert sieht und sich dadurch in die Transzendenz verwiesen weiß, kann einerseits in Verantwortung und Güte gegenüber den Anderen zu leben suchen und andererseits voll Sehnsucht und Liebe seine Hoffnung auf eine absolute Vollendung jedes Einzelnen und des Ganzen überhaupt bauen. Wer immer sich auf diesen Weg begibt, erkennt, daß die Suche aus seiner endlichen Perspektive nur als geheimnisvolles, vom unendlichen Gott selbst ermöglichtes Geschehen begriffen werden kann. Die endliche Suche, die sich in Liebe gewandelt hat, spürt anfanghaft, obwohl nicht ohne Zweifel und Anfechtungen, schon die unendliche Liebe Gottes. Sie vernimmt den Anspruch, sich trotz aller Anfechtungen auf dem Weg der Suche zu halten. Sie kann dies, sofern die Unvermeidlichkeit der Ferne Gottes in der Weltzeit nicht ohne Sinn ist. Der Mensch kann sich auf dem Weg der Suche halten, sofern er die Herausforderung an seine Freiheit anerkennt, aus reiner Güte zu leben.
Was dem Gottsuchenden auf diesem Wege widerfährt, hat Augustinus zur Sprache gebracht. Er sagt, daß ein Suchender in dem Maße als Ähnlicher an Gott heranzutreten und ihn tief zu empfinden beginne, als seine Liebe wachse, weil auch die Liebe Gott ist. Gerade dadurch werde er den Sinn und die Unzulänglichkeit des Sprechens verspüren (er werde etwas spüren, was er gesagt und was er nicht gesagt habe): „Et cum accedere coeperis similis, et persentiscere Deum, quantum in te crescit caritas, quia et caritas Deus est (1 *Joh* 4,8), senties quiddam quod dicebas, et non dicebas." Hier ereignet sich das Seltsame, daß mit der Tiefe des Eindringens in die gesuchte Wahrheit immer deutlicher wird, daß nicht zur Sprache gebracht werden kann, was erfahren wird. Vor Eintritt dieser Erfahrung mag man meinen, Gott nennen zu können; wer jedoch Gott wahrzunehmen beginnt, nimmt wahr, daß sich das, was wahrgenommen wird, der Sprache entzieht: „Ante enim quam sentires, dicere te putabas Deum: incipis sentire, et ibi sentis dici non posse quod sentis." Zwar läßt sich über das auf Gott Verweisende sprechen; er selbst bleibt indessen *das unaussprechliche Geheimnis, das zu erfülltem Schweigen einlädt*: „cetera dici possunt utcumque: ille solus est ineffabilis" (*EP* 95,6; *PL* 37,1274f.).

Siglenverzeichnis

Die biblischen Bücher werden nach den Loccumer Richtlinien (vgl. die Einheitsübersetzung, die Neue Jerusalemer Bibel usw.) abgekürzt. *PG (Patrologia Graeca)* bezeichnet die Textausgaben der griechischen Väter, *PL (Patrologia Latina)* die der lateinischen Väter in der Migne-Edition (genannt werden Band und Spaltenzahl).

Die Werke Platons sind, obgleich Stellen aus ihnen mit Werktitel und Stephanus-Nummern zitiert werden, doch in das Siglenverzeichnis aufgenommen, um auch für sie die Seiten nennen zu können, auf denen sie im Buch vorkommen. Deutsch wird Platon meist nach der Studienausgabe von Eigler mit den teils überarbeiteten Übersetzungen Schleiermachers und Müllers zitiert. Stellen aus Werken des Aristoteles sind mit Siglen und den Nummern der Edition von Immanuel Bekker belegt.

Den Siglen werden bei älteren Werken Buch und Kapitelzahl (z. B. von Augustinus), bei neueren die Seite der im Literaturverzeichnis genannten Ausgaben beigefügt. Nikolaus von Kues wird, soweit erschienen, nach der *editio minor* der *Philosophischen Bibliothek Meiner* zitiert (Buch, Kapitel, Numerus), die auf der kritischen Edition der Heidelberger Akademie fußt. Zu *De non-aliud, De visione Dei* und *De aequalitate* wird zudem die Seite des lateinischen Textes im dritten Band der von Dietlind und Wilhelm Dupré übersetzten und kommentierten zweisprachigen Studienausgabe genannt, in denen diese Werke enthalten sind, da der Original-Text weder in der *editio minor* noch in der Akademie-Ausgabe verfügbar ist.

Descartes wird nach den zweisprachigen Ausgaben der *Philosophischen Bibliothek Meiner* zitiert; weitere Texte aus der kritischen Ausgabe von *Adam-Tannery*. Bei Pascal wird die Seitenzahl der im Literaturverzeichnis genannten originalsprachlichen Ausgaben und die der Übersetzung von Rüttenauer *(VgH)* angeführt, außer bei den *Pensées,* die nach den Nummern von Sellier und den Seitenzahlen der Übersetzung von Wasmuth zitiert werden. Die Hauptwerke Kants werden nach den Originalpaginierungen zitiert, die in den meisten Ausgaben zusätzlich angeführt sind. Briefstellen Kants werden nach der Akademie-Ausgabe *(AkA)* mit Band und Seitenzahl angegeben; *Reflexionen* und *Lose Blätter* werden mit der Numerierung der *AkA* angeführt (dazu Band und Seite).

Bei Nietzsche werden das zitierte Werk und gegebenfalls textinterne Zählungen (Buch, Kapitel oder Nummer) genannt, dazu Band und Seitenzahl der *Kritischen Studienausgabe* (*KSA*); Briefe werden nach *Sämtliche Briefe* der *Kritischen Studienausgabe* zitiert (*KSB*); die Siglen zur Kennzeichnung der Werke sind aus *KSA* übernommen (vgl. *KSA* 14,22-24). Fragmenten aus dem Nachlaß (*NF*) sind die Nummer des Manuskripts und in eckigen Klammern die Nummer des Fragments innerhalb des Manuskripts beigefügt. Max Scheler wird nach der Seitenzahl in den *Gesammelten Werken* (*GW*) zitiert. Martin Heidegger wird nach der *Gesamtausgabe letzter Hand* (*GA*) zitiert, soweit das zitierte Werk schon in der Gesamtausgabe vorliegt; ansonsten liegen die im Literaturverzeichnis aufgeführten Einzelausgaben zugrunde.

Bei Albert Camus werden zuerst die Seiten der originalsprachlichen Ausgabe genannt, sodann die der Übersetzung angefügt, ebenso bei *EN* von Jean-Paul Sartre; für das Drama *Diable* wird dieses Verfahren umgekehrt, weil die Paraphrasierung der längeren Zitate zu umständlich erschien.
Einige Angaben verweisen auf Sammelbände, die im Literaturverzeichnis enthalten sind. Nach den Auflösungen der Siglen sind die Seitenzahlen genannt, an denen diese Werke im vorliegenden Buch zitiert sind.

A:	L'action (Blondel) 54f, 96, 251, 281
AA:	Antike Atomtheorie (Gadamer) 96
AC:	Der Antichrist (Nietzsche) 264
ACPL:	Albert Camus – philosophie et littérature (Barilier) 279
AdP:	Abriß der Psychoanalyse (Freud) 218
Ae:	Analogia entis (Przywara) 130
Aeaf:	Analogia entis oder analogia fidei (Söhngen) 130
Aeq:	De aequalitate (Nikolaus von Kues) 97-99, 148, 379
AfG:	Argumente für Gott (Weger) 306
Agam:	Agamemnon (Aischylos) 241
AiC:	Atheismus im Christentum (Bloch) 253
An:	De anima (Aristoteles) 28, 110, 175, 202, 319
AntR:	Antwort-Register (Waldenfels) 414
APE:	Augustins Philosophie der Endlichkeit (Fischer) 94, 223, 242, 382
Apologie:	Apologie (Platon) 66, 77, 124, 200, 308f, 312
APS:	Aristoteles: Das Problem der Substanz (Vollrath) 109
AQ:	Autrement qu'être (Lévinas; dt.: Jenseits des Seins: *JS*) 392
AR:	Antike Religion (Kerényi) 306
Ari:	Aristoteles (Dirlmeier) 66, 314
Aristo:	Aristoteles (Flashar) 109f
ARP:	Analytische Religionsphilosophie (Schrödter) 296
ARTh:	Aischylos als Regisseur und Theologe (Reinhardt) 307
ArW:	Der Aufbau der realen Welt (Nicolai Hartmann) 47
Aug:	Augustinus (Jansenius) 327
AuS:	Ansichsein und Seinsverstehen (Stallmach) 363
AuTh:	Anthropologie und Theologie (Raffelt/Rahner) 143
AUZ:	Anderheit, Unendlichkeit, Zeit (Pöggeler) 198, 392
AWG:	Augustins Weg der Gottessuche (Fischer) 370
BaM:	Brief an Menoikeus (Epikur) 76
BDG:	Der einzig mögliche Beweisgrund (Kant) 345, 351
BdT:	Berührung durch Trennung (Wenzler) 410
BfW:	Zur Begründung der ‚fünf Wege' (Elders) 118, 205f
BIRS:	Über den Begriff der Ironie (Kierkegaard) 321
Bon:	bonum (Fischer) 238
BV:	Brief an den Vater (Karl Marx; in: *FS*) 263

Literaturverzeichnis

Abkürzungen nach Albert Raffelt: *Proseminar Theologie*. Freiburg u. a.: Herder, ^{5}1992, 237-248. Wo es möglich war und sinnvoll schien, sind die Gesamtseitenzahlen der zitierten Werke genannt.

A.

Ausgaben der die Darstellung tragenden Quellentexte (in Anordnung nach den Geburtsdaten der Autoren):

1. Vorsokratische Philosophie

Die Fragmente der Vorsokratiker. Griech./dt. von H. Diels, hrsg. von W. Kranz, 3 Bände, Zürich u. a.: Weidmann, 1985-87; unveränderte Nachdrucke ^{6}1951 (Band 1), ^{6}1952 (Band 2 und 3). – XI und 504 S.; 428 S.; 660 S.

2. Platon (428/7-348/7)

Platonis Opera. Hrsg. von J. Burnet, 5 Bände, Oxford: Clarendon, 1900-1907.

Werke in acht Bänden. Griech./dt., hrsg. von G. Eigler, Darmstadt: Wiss. Buchgesellschaft, 1970-1983.

Phaidon. Griech./dt., hrsg. von F. Dirlmeier, München: Heimeran, 1949. – 288 S.

Symposion. Griech./dt., hrsg. und übers. von F. Boll, neu bearb. von W. Buchwald, München: Heimeran, ^{6}1969. – 171 S.

Phaidros. Griech./dt., hrsg. von W. Buchwald, München: Heimeran, 1964. – 189 S.

Briefe. Griech./dt., hrsg. von W. Neumann †, bearb. von J. Kerschensteiner, München: Heimeran, 1967. – 236 S.

3. Aristoteles (384/3-322/1)

Opera. Ex recensione Immanuelis Bekkeri. Ed. Academia Regia Borussica (1831ff.), Nachdruck Berlin: de Gruyter, 1960.

The Categories. Griech./engl., übers. von H. P. Cooke. The Loeb Classical Library 325. Cambridge (Mass)/London: Harvard/Heinemann 1983, 12-109.

Kategorien. Übers. und erl. von K. Oehler (Werke in dt. Übers., hrsg. von H. Flashar, Band 1,I), Darmstadt: Wiss. Buchgesellschaft, 1984. – 296 S.

Aristotelis Physica. Hrsg. von W. D. Ross, Oxford: Clarendon, 1982 (Nachdruck von 1956).

Physikvorlesung. Übers. von H. Wagner (Werke in dt. Übers., hrsg. von H. Flashar, Band 11), Darmstadt: Wiss. Buchgesellschaft, ^{3}1979. – 701 S.

De anima. Hrsg. von W. D. Ross, Oxford: Clarendon, 1979 (Nachdruck von 1956). – IX und 110 S.

Über die Seele. Übers. von W. Theiler (Werke in dt. Übers., hrsg. von H. Flashar, Band 13), Darmstadt: Wiss. Buchgesellschaft, ^{6}1983. – 157 S.

Aristotle's Metaphysics. Hrsg. von W. D. Ross, 2 Bände, Oxford: Clarendon, 1966 (Nachdruck von 1924).

Metaphysik. Übers. von H. Bonitz, neu bearb., mit Einl. und Komm. hrsg. von H. Seidl, griech./dt., 2 Bände, Hamburg: Meiner, 1978/1979. – LXVIII und 429 S.; XXXII und 627 S.

Ethica Nicomachea. Hrsg. von I. Bywater, Oxford: University Press, 1979 (Nachdruck von 1894). – VIII und 264 S.

Nikomachische Ethik. Übers. und komm. von F. Dirlmeier (Werke in dt. Übers., hrsg. von H. Flashar, Band 6), Darmstadt: Wiss. Buchgesellschaft, ^{7}1979. – 606 S.

Nikomachische Ethik. Auf der Grundlage der Übers. von E. Rolfes hrsg. von G. Bien, Hamburg: Meiner, ^{3}1972. – LXII und 438 S.

4. Augustinus (354-430)

Sancti Augustini Hipponensis Episcopi Opera Omnia. Post Lovanensium Theol. rec., opera et studio Mon. O. S. B. e congreg. S. Mauri, Band 32-47 von: Patrologiae Cursus Completus, Series Latina. Hrsg. von J.-P. Migne, Paris 1841-1849.

Philosophische Frühdialoge: Gegen die Akademiker. Über das Glück. Über die Ordnung. Eingel., übers. und erl. von B. R. Voss, I. Schwarz-Kirchenbauer und E. Mühlenberg, hrsg. von C. Andresen, Zürich u. a.: Artemis, 1972. – 372 S.

Philosophische Spätdialoge: Die Größe der Seele. Der Lehrer. Eingel., übers. und erl. von K.-H. Lütcke und G. Weigel, hrsg. von C. Andresen, Zürich u. a.: Artemis, 1973. – 431 S.

Theologische Frühschriften: De libero arbitrio / Vom freien Willen. De vera religione / Von der wahren Religion. Text von G. Green, übers. und erl. von W. Thimme, Zürich: Artemis, 1962. – 583 S.

Soliloquiorum libri duo / Selbstgespräche. Lat./dt., hrsg. von P. Remark, München: Heimeran, ^{2}1965. – 221 S.

Confessiones/Bekenntnisse. Lat./dt., eingel., übers. und erl. von J. Bernhart, München: Kösel, ^{3}1966. – 1014 S.

Der Gottesstaat / De civitate Dei. Lat./dt., übers. von C. J. Perl; Text von B. Dombart und A. Kalb, 2 Bände, Paderborn u. a.: Schöningh, 1979. – XLII und 989; XIV und 982 S.

Über den Wortlaut der Genesis / De Genesi ad litteram libri duodecim. Übers. von C. J. Perl, 2 Bände, Paderborn: Schöningh, 1961 und 1964. – L und 265 S.; XXXV und 348 S.

Über den dreieinigen Gott. Ausgew. und übertr. von M. Schmaus, Leipzig: Hegner, 1936. – 270 S.

Über die Psalmen. Ausgew. und übertr. von H. U. v. Balthasar, Leipzig: Hegner, 1936. – 366 S.

5. Anselm von Canterbury (1033/4-1109)

Proslogion. Untersuchungen. Lat./dt., hrsg. von F. S. Schmitt OSB, Stuttgart-Bad Canstatt: Frommann, 1962. – 159 S.

6. Thomas von Aquin (1224/5-1274)

Opera Omnia. Ed. Robertus Busa. 7 Bände. Stuttgart-Bad Canstatt: Frommann, 1980.

Die Deutsche Thomas-Ausgabe. Vollständige, ungekürzte deutsch-lateinische Ausgabe der Summa Theologica. Übers. von Dominikanern und Benediktinern Deutschlands und Österreichs. Hrsg. vom Kath. Akademikerverband, Salzburg u. a.: Styria u. a., 1934ff.

Summae contra gentiles libri quattuor / Summe gegen die Heiden. Band I und II: Hrsg. und übers. von K. Albert und P. Engelhardt; Band III,1: Hrsg. und übers. von K. Allgaier. Darmstadt: Wiss. Buchgesellschaft, 1974ff.

Über das Sein und das Wesen. Dt./lat., übers. und erl. von R. Allers, Darmstadt: Wiss. Buchgesellschaft, 1965. – 166 S.

7. Nikolaus von Kues (1401-1464)

Philosophisch-theologische Schriften. Hrsg. und eingef. von L. Gabriel, übers. von D. und W. Dupré, lat./dt., 3 Bände. Wien: Herder, 1964-1967. XL und 591; XXXI und 731; XXIV und 844 S.

De docta ignorantia / Die belehrte Unwissenheit. Lat./dt., Hamburg: Meiner; Band 1: Übers. und mit Vorw. und Anm. hrsg. von P. Wilpert †; 3. durchges. Aufl. von H. G. Senger, 1979. – XIII und 152 S. – Band 2: Übers. und mit Vorwort, Anm. und Register hrsg. von P. Wilpert †; 2. verb. Aufl. von H. G. Senger, 1977. – VIII und 182 S. – Band 3: Übers. und mit Einl., Anm. und Register hrsg. von H. G. Senger; Anhang zur Gesch. der Überlieferung der Docta ignorantia von R. Klibansky, 1977. – XVIII und 236 S.

De coniecturis / Mutmaßungen. Lat./dt., übers. und mit Einf. und Anm. hrsg. von J. Koch † und W. Happ, Hamburg: Meiner, 1971. – XXI und 264 S.

Vom Nichtanderen (De li non aliud). Übers. und mit Einf. und Anm. hrsg. von P. Wilpert †, Hamburg: Meiner, [2]1976. – XXVIII und 219 S.

Trialogus de possest / Dreiergespräch über das Können-Ist. Lat./ dt., eingef. von L. und R. Steiger, neu übers. und mit Anm. hrsg. von R. Steiger, Hamburg: Meiner, 1973. – XXXIII und 130 S.

Idiota de mente / Der Laie über den Geist. Lat./dt., eingel. von G. Santinello, übers. und hrsg. von R. Steiger, Hamburg: Meiner, 1995. – XXX und 207 S.

8. René Descartes (1596-1650)

Œuvres de Descartes. Hrsg. von C. Adam und P. Tannery, 13 Bände, Paris: Cerf, 1897-1913.

Discours de la Méthode / Von der Methode des richtigen Vernunftgebrauchs und

der wissenschaftlichen Forschung (1637). Übers. und hrsg. von L. Gäbe, Hamburg: Meiner, 1960. – VI und 129 S.
Meditationes de prima philosophia / Meditationen über die Grundlagen der Philosophie (1641). Nach A. Buchenau neu hrsg. von L. Gäbe, durchges. von G. Zekl, Hamburg: Meiner, 1977. – XIII und 166 S.
Meditationen über die Grundlagen der Philosophie mit den sämtlichen Einwänden und Erwiderungen. Übers. und hrsg. von A. Buchenau, Hamburg: Meiner, 1972. – XVI und 493 S.
Die Prinzipien der Philosophie (1644). Übers. und erl. von A. Buchenau, Hamburg: Meiner, 1955. – XLVII und 310 S.

9. Blaise Pascal (1623-1662)

Pensées. Édition établie d'après la Copie de référence de Gilberte Pascal. Texte établi, annoté et présenté par Philippe Sellier, Paris: Bordas, 1991. – 657 S.
Über die Religion und über einige andere Gegenstände (Pensées). Übertr. und hrsg. von E. Wasmuth, Heidelberg: Schneider, 51954. – 588 S.
Essay pour les coniques. In: Œuvres de Blaise Pascal, Band I. Hrsg. von L. Brunschvicg und P. Boutroux (1908). Nachdruck Vaduz: Kraus, 1965, 243-260.
Préface sur le Traité du vide. In: Œuvres des Blaise Pascal, Band II. Hrsg. von L. Brunschvicg und P. Boutroux (1908). Nachdruck Vaduz: Kraus, 1965, 128-145.
Entretien avec Saci. In: Œuvres de Blaise Pascal, Band IV. Hrsg. von L. Brunschvicg, P. Boutroux und F. Gazier (1914). Nachdruck Vaduz: Kraus, 1965, 26-57.
De l'esprit géométrique. In: Œuvres de Blaise Pascal, Band IX. Hrsg. von L. Brunschvicg, P. Boutroux und F. Gazier (1914). Nachdruck Vaduz: Kraus, 1965, 240-270.
Vermächtnis eines großen Herzens. Die kleineren Schriften. Übertr. und hrsg. von W. Rüttenauer, Leipzig: Dieterich, 1938. – LXXXVIII und 180 S.

10. Immanuel Kant (1724-1804)

Kants gesammelte Schriften. Hrsg. von der Königlich Preußischen Akademie der Wissenschaften, Berlin u. a.: de Gruyter, 1902ff.
Werke in sechs Bänden. Hrsg. von W. Weischedel, Wiesbaden: Insel (1960); überpr. Ausg., Darmstadt: Wiss. Buchgesellschaft, 51983.

11. Georg Wilhelm Friedrich Hegel (1770-1831)

Werke in 20 Bänden. Auf der Grundlage der *Werke* von 1832-1845 neu edierte Ausgabe. Redaktion Eva Moldenhauer und Karl Markus Michel, Frankfurt am Main: Suhrkamp, 1986ff.

12. Ludwig Feuerbach (1804-1872)

Gedanken über Tod und Unsterblichkeit (1830 und 1846). In: Gesammelte Wer-

ke, Band 1. Hrsg. von W. Schuffenhauer, Berlin: Akademie-Verlag, 1981, 175-515.
Das Wesen des Christentums (1841). In: Gesammelte Werke, Band 5. Hrsg. von W. Schuffenhauer, mit einer Vorbem. von W. Schuffenhauer und W. Harich, Berlin: Akademie-Verlag, ^{2}1984. – XII und 606 S.
Erläuterungen und Ergänzungen zum Wesen des Christentums. Erster Band von: Ludwig Feuerbach's sämmtliche Werke, Leipzig: Wigand, 1846.

13. Friedrich Nietzsche (1844-1900)

Sämtliche Werke. Kritische Studienausgabe in 15 Bänden. Hrsg. von G. Colli und M. Montinari, München: dtv; Berlin u. a.: de Gruyter, 1980.
Sämtliche Briefe. Kritische Studienausgabe in 8 Bänden. Hrsg. von G. Colli und M. Montinari, München: dtv; Berlin u. a.: de Gruyter, 1986.

14. Max Scheler (1874-1928)

Der Formalismus in der Ethik und die materiale Wertethik. Neuer Versuch der Grundlegung eines ethischen Personalismus (1913 und 1916). GW 2. Hrsg. von M. Scheler, Bonn: Bouvier, ^{6}1980. – 659 S.
Vom Umsturz der Werte (1911-1914). GW 3. Hrsg. von M. Scheler, Bonn: Bouvier, ^{5}1972. – 450 S.
Späte Schriften. GW 9. Hrsg. von M. S. Frings, Bonn: Bouvier, 1976. – 384 S.

15. Nicolai Hartmann (1882-1950)

Grundzüge einer Metaphysik der Erkenntnis (1921). Berlin: de Gruyter, ^{5}1965. – XVI und 572 S.
Ethik (1925). Berlin: de Gruyter, ^{4}1962. – XXII und 821 S.
Systematische Selbstdarstellung (1933). In: Kleinere Schriften. Band I: Abhandlungen zur systematischen Philosophie. Berlin: de Gruyter, 1955, 1-51.
Der Aufbau der realen Welt. Grundriß der allgemeinen Kategorienlehre (1939). Berlin: de Gruyter, ^{3}1964. – XX und 559 S.
Teleologisches Denken (1951). Berlin: de Gruyter, ^{2}1966. – VIII und 136 S.

16. Martin Heidegger (1889-1976)

Gesamtausgabe. Frankfurt am Main: Klostermann, 1975ff.
Was heißt Denken? (1954) Tübingen: Niemeyer, ^{3}1971. – 175 S.
Identität und Differenz (1957). Pfullingen: Neske, 1957. – 70 S.
Nietzsche (1961). Zwei Bände. Pfullingen: Neske, 1961. – 662 und 493 S.
Zur Sache des Denkens (1969). Tübingen: Niemeyer, ^{2}1976. – 92 S.

17. Jean-Paul Sartre (1905-1980)

L'être et le néant. Essai d'ontologie phénoménologique (1943). Paris: Gallimard, 1970. – 695 S.

Das Sein und das Nichts. Versuch einer phänomenologischen Ontologie. Übers. von J. Streller, K. A. Ott und A. Wagner, Hamburg: Rowohlt, 1982. – 786 S.
Le Diable et le bon Dieu (1951). Paris: Gallimard, 1973. – 235 S.
Der Teufel und der liebe Gott. Übers. von E. Rechel-Mertens. In: Sartre, Jean-Paul, Gesammelte Dramen. Reinbek bei Hamburg: Rowohlt, 1969, 169-366.

18. Emmanuel Lévinas (* 1906)

Totalité et infini. Essai sur l'extériorité (1961). The Hague u. a.: Nijhoff, [4]1984. – XVIII und 284 S.
Totalität und Unendlichkeit. Versuch über die Exteriorität. Übers. von W. N. Krewani, Freiburg u. a.: Alber, [2]1993. – 470 S.
Dieu et la philosophie (1975). In: De Dieu qui vient a l'idee, Paris: Vrin, 1982, 93-127.
Gott und die Philosophie. Übers. von R. Funk. In: Gott nennen. Phänomenologische Zugänge. Hrsg. von B. Casper, Freiburg u. a.: Alber, 1981, 81-123.
Autrement qu'être ou au-delà de l'essence. The Hague u. a.: Nijhoff, 1978. – 233 S.
Jenseits des Seins oder anders als Sein geschieht. Übers. von Th. Wiemer, Freiburg u. a.: Alber, 1992. – 406 S.
Dieu, la Mort et le Temps. Établissement du texte, notes et postface de Jacques Rolland, Paris: Grasset, 1993. – 278 S.

19. Albert Camus (1913-1960)

Le Mythe de Sisyphe (1942). In: A. Camus, *Essais.* Hrsg. von R. Quilliot und L. Faucon. Paris: Gallimard, 1965, 89-211.
Der Mythos von Sisyphos. Ein Versuch über das Absurde. In: A. Camus: Das Frühwerk. Mit einem Nachwort von F. Bondy, Düsseldorf: Rauch, 1956, 391-519.
L'envers et l'endroit. In: A. Camus, *Essais*. Hrsg. von R. Quilliot und L. Faucon. Paris: Gallimard, 1965, 1-30.

20. Wolfgang Welsch (* 1946)

Unsere postmoderne Moderne (1987). Berlin: Akademie Verlag, [4]1993. – XVI und 344 S.

B.

Weitere Literatur (hier wird auch die philosophische Primärliteratur genannt, die im Buch nur beiläufig erwähnt wird):

Adorno, Theodor W.: *Negative Dialektik.* Frankfurt am Main: Suhrkamp, 1966. – 410 S.

Aischylos: *Tragödien und Fragmente.* Hrsg. und übers. von O. Werner, München u. a.: Artemis, 41988. – 767 S.

Albertz, Jörg (Hrsg.): *Aufklärung und Postmoderne.* 200 Jahre nach der französischen Revolution das Ende aller Aufklärung? Berlin: Freie Akademie, 1991. – 220 S.

Alvarez-Gomez, Mariano: *Die Frage nach Gott bei Nikolaus von Kues.* In: MFCG 5, Mainz: Grünewald, 1965, 63-85.

Arnim, Hans von: *Die Entwicklung der Aristotelischen Gotteslehre* (1931). In: Metaphysik und Theologie des Aristoteles. Hrsg. von F.-P. Hager, Darmstadt: Wiss. Buchgesellschaft, 1979, 1-74.

Balthasar, Hans Urs von: *Karl Barth.* Darstellung und Deutung seiner Theologie. Köln: Hegner, 1951. – X und 420 S.

–: *Die Gottesfrage des heutigen Menschen.* Wien u. a.: Herold, 1956. – 223 S.

–: *Der Zugang zur Wirklichkeit Gottes.* In: Mysterium Salutis. Grundriß heilsgeschichtlicher Dogmatik, Band 2: Die Heilsgeschichte vor Christus. Hrsg. von J. Feiner und M. Löhrer, Einsiedeln u. a.: Benziger, 1967, 15-45.

–: *Herrlichkeit. Eine theologische Ästhetik*, Band II: Fächer der Stile; Teil 2: Laikale Stile, Einsiedeln: Johannes, 21969. – 523 S. [Es wird durchgezählt von 365-888.]

–: *Herrlichkeit. Eine theologische Ästhetik*, Band III,1: Im Raum der Metaphysik; Teil 1: Altertum, Einsiedeln: Johannes, 21965. – 370 S.

–: *Pneuma und Institution.* Skizzen zur Theologie IV. Einsiedeln: Johannes Verlag, 1974. – 456 S.

Barilier, Étienne: *Albert Camus* – philosophie et littérature. Lausanne: L'Age d'Homme, 1977. – 236 S.

Barnes, Jonathan: *The Ontological Argument.* London u. a.: The Macmillan Press, 1972. – VII und 98 S.

Barth, Karl: *Das Problem der Ethik in der Gegenwart.* In: Das Wort Gottes und die Theologie. Gesammelte Vorträge. München: Kaiser, 1924, 125-155.

–: *Das Wort Gottes als Aufgabe der Theologie.* In: Das Wort Gottes und die Theologie. Gesammelte Vorträge. München: Kaiser, 1924, 156-178.

–: *Fides quaerens intellectum.* Anselms Beweis der Existenz Gottes im Zusammenhang seines theologischen Programms (1931). Zollikon: Evangelischer Verlag, 21958. – 163 S.

Baumgartner, Hans M.: *Die Unbedingtheit des Sittlichen.* Eine Auseinandersetzung mit Nicolai Hartmann. München: Kösel, 1962. – 214 S.

–: *Das ‚ethische Gemeinwesen' und die Kirche in Kants ‚Religionsschrift'.* In: Kant über Religion. Hrsg. von F. Ricken und F. Marty, Stuttgart u. a.: Kohlhammer, 1992, 156-167.

Beck, Lewis W.: *Kants ‚Kritik der praktischen Vernunft'*. Ein Kommentar (1960), übers. von K.-H. Ilting, München: Fink, 1974. – 325 S.
Beck, Ulrich: *Risikogesellschaft.* Auf dem Weg in eine andere Moderne. Frankfurt am Main: Suhrkamp, 1986. – 396 S.
Beierwaltes, Werner: *Einleitung*. In: Plotin. Über Zeit und Ewigkeit. Übers. eingel. und komm. von W. Beierwaltes, Frankfurt am Main: Klostermann, [3]1981, 9-88.
Berlinger, Rudolph: *Augustins dialogische Metaphysik*. Frankfurt am Main: Klostermann, 1962. – 238 S.
Bernhard von Clairvaux: *De laude novae militiae*. In: S. Bernardi Opera. Hrsg. von Leclercq-Rochais, Band 3, Rom: Editiones Cistercienses, 1963, 217-219.
Bernhart, Joseph: *Die philosophische Mystik des Mittelalters*. Von ihren Ursprüngen bis zur Renaissance. Darmstadt: Wiss. Buchgesellschaft, 1980. – 291 S.
Betzendörfer, Walter: *Die Lehre von der zweifachen Wahrheit bei Petrus Pomponatius*. Tübingen: Schnürlein, 1919. – 97 S.
–: *Die Lehre von der zweifachen Wahrheit*. Ihr erstmaliges Auftreten im Abendland und ihre Quellen. Ein Beitrag zur Geschichte der Religionsphilosophie des Als Ob. Tübingen: Osiander, 1924. – 67 S.
Biemel, Walter: *Jean-Paul Sartre*. In Selbstzeugnissen und Bilddokumenten (1964). Reinbek: Rowohlt, 1982. – 204 S.
Billicsich, Friedrich: *Das Problem des Übels in der Philosophie des Abendlandes*. 3 Bände, Wien u. a: Sexl, 1936 ([2]1955), 1952, 1959. – 367, 375 und 373 S.
Biser, Eugen: *Interpretation und Veränderung*. Werk und Wirkung Romano Guardinis. Paderborn u. a.: Schöningh, 1979.
Bissinger, Anton: *Die Struktur der Gotteserkenntnis.* Studien zur Philosophie Christian Wolffs. Bonn: Bouvier, 1970. – XVIII und 342 S.
Blecha, Ivan: *Kritik der pluralen Vernunft.* Phänomenologie versus Postmoderne. In: Facetten der Wahrheit. Festschrift für Meinolf Wewel. Hrsg. von E. G. Valdés und R. Zimmerling, Freiburg: Alber, 1995, 379-397.
Bloch, Ernst: *Das Prinzip Hoffnung*. 3 Bände (1959), Frankfurt am Main: Suhrkamp, 1967. – XVIII und 1657 S.
–: *Atheismus im Christentum*. Zur Religion des Exodus und des Reiches. Frankfurt am Main: Suhrkamp, 1968. – 362 S.
Blondel, Maurice: *L'action*. Essai d'une critique de la vie et d'une science de la pratique (1893). Paris: Presses universitaires, 1973. – XXV und 495 S.
–: *Die Aktion*. Versuch einer Kritik des Lebens und einer Wissenschaft der Praktik. Übers. von R. Scherer, Freiburg u. a.: Alber, 1965. – 543 S.
–: *Logik der Tat*. Aus der ‚Action' von 1893. Ausgew. und übers. von P. Henrici, Einsiedeln: Johannes, 1957. – 110 S.
–: *Lettre sur les exigences de la pensée contemporaine en matière d'apologetique*. Paris: Presses universitaires, 1956. – 248 S.
–: *Le point de départ de la recherche philosophique*. In: Annales de philosophie chrétienne 151, 1906, 337-360 und 152, 1906, 225-249.
–: *Der Ausgangspunkt des Philosophierens*. Drei Aufsätze. Übers. und hrsg. von A. Raffelt und H. Verweyen, Hamburg: Meiner, 1992, 69-127.

Blumenberg, Hans: *Die Legitimität der Neuzeit* (1966). Frankfurt am Main: Suhrkamp, ^{2}1988. – 707 S.

–: *Matthäuspassion*. Frankfurt am Main: Suhrkamp, 1988. – 311 S.

Blystone, Jasper: *Die Determinationsformen in der Wertrealisation bei Nicolai Hartmann*. Diss. Mainz 1964. – 132 S.

Bocheński, Joseph M.: *Die fünf Wege*. In: FZPhTh 36, 1989, 235-265.

Boethius: *In Categorias Aristotelis*. In: Manlii Severini Boetii Opera Omnia, Band 64 von: Patrologie Cursus Completus, Paris: 1847, 159-294.

Borgolte, Wilhelm (Augustin): *Zur Grundlegung der Lehre von der Beziehung des Sittlichen zum Religiösen*. Im Anschluß an die Ethik Nicolai Hartmanns. Würzburg: C. J. Becker Universitätsdruckerei, 1938. – XV und 172 S.

Borsche, Tilman: *Was etwas ist*. Fragen nach der Wahrheit der Bedeutung bei Platon, Augustin, Nikolaus von Kues und Nietzsche. München: Fink, 1990. – 336 S.

Bouillard, Henri: *Transzendenz und Gott des Glaubens*. In: Christlicher Glaube in moderner Gesellschaft, Band 1. Hrsg. von Franz Böckle u. a., Freiburg u. a.: Herder, 1981, 87-131.

Braun, Hans-Jürg: *Die Religionsphilosophie Ludwig Feuerbachs*. Kritik und Annahme des Religiösen. Stuttgart-Bad Canstatt: Frommann, 1972. – 240 S.

Brecht, Bert: *Der Ozeanflug – Die Horatier und die Kuratier – Die Maßnahme*. Frankfurt am Main: Suhrkamp, 1980. – 94 S.

Brown, Peter: *Augustinus von Hippo*. Eine Biographie. Übers., bearb. und hrsg. von J. Bernard, Frankfurt am Main: Societäts-Verlag, ^{2}1982. – 499 S.

Brugger, Walter (Hrsg.): *Philosophisches Wörterbuch*. Freiburg u. a.: Herder ^{21}1992. – XLVII und 592 S.

–: *Summe einer philosophischen Gotteslehre*. München: Berchmanns, 1979. – 583 S.

Brunet, Georges: *Le pari de Pascal*. Paris: Desclée de Brouwer, 1956. – 140 S.

Buber, Martin: *Zur Geschichte des dialogischen Prinzips*. In: Werke, Band 1, München: Kösel/Heidelberg: Schneider, 1962, 292-305.

–: *Das Problem des Menschen*. In: Werke, Band 1, München: Kösel/Heidelberg: Schneider, 1962, 307-407.

–: *Gog und Magog*. Eine Chronik. In: Werke, Band 3, München: Kösel/Heidelberg: Schneider, 1963, 999-1261.

Buch, Alois J.: *Die Gottesfrage in der Philosophie Nicolai Hartmanns*. In: ThPh 58, 1983, 161-180.

Bucher, Theodor G.: *Zur Entwicklung des Ontologischen Beweises nach 1960*. In: Der Streit um den Gott der Philosophen. Anregungen und Antworten. Hrsg. von J. Möller, Düsseldorf: Patmos, 1985, 113-139.

Büchner, Georg: *Dantons Tod*. Die Trauerarbeit im Schönen. Ein Theaterlesebuch. Hrsg. von P. von Becker, Frankfurt am Main: Syndikat 1980. – 176 S.

–: *Spinoza*. In: Sämtliche Werke und Briefe, Band 2. München: Hanser, 1972, 227-290.

Büchner, Ludwig: *Kraft und Stoff* oder Grundzüge der natürlichen Weltordnung. Nebst einer darauf gebauten Moral oder Sittenlehre (1855). Leipzig: Thomas, ^{17}1892. – XXV und 530 S.

Carnap, Rudolf: *Scheinprobleme in der Philosophie.* Das Fremdpsychische und der Realismusstreit. Nachwort von G. Patzig, Frankfurt am Main: Suhrkamp, 1966. – 143 S.

Casper, Bernhard: *Illéité.* Zu einem Schlüssel‚begriff' im Werk von Emmanuel Lévinas. In: PhJb 91, 1984, 273-288.

Colomer, Eusebio: *Die Erkenntnismetaphysik des Nikolaus von Kues im Hinblick auf die Möglichkeit der Gotteserkenntnis.* In: MFCG 11, Mainz: Grünewald, 1975, 204-232.

Dalferth, Ingolf U. (Hrsg.): *Sprachlogik des Glaubens.* Texte analytischer Religionsphilosophie und Theologie zur religiösen Sprache. München: Kaiser, 1974. – 309 S.

–: *Gott.* Philosophisch-theologische Denkversuche. 1992: Tübingen, Mohr. – 269 S.

Darwin, Charles : *The origin of species* by means of natural selection or the preservation of favoured races in the struggle for life (1859). Hrsg. und eingel. von J. W. Burrow. – Repr. – Harmondsworth, Middlesex: Penguin Books, 1985. – 476 S.

–: *Über die Entstehung der Arten* durch natürliche Zuchtwahl oder die Erhaltung der begünstigten Rassen im Kampfe um's Dasein / Nach letzten engl. Ausg. wiederholt durchges. von J. Victor Carus. Hrsg., eingel. und mit Auswahl-Bibliogr. von G. H. Müller. Nachdr. von [9]1920, Darmstadt: Wiss. Buchgesellschaft, 1992. – XXI und 617 S.

Denzinger, Heinrich / Hünermann, Peter: *Enchiridion symbolorum definitionum et declarationum de rebus fidei et morum.* Freiburg u. a.: Herder [31]1991. – XXXVII und 1706 S.

Derrida, Jacques: *Die Schrift und die Differenz* (1976). Frankfurt am Main: Suhrkamp, [6]1994. – 452 S.

Dicke, Gerd: *Der Identitätsgedanke bei Feuerbach und Marx.* Köln und Opladen: Westdeutscher Verlag, 1960. – 210 S.

DiMéglio, Ingrid: *Antireligiosität und Kryptotheologie bei Albert Camus.* Bonn: Bouvier, 1975. – 416 S.

Dirlmeier, Franz: *Aristoteles* (1950). In: Aristoteles in der neueren Forschung. Hrsg. von P. Moraux, Darmstadt: Wiss. Buchgesellschaft, 1968, 144-157.

Dostojewski, Fjodor M.: *Raskolnikoff.* Schuld und Sühne. Übers. von E. K. Rahsin (1908; durchges. 1953), mit einem Nachwort von H. Bienek, München: Piper, 1992. – 776 S.

–: *Die Brüder Karamasoff.* Übers. von E. K. Rahsin (1908; durchges. 1952), mit einem Nachwort von I. Rakusa, München: Piper, 1992. – 1331 S.

Du Bois-Reymond, Emil: *Über die Grenzen des Naturerkennens. Die Sieben Welträthsel.* Zwei Vorträge, Leipzig: Veit & Co., 1882. – 111 S.

Dupré, Wilhelm: *Der Mensch als Mikrokosmos im Denken des Nikolaus von Kues.* In: MFCG 13, Mainz: Grünewald, 1978, 68-87.

Eckhart (Meister Eckhart): *Die deutschen Werke.* Hrsg. und übers. von J. Quint, Band 1: Meister Eckharts Predigten. Unveränd. Nachdr. von 1958, Stuttgart: Kohlhammer, 1986.

–: *Die deutschen Werke.* Hrsg. und übers. von J. Quint, Band 3: Meister Eckharts Predigten, Stuttgart: Kohlhammer, 1976.
–: *Die deutschen Werke.* Hrsg. und übers. von J. Quint, Band 5: Meister Eckharts Traktate, Stuttgart: Kohlhammer, 1963.
Ehlen, Peter: *Zur Frage nach Gott im Denken von Karl Marx.* In: Sinngestalten. Metaphysik in der Vielfalt menschlichen Fragens. Festschrift für Emerich Coreth SJ. Hrsg. von O. Muck, Innsbruck u. a.: Tyrolia 1989, 156-173.
Eifler, Günther/Saame, Otto (Hrsg.): *Postmoderne.* Anbruch einer neuen Epoche? Eine interdisziplinäre Erörterung. Wien: Passagen Verlag, 1990. – 294 S.
Elders, Léon: *Zur Begründung der ‚Fünf Wege‘* (1961). In: Thomas von Aquin II. Philosophische Fragen. Hrsg. von K. Bernath, Darmstadt: Wiss. Buchgesellschaft, 1981, 136-162.
Eliade, Mircea: *Geschichte der religiösen Ideen.* Originalausgabe (1978): Histoire des croyances et des idées religieuses. Übers. von E. Darlap, Freiburg u. a.: Herder, 1993. – I: 433, II: 464, III/1: 326, III/2:496, IV: 456 S.
Engels, Friedrich: *Dialektik der Natur.* Einleitung. In: Karl Marx – Friedrich Engels, Werke, Band 20, Berlin: Dietz, 1975, 311-327.
Epikur: *Briefe, Sprüche, Werkfragmente.* Griech./dt., übers. und hrsg. von H.-W. Krautz, Stuttgart: Reclam, 1989. – 173 S.
Essler, Wilhelm K.: *Gödels Beweis.* In: Klassische Gottesbeweise in der Sicht der gegenwärtigen Logik und Wissenschaftstheorie. Hrsg. von F. Ricken, Stuttgart u. a.: Kohlhammer, 1991, 140-152.
Fabro, Cornelio: *Participation et causalité selon S. Thomas d'Aquin.* Louvain: Publications Universitaires/Paris: Béatrice-Nouwelaerts, 1961. – 650 S.
Feil, Ernst: *Die Theologie Dietrich Bonhoeffers.* Hermeneutik, Christologie, Weltverständnis. München: Kaiser, Mainz: Grünewald, 1971. – 430 S.
Fessard, Gaston: *La dialectique des exercices spirituelles de St. Ignace de Loyola.* Band 1, Paris: Aubier, 1956.
Fichte, Johann Gottlieb: *Versuch einer neuen Darstellung der Wissenschaftslehre.* Vorerinnerung, Erste und zweite Einleitung. Erstes Kapitel (1797/98). Auf der Grundlage der Ausgabe von F. Medicus neu hrsg. von P. Baumanns, Hamburg: Meiner, 1975. – XXVIII und 129 S.
–: *System der Sittenlehre nach den Principien der Wissenschaftslehre* (1798). Fichtes Werke, Band 4: Zur Rechts- und Sittenlehre II. Hrsg. von I. H. Fichte. Nachdruck der Ausgabe 1845/46. Berlin: de Gruyter, 1971, 1-365.
–: *Ueber den Grund unseres Glaubens an eine göttliche Weltregierung* (1798). Fichtes Werke, Band 5: Zur Religionsphilosophie. Hrsg. von I. H. Fichte. Nachdruck der Ausgabe 1845/46. Berlin: de Gruyter, 1971, 177-189.
Figal, Günter: *Philosophie als hermeneutische Theologie.* Letzte Götter bei Nietzsche und Heidegger. In: ‚Verwechselt mich vor allem nicht!‘ Heidegger und Nietzsche. Hrsg. von H.-H. Gander, Frankfurt am Main: Klostermann, 1994, 89-107.
Fischer, Norbert: *Die Transzendenz in der Transzendentalphilosophie.* Untersuchungen zur speziellen Metaphysik an Kants ‚Kritik der reinen Vernunft‘. Bonn: Bouvier, 1979. – 179 S.
–: *Zum Problem der Transzendenz in der Platonischen Erkenntnislehre.* Inter-

pretationsansätze zu Platons ‚Menon' und ‚Theaitetos'. In: ThPh 1980, 384-403.
–: *Die Ursprungsphilosophie in Platons ‚Timaios'*. In: PhJb 89, 1982, 247-268.
–: *Tugend und Glückseligkeit*. Zu ihrem Verhältnis bei Aristoteles und Kant. In: Kant-Studien 74, 1983, 1-21.
–: *Vernunftdeterminismus und Entscheidungsfreiheit*. Die Doppelgesichtigkeit des Intellektualismus-Problems in der Grundlegung der philosophischen Ethik nach Thomas von Aquin. In: ZphF 39, 1985, 523-547.
–: *Vom Nutzen der Metaphysikkritik*. Kants Stellungnahme zu den ‚Einwürfen wider Sittlichkeit und Religion'. In: TThZ 95, 1986, 13-27.
–: *Augustins Philosophie der Endlichkeit*. Zur systematischen Entfaltung seines Denkens aus der Geschichte der Chorismos-Problematik. Bonn: Bouvier, 1987. – 341 S.
–: *Epigenesis des Sinnes*. Nicolai Hartmanns Destruktion einer allgemeinen Weltteleologie und das Problem einer philosophischen Theologie. In: Kant-Studien 78, 1987, 64-86.
–: *Sein und Sinn der Zeitlichkeit im philosophischen Denken Augustins*. In: Revue des Études Augustiniennes 33, 1987, 205-234.
–: *Der formale Grund der bösen Tat*. Das Problem der moralischen Zurechnung in der praktischen Philosophie Kants. In: ZphF 42, 1988, 18-44.
–: *Philosophieren als Sein zum Tode*. Zur Interpretation von Platons ‚Phaidon'. In: FZPhTh 37, 1990, 3-30.
–: *Menschsein als Möglichsein*. Platons Menschenbild angesichts der Paradigmendiskussion in der Platonforschung. In: ThQ 170, 1990, 23-41.
–: *Augustins Weg der Gottessuche (foris, intus, intimum)*. In: TThZ 100, 1991, 91-113.
–: *Gott und Mensch in der Zeitbetrachtung des Cusanus*. In: Alltagserfahrung und Transzendenz. Studien zur religiösen Erfahrung in der gegenwärtigen Gesellschaft. Hrsg. von B. Casper und W. Sparn, Freiburg u. a.: Alber, 1992, 135-161.
–: *Transzendieren und Transzendenz in Augustins ‚Confessiones' (tu autem eras interior intimo meo et superior summo meo)*. In: Transzendenz. Zu einem Grundwort der klassischen Metaphysik. Festschrift für K. Kremer. Hrsg. von L. Honnefelder und W. Schüßler, Paderborn u. a.: Schöningh, 1992, 115-136.
–: *Übereinkunft und Überstieg*. Philosophische Betrachtungen zum Naturverständnis Augustins. In: ThGl 82, 1992, 393-413.
–: *bonum*. In: Augustinus-Lexikon. Hrsg. von C. Mayer, Basel: Schwabe, 1986ff., Vol. 1, fasc. 5/6, 1992, 671-681.
–: *Rezension* zu: Tilman Borsche, Was etwas ist (s. o.). In: Allgemeine Zeitschrift für Philosophie 17.2, 1992, 96-101.
–: *Zur neueren Diskussion um Kants Religionsphilosophie*. In: ThGl 83, 1993, 170-194.
–: *Metaphysische Naturanlage und philosophische Gottesfrage*. In: ThGl 85, 1995, 181-194.
Flashar, Hellmut: *Aristoteles*. In: Grundriß der Geschichte der Philosophie, begr. von F. Ueberweg. Völlig neubearb. Auflage. Die Philosophie der Anti-

ke, Band 3: Ältere Akademie, Aristoteles, Peripatos. Hrsg. von H. Flashar, Basel u. a.: Schwabe, 1983, 175-457.

Fleischer, Margot: *Der ‚Sinn der Erde' und die Entzauberung des Übermenschen*. Eine Auseinandersetzung mit Nietzsche. Darmstadt: Wiss. Buchgesellschaft, 1993. – VI und 354 S.

Fontane, Theodor: *Romane und Erzählungen*. 3 Bände. Hrsg. von H. Nürnberger, München u. a.: Hanser, 1985.

Forschner, Maximilian: *Die stoische Ethik*. Über den Zusammenhang von Natur-, Sprach- und Moralphilosophie im altstoischen System. Stuttgart: Klett, 1981. – 244 S.

Franz, Helmut: *Das Denken Heideggers und die Theologie*. In: Heidegger. Perspektiven zur Deutung seines Werks (1969). Hrsg. von O. Pöggeler, Königstein/Ts.: Athenäum, 1984, 179-216.

Freud, Siegmund: *Abriß der Psychoanalyse. Das Unbehagen in der Kultur*. Mit einer Rede von Thomas Mann, Frankfurt am Main: Fischer, 1972. – 151 S.

Fries, Jakob F.: *Wissen, Glaube und Ahndung* (1805). In: Sämtliche Schriften, Abt. 1, Band 3. Hrsg. von G. König und L. Geldsetzer, Aalen: Scientia, 1968, 413-755.

Funk, Rudolf: *Sprache und Transzendenz im Denken von Emmanuel Lévinas*. Zur Frage einer neuen philosophischen Rede von Gott, Freiburg u. a.: Alber 1989. – 452 S.

Funke, Gerhard: *Cogitor ergo sum*. Sein und Bewußtsein. In: Sinn und Sein. Ein philosophisches Symposion. Hrsg. von R. Wisser, Tübingen: Niemeyer, 1960, 155-182.

–: *Die Wendung zur Metaphysik im Neukantianismus des 20. Jahrhunderts*. In: G. Funke, Von der Aktualität Kants. Bonn: Bouvier, 1979, 181-237.

Gadamer, Hans-Georg: *Antike Atomtheorie* (1935). In: Gesammelte Werke, Band 5. Tübingen: Mohr, 1985, 263-279.

–: *Wahrheit und Methode*. Grundzüge einer philosophischen Hermeneutik (1960). In: Gesammelte Werke, Band 1. Tübingen: Mohr, [6]1990. – XII und 495 S.

–: *Die Marburger Theologie* (1964). In: Gesammelte Werke, Band 3. Tübingen: Mohr, 1987, 197-208.

–: *Idee und Wirklichkeit in Platos ‚Timaios'* (1974). In: Gesammelte Werke, Band 6. Tübingen: Mohr, 1985, 242-270.

–: *Schlußbericht*. In: Neue Anthropologie. Hrsg. von H.-G. Gadamer und P. Vogler, Band 7. Stuttgart: Thieme/München: dtv, 1975, 374-392.

–: *Die religiöse Dimension* (1981). In: Gesammelte Werke, Band 3. Tübingen: Mohr, 1987, 308-319.

Gaiser, Konrad (Hrsg.): *Das Platonbild*. Zehn Beiträge zum Platonverständnis. Hildesheim: Olms, 1969.

Gay-Crosier, Raymond: *Camus*. Darmstadt: Wiss. Buchgesellschaft 1976. – X und 258 S.

Gehlen, Arnold: *Der Mensch*. Seine Natur und seine Stellung in der Welt. Mit einer Einleitung von K.-S. Rehberg, Wiesbaden: Aula, [13]1986. – XVII und 410 S.

Geyer, Carl-Friedrich: *Leid und Böses in philosophischen Deutungen*. Freiburg u. a.: Alber, 1983. – 221 S.

Gilson, Étienne: *L'être et l'essence*. Paris: Vrin, 21962. – 378 S.

Goethe, Johann Wolfgang: *Gedichte*. Goethes Werke. Band I. Hrsg. von E. Trunz, München: Beck, 121981.

–: *Faust*. Goethes Werke. Band III. Hrsg. von E. Trunz, München: Beck, 141989.

–: *Romane und Novellen II*. Goethes Werke. Band VII. Hrsg. von E. Trunz, München: Beck, 111982.

–: *Naturwissenschaftliche Schriften I*. Goethes Werke. Band XIII. Hrsg. von D. Kuhn und R. Wankmüller. München: Beck, 81981.

Gollwitzer, Helmut: *Die marxistische Religionskritik und der christliche Glaube* (1962). München u. a.: Siebenstern, 1967. – 158 S.

Goud, Johan F.: *Emmanuel Levinas und Karl Barth*. Ein religionsphilosophischer Vergleich. Bonn u. a.: Bouvier, 1992. – 259 S.

Groß, Walter / Kuschel, Karl-Josef: *„Ich schaffe Finsternis und Unheil!" Ist Gott verantwortlich für das Übel?* Mainz: Grünewald 1992. – 234 S.

Guardini, Romano: *Christliches Bewußtsein*. Versuche über Pascal. Unveränd. Nachdr. von 31956, Mainz: Grünewald, 41991. – 248 S.

Haas, Alois M.: *Nachwort*. In: Nikolaus von Kues, Vom Sehen Gottes. Zürich u. a.: Artemis, 1987, 125-166.

Haeffner, Gerd: *Verstummt die Gottesfrage in der modernen Philosophie?* In: European Society for Catholic Theology: Bulletin / Europäische Gesellschaft für Katholische Theologie 5, 1994, 182-195.

Hager, Fritz-Peter (Hrsg.): *Metaphysik und Theologie des Aristoteles*. Darmstadt: Wiss. Buchgesellschaft 1979. – XVII und 467 S.

Halder, Alois: *Heidegger und Lévinas – einer in der Frage des anderen*. In: Auf der Spur des Heiligen. Heideggers Beitrag zur Gottesfrage. Hrsg. von G. Pöltner, Wien u. a: Böhlau 1991, 91-107.

Halder, Alois / Kienzler, Klaus / Möller, Joseph: *Auf der Suche nach dem verborgenen Gott*. Zur theologischen Relevanz neuzeitlichen Denkens. Düsseldorf: Patmos, 1987. – 364 S.

Halder, Alois / Müller Max (Hrsg.): *Philosophisches Wörterbuch*. Erweiterte Neuausgabe, Freiburg u. a.: Herder 1993. – 401 S.

Hartmann, Klaus: *Die Philosophie J.-P. Sartres*. Zwei Untersuchungen zu L'être et le néant und zur Critique de la raison dialectique. Berlin u. a.: de Gruyter, Neuausg. 1983. – XVIII und 210 S.

Hartshorne, Ch.: *Anselm's Discovery*. A Re-examination of the Ontological Proof for God's Existence (1965). La Salle, Ill.: Open Court, 21991. – XVI und 333 S.

Hasenhüttl, Gotthold: *Gott ohne Gott*. Ein Dialog mit Jean-Paul Sartre. Graz u. a.: Styria, 1972. – 336 S.

Haubst, Rudolf (Hrsg.): *Das Sehen Gottes nach Nikolaus von Kues* (= MFCG 18), Trier: Paulinus, 1989. – 303 S.

–: *Streifzüge in die Cusanische Theologie*. Münster: Aschendorff, 1991. – XVII und 633 S.

Heberer, Gerhard: *Was heißt heute Darwinismus?* Göttingen: Musterschmidt, ²1960. – 60 S.
Hedwig, Klaus: *Die philosophischen Voraussetzungen der Postmoderne.* In: IkaZ [Communio] 19, 1990, 307-318.
Heine, Heinrich: *Zur Geschichte der Religion und Philosophie in Deutschland.* In: Sämtliche Schriften, Band 5. Hrsg. von K. Briegleb, München u. a.: Hanser, 1976, 505-641.
Heisenberg, Werner: *Grundlegende Voraussetzungen in der Physik der Elementarteilchen* (1959). Gesammelte Werke, Abt. C, Band II. Hrsg. von W. Blum u. a., München u. a.: Piper 1984, 249-255.
–: *Philosophische Probleme in der Theorie der Elementarteilchen.* Gesammelte Werke, Abt. C, Band II. Hrsg. von W. Blum u. a., München u. a.: Piper 1984, 410-422.
–: *Der Teil und das Ganze.* Gespräche im Umkreis der Atomphysik. Gesammelte Werke, Abt. C, Band III. Hrsg. von W. Blum u. a., München u. a.: Piper 1985, 3-334.
Henrich, Dieter: *Der ontologische Gottesbeweis.* Sein Problem und seine Geschichte in der Neuzeit. Tübingen: Mohr, ²1967. – XII und 275 S.
Hesiod: *Theogonie.* Werke und Tage. Griech./dt., hrsg. von A. von Schirnding, München u. a.: Artemis & Winkler, 1991. – 255 S.
Hoffmeister, Johannes (Hrsg.): *Wörterbuch der philosophischen Begriffe.* Hamburg: Meiner, ²1955. – VIII und 687 S.
Hommes, Ulrich: *Transzendenz und Personalität.* Zum Begriff der Action bei Maurice Blondel. Frankfurt am Main: Klostermann, 1972. – 399 S.
Hume, David: *Enquiries concerning Human Understanding and concerning the Principles of Morals.* Nachdruck der Ausgabe von 1777 mit Einl. und analytischem Index von L. A. Selby-Bigge. 3. Auflage, durchges. und mit Anm. von P. H. Nidditch, Oxford: Clarendon Press, 1975. – XL und 417 S.
–: *Eine Untersuchung über den menschlichen Verstand.* Hrsg. von R. Richter, Hamburg: Meiner, 1973. – VIII und 223 S.
Huonder, Quirin: *Die Gottesbeweise.* Geschichte und Schicksal. Stuttgart u. a.: Kohlhammer, 1968. – 185 S.
Jacobi, Klaus: *Begründen in der Theologie.* Untersuchungen zu Anselm von Canterbury. In: PhJb 99, 1992, 225-244.
Jäger, Alfred: *Gott.* Nochmals Martin Heidegger. Tübingen: Mohr 1978. – X und 514 S.
Jammer, Max: *Einstein und die Religion.* Mit einem Vorwort von Jürgen Audritsch und einem Beitrag von Carl Friedrich von Weizsäcker. Konstanz: Universitätsverlag, 1995. – 125 S.
Jansenius: *Augustinus* (1640). Unveränd. Nachdruck der Löwener Ausgabe. Frankfurt am Main: Minerva, 1964.
Janßen, Hans-Gerd: *Gott-Freiheit-Leid.* Das Theodizeeproblem in der Philosophie der Neuzeit. Darmstadt: Wiss. Buchgesellschaft, 1989. – 213 S.
Jaspers, Karl: *Philosophie* (1932). I: Philosophische Weltorientierung; II: Existenzerhellung; III: Metaphysik. Berlin u. a.: Springer, ⁴1973. – LV und 340 S.; XI und 440 S.; VIII und 276 S.

–: *Der philosophische Glaube* (1948; Neuausgabe [9]1974). München: Piper, [4]1988 (Nachdruck der Neuausgabe). – 136 S.

Jonas, Hans: *Der Gottesbegriff nach Auschwitz*. Eine jüdische Stimme. Frankfurt am Main: Suhrkamp, 1987. – 49 S.

Jordan, Jeff: *Gambling on God*. Essays on Pascal's wager. Lanham, Md.: Rowman & Littlefield, 1994. – VIII, 168 S.

Jordan, Pascual: *Der Naturwissenschaftler vor der religiösen Frage*. Abbruch einer Mauer. Stuttgart: Quell, 1987. – 352 S.

Juvenal: *Satiren*. Lat./dt., übers. und hrsg. von J. Adamietz, München: Artemis und Winkler, 1993. – 525 S.

Kambartel, Friedrich: *Theo-logisches*. Definitorische Vorschläge zu einigen Grundtermini im Zusammenhang christlicher Rede von Gott. In: ZEE 15, 1971, 32-35.

Kamlah, Wilhelm: *Utopie, Eschatologie, Geschichtsteleologie*. Kritische Untersuchungen zum Ursprung und zum futurischen Denken der Neuzeit. Mannheim u. a.: Bibliograph. Institut, 1969. – 106 S.

Kamlah, Wilhelm / Lorenzen, Paul: *Logische Propädeutik* oder Vorschule vernünftigen Redens. Rev. Ausgabe, Mannheim u. a.: Bibliograph. Institut, 1967. – 243 S.

Kampits, Peter: *Ludwig Wittgenstein*. Wege und Umwege zu seinem Denken. Graz u. a.: Styria, 1985. – 223 S.

Keller, Albert: *Theoretische Betrachtungen zum ‚praktischen Atheismus'*. In: Atheismus kritisch betrachtet. Beiträge zum Atheismusproblem der Gegenwart. Hrsg. von E. Coreth und J. B. Lotz, München und Freiburg: Wewel, 1971, 7-18.

Kenny, Anthony: *The Five Ways*. St. Thomas Aquinas' Proofs of God's Existence. London: Routledge and Paul, 1972. – 131 S.

Kerényi, Karl: *Die Religion der Griechen und Römer*. München u. a.: Knaur, 1963 (Übers. der engl. Ausgabe von 1962). – 303 S.

–: *Antike Religion*. München u. a.: Langen-Müller, 1971. – 309 S.

Kern, Walter: *Atheismus-Marxismus-Christentum*. Beiträge zur Diskussion, Innsbruck u. a.: Tyrolia, 1976. – 203 S.

Kettering, Emil: *NÄHE*. Das Denken Martin Heideggers. Pfullingen: Neske, 1987. – 404 S.

Kierkegaard, Sören: *Über den Begriff der Ironie*. Mit ständiger Rücksicht auf Sokrates. Hrsg. und übers. von E. Hirsch, Gütersloh: Mohn, [2]1991.

Kitamori, Kazoh: *Theologie des Schmerzes Gottes* (Übers. der japanischen Originalausgabe Tokyo 1958 von Tsuneaki Kato und Paul Schneiss). Göttingen: Vandenhoeck & Ruprecht, 1972. – 172 S.

Kneller, C. A.: *Ein Wort des hl. Ignatius von Loyola*. In: Zeitschrift für Aszese und Mystik 3, 1928, 253-257.

Köster, Peter: *Nietzsche-Kritik und Nietzsche-Rezeption in der Theologie des 20. Jahrhunderts*. In: Nietzsche-Studien 10/11, Berlin u. a.: de Gruyter, 1981/82, 615-685.

Kolping, Adolf: *Anselms Proslogion-Beweis der Existenz Gottes* im Zusammen-

hang seines spekulativen Programms Fides quaerens intellectum. Bonn: Hanstein, 1939. – XII und 156 S.
Kondylis, Panajotis: *Der Niedergang der bürgerlichen Denk- und Lebensformen.* Die liberale Moderne und die massendemokratische Postmoderne. Weinheim: VCH, 1991. – V und 301 S.
Kopper, Joachim: *Kants Gotteslehre.* In: Kant-Studien 47, 1955/56, 31-61.
–: *Zu Kants Lehre von der Objektivität der Erkenntnisurteile.* In: Kant-Studien 65, 1974, Sonderheft, Teil 1, 97-112.
Koslowski, Peter: *Die postmoderne Kultur.* Gesellschaftlich-kulturelle Konsequenzen der technischen Entwicklung. München: Beck, 1987. – VII und 192 S.
Koslowski, Peter / Spaemann, Robert / Löw, Reinhard: *Moderne oder Postmoderne?* Zur Signatur des gegenwärtigen Zeitalters. Weinheim: VCH, 1986. – XIV und 291 S.
Kremer, Klaus: *Erkennen bei Nikolaus von Kues.* Apriorismus – Assimilation – Abstraktion. In: MFCG 13, Mainz: Grünewald, 1978, 23-57.
–: *Gott – in allem alles, in nichts nichts.* In: MFCG 17, Mainz: Grünewald, 1986, 188-219.
–: *Gottes Vorsehung und menschliche Freiheit.* (‚Sis tu tuus, et Ego ero tuus'). In: MFCG 18, Trier: Paulinus, 1989, 227-263.
–: *Weisheit als Voraussetzung und Erfüllung der Sehnsucht des menschlichen Geistes.* In: MFCG 20, Trier: Paulinus, 1992, 105-141.
–: *Nicolaus Cusanus: ‚Jede Frage über Gott setzt das Gefragte voraus'* (Omnis quaestio de deo praesupponit quaesitum). In: Studi su Niccolò Cusano e l'umanesimo europe offerti a Giovanni Santinello, a cura di Gregorio Piaia, Padua: Editrice Antenore, 1993, 145-180.
Krewani, Wolfgang N.: *Emmanuel Lévinas.* Denker des Anderen. Freiburg u. a.: Alber, 1992. – 268 S.
Küng, Hans: *Existiert Gott?* Antwort auf die Gottesfrage der Neuzeit. München u. a.: Piper, 1978. – 878 S.
Kunzler, Michael: *Gnadenquellen.* Symeon von Thessaloniki († 1429) als Beispiel für die Einflußnahme des Palamismus auf die orthodoxe Sakramententheologie und Liturgik. Trier: Paulinus, 1989. – 464 S.
Lactantius: *The Divine Institutes.* Übers. von Sr. M. F. McDonald, Washington: The Catholic University of America Press, [2]1981.
Lakebrink, Bernhard: *Die metaphysischen Voraussetzungen der Thomistischen Gottesbeweise und die moderne Philosophie.* In: Quinque sunt viae. Actes du Symposion sur les cinq voies de la Somme théologique, Rolduc 1979. Hrsg. von L. Elders, Vatikanstadt: Pontificia Accademia di S. Tommaso, 1980, 7-28.
Lamm, Julia A.: *The Early Philosophical Roots of Schleiermacher's Notion of Gefühl,* 1788-1794. In: Harvard Theological Review 87, 1994, 67-105.
Langthaler, Rudolf: *Kants Ethik als ‚System der Zwecke'.* Perspektiven einer modifizierten Idee der ‚moralischen Teleologie' und Ethikotheologie. Berlin u. a.: de Gruyter, 1991. – XIV und 428 S.
Lapointe, François / Lapointe, Claire: *Jean-Paul Sartre and his Critics.* An Inter-

national Bibliography (1938-1980), Bowling Green/Ohio: Philosophical Documentation Center, ²1981. – 697 S.

Laros, Matthias: *Seid klug wie die Schlangen und einfältig wie die Tauben* (*Mt* 10,16). Zwei Gewissensfragen in den Nöten dieser Zeit. Frankfurt am Main: Knecht 1951. – 99 S.

Lauble, Michael: *Sinnverlangen und Welterfahrung*. Albert Camus, Philosophie der Endlichkeit. Düsseldorf: Patmos, 1984. – 320 S.

Lebesque, Morvan: *Albert Camus*. Mit Selbstzeugnissen und Bilddokumenten. Reinbek bei Hamburg: Rowohlt, 1960 (Nachdruck 1991). – 185 S.

Leese, Kurt: *Betrachtungen zu Jean-Paul Sartre ‚Der Teufel und der liebe Gott'*. In: K. Leese, Ethische und religiöse Grundfragen im Denken der Gegenwart, Stuttgart u. a.: Ring, 1956, 21-39.

Lehmen, Alfons: *Lehrbuch der Philosophie auf aristotelisch-scholastischer Grundlage zum Gebrauch an höheren Lehranstalten und zum Selbstunterricht*. Band 1: Logik, Kritik und Ontologie, Freiburg im Breisgau: Herder, ³1909. – XVI und 473 S.

Leibniz, Gottfried W.: *Principes de la nature et de la grâce, fondés en raison / In der Vernunft begründete Prinzipien der Natur und Gnade*. Franz./dt., übers. und hrsg. von H. H. Holz; Philosophische Schriften 1 (1965), Frankfurt am Main: Insel, ²1986, 414-439.

–: *Essais de Théodicée* sur la bonté de Dieu, la liberté de l'homme et l'origine du mal / *Die Theodizee*. Von der Güte Gottes, der Freiheit des Menschen und dem Ursprung des Übels. Franz./dt., übers. und hrsg. von H. Herring; Philosophische Schriften 2.1 und 2.2 (1965), Frankfurt am Main: Insel, ²1986. – 660 und 411 S.

Lichtenberg, Georg C.: *Schriften und Briefe*. Vier Textbände und zwei Kommentarbände. München: Hanser, 1968.

Liesenfeld, Cornelia: *Philosophische Weltbilder des 20. Jahrhunderts*. Würzburg: Königshausen & Neumann, 1992. – 335 S.

–: *Gotteserfahrung in der Physik?* Zur Möglichkeit einer Begegnung mit dem Göttlichen im philosophischen Weltbild von Max Planck, Albert Einstein und Werner Heisenberg. In: Die Stimme in den Stimmen. Zum Wesen der Gotteserfahrung. Hrsg. von L. Wenzler, Düsseldorf: Patmos, 1992, 94-115.

Linde, Gisela: *Das Problem der Gottesvorstellungen im Werk von Albert Camus*. Münster: Aschendorff, 1975. – VI und 178 S.

Loenning, Per: *Cet effrayant pari*. ‚Une pensée' pascalienne et ses critiques. Paris: Vrin, 1980. – 208 S.

–: *Der begreiflich Unergreifbare*. ‚Sein Gottes' und modern-theologische Denkstrukturen. Göttingen: Vandenhoeck & Ruprecht, 1986. – 390 S.

Löwith, Karl: *Von Hegel zu Nietzsche*. Der revolutionäre Bruch im Denken des neunzehnten Jahrhunderts (1950). Sämtliche Schriften, Band 4, Stuttgart: Metzler, 1988. – 561 S.

Lorenz, Konrad: *Das sogenannte Böse*. Zur Naturgeschichte der Aggression (1963). München: dtv, 1974. – 262 S.

–: *Die instinktiven Grundlagen der menschlichen Kultur*. In: Die Naturwissenschaften 54, 1967, 377-388.

Lotz, Johannes B. (Hrsg.): *Kant und die Scholastik heute*. Pullach bei München: Berchmannskolleg, 1955. – VIII und 279 S.
Lubac, Henri de: *De la connaissance de Dieu*. Paris: Témoignage Chrétien, ²1948. – 189 S.
–: *Über Gott hinaus*. Tragödie des atheistischen Humanismus. Originalausgabe 1950: Le Drame de l'humanisme athée; erweiterte Fassung, Paris: Cerf, ⁷1983. Übertr. von E. Steinacker, durchges., erg. und mit einem Vorwort vers. von H. U. v. Balthasar, Einsiedeln: Johannes, 1984. – 397 S.
–: *Auf den Wegen Gottes*. Originalausgabe 1956: Sur les chemins de Dieu; Nachdruck Paris: Cerf, 1983. Übertr. von R. Scherer, überarb. von C. Capol, Einsiedeln u. a.: Johannes, 1992. – 300 S.
Luther, Martin: *Disputatio contra scholasticam theologiam*. In: Werke. Kritische Gesamtausgabe, Band 1, Weimar: Böhlau, 1883, 224-228.
–: *Vorlesung über den Römerbrief 1515/1516*. Lat./dt., 2 Bände, Darmstadt: Wiss. Buchgesellschaft, 1960. – 393 und 451 S.
–: *De servo arbitrio* (1525). In: Werke. Kritische Gesamtausgabe, Band 18, Weimar: Böhlau, 1908, 551-787.
–: *D. Martin Luthers Antwort an Erasmus von Rotterdam, daß der freie Wille nichts sei* (1525). In: Sämtliche Schriften, Band 18, Abt. 2: Dogmatisch – polemische Schriften, Reformationsschriften. Hrsg. von J. G. Walch, Nachdruck der zweiten, überarb. Auflage 1880-1910, Groß-Oesingen: Harms, 1986, Sp. 1668-1969.
Maas, Wilhelm: *Unveränderlichkeit Gottes*. Zum Verhältnis von griechisch-philosophischer und christlicher Gotteslehre. Paderborn u. a.: Schöningh, 1974. – 211 S.
Macquarrie, John: *Gott-Rede*. Eine Untersuchung der Sprache und Logik der Theologie. Übers. von A. Pieper, mit einer Einf. von B. Casper, Würzburg: Echter, 1974. – 232 S.
Madec, Goulven: *Capax Dei*. In: Augustinus-Lexikon. Vol. 1, Fasc. 5/6. Hrsg. von C. Mayer, Basel: Schwabe, 1992, 728-730.
Marion, Jean-Luc: *Sur la théologie blanche de Descartes*. Analogie, création des vérités éternelles et fondement. Paris: Presses universitaires de France, 1988. – 488 S.
Marquard, Odo: *Temporale Positionalität*. Zum geschichtlichen Zäsurbedarf des modernen Menschen. In: Epochenschwelle und Epochenbewußtsein. Hrsg. von R. Herzog und R. Koselleck, München 1987, 343-352.
Martin, James A.: *Philosophische Sprachprüfung der Theologie*. München: Kaiser. 1974.
Marx, Karl: *Die Frühschriften*. Hrsg. von Siegfried Landshut, Stuttgart: Kröner, 1971. – LX und 588 S.
Marx, Werner: *Gibt es auf Erden ein Maß?* Grundbestimmungen einer nichtmetaphysischen Ethik. Hamburg: Meiner, 1983. – XXIII und 159 S.
–: *Heidegger und die Tradition*. Eine problemgeschichtliche Einführung in die Grundbestimmungen des Seins. Hamburg: Meiner, ²1980. – 259 S.
Mayer, Michael / Hentschel, Markus (Hrsg.): *Lévinas*. Zur Möglichkeit einer prophetischen Philosophie. Gießen: Focus, 1990. – 280 S.

Maywald, Max: *Die Lehre von der zweifachen Wahrheit.* Ein Beitrag zur Philosophie-Geschichte des Mittelalters. Berlin: Unger, 1868. – 40 S.
Mendelssohn, Moses: *Morgenstunden* oder Vorlesungen über das Dasein Gottes (1785). Stuttgart: Reclam, 1979. – 266 S.
Mesnard, Jean: *Blaise Pascal.* In: Grundriß der Geschichte der Philosophie, begr. von F. Ueberweg. Völlig neubearb. Auflage. Die Philosophie des 17. Jahrhunderts, Band 2: Frankreich und die Niederlande. Hrsg. von J.-P. Schobinger, Basel: Schwabe: 1993, 529-570.
Meuthen, Erich: *Nikolaus von Kues* (1401-1464). Skizze einer Biographie. Münster: Aschendorff, [6]1985. – 139 S.
Minucius, M. Felix: *Octavius.* Lat./dt., hrsg., übers. und eingel. von B. Kytzler, Darmstadt: Wiss. Buchgesellschaft, 1993. – 232 S.
Möller, Joseph: *Absurdes Sein?* Eine Auseinandersetzung mit der Ontologie J.-P. Sartres. Stuttgart: Kohlhammer, 1959. – 230 S.
–: *Die Rede von Gott in der Philosophie der Gegenwart.* In: Um Möglichkeit und Unmöglichkeit natürlicher Gotteserkenntnis heute. Hrsg. von K. Kremer, Leiden: Brill, 1985, 92-108.
–: (Hrsg.): *Der Streit um den Gott der Philosophen.* Anregungen und Antworten. Düsseldorf: Patmos, 1985. – 189 S.
Möller, Michael: *An Deus sit ridiculus.* Beobachtungen zu einem Motiv der Aussagen Luthers über Gott in seiner Schrift ‚De servo arbitrio' (1525). In: Kerygma und Dogma 30, 1984, 71-96.
Morgenstern, Christian: *Galgenlieder, Palmström und andere Grotesken.* Band 1 der Jubiläumsausgabe in vier Bänden. Hrsg. von C. Heselhaus, München u. a.: Piper, 1979.
Morscher, Edgar: *Was sind und was sollen die Gottesbeweise?* Bemerkungen zu Anselms Gottesbeweis(en). In: Klassische Gottesbeweise in der Sicht der gegenwärtigen Logik und Wissenschaftstheorie. Hrsg. von F. Ricken, Stuttgart u. a.: Kohlhammer, 1991, 62-86.
Mounier, Emmanuel: *Perspectives existentialistes et Perspectives chrétiennes.* In: L'espoir des Désespéréres, œuvres Band 4, Paris: Editions du Seuil, 1953, 359-381.
Muck, Otto: *Philosophische Gotteslehre* (Leitfaden Theologie 7). Düsseldorf: Patmos 1983. – 191 S.
–: *Funktion der Gottesbeweise in der Theologie.* In: Klassische Gottesbeweise in der Sicht der gegenwärtigen Logik und Wissenschaftstheorie. Hrsg. von F. Ricken, Stuttgart: Kohlhammer, 1991, 18-35.
–: *Eigenschaften Gottes im Lichte des Gödelschen Arguments.* In: ThPh 67, 1992, 60-85.
Müller-Markus, Siegfried: *Der Gott der Physiker.* Basel u. a.: Birkhäuser, 1986. – 398 S.
Neuhaus, Gerd: *Theodizee – Abbruch oder Anstoß des Glaubens.* Freiburg u. a.: Herder, 1993. – 365 S.
Neumann, Waltraud M.: *Die Stellung des Gottesbeweises in Augustins De libero arbitrio.* Hildesheim u. a.: Olms, 1986. – XVI und 145 S.
Newman, John Henry: *Proof of Theism.* In: The Philosophical Notebook of

John Henry Newman, Band 2. Hrsg. von E. Sillem, Louvain: Nauwelaerts, 1970, 31-78.
Newton, Isaac: *Mathematische Prinzipien der Naturlehre*. Übers. von: Philosophiae naturalis principia mathematica (1686), Darmstadt: Wiss. Buchgesellschaft, 1963. – IX und 666 S.
Novalis: *Schriften*. Band 1: Das dichterische Werk. Hrsg. von P. Kluckhohn † und R. Samuel, Stuttgart: Kohlhammer, 1960. – XV und 660 S.
–: *Vermischte Bemerkungen und Blüthenstaub*. In: Schriften. Band 2: Das philosophische Werk I. Hrsg. von R. Samuel, Darmstadt: Wiss. Buchgesellschaft, 1965, 412-471.
Oelmüller, Willi (Hrsg.): *Worüber man nicht schweigen kann*. Neue Diskussionen zur Theodizeefrage. München: Fink, 1992. – 320 S.
Ollig, Hans-Ludwig: *Philosophische Zeitdiagnose im Zeichen des Postmodernismus*. Überlegungen zur jüngsten deutschen Postmoderne-Diskussion. In: ThPh 66, 1991, 338-364.
Otto, Rudolf: *Das Heilige* (1917). München: Beck, 1991. – VIII und 229 S.
Otto, Walter F.: *Die Götter Griechenlands*. Das Bild des Göttlichen im Spiegel des griechischen Geistes. Frankfurt am Main: Schulte-Bulmke, [3]1947. – 286 S.
Pannenberg, Wolfhart: *Gottesgedanke und menschliche Freiheit*. Göttingen: Vandenhoeck & Ruprecht, 1972. – 128 S.
Paul, Jean: *Rede des toten Christus vom hohen Weltgebäude herab, daß kein Gott sei*. In: Jean Paul, Werke, Band 2. Hrsg. von N. Miller, München: Hanser, [3]1971, 270-275.
Pieper, Annemarie: *Albert Camus*. München: Beck, 1984. – 230 S.
Platinga, Alvin: *The Ontological Argument*. From St. Anselm to Contemporary Philosophers. London: Macmillan, 1968. – 180 S.
Plotin: *Plotins Schriften*. Griech./dt., 5 Textbände, 5 Anmerkungsbände, ein Anhangband und ein Indicesband. Übers. von R. Harder, Band I in Neubearb. von R. Harder, ab Band II neubearb. von R. Beutler und W. Theiler, Hamburg: Meiner, [2]1956-1971.
Pöggeler, Otto: *Der Denkweg Martin Heideggers* (1963). Stuttgart: Neske, [3]1994. – 450 S.
–: *Neue Wege mit Heidegger*. Freiburg u. a.: Alber, 1992. – 494 S.
–: *Anderheit, Unendlichkeit, Zeit*. Die Wahrheitsfrage bei Lévinas. In: Facetten der Wahrheit. Festschrift für Meinolf Wewel. Hrsg. von E. G. Valdés und R. Zimmerling, Freiburg: Alber, 1995, 151-176.
Popper, Karl R.: *Logik der Forschung* (1934). Tübingen: Mohr, [8]1984. – XXIX und 477 S.
Prauss, Gerold: *Die Welt und wir*. Band 1 in zwei Teilen. Stuttgart u. a.: 1993. – 1020 S.
Prigogine, Ilya / Stengers, Isabelle: *Das Paradox der Zeit*. Zeit, Chaos und Quanten. München u. a.: Piper, 1993. – 338 S.
Przywara, Erich: *Analogia entis*. Metaphysik. Band 1: Prinzip. München: Kösel und Pustet, 1932.
–: *Augustinus*. Die Gestalt als Gefüge. Leipzig 1934. – 647 S.

Puntel, Bruno L.: *Wahrheit.* In: Handbuch philosophischer Grundbegriffe, Band 3. Hrsg. von H. Krings u. a., München: Kösel, 1974, 1649-1668.
–: *Wahrheitstheorien in der neueren Philosophie.* Eine kritisch-systematische Darstellung. Darmstadt: Wiss. Buchgesellschaft, ³1993. – XIV und 299 S.
Raffelt, Albert: *Spiritualität und Philosophie.* Zur Vermittlung geistig-religiöser Erfahrung in Maurice Blondels ‚L'Action' (1893), Freiburg u. a.: Herder, 1978. – XII und 339 S.
Raffelt, Albert / Rahner, Karl: *Anthropologie und Theologie.* In: Christlicher Glaube in moderner Gesellschaft, Band 24. Hrsg. von Franz Böckle u. a., Freiburg u. a.: Herder, 1981, 5-55.
Raffelt, Albert / Reifenberg, Peter / Fuchs, Gotthard (Hrsg.): *Das Tun, der Glaube, die Vernunft.* Studien zur Philosophie Maurice Blondels. L'Action 1893-1993. Würzburg: Echter, 1995. – 244 S.
Rahner, Karl: *Hörer des Wortes.* Zur Grundlegung einer Religionsphilosophie. Neu bearb. von J. B. Metz, München: Kösel, 1963. – 221 S.
–: *Warum läßt Gott uns leiden?* Die Herausforderung der christlichen Hoffnung. In: Schriften zur Theologie, Band 14, Zürich: Benziger, 1980, 450-466.
Ratzinger, Joseph (Hrsg.): *Die Frage nach Gott.* Freiburg u. a.: Herder, ⁴1973. – 175 S.
Reale, Giovanni: *Zu einer neuen Interpretation Platons.* Eine Auslegung der Metaphysik der großen Dialoge im Lichte der ‚ungeschriebenen Lehren' (1989). Übers. von L. Hölscher, eingel. von H. Krämer, hrsg. von J. Seifert. Paderborn u. a.: Schöningh, 1993. – 640 S.
Reichel, Norbert: *Der Traum vom höheren Leben.* Nietzsches Übermensch und die Conditio humana europäischer Intellektueller von 1890-1945. Darmstadt: Wiss. Buchgesellschaft, 1994. – X und 187 S.
Reiner, Hans: *Die Entstehung und ursprüngliche Bedeutung des Namens Metaphysik.* In: ZphF 8, 1954, 210-237.
Reinhardt, Karl: *Aischylos als Regisseur und Theologe.* Bern: Francke, 1949. – 168 S.
–: *Vermächtnis der Antike.* Gesammelte Essays zur Philosophie und Geschichtsschreibung. Göttingen: Vandenhoeck & Ruprecht, 1960. – 418 S.
Reinig, Christa: *Gedichte.* Frankfurt am Main: S. Fischer, 1963.
Ricken, Friedo (Hrsg.): *Klassische Gottesbeweise in der Sicht der gegenwärtigen Logik und Wissenschaftstheorie.* Stuttgart u. a.: Kohlhammer, 1991. – 206 S.
–: / Marty, François (Hrsg): *Kant über Religion.* Stuttgart u. a.: Kohlhammer, 1992. – 240 S.
Riedlinger, Helmut: *Vom Schmerz Gottes.* Freiburg u. a.: Herder, 1983. – 127 S.
Rilke, Rainer Maria: *Werke.* Band II,1: Gedichte und Übertragungen, ausgew. und hrsg. vom Insel-Verlag, Frankfurt am Main: Insel, 1974.
Ritter, Joachim † / Gründer, Karlfried (Hrsg.): *Historisches Wörterbuch der Philosophie.* Basel: Schwabe & Co., 1971ff. (auf 10 Bände veranschlagt, bisher 8 erschienen).
Rodis-Lewis, Geneviève: *René Descartes.* In: Grundriß der Geschichte der Philosophie, begr. von F. Ueberweg. Völlig neubearb. Auflage. Die Philosophie

des 17. Jahrhunderts, Band 2: Frankreich und die Niederlande. Hrsg. von J.-P. Schobinger. Basel: Schwabe, 1993, 273-348.
Röd, Wolfgang: *Der Gott der reinen Vernunft*. Auseinandersetzung um den ontologischen Gottesbeweis von Anselm bis Hegel. München: Beck, 1992. – 239 S.
Rohls, Jan: *Theologie und Metaphysik*. Der ontologische Gottesbeweis und seine Kritiker. Gütersloh: Gütersloher Verlagshaus Mohn, 1987. – 654 S.
Rombold, Günter: *John Henry Newman (1801-1890)*. In: Christliche Philosophie im katholischen Denken des 19. und 20. Jahrhunderts, Band 1: Neue Ansätze im 19. Jahrhundert. Hrsg. von E. Coreth u. a., Graz u. a.: Styria, 1987, 698-728.
Safranski, Rüdiger: *Ein Meister aus Deutschland*. Heidegger und seine Zeit. München u. a.: Hanser, 1994. – 538 S.
Sala, Giovanni B.: *Kant und die Frage nach Gott*. Gottesbeweise und Gottesbeweiskritik in den Schriften Kants. Berlin u. a.: de Gruyter, 1990. – XVII und 470 S.
Salaquarda, Jörg (Hrsg.): *Philosophische Theologie im Schatten des Nihilismus*. Berlin: de Gruyter, 1971. – VI und 205 S.
Sallust: *Werke und Schriften*. Lat./dt., hrsg. und übers. von W. Schöne und W. Eisenhut, o. O.: Heimeran, [3]1965.
Sass, Hans-Martin: *Ludwig Feuerbach*. Mit Selbstzeugnissen und Bilddokumenten. Reinbek bei Hamburg: Rowohlt, 1978 (Nachdruck 1988). – 158 S.
Schaeffler, Richard: *Frömmigkeit des Denkens?* Martin Heidegger und die katholische Theologie. Darmstadt: Wiss. Buchgesellschaft, 1978. – XIII und 160 S.
–: *Der ‚Gruß des Heiligen' und die ‚Frommigkeit des Denkens'*. In: Auf der Spur des Heiligen. Heideggers Beitrag zur Gottesfrage. Hrsg. von G. Pöltner, Wien und Köln: Böhlau, 1991, 62-90.
Schaff, Adam: *Marx oder Sartre*. Versuch einer Philosophie des Menschen. Aus dem Polnischen übers. von E. Reifer, Wien u. a.: Europa Verlag, 1964. – 176 S.
Schele, Linda: *Religion und Weltsicht*. In: Die Welt der Maya. Hrsg. von E. und A. Eggebrecht, Mainz: von Zabern, 1992, 197-214.
Schiller, Friedrich: *Sämtliche Werke*. Erster Band. Gedichte/Dramen I. Hrsg. von G. Fricke † und H. G. Göpfert, München: Hanser, [7]1984.
–: *Sämtliche Werke*. Zweiter Band. Dramen II. Hrsg. von G. Fricke † und H. G. Göpfert, München: Hanser, [7]1985.
Schleiermacher, Friedrich: *Der christliche Glaube* (1821/22). Studienausg. Zwei Bände. Hrsg. von H. Peiter, Berlin u. a.: de Gruyter, 1984. – XII und 357 S.; VII und 398 S.
–: *Über die Religion*. Reden an die Gebildeten unter ihren Verächtern. In der Ausgabe von R. Otto (1899), Göttingen: Vandenhoeck & Ruprecht, [7]1991. – 240 S.
Schlette, Heinz R. (Hrsg.): *Wege der deutschen Camus-Rezeption*. Darmstadt: Wiss. Buchgesellschaft, 1975.– VIII und 403 S.
–: *Albert Camus*. Welt und Revolte. Freiburg: Alber, 1980. – 144 S.

Schmaus, Michael: *Die psychologische Trinitätslehre des hl. Augustinus* (1927). Münster: Aschendorff, ²1967. – 25, 23 und 431 S.
Schmitz, Josef: *Disput über teleologisches Denken.* Eine Gegenüberstellung von Nicolai Hartmann, Aristoteles und Thomas von Aquin. Mainz: Grünewald 1960. – 217 S.
Schmucker, Josef: *Die primären Quellen des Gottesglaubens.* Freiburg: Herder, 1967. – 232 S.
–: *Das Problem der Kontingenz der Welt.* Versuch einer positiven Aufarbeitung der Kritik Kants am kosmologischen Argument. Freiburg: Herder, 1969. – 183 S.
Schönborn, Christoph: *‚De docta ignorantia' als christologischer Entwurf.* In: Nikolaus von Kues. Einführung in sein philosophisches Denken. Hrsg. von K. Jacobi, Freiburg u. a.: Alber, 1979, 138-156.
Schopenhauer, Arthur: *Preisschrift über die Grundlage der Moral.* In: Sämtliche Werke, Band III. Textkrit. bearb. und hrsg. von W. von Löhneysen, Darmstadt: Wiss. Buchgesellschaft, 1974, 629-813.
Schrödter, Hermann: *Analytische Religionsphilosophie.* Freiburg u. a.: Alber, 1979. – 331 S.
Schulz, Gudrun: *Veritas est adaequatio intellectus et rei.* Untersuchungen zur Wahrheitslehre des Thomas von Aquin und zur Kritik Kants an einem überlieferten Wahrheitsbegriff. Leiden u. a.: Brill, 1993. – VII und 193 S.
Schulz, Walter: *Der Gott der neuzeitlichen Metaphysik* (1957). Pfullingen: ⁸1991. – 116 S.
Schumacher, Thomas: *Theodizee.* Bedeutung und Anspruch eines Begriffs. Frankfurt am Main u. a.: Lang, 1994. – 377 S.
Seidl, Horst (Hrsg.): *Thomas von Aquin.* Die Gottesbeweise in der ‚Summe gegen die Heiden' und der ‚Summe der Theologie'. Hamburg: Meiner, ²1986. – XL und 204 S.
Seiler, Julius: *Das Dasein Gottes als Denkaufgabe.* Darlegung und Bewertung der Gottesbeweise. Luzern u. a.: Räber, 1965. – 328 S.
Seneca, L. Annaeus: *Philosophische Schriften.* Lat./dt., Studienausgabe. Fünf Bände. Hrsg., übers., eingel. und mit Anm. von M. Rosenbach, Darmstadt: Wiss. Buchgesellschaft, ⁴1989, ⁴1993, ³1989, ²1987, 1989.
Sertillanges, Antonin D.: *Les sources de la croyance en Dieu.* Paris: Librairie Académique, 1928. – 572 S.
Siegmund, Georg: *Naturordnung als Quelle der Gotteserkenntnis.* Neubegründung des teleologischen Gottesbeweises. Fulda: Parzeller, ³1965. – 424 S.
Simon, Erika: *Die Götter der Griechen.* München: Hirmer, ³1985. – 359 S.
Simon, Josef: *Friedrich Nietzsche (1844-1900).* In: Klassiker der Philosophie, Band 2. Hrsg. von O. Höffe, München: Beck, 1981, 203-224.
Sinn, Dieter: *Heideggers Spätphilosophie.* In: PhR 14, 1967, 81-182.
Söhngen, Gottlieb: *Analogia entis oder analogia fidei?* In: G. Söhngen, Die Einheit in der Theologie. München: Zink, 1952, 235-247.
Spaemann, Robert: *Die Frage nach der Bedeutung des Wortes ‚Gott'.* In: IkaZ [Communio] 1, 1972, 54-72.
Stallmach, Josef: *Dynamis und Energeia.* Untersuchungen am Werk des Aristo-

teles zur Problemgeschichte von Möglichkeit und Wirklichkeit. Meisenheim am Glan: Hain, 1959. – 246 S.
–: *Kopernikanische Wende in der Philosophie des 20. Jahrhunderts?* In: Nicolai Hartmann (1882-1982). Hrsg. von A. J. Buch, Bonn: Bouvier, 1982, 9-27.
–: *Suche nach dem Einen.* Gesammelte Abhandlungen zur Problemgeschichte der Metaphysik. Hrsg. von N. Fischer, Bonn: Bouvier, 1982. – 227 S.
–: *Ansichsein und Seinsverstehen.* Neue Wege der Ontologie bei Nicolai Hartmann und Martin Heidegger. Bonn: Bouvier, 1987. – VIII und 211 S.
–: *Ineinsfall der Gegensätze und Weisheit des Nichtwissens.* Grundzüge der Philosophie des Nikolaus von Kues. Münster: Aschendorff, 1989. – IX und 208 S.
–: *Nikolaus von Kues – ‚Gottinnige Gottsuche'.* In: MFCG 19, Trier: Paulinus, 1991, 233-242.
Stegmaier, Werner: *Nietzsches ‚Genealogie der Moral'.* Darmstadt: Wiss. Buchgesellschaft, 1994. – XIII und 267 S.
Stein, Edith: *Endliches und ewiges Sein.* Versuch eines Aufstiegs zum Sinn des Seins. Nauwelaerts: Louvain; Freiburg: Herder, 1950. – XII und 497 S.
Strasser, Stephan: *Jenseits von Sein und Zeit.* Eine Einführung in Emmanuel Levinas' Philosophie. Den Haag: Nijhoff, 1978. – XIV und 414 S.
–: *Emmanuel Levinas.* Ethik als Erste Philosophie. In: Phänomenologie in Frankreich. Hrsg. von B. Waldenfels, Frankfurt am Main: Suhrkamp, 1983, 218-265.
Teichner, Wilhelm: *Das Land der Wahrheit ist eine Insel.* Die Neubegründung der Metaphysik durch Kant. In: Perspektiven der Philosophie. Neues Jahrbuch, Band 3, Hildesheim u. a.: Gerstenberg u. a., 1977/78, 275-290.
–: *Kants Transzendentalphilosophie.* Grundriß. Freiburg u. a.: Alber, 1978. – 205 S.
–: *Mensch und Gott in der Entfremdung oder die Krise der Subjektivität.* Freiburg u. a.: Alber, 1984. – 323 S.
Thurnher, Rainer: *Gott und Ereignis* – Heideggers Gegenparadigma zur Onto-Theologie. In: Heidegger-Studien 8, 1992, 81-102.
Vico, Giovanni B.: *Prinzipien einer neuen Wissenschaft über die gemeinsame Natur der Völker.* Übers. von V. Hösle und C. Jermann, zwei Bände, Hamburg: Meiner, 1990. – CCXCIII und 158 S. / XIV und 469 S. (durchgezählt: 159-628).
Vollrath, Ernst: *Die Gliederung der Metaphysik in eine Metaphysica generalis und eine Metaphysica specialis.* In: ZphF 16, 1962, 258-284.
–: *Aristoteles:* Das Problem der Substanz. In: Grundprobleme der großen Philosophen. Philosophie des Altertums und des Mittelalters. Hrsg. von J. Speck, Göttingen: Vandenhoeck & Ruprecht, [2]1978, 84-128.
Voltaire: *Platons Traum.* In: Voltaire, Sämtliche Romane und Erzählungen, München: Artemis und Winkler, 1969. 595-597 (Übers. von: Songe de Platon. Œuvres completes, Band 21, Paris 1879, 133-136).
Waldenfels, Bernhard: *Michel Foucault.* Auskehr des Denkens. In: Philosophen des 20. Jahrhunderts. Eine Einführung. Hrsg. von M. Fleischer, Darmstadt: Wiss. Buchgesellschaft, [2]1991, 191-203.

–: *Antwort-Register*. Frankfurt am Main: Suhrkamp, 1994. – 651 S.
Walter, Rudolf / Raffelt, Albert (Bearb.): *Auf der Suche nach dem unfaßbaren Gott.* Freiburg u.a.: Herder, 1984. – 432 S.
Weger, Karl-Heinz (Hrsg.): *Religionskritik*. Beiträge zur atheistischen Religionskritik der Gegenwart. München: Berchmanns, 1976. – 159 S.
– (Hrsg.): *Religionskritik von der Aufklärung bis zur Gegenwart.* Autoren-Lexikon von Adorno bis Wittgenstein. Freiburg: Herder, 31983. – 320 S.
– (Hrsg.): *Argumente für Gott.* Gott-Denker von der Antike bis zur Gegenwart. Ein Autoren-Lexikon. Freiburg: Herder, 1987. – 431 S.
Weischedel, Wilhelm: *Der Gott der Philosophen.* Grundlegung einer Philosophischen Theologie im Zeitalter des Nihilismus. Darmstadt: Wiss. Buchgesellschaft, 31994. – XXXII und 793 S.
Weisheipl, James: *Thomas von Aquin.* Sein Leben und seine Theologie. Graz u. a.: Styria, 1980. – 391 S.
Weissmahr, Béla: *Philosophische Gotteslehre.* Grundkurs Philosophie, Band 5. Stuttgart: Kohlhammer, 1983. – 174 S.
Weizsäcker, Carl F. von: *Die Einheit der Natur.* München: Hanser, 21981. – 491 S.
–: *Die Sterne sind glühende Gaskugeln und Gott ist gegenwärtig*. Über Religion und Naturwissenschaft. Freiburg u. a.: Herder, 21992. – 189 S.
Welte, Bernhard: *Heilsverständnis.* Philosophische Untersuchung einiger Voraussetzungen zum Verständnis des Christentums. Freiburg u. a.: Herder, 1966. – 231 S.
–: *Der Ernstfall der Hoffnung*. Gedanken über den Tod. Freiburg u. a.: Herder, 1980. – 61 S.
Wenzler, Ludwig: *Zeit als Nähe des Abwesenden.* Diachronie der Ethik und Diachronie der Sinnlichkeit nach Emmanuel Levinas. Nachwort zu: Emmanuel Levinas, Die Zeit und der Andere. Übers. von L. Wenzler, Hamburg: Meiner, 1984, 67-92.
–: *Berührung durch Trennung*. Die Zeitstruktur des religiösen Verhältnisses bei Emmanuel Lévinas. In: PhJB 100, 1993, 301-316.
–: *Das Unendliche im Endlichen:* Geschichtlichkeit und Absolutes. In: P. Ehlen (Hrsg.), Der Mensch und seine Frage nach dem Absoluten. Ein deutsch-russisches Symposion, München: Kindt, 1994, 185-208.
Wilamowitz-Moellendorff, Ulrich von: *Der Glaube der Hellenen.* Zwei Bände, Darmstadt: Wiss. Buchgesellschaft (Nachdruck von 21955), 1994. – Zus. VIII, XVIII und 1031 S.
Wimmer, Reiner: *Kants kritische Religionsphilosophie*. Berlin u. a.: de Gruyter, 1990. – 286 S.
Winter, Alois: *Kant zwischen den Konfessionen*. In: ThPh 50, 1975, 1-37.
–: *Theologische Hintergründe der Philosophie Kants*. In: ThPh 51, 1976, 1-51.
Wippern, Jürgen (Hrsg.): *Das Problem der ungeschriebenen Lehre Platons.* Beiträge zum Problem der Platonischen Prinzipienphilosophie. Darmstadt: Wiss. Buchgesellschaft, 1972. – XLVIII und 475 S.
Wisser, Richard: *Jean-Paul Sartre und der ‚Liebe Gott‘*. Aktualisierte Geistesgeschichte – Ideologisierte Religionsgeschichte. In: ZRGG 19, 1967, 235-263.

– (Hrsg.): *Martin Heidegger im Gespräch*. Freiburg u. a.: Alber, 1970. – 77 S.
Wittgenstein, Ludwig: *Tractatus logico-philosophicus* (1918). Werkausgabe Band 1: Tractatus logico-philosophicus, Tagebücher 1914-1916, Philosophische Untersuchungen. Frankfurt am Main: Suhrkamp, 1984. – 621 S.
–: *Briefe*. Hrsg. von B. F. McDuiness und G. H. von Wright; die engl. Briefe übers. von J. Schulte, Frankfurt am Main: Suhrkamp, 1980. – 306 S.
–: *Vortrag über Ethik* und andere kleine Schriften. Hrsg. von J. Schulte, Frankfurt am Main: Suhrkamp, ²1991. – 142 S.
–: *Vorlesungen und Gespräche über Ästhetik, Psychoanalyse und religiösen Glauben*. Zusammengestellt aus Notizen von Y. Smythies u. a. Übers. von R. Funke, hrsg. von C. Barrett, Düsseldorf u. a.: Parerga, 1994. – 101 S.
Wucherer-Huldenfeld, Augustinus K. u. a. (Hrsg.): *Weltphänomen Atheismus*. Wien u. a.: Herder, 1979. – 177 S.
Wuchterl, Kurt: *Thesen zur analytischen Religionsphilosophie*. In: PhJb 88, 1981, 343-356.
Wyller, Egil A.: *Der späte Platon*. Tübinger Vorlesungen 1965. Hamburg: Meiner, 1970. – 179 S.

Stichwortverzeichnis

Aus sachlichen Gründen heraus sind oft gegensätzliche Begriffspaare unter einem einzigen Stichwort aufgelistet: z. B. „Glück“, „Unglück“, „Glücklosigkeit“ ⇛ „Glück“. Ebenso sind mehrere aus einem gemeinsamen Bedeutungsfeld, aber unterschiedlichen Sprachen stammende Worte in einen einzigen Begriff zusammengefaßt – vorausgesetzt, es handelt sich nicht um einen speziell philosophischen Terminus technicus: z. B. „Auslegung“, „Interpretation“ ⇛ „Auslegung“.

Personenverzeichnis

AMATECA

Zu den Lehrbüchern AMATECA

AMATECA steht als Abkürzung für die Lehrbuchreihe „Associazione di MAnuali di TEologia CAttolica – Lehrbücher zur katholischen Theologie“. Das Konzept für AMATECA entwickelte eine internationale Gruppe von Theologen und Wissenschaftlern verschiedener theologischer Disziplinen, die sich in Lugano (Schweiz) zu einem Herausgebergremium zusammenschlossen. Sein Ziel besteht in der Erarbeitung einer umfassenden Reihe von Handbüchern, die für das Theologiestudium an den theologischen Fakultäten, Seminaren und kirchlichen Hochschulen gedacht sind sowie bei theologischen Lehrgängen für Laien eingesetzt werden können.

AMATECA hat sich zusammen mit dem Lizenzinhaber, dem Verlagshaus Jaca Book in Mailand, der Aufgabe verschrieben, Herausgeber zu finden, die das Herausgabeprojekt gleichzeitig in den verschiedenen Sprachen und Ländern fördern.

AMATECA nutzt die Fachkompetenz der einzelnen Autoren, um auf gegenwärtige Strömungen innerhalb der – mittlerweile sehr zersplitterten – theologischen Wissensvermittlung zu reagieren. So besteht die Möglichkeit, eine umfassende Darstellung des *intellectus fidei* der christlichen Lehre zu versuchen. Diese soll sowohl der Überlieferung getreu als auch der aktuellen Forschung aufgeschlossen sein. Auch die Diskussion aktueller Fragestellungen und Themen ist vorgesehen.

Die Autoren von AMATECA orientieren sich an den theologischen Werken von Henri de Lubac und Hans Urs von Balthasar, deren systematische Orientierung die ganze Aufteilung des Wissensstoffes bestimmt. Dafür gelten die Worte der Apostolischen Konstitution *Gaudium et spes* (10,2): Jesus Christus, der *Schlüssel, das Zentrum und das Ziel aller menschlichen Geschichte,* ist nicht allein der Urheber der Erlösung, sondern auch das Haupt der Schöpfung. Er ist *das Alpha und das Omega* (Apok 21,6) des Menschen, der Welt und deren Geschichte. Diese christozentrische Auslegung erlaubt es, den traditionellen Wissensstoff in sieben Kapitel mit insgesamt zweiundzwanzig Bänden aufzuteilen.

Übersicht zur Lehrbuchreihe AMATECA

Erste Abteilung

Die Suche des Menschen nach Gott

1	Die Suche des Menschen nach Gott Die Frage der kulturellen Anthropologie	Julien Ries
2	Die Suche des Menschen nach Gott Die Frage der Philosophen	Norbert Fischer
3	Die Suche des Menschen nach Gott Die Frage der Weltreligionen	Horst Bürkle

Zweite Abteilung

Die Suche Gottes nach dem Menschen

4	Die Suche Gottes nach dem Menschen Offenbarung, Überlieferung und Schrift	Wendelin Knoch
5	Die Suche Gottes nach dem Menschen Glaube und Theologie	Richard Schenk

Dritte Abteilung

Das Geheimnis des dreifaltigen Gottes:
Gottvater, der Schöpfer – Gott Sohn, der Erlöser – Gott Heiliger Geist

6	Das Geheimnis des dreifaltigen Gottes	Franz Courth

Vierte Abteilung

Jesus Christus

7	Das Geheimnis Jesu Christi	Christoph Schönborn

Fünfte Abteilung

Die Kirche

8	Der Heilige Geist, Maria und die Kirche	Georges Chantraine
9	Die Sakramente der Kirche	Benedetto Testa
10	Die Liturgie der Kirche	Michael Kunzler
11	Die Seelsorge der Kirche	Daniel Bourgeois
12	Das Recht der Kirche	Eugenio Corecco/ Libero Gerosa
13	Die Mission der Kirche Band I: Probleme theologischer Grundlagen Band II: Der kulturelle Sitz im Leben	Horst Bürkle
14	Die Geschichte der Kirche	Guy Bedouelle

Sechste Abteilung

Der Mensch als Person

15	Der Mensch als Person Theologische Anthropologie	Angelo Scola
16	Der Mensch als Person Philosophische Anthropologie	Carlos Valverde
17	Das geistliche Leben der Gläubigen	Servais Pinckaers
18	Die Grundlagen der christlichen Moral	Albert Chapelle/ Jean-Marie Hennaux
19	Die Tugenden	Romanus Cessario
20	Das moralische Handeln des Gläubigen	Livio Melina
21	Die Soziallehre der Kirche	Rocco Buttiglione

Siebte Abteilung

Gott und Mensch in der Herrlichkeit

22	Das Kommen des Herrn in der Herrlichkeit	Candido Pozo

Die Ausgaben von AMATECA

Italienisch	Editoriale Jaca Book, Mailand, Italien
Französisch	Imprimerie St. Paul, Luxembourg
Englisch	Ignatius Press, San Francisco, USA
Polnisch	Pallottinum, Poznan, Polen
Portugiesisch	Edicep Editorial, Valencia, Spanien
Spanisch	Edicep Editorial, Valencia, Spanien
Deutsch	Bonifatius Druck · Buch · Verlag, Paderborn, Deutschland
Rußland	Russia Cristiana